Olaf Benzinger

Rock-Hymnen
Das Lexikon

Olaf Benzinger

Rock-Hymnen
Das Lexikon

Bärenreiter
Kassel · Basel · London · New York · Prag

Die Deutsche Bibliothek – CIP-Einheitsaufnahme
Ein Titeldatensatz für diese Publikation ist bei
Der Deutschen Bibliothek erhältlich

Besuchen Sie uns im Internet:
http://www.baerenreiter.com

© 2002 Bärenreiter-Verlag Karl Vötterle GmbH & Co. KG, Kassel
Einbandgestaltung: www.takeoff-ks.de, christowzik + scheuch
Umschlagfotos: Elvis Presley, Michael Jackson, Prince, Madonna (Vorderseite),
Rod Stewart, Bob Dylan (Rückseite), Tina Turner (Buchrücken)
Alle Bildrechte bei Ullstein Bild
Lektorat: Jutta Schmoll-Barthel
Satz und Innengestaltung: Verlagsbüro Lektyre, Olaf Benzinger, Germering
Druck und Bindung: Clausen & Bosse, Leck
Printed in Germany
ISBN 3-7618-1567-0

Inhalt

Vorwort

Die Geschichte der Rockmusik ist letztlich die Geschichte ihrer großen Songs. Das vorliegende Buch unternimmt den Versuch, Rock-Geschichte ausschließlich über die wichtigsten Stücke zu erzählen. In diesem Zusammenhang werden natürlich auch biografische Hintergründe der Bands und der Musiker beleuchtet, im Vordergrund stehen allerdings der Inhalt und die musikalische Form des Songs sowie die Frage, warum gerade dieser Titel eine derart prominente Bedeutung und Stellung erreicht hat, dass man ihn als Rock-Hymne bezeichnen kann.

Doch beginnen wir mit der Frage »Was ist Rockmusik?« – eine Frage, auf die es im Grunde keine generalisierende Antwort gibt. »Rock« lässt sich nicht eindeutig definieren, selbst eine stilistische Eingrenzung ist problematisch. Das liegt vor allem daran, dass Rockmusik ein Ergebnis aus unterschiedlichsten Formen der populären Musik ist und es letztlich der Bewertung des Betrachters obliegt, wo er die Linie zwischen Rock und ebendiesen angrenzenden Musikrichtungen zieht. Strenge Puristen bezeichnen mit Rock(musik) nur jenen Teil der populären Musik, der – seit den späten sechziger Jahren gespielt – seine Wurzeln in hohem Maße im Rock'n'Roll hat. In vielen Fällen liegt dieser Begriffsbestimmung ein wertender Aspekt im Sinne von Ehrlichkeit, Ursprünglichkeit und künstlerisch freier Gestaltung der Musik zu Grunde, um sich von anderen Formen der Popmusik abzugrenzen. Die verbreitetere Definition für Rock orientiert sich im Gegensatz dazu aber am allgemeinsprachlichen Gebrauch des Begriffes, der neben dem Mainstream-Rock ein erheblich breiteres Spektrum umfasst: sowohl die frühen Wurzeln des Rock – Rock'n'Roll, Rhythm & Blues – genauso wie Soulmusik, Teile der Folk- und Countrymusik, sofern sie auch Rock'n'Roll-Elemente integrieren, sowie den großen Bereich der Dancefloor-Musik – von Disco bis Hip Hop und Techno. Vielleicht geben Bernward Halbscheffel und Tibor Kneif in ihrem SACHLEXIKON ROCKMUSIK die schlüssigste Umschreibung, wenn sie etwas überspitzt formulieren: »Man kann für Rockmusik einfach die Musik halten, die man im Rock-Schallplattenladen kaufen kann.«[1] Das vorliegende Buch orientiert sich wie zahlreiche andere Publikationen an einer weiten Auslegung des Begriffs.

In jedem Fall ist Rock eine Musik, die sich abgesehen von Ausnahmen an die breite Masse des Publikums wendet und daher im Wesentlichen in Hinblick auf eine kommerziell orientierte Produktion auf Tonträgern konzipiert ist. Beileibe nicht immer, aber doch in vielen Fällen dient die Live-Aufführung eines Rockprogramms eher einer PR- und Verkaufsaktion von Platten, CDs, Musikkassetten oder Videos, als dass eine solche Veranstaltung primär als Kultur-Event an sich zu verstehen wäre. Selbst bei Stücken, die ausschließlich einer bestimmten Aufführung zuzuordnen sind – zum Beispiel Hendrix' Version des ⇨»The Star Spangled Banner« auf dem legendären Woodstock-Festival oder Elton Johns Hommage an Lady Di –, brachte erst die massenhafte Verbreitung via Platte und Film den Erfolg und schuf so den eigenen Mythos. Im Zentrum des Rock stehen also die Songs, die über Tonträger gekauft werden, aus Sicht der Musiker und Produzenten wünschenswerterweise zu Hits werden und sich im »Idealfall« zu regelrechten Hymnen der Rockkultur entwickeln. Manche solcher Hymnen sind unmittelbar »hymnisch« konzipiert und dargeboten – etwa Songs wie ⇨»All You Need Is Love«, ⇨»Hymn«, ⇨»Let The Sunshine In« oder ⇨»We Are The World«. Doch in den meisten Fällen entwickeln sich Rock-Hymnen eher aus der Rezeption der Musik heraus: Solche Stücke erhalten erst im Laufe der Zeit einen entsprechenden Status, werden zu einem Synonym für ein ganzes Lebensgefühl, das nun seinerseits mit dem Anklingen nur weniger Noten des betreffenden Songs wieder heraufbeschworen werden kann. Auf diese Weise wurden Stücke wie ⇨»Rock Around The Clock«, ⇨»Born To Be Wild« oder ⇨»Sex And Drugs And Rock'n'Roll« zu Hymnen – im Sinne des englischen Begriffs »anthem« – einer bestimmten demografisch, sozial, kulturell, ethnisch oder anderweitig definierten Gruppe oder Gesellschaftsschicht. Die Tanz- und Technofreaks haben genauso ihre Hymnen wie die Hippies, die Punks genauso wie die Friedensbewegung.

Zur Auswahl der Songs

Der vielleicht heikelste Aspekt einer Song-Zusammenstellung wie der hier vorliegenden lässt sich gewiss in der Auswahl der Stücke finden, denn jeder Rockfan hat seine ganz eigene »Hitliste« der wichtigsten Titel, der bahnbrechendsten Alben und der fetzigsten Riffs. Vor allem liegt ein gewisses Problem darin, dass im Mittelpunkt der Betrachtung primär die *Songs* und erst in zweiter Linie die *Interpreten* stehen. Dies führt zwangsläufig dazu, dass Musiker und Bands vertreten sind, die in der Gesamtschau im Rahmen der Rockmusik eher als zweitrangig einzustufen sind – etwa Iron Butterfly, Smokie, Scott McKenzie, Jane Birkin oder Barry McGuire. Andere Interpreten sind dagegen von entscheidender Bedeutung für die Rockmusik, schufen aber keine jener »Hymnen«, wie sie für dieses Buch definiert sind, und sind damit nicht mit eigenen Einträgen vertreten. Namhafte

Beispiele wären Frank Zappa, Joni Mitchell, Little Feat, Mike Oldfield, Supertramp, Yes, Roxette, R.E.M., oder Greatful Dead. Aus speziell deutschsprachiger Sicht könnten hierzu auch Udo Lindenberg, Herbert Grönemeyer, Opus und Erste Allgemeine Verunsicherung, Marius Müller-Westernhagen oder Ulla Meinecke genannt werden, aus dem europäischen, nicht englischsprachigen Rock etwa Gianna Nannini oder Zucchero, Guesch Patti und Johnny Halliday.

Neben diesen Einschränkungen habe ich mich im Gegensatz zu manchen Musikjournalisten, die – dankenswerterweise! – in verschollenen und vergrabenen Schatzkisten nach verborgenen Juwelen des Rock wühlen,[2] für Songs entschieden, die sich innerhalb des Mainstream der Rockmusik befinden. Wahrscheinlich sogar müssen Hymnen Mainstream sein, sonst wären sie zumindest für ein größeres Publikum nicht als solche erkennbar. Unter diesem Vorzeichen drängten sich die meisten der hier aufgenommenen Stücke fast von selbst auf – und insofern ist die Auswahl natürlich keineswegs beliebig. In anderen Fällen repräsentieren bestimmte Songs eine ganz spezielle Musikrichtung oder -auffassung, sind aber grundsätzlich gegen vergleichbare Titel austauschbar: Statt Phil Collins' ⇨»Another Day In Paradise« wäre genauso auch »Against All Odds (Take A Look At Me Now)« desselben Künstlers denkbar, statt ⇨»Smoke On The Water« auch »Highway Star« oder statt ⇨»Road To Nowhere« auch »Psycho Killer«. Und ein anderer Autor hätte vielleicht statt ⇨»The Night They Drove Old Dixie Down« eher »The Weight« gewählt oder sich für »Billie Jean« oder »Bad« an Stelle von ⇨»Beat It« entschieden. In diesem Sinne ist die von mir getroffene Auswahl auch subjektiv.

Schon beim oberflächlichen Durchblättern fällt auf, dass ein großer Teil der Songs aus den sechziger und siebziger Jahren stammt, während spätere Zeiten schwächer vertreten sind. Dies ist nicht hauptsächlich in der individuellen Geschmackslage des Autors, sondern vielmehr in dem Fakt begründet, dass eben gerade die Sixties und Seventies die Zeit der großen *Songs* waren, während die achtziger und neunziger Jahre immer mehr zur Zeit der großen *Stars* wurden. Die Bedeutung des einzelnen Stücks trat in den späteren Jahren deutlich erkennbar in den Hintergrund, ein Marketing-gebügelter Starkult beherrschte zunehmend die Rockmusik. Die Musik ging immer mehr auf Nummer sicher und entfernte sich vom oft provokativen Wagemut der früheren Jahre – ein Aspekt, den auch der McCartney-Biograf Harald Martin in Hinblick auf die nach wie vor ungebrochene Faszination der Beatles hervorhebt, wenn er schreibt: »Die Kraft der Fab Four im 21. Jahrhundert speist sich nicht nur aus sich selbst heraus, sondern auch aus der Schwäche vieler zeitgenössischer Produkte. Es ist nicht weiter schlimm, wenn auch bedauerlich, dass weder in den achtziger noch in den neunziger Jahren irgend etwas tatsächlich Neues erschaffen wurde, wie das bis in die späten siebziger Jahre hinein so mächtig geschah. Schlimm ist, dass die Originalität im Umgang mit den vorhandenen Stilelementen oft zu wünschen übrig lässt.«[3] In ein ähnliches Horn stößt der langjährige Mitherausgeber des NEW MUSICAL EXPRESS, Ian MacDonald: »Moderne Songs – dominiert vom synthetischen Knallen des ständig wiederholten Off-Beats, der tyrannisch wie ein monströser industrieller Zeitmesser herunterkracht – sind in Regelwerke und Schablonen gezwängt, ihre harmonischen Bewegungen banal und vorhersehbar, den Gesangslinien fehlt jegliche eigenständige Melodie, sie sind fließbandartig zusammengeschustert aus vorgefertigten Melodie- und Textklischees.«[4] In vielen Fällen kann man schon nach wenigen Tönen erahnen, wie die folgenden Minuten klingen werden. Für das vorliegende Buch gilt es, einen Bogen zu schlagen, der in möglichst breitem Maße das weite Spektrum dessen umspannt, was sich in der Rubrik Rockmusik subsumieren lässt: von Chuck Berry und Ray Charles bis hin zu Madonna und Technotronic, von ⇨»Blowin' In The Wind«, ⇨»Yesterday« und ⇨»That'll Be The Day« bis hin zu ⇨»Smells Like Teen Spirit«, ⇨»Mambo No. 5« und ⇨»Rapper's Delight«.

Die Basis der Auswahl bilden vier fundamentale Bereiche der Rockmusik: Sixties und Flower-Power; »AOR« (der Begriff steht für »Adult-Oriented Rock« oder auch »Album-Oriented Rock«) der siebziger bis neunziger Jahre; Folk- und Country-Rock; schließlich der Bereich der Dancefloor-Musik mit Disco, Hip Hop, House, Rap und Techno. Diese vier Felder werden mit einem erheblichen Teil der Songs gespeist. Um sie herum gruppieren sich enger gefasste Stilrichtungen, die zwar meist in direkter Beziehung zu den Hauptbereichen stehen, die aber doch sehr viel Eigenständigkeit für sich in Anspruch nehmen: etwa Rhythm & Blues, Rock'n'Roll, Soul, Reggae, Westcoast-Rock, Deutsch-, Austro- und Italo-Pop, Hardrock und Heavy Metal, New Wave, Punk und Grunge. Auch diese Stilformen sind mit ihrem/n jeweils zentralen Song(s) vertreten. Ausdrücklich nicht aufgenommen sind Songs aus den Bereichen Blues, Boogie-Woogie, Jazzrock, Fusion sowie dem großen Feld der Schlagermusik. Doch die Grenzen sind fließend: Für den einen ist zum Beispiel »Take Me Home, Country Roads« noch ein – wenn auch sehr sanfter – Country-Rock-Song, für jemand anderen ist mit dem Lied die Grenze zum Schlager schon überschritten. Das Gleiche gilt für ein Stück wie »Je t'aime moi non plus«. Mein Kriterium: im Zweifel für den Song.

Die allermeisten der porträtierten Stücke haben nicht nur einen hohen künstlerischen, gesellschaftlichen oder symbolischen Status,

sondern konnten beim Publikum auch einen erheblichen kommerziellen Erfolg erzielen. Dieses Argument stand für die vorliegende
Auswahl allerdings nicht an erster Stelle. So findet sich eine Reihe
von Beispielen, wo ein programmatisch wichtiger Song eines Interpreten den Vorzug vor einem viel größeren Hit desselben Musikers
oder der gleichen Band bekam.

Zur Darstellung der einzelnen Songs

Einerseits soll jeder der porträtierten Songs so viel Individualität wie
möglich behalten – schließlich ist es ein Unterschied, ob es in einem
Lied um weltanschauliche Glaubensfragen, um beißende Sozial-
kritik oder um sinnenfrohen Sex geht. Andererseits erwartet man
von einem Song-Lexikon anders als von einer Essay-Sammlung mit
Recht, dass es in jedem Eintrag gewisse grundsätzliche Informationen und Fakten enthält, auch wenn dies zuweilen zwangsläufig
zu manchen stereotypen Wiederholungen führen mag. Im *Fließtext*
werden daher immer wieder die folgenden Fragen beantwortet: Wer
spielt den Song? Wovon handelt das Stück, und wie ist es musikalisch aufgebaut? Die Inhaltsangaben sind stets nur dann in Anfüh-
rungszeichen gesetzt, wenn die Textstruktur und die Erzählposition
des Originaltextes beibehalten sind. Keinesfalls handelt es sich dabei aber um wörtliche Übersetzungen, Sinn ist stattdessen vielmehr
die Übermittlung der Gefühlswelt des Originaltextes, seiner Atmosphäre.
Bei den Betrachtungen der musikalischen Struktur der Songs finden
sich häufig Hinweise auf das verwendete »Harmonie-Material«. Es
ist zwar im Rahmen dieses Buches nicht sinnvoll, die harmonischen
Bewegungen detailliert zu analysieren, zumal die überwiegende
Mehrheit der Songs in dieser Hinsicht recht einfach gestrickt ist:
Die meisten Rockstücke gehen nicht nennenswert über die drei
Akkordstufen Tonika, Subdominante und Dominante sowie deren
Moll-Parallelen hinaus. Mit den Akkordbezeichnungen soll jedoch
vor allem jenen zahlreichen Hobbymusikern etwas Hilfe und »Werk-
zeug« an die Hand gegeben werden, die sich die Stücke »durch
Heraushören« selbst erschließen wollen.
Den Abschluss des Fließtextes bilden zumeist Angaben zu Cover-
Versionen des jeweiligen Stückes. Im Gegensatz zum Jazz, wo die
Vielfalt der Interpretationsansätze eines einzelnen Titels im
Mittelpunkt des musikalischen Interesses steht, ragt in der Rock-
musik in der Regel *eine* Version eines Stückes besonders hervor, eben
die »gültige« und »klassische« Version. Daneben aber haben freilich
auch Fremd-Aufnahmen, abweichende Interpretationen und Um-

11

deutungen ihren ganz eigenen Reiz. In den meisten Fällen werden solche Einspielungen kurz erwähnt und stilistisch eingeordnet. Nur wenn dies durch eine eigenständige künstlerische Bedeutung innerhalb der Rockmusik begründet ist, werden die Varianten detaillierter vorgestellt. Die Aufzählung der Cover-Versionen erhebt keinesfalls den Anspruch, auch nur halbwegs vollständig zu sein. Viel wichtiger ist mir die stilistische Bandbreite der Interpretationen, deshalb gibt es hier regelmäßige Ausflüge in den Jazz, den Blues und in viele andere Musikbereiche, die nicht zum Rock gehören. Die Erwähnung einer Fremd-Version stellt als solches keine Empfehlung meinerseits dar, ich erlaube mir aber von Fall zu Fall, meine persönliche Meinung in Form einer Wertung einzubringen. Von den meisten der hier behandelten Hymnen gibt es so genannte Party- und Disco-Mixes, Dance-Samples und Hip-Hop-Verschnitte. Auf der anderen Seite des musikalischen Spektrums wurden viele der Songs auch – oft genug bombastisch überhöht – von großen Sinfonie-Orchestern eingespielt. Solche Varianten werden bei der Einzelbetrachtung bis auf wenige Ausnahmen grundsätzlich nicht besprochen, zumeist nicht einmal erwähnt.

Jeder Eintrag schließt mit einem *Infoteil* ab, der unter anderem Angaben zu Band-Besetzungen und Lebensdaten der Musiker beinhaltet. Außerdem findet der Leser eine Auswahl der Alben sowie der Single-Hits der entsprechenden Gruppe bzw. des betreffenden Musikers. Beide Rubriken sind allerdings auf maximal je fünf Nennungen beschränkt und stellen daher oft nur eine kleine Auswahl dar. Außerdem finden lediglich Single-Hits Erwähnung, die entweder in Deutschland, Großbritannien oder in den USA die Top-Ten der Hitparaden erreichten. Unter der Titel- und Komponistenzeile ist jeder Song in der Marginalie mit einer *Kurzinfo* ausgestattet. Darin finden sich Hinweise zur Erstveröffentlichung, zu Copyright und Rechteinhabern und die Nennung einiger Cover-Versionen, die im Fließtext etwas ausführlicher behandelt werden. Auch hier gilt: Sie sind keine Empfehlung, sondern stehen für die stilistische Bandbreite der Fremd-Versionen.

Den Song-Porträts ist eine *Kurze Geschichte der Rockmusik* vorangestellt. Sie will dem in der Rockmusik weniger bewanderten Leser eine knappe (und bei der Kürze zwangsläufig vereinfachende) Orientierungshilfe an die Hand geben, um die Einordnung der einzelnen Songs etwas zu erleichtern. Deshalb werden in sehr groben Pinselstrichen einige grundlegende Entwicklungslinien skizziert.

Im Anhang findet sich zunächst ein kleines *Lexikon der Fachbegriffe*. Das folgende *Literaturverzeichnis* will keinerlei akademischen Ansprüchen genügen, sondern führt ausschließlich jene Arbeiten auf, die konkret in das vorliegende Buch eingeflossen sind. (Wer tiefer in die Materie einsteigen möchte, findet im ROCK-LEXIKON eine über fünfzigseitige, vorbildlich gegliederte und teilweise kommentierte Bibliografie.) Bei meiner Arbeit waren mir drei Werke permanente und unentbehrliche Begleiter: erstens das soeben genannte ROCK-LEXIKON von Barry Graves, Siegfried Schmidt-Joos und Bernward Halbscheffel; ihm verdanke ich zahllose Informationen zu den Musikern und den geschichtlichen Hintergründen; zweitens das ROCK & POP LEXIKON von Frank und Ingrid Laufenberg, dem ich viele Lebensdaten der Musiker und Chart-Positionen der Single-Hits entnommen habe; und drittens die GREAT ROCK DISCOGRAPHY von M. C. Strong, die mir zahlreiche Angaben zu Besetzungen und Chart-Positionen von Singles und Alben geliefert hat.

Selbstverständlich ist auch das Internet gerade in puncto Rockmusik eine gute Informationsquelle, nahezu jede Band ist mit eigener Homepage und zahlreichen Fanclub-Seiten vertreten, die man über Suchmaschinen mehr oder weniger rasch finden kann. Für die Arbeit an diesem Buch habe ich vor allem die Dienste von http://www.google.de bemüht. Auch die Datensammlungen großer Online-Händler wie jpc, amg oder amazon liefern wertvolle Hinweise zu den Musikern und ihren Werken.

Dank

Es ist die angenehme Pflicht des Autors, einigen Verbündeten auf dem Weg zum Buch zu danken. Beim langen und intensiven Prozess der Song-Auswahl lieferten Peter »The Wild Thing« Hammans, Chuck Herrmann, Michael Lösch und Hans-Jürgen Schaal zahlreiche wertvolle Anregungen. Auch Carl-Ludwig Reichert hat mir gute Tipps zur Auswahl der Stücke gegeben und mich bei wichtigen Rock-historischen Fragen beraten. In Fällen von Textklippen und Übersetzungsschwierigkeiten halfen bereitwillig Claudia Brusdeylins, Angela Hafner, Hannelore Hartmann-Roeckelein, Corinna Steinbach und Margarete Stippig. Jürgen Geissler hat Teile des Manuskripts gelesen, ihm verdanke ich viele grundsätzliche Ideen.

Mein besonderer Dank geht an Jutta Schmoll-Barthel, die so viel mehr getan hat, als ihre Lektorinnenpflicht gewesen wäre. Der Satz »ohne sie würde es dieses Buch nicht geben« ist oft nur eine Floskel, hier stimmt er wirklich.

Der größte Dank schließlich gilt Conny Suttner. Sie hat nicht nur jede Zeile des Manuskripts gegengelesen und unzählige Verbesserungsvorschläge eingebracht, sondern mich auch in schwierigen und belasteten Phasen liebevoll unterstützt und begleitet.

In einem sehr viel allgemeineren Sinn bin ich meiner Mutter und meinem Vater dafür dankbar, dass sie meine Liebe zur Musik von klein auf gefördert haben. Auch in Phasen, in denen Musikgeschmack und vor allem die Vorstellungen darüber, in welcher Lautstärke sich die Darbietungen abspielen sollten, innerfamiliär heftig umstritten waren, konnte ich zumindest auf wohlwollende Toleranz zählen. Es ist für mich der traurigste Moment dieses Buches, dass mein Vater – an den »Planungsarbeiten« daran noch sehr interessiert – dessen Erscheinen nicht mehr erleben kann.

Ich hoffe, es gelingt mir, mein Ohr offen und tolerant zu erhalten und meine eigene Musikbegeisterung an die nächste Generation weiterzugeben. In diesem Sinne widme ich dieses Buch Manuela, der ich wünsche, dass viele Hymnen sie in ihrem Leben begleiten mögen.

Olaf Benzinger
Germering, 2002

Einführung:
Eine kurze Geschichte der Rockmusik

Wenn es schon sehr schwierig ist, den Begriff »Rockmusik« einigermaßen gültig zu definieren, so ist es ein völlig aussichtsloses Unterfangen, eine »richtige« Geschichte des Rock schreiben zu wollen. Welche Aspekte der Rockmusik wichtig sind und welche nicht, welche Stilformen prägend bleiben und welche eher nebensächlich, welche Entwicklungslinien bedeutend sind und welche ins Leere laufen – all das liegt letztlich im Auge und Ohr des Betrachters/ Zuhörers. So sei sich bitte der Leser (und freilich auch die Leserin) mit mir bewusst, dass die folgende knappe Zusammenfassung lediglich *meine* Interpretation einiger Gesichtspunkte des Rock darstellt. Viele Aspekte mussten bei der Knappheit das Raums ausgeklammert bleiben, aufgenommen wurde nur, was ich für die Einordnung der im Hauptteil des Buches folgenden Song-Porträts für unabdingbar halte.

Die Geschichte der Rockmusik beginnt zwar erst in den fünfziger Jahren, doch lässt sich ihre Entwicklung nicht verstehen, wenn man nicht einen Schritt zurück ins Jahr 1940 macht. Bis dahin war die populäre Musik »standardisiert«. Die ASCAP (American Society of Composers, Authors and Publishers) besaß so gut wie alle Aufführungsrechte der namhaften und prägenden Komponisten wie Cole Porter, George Gershwin, Irving Berlin oder Sigmund Romberg. Damit beherrschte sie de facto den Publikumsgeschmack in den USA, zumal sich die Rundfunkanstalten zunächst verpflichtet hatten, nur ASCAP-Produkte auszustrahlen.
Dies änderte sich jedoch im Jahr 1940, als die Musikverleger für sich und ihre Komponisten und Texter erheblich höhere Honorare von den Radiosendern verlangten. Die Rundfunkanstalten traten daraufhin fast ein Jahr in einen so genannten »ASCAP-Streik«. Für die Künstler und Orchester bedeutete dies, dass sie sich praktisch über Nacht ein neues Repertoire zulegen mussten, wenn sie nach wie vor im Rundfunk gespielt werden wollten. So ist beispielsweise überliefert, wie Duke Ellington im Frühjahr 1941 aus dem Stand ein komplett neues Programm aufbaute. Dies gelang ihm in einer Dauersitzung über mehrere Tage und Nächte mit Hilfe von Mercer Ellington, Billy Strayhorn und Johnny Hodges sowie einer nicht näher quantifizierbaren Menge schwarzblauen Brombeerweins.
Entscheidend an dem ASCAP-Streik war auf längere Sicht gesehen jedoch etwas anderes: Während die viele Jahre dominierende populäre Musik nun zwangsläufig etwas in den Hintergrund geriet,

15

kamen andere Musikrichtungen, die bislang dem Geschmacksmonopol der ASCAP zum Opfer gefallen waren, an die Oberfläche: Folk-, Countrymusik und vor allem die »Mutter (fast) aller Popmusik«:[1] der Blues. Nun schlug die große Stunde von BMI (Broadcast Music Incorporated) – von den Rundfunkgesellschaften bereits im Oktober 1939 als Konkurrenz zur ASCAP gegründet –, die in das entstandene Vakuum stießen und dem Publikum ein neuartiges populäres Programm anbieten konnten. Und dieses Programm bestand eben zu einem erheblichen Teil aus Hillbilly, Folk, Country und Blues. Als schließlich im November 1941 die ASCAP bei dem Tantiemenstreit klein beigeben musste, hatte sich der Musikgeschmack der breiten Zuhörerschaft so weit gewandelt, dass nun auch die ASCAP auf Vertreter dieser Musikformen nicht mehr verzichten durfte. Dies alles führte zwar nicht unbedingt zu einer qualitativen Verbesserung der populären Musik – in dieser Hinsicht waren Porter, Gershwin & Co. sicherlich unschlagbar –, aber zu einer enormen Verbreiterung des Musikangebots und damit zu einer radikalen Demokratisierung der damaligen Musikproduktion.

Nur vor diesem Hintergrund ist zu verstehen, dass in den fünfziger Jahren wie aus dem Nichts eine raue, wilde und mitreißende Mischung aus Country, City-Blues und Rhythm & Blues zunächst ganz USA erschütterte und schon bald der populären Musik in der gesamten westlichen Welt eine neue Richtung geben sollte: der Rock'n' Roll. Dessen Bestandteile hatten sich in den Jahren zuvor langsam, aber stetig in die Hörgewohnheiten des Publikums eingeschlichen. Die Countrymusik etwa entwickelte sich in den vierziger Jahren von einer ländlichen Volksmusik der Weißen hin zu einem Popstil, der zunehmend auch städtische Zuhörer ansprach. Die Songs waren harmonisch eher einfach, dabei sehr melodisch, und sie erzählten zumeist Geschichten aus der Perspektive des »kleinen Mannes«. Die Instrumentierung beschränkte sich häufig auf verschiedene Kombinationen von akustischer Gitarre, Dobro, Banjo, Fiedel und Akkordeon. Den Songs ist ein dominierender swingender Rhythmus zu Eigen, allerdings swingt dieser nicht – wie im Jazz üblich – *gegen* die Eins im Taktmaß, sondern *mit* der Eins (und der Drei im Viervierteltakt). Auch der Blues geht auf ländliche Volksmusiken zurück: auf die der amerikanischen Schwarzen. So unterschiedlich, wie die Lebenssituation der schwarzen Bevölkerung innerhalb der USA war, so bildeten sich auch verschiedene Bluesformen heraus. Noch heute unterscheidet man gängigerweise »Country-Blues«, »City-Blues« und »Rhythm & Blues«.

Der Country-Blues hat die wenigsten Spuren im Rock'n'Roll hinterlassen. Seine Hochburg ist vor allem das Mississippi-Delta. In den vierziger Jahren eroberte eine elektrifizierte Form des Delta-Blues eine Reihe der rasch wachsenden Großstädte der Vereinigten Staaten, allen voran Chicago. Kennzeichnend für diesen City-Blues war, dass die E-Gitarre als Hauptinstrument in den Vordergrund rückte, während sich der Country-Blues noch längere Zeit überwiegend auf die akustische Klampfe und häufig eine Mundharmonika beschränkte. Gemeinsam war beiden Bluesformen, dass sie die Basis bildeten, auf der die schwarze Bevölkerung aus ihren Erlebniswelten berichtete. In den Städten traf der City-Blues allerdings auch auf Musikformen, die vor allem Unterhaltungscharakter besaßen: Hot Jazz, Stomp und Boogie. Als Verschmelzungsprodukt dieser Begegnung entstand eine neuartige, vitale und treibende Tanz- und Unterhaltungsmusik, die ab dem Ende der vierziger Jahre »Rhythm & Blues« genannt wurde. Inhalte der Songs waren nun nicht mehr die Probleme des alltäglichen Lebens, sondern häufig und recht unverblümt: Sex.

Vor allem aber tat sich hier parallel zur weißen Popmusik – oft genug bloß schnulzige Schlagerdudelei – eine schwarze Alternative auf, die zugleich mit allen Normen der vorherrschenden Musik brach. Rhythm & Blues verband Gospel mit Blues, Boogie und Swing und integrierte darin die Erotik und Leidenschaft des Lebens im schwarzen Ghetto. Natürlich rief dies Eltern, Kirche und zahlreiche moralische Bedenkenträger auf den Plan. Kurt Rohrbach zitiert in seinem Buch ROCKMUSIK ein entsprechendes Plakat: »ACHTUNG! STOP! Rettet die Jugend Amerikas! Kauft keine Negerplatten. Hören Sie sich auch keine Negerplatten im Radio an. Die idiotischen Texte und die Urwaldmusik dieser Platten untergraben die Moral unserer weißen amerikanischen Jugend. Rufen Sie bei Firmen an, die in einem Rundfunksender werben, der solche Musik spielt, und beschweren Sie sich bei ihnen!«[2]

Heute mögen solche Aufrufe abstrus und lächerlich wirken, doch man darf nicht vergessen, auch in Deutschland war in diesen Jahren die Stimmung in solchen Punkten alles andere als tolerant. So galt es zum Beispiel geradezu als Sakrileg, auf Englisch zu singen. Selbst das sentimentale »Che Sera« von Doris Day lag in der Einschätzung vieler nicht weit von der »Negermusik« entfernt.

Die populäre Musik stand nun an der Schwelle zum Rock'n'Roll, es gab allerdings das Problem, den Rhythm & Blues vom schwarzen Ghetto-Image zu befreien. Der weiße New Yorker Rhythm-&-Blues-Discjockey Alan Freed prägte dazu den neuen Ausdruck »Rock'n' Roll«, zielte damit speziell auf Weiße ab und ermöglichte es so nun gerade ihnen, diese Musik selbst zu spielen.

Die Kehrseite dieser Umbenennung war allerdings, dass damit die schwarzen Wurzeln der Rockmusik verschüttet wurden, obwohl auch der Rock'n'Roll nicht mit den Weißen Bill Haley und Elvis

Presley begann, sondern mit den Schwarzen Little Richard, Fats Domino und vor allem Chuck Berry. Ganz generell kann man immer wieder feststellen: Die Rockmusik ist künstlerisch die Domäne der Schwarzen, wenn auch die größeren kommerziellen Erfolge der Weißen dem oberflächlichen Betrachter hier das Gegenteil suggerieren wollen. Barry Graves bringt es auf den Punkt: »Alles, was die Rockmusik heute [1989] ist, verdankt sie schwarzen Künstlern aus den US-Südstaaten, amerikanischen Großstadt-Ghettos und der karibischen Region – vom ersten Elektro-Gitarristen T-Bone Walker bis zu den Rap-Artisten aus der Bronx, aus Los Angeles und Miami, die allein es heutzutage verstehen, der Rockmusik ein Gefühl von Drama, Leidenschaft, Risiko und Glaubwürdigkeit zu geben. Schwarze Musik war nie bloß Feierabend-Fez, Zeitvertreib-Beat, Rebellen-Randale, um die Eltern zu erschrecken. Schwarze Musik machte als Gospel Hoffnung auf Erlösung von Erniedrigung und Ausgestoßensein, artikulierte als Blues Schwermut, Verzweiflung, Hass und unterdrückte Sehnsucht einer Ghetto-Existenz, löste im Jazz Underdog-Gefühle in ekstatischen Synkopen auf, vermittelte im Soul neues schwarzes Selbstbewusstsein und machte im Rap die Rechnung für die seit zweihundert Jahren anhaltende Diskriminierung auf.«[3]

Dies zeigt sich bereits sehr deutlich beim Rock'n'Roll: Zwar stammten die ersten Top-Seller von Bill Haley (⇨»Rock Around The Clock«) und Elvis Presley (»Heartbreak Hotel«, »Hound Dog«, ⇨»Jailhouse Rock«), doch es war Chuck Berry, der mit ⇨»Roll Over Beethoven« die inhaltlich programmatische Parade-Nummer schuf. Auf selbstbewusst freche Weise setzte er ein deutliches Zeichen: Beethoven und Tschaikowsky sind Vergangenheit, die Zeit ist über sie hinweggegangen; jetzt – das ist der Rock'n'Roll!

Und genau dieser bestach in den Fünfzigern hauptsächlich durch seine Wildheit und sein neues, freies und unbekümmertes Lebensgefühl, seinen aggressiven und aufreizenden Sound, durch seinen lässigen Umgang mit Sex und Lebenslust. Die Besetzung der Bands bestand recht stereotyp aus Schlagzeug, Bass und E-Gitarre(n), dazu manchmal ein Klavier, ein Saxofon und/oder eine Bläsersektion. Die Musik blieb dabei relativ schematisch, und die Musiker versuchten gar nicht erst, den Rock'n'Roll über den Charakter einer Tanzmusik hinaus weiterzuentwickeln – Rock als Kunst, das sollte erst in den Sechzigern und Siebzigern ein Thema werden. Diese innere Unbeweglichkeit führte rasch dazu, dass der Rock'n'Roll in Reinform schon bald seinen Zenit überschritt. Überspitzt kann man feststellen: Am Ende der Fünfziger war der Rock'n'Roll faktisch tot – Buddy Holly war gestorben, Chuck Berry saß im Knast, Bill Haley zitierte sich nur noch selbst, Elvis Presley wurde in die Armee eingezogen und Little Richard war unter die Prediger gegangen. Und doch! Der Rock'n'Roll hatte etwas in Bewegung gesetzt, was sich nicht mehr aufhalten ließ.

Natürlich schwappte diese Musik auch nach Europa herüber, doch zunächst kam man hier über ein bloßes Imitieren nicht hinaus. Aber auch bloßes Nachspielen war nicht einfach, da der Musiker im Grunde aus seiner europäischen Tradition heraus in ein afro-amerikanisches Musikambiente wechseln musste, um eine Blues- oder Rock-Phrase angemessen ausdrücken zu können. Das bedeutet: Er hatte seine Identität ein großes Stück weit zu öffnen und mit einem »farbigen Feeling« zu erweitern. Dieser Prozess fiel Kindern von Angehörigen unterer Gesellschaftsschichten ganz offensichtlich viel leichter als ihren saturierten und damit weniger experimentierfreudigen, akademisch geprägten Altersgenossen. Sie waren zweifellos in viel höherem Maße bereit, sich auf unerforschte Pfade zu begeben und auf diese Weise eine neue, sehr eigene Stimme zu suchen. Und so war Rock'n'Roll – in Amerika wie in Europa – überwiegend eine »proletarische Musik«. Als in England Ende der fünfziger Jahre junge Leute darangingen, den eigenen britischen Skifflestil mit dem Rock'n'Roll zu verbinden, waren es vorwiegend Arbeiterkinder – und zwar aus *der* englischen Arbeiterstadt: Liverpool. Die Melange aus Proletariat, Blues, Skiffle und Rock'n'Roll brachte das – neben Bob Dylan – wichtigste Einzelphänomen der Rockmusik zumindest der sechziger Jahre hervor: die Beatles – für viele sogar die wichtigste Popgruppe aller Zeiten.

Den Musikstil, den sie zusammen mit anderen Gruppen wie den Tremeloes, den Searchers oder den Pretty Things in England kreierten, nannte man »Beat«. Die neue Bezeichnung diente nicht zuletzt auch dem Zweck, sich ein Stück weit von der amerikanischen Tradition abzusetzen. Das Konzept ging auf, kurioserweise auch in den USA, wo man ab 1964 von einer regelrechten »British invasion« bzw. »beat invasion« sprach – mit den Beatles als prominentestem Zugpferd. Erst in der zweiten Hälfte der sechziger Jahre wurde auch in Europa der amerikanische Begriff »Rock« übernommen. Die frühe Beatmusik war wie der Rock'n'Roll in vielen Fällen etwas monochrom, fixiert auf standardisierte Besetzungen und häufig relativ einfache und vorhersehbare Songstrukturen. Doch der entscheidende Unterschied zum Rock'n'Roll: Die Beatmusik war experimentierfreudig, ambitioniert und inhaltlich engagiert. Die Musiker wollten über die Welt, in der sie lebten, etwas aussagen, wie es Bob Dylan einmal formulierte.

Dies führte in der zweiten Hälfte der Sixties innerhalb ganz weniger Jahre dazu, dass sich aus einer nicht selten belanglos trivialen Unterhaltungsmusik eine qualitativ hoch stehende Kunstform herausbildete, die den Vergleich zu anspruchsvollem Jazz nicht zu scheuen brauchte. Die Musik »explodierte« förmlich, sprengte die klanglichen und interpretatorischen Rahmenbedingungen alles Dagewesenen, jedes neue Album einer kreativen Band wurde zu einem spannenden Kulturerlebnis. Selbst Stichworte können nicht ausreichen, die ungeheure Vielfalt zu dokumentieren, die sich in kürzester Zeit auftat und alle Hörgewohnheiten des Publikums von Grund auf umkrempelte: Man denke nur an die Sprachgewalt Bob Dylans, mit der er poetische Lyrik in die Hitparaden brachte; an die bizarren Klang-Collagen der Beatles, die mit Stücken wie »Tomorrow Never Knows«, »A Day In The Life« oder »Revolution 9« forsch und unbekümmert die Grenze zur Avantgarde überschritten; an die raffinierten Partituren und Strukturen der Songs von Frank Zappa und seinen Mothers Of Invention, die im Rock gleichermaßen wie im experimentellen Jazz wurzelten; an Gruppen wie The Band oder Greatful Dead, die den politisch grundsätzlich eher »linken« Rock mit der eher »rechts« anzusiedelnden Countrymusik verbanden und mit dem daraus entstandenen Country-Rock einen völlig neuen Raum der populären Musik betraten; oder man denke an die endlosen Improvisations-Darbietungen der Cream, die in ihren Konzerten im Stile bester Jazz-Tradition die tonalen Möglichkeiten ihrer im Grunde sehr einfachen, Blues-orientierten Stücke bis in die letzte Verästelung ausloteten. Weitere federführende Bands waren die Rolling Stones, The Blues Project, The Doors, Jefferson Airplane, The Byrds, The Animals, The Mamas & The Papas, Captain Beefheart, Buffalo Springfield, Jimi Hendrix, Pink Floyd, Ray Charles, James Brown, The Kinks, Janis Joplin, The Who, Traffic oder Santana, um nur einige der allerwichtigsten Namen zu nennen. Rockmusik war nun nicht mehr nur Tanzmusik für die Jugend, sondern wurde auch vom Establishment wahr- und ernst genommen, betrat die Bühne der Feuilletons und Musikseminare. In jenen Zeiten, in denen in zahlreichen europäischen Städten Studentenunruhen zu bürgerkriegsähnlichen Zuständen führten und sich in Amerika ein jugendlicher Massenprotest gegen den Vietnamkrieg formierte, wurde alles, was neu und aufrührerisch, ja revolutionär war, intensiv beobachtet und kommentiert – und entweder in den Himmel gepriesen oder in die Hölle verdammt.

Unmittelbar mit dem politischen Erwachen der Jugend ist die Entstehung der riesigen Rockfestivals verbunden. Zu Hunderttausenden trafen sich junge Menschen, die von einer sehr eigenen Mischung aus Lebenslust und Massenprotest, Liebesvisionen und Revolutionserwartungen, Musikgenuss und fast kindlichem Ausflippen getragen wurden. Und über allem lag wie ein Schleier der süßliche Duft der zahllosen Haschisch- und Marihuana-Joints. Große und legendäre Festivals waren 1967 das Monterey Pop Festival, dann 1968 das in den Folgejahren wiederholte Festival auf der britischen Insel Isle Of Wight und schließlich als – bis in die heutigen Tage – verklärter Höhepunkt im Sommer 1969 das Woodstock Festival. Die Festival-Euphorie bekam noch im Dezember desselben Jahres einen entscheidenden Dämpfer, als auf dem Altamont Festival zum einen der schon in Woodstock gravierende Drogenmissbrauch geradezu dramatisch wurde. Vor allem aber kam es zu einer Eskalation von Gewalttätigkeiten, die durch das Verhalten der als Ordnungstruppe engagierten Rocker-Clique Hell's Angels noch zusätzlich angeheizt wurde. Trauriger Höhepunkt der zunächst als Love-&-Peace-Happening geplanten Veranstaltung: Vor den Augen von Mick Jagger erstach einer der Rocker den Schwarzen Meredith Hunter direkt an der Bühne. Spätere Festivals hatten – bis auf Wohltätigkeitsveran-staltungen wie das »Live-Aid-Concert« (siehe hierzu auch den Eintrag zu ⇨»We Are The World«) – kaum noch politische Motive, sondern verfolgten primär das Ziel, riesigen Publikumsmengen ihre Stars zu präsentieren. Von dem Bedürfnis, in möglichst großen Massen die Welt auf eine (nicht nur) musikalische Revolution auf-merksam zu machen, waren diese späteren Veranstaltungen weit entfernt.

In einer Fernsehdokumentation im Frühjahr 1967 charakterisierte Leonard Bernstein den kulturellen Umschwung in den sechziger Jahren so:»Hören Sie auf die Verse der neuen Songs, sie haben etwas mitzuteilen. Sie sind Ausdruck des Denkens von Millionen junger Leute. Sie drücken ihre Empfindungen über viele Themen aus: Bür-gerrechte, Frieden, Entfremdung, Mystizismus, Rauschgift und vor allem Liebe. Ich glaube, dies alles ist ein Teil eines Umbruchs, der nun schon fünfzig Jahre andauert. Aber nun kontrolliert die Jugend ein Massenmedium, die Schallplatte. Die Musik auf Platten mit all ihrem Lärm und ihren kühlen Texten macht uns unsicher, aber wir müssen sie ernst nehmen. Indem wir auf sie hören, können wir viel-leicht etwas über unsere eigene Zukunft lernen.«[4]

Bernstein spricht die Bedeutung der Schallplatte für die Rockmusik an, und es ist festzuhalten: Rockmusik *ist* Schallplattenmusik. Die Schallplatte ist das Maß der Dinge, sie ist die akustische Vorlage für Konzertprogramme, und sie ist das Medium für die weltweite Verbreitung der Musik. Konzerte sind wichtige PR- und Marketing-Events, aber die Schallplatten – heute weitgehend abgelöst durch die CDs – sind das »Herzstück der Rockmusik«,[5] das als kultureller Botschafter die gleiche Musik der gleichen Künstler in China wie in Ägypten, in der Schweiz wie in Kanada, in Australien wie in Argenti-nien zum Klingen bringt – politische Restriktionen vor Ort einmal außer Acht gelassen. Daneben bringt die Fixierung des Rock auf einen Tonträger natürlich auch die Möglichkeiten eines gigantischen Geschäfts mit sich. Die Plattenindustrie wurde zu einem weltweit bedeutsamen, milliardenschweren Wirtschaftszweig, und der überwiegende Großteil ihrer Produkte bediente das Rock-Publikum.

Mit der Bedeutung der Schallplatte stieg selbstverständlich auch die Bedeutung ihrer Produktion im Tonstudio. In den fünfziger und frühen sechziger Jahren gingen die Bands in ein Aufnahmestudio, spielten im Laufe von ein oder höchstens zwei Tagen ihre Lieder auf Band, und fertig war das Ganze. Mitte der sechziger Jahre hielten Mehrkanal-Tonbandgeräte Einzug in die Studios, das heißt Aufnahmegeräte, auf denen unabhängig voneinander verschiedene Tonspuren parallel aufgenommen werden können, um dann bei der so genannten Endabmischung zu einem Mono- oder Stereosignal zusammengefügt zu werden. Die Geräte hatten zunächst vier oder acht Spuren, doch rasch nahmen die Bandmaschinen mit 64 und mehr Tracks gigantische Ausmaße an.

Für die Musik bedeutet dies zum einen, dass der kollektive Gruppensound einer Eins-zu-Eins-Aufnahme zunehmend einer musikalischen Patchwork-Bastelei wich. Wichtiger noch ist aber ein zweiter Punkt: Der *natürliche* Sound der Instrumente musste nicht mehr so realistisch wie möglich reproduziert werden, da sich ein modernes Studio in hohem Maße zur Produktion *neuer* Klangbilder anbot. Kurz gesagt: Das Studio wurde selbst zu einem eigenständigen Instrument. Frühe Meisterwerke dieser neuen Produktionsweise waren PET SOUNDS von den Beach Boys sowie REVOLVER und SGT. PEPPER'S LONELY HEARTS CLUB BAND der Beatles. Seit den siebziger Jahren ist das Verfahren so verbreitet, dass eine Kollektiv-Einspielung schon fast zum exotischen Marketing-Argument wurde (vergleichbar mit der britischen Band Queen, die ihr 1977er Album NEWS OF THE WORLD in den Liner-Notes stolz zur Synthesizer-freien Zone erklärte).

Zu Beginn der siebziger Jahre begann schleichend ein Prozess, der dann vor allem in den Achtzigern und Neunzigern vollends zum Ausbruch kam: die Entwicklung einzelner Musiker hin zu »Superstars«. Freilich waren etwa auch die Beatles oder die Rolling Stones in den früheren Sixties so etwas wie Superstars ihrer Zeit, füllten Stadien und erzeugten Massenhysterien. Doch waren die einzelnen Musiker im Grunde immer noch mit ihrem proletarischen Ursprungs-Ambiente verbunden, befanden sich nahezu unablässig auf Tournee oder nahmen Platten auf. Und sie spielten sicher nicht nur des Geldes wegen, sondern auch aus Spaß am Musizieren. Nicht zuletzt durch die rapide gestiegenen Verdienstmöglichkeiten im modernen Plattengeschäft erlangten die großen und berühmten Musiker aber schnell einen völlig unverhältnismäßigen Reichtum, der sie von ihren Wurzeln abschnitt und in ein Luxusleben führte, das mit der Lebensform ihres Publikums nichts mehr gemein hatte.

Eine kleine Szene mag diesen Wandel, der hier seinen Ausgang nahm, vielleicht am besten verdeutlichen: Ende der sechziger Jahre gab es im Londoner Stadtteil Soho den Bag O'Nails Club. Es war ein beliebter Musiker-Treff: An den meisten Abenden war mindestens einer der Beatles und auch einer der Rolling Stones anwesend, Long John Baldry sowieso und Jimi Hendrix häufig, wenn er seine Freundin in der britischen Hauptstadt besuchte. Daneben hatten auch zahlreiche unbekannte Musiker und ein »ganz normales« Publikum Zutritt zu dem Etablissement. So blieben die Topstars ihren Ursprüngen verbunden. Man stelle sich nun vor, wie in einer gemütlichen Kneipe irgendwo in New York oder sonstwo in den Achtzigern regelmäßig Madonna, Sting und sagen wir Phil Collins oder Prince ihren Wein oder ihren Whiskey trinken würden. Wahrscheinlich wäre es leichter, eine Privataudienz beim Papst oder Zutritt zum Weißen Haus zu erhalten, als in diesen illustren Kreis zu gelangen.

Ganz allmählich wurden die Musiker zu Geschäftsleuten, ihre Bands zu Wirtschaftsbetrieben, ihre Songs zur Ware und die ganze Rockszene zum Big Business. Das heißt nicht unbedingt, dass die Musik deshalb vordergründig schlecht wurde, im Gegenteil. Viele der Musiker waren »gute« Geschäftsleute, die Wert auf »gute Ware« legten. Mit den rapide wachsenden neuen Möglichkeiten der Studiotechnik waren sie in der Lage, technisch hochwertige Produkte vorzulegen. Aber der bilderstürmerische Ehrgeiz der Sechziger, die selbstbewusste Haltung der Jugend, die unbekümmert alle Konventionen über den Haufen warf, war Anfang der Siebziger plötzlich verflogen. Wenn man, um ein Bild zu bemühen, die Zeit des Rock 'n' Roll als Kinderstube der Rockmusik betrachtet, dann ist die stürmische Phase der Sixties das Äquivalent der aufbegehrenden, neugierigen Jugend. Nun, in den siebziger Jahren, wird die Rockmusik erwachsen.

Bestimmt war es kein geringer Schock für die Rockszene, dass in kürzester Zeit vier ihrer größten Ikonen »starben«: Die Beatles trennten sich im Streit, Jimi Hendrix, Janis Joplin und Jim Morrison erlagen ihrem exzessiven Lebenswandel. Doch auch die Überlebenden wurden stumm, wie sich Eric Clapton in dieser Zeit einmal äußerte: »Wir haben eine Fülle begabter Instrumentalisten, aber niemanden, der ihnen eine neue Richtung zeigt. Seit Monaten sitzen wir herum und warten auf einen neuen Anführer, jemanden wie Bob Dylan oder John Lennon, dem wir folgen könnten; aber es kommt niemand, und die Großen von gestern schweigen.«[6] Die begabten Instrumentalisten mussten noch lange herumsitzen und warten, bis ein neuer Anführer kam – bis ins Jahr 1976, um genau zu sein –, bis dahin produzierten sie qualitativ hoch stehenden, perfekt (zuweilen *zu* perfekt!) produzierten Rock. Doch seine soziale Bedeutung und seine gesellschaftliche Kraft hatte er eingebüßt, woran auch die breite musikalische Vielfalt einer neuen Riege von Stars nichts änderte.

Blickt man auf die Rockmusik der siebziger Jahre insgesamt, so stechen zwei Merkmale ins Auge: erstens die enorme Ausdifferenzierung der verschiedenen Musikstile, und zweitens die allmähliche Dominanz eines im Grunde völlig neuen Musikinstruments, des Synthesizers. Zwar gab es schon in den sechziger Jahren einige Exemplare dieses rein elektronischen Klangerzeugers: Eines der ersten populären und erfolgreichen Alben, auf dem er konsequent zum Einsatz kam, war die letzte LP der Beatles, ABBEY ROAD. Doch für den »normalen« Gebrauch war das Instrument zu teuer, zu umständlich in der Bedienung und viel zu kompliziert.

Aber nicht nur die Plattenindustrie witterte in den Siebzigern Morgenluft, sondern auch die Unterhaltungselektronik mit ihren Produkten. In sehr kurzer Zeit wurden immer neue Versionen von Synthesizern und anderen Tasteninstrumenten herausgebracht, mit denen so gut wie jede Klangfarbe auf elektronischem Weg imitiert werden konnte. Dies eröffnete in Verbindung mit den ohnehin beträchtlich gewachsenen Studiomöglichkeiten und ihren neuartigen Verfremdungseffekten ein ungeahntes Potenzial an Klangvarianten, die selbst die gewagtesten Experimente aus den Sechzigern als liebliche Popmusik erscheinen ließen.

Sicherlich trug die Sound-Vielfalt maßgeblich zur bereits genannten Ausdifferenzierung der unterschiedlichen Auffassungen von Rockmusik bei. Da gab es Interpreten, die ihre Alben als groß angelegte Musikkonzepte verstanden – stellvertretend für viele seien hier nur Pink Floyd und Mike Oldfield genannt. Andere Gruppen wie etwa Led Zeppelin, Deep Purple, Uriah Heep oder AC/DC versuchten dagegen, in ihrem Hard- und Power Rock die brachiale Kraft der Rockmusik (wieder-)auferstehen zu lassen. Wieder andere Bands changierten zwischen klassischer E-Musik und Rock-Elementen, besonders gelungen waren diese Versuche bei Ekseption, Emerson, Lake & Palmer, bei Jethro Tull und Genesis. Die Gruppe The Who erregte mit zwei Rockopern großes Aufsehen, mit TOMMY und mit QUADROPHENIA, wobei die Klassifizierung »Oper« etwas täuscht, da es sich bei beiden Alben um eine – wenn auch inhaltlich stringente – Aneinanderreihung von Einzelsongs handelt.

In den siebziger Jahren halten erstmals auch karibische Klänge Einzug in die Rockmusik, vor allem Bob Marley wird mit seinen

Wailers einer der meistbeachteten Musiker jener Zeit. Doch der Rock sog nicht nur Einflüsse von außen auf, sondern strahlte auch selbst in andere Musikbereiche aus, vor allem in den Jazz. Die Mixtur, »Fusion« oder »Jazzrock« genannt, fand in den Siebzigern in Miles Davis, Billy Cobham, John McLaughlin und Herbie Hancock ihre größten Meister. Allerdings ist diese Musik sehr viel mehr dem Jazz als dem Rock zuzuordnen, so dass sich keine Titel aus dieser Musikrichtung im Songteil dieses Buches finden.[7] Schließlich bildet sich in der zweiten Hälfte des Jahrzehnts mit dem Disco eine sehr eigenständige Dancefloor-Musik heraus, die – vom Mainstream-Publikum teilweise nur sehr abschätzig bewertet – mit ihren Protagonisten Donna Summer, den Bee Gees, Boney M. oder der schwedischen Formation ABBA weltweite Siegeszüge durch die Hitparaden startete.

Doch der neue »Anführer«, von dem Eric Clapton oben sprach, kam aus einer Ecke, wo ihn die mittlerweile höchst arrivierte Rockwelt wohl am wenigsten vermutete, aus der Londoner Subkultur. Er hieß John Lydon, nannte sich Johnny Rotten und legte mit seiner Band The Sex Pistols eine Musik hin, die den No-Future-Kids in der zweiten Hälfte der Seventies aus der Seele sprach: Punk. Dieser ist letztlich eine pfiffige Konstruktion aus Musikstil, Lebensgefühl und Outfit. Dabei wäre es fast ein Euphemismus, den neuen Sound »nur« als rau und ungeschliffen zu bezeichnen, denn es ist Musik mit wenig Bewusstsein für musikalische Qualität, ohne technische Ambition, im Wesentlichen nur laut und lärmend. Doch das Feuer dieser Musik wie der gesamten Bewegung loderte so heftig, dass eine ganze Generation darin brannte und dass etablierte Gruppen wie die mittlerweile zu höchster Perfektion aufgelaufenen Yes, Genesis oder Pink Floyd ganz schön alt aussahen.

Im Grunde drehte der Punk das Rad der Geschichte zurück in die Anfangszeiten des Rock'n'Roll, in dem musikalische Kunstfertigkeit ebenfalls einen sehr viel geringeren Stellenwert besaß als die Übermittlung eines Lebensgefühls. Das Lebensgefühl des Punk war nun eben von der Perspektivenlosigkeit der jungen Leute geprägt und dementsprechend aggressiv, destruktiv und nihilistisch. Genauso wie die Musik, die nun wahrlich jeden »Nicht-Punk« in die Flucht schlug, gab sich die Szene auch äußerlich: Schrill gekleidet, mit Nadeln und Rasierklingen als Schmuck-Accessoires behängt und mit provozierendem Auftreten taten sie alles, um den sprichwörtlichen braven Bürger zu schocken. Wie der Rock'n'Roll war auch der Punk mit seinen Hauptvertretern The Sex Pistols, The Jam und The Clash nur eine kurzlebige und hauptsächlich sozial wirkende Erscheinung. Gerade deshalb waren die Szene und ihre Musik aber die wichtigste Bereicherung »von unten«, eine Bereicherung, auf die der Rock auf Dauer nicht verzichten kann und die zur Inspirationsquelle für stilistisch und musikalisch vielseitigere Richtungen wie den New Wave der achtziger Jahre wurde. Dieser Musikstil, der mit Gruppen und Interpreten wie The Ramones, Talking Heads, Mink DeVille oder Graham Parker am prominentesten besetzt ist, wiederholt im Grunde die künstlerische Verfeinerung des Rock'n' Roll durch die Beatmusik, allerdings mit dem Unterschied, dass nun nicht mehr wie in den Sixties neue Pfade beschritten wurden, sondern die Musik letztlich vorhersehbar blieb.

Die achtziger Jahre waren aber nicht primär die Jahre des New Wave, sondern die Zeit der absoluten Giga-Stars sowie einer neuartigen schwarzen Tanzmusik, die aus den Clubs in Harlem oder der Bronx heraus einen weltweiten Siegeszug starteten. Zunächst zu den Stars: Von cleveren Marketing-Strategen zu unerreichbaren Ikonen aufgebaut, beherrschten sie den Großteil des kommerziellen Mainstream-Rockprogramms der öffentlichen und privaten Sender und dominierten die Hitparaden. Manche ihrer Songs waren ausgesprochen gute Rockstücke, die zu bleibenden Melodien wurden und die auch in dieses Buch ihren Weg fanden. Vor allem war die Musik perfekt und makellos produziert.

Doch bei Licht betrachtet gehen all diese Songs weder klanglich noch strukturell über das hinaus, was sich auch schon in den siebziger Jahren finden lässt: Da mag Michael Jackson in einigen seiner Stücke eine gelungene Brücke zwischen schwarzer und weißer Musik bilden; da mögen Phil Collins oder Chris de Burgh ohrwurmartige Melodien ersinnen; da mag Prince ein paar musikalische Experimente wagen – was ihm dann postwendend den Titel »Jimi Hendrix der achtziger Jahre« einbringt; da mögen Hardrock-Gruppen wie Kiss einen noch etwas aggressiveren und schneidenderen Sound für die Lead-Gitarre finden; da mag Madonna ihren sexgetränkten Materialismus zum Kult erheben; da mögen Sting oder die Eurythmics manch vertrackte rhythmische oder melodische Wendung in ihre Musik einbauen und Tina Turner, Whitney Houston oder Stevie Wonder ihren ganz individuellen schwarz-weißen Rocksound zelebrieren – bei alledem fehlt das letzte Glühen in der Musik. Man fühlt sich unweigerlich an Frank Zappa erinnert, der schon in den vergleichsweise unschuldig-jungfräulichen Sechzigern dem Rock vorwarf: »we're only in it for the money«.

Neue Impulse und Klänge stammten nicht von den großen Stars, sondern von zahlreichen schwarzen DJs in New York, die mit Rap, Hip Hop und House Music eine neue Auffassung von Tanzmusik anstießen. Ihre Darbietungen bestanden nicht aus konventionell komponierten Songs mit Harmonie, Rhythmus und Melodie, sie verwendeten stattdessen oft bereits bestehende Funk- und Soundmuster, die sie entweder mittels parallel geschalteter Plattenspieler manuell übereinander blendeten oder durch die allmählich auf den Markt kommenden Sampling-Geräte auf elektronischem Weg neu erstellten. Über einer so entstandenen rudimentären Basisspur »rappt« der Interpret, das heißt, er plappert und quasselt in einem ganz eigenen Szenejargon. Mal sind die Texte urkomisch, mal sind sie Unsinn, mal geht's um die Nöte junger Leute im urbanen Dschungel, oft geht's um Sex und oft auch um eine großspreche-rische Verherrlichung von Gewalt. Entscheidendes Kriterium des Vortrages ist die rhythmische Koppelung mit dem Basistrack, die zu-sammen eine Mischung ergibt, die außerordentlich bewegungssti-mulierend ist und der man sich kaum entziehen kann. Die Rap-Hip-Hop-House-Szene ist reich an Interpreten, die über eine regionale Bekanntheit nie hinauskamen. Einem größeren Publikum wurden Formationen wie die Sugar Hill Gang, L.L. Cool J, die Beasty Boys, Grandmaster Flash And The Furious Five, Public Enemy oder die Girlie-Rapperinnen Salt'n'Pepa bekannt.

Rap führte auch zu einem Aspekt der Rockmusik in den Achtzigern, der für die Entwicklung des Rock insgesamt eher nebensächlich war, aber aus deutschem Blickwinkel doch erwähnenswert ist: Deutsche und österreichische Rockmusik betrat zumindest für kurze Zeit und mit wenigen Titeln das internationale Parkett. Künstler wie Falco nahmen Rapmuster auf und kombinierten sie in Titeln wie ⇨»Der Kommisar« oder »Rock Me Amadeus« mit eigenen Stilelementen. Zwar hatte es schon seit den sechziger Jahren eine eigenständige Rocktradition in Deutschland gegeben, doch die Interpreten folgten entweder streng den britischen Vorbildern – die Lords etwa oder die Rattles –, oder sie gingen eigene, meist experimentellere Wege – Floh de Cologne oder Amon Düül –, erreichten damit aber nur ein Randpublikum. In den Siebzigern konnten Nina Hagen, Peter Maf-fay und Gruppen wie Kraftwerk, The Can, Tangerine Dream oder Udo Lindenbergs Panik-Orchester beachtliche nationale Erfolge landen. Doch in den achtziger Jahren kamen Peter Schilling, Nena, Extrabreit und einige andere Interpreten aus der so genannten »Neuen Deutschen Welle« mit ihren Hits auch in Großbritannien und in den USA zu respektablen Chart-Erfolgen. Auch ambitionier-tere Musiker wie Wolfgang Niedecken mit seiner Kölner Band BAP oder Herbert Grönemeyer wurden weit über die Grenzen Deutsch-lands hinaus wahrgenommen.

Vieles, was über die achtziger Jahre gesagt wurde, gilt auch für die Neunziger. Die Gigantomanie und Monstrosität der arrivierten Superstars nahm ungeheure Ausmaße an. Schmidt-Joos zitiert einen Artikel der NEW YORK TIMES vom 7. August 1994, in dem Aufwand und Umsatzerwartung der Rock-Dinos Pink Floyd, Eagles und den

Rolling Stones bei ihren jeweiligen Welttourneen miteinander verglichen werden. Pink Floyd: 200 Personen, 51 Trucks, Kartenpreise zwischen 22 und 75 Dollar, Einnahmen 103,5 Millionen; die Eagles: 166 Personen, 42 Trucks, Kartenpreise zwischen 37,50 und 140 Dollar, Einnahmen 150 Millionen; die Rolling Stones: 285 Personen, 56 Trucks, Eintritt zwischen 25 und 50 Dollar, Einnahmen aus Eintritten inklusive Souvenir-Verkäufen insgesamt 300 Millionen Dollar – und das alles nur in den USA. Es lohnt auch ein Blick auf das Durchschnittsalter der Musiker. Pink Floyd: 49, Eagles: 46, Rolling Stones: 51. Der klassische Mainstream-Rock, der immer noch für die größten Umsätze zeichnete, war endgültig keine Jugendmusik mehr.

Sicher kamen andere Stars mit etwas geringerem Aufwand aus – an ihrer Big-Business-Orientierung ändert das wenig. Auch der Musik der Neunziger-Ikonen wie Sinéad O'Connor, Depeche Mode oder Oasis fehlte oft die Bodenhaftung. Außerdem wurden die Band-Karrieren immer kurzlebiger, mit anderen Worten: In immer kürzeren Zeiten galt es immer mehr zu verdienen. Besonders augenfällig wurde diese Strategie bei nach Marketing-Kriterien zusammengestellten Formationen wie den Spice Girls oder den Back Street Boys. Eine weitere, neuartige Vermarktungsschiene unterstützte diesen Prozess in nicht für möglich gehaltenen Dimensionen: die Verbreitung der Musikprodukte als Video-Clips in TV-Musiksendern wie MTV oder VIVA. Damit stieg der Einfluss der visuellen Massenmedien enorm – eine Entwicklung, die einem innovativen und experimentierfreudigen Musikverständnis nicht unbedingt förderlich war. Der Song »Video Killed The Radio Star« von den Buggles behandelte dieses Thema, konnte aber Anfang der achtziger Jahre noch nicht wissen, wie Recht er haben sollte. (Kurioserweise war der Nummer-Eins-Hit das Eröffnungsvideo von MTV.)

Neben dem Mainstream-Rock steht der Dancefloor-Bereich, der durch die Techno-Musik zwar eine neue, aber nicht unbedingt erfrischende Komponente hinzubekam. Die Musik wurde immer weiter zu elektronischen Clustern, eintönigen Rhythmus-Patterns aus der Drum-Box und einem monoton blubbernden Bass aus dem Synthesizer reduziert. Einziger Sinn des Techno war und ist, die Leute in möglichst großen Massen zum Tanzen zu bringen. Techno polarisiert das Publikum, und es gibt berechtigte Vorbehalte gegenüber diesem Stil. Doch man darf der Bewegung zugute halten, dass sie bei aller Schrillheit und scheinbarer Aggressivität der Musik auf sehr friedfertige Weise die Massen verbindet, wie nur als Beispiel die alljährliche Berliner Love-Parade bisher gezeigt hat. Auf der Suche nach Erklärungen, weshalb gerade eine eher seelenlose Musik derart umfassend Menschenmassen mobilisieren konnte, befand der

SPIEGEL treffend: »Techno in allen Varianten, das ist Popmusik, die ohne Ideologien und Botschaften auskommt; das sind Geräusche, die zu offenen Zeichen geworden sind. Und jeder – Bankangestellter wie Skinhead, Hippie-Mädchen wie Supermarkt-Verkäuferin – kann sie mit jener Bedeutung füllen, die in seinem Kopf zur Verfügung steht.«[8] Techno bietet mit anderen Worten eine völlig neuartige Form der Identifikation an, die losgelöst ist von den bisherigen gesellschaftlichen Bindungen.

In der gesamten Dancefloor-Musik nahm die Verästelung der verschiedenen Stilrichtungen immer mehr zu. Hierzu trug maßgeblich die ständig ausgefeilter werdende, dennoch auch für den ambitionierten Laien finanziell immer leichter erschwingliche Musik-Elektronik bei. Eine mit Samplern, digitalen Synthesizern und Workstations nahezu professionelle Produktions-Maschinerie inklusive CD-Brenner für das Endprodukt war schon für fünf- oder zehntausend Dollar zu haben – eine lächerliche Summe angesichts einer Millionen verzehrenden Ausstattung eines normalen Tonstudios. Doch die Ergebnisse dieser Musik sind oft enttäuschend langweilig und steril: zwar viel Sound, aber noch lange keine Musik. Der Produzent John Whitehead erklärt dies so:

»Die Magie, die wir in den siebziger Jahren mit dem Philly-Sound hatten, lag daran, dass wir dieses menschliche Element in der Musik hatten. Wir gingen alle ins Studio, redeten über die Songs, es war eine große Familie. Heute habe ich stattdessen ein Computer-Keyboard und kann jedes Instrument damit spielen: das Schlagzeug, die Gitarre, den Bass, die Bläser, Geigen, alles, was man will. Nur, die Sache ist, dass ich kein Experte bin, was das Spielen von Blasinstrumenten angeht, ich bin auch kein Experte im Cellospielen und so weiter. Also spiele ich alle Instrumente so, wie ich mir vorstelle, dass man sie spielen würde, und verliere dabei das Gefühl für ein Instrument. Jemand, der vielleicht seit fünfzehn Jahren Cello spielt, würde vielleicht sein Instrument anders spielen, als ich das auf dem Keyboard je könnte. So ist das auch mit den anderen Instrumenten. Ich glaube, dass eine Menge der heutigen Musik zu High Tech geworden ist, weil sie eben diesen menschlichen Faktor vernachlässigt hat.«[9]

Anfang der neunziger Jahre erlebte der Punk eine kleine Renaissance im so genannten »Grunge«, der sich als musikalischer Gegenpol sowohl zum saturierten Mainstream-Rock als auch zur hibbeligen Dancefloor-Musik verstand. Doch wie der Punk, dessen innovative Kraft mit Sid Vicious von den Sex Pistols starb, blieb auch die kreative Phase des Grunge an das kurze Leben einer seiner Zentralfiguren gebunden: an Curt Cobain von der Gruppe Nirvana, der sich 1994 im Alter von 27 Jahren das Leben nahm.

Am Ende des Jahrhunderts und zu Beginn des neuen ist Rock ein noch größeres Geschäft denn je geworden, und daran wird sich auch nichts ändern, denn dafür sorgen schon die Massenproduktionen der großen Verlage und Plattenfirmen. Es gibt immer mehr Musik, doch was davon ist wirklich wichtig (oder wie es die NEW YORK TIMES formulierte: »all that music, and nothing to listen to«)? Es gilt wohl in erheblich verstärktem Maße wieder, was Clapton schon Anfang der Siebziger monierte: Wahrscheinlich sitzen auch heute wieder zahllose technisch begabte Musiker herum und warten auf einen, der ihnen sagt, wo es langgeht. Bis es so weit ist, gibt es auch aus der Vergangenheit genug Hörenswertes. Einige der Songs seit den Fünfzigern werden im Folgenden etwas genauer vorgestellt.

A

A Spaceman Came Travelling
Text und Musik: Chris de Burgh

An Chris de Burgh – angeblich ein direkter Nachfahre von William The Conquerer – scheiden sich die Geister. So schrieb Peter Kemper in der FRANKFURTER ALLGEMEINEN ZEITUNG: »Ein Gestus der Gefälligkeit, des gediegenen Kleinods wohnt den meisten Liedern inne – Tröstungsversuche für glücklose Tagträumer. Wunschbilder gewinnen da vertraute Kontur, sind Surrogate unerfüllter Leidenschaften.« Dagegen hieß es in der WELT: »Stereotype Synthesizer-Klänge und vermeintlich gehaltvolle Texte ergeben eine dicke Gefühlspampe, die die Gehörgänge verstopft.«[1] Das Geheimnis des Erfolgs von Chris de Burgh, der in den achtziger Jahren zu einem wahren Mega-Star aufstieg, ist wohl, dass seine gefälligen Balladen Generationen überschreitend ihr Publikum finden. So ist es nicht ungewöhnlich, wenn in seinen Konzerten Siebzehnjährige neben Siebzigjährigen sitzen.

Schon als Student der Romanistik und Anglistik, als Chris de Burgh noch völlig unbekannt war, unterhielt er mit seiner Musik an manchen Abenden die Gäste des elterlichen Hotels, einer umgebauten mittelalterlichen Burg. In dieser Zeit entstanden zahlreiche Songs, von denen der mit Abstand bekannteste »A Spaceman Came Travelling« ist. Das Lied erzählt die Weihnachtsgeschichte – allerdings auf sehr eigenwillige Weise. Der Plot ist völlig aus dem christlich-religiösen Kontext gelöst und wirkt eher so, als sei die Story von dem »Außerirdischen-Forscher« Erich von Däniken verfasst:

Ein Außerirdischer erreicht von unendlich weit her mit seinem Raumschiff die Erde. Über einem kleinen Dorf hält er seine Maschine an und steht am Himmel wie ein Stern. (Nebenbei bemerkt: In der ersten Strophe greift Chris de Burgh zu einem oft bemühten, dennoch grotesk schrägen Bild, wenn er schreibt, »'twas light years of time since his mission did start«. Ein »Lichtjahr« ist schließlich ein Längenmaß wie »Meter« und dauert keine Sekunde länger als jedes andere Jahr. Stimmig wäre also: »… light years away where his mission …«) Der Raumfahrer steigt aus und folgt einem Licht zu einem Schuppen, wo eine Frau gerade ein Baby geboren hat. Der Fremde ist in ein sanftes Licht gehüllt und hat ein engelsgleiches Gesicht, dennoch haben sie Angst.

Der Mann spricht: »Habt keine Furcht, ich komme von sehr weit her, um der Menschheit eine Botschaft zu überbringen.« Und während er das sagt, erfüllt »the sweetest music« den ganzen Raum, sie kündet von Frieden und Wohlwollen unter den Menschen und von Liebe für das Baby.

Chris de Burgh –
SPANISH TRAIN & OTHER STORIES

Copyright 1975
Verlag Rare Blue Music Inc.

Cover-Versionen
John Morgan Orchestra
John Holt

Die Musik versetzt die ganze Erde in Bewegung, viele wachen auf und folgen den Klängen und dem Licht des Raumschiffs. Kurz vor der Morgendämmerung verlässt der Fremde den Stall mit der Prophezeiung, dass nach zweitausend Jahren das Lied wieder zu hören sein wird, wenn ein Baby geboren wird. Und die ganze Welt wird auf dieses Lied und einen Stern – ein neues Raumschiff? – warten.

»A Spaceman Came Travelling« entwickelt eine ganz eigentümliche Faszination durch die sehr einfache, doch außerordentlich wirkungsvolle Akkordfolge d-Moll–C-Dur–B-Dur–d-Moll. Sie setzt sich im Halbtakt-Rhythmus fort und wird das ganze Stück hindurch nur wenig variiert. So erklingt manchmal statt des einleitenden d-Moll die Dur-Parallele F-Dur oder statt des C-Dur seine Parallele a-Moll. Durch die fast Mantra-artig sich wiederholenden Akkorde erhält der Song ein harmonisches Fundament, das mit großer Ruhe das esoterische New-Age-Ambiente des Textes unterstützt.

Das Stück beginnt mit einer – sehr leise abgemischten – Vorstellung des harmonischen Konzepts, darauf folgen drei Strophen, wobei der Song allmählich seine »normale« Lautstärke erreicht – also die Lautstärke der anderen Songs auf dem Album. Bei 1:49 ertönt nun erstmals eine Art Refrain. Er symbolisiert die »sweetest music«. Die Dynamik zieht erheblich an, was durch das einfallende Schlagzeug unterstützt wird. Der Gesang besteht nur aus der Trällersilbe »la« und umkreist melodisch die Terz der jeweiligen Harmonie.

Nach dem Refrain fällt »A Spaceman Came Travelling« unvermittelt wieder in seine ruhige Gangart und in seine entrückte Stimmung zurück. Es folgen die Strophen Vier und Fünf, dann, bei 3:36, ertönt wieder der dynamisch weiter gesteigerte Refrain. Er wird mehrfach wiederholt und bildet den Hintergrund für die wohl aus dem startenden Raumschiff heraus laut gerufenen letzten Beschwörungen des Außerirdischen.

Bei »A Spaceman Came Travelling« wird von allen Chris-de-Burgh-Balladen vielleicht am deutlichsten, weshalb der Künstler immer wieder so ambivalente Kritiken erhält: Was seine Fans begeistert – die Gefälligkeit der Musik und der Melodie, der einfache Handlungsablauf der Story, die moralisierende Werteorientiertheit seiner Aussagen und die Inbrunst der Darbietung –, das alles stößt auf schroffe Ablehnung bei jenen, die etwas mehr Individualität und Risikobereitschaft von der Rockmusik erwarten.

Dessen ungeachtet ist »A Spaceman Came Travelling« seit den achtziger Jahren *der* Beitrag des Pop zum Weihnachtsfest. Dementsprechend ist der Song auf vielen Weihnachts-Samplern neben Schlagern wie »Jingle Bells« und »White Christmas« zu finden. Es ist erstaunlich, dass es von dem überaus populären Stück allerdings so gut wie keine nennenswerten Cover-Versionen gibt. Aus diesem Grund sei hier zunächst eine Orchester-Interpretation erwähnt: Die Einspielung des John Morgan Orchestras für das Tribute-Album zu Ehren von Lady Diana. Ansonsten wäre hier höchstens noch eine Reggae-Version von John Holt zu nennen, die allerdings von der Kritik als nicht übermäßig inspiriert bezeichnet wurde.

Chris de Burgh
Christopher John Davidson
Geboren 15. Oktober 1948 in Buenos Aires
Gesang, Gitarre, Keyboards
Chris de Burgh erzielte vornehmlich mit seinen sanften Balladen
und ruhigen Rocksongs große Erfolge.
Alben
Spanish Train & Other Sories (1976) • Crusader (1979) • Man On
The Line (1984) • Into The Light (1986) • The Love Songs Album (1997)
Single-Hits
The Lady In Red (D 5, GB 1, US 3) • Missing You (GB 3)

A Whiter Shade Of Pale
Text und Musik: Keith Reid & Gary Brooker

Manchmal ist Musik wie Mathematik. Man nehme zum Beispiel einen Song in der Tonart C-Dur. Folgt man nun der C-Dur-Tonleiter schrittweise nach unten, so gelangt man mit dem dritten Ton zur kleinen Terz a, auf der sich die Moll-Parallele a-Moll aufbaut. Nach weiteren zwei Schritten kommt man zu f, dem Grundton der Subdominante, und wiederum zwei weitere Töne nach unten, und man ist beim d, dem Grundton der Moll-Parallele von F-Dur. Musiker und Komponisten aller Zeiten haben sich damit beschäftigt, aus dieserart strengen Strukturen musikalisch reizvolle Stücke zu formen. Einige Stilrichtungen basieren sogar hauptsächlich auf der künstlerischen Interpretation mathematischer Vorgaben, so die Zwölftonmusik oder die Minimal Music.
Und auch die vielleicht berühmteste Schmuse-Hymne der Rockmusik ist nach solchen Prinzipien aufgebaut: Procul Harums »A Whiter Shade Of Pale«. Das mit dem ersten Ton einsetzende, unverwechselbare Kennzeichen des Songs ist eine langsam absteigende, schwere Basslinie, getragen von den Harmonien C-Dur, a-Moll, F-Dur, d-Moll, G-Dur, e-Moll. Weitere ohrenfällige Merkmale sind die brausende Orgel von Matthew Fisher und der markante Gesang von Gary Brooker. Dies alles zusammen entwickelt eine sehr ge-

Procul Harum –
PROCUL HARUM

Copyright 1967
Verlag Essex Music

Cover-Versionen
Joe Cocker
Annie Lennox
Doro
Pat Kelly
King Curtis

33

heimnisvolle Schönheit voller innerer Widersprüche: Der Song ist im Grunde eine Schnulze, hört sich aber bei Procul Harum an keiner Stelle danach an. Er spricht – wie etwa auch ⇨»Samba Pa Ti« – unmittelbar erotisch an, ohne aber jegliche Direktheit zu entwickeln. Kurz: Das Lied ist ein Geniestreich, dessen Wirkung sich kaum jemand entziehen kann.

Der Ruhm von »A Whiter Shade Of Pale« überstrahlt bei weitem den von Procul Harum, und es ist nicht überspitzt formuliert zu sagen, die Gruppe *ist* der Song. In der Tat ist das Lied nicht das Ergebnis der Band, sondern umgekehrt: Gary Brooker und Keith Reid hatten das Lied geschrieben und suchten über Zeitungsinserate nach Musikern, nur um »A Whiter Shade Of Pale« aufzunehmen. Die Band blieb zusammen und nannte sich Procul Harum, was dem Lateinischen entlehnt ist und so viel heißt wie »fern vom Hier und Jetzt«. Dementsprechend zeigte sich auch Procul Harum als recht weltfremd, was sich vor allem in ihren Texten niederschlägt. Entrückt von der Realität, bestehen sie aus surrealistischen Wortspielen und sind im Grunde unverständlich.

Dies gilt auch für »A Whiter Shade Of Pale«: »Wir hüpften einen einfachen Fandongo und rollten Wagenräder über den Boden. Ich wurde ein wenig seekrank, doch die Menge verlangte nach mehr. Im Raum krachte es heftig, als die Zimmerdecke davonflog. Als wir um einen weiteren Drink baten, brachte der Ober ein Tablett. Und so wurde es doch später, bis der Müller seine Geschichte erzählte, nämlich dass das Gesicht einer geheimnisvollen Frau fast geisterhaft wurde, heller als der Schatten der Blässe.«

Über solche Worte wurde natürlich viel spekuliert, und manche Kritiker verstiegen sich in Bemerkungen wie: Procul Harum seien in ihren Texten »wie ein außer Fassung geratener Bob Dylan«.[1] Doch solche Urteile werden weder Dylan noch Procul Harum gerecht. Dylan ging und geht es auch in seinen surrealistischen Texten stets um eine Aussage und um einen inhaltlichen Fokus. Dagegen erkennt man in den Worten bei Procul Harum hauptsächlich klangliche Funktionen – was durch die charakteristische und ausdrucksstarke Stimme Brookers natürlich enorm verstärkt wurde.

Doch wer durch die bizarren Wortkaskaden verstört wird, dem kann geholfen werden. Die beste Therapie ist der deutsche Text, mit dem die Schlagermacher Michael Kunze und Ralph Siegel den Song übertünchten: »In einer Welt der Träume warst du lange Zeit allein, und du sehntest dich nach Liebe, du wolltest glücklich sein. Als wir uns damals trafen, sahst du mich so traurig an, und wir haben uns verstanden. Die Liebe begann, und heut stehst du neben mir, hier im hellen Kerzenlicht.« Da will man doch gleich viel lieber den leichten Fandango hopsen, oder?

»A Whiter Shade Of Pale« wurde weit über hundert Mal gecovert – fast ist man geneigt zu sagen: wurde Opfer seiner Cover-Versionen. Denn der Song behält seinen Reiz und seinen Zauber nur, wenn er nicht ins Kitschige und Schnulzige abrutscht. Doch jeder Hörer kann sich seine eigene Meinung bilden, wenn er auf eine der zahllosen Panflöten-, Klavier-, Streicher-, Blaskapellen-, Saxofon-, Harfen-, Pop-Orchester- oder Sinfonie-Orchester-Fassungen stößt.

Auch eine Menge Rock- und Jazzmusiker haben sich des Songs angenommen: Unterschiedliche musikalische Färbungen entdeckten unter vielen anderen Joe Cocker, Willie Nelson, Bonnie Tyler, Annie Lennox, die Box Tops oder Johnny Rivers. Wie sich ein Schmusesong mit dem Heavy-Metal-Idiom verträgt, kann nachgehört werden bei Riot und auch bei Doro. Etwas weiter vom Rock entfernt sind die Reggae-Version von Pat Kelly, die Soul-Interpretation von King Curtis sowie die Cajun-Fassung von Jo-El Sonnier. Die Einspielungen von Elana Duran und von Trudy Pitts sind im Jazz angesiedelt, wobei Duran ihre Latin-Wurzeln herauskehrt, während in Pitts Version der Blues dem »weißen Schatten« seine Farbe aufdrückt.

Procul Harum
Gründung 1967
Anfangsbesetzung:
Gary Brooker (*29. 5. 1945; Gesang, Keyboards)
Ray Royer (*8. 10. 1945; Gitarre)
Matthew Fisher (*7. 3. 1946; Keyboards)
Dave Knights (*28. 6. 1945; Bass)
Bobby Harrison (*28. 6. 1943; Schlagzeug)
Keith Reid (*10. 10. 1946; Texte)
Weitere Mitglieder im Laufe der Band-Biografie: Dave Ball, Mick Brownlee, Mark Brzezicki, Alan Cartwright, Chris Copping, Mick Grabham, Bob Scott, Don Snow, Peter Solley, Robin Trower, Geoff Whitehorn, Barry Wilson
Procul Harums Markenzeichen ist ein schwelgerischer, zum Bombast neigender Softrock, zumeist sehr melodisch, jedoch mit schwer zugänglichen surrealistischen Texten.
Alben
Procul Harum (1967) • Shine On Brightly (1968) • A Salty Dog (1969)
Broken Barricades (1971) • Grand Hotel (1973)
Single-Hits
A Whiter Shade Of Pale (D 1, GB 1, US 7) • Homburg (GB 6)

Albatross
Musik: Peter Green

Fleetwood Mac –
»Albatross« (Single)

Copyright 1968
Verlag Rachel Music
Ltd.

Cover-Versionen
Ottmar Liebert
Shadows
Telecats
Dave Hole
B-Tribe

Die Karriere der Band Fleetwood Mac zerfällt in zwei völlig unterschiedliche Perioden: Da ist zum einen die Zeit der späten sechziger Jahre, in denen die Gruppe mit ihrem Ausnahmegitarristen Peter Green zur herausragenden britischen Bluesband wurde. Und da ist die Zeit ab der Mitte der Siebziger, als aus der Formation in ganz anderer Besetzung – nur John McVie am Bass und Mick Fleetwood am Schlagzeug blieben als harter Kern erhalten – Superstars des sanften Mainstream-Rock wurden. Vor allem mit ihrem 1977er Album RUMORS, einer der meistverkauften Platten der gesamten Rockmusik, schrieben sie Geschichte. Und dennoch soll hier nicht einer der dort enthaltenen Hits wie »Don't Stop«, »Dreams«, »The Chain« oder »Go Your Own Way« genauer betrachtet werden, sondern das Stück »Albatross« vom November 1968, also aus der ersten Periode der Band. Als nämlich Peter Greens Riesenvogel zum Fluge anhob, segelte er im Nu auf Platz Eins der britischen Top-Seller-Listen.

Mick Fleetwood erinnert sich an die Entstehungszeit des Songs: »›Albatross‹ war als Single vorgesehen, nie als Teil eines Albums – ein perfektes Beispiel für Petes gefühlvollen ›Santo and Johnny‹-Stil. Ich erinnere mich an eine Menge Überspielungen, Dialoge zwischen den Gitarren, thematische Passagen mit viel Echo, Petes großartigen Stil der Einzelnoten. Ich spielte gedämpfte Tom-Toms mit Klöppeln. Den Effekt, den wir damit erzielten, nannte Peter Green ›Karibik-Musik‹ und wählte dafür als Titel ›Albatross‹. Text kam nie ins Spiel, als Instrumental bewirkte der Song ein Gefühl des Schwebens, ein völliges Loslösen von Stress und Angst. Ich verliebte mich sofort in ihn, als ich das fertige Playback hörte. Drei Mal in den vergangenen zwanzig Jahren erreichte der Hit in Europa die Top-Ten. ›Albatross‹ kam im November in Großbritannien heraus, als wir durch die Staaten tourten. Wenn ich mich richtig erinnere, war uns leicht flau wegen dieser Single, weil damit zum ersten Mal der Schritt weg vom Blues, mit dem wir in der Vergangenheit so erfolgreich gewesen waren, dokumentiert wurde. Absolut grundlos – gleich nach Erscheinen nahm die BBC die Platte als Hintergrundmusik für ein Pop-Programm im Radio. Der Produzent von ›Top of the Pops‹ hörte sie, und prompt kam ›Albatross‹ ins Fernsehen. Drei Wochen später war sie die Nummer Eins in Großbritannien und Fleetwood Mac auf dem Weg zur langjährigen Karriere als Popgruppe.«[1]

In der Tat strahlt »Albatross« eine Ruhe und Gelassenheit aus, die man nur als meditativ bezeichnen kann. Die Basis des sehr einfach gehaltenen Songs bildet ein stetiger Bass, der jeweils nur den Grundton in triolischem Rhythmus anzupft. Dazu kommen die mit weichen Filzklöppeln dezent angeschlagenen Tomtoms sowie ein wiederholtes Anschwellen der Becken. Auf dieser Grundlage variieren die Gitarren in wunderbaren Zwiegesprächen einfachste Melodielinien. An keiner Stelle erliegen die Musiker der Verführung, auch nur ansatzweise so etwas wie Virtuosität aufblitzen zu lassen. Stattdessen widmen sich alle geradezu schwelgerisch der Schönheit und Sanftheit der Stimmung. Das Stück, das sechs Mal jeweils achttaktige »Strophen« durchläuft, kommt mit zwei Akkorden aus: E-Dur – am Anfang um die große Septime erweitert – und fis-Moll. Die Melodie besteht im Wesentlichen aus einem Hingleiten zu einem der Akkordtöne. In den ersten beiden Durchgängen ziehen die Stimmen bei E-Dur von a nach gis und bei fis-Moll von gis nach fis, in Strophe Drei und Vier sinken sie langsam vom hohen h zum darunterliegenden gis. In der fünften Einheit ab 1:56 geht es mit einer nur leicht variierten Tonfolge ins ganz hohe Register der Gitarre, der letzte Durchgang fällt danach wieder in die Phrase des Songbeginns. So einfach kann wunderschöne Musik sein!

Mit »Albatross« schlug Peter Green, der 1970 wegen psychischer Probleme für lange Zeit von der öffentlichen Bildfläche verschwand, ein neues Kapitel im umfangreichen Buch der Rock-Gitarre auf. Zahlreiche Gitarristen ließen sich von seinem Stil beeinflussen, und George Harrison erzählte, dass die Beatles fasziniert davon waren und einige Elemente in ihr Album ABBEY ROAD einbauten. Am deutlichsten hört man dies bei John Lennons »Sun King«, das man getrost als bewusste Hommage an »Albatross« bezeichnen darf.

Aber natürlich regte der Song auch verschiedene Cover-Versionen an, die sich entsprechend seiner meditativen Stimmung vorwiegend in den Bereichen des Orchester-Pop und der New-Age-Musik tummeln. Zu letzteren Interpretationen gehören zum Beispiel die von Ottmar Liebert und von Coste Apetrea. Näher am Original finden sich Fassungen auf diversen Peter Green/Fleetwood Mac Tribute-Alben, so von Nic Johnston oder dem Trio Paul Jones, Bobby Tench und Max Middleton. Die Telecats würzen das Stück mit ganz dezent eingestreuten Jazz-Elementen, während Dave Hole auf der Basis von »Albatross« die technischen Möglichkeiten der Slide-Gitarre demonstriert. Auch die Shadows erweisen dem Song in einer sehr klaren und durchsichtigen Einspielung die Ehre. Am weitesten vom Original entfernt sich die Gruppe B-Tribe, die in ihrer siebeneinhalb Minuten langen Version das Stück ins Flamenco-Ambiente jagt und zu einer Tanznummer umbaut. Doch so ästhetisch und majestätisch wie im Original fliegt der Riesenvogel in keiner dieser Fassungen.

Fleetwood Mac

Gründung 1967

Besetzung bei »Albatross«:

Peter Green (Peter Greenbaum; *29. 10. 1949; Gesang, Gitarre)

Jeremy Spencer (*4. 7. 1948; Gesang, Gitarre)

Danny Kirwan (*13. 3. 1950; Gesang, Gitarre)

John McVie (*26. 11. 1945; Bass)

Mick Fleetwood (*24. 6. 1942; Schlagzeug)

Weitere Mitglieder während der langen Band-Biografie: Bekka Bramlett, Lindsey Buckingham, Billy Burnette, Dave Mason, Christine McVie, Stevie Nicks, Rick Vito, Dave Walker, Bob Welch, Bob Weston

Fleetwood Mac besitzt zwei völlig unterschiedliche Gesichter: Mit Peter Green war die Band Ende der sechziger Jahre eine der erfolgreichsten britischen Bluesbands. Nach zahlreichen Umbesetzungen änderte Fleetwood Mac seit 1975 das Repertoire hin zu glatt und perfekt arrangierten Popsongs.

Alben

Peter Green's Fleetwood Mac (1968) • English Rose (1969)

Bare Trees (1972) • Rumors (1977) • Tusk (1979)

Single-Hits

Albatross (GB 1) • Oh Well (D 2, GB 5) • Dreams (US 1) • Don't Stop (US 3)

Little Lies (D 3, GB 5, US 4)

Alice's Restaurant Massacree

Text und Musik: Arlo Guthrie

Arlo Guthrie –
ALICE'S RESTAURANT

Copyright 1966
Verlag Appleseed
Music Inc.

Die wohl kauzigste, witzigste und charmanteste Innenansicht des Seelenlebens der amerikanischen Hippies in den sechziger Jahren stammt von einem Musiker, der außerhalb der Vereinigten Staaten höchstens als Insider-Geheimtipp gehandelt wird und der auch in seiner Heimat nie ein großer Star wurde: Arlo Guthrie, Sohn der Folklegende Woody Guthrie. Der Sprechblues »Alice's Restaurant Massacree« hatte allein schon wegen seiner Länge von über achtzehn Minuten nicht den Hauch einer Chance, auch nur in die Nähe einer Hitparade zu gelangen, aber Arlo Guthrie sprach mit seinem humorig überzogenen Zeitporträt großen Teilen seiner Generation aus dem Herzen. Das Stück besteht aus einem – im Grunde völlig albernen – Werbejingle von 25 Sekunden zu Beginn und am Ende, dazwischen liegt ein haarsträubender Einblick in den American way of life. Die Geschichte, die Arlo Guthrie erzählt, basiert auf eigenen Erfahrungen, die er in seinem Lied freilich satirisch überzeichnet: »Now it all started two Thanksgivings ago«, vor zwei Jahren an Thanksgiving also. Arlo und ein Freund wollen Alice in ihrem Szene-

Restaurant besuchen. Alice hat mit ihrem Mann ein ehemaliges Kirchengebäude gekauft und für sich und ihre Wohngemeinschaft umgebaut. Als Arlo mit seinem klapprigen VW-Bus eintrifft, findet er eine große Menge Müll vor und will diesen rasch zur Müllkippe bringen. Doch die Halde ist wegen Thanksgiving geschlossen. Mit »Tränen in den Augen« fahren Arlo und sein Kumpel weiter und überlegen, wo sie den Schrott loswerden könnten. Nach einer Weile finden sie bei einer winzigen Nebenstraße in einer Grube einen fremden Müllhaufen. Die beiden überlegen, dass ein etwas größerer Müllberg besser sei als zwei kleinere, und bevor sie den fremden Abfall aufsammeln und mitnehmen, werfen sie lieber ihren Müll dazu. Sie fahren zurück zu Alice, und alle feiern ein köstliches Thanksgiving-Dinner.

Am nächsten Morgen erreicht sie ein Anruf des Polizeibeamten Obie. Der berichtet, dass in einer illegalen Müllhalde ein Briefumschlag mit Arlos Name gefunden wurde. Arlo gibt freimütig zu, den Umschlag unter den Müll gelegt zu haben. Nach einem längeren Telefonat kommt aber dann schließlich doch die Wahrheit ans Licht, und Obie befiehlt Arlo und seinen Freund zu sich ins Revier, wo er die beiden auf der Stelle verhaftet. Sie werden zum Schauplatz des »Verbrechens« gefahren und staunen nicht schlecht, wie viele Polizisten sich dieser Straftat in diesem ansonsten so verschlafenen Nest Stockbridge, Massachusetts, widmen – endlich ein Verbrechen! Sämtliche Untersuchungsmöglichkeiten finden Anwendung und werden fotografisch dokumentiert. Die beiden Missetäter müssen wieder aufs Revier und werden eingesperrt, bis Alice sie nach ein paar Stunden freikauft.

Am nächsten Tag ist die Gerichtsverhandlung. Zu Obies großem Unglück wird zur Verhandlung dieser Lappalie ein blinder Richter eingesetzt, der die schöne Dokumentation nicht zu würdigen weiß und die beiden zu fünfzig Dollar Strafe verurteilt. Außerdem müssen sie den Müll wegräumen. Aber um diese ganze Geschichte, versichert Arlo Guthrie nach fast acht Minuten Länge treuherzig, geht es eigentlich gar nicht, »that's not what I'm here to tell you about«. Eigentlich geht es um Arlos Einberufung in die Armee – zu Zeiten des Vietnamkriegs ein sensibles Thema, zumal eine Wehrdienstverweigerung in den USA damals nicht möglich war. Arlo muss zur Musterung und erlebt allerlei schikanöse Untersuchungen, die er spöttisch und ironisch kommentiert. Am Ende der ganzen Prozedur kommt die Frage der Fragen. Wurde Arlo schon einmal wegen eines Vergehens eingesperrt? Stand er schon vor Gericht?

Er muss in einen Spezialraum, der für Verbrecher reserviert ist. Es sind die übelsten Burschen versammelt: Mutterschänder! ... Vatermörder!! ... Vaterschänder!!! ... Arlo muss wie die anderen ein Formular ausfüllen und alle Aspekte seines Verbrechens darlegen. Auf der Rückseite des Formulars steht der Satz: »Hast du dich rehabilitiert?« Jetzt reicht's ihm. Arlo geht zum Dienst habenden Beamten und erklärt ihm: »Das ist ja wohl die letzte Unverschämtheit! Sie fragen mich, ob ich moralisch genügend geläutert bin, um in den Krieg zu ziehen, Frauen, Kinder, Häuser und Dörfer niederzubrennen, nur weil ich mal ein paar Pfund Müll in die Landschaft gekippt habe.« Arlo erreicht, was er will: Er wird als moralisch für die Armee ungeeignet eingestuft. Zwar ist er von nun an in einer Zentralkartei unehrenhafter Amerikaner verzeichnet, aber er wird nicht eingezogen. Dann erzählt er, warum er dieses Lied singt. Wenn einer der Zuhörer in die gleiche Situation kommt, soll er einfach zum Musterungsarzt gehen, ein paar Takte aus dem Jingle singen, »You can get everything you want, at Alice's Restaurant«, und wieder hinausgehen. Wenn das nur einer pro Tag macht, denken die Musterungsbehörden, der Kerl ist verrückt, und nehmen ihn nicht. Wenn es zwei pro Tag sind, halten sie sie für schwule Tunten und nehmen sie auch nicht. Wenn es drei pro Tag sind, vermuten sie, es steckt eine Organisation dahinter. Und bei fünfzig am Tag glauben sie an eine Bewegung. Mit diesem Ausklang animiert Arlo Guthrie sein Publikum zum kräftigen Mitsingen des fröhlichen Jingles, und der Song findet nach achtzehneinhalb Minuten sein Ende.

Genau genommen ist »Alice's Restaurant Massacree« kein Rocksong. Guthrie erzählt die Geschichte in einer Art Sprechgesang und begleitet sich selbst auf der akustischen Gitarre. Dabei spult er immer und immer wieder das gleiche Pickingmuster herunter, das sich durch die Akkorde C-Dur, A-Dur, D-Dur und G-Dur windet. Dennoch wird Arlo Guthrie völlig zu Recht in den allermeisten Darstellungen der Rockmusik berücksichtigt (und auch in diesem Buch ist sein Song enthalten, selbst wenn er vielleicht von allen Beiträgen am weitesten vom gängigen Klischee einer Rock-Hymne abweicht), denn »Alice's Restaurant Massacree« spielt in und handelt von der Szene, die Bob Dylan, die Doors oder Janis Joplin künstlerisch dominierten.

Dieser Bezug zum amerikanischen Rockmilieu schlechthin zeigt sich ebenfalls im gleichnamigen Spielfilm von 1969, in dem Arlo Guthrie selbst seine eigene Story spielt, in dem aber auch das Platzen mancher Hippie-Luftblasen auf anrührende Weise thematisiert wird.

Arlo Guthrie
Geboren 10. Juli 1947 in Coney Island, New York
Gesang, Gitarre, Keyboards
Arlo Guthrie ist eine der Kultfiguren der amerikanischen Hippie-Szene,
seine Lieder pendeln zwischen Folk und Folkrock.
Alben
Alice's Restaurant (1967) • Running Down The Road (1969)
Hobo's Lullabye (1972) • Amigo (1976) • Precious Friend (1982)
Single-Hit
City Of New Orleans (US 7 in den Country-Charts)

All You Need Is Love

Text und Musik: John Lennon & Paul McCartney

»All You Need Is Love« ist ein glänzendes Beispiel für die Kompositionsweise von John Lennon. Ian MacDonald beschreibt seinen Stil sehr treffend mit »horizontal«.[1] Lennons Melodien umkreisen ruhig und nicht selten ironisch oft nur eine oder zwei Noten: »When I was younger, so much younger than today« in »Help!«, »Living is easy with eyes closed« in »Strawberry Fields Forever«, »Picture yourself in a boat on a river« in »Lucy In The Sky With Diamonds« oder ganz extrem bei »I Am The Walrus«: »I am he as you are he, as you are me and we are all together«. Die eigentliche Bewegung findet dabei in den unterlegten Harmonien statt, die trotz der eher monotonen Melodie keinerlei Langeweile zulassen.

Lennons kongenialer Partner Paul McCartney legt seine Songs dagegen häufig »vertikal« an, baut also eher auf Melodien, die mühelos in schnellen optimistisch forschen Schritten Oktaven überwinden: »Yesterday, all my troubles seemed so far away«, »Day after day, alone on a hill, the man with the foolish grin is keeping perfectly still« in »The Fool On The Hill«, »Ob-la-di, Ob-la-da, life goes on bra« oder »Hey Jude, don't make it bad, take a sad song and make it better«. Dies verlieh vielen seiner Songs schnell geradezu ohrwurmtaugliche Eigenschaften.

Vor allem am Anfang ihrer Karriere schrieben die beiden viele Songs regelrecht »Auge in Auge« zusammen und warfen sich ihre Ideen zu. Doch den größeren Teil ihres Repertoires schrieb hauptsächlich einer von beiden, und der andere half ihm zuweilen über die eine oder andere Klippe hinweg. Dadurch entstand ein (positiver und befruchtender) Komponisten-Wettstreit, der natürlich auch eintrat, als

The Beatles –
»**All You Need Is
Love**« (Single)

Copyright 1967
Verlag Northern
Songs

Cover-Versionen
Tom Jones
The Fifth Dimension
Tears For Fears

41

die Beatles Anfang Juli 1967 erfuhren, dass sie für die weltweit ausgestrahlte Sendung OUR WORLD am Ende des Monats England vertreten sollten. McCartney lieferte »Hello Goodbye«, ein hübsches Poplied und ein sicherer Hit, im Grunde aber doch eher harmlos. Lennon schlug seinen Kollegen um Längen mit »All You Need Is Love«, das in kürzester Zeit zur Hymne für die Gegenkultur der sechziger Jahre avancierte.

Der Song besitzt – typisch Lennon – keine ausgeprägte Melodieführung. In den Strophen kreist Lennons lethargische Stimme (bis auf das hohe e bei »it's easy«) um das mittlere g herum, der hymnisch vorgetragene Refrain dagegen beschränkt sich in größten Teilen auf das hohe d, das erst zum Schluss bei »love is all you need« zum mittleren g hinabfällt. Doch aus dem einfachen Ausgangsmaterial auch auf einen einfachen Song zu schließen wäre vorschnell, denn das Stück übt durch einige Kunstgriffe eine ganz einzigartige Faszination aus.

Am ohrenfälligsten sind natürlich zunächst die zahlreichen musikalischen Zitate, die geschickt in den Song eingewoben sind: gleich zu Beginn die ersten vier Takte der »Marseillaise«, in der Ausblende bei 2:52 dann eine zweistimmige Invention von Johann Sebastian Bach, Glen Millers »In The Mood« (3:02) und eine sehr verlangsamte Fassung von »Greensleeves« (3:14). (Der Produzent George Martin übersah dabei, dass »In The Mood« noch unter Copyright stand, und die Beatles mussten sich zu nicht näher bekannten Konditionen mit dem Musik-Verlag – Shapiro, Bernstein & Co. – außergerichtlich einigen.) Ebenfalls auffallend sind die brillant gesetzten vielstimmigen Gesangssätze und die geschickte Harmonisierung, bei der die Standardharmonien mit wechselnden Bass-Läufen das Stück in einen Swing bringen. Auch der Orchesterpart, der für maximale Klangfülle sorgt, ohne Bombast aufkommen zu lassen, dringt rasch ins Ohr. Der für das Funktionieren des Songs allerdings wichtigste Kunstgriff erschließt sich bei oberflächlichem Hören nicht sofort: Lennon ließ am Ende einer jeden Textzeile ein Viertel weg. Diese rhythmische Unebenheit (in ein Stück im Viervierteltakt werden permanent Dreivierteltakte eingeworfen) verleiht »All You Need Is Love« einen ganz eigentümlichen, fesselnden Drive. Nun galt der stets intuitiv an seine Kompositionen herangehende John Lennon als metrisch eher unsicher. Angesprochen auf das erstaunliche Timing in diesem Song sagte George Harrison einmal: »Wenn man John fragt, was er da eigentlich macht, dann weiß er es gar nicht. Es kommt ihm einfach so.«[2]

Der Titel des Songs spiegelt sein Programm und seinen Inhalt: Alles, was man braucht, ist Liebe. Es ist Quatsch, etwas zu verfolgen, was man nie erreichen kann; es macht keinen Sinn, ein unsingbares Lied singen zu wollen; etwas wissen zu wollen, was nicht bekannt ist – es ist genug, wenn du Liebe hast, mehr brauchst du nicht. Diese einfache Botschaft krönte den Sommer 1967, den »summer of love«, und setzte ihm eine Erkennungsmelodie und ein Denkmal zugleich. Dreh- und Angelpunkt des Erfolgs war die Welt-Uraufführung am 25. August 1967. In der allerersten Fernsehsendung, OUR WORLD, die in 24 Ländern auf fünf Kontinenten zeitgleich ausgestrahlt wurde, sollte jedes dieser Länder einen kulturellen Beitrag leisten. Englands Tribut waren die Beatles, die »All You Need Is Love« vor einem damals unvorstellbar großen Publikum von rund 350 Millionen Menschen präsentierten. Wenige Tage vor der Sendung wurde eine rudimentäre Playback-Rhythmus-Spur aufgenommen, die finale Einspielung erfolgte live: Lennons Leadstimme, ein Teil der Begleitstimmen, McCartneys Bass, Harrisons Sologitarre, Teile von Starrs Schlagzeug sowie des Orchesters. Wem die Musik der Filmaufnahme etwas fremd vorkommt: Die Orchesterstimmen wurden bei der Abmischung für die Schallplatte im Vergleich etwas zurückgenommen, was die Audio-Version deutlich erdiger wirken lässt.

Der Film zeigt Band und Orchester in einem riesigen Studio – dem »Number One« in der Abbey Road –, überall waren Luftballons und Papierstreifen aufgehängt, daneben große Tafeln mit der Botschaft »All You Need Is Love« auf Englisch, Deutsch, Französisch und Spanisch. Die Orchestermusiker erschienen in feiner Garderobe, während zahlreiche Popgrößen wie Mick Jagger, Marianne Faithful, Keith Moon, Graham Nash oder Eric Clapton in fließenden Hippie-Gewändern auf dem Boden saßen und mitsangen und klatschten.

Merkwürdigerweise erntete gerade »All You Need Is Love« viel Kritik in der Presse. Der Song sei banal, utopisch, die Musik zu simpel gestrickt. Das Lied, ein musikalisches Patchwork auf höchstem Niveau, hat natürlich seine Kritiker mittlerweile längst selbst widerlegt. Und wer, wenn nicht ein 26-jähriger Popmusiker vom Schlage eines John Lennon, sollte utopische Ideen entwickeln dürfen. Lennon blieb in der Folgezeit seiner Linie mit Stücken wie »Come Together« oder ⇨»Give Peace A Chance« treu, und in ⇨»Imagine« spricht er es direkt an: »You may say, I'm a dreamer, but I'm not the only one«.

Die Faszination der Ersteinspielung schreckte offenbar viele Interpreten von Cover-Versionen ab; immerhin versuchten Tom Jones, Anita Kerr oder Tears For Fears sich an dem Stück. Eine recht schwarze Fassung mit viel Animation zum Tanz lieferten The Fifth Dimension. Star-Tenor Luciano Pavarotti zeigt dagegen mit seiner All-Star-Besetzung im Stil der Band-Aid-Projekte (siehe ⇨»We Are The World«) bei einem Benefizkonzert zugunsten Kambodschas und Tibets, wie man den Song in Schwulst und Pathos ertränken kann.

The Beatles
Gründung 1960 • **Auflösung** 1970
John Lennon (*9.10.1940, †8.12.1980; Gesang, Gitarre, Harmonika, Keyboards)
Paul McCartney (*18.6.1942; Gesang, Bass, Gitarre, Keyboards)
George Harrison (*25.2.1943, †29.11.2001; Gesang, Gitarre)
Ringo Starr (Richard Starkey; *7.7.1940; Gesang, Schlagzeug)
The Beatles waren das wohl wichtigste Einzelphänomen der populären Kultur der sechziger Jahre. Ihr Einfluss auf die Rockmusik kann nicht hoch genug eingeschätzt werden, doch auch ihre gesellschaftspolitische Bedeutung war enorm.
Alben 1965–1967
Help! (1965) • Rubber Soul (1965) • Revolver (1966) • Sgt. Pepper's Lonely Hearts Club Band (1967) • Magical Mystery Tour (1967)
Single-Hits 1965–1967
Help! (D 2, GB 1, US 1) • Paperback Writer (D 1, GB 1, US 1)
Strawberry Fields Forever/Penny Lane (GB 2, US 8)
All You Need Is Love (D 1, GB 1, US 1) • Hello Goodbye (D 1, GB 1, US 1)

American Pie

Text und Musik: Don McLean

Don McLean –
AMERICAN PIE

Copyright 1971
Verlag Mayday
Music, Inc.

Cover-Versionen
Madonna
The Drones
King's Singers
Richard »Groove«
Holmes
Nina Simone

Wie mancher andere große Rocktitel funktioniert auch »American Pie« auf verschiedenen Ebenen: Der Song ist zum einen eine poetische Hommage an den 1959 tödlich verunglückten Rock'n'Roller Buddy Holly (siehe auch ⇨»That'll Be The Day«), zum anderen eine clevere prozessionsartige Chronik der Rockgeschichte – und schließlich die Superstory eines überschäumenden Geschichtenerzählers.

Don McLean selbst stellte vor allem den ersten Aspekt in den Vordergrund: »Ich war schon früh an meinem Land Amerika interessiert, und ich erinnere mich, gerade ein paar Strophen geschrieben zu haben, als ich erfuhr, dass Buddy Holly gestorben war. Ich war ein großer Fan von ihm und von seiner Musik, und so war es für mich sehr enttäuschend, dass etwa um 1964 kein Mensch mehr von ihm sprach. In der Öffentlichkeit war er vergessen. Natürlich übersahen Leute wie die Beatles seine Musik nicht, aber den meisten war nicht klar, welche Rolle er für den Rock'n'Roll spielte. Deshalb schrieb ich den Song. Als ich das Stück zum ersten Mal im Radio hörte, kam gleich danach Hollys ›Peggy Sue‹. Das machte mich sehr glücklich.«[1] Dramatisch überspitzt beschreibt »American Pie« jenen

3. Februar 1959 als den Tag, an dem nicht nur ein Musiker abstürzte, sondern als »den Tag, an dem die Musik starb«.

Der Song beginnt mit einer ganz langsamen und wehmütigen Einleitung: Der Sänger erinnert sich. Es ist schon lange Zeit her, dass ihn die Musik völlig glücklich machte und er selbst schreiben und spielen wollte, bis plötzlich an jenem unglücklichen Februar-Tag alles zu Ende war – die Musik starb. Und dann, sehr ruhig, der Refrain: »So bye-bye, Miss American Pie. Ich fahr mit dem Chevi zum Ufer, doch der Fluss ist ausgetrocknet. Ein paar alte Kumpels sitzen da, trinken Whiskey und singen: ›An diesem Tag werd ich sterben.‹«

Von nun an baut McLean in bester Dylan-Manier Wortkaskaden auf: Da erscheint ein Spaßmacher, ein »Jester« – unverkennbar Dylan selbst –, der kam, um vor König und Königin – der Folkmusik – zu singen. Der Clown kommt unscheinbar daher, in einem Mantel wie von James Dean und einer Stimme, die von uns allen sein könnte. Doch als der König kurz niederblickt, stiehlt ihm der Spaßmacher seine Krone – damit spielt McLean auf den Prozess an, der in diesem Buch im Beitrag zu ⇨»Like A Rolling Stone« ausführlicher beschrieben ist. Lenin und Marx finden Eingang in die Musik am Tag, als diese Musik stirbt. Dann folgen die Byrds und die Beatles, sie forderten die Welt zum Tanz auf, und keiner konnte widerstehen: Die frühere Musik hat keine Chance und muss sterben. Auch die Rolling Stones mit ihrem gewitzten »Jack Flash« und ihrem Geschäker mit dem Teufel helfen dabei, die Musik sterben zu lassen. Der Sänger trifft ein Mädchen, das den Blues singt – zweifellos die 1970 verstorbene Janis Joplin –, doch auch sie kennt keine Antwort auf die Frage nach den verschollenen Klängen und verschwindet lächelnd.

Auch wenn es im Text nicht ausdrücklich steht, so darf man doch vermuten, dass sich mit den beiden Toten Buddy Holly und Janis Joplin ein Kreis schließt. Denn es ist nicht klar, um wen von beiden es geht, wenn in der letzten Strophe gesagt wird, dass in den Straßen die Kinder schreien, die Liebenden weinen und die Dichter träumen. Und noch einmal ganz langsam: »Bye-bye Miss American Pie. Drove my Chevi to the levee …« Eine Tour de force durch zehn Jahre Rockmusik findet nach achteinhalb Minuten ein besinnliches Ende.

Don McLean hat dieses Stück, das vom MELODY MAKER als »Song des Jahres 1972« gekürt wurde, angeblich innerhalb einer Stunde geschrieben. Dabei verwendete er nur die Standard-Harmonien G-Dur (Grundtonart), vierte und fünfte Stufe C-Dur und D-Dur (manchmal als Sept-Akkord) sowie die Moll-Parallelen e-Moll und a-Moll. Nur an einer Stelle im Refrain, bei »… drinkin' whiskey and rye. Singing, this will be the day that I'll *die*«, kommt die Quinte der vierten Stufe, A-Dur, ins Spiel. Den musikalischen Reiz des Songs macht allerdings weniger die harmonische Ausarbeitung aus als vielmehr seine schwungvolle, eingängige Melodie und seine klanglich motivierten Wortspielereien (»Helter-skelter in the summer swelter with the birds flew off with a fallout shelter ...«), die schon den frühen Stil Bruce Springsteens vorwegnehmen (siehe ⇨»Blinded By The Light«).

Von McLean selbst gibt es mehrere Fassungen des Songs. Maßgeblich ist die Originalaufnahme auf dem gleichnamigen Album. Diese Einspielung wurde für eine Single-Ausgabe auf vier Minuten gekürzt, wobei einfach nach der zweiten Strophe in einem ziemlich unprofessionellen Schnitt noch ein Refrain angehängt wurde, der rasch ausblendet. Damit wird die gesamte innere Struktur des Songs zerstört, und rein produktionsmäßig gesehen ist diese rüde Vorgehensweise alles andere als ein Meisterwerk. Zwei verschiedene Single-Versionen wurden herausgegeben: Während bei der US-Version auf die B-Seite das recht seichte »Empty Chairs« gepresst wurde, stellte man für die europäische Fassung wenigstens den abgeschnittenen zweiten Teil des Songs auf die Platten-Rückseite.

Don McLean spielte im Jahr 1994 eine Neuaufnahme seines Mega-Hits ein. Der Sinn dieser neuen Version scheint im Wesentlichen nur in der Demonstration der zwischenzeitlich enorm gewachsenen Studiomöglichkeiten zu liegen. Künstlerisch bietet die Fassung nichts Neues, im Gegenteil: Die reifere Stimme und Interpretation des Künstlers steht in gewissem Gegensatz zum emotional aufgewühlten Inhalt des Liedes. Aber manch Bass-verliebte Kids mögen vielleicht auf diese Version lieber tanzen.

»American Pie« fand zahlreiche Cover-Versionen. Leider haben sich viele davon an dem Single-Verschnitt orientiert – damit also nur die suggestive Melodie aufgegriffen, den Inhalt des Songs aber weitgehend ignoriert. Auf andere Weise kürzte Madonna das Lied für ihre »Weichspüler-Fassung« im Jahr 2000: Sie nahm zwar die letzte Strophe auf, verzichtete dafür aber auf die gesamte Rock-Chronik. Auch hier fehlt also ein Herzstück des Liedes, das in dieser Version nicht nur Anhänger fand, kommerziell aber durchaus erfolgreich war. Im gleichen Jahr präsentierten die Drones den Song erheblich rockiger. Eine sehr schöne – und ungekürzte – Vokalversion stammt von den King's Singers auf ihrem 1993er Album GOOD VIBRATIONS. Richard »Groove« Holmes benannte ein ganzes Album nach »American Pie« und interpretiert das Stück als Jazz-Soul-Nummer. Stilistisch durchaus damit verwandt ist eine Live-Aufnahme von Nina Simone. Eher als bizarr sind die Einspielungen von Killdozer und von Brady Bunch zu bezeichnen: Erstere bringen den Song als sehr harten Rock, Letztere dagegen in trivialem Bubblegum-Sound.

Don McLean
Geboren 2. Oktober 1945 in New Rochelle, New York
Gesang, Gitarre, Keyboards
Don McLean war in den siebziger und achtziger Jahren einer der profiliertesten
Songwriter der USA, der überragende Erfolg von »American Pie« verstellte
zuweilen den Blick auf andere hervorragende Lieder wie »Vincent«.
Alben
Tapestry (1970) • American Pie (1971) • Don McLean (1972)
Headroom (1991) • Favorites & Rarities (1992)
Single-Hits
American Pie (D 9, GB 2, US 1) • Vincent (GB 1) • Crying (GB 1, US 5)

Another Brick In The Wall
Text und Musik: Roger Waters

Es war ein gigantisches und monströses Projekt, mit dem Pink Floyd die Popwelt überraschte: das Doppelalbum THE WALL. Sein Thema ist die zunehmende Vereinsamung des Einzelnen in einer immer inhumaner werdenden Massengesellschaft. Erzählt wird die Leidensgeschichte eines Musikers in einer kontaktarmen und neurotischen Welt. Die Mauer – Sinnbild für die Bedeutungslosigkeit des Einzelnen, aber auch für autoritäre Macht – wird im Verlauf des knapp eineinhalbstündigen Spektakels schließlich zum Einsturz gebracht. Die erfolgreiche Single-Auskopplung und der einzige weltweite Nummer-Eins-Hit von Pink Floyd überhaupt war »Another Brick In The Wall (Part 2)«.

»Another Brick In The Wall« ist im Grunde eine Suite, zu der neben den drei Teilen des Stücks noch das kurze »The Happiest Days Of Our Lives« gehört – eingeschoben zwischen Teil Eins und Zwei, Teil Drei folgt erst viel später an einer anderen Stelle des Gesamtwerks. Im Zentrum unserer Betrachtung hier steht die Sequenz »Another Brick In The Wall (Part 1)« – »The Happiest Days Of Our Lives« – »Another Brick In The Wall (Part 2)«.

Teil Eins beginnt mit dem markanten Rhythmus der Gitarre, dem Wechsel von einer Viertel- und zwei Achtelnoten auf d-Moll. Der Vater des Song-Protagonisten ist für immer über den großen Teich verschwunden, alles, was bleibt, sind Erinnerungen und ein Bild im Fotoalbum. »Daddy, hast du mir sonst nichts zurückgelassen?« Bei dieser Frage verlässt das Stück erstmals seine d-Moll-Basis und wechselt auf G-Dur. Die Wiederholung der Frage geht über g-Moll zurück nach d-Moll. Dann, bei 1:03 zum ersten Mal die Erkenntnis:

Pink Floyd –
THE WALL

Copyright 1979
Verlag Pink Floyd
Music

Cover-Versionen
Innovations
Taliesin Orchestra
Step Kings

47

»Na ja, wir sind alle nur ein Stein in der Mauer.« Dieses Wissen scheint unseren Helden zu befreien, und auch die Harmonik wird mit F-Dur und C-Dur kurz freundlicher, bevor sie wieder nach d-Moll fällt.

Ab 1:22 folgt ein fast zweiminütiger Instrumentalteil, in dem eine mit viel Echo unterlegte Gitarre dominiert, die ihrerseits allerdings kein Solo im eigentlichen Sinn spielt, sondern eher sich ähnelnde Übergangsriffs aneinander reiht. Es scheint, als befände sich der Song in einer akustischen Warteschleife.

Diese Phase mündet in das zweite Stück der Sequenz, »The Happiest Days Of Our Lives«. Während die Gitarre langsam ausklingt, erhebt sich ganz allmählich wie aus dem Nichts der ohrenbetäubende Lärm eines Hubschraubers. Es folgen vier Takte d-Moll, die jeweils mit einem kräftigen Schlag auf die Bass-Drum eingeleitet werden. Der vierte Takt allerdings, in dem die Gitarre vom tiefen d aufs noch tiefere g gleitet, ist im Gegensatz zur gesamten Vier-Viertel-Umgebung nur ein Fünfzehn-Sechzehntel-Takt, was den Song ungemein anziehen lässt und eine bedrohliche Stimmung provoziert: Der Sänger erinnert sich an sadistische Lehrer, die keine Gelegenheit ausließen, ihre Schüler zu erniedrigen, zu quälen oder bloßzustellen. Für diesen Schüler ist es nur ein schwacher Trost, dass die ganze Stadt wusste, wie diese Lehrer daheim selbst von ihren aufgedunsenen psychopathischen Frauen zur Schnecke gemacht wurden. Die »glücklichsten Tage« basieren auf a-Moll, doch nun folgen einige fanfarische Akkordschläge in F-Dur und B-Dur, bevor mit »Another Brick In The Wall (Part 2)« eines der berühmtesten Motive der Rockmusik beginnt:

»Wir brauchen keine Bildung, auch keinen Meinungszwang, und schon gar keinen bösen Spott im Klassenzimmer. Hey, Lehrer, lass uns Kinder in Frieden! Auch du bist nur ein Stein in der Mauer!« Diese Worte, vorgetragen in einer einfachen, aber sehr suggestiven Melodie (auf dem Harmonieboden von Teil Eins), führten dazu, dass »Another Brick In The Wall« zur unbestrittenen »Internationalen der Schüler« wurde – und in dieser Funktion Alice Coopers »School's Out« ablöste. Die weltbekannten Textzeilen werden zwei Mal gesungen: zunächst von Roger Waters, dann von einem Schüler-Chor, was im Nachhinein zu einem Skandal anwuchs, der halb England empörte:

Die Schulleiterin und vor allem der Musiklehrer der Londoner Islington-Green-School waren zunächst natürlich stolz, als sie von Pink Floyd gefragt wurden, ob der Viertklässler-Chor der Schule bei einer Schallplattenaufnahme mitwirken dürfe. Vor allem die Schulleiterin Margaret Mauden staunte aber vermutlich nicht schlecht, als sie im Dezember 1997 zu hören bekam, was ihre Sprösslinge da von sich gaben. Doch das Pikanteste an der Sache war: Genau diese Schule war für ihr außerordentlich schlechtes Bildungsniveau geradezu berüchtigt, und es hagelte Abmahnungen und Proteste von Seiten der Aufsichtsbehörden und der Eltern, dass ausgerechnet Schüler dieser Lehranstalt einen solchen Text singen durften.

Noch einmal zurück zum Song selbst: Nach dem Schülerchor folgt ab 2:10 wiederum ein Instrumentalteil, diesmal ein eher konventionelles Gitarrensolo. Nach eineinhalb Minuten blendet dieses Solo aus und wird ab 3:31 von einem Lärmgeflecht aus Befehlsgeschrei wie in einer Kaserne, Pausenhoflärm und Telefon- sowie sonstigen Geräuschen überlagert. Damit endet die Suite.

Es folgen sechs andere Songs, bevor sich der Protagonist in »Another Brick In The Wall (Part 3)« deutlich gewandelt zeigt. Er ist nicht mehr der aufmüpfige, im Grunde aber hilflose Schüler, sondern entpuppt sich jetzt als rebellischer Jung-Erwachsener: »Ich brauch nicht die ganze Zeit jemanden um mich herum, und ich brauch auch keine Drogen zur Beruhigung. Ich kenn mich aus! Glaubt ja nicht, dass ich irgendwas von euch benötige!« Doch seine Position ist immer noch die alte: »Wir alle sind letztlich nur ein Stein in der Mauer.« Es wird noch eine gehörige Weile dauern, bis er im letzten Song des Gesamtwerks, in »Outside The Wall«, diese Mauer endlich einstürzen lässt.

»Another Brick In The Wall« ist das markanteste musikalische Moment im gesamten THE-WALL-Projekt, auch wenn etwa »Comfortably Numb« oder »Run Like Hell« als künstlerisch bedeutsamer einzuschätzen sind. Insgesamt gesehen ist THE WALL in seiner Grimmigkeit ein sehr bedrückendes Werk, was sein Autor Roger Waters mit den Worten kommentierte: »Die Welt ist böse. Da können wir sie nicht rosarot zeichnen.«[1]

Der Song kam von Pink Floyd auch als Single heraus, wo er, wie bei der Live-Aufnahme auf PULSE (1995), etwas anders zusammengesetzt ist. Hier beginnt das Stück mit dem etwas diffusen Instrumentalteil aus »Part 1«, dann folgen die fanfarischen Harmonien aus »Happiest Days«, dann schließlich kommt »Part 2« mit seinem ausklingenden Gitarrensolo, das Gilmore auf der Live-Aufnahme in Höchstform zeigt.

»Another Brick In The Wall« ist so stark in THE WALL eingebunden, dass es nur wenige Cover-Versionen anregte. Ob man die Pop-Instrumental-Fassung der Innovations (1998) oder die bombastische Interpretation des Taliesin Orchestra (1997) braucht, stelle ich anheim. Am interessantesten ist vielleicht noch die Heavy-Metal-Punk-Version der Step Kings (1999).

THE WALL wurde zu einem der erfolgreichsten, wegen seiner Negativität aber auch umstrittensten Alben der achtziger Jahre. 1982 wurde THE WALL von Alan Parker verfilmt. An der Seite Bob Geldofs (in der Hauptrolle des Musikers Pink) wirkten neben Christine Hargreaves und Eleanor David auch Pink Floyd mit.

Am 21. Juli 1990 inszenierte Roger Waters, der sich 1984 in bitterbösem Streit von Pink Floyd getrennt hatte, eine Aufführung an einem geschichtsträchtigen Ort, dem Potsdamer Platz in Berlin. Anlass war der Fall der deutsch-deutschen Mauer und die bevorstehende deutsche Wiedervereinigung. Dazu brachte er eine wahre Heerschar von Stars auf die Bühne, darunter Bryan Adams, Sinéad O'Connor, Joni Mitchell, Cyndi Lauper oder die Scorpions. Doch das Ganze wurde – live übertragen vom ZDF – ein gigantischer Flop, da sowohl das Konzept als auch die Durchführung sich als grauenhaft schlecht erwiesen. Der Werbewirksamkeit tat dies keinen Abbruch: Eine im Studio völlig überarbeitete Fassung spielte zumindest die Kosten des Fünfzehn-Millionen-Mark-Spektakels wieder ein.

Pink Floyd
Gründung 1965
Bis 1968 Sid Barrett (Roger Barrett; *6. 1. 1946; Gesang, Gitarre)
Ab 1968 David Gilmore (*6. 3. 1944; Gesang, Gitarre)
Rick Wright (*28. 7. 1945; Keyboards)
Bis 1984 Roger Waters (*6. 9. 1944; Bass)
Nick Mason (*27. 1. 1944; Schlagzeug)
Pink Floyd starteten als Pioniere des Psychedelic-Rock, bevor sie mit technisch anspruchsvollem Konzept-Rock mit Hang zur Gigantomanie Weltruhm erlangten.
Alben
The Piper At The Gates Of Dawn (1967) • Meddle (1971)
Dark Side Of The Moon (1973) • Wish You Were Here (1975)
The Wall (1979)
Single-Hits
See Emily Play (GB 6) • Another Brick In The Wall (Part 2) (D 1, GB 1, US 1)

Another Day In Paradise

Text und Musik: Phil Collins

Von den achtzehn Single-Hits, die Phil Collins, der Ex-Schlagzeuger der Gruppe Genesis, in Deutschland, Großbritannien oder in den Vereinten Staaten unter die Top-Ten brachte, war »Another Day In Paradise« der erfolgreichste. Wie ⇨»Streets Of London« ist auch dieser Titel ein Song, der dem sozialen Gewissen eines Künstlers entsprungen ist. In einem langen Interview mit dem amerikanischen Musikjournalisten Ray Coleman erinnerte sich Collins:[1] »Ich war mit Genesis in Rio. Wo der Copacabana-Strand aufhört, liegt ein Slumviertel auf einem Hügel, mit Hütten aus verrosteten Eisenteilen oder Holz, ohne fließendes Wasser, ohne Strom. Wir waren zu einer Plattenfirmen-Party in einem Millionen-Dollar-Apartment eingeladen, und vom Balkon aus konnte man diese nahe gelegene Barackensiedlung sehen. Dieses Bild werde ich nie vergessen: eine derartige Armut so unmittelbar in der Nähe, während wir von all dem Reichtum umgeben waren. Das andere Bild, das mir immer wieder ins Gedächtnis kommt und das den Song auslöste, stammt aus Washington. Wir fuhren vom Flughafen zum Hotel. Es lag Schnee, wir kamen am Weißen Haus und am Capitol vorbei, alles war wunderbar erleuchtet. An einer Ampel fiel mir auf, dass auf den Bürgersteigen viele Schwarze standen, so viele, dass ich fragte, ob das eine Demonstration sei. Da sagte man mir, dass diese Leute auf der Straße leben. Am einen Ende der Straße das Capitol, am anderen die mit Gittern abgedeckten Lüftungsschächte, aus denen heiße Luft strömte, und Leute, die in Kartons im Schnee übernachteten.« »Another Day In Paradise« greift eine alltägliche Straßenszene auf. Eine obdachlose Frau bittet einen Mann um ein Almosen, doch der Mann geht einfach weiter, tut so, als würde er sie nicht bemerken. Er pfeift vor sich hin, als er die Straße überquert, die Frau ist ihm peinlich. Dann bei 1:33 zum ersten Mal der suggestive Refrain: »Überleg doch lieber zwei Mal, denn für dich und mich ist es heut natürlich wie ein weiterer Tag im Paradies. Denk drüber nach!« Die Frau ruft ihm hinterher. Wenn er sie anschauen würde, könnte er sehen, dass sie geweint hat. Wegen ihrer Blasen und Wunden an den Füßen kann sie kaum mehr gehen, doch sie versucht's. Denk dran: für uns ein weiterer Tag im Paradies. Es folgt bei 3:07 ein ganz kurzer Einschub, der klagend fragt, ob diese Ungerechtigkeit auf Erden denn nicht irgendwie zu ändern sei, danach wendet sich das Lied rasch wieder der Frau zu. Ihrem Gesicht sieht man an, dass sie das alles schon lange mitmacht. An allen Plätzen, an denen sie auftaucht, verscheucht man sie, weil sie

Phil Collins –
... But Seriously

Copyright 1989
Verlag Hit & Run
Music Publ. Ltd.

Cover-Versionen
Pedro Javier Gonzales
Rahmlee Michael
Davis
Hank Marvis & The
Shadows
Dennis Brown
Commissioned

51

nirgends hingehört. Und dann zum Schluss des Songs erklingt fast Mantra-artig über eine Minute lang: Denk dran – für uns ein weiterer Tag im Paradies.

Im Gegensatz zu dem bedrückenden Thema von »Another Day In Paradise« ist die Musik fast zärtlich, sanft und freundlich – wenn auch etwas unheilschwanger. Doch schon beim ersten Anhören entwickelt das Stück eine Vertrautheit und Selbstverständlichkeit, was vielleicht auch mit seiner Entstehung zu tun haben mag. Collins: »Es war einer jener Momente, bei denen man die Hände auf die Tasten legt und anfängt, etwas zu singen und zu spielen – und das war's dann schon.«

Aus irgendwelchen Tiefen erhebt sich zunächst ein ominös und dunkel klingender Synthesizer, dazu kommen Gitarren und ein dumpfes Schlagzeug, bis bei 0:37 der Song endlich beginnt. Der instrumentale Hintergrund ist von nun an für den Rest des Stücks festgelegt. Er besteht aus verschiedenen zum Teil schwebenden, zum Teil glockenartigen Synthesizer-Klängen; dem Bass; einem Schlagzeug mit einem Steady Beat auf der Zwei und der Vier, das während des Refrains mit einem so genannten »Gate Hall« unterlegt ist (das heißt einem Hall, der sehr gesättigt ist, aber nach einer kurzen Zeit abrupt abbricht); mehreren Ovation-Gitarren, die die Harmonie unterstützen, sowie einer klassischen Gitarre, die gelegentlich ganz kurze Solophrasen einflicht.

»Another Day In Paradise« steht in f-Moll und verwendet ausschließlich zwei der drei Basis-Akkordstufen dieser Tonart, f-Moll und b-Moll, sowie die drei Dur-Parallelen As-Dur, Des-Dur und Es-Dur. Diese Harmonien sind oft als Sept-Akkorde spezifiziert – bei Des-Dur im Refrain auch als übermäßiger Sept-Akkord.

Der Song besitzt eine erhebliche innere Spannung, was vor allem an der musikalischen Struktur der Strophen liegt. Der Grundton der jeweiligen Harmonie kommt in demjenigen Melodieabschnitt, den sie gestaltet, häufig gar nicht vor. So pendelt etwa die Melodie in einem f-Moll-Takt zwischen c, es und dem tieferen b. Im Refrain hingegen wird der Spieß umgedreht: Die Melodie orientiert sich stärker am Grundton der Harmonie, und der Bass baut ein harmonisches Spannungsfeld dazu auf. Er bleibt beständig auf f, auch wenn die Harmonien zwischen f-Moll, Es-Dur und Des-Dur wechseln. So gelingt es auf subtile, dennoch äußerst wirkungsvolle Weise, der zarten Melodie – die im Grunde auch ein Liebeslied tragen könnte – eine sehr bedrängende Stimmung unterzuschieben.

Durch »Another Day In Paradise« begann Collins, sich für unterschiedliche Wohltätigkeitsorganisationen zu interessieren und zu engagieren. Doch auch er musste soziale Achtsamkeit erst erlernen, wie er freimütig gestand: »Nachdem ich den Song geschrieben und aufgenommen hatte, aus dem Studio kam und über die Straße ging, sprach mich eine Frau mit zwei Kindern an: ›Haste mal 'ne Mark, Chef?‹ Und ich habe ihr nichts gegeben! Ich ging weiter! Ich dachte, was tue ich? Doch ich konnte nicht mehr stehen bleiben, es wäre noch peinlicher gewesen, jetzt umzudrehen. Ich dachte, ich habe gerade diesen Song geschrieben und verhalte mich nun doch genauso wie der Typ, von dem ich singe. Ich war dieser Typ im Song, ich bin ebenso schuldig wie alle anderen.«

Erstaunlicherweise fand »Another Day In Paradise« besonders viele Instrumental-Covers, anscheinend reicht bereits die raffinierte Musik vielen Interpreten zum Appell an unser aller soziales Gewissen. Mit klassisch spanischem Einschlag präsentiert der Gitarrist Pedro Javier Gonzales den Song, während der Jazzgitarrist Fareed Haque Bebop-Seiten im »paradise« entdeckt. Ebenfalls jazzig gibt sich der Trompeter Rahmlee Michael Davis, wohingegen Hank Marvin mit den wieder zusammengetrommelten Shadows das Lied als Rock'n'Roll-Instrumental vorstellt. Daneben gibt es Synthesizer-Versionen (Mark Hartman), Panflöten-Fassungen (Stefan Nicolai), schmalzige Klavier-Einspielungen (Richard Clayderman) und zahlreiche Versuche mit großem Orchester. Denen allen vorzuziehen sind dann doch die Reggae-Version von Dennis Brown sowie die Gospel-Interpretation von den Commissioned.

Phil Collins

Geboren 30. Januar 1951 in Chiswick, London
Gesang, Keyboards, Schlagzeug
Phil Collins ist mit seinen melodiösen Balladen einer der erfolgreichsten Protagonisten des klassischen Mainstream-Rock. Häufig greift er dabei zeitkritische und brisante Themen auf.

Alben
Face Value (1981) • No Jacket Required (1985) • ... But Seriously (1989)
Both Sides (1993) • Dance Into The Light (1996)

Single-Hits
In The Air Tonight (D 1, GB 2)
Against All Odds (Take A Look At Me Now) (D 9, GB 2, US 1)
A Groovy Kind Of Love (D 3, GB 1, US 1) • Two Hearts (D 3. GB 6, US 1)
Another Day In Paradise (D 1, GB 2, US 1)

Aquarius/Let The Sunshine In

Text und Musik: Gerome Ragni,
James Rado & Galt MacDermot

HAIR – Soundtrack

**Fifth Dimension – THE
AGE OF AQUARIUS**

Copyright 1967
Verlag United Artists
Music Co.

Cover-Versionen
Supremes
Ventures
Everly Brothers
Barney Kessel
Woody Herman

1967 war ein Schlüsseljahr der Rockmusik. Alben wie SGT. PEPPER von den Beatles, SURREALISTIC PILLOW von Jefferson Airplane, DISRAELI GEARS von den Cream sowie die Debütalben THE DOORS und THE VELVET UNDERGROUND AND NICO führten die Rockmusik auf völlig neue Pfade und eröffneten ungeahnte Klangmöglichkeiten, und Songs wie »Strawberry Fields Forever«, ⇨»A Whiter Shade Of Pale«, »The Wind Cries Mary« oder »See Emily Play« brachten frischen Wind in die schon damals eher stereotypen Hitparaden. Auch das Rock-Musical HAIR gehört in diese Kategorie.

Die Geschichte spielt in der New Yorker Hippie-Szene: Als Claude den Einberufungsbefehl zum Militärdienst in Vietnam erhält, ist dies für ihn und seine Freunde der Anlass, gegen das bürgerliche Establishment aufzubegehren. Ihre langen Haare sind dabei sichtbarer Ausdruck ihres Protests. Die jungen Leute diskutieren ihre Utopien und Wunschträume, machen Erfahrungen mit Drogen und Sex und hoffen im Zuge einer undefinierbaren esoterischen Spiritualität auf ein besseres Zeitalter im Sternzeichen des Wassermanns – »the age of Aquarius«.

Weitere wichtige Hauptfiguren des Musicals sind: Jeannie, die ein Baby von Claude erwartet; George Berger, ein Freund Claudes und ein Hitzkopf, der aus der High School geflogen ist; Sheila vertritt die Anliegen der Gewerkschaftsbewegung, während sich der lustige Hud für die Belange der Schwarzen einsetzt. Diese und noch andere Figuren zeichnen in ausgelassenen und zum Teil schrillen Szenen ein vielschichtiges Porträt der Hippie-Generation. Doch viele der Träume bleiben auf der Strecke, und Claude muss trotz seiner inneren Protesthaltung seinen Wehrdienst antreten.

»Aquarius« und »Let The Sunshine In« sind die beiden herausragenden Songs des Musicals, sie eröffnen bzw. beschließen das ganze Spektakel. Die Soul- und Flower-Power-Gruppe Fifth Dimension kombinierte geschickt beide Stücke zu einem kleinen Medley, das die internationalen Hitparaden stürmte. Mit dem HAIR-Auftakt »Aquarius« wird ein mystisch-utopisches Ambiente geschaffen: Der Mond im siebten Haus, Jupiter und Mars in einer Linie, Zeichen für planetarischen Frieden und irdische Liebe – das alles kündet vom Zeitalter des Wassermanns.

Und wodurch ist diese Ära gekennzeichnet? Durch Harmonie, Sympathie, Ehrlichkeit und Freiheit. Damit ist der Anspruch skizziert, den nicht nur die New Yorker Kids im Musical, sondern alle

»Blumenkinder« der Welt gleichermaßen an sich und ihre Umgebung stellen.

Die musikalische Ausgestaltung dieses Credos zeigt, dass es möglich ist, auch mit recht einfachen Mitteln ein hohes Maß an Wirkung zu erreichen. Der Song besteht aus zwei Teilen, die sich nicht in das gewohnte Strophe-Refrain-Schema einpassen lassen. Die erste Passage beginnt mit einer Moll-getragenen Einleitung (»When the moon is in the seventh house« in der Einspielung von Fifth Dimension ab 0:15 und 1:26), die bei 0:35 bzw. 1:46 ins Dur-geflutete »This is the dawning of the age of Aquarius« schwenkt. Zwischen den beiden Durchläufen schiebt sich von 0:56 bis 1:22 ein zweiter Teil, eine Mischung aus Bridge und Strophe, in der das Zeitalter des Wassermanns beschrieben ist: »Harmony and understanding ...« Interessant ist dabei vor allem, wie die Melodie teils gegen die Grundharmonie angeht – etwa in der Einleitung –, an anderen Stellen dagegen die mächtigen Akkorde wirkungsvoll unterstützt, etwa in der Dur-Passage des ersten Teils.

Bei 2:17 kommt bei der Fifth-Dimension-Aufnahme ein harter Schnitt, der Wechsel in den Song »Let The Sunshine In«. Ohne Modulationsstufen schnellt die Tonart von g-Moll und B-Dur auf h-Moll, und ab 2:30 folgt bis zum Ende des Stücks die permanente Wiederholung des hymnischen Refrains »Let the sunshine, let the sunshine in, the sunshine in«. Damit unterstützt der Song zwar überschwänglich das Aquarius-Paradies, verstümmelt aber das Originalstück. Dort wird nämlich ein grundlegender Konflikt ausgetragen – der Konflikt zwischen der Erkenntnis, sich nicht aus allen gesellschaftlichen Bezügen ausklinken zu können (Claude wird schließlich doch eingezogen), und dem Versuch, dennoch die utopischen Visionen weiter zu verfolgen. Es gibt nur wenige Rockstücke, die das Nebeneinander zweier so fundamental gegensätzlicher Gefühle derart authentisch und glaubhaft vermitteln können (»Father And Son« von Cat Stevens wäre ein anderes). Zunächst wird das vordergründige Scheitern beklagt: Die Kids blicken auf eine gefühlskalte Welt, in der es immer noch die alten Lügen gibt. Und doch, in ihrem Leben haben sich die Dinge geändert, die jungen Leute spüren die Zukunft in sich. Und diese Zukunft soll nicht trist und grau sein, sondern leuchtend, deshalb: Lass das Sonnenlicht herein!

Sowohl »Aquarius« und »Let The Sunshine In« als Einzelsongs wie auch der Mix von Fifth Dimension haben einige Cover-Versionen angeregt. Darunter vertreten sind die Soul-Girlie-Band Supremes, die eher Beat- bzw. Rock'n'Roll-orientierten Ventures sowie die Everly Brothers, die Jazzgitarristen Barney Kessel und Charlie Byrd sowie der Klarinettist Woody Herman. Und natürlich haben sich zahlreiche europäische und amerikanische Ensembles im Rahmen des Gesamtprojektes HAIR der beiden Songs angenommen. HAIR steht auch gegenwärtig noch auf dem Spielplan vieler Theater, auch wenn das ursprüngliche Schock-Potenzial (so stand zum Beispiel in vielen Inszenierungen das gesamte Ensemble für einige Sekunden völlig nackt auf der Bühne) heute einer eher kulturbeflissenen Betrachtung weichen muss.

Hair

Premiere New York Florence Sutro Anspacher Theatre, 29. Oktober 1967
Regie Gerald Freeman
Mitwirkende Walker Daniels (Claude), Sally Eaton (Jeannie), Gerome Ragni (George Berger), Jill O'Hara (Sheila), Arnold Wilkerson (Hud) und andere
Broadway-Premiere Biltmore Theatre, 29. April 1968
Regie Tom O'Horgan
Mitwirkende James Rado (Claude), wiederum Sally Eaton und Gerome Ragni, Lynn Kellogg (Sheila), Lamont Washington (Hud) und andere
Deutsche Premiere Theater in der Brienner Straße, München, 24. Oktober 1968
Deutscher Text Ulf von Mechow, Karl-Heinz Freynik, Walter Brandin
Film 1979, United Artists – Panavision, 121 Minuten Länge
Regie Miloš Forman
Drehbuch Michael Weller, frei nach der Musical-Vorlage, die Handlung wurde stellenweise verändert.

Fifth Dimension

Gründung 1966 • **Auflösung** 1978
Billy Davis jr. (*26. 6. 1939; Gesang)
Florence LaRue (*4. 2. 1944; Gesang)
Marilyn McCoo (*30. 9. 1943; Gesang)
Lamonte McLemore (*17. 9. 1939; Gesang)
Ronald Townson (*20. 1. 1941; Gesang)
Die **Fifth Dimension** waren eine der führenden Vokalgruppen Ende der sechziger Jahre, sie präsentierten eine mitreißende Mischung aus Soul und Flower-Power-Feeling.
Alben
Up Up & Away (1967) • The Magic Garden (1967) • Stoned Soul Picnic (1968) • The Age Of Aquarius (1969) • Star Dancing (1978)
Single-Hits
Up Up & Away (US 7) • Stoned Soul Picnic (US 3) • Aquarius/Let The Sunshine In (D 2, US 1) • Wedding Bell Blues (US 1) (Last Night) I Didn't Get To Sleep At All (US 8)

B

Band On The Run

Text und Musik: Paul & Linda McCartney

Nach dem Auseinanderbrechen der Beatles veröffentlichte Paul McCartney eine Reihe von kommerziell zum Teil recht erfolgreichen Alben und Singles, doch der große musikalische Wurf war nicht dabei. Dies ist insofern bemerkenswert, weil McCartney in der Spätphase der Beatles mit Stücken wie ⇨»Hey Jude«, »Get Back«, »Back In The U.S.S.R.«, »Helter Skelter«, »Blackbird« oder »Let It Be« unbestritten die treibende künstlerische Kraft gewesen war. Doch nach der Auflösung der Band stahlen ihm zunächst George Harrison mit ⇨»My Sweet Lord«, vor allem aber John Lennon mit ⇨»Imagine« gehörig die Schau. Selbst Ringo Starr konnte mit dem Album RINGO die bessere Presse für sich verbuchen. Das Jahr 1973 aber wurde zum Wendepunkt in McCartneys Solo-Karriere, und am Jahresende lieferte er mit der LP BAND ON THE RUN ein grandioses Meisterwerk ab – für viele die bis heute mit Abstand beste McCartney-Platte der Nach-Beatles-Ära.

Der Titelsong ist aufgebaut wie eine kleine Suite: Es beginnt mit einer getragenen Einleitung, die klanglich geprägt ist von einigen sparsamen E-Gitarren-Linien und einem dünnen Hintergrund-Synthesizer. Der Sänger grübelt über seine Situation: Er fühlt sich eingesperrt, hat Sehnsucht nach einem nicht näher bestimmten »You«. Die Stimmung ist so phlegmatisch, dass die Gefahr besteht, langweilig zu werden. McCartney fängt dies ab, indem er statt der zu erwartenden einfachen Dur-Akkorde harmonische Abweichungen wie Dur-Sext, Große Dur-Sept- und -Nonen-Akkorde verwendet. Damit liegt trotz aller Lethargie eine gewisse Spannung in der Luft.

Dann, bei 1:19, kommt ein erster Bruch. Das getragene Tempo bleibt zwar gleich, doch Gitarren und Synthesizer verlassen das fragile Einzelton-Geflecht des ersten Teils und steigen in einen stark akzentuierten Rhythmus ein. Eine vielleicht etwas zu leise abgemischte Sologitarre unterstützt den aufmüpfigen Rock des zweiten Teils, die Stimmung wird heller. Der Sänger fragt sich, was wäre, wenn er hier ausbrechen würde und alles, was er hat, irgend einem wohltätigen Zweck spenden würde. Einfach neu anfangen. McCartney erinnerte sich: »Die Idee zum Stück entstand eigentlich mit ›If I ever get out of here‹ – das kam von einer Bemerkung, die George [Harrison] während einer dieser Apple-Geschäftsbesprechungen machte. Er sagte, dass wir in gewisser Weise alle Gefangene seien. ›If we ever get out of here‹ (wenn wir hier je herauskommen), die Gefängnissache, dachte ich, wäre eine nette Art, ein Album zu be-

Wings –
BAND ON THE RUN

Copyright 1973
Verlag McCartney Music Inc.

Cover-Versionen
Starlite Orchestra
Denny Laine

ginnen. Ich habe einfach einige Dinge zusammengesetzt: ›Band On The Run‹, entfliehen, Freiheit, Kriminelle.«[1]
Schließlich bei 2:05 ein noch härterer Schnitt, hervorgerufen durch einen einzigen, rhythmisch eigentlich »verbotenen« Dreivierteltakt und durch ein Anziehen im Tempo auf etwa das Anderthalbfache. Außerdem wird der Übergang noch durch einen viertaktigen Blechbläserriff unterstützt, der nach der Rückkehr nach England im Abbey-Road-Studio nachträglich über die Aufnahme gelegt wurde. Nach dem Riff übernimmt eine rhythmisch geschlagene akustische Gitarre das Kommando, und das Stück mündet in einen mitreißenden Rocksong. Hinzu kommt ab 3:40 eine Solo-E-Gitarre auf dem rechten Stereokanal, die auf der linken Seite mit einer kurzen Zeitverzögerung quasi als Echo wiederkehrt. Diese Gitarre ist schon bei 3:13 kurz zu hören, wenn der Gitarrist das »Stöhnen des Unternehmers« im Text klanglich parodiert.

Die Stimmung im dritten Teil ist fröhlich optimistisch, die Band ist endlich »on the run«, die Harmonien sind nun bis auf einen großen F-Dur-Sept-Akkord gerade. Der Sänger weiß vor lauter Glück offenbar gar nicht, was er alles erzählen soll: Da explodiert der Regen, man wünscht sich Spaß, der Unternehmer stöhnt, weil keiner kommt, und die Dorfglocke läutet für die Hasen im Feld. Alles ist egal – Hauptsache, die »Band« ist »on the run«, wie der Refrain immer wieder und geradezu hymnisch verkündet.

Band On The Run wurde zu einer der erfolgreichsten LPs der siebziger Jahre, stand fast ein Jahr unter Englands Top-Ten-Alben und verkaufte sich über sieben Millionen Mal. Auch die Single-Auskopplung mit der B-Seite »Nineteen Hundred And Eighty Five« (nur in Großbritannien wurde für die B-Seite »Zoo Gang« gewählt) wurde ein Smash-Hit. Dabei standen die Aufnahmen zunächst unter keinem guten Stern:

McCartney wollte für die Einspielung des neuen Albums dem ungemütlichen britischen Herbst entfliehen und wählte als Aufnahmeort Lagos, wo es ein EMI-Studio gab – und wo nicht zuletzt auch der Ex-Cream-Drummer Ginger Baker ein Studio besaß. Doch unmittelbar vor der Abreise nach Afrika verkündeten sowohl der Gitarrist Henry McCullough als auch der Schlagzeuger Denny Seiwell ihren Ausstieg bei den Wings. So verließen die Wings England als Trio – der Multi-Instrumentalist McCartney, seine Frau Linda und der Gitarrist Denny Laine.

An einem der ersten Abende in Lagos wurden die McCartneys auf der Straße überfallen und ausgeraubt, dabei gingen auch die Demokassetten verloren, die McCartney noch in England als Basismaterial für die neuen Aufnahmen vorbereitet hatte. So musste er alle Stücke aus dem Gedächtnis rekonstruieren. Die Band arbeitete hart, die

Sessions begannen so gegen vier Uhr nachmittags und gingen nicht selten bis zum nächsten Morgengrauen.

Der Ärger um das Schrumpfen der Wings, der Schock des Überfalls und die enorme Arbeitsbelastung wurden McCartney offenbar zu viel – er spielte Bass, Schlagzeug, Gitarre und Keyboards, dazu hingen alle Kompositionen und Arrangements von ihm ab –, und er erlitt während einer Aufnahmesession einen Ohnmachtsanfall und musste einige Tage im Bett zubringen. Angesichts dieser widrigen Umstände ist es umso erstaunlicher, dass McCartney gerade in Nigeria zu seiner alten Kreativität zurückfand, wie er sie zu besten Beatles-Zeiten entwickelte (und die er im weiteren Verlauf seiner Karriere nicht aufrechterhalten konnte). Doch am meisten freute ihn bei aller Anerkennung, die BAND ON THE RUN fand, wohl ein Kompliment des Who-Drummers Keith Moon: »Keith fragte mich, wer auf der Platte Schlagzeug spielt«, erzählte McCartney, »er meinte, er werde richtig neidisch, wenn er den Drummer hört. Da musste ich ihm sagen, dass ich es war, auf den er neidisch wurde.«[2]

McCartney hat »Band On The Run« noch zwei Mal live eingespielt: auf WINGS OVER AMERICA (1976) und auf TRIPPING THE LIVE FANTASTIC (1990). Beide Aufnahmen sind schwungvoll und dynamisch, können aber auf Grund der technischen Begrenzung auf einer Bühne nicht an die ausgefeilte Spannung der Studioaufnahme heranreichen. Die technische Perfektion der Originalaufnahme zeigt sich nicht zuletzt darin, dass es von »Band On The Run« so gut wie keine nennenswerten Cover-Versionen gibt, abgesehen vielleicht von Denny Laines Fassung für das Album TRIBUTE TO PAUL MCCARTNEY & WINGS.

Paul McCartney

Geboren 18. Juni 1942 in Liverpool

Gesang, Gitarre, Bass, Keyboards, Schlagzeug, Trompete

Paul McCartney bildete mit John Lennon zusammen das einflussstärkste und erfolgreichste Songschreiber-Duo der Rockgeschichte. Auch in seiner Karriere nach den Beatles schuf er zahlreiche Hits.

Alben

McCartney (1970) • Ram (1971) • Band On The Run (1973) London Town (1978) • Flaming Pie (1997)

Single-Hits

Another Day (D 6, GB 2, US 5) • Band On The Run (GB 3, US 1) • Silly Love Songs (GB 2, US 1) • Mull Of Kintyre (D 1, GB 1) Ebony And Ivory (D 1, GB 1, US 1)

Beat It

Text und Musik: Michael Jackson

Michael Jackson –
THRILLER

Copyright 1982
Verlag Mijac Music

Cover-Versionen
Mew Kids On The
Block
Mike Post
Milton Nascimento

Es war schon ein erstaunlicher Prozess, der den fünfjährigen Youngster der Jackson Five zu einem der einfluss- und erfolgreichsten Rockmusiker und -tänzer der achtziger und neunziger Jahre und schließlich zu einer fragilen Kunstfigur und divenhaften Ikone werden ließ. An einer ganz entscheidenden Stelle dieser Entwicklung Michael Jacksons stand 1982 das Mega-Album THRILLER mit den Top-Hits »Billie Jean« und »Beat It«.

Mit »Beat It« durchbrach Michael Jackson sowohl inhaltlich wie auch musikalisch bestehende Klischeevorstellungen: inhaltlich, da er das traditionelle Image der Halbstarken und Rocker auf den Kopf stellte; musikalisch, weil er zeigte, dass zwischen weißem Rock und schwarzem Soul kein Gegensatz bestehen muss. Doch der Reihe nach.

Seit den Zeiten des Rock 'n' Roll beherrschte die gängige Vorstellung des kraftmeierischen Halbstarken die Rockszene, des macho-mäßigen Sexprotzes, des prahlerischen Gernegroß, der, um sich zu beweisen, keiner Auseinandersetzung aus dem Weg geht. »Beat It« nimmt die Gegenposition ein. »Wenn sie dich blöd anmachen und dir sagen, dass du dich verpissen sollst – lass es nicht auf einen Kampf ankommen. Geh lieber weg, *beat it*. Warte nicht, bis Blut auf die Straße tropft, spiel nicht den Macho. Wenn du wirklich tough sein willst, dann geh dem Kampf aus dem Weg. Es ist auch gar nicht wichtig, ob du Recht hast oder nicht. Kämpfen ist doch sinnlos. Wenn du Pech hast, gehst du dabei drauf, was ist dann gewonnen? Sei klug. Benimm dich nicht wie ein Junge, der sich auf der Straße prügelt, sondern wie ein erwachsener Mann, zeig ihnen, dass sie dich mal können, und dann lass sie stehen, *beat it*.«

Dieser Aufruf zur Gewaltlosigkeit, der im Amerika der achtziger Jahre natürlich einen sehr konkreten und in den Großstädten geradezu dramatischen Hintergrund hatte, ist in zweierlei Hinsicht bemerkenswert. Zum einen wird der Gewaltverzicht nicht auf einer fernen politischen oder gesellschaftlichen Ebene gefordert, sondern im ganz kleinen Alltag eines jeden von uns. Es ist leicht, pauschal gegen die Kriege in aller Welt zu sein, doch es ist ungleich schwieriger, Friedfertigkeit zum Motto des ganz persönlichen Lebens zu machen. Zum anderen spricht Michael Jackson damit ausdrücklich die Kids an, die jungen Menschen vor und in der Pubertät. Gerade für sie ist es wichtig, aus der schon sehr früh einsetzenden Spirale aus Gewalt und Gegengewalt auszubrechen.

Michael Jackson selbst sagt zu »Beat It«: Der Song »war auf den Geschmack von Schulkindern zugeschnitten. Es hat mir immer Spaß gemacht, Stücke zu schreiben, die Kindern gefallen würden. Es bereitet mir Freude, für sie zu komponieren, und ich weiß, was sie mögen, weil sie ein sehr anspruchsvolles Publikum sind. Man kann sie nicht zum Narren halten ... Der Text hat eine Aussage, an die ich mich halten würde, sollte ich in Schwierigkeiten geraten. Von seiner Botschaft – dass Gewalt verabscheuungswürdig ist – bin ich zutiefst überzeugt. Ich will damit nicht sagen, dass man auch die andere Wange hinhalten soll, wenn einem jemand die Zähne einschlägt, sondern dass man sich aus dem Staub machen soll, bevor es zu Gewalttätigkeiten kommt. Für mich ist es wahrer Mut, Meinungsverschiedenheiten gewaltlos auszutragen.«[1]

»Beat It« rückt auch dem musikalischen Klischee zu Leibe, dass schwarze und weiße Musik im Grunde nicht vereinbar seien. Jochen Ebmeier bringt es auf den Punkt, wenn er schreibt, dass das Stück gleichzeitig blütenweißer Rock'n'Roll und pechschwarzer Funk-Soul ist – bestehend aus einer klaren melodischen Figur, getragen von wilden Synkopen und polyrhythmischen Mustern.[2] Damit gibt Jackson dem gesamten Dance-Bereich ein ganz neues Gesicht. »Beat It« ist wie »Billie Jean«, »Bad« oder andere Songs reiner, kompromissloser Soul und *zugleich* reine Rockmusik. Bei »Beat It« wird dies zum Beispiel auch dadurch unterstützt, dass das sehr gute Gitarrensolo von dem Hardrocker Van Halen gespielt wurde.

Der Song lebt ausschließlich von seiner Darbietung, der Blick in die Noten mag da zunächst enttäuschen: In dem kurzen zweitaktigen Anfangsriff (0:24, davor sind nur ein Synthesizer und diverse elektronische und akustische Perkussioninstrumente zu hören) ist bereits die gesamte harmonische Basis enthalten. Das Stück besteht ausschließlich aus einem taktweise vollzogenen Wechsel zwischen es-Moll und Des-Dur, lediglich in den Strophen (jeweils bei Takt Fünf und Dreizehn) geht die Harmonie zwei Mal einen Takt lang nach H-Dur. Auch die Songstruktur selbst ist denkbar konventionell: Sechzehntaktige Strophen wechseln mit dem achttaktigen Refrain ab.

Doch was Michael Jackson zusammen mit seinem kongenialen Produzenten Quincy Jones aus diesem einfachen Material macht, ist beachtlich. Die rhythmische Ausarbeitung ist weit entfernt von einem simplen Vier-Viertel-Takt-Muster, sie erhält über die gesamte Spanne des Songs durch seine arhythmischen Einwürfe viel Drive. Der synkopierte Anfangsriff (es–ges–b–ges'–es', f'–es'–des') treibt zusätzlich rhythmisch mit an und unterfüttert zugleich die simplen Akkordwechsel wirkungsvoll. Darüber liegt Jacksons ausdrucksstarke Stimme, die besten Soul abliefert – zuweilen verstärkt durch Zweitstimmen und Echoeffekte. Eine sporadische E-Gitarre verleiht dem Stück einen kräftigen Rockcharakter, der in dem bereits erwähnten Solo Van Halens (von 2:48 bis 3:20) gipfelt. Daran anschließend blendet ein mehrfach wiederholter Refrain den Song aus. Von »Beat It« gibt es kaum Cover-Versionen. Reichlich flach sind sowohl die Latin-Fassung von Milton Nascimento als auch die Interpretation als Easy-Listening-Instrumental-Popnummer von Mike Post. Auf dem Album BARNYARD BEAT singen Kindergruppen wie »Sealy Dan« oder »Mew Kids On The Block« Hits der achtziger Jahre, darunter auch »Beat It« – die vielleicht stimmigste Nachspielung des Songs, wenn auch künstlerisch völlig belanglos.

Michael Jackson
Geboren 29. August 1958 in Gary, Indiana
Gesang
Michael Jackson gab sowohl der Dance-Music als auch dem sanften Balladenrock als herausragender Songschreiber, Sänger und Tänzer wichtige Impulse und wurde zu einem der wichtigsten Popkünstler der achtziger und neunziger Jahre.
Alben 1971–1990
Got To Be (1971) • Music & Me (1973) • Off The Wall (1979) Thriller (1982) • Bad (1987)
Single-Hits 1971–1990
Billie Jean (D 2, GB 1, US 1) • Beat It (D 2, GB 3, US 1) I Just Can't Stop Loving You (D 2, GB 1, US 1) • Bad (D 4, GB 3, US 1) Dirty Diana (D 2, GB 4, US 1)

Blinded By The Light
Text und Musik: Bruce Springsteen

Bruce Springsteen –
GREETINGS FROM
ASBURY PARK N. J.

Manfred Mann's
Earth Band –
THE ROARING SILENCE

Copyright 1972
Verlag Laurel Canyon
Music Ltd.

Als Bruce Springsteen 1973 sein Debütalbum GREETINGS FROM ASBURY PARK N. J. veröffentlichte, wurde er rasch mit Bob Dylan verglichen. Seine Wortspielereien, seine zungenbrecherischen Binnenreime und seine surrealistisch-assoziativen Texte erinnerten stark an den Ausnahmekünstler, der in den sechziger Jahren mit freier Poesie die Rockmusik bereicherte (siehe ⇨»Mr. Tambourine Man«). »Blinded By The Light« ist dafür ein gutes Beispiel. Der Text besteht aus im Grunde unübersetzbaren Gedankenfetzen und spielerischen Wortklängen: »Madman drummers bummers and Indians in the summer ... some brimstone baritone anti-cyclone rolling stone ... and some fresh-sown moonstone was messin' with his frozen zone.« Das Stück besteht ausschließlich aus solchen Wortkaskaden, nur im Refrain wird der Text greifbar: »Sie/er war einfach nur vom Licht geblendet, ging los wie der Teufel, war noch eine(r), die/der durch die Nacht rannte.« Und am Schluss: »Mama hat mich immer davor gewarnt, direkt in die Sonne zu blicken. Aber Mama, gerade das macht doch Spaß.«[1] Das ist der Kern des Stücks, es geht um Spaß, um alle Arten von Vergnügungen. Diese wilde Ausgeflipptheit spiegelt der Text in seinen skurrilen Wortbildern gleichsam auf einer Meta-Ebene wider.

Der Songaufbau ist denkbar einfach: Während der sechzehntaktigen Strophen wechselt die Harmonie mit jedem Takt die Grundstufen, also I–IV–V^7–I usw. (E-Dur–A-Dur–H-Dur-Sept–E-Dur). Auch der zwölftaktige Refrain kommt mit diesen Basis-Akkorden aus, fällt aber im sechsten Takt auf die Moll-Parallele cis-Moll, auf der das Stück einen Takt lang steht und damit die eher monotone Rhythmusgruppe unterbricht.

Atemlos hetzt Springsteen durch den Song: Der gleichförmige Vortrag kontrastiert klanglich das Silbenkaleidoskop der Worte, von einer gesungenen Melodie kann man eigentlich nicht sprechen. Dann bei 1:22 zum ersten Mal der charakteristische Refrain mit seiner kurzen Melodie. Ohne Pause oder Instrumentalteil hechelt der Song weiter: Strophe Drei, Refrain, Strophen Vier, Fünf und Sechs, letzter Refrain, diesmal mit der Abweichung »Mama always told me«, bevor ab 4:30 das Stück in einer halbminütigen Ausblende mit den Zeilen »I was blinded, I was blinded« ausklingt.

»Blinded By The Light« zeigt Bruce Springsteen zwar bereits als bemerkenswerten Songschreiber, als Rockinterpret kann er sein Potenzial Anfang der Siebziger aber noch nicht ganz ausschöpfen. Dass es jedoch möglich ist, aus Springsteens musikalisch fast minimalistischem Material auch ein furioses Rockkunstwerk zu gestalten, zeigte 1976 Manfred Mann mit seiner Earth Band. Schon mehrfach hatte er unter Beweis gestellt, wie kreativ er gerade mit einfach gehaltenen Songs umgehen konnte. Beispiele dafür sind »Don't Kill It Carol«, »Angels At My Gate«, aber auch andere Springsteen-Songs wie »For You« oder »Spirits In The Night«, vor allem aber Dylan-Titel wie »Quinn The Eskimo«, »It's All Over Now, Baby Blue« und besonders »Father Of Day, Father Of Night« – ein ursprünglich nur eineinhalb Minuten langes Stück, kaum mehr als ein Fragment, das er zu einer zehnminütigen Rocksinfonie ausbaute.

Wie mit dem Skalpell seziert Mann »Blinded By The Light«, zerlegt den Song in seine Einzelteile und baut ihn auf höchst effektvolle Weise wieder zusammen: Zunächst transponiert er das Stück in ein etwas helleres F-Dur und setzt den musikalischen Fokus hauptsächlich auf die ersten vier (besonders markanten) Takte des Refrains. Den Hintergrund bilden neben Bass und Schlagzeug ein kunstvoll zusammengesetztes Stimmenpatchwork aus Synthesizer- und Orgelklängen sowie diverse Gitarrenstimmen, die zum Teil glissandie-rend nicht nur klanglich durch das Stück, sondern auch räumlich durch die Stereokanäle huschen.

Manfred Manns Version beginnt mit den beiden zentralen Refrainzeilen, die sich wiederholen, bevor ab 0:39 die erste Strophe gesungen wird. Dabei holt Thompson als Leadsänger ein Maximum an Melodie aus Springsteens spröder Vorlage heraus. Es folgen der wiederum verkürzte Refrain und dann gleich Strophe Vier. Nun wird das einzige Mal der Refrain komplett vorgetragen. Im sechsten Takt an jener Stelle, an der im Original der Song kurz unterbrochen wird, stürzt das Stück bei Mann regelrecht in ein d-Moll-Loch (bei 2:27). Es folgt ein längerer Instrumentalteil, bei dem die Nummer sich langsam aus ihrer Ad-lib-Beliebigkeit heraus in ein Gitarrensolo in schwerem Blues-Idiom steigert. Vereinzelt macht eine Stimme im Hintergrund deutlich, worum es eigentlich geht:»But Mama, that's where the fun is.« Noch ein Mal hält der Song bei 4:28 an, um die letzte Phrase zu vervollständigen:»Mama always told me«, dann folgt Strophe Drei mit erneut verkürztem Refrain. Zur bisher einzi-gen Leadstimme, die die beiden Refrainzeilen ein ums andere Mal wiederholt – Zweitstimmen sind zwar vorhanden, wirken aber eher atmosphärisch –, gesellt sich bei 6:00 eine zweite Solostimme von Manfred Mann. Die beiden Sänger tragen den Refrain und zugleich parallel zunächst die erste Strophe, dann Textfetzen aus verschiede-nen Stellen des Songs vor. Bei 6:49 folgt zum zweiten Mal der Sturz nach d-Moll, wo das Stück langsam ausklingt.

»Blinded By The Light« erlebte außer in Manfred Manns Genie-streich keine weiteren nennenswerten Cover-Versionen. Zu erwäh-nen seien hier aber noch eine sehr eindringliche akustische Version Springsteens auf SOLO ACOUSTIC sowie eine mitreißende Live-Version der Earth Band auf BUDAPEST (1984).

Bruce Springsteen

Geboren 23. September 1949 in Freehold, New Jersey

Gesang, Gitarre, Mundharmonika

Bruce Springsteen ist ein sehr erfolgreicher Grenzgänger zwischen hartem Rock und akustischen Balladen, soziale und politische Themen bilden den Kern seines Werks.

Alben 1973–1982

Greetings From Asbury Park N. J. (1973) • Born To Run (1975)
The River (1980) • Nebraska (1982)

Single-Hit 1973–1982

Hungry Heart (US 5)

Manfred Mann's Earth Band
Gründung 1972 • **Auflösung** 1987
Manfred Mann (Michael Lubowitz; *21.10.1940; Gesang, Keyboards)
Chris Slade (*24.2.1942; Schlagzeug)
Colin Pattenden (*11.8.1942; Bass)
Bis 1975: Mick Rogers (Michael Oldroyd; *20.9.1946; Gesang, Gitarre)
Ab 1975: Chris Thompson (*9.3.1948; Gesang, Gitarre)
Manfred Mann's Earth Band spielte technisch anspruchsvollen und
ausgefeilt produzierten Mainstream-Rock, eine besondere Stärke der Band
sind intelligente Cover-Versionen.
Alben
Manfred Mann's Earth Band (1972) • Solar Fire (1973)
Nightingales & Bombers (1975) • The Roaring Silence (1976)
Somewhere In Africa (1982)
Single-Hits
Joybringer (GB 9) • Blinded By The Light (GB 6, US 1)
Davy's On The Road Again (GB 6)

Blowin' In The Wind
Text und Musik: Bob Dylan

Die Folkies der späten fünfziger Jahre hatten bereits drei herausragende Schlüsselsongs – Woody Guthries »This Land Is Your Land«,
das Traditional »We Shall Overcome« und Pete Seegers »If I Had A
Hammer« –, als ein knapp 22-jähriger Student aus dem New Yorker
Greenwich Village die Szene mit einem neuen Lied in den Bann
schlug, mit »Blowin' In The Wind«.

»Wie weit muss einer gekommen sein, bis er als Mensch zählt? Wie
weit muss eine weiße Taube fliegen, bis sie Ruhe findet? Wie lange
noch dürfen Kanonenkugeln den Gang der Dinge bestimmen, bis
man sie endlich verbannt? Die Antwort darauf kennt nur der Wind. –
Wie viele Augen braucht man, um das Elend um sich herum zu erkennen? Und nach wie vielen Toten wird einem endlich klar, dass es
längst zu viele sind? Wie lange kann ein Volk leben, dem die Freiheit
geraubt ist? Und wie lange kann einer so tun, als ob er das alles nicht
sähe? Die Antwort darauf kennt nur der Wind.«

Die schlichte Schönheit des Songs ergriff die Folkszene postwendend, und deren Wegbereiter und Spiritus Rector Pete Seeger jubelte: »Wer mit zwanzig so ein Lied schreiben kann, das um nichts
schlechter ist als ›If I Had A Hammer‹, der muss ein Genie sein!«
Freunden im Village spielte Dylan den Song 1962 immer wieder vor,

Peter, Paul & Mary –
In The Wind

Bob Dylan –
The Freewheelin'
Bob Dylan

Copyright 1962
Verlag Witmark &
Sons

Cover-Versionen
Joan Baez
Stevie Wonder
Edwin Hawkins
Singers
Glen Campbell
The Hollies

65

doch löste er damit zunächst keine große Begeisterung aus. Vor allem die simple Melodie mit den drei einfachen Harmoniewechseln – die so klangen wie unzählige andere Lieder auch – schien austauschbar. Aber Dylans Manager Albert B. Grossman erkannte rasch das Potenzial, das in dem Lied steckte. Noch bevor Dylans Version im Mai 1963 auf dem Album THE FREEWHEELIN' BOB DYLAN erschien, ließ Grossman den Song von der Paradetruppe der Folkmusik Peter, Paul & Mary aufnehmen, die er ebenfalls unter Vertrag hatte. Während Dylans Version in ihrer schlichten Rauheit dem Zuhörer wahre Schauer über den Rücken jagen konnte, schliffen Peter, Paul & Mary dem Song seine Kanten ab und präsentierten ihn in seichtem, eingängigem Satzgesang (dazu erweiterten sie das Lied um eine Moll-Parallele, was das Ganze noch gefälliger wirken ließ). Grossmans Rechnung ging auf, und »Blowin' In The Wind« stieg mit Peter, Paul & Mary in den amerikanischen Charts 1963 bis auf Platz Zwei empor.

Dylans Feuertaufe stand auf dem Newport Festival im Juli 1963 bevor, wo ihm viele seines kratzbürstigen Gesangs wegen keine Chance einräumten, neben Größen wie Joan Baez, Pete Seeger oder Peter, Paul & Mary zu bestehen. Doch Dylan zog seine Zuhörer in kürzester Zeit in seinen Bann, und seine Stimme wurde zu einer der wichtigsten in der Popmusik der sechziger Jahre in den USA.

Viel wurde darüber spekuliert und philosophiert, was das Außergewöhnliche der Dylan-Songs ist und was Titel wie »Blowin' In The Wind« so bedeutsam werden ließ. Ellen Willis, die Rockkritikerin des NEW YORKER, drückte es so aus: »Dylan übertrug die Mundart des Folk in eine reiche, figurative Sprache und veredelte den Protestsong mit literarischer und philosophischer Feinheit. Er belebte die Sichtweise des Folk neu, indem er proletarische und ethnische Sentimentalität ablehnte und alles andere tat, als den reinen Folk als zeitgenössische Form zu zerstören, indem er ihn mit dem Pop verschmolz.«[1]

Und was sagt der Meister selbst über die Bedeutung von »Blowin' In The Wind«? »Ich kann nicht viel über diesen Song sagen, außer dass die Antwort im Wind zu finden ist. Sie steht nicht in Büchern oder Filmen oder Fernsehshows oder Diskussionsgruppen – sie ist im Wind. Es gibt Leute, die behaupten, sie wüssten die Antwort, aber ich glaube ihnen nicht. Ich glaube immer noch, sie ist im Wind. Wie ein Stück Papier fällt sie manchmal zu Boden, aber das Problem ist, dass keiner kommt und sie aufhebt, wenn es möglich ist ... und schon fliegt sie wieder davon.«[2]

»Blowin' In The Wind« wurde zu der Hymne der Bürgerrechtsbewegung, vergleichbar mit der »Marseillaise« oder der »Internationalen«. Entsprechend häufig machten sich auch andere Interpreten an das Lied heran. »Blowin' In The Wind« dürfte nach ⇨»Yesterday« der am meisten gecoverte Song des Pop sein. Schon 1963 gab es zirka sechzig Versionen, im Laufe der Jahre wurden es Hunderte. Um nur einige zu erwähnen: Joan Baez, Stevie Wonder, Marlene Dietrich, die Duke Ellington Bigband, Stan Getz, King Curtis, Judy Collins, die Edwin Hawkins Singers, Glen Campbell, die Hollies, Nina Simone oder Elvis Presley. Jeder von ihnen interpretiert den Song auf seine Weise: als Folksong, als Country-Titel, als Rhythm-&-Blues- oder Soulnummer, als Jazzstück, als Blues oder als Pop- und Rocksong. Jede Version trägt das Licht dieses kleinen Liedes ein bisschen weiter hinaus in die Welt und damit auch seine Hoffnung auf eine bessere Zukunft.

Ich persönlich empfinde nach wie vor Dylans erste Aufnahme aus dem Jahre 1963 als die ergreifendste und schönste, doch hat er selbst das Stück mehrfach interessant umgedeutet: 1971 auf dem legendären »Concert For Bangla Desh« interpretiert er »Blowin' In The Wind« locker mit heftigem Country-Einschlag (obwohl er bei diesem Konzert alles andere als locker war; jeder, der den Film gesehen hat, konnte seine Nervosität spüren). Auf der 1974er Tournee mit der Band stellt er den Song als beeindruckende und treibende Rocknummer vor – zu hören auf dem hervorragenden Live-Doppelalbum BEFORE THE FLOOD. Etwas gewöhnungsbedürftiger ist da schon seine 1978er Live-Version des Albums AT BUDOKAN, wo er das einst so schmucklose Lied als Edel-Pop-Schnulze verkauft.

Bob Dylan

Robert Allen Zimmerman
Geboren 24. Mai 1941 in Duluth, Minnesota
Gesang, Gitarre, Harmonika
Bob Dylan ist eine der prägendsten und einflussreichsten Persönlichkeiten der amerikanischen Rockmusik überhaupt. Im Laufe seiner langen Karriere verband er immer wieder zahlreiche unterschiedliche Musikstile zu ganz eigenen Rockformen und kombinierte diese mit zum Teil hochpoetischen Texten.
Alben 1962–1964
Dylan (1962) • The Freewheelin' Bob Dylan (1963)
The Times They Are A-Changin' (1964) • Another Side Of Bob Dylan (1964)

Peter, Paul & Mary

Gründung 1960 • **Auflösung** 1970
Peter Yarrow (*31.5.1938; Gesang)
Paul Stookey (Noel Stookey; *30.11.1937; Gesang)
Mary Travers (*7.11.1937; Gesang)
Peter, Paul & Mary machten als gefällige Folk-Entertainer durch ihre professionell geglätteten Versionen auch Protestsongs Hitparaden-tauglich.

Alben

Peter, Paul & Mary (1962) • In The Wind (1963) • In Concert (Live) (1964)
Late Again (1968) • Peter, Paul And Mommy (1996)

Single-Hits

If I Had A Hammer (US 10) • Puff The Magic Dragon (US 2)
Blowin' In The Wind (US 2) • Don't Think Twice It's All Right (US 9)
Leaving On A Jet Plane (GB 2, US 1)

Born In The U.S.A.

Text und Musik: Bruce Springsteen

**Bruce Springsteen –
BORN IN THE U.S.A.**

Copyright 1984
Verlag Bruce
Springsteen

Cover-Version
Stanley Clarke

Es ist nur schwer nachzuvollziehen, wie die Reagan-Administration und nicht unerhebliche Teile der amerikanischen Presse und Öffentlichkeit Mitte der achtziger Jahre Bruce Springsteens »Born In The U.S.A.« als patriotische Hymne missverstehen konnten, denn der Song ist das akkurate Gegenteil davon – wie ein Blick auf den Text rasch zeigt:

Geboren ist der Held des Stückes in einem tristen Kaff. Seinen ersten Tritt bekommt er bei der Geburt, und wie ein geprügelter Hund wird er auch enden. Dazwischen verbringt er sein Leben, indem er sich irgendwie durchwurstelt. Mit den vier Zeilen der ersten Strophe ist von Anfang an eine Atmosphäre geschaffen, die den Refrain »Born in the U.S.A. – I was born in the U.S.A.« als Zynismus und blanke Verachtung erkennen lässt.

Strophe Zwei: Unsere Hauptperson wird zum Militär eingezogen; man drückt ihm ein Gewehr in die Hand und schickt ihn nach Vietnam, um dort den gelben Mann umzulegen. Und so ist es kein Stolz, wenn er wieder singt: »Born in the U.S.A.!« Dann folgen die Heimkehr und das böse Erwachen, weil es für die Kriegsveteranen keine Jobs mehr gibt. Er erinnert sich an einen Kameraden, der für ihn wie ein Bruder war und mit dem zusammen er gegen den Vietcong kämpfte. Doch der Freund ist tot, nur noch ein Foto mit seiner vietnamesischen Freundin ist von ihm übrig.

Am Schluss des Songs sehen wir unseren Helden völlig gestrandet. Er lebt seit zehn Jahren auf der Straße, ohne Ziel und ohne Zukunft. Wie kann man da auf den Gedanken kommen, »Born in the U.S.A. – I was born in the U.S.A.« könnte ein Lobgesang sein – sofern man bei Springsteens wild wütender Stimme überhaupt von Gesang sprechen kann. Das Ganze ähnelt doch eher dem verzweifelten und zugleich hasserfüllten Schrei eines Gescheiterten, dem die Gesellschaft nie eine Chance gab.

Dem desolaten Inhalt von »Born In The U.S.A.« entspricht auch die relativ bewegungslose musikalische Form: Der Song besteht aus zwei Griffen auf der Gitarre, einem normalen A-Dur-Akkord, und einem A-Dur-Quart-Griff, bei dem der Zeigefinger die d-Saite freigibt (»Born In The U.S.A.« erklingt auf der Platte in H-Dur, Steve Van Zandt an der akustischen Gitarre verwendete wohl einen Kapodaster auf dem zweiten Bund). Der Wechsel dieser beiden Akkorde erfolgt jeweils nach vier Takten und zieht sich durch das ganze Stück.

Auffallendstes Merkmal des Songs sind neben der Gänsehaut erzeugenden Stimme Springsteens die durchdringend schneidenden Schläge auf der Snare-Drum jeweils auf dem zweiten und vierten Viertel. Auf einem üppigen Klangteppich aus Gitarren, Synthesizer, Klavieren, Bass, Drums und allerlei Schlagwerk hämmert das Stück ohne musikalische Einschübe gnadenlos durch – genauso gnadenlos, wie das Schicksal dem Protagonisten des Songs erscheinen muss. Eine kurze Instrumentalphase von 1:36 bis 1:52 wird nicht mit Soli ausgefüllt, auch in den Strophen Vier und Fünf, die eine bzw. zwei Zeilen kürzer sind, dröhnt die Begleitung einfach weiter.

Der rigorose und beeindruckende Abgesang Springsteens auf den American Dream eröffnet das gleichnamige Album BORN IN THE U.S.A. – die erfolgreichste LP des Künstlers, aus der es gleich sechs von zwölf Titeln auf sechs verschiedenen Singles jeweils in die Top-Ten schafften: »Cover Me«, »I'm On Fire«, »Glory Days«, »I'm Going Down«, »My Hometown« und natürlich »Born In The U.S.A.«. Das Album selbst blieb zwei Jahre in den Charts und verkaufte sich weltweit mehr als zwanzig Millionen Mal. (Springsteens größter Single-Hit war übrigens »Streets Of Philadelphia«, der Titelsong des AIDS-Films PHILADELPHIA. Für ihn erhielt er vier Grammys und sogar den Oscar.)

Zu Album und Single wurde auch ein Video-Clip gedreht: Nach einem Blick auf den Star Spangled Banner schwenkt die Kamera über triste Industrieanlagen und typisches amerikanisches Kleinstadt-Ambiente. Springsteen bringt die ersten drei Strophen, dann folgen während des kurzen Instrumentalteils Filmeinschübe mit familiären Alltagsszenen. Dann wieder der Sänger, dessen Wut förmlich aus dem Bild springt. Das Video blendet Klischees aus dem amerikanischen Way of Life ein: Autos, Menschenschlangen im Sozialamt, Vergnügungspark, Soldatenfriedhof ... Am Ende schreitet Springsteen auf eine riesige amerikanische Flagge zu und wirft dem Betrachter einen verächtlichen Blick über die Schulter zurück.

Auf dem 1985er Album FIND OUT! hat der Jazz-Fusion-Bassist Stanley Clarke eine wilde und sehr »schwarze« Techno-Rap-Rock-Funk-Version von »Born In The U.S.A.« eingespielt – die bemerkenswerte Aufnahme war ihrer Zeit weit voraus. Ansonsten gibt es von dem

Song keine nennenswerten Cover-Versionen. Aber vielleicht haben ja Ronald und Nancy Reagan das Stück im Oval Office ab und zu vor sich hin geträllert.

Bruce Springsteen
Geboren 23. September 1949 in Freehold, New Jersey
Gesang, Gitarre, Mundharmonika
Bruce Springsteen ist ein sehr erfolgreicher Grenzgänger zwischen hartem Rock und akustischen Balladen, soziale und politische Themen bilden den Kern seines Werks.
Alben seit 1984
Born In The U.S.A. (1984) • Live 1977–1985 (1986) • Tunnel Of Love (1987)
Lucky Town (1992) • The Ghost of Tom Joad (1995)
Single-Hits seit 1984
Dancing In The Dark (GB 4, US 2) • Born In The U.S.A (GB 5, US 9)
Glory Days (US 5) • Brilliant Disguise (US 5)
Streets Of Philadelphia (D 1, GB 2, US 9)

Born To Be Wild

Text und Musik: Mars Bonfire

Steppenwolf –
STEPPENWOLF

Copyright 1968
Verlag MCA
Music/BMI

Cover-Versionen
Timbuk 3
Slade
Billy Larkin
Wilson Pickett/
Duane Allman
Evelyn Glennie

Manchmal dauert es nur dreieinhalb Minuten, bis ein Stück Kulturgeschichte geschrieben ist. »Born To Be Wild« sind solche dreieinhalb Minuten. Mit diesem Song schufen Steppenwolf eine Jugendhymne, die Freiheit und Abenteuerlust symbolisiert und geradezu als Synonym für Motorrad-Rocker gesehen werden muss. Doch nicht nur Hell's Angels und Konsorten schrieben sich den Titel aufs Banner, »Born To Be Wild« lieferte auch das Thema für den Hippie-Kult-Biker-Film EASY RIDER mit Peter Fonda und Dennis Hopper. Und ganz nebenbei ist es auch noch ein mitreißend pulsierender Hardrock-Song.

Der Text ist im Grunde vage und weckt doch klare und eindeutige Assoziationen. Dazu reichen eigentlich die erste Zeile – »Get your motor runnin' – und die Titelzeile des Songs. Die Worte dazwischen sind – überspitzt formuliert – überflüssig:

»Schmeiß die Maschine an und fahr raus auf den Highway; auf der Suche nach Abenteuern nehmen wir alles mit, was daherkommt. Ja, Darling, lass es zu und nimm die Welt in eine liebevolle Umarmung. Wir drehen auf, bis es nicht mehr weitergeht und es uns fast zerreißt. Ich liebe den Geruch und das Blitzen und den Donner von hartem Metall. Wenn ich mit dem Wind um die Wette fahr, dann weiß ich, ich bin dabei! Wie alle echten Kinder der Natur sind wir geboren, um wild zu sein. Egal, wie weit wir's treiben, wir sterben schon nicht dabei.«

Mars Bonfire erinnert sich, wie er auf das Lied kam: »Ich schlenderte wie so oft am Hollywood Boulevard herum, da sah ich in einem Fenster ein neues Plakat. Man sah darauf einen Vulkan, der ein herrliches Motorrad nach oben spie. Das Ganze war überschrieben mit ›Born to Ride‹. Dazu muss ich noch sagen, dass ich mir zu dieser Zeit gerade mein erstes Auto gekauft habe, einen Secondhand-Ford Falcon. Beides kam also zusammen: die Idee mit dem Motorrad sowie die Freiheit und Freude, die ich mit meinem ersten Auto nun hatte … Ich hatte zunächst nicht das Gefühl, dass der Song besonders gut sei, und auch die Leute bei der Plattenfirma zeigten sich anfänglich nicht so recht begeistert. Gott sei Dank machten wir mit Steppenwolf etwas Hervorragendes daraus.«[1]

Die Struktur des Songs ist einfach: Das Stück besteht aus zwei achtzeiligen/sechzehntaktigen Strophen, wobei die jeweils zweiten vier Zeilen (»Yeah Darlin' go make it happen«) identisch sind. Statt einer eigenen Strophe Drei wird der erste Vers wiederholt. Nach den Strophen Zwei und Drei folgt der sechzehntaktige Refrain, der jeweils in der Mitte (bei 1:18 und 2:46) den Song für drei Sekunden zum Stehen bringt und viel Spannung aufbaut, die dann durch die Zeile »Born to be wild« aufgelöst wird. Nach Strophe Zwei erklingt ein wildes Orgelsolo, das auch in der Ausblende präsent ist.

Das musikalische Gerüst des Stücks bildet ein Gitarrenriff, der schon in der krachenden Einleitung vorgestellt wird: ein E-Akkord, dem die Terz fehlt – der damit also zunächst vage zwischen Dur und Moll oszilliert – und der immer wieder mit Sexte und Septe ergänzt wird. Dieses ungenaue E-Dur ist der vorherrschende Akkord im ganzen Song, umso erstaunlicher also, dass das Stück in A-Dur notiert ist. Der erste Teil der Strophen ist nur mit dem Riff unterlegt, der zweite wiederholt den Wechsel G-Dur, A-Dur, E-Dur. Auch der Refrain basiert auf E-Dur, nur ab und zu geht es nach G-Dur, A-Dur und D-Dur.

»Born To Be Wild« wurde sehr häufig gecovert, leider oft genug von schlechten Bands, die den Song eher verschandelten. Bemerkenswert ist die Fassung des britischen Pendants zu Steppenwolf, der Gruppe Slade. Sie ersetzten die Orgel durch eine wilde und bizarre Geige. Im Live-Programm von Blue Öyster Cult war »Born To Be Wild« lange Zeit fester Bestandteil. Eine Jazz-Fassung gibt es von Billy Larkin, und Wilson Pickett – begleitet von Duane Allman – liefert eine wunderschöne Soul-Version. Ebenfalls hörenswert sind die Fassungen von Evelyn Glennie und Joe Lynn Turner, während die Aufnahme des klassischen Hampton String Quartets Geschmackssache bleiben wird. Doch meiner Meinung nach am schönsten und gelungensten von allen Cover-Versionen ist die Einspielung der Gruppe Timbuk 3. Sie zeigt, dass es nicht unbedingt laut und polternd zugehen muss, wenn man zum Wildsein geboren ist. Sie hüllen das Lied stattdessen in einen sanften, durch akustische Instrumente geflochtenen Schleier, durch den unendlich viel Freiheitssehnsucht und auch Melancholie schimmert.

Nur am Rande bemerkt: Mit der Zeile »heavy metal thunder« in Strophe Zwei prägten Steppenwolf einen Oberbegriff für die Sorte Hardrock, die am ehesten in ihrer Tradition steht: den Heavy Metal.

Steppenwolf

Gründung 1967 • **Auflösung** 1972

John Kay (Joachim Krauledat; *12.4.1944; Gesang)

Michael Monarch (*5.7.1946; Gitarre)

Goldy McJohn (John Goadsby; *2.5.1945; Keyboards)

John Russell Morgan (Bass)

Jerry Edmonton (Jerry McCrohan; *24.10.1946, †28.11.1993; Schlagzeug)

Weitere Mitglieder im Laufe der Band-Biografie: George Biondo, Mars Bonfire, Larry Byrom, Bobby Cochran, Wayne Cook, Rushton Moreve, Nick St. Nicholas

Steppenwolf galt in den späteren Sechzigern als eine der wildesten Rockgruppen – ein Image, das die Band mit ihrem Schlüssel-Song »Born To Be Wild« tatkräftig unterstützte.

Alben

Steppenwolf (1968) • Steppenwolf The Second (1968)

At Your Birthday Party (1969) • Gold (1971) • Live Steppenwolf (1971)

Single-Hits

Born To Be Wild (US 2) • Magic Carpet Ride (US 3) • Rock Me (US 10)

C

California Dreamin'

Text und Musik: John Phillips & Michelle Gilliam Phillips

»California Dreamin'« ist ein kleines Lied von einem großen Traum: Eine völlig unbekannte, beinahe zufällig entstandene und noch namenlose Musikformation aus zwei Frauen und zwei Männern verbrachte den Sommer 1965 im sonnigen Kalifornien. Umso trister erlebten die jungen Leute nach ihrer Rückkehr den kalten Herbst in New York. »Alle Blätter sind braun, und der Himmel ist grau in grau. Ich gehe spazieren und denke mir, wie schön und warm wäre es jetzt in L. A. An solchen Wintertagen träume ich von Kalifornien. Zum Aufwärmen gehe ich in irgendeine Kirche, knie nieder und tu so, als ob ich beten würde. Der Pfarrer freut sich, wenn es draußen kalt ist – er weiß, dann bleib ich länger in seinem Haus. An solchen Wintertagen träume ich von Kalifornien.«

Dieses an sich harmlose Liedchen wurde nicht nur für die Mamas & Papas, wie sich die Gruppe nun nannte, zur Realität – die Musiker zogen an die Westküste und wurden dort geradezu zum Synonym für Westcoast-Folkrock –, weit darüber hinausgehend polte der Song die amerikanische Rockszene geografisch um. In der ersten Hälfte der sechziger Jahre war New York die unbestrittene Rock-Hauptstadt, speziell das im Süden Manhattans gelegene Greenwich Village. »California Dreamin'« und ähnlich fröhliche und sonnendurchflutete Songs der Gruppe trafen die Szene ins Mark: Zahlreiche andere Musiker entdeckten nämlich ebenfalls ihren kalifornischen Traum, und binnen eines Jahres wurde der Westen, allen voran San Francisco und Los Angeles, zum Dreh- und Angelpunkt des amerikanischen Rock.

Der Reiz von »California Dreamin'« – wie anderer guter M-&-P-Songs – speist sich aus mehreren Quellen. Da ist zum einen ein makelloser Satzgesang des Quartetts, der unverkennbar in der Tradition der Weavers oder auch der Folkgruppe Peter, Paul & Mary steht, der aber trotz aller Gefälligkeit nie auf ein seichtes und plattes Schlagerniveau absinkt. Da sind zum zweiten die Songinhalte, die Lebensgefühl pur vermitteln. Die Musik von John Phillips, der fast das gesamte Material der Band schrieb, setzt sich einerseits ernsthaft mit dem Selbstwertgefühl der jungen Generation auseinander, liefert aber auch genug Stoff für die oft etwas selbstgefällig narzisstische Weltflüchtigkeit der Flower-Power-Szene. In einem Satz: Die Songs brachten den Zeitgeist auf den Punkt und waren deshalb auch so ungemein erfolgreich.

Die Struktur von »California Dreamin'« ist denkbar einfach: Auf eine kurze Gitarreneinleitung, in der letztlich nur die Tonart vorge-

The Mamas & The Papas –
IF YOU CAN BELIEVE YOUR EYES AND EARS

Copyright 1966
Verlag Wingate Music Corp.

Cover-Versionen
The Seekers
Four Tops
America
Bobby Womack
George Benson

geben wird, folgen zwei Strophen, deren letzte Zeilen den suggestiven »California dreamin'«-Refrain bilden. Nach Strophe Zwei folgt ein Instrumentaldurchgang, der von einer Flöte als Soloinstrument beherrscht wird. Strophe Drei ist identisch mit Strophe Eins, nach mehrmaligem Wiederholen der Titelzeile schließlich wird der Song nicht ausgeblendet, sondern endet auf einem geschickt gesetzten Schlussakkord.

Überhaupt muss man die harmonische Anlage des Stücks als recht raffiniert bezeichnen. Zwar kommt der Song in cis-Moll mit seinen Basisharmonien cis-Moll, fis-Moll und gis-Moll bzw. auch Gis-Dur sowie den dazugehörigen Dur-Parallelen E-Dur, A-Dur und H-Dur aus, doch die Art und Weise, wie diese Akkorde in raschen Wechseln immer wieder variiert werden, ist bemerkenswert. Die Harmonien sind genau an den Stellen erweitert, wo der Song Gefahr laufen könnte, ins Seichte zu rutschen. Ein Beispiel hierfür erklingt etwa am Anfang des Stücks bei »and the sky is *grey*«. Statt des normalerweise zu erwartenden Gis-Dur wird der im Pop nicht sehr häufige Gis-Dur-Sept mit dem zusätzlichen dissonanten cis als Quartvorhalt verwendet. Solche Kniffe führen dazu, dass selbst ein im Grunde sehr einfaches Lied ein erstaunliches Maß an Subtilität erreicht.

»California Dreamin'« ist einer der am häufigsten und recht vielfältig gecoverten Songs im Rock. Er findet sich in zahlreichen Einspielungen von Pop-Orchestern wie Midnight Flute oder Mystic Moods Orchestra und ist natürlich gerade im Easy-Listening-Bereich stark vertreten, etwa durch Aufnahmen von den Seekers, den Lennon Sisters oder von Nancy Sinatra. Doch lassen sich auch eine ganze Reihe von musikalisch ambitionierteren Interpretationen finden: Bei Baby Huey ist »California Dreamin'« eine Soulnummer, Johnny Rivers lässt den Song dagegen recht rockig klingen. Mike Auldridge verlegt das kalifornische Lebensgefühl in den Süden der Staaten, wenn er das Stück als Bluegrass interpretiert. Einen ganz anderen Anstrich geben die Four Tops dem Song, wenn sie ihn als Motown-Soul präsentieren, während die Dodgers das Stück als Hip Hop vortragen. Im eher »normalen« Popambiente erklingt »California Dreamin'« bei den Beach Boys und bei America, beides Gruppen, die als Westküstler Kalifornien gar nicht erst herbeiträumen müssen. Viel Blues entdeckt Bobby Womack in dem Song, den Eddie Hazel als ausufernde, sechseinhalb Minuten lange Rockexkursion vorstellt.

»California Dreamin'« hat immer wieder gerade auch Jazzgitarristen animiert: Die Fassungen von Wes Montgomery, George Benson und William Ellwood sind alle drei gleichermaßen hörenswert, wobei vielleicht Bensons über sieben Minuten lange Tour de Force durch das California-Feeling ein ganz klein wenig herausragen mag. In schrillere Gefilde des Jazzrock führt die Fusion-Band von Allan Holdsworth.

So unterschiedlich all diese und viele weitere Interpretationen auch sein mögen, man sieht: Das kleine Lied vom großen Traum hat sie alle verzaubert und in den Westen gelockt. Sie alle sind gekommen, und viele von ihnen sind geblieben.

The Mamas & The Papas

Gründung 1964 • **Auflösung** 1972

John Phillips (*30.8.1935, †19.3.2001; Gesang, Gitarre)

Cass Elliot (Ellen Naimoi Cohen; *19.9.1941, †29.7.1974; Gesang)

Holly Michelle Gilliam Phillips (*6.4.1944; Gesang)

Dennis Doherty (*29.11.1941; Gesang)

The Mamas & The Papas gehören mit ihrem ausgefeilten Gruppengesang und ihren sanften, eindringlichen Songs zu den Pionieren des Westcoast-Sound.

Alben

If You Can Believe Your Eyes And Ears (1966) • The Mamas & The Papas (1966)

Deliver (1967) • Book Of Songs (1968) • A Gathering Of Flowers (1971)

Single-Hits

California Dreamin' (GB 9, US 4) • Monday, Monday (D 2, GB 3, US 1)

Dedicated To The One (GB 2, US 2) • Creeque Alley (GB 9, US 5)

Dream A Little Dream Of Me (D 5)

Candle In The Wind

Text und Musik: Elton John & Bernie Taupin

1973: Elton John hatte mit Stücken wie »Rocket Man«, ⇨»Crocodile Rock« oder »Daniel« endgültig den internationalen Durchbruch geschafft und war nun, 26-jährig, in Höchstform. Und obwohl er sich in der Vergangenheit stets abfällig über Doppelalben geäußert hatte, wagte er sich selbst an ein solches Projekt. In einer wahren Arbeits-Tour-de-Force arbeitete der exzentrische Star wie ein Besessener und nahm in nur fünfzehn Tagen Song nach Song auf. Während seine Musiker sich ausruhten, schrieb er das nächste Lied. GOODBYE YELLOW BRICK ROAD wurde sein neuntes Album und ist eines der besten und kompaktesten Doppelalben der Rockgeschichte. Elton John selbst bezeichnet GOODBYE YELLOW BRICK ROAD als das »ultimative Elton-John-Album. Alle Inspirationen seit Beginn meiner Karriere sind darauf zu hören. Es schließt alles ein, was ich je komponiert habe, und alles, wonach ich je geklungen habe.«[1]

Elton John – GOODBYE YELLOW BRICK ROAD – Lady Diana, BBC Funeral Service

Copyright 1973, 1997
Verlag Dick James Music (1973), IMP Inc. (1997)

Cover-Versionen
Sandy Denny
Kate Bush
Byron Lee
David Osborne

Eines der markantesten Stücke des Albums ist die sanfte Liebesballade »Candle In The Wind«. Die Aufnahme des bis heute sehr beliebten Songs war wohl nicht ganz problemlos: »Es war schwierig. Wir haben es erst geschafft, diese Nummer gut klingen zu lassen, als ich beschloss, die Klavierspur nachträglich aufzunehmen. Dies war der erste Song, den ich im Stehen gesungen habe – Klavier, Gitarre und Schlagzeug kamen erst später dazu. Die Aufnahme war deswegen so kompliziert, weil es sich hier nicht um eine typische Klaviernummer handelt. Ich bin beim Singen ums Mikrofon herumgesprungen und habe mich aufgeführt wie ein Irrer.«[2] Der ruhigen und scheinbar entspannten Aufnahme hört man solche Turbulenzen allerdings nicht mehr an.

Das langsame Stück ist sehr konventionell aufgebaut, es besteht aus drei Strophen jeweils mit Refrain. Auf den ersten Blick ist »Candle In The Wind« eine sensible Hommage an Marilyn Monroe: »Tschüs, Norma Jean. Ich habe dich persönlich zwar nie getroffen, aber ich weiß, du konntest beherrscht bleiben, auch wenn es um dich herum nur so wimmelte. Sie haben dich der Tretmühle [Hollywoods] ausgesetzt und dich dazu gebracht, sogar deinen Namen zu ändern. Und es kommt mir so vor, als hättest du wie eine Kerze im Wind gelebt, ohne zu wissen, bei wem du Schutz findest, wenn Regen einsetzt. Ich hätte dich gerne gekannt, aber ich war noch zu jung. Die Kerze deines Lebens ist ausgebrannt, deine Legende bleibt bestehen. Sie machten dich zu Hollywoods Superstar, doch der Preis, den sie dich zahlen ließen, war zu hoch. Selbst als du gestorben bist, jagte dich die Presse und musste effekthascherisch berichten, dass Marilyn nackt gefunden wurde. Tschüs, Norma Jean, und glaub mir, ich sehe in dir mehr als nur ein Sexsymbol und mehr als nur Marilyn Monroe.«

In der Tat war Marilyn Monroe eine Gejagte. Von den Twentieth-Century-Fox-Studios systematisch als Sexgöttin aufgebaut, musste sie ihren Ruhm mit dem Verlust persönlichen Glücks bezahlen, was sie schließlich im Alter von nur 36 Jahren in den Selbstmord trieb. Selbstverständlich greift »Candle In The Wind« diese persönliche Tragik auf. Doch der Song hat noch eine weitere Ebene: Der Texter Bernie Taupin betonte stets, dass es »nicht nur um Marilyn ging, sondern um die Mythenfabrik Hollywood im Allgemeinen – und besonders um die Leichtigkeit, mit der dieses System etwas zerstören konnte, was es selbst geschaffen hatte«.[3]

Musikalisch besticht »Candle In The Wind« durch eine eingängige Melodie und eine geschickte Harmonisierung. Zwar verwendet der Song nur die Akkordstufen I, IV und V mit den dazugehörigen Moll-Parallelen (also E-Dur, A-Dur, H-Dur, cis-Moll, fis-Moll und gis-Moll), doch die Weise, wie diese Harmonien eingesetzt werden,

erzeugt viel Spannung, indem mit den Funktionen von Grundharmonie und Auflösung eine Art Verwechslungsspiel getrieben
wird. So ist der tragende Akkord in den Strophen oft A-Dur, vor
allem an Stellen, die »normalerweise« in E-Dur stehen würden. Ein
anderes Beispiel ist der Refrain: Die ersten beiden Takte (»[and it]
seems to me you lived your live like a«) würden konventionellerwei-
se in E-Dur stehen, sind hier aber mit H-Dur unterlegt. Im nächsten
Takt (»candle in the«) dreht sich der Spieß um. Viele Komponisten
würden diesen Übergangstakt mit der Quinte H-Dur harmonisch
gestalten. Elton John verwendet stattdessen die Grundharmonie
E-Dur, bevor er im vierten Takt (»wind«) auf der vierten Stufe,
A-Dur, verweilt. Diese Spannung zwischen der harmlosen Melodie
und der Harmonie verleiht dem Stück eine innere Bedrängtheit, die
dem Inhalt entgegenkommt.

»Candle In The Wind« hat zahlreiche Instrumental-Versionen angeregt. Panflöten haben die Kerze im Wind genauso besungen wie
Saxofon-Ensembles, Synthesizer-Rock-Orchester, Candlelight Com-
bos oder Moonlight-String-Orchester. Selbst das Royal Philharmonic
Orchestra in London hat sich des Stücks angenommen. Und natürlich haben Pianisten den Song eingespielt, allen voran Richard
Clayderman. Von den Vokalfassungen orientieren sich jene der Folksängerin Sandy Denny und der Rockinterpretin Kate Bush am ehesten an Elton Johns Vorlage, während sich Byron Lee mit seiner
Reggae-Version oder David Osborne mit seiner Jazz-Fassung stilistisch etwas weiter davon entfernen.

Zeitsprung ins Jahr 1997: Am 31. August verunglückt »Lady Di« tödlich. Elton John ist seit vielen Jahren eine der schillerndsten Figuren
des internationalen Jetset und seit langem mit der britischen
Prinzessin befreundet. Anders als der Tod seines Freundes John
Lennon im Jahr 1980, der Elton John in eine tiefe Krise stürzte, löst
das Unglück von Prinzessin Diana zunächst spontane Kreativität aus.
Mit Bernie Taupin zusammen schreibt John binnen kürzestem den
Text zu »Candle In The Wind« völlig um, und bei den Beerdigungs-
und Trauerfeierlichkeiten in Westminster Abbey am 6. September
stellt er diese Version unter dem Titel »Candle In The Wind 1997«
der Weltöffentlichkeit vor. (Die zweite Fassung hat das »Lästermaul«
der Rolling Stones, Keith Richard, zu der Bemerkung veranlasst,
Elton Johns Musik bestehe im Wesentlichen aus Songs für dahinge-
schiedene Blondinen.)

Die Single wurde in den USA zur erfolgreichsten Platte aller Zeiten:
Binnen 37 Tagen wurden 32 Millionen Exemplare verkauft. Damit
überrundete Elton John Bing Crosbys »White Christmas«, das es auf
30 Millionen Scheiben brachte – allerdings im Laufe von 55 Jahren.
In einem wahrlich liebevollen, zuweilen aber etwas pathetischen

Text wird der Verunglückten gedacht. Sie ist »England's Rose«, die als fast religiöses Symbol jetzt im Himmel weilt, so dass die Sterne ihren Namen aussprechen können. Auch sie hat ihr Leben wie eine Kerze im Wind gelebt, doch ihre Legende wird Bestand haben. Ihre Freundlichkeit wird fehlen und die Freude, die sie in ihre Umgebung brachte, ihre humanitäre Hingabe und vor allem die ungebremste Leidenschaft, mit der sie dies alles verband.

Der Text verzichtet erfreulicherweise auf jegliche Seitenhiebe in Richtung Sensationspresse und prominentengeiler Öffentlichkeit – Diana war auf der Flucht vor der Regenbogenpresse in einem Pariser Tunnel mit dem Auto verunglückt –, aber den Worten fehlt die schlichte Schönheit der Originalfassung. Doch steht es gerade bei einem so persönlichen Lied vielleicht am wenigsten an, darüber zu urteilen. Also: Goodbye Norma Jean und goodbye England's Rose.

Elton John
Reginald Dwight
Geboren 25. März 1947 in Pinner, Middlesex, England
Gesang, Keyboards
Elton John ist einer der Superstars der siebziger und achtziger Jahre und nach Paul McCartney der kommerziell erfolgreichste Songschreiber der Rockmusik. Die stilistische Bandbreite seiner Songs umspannt den Bogen von aggressiven Rock'n'Roll-Nummern bis hin zu sentimentalen Balladen.
Alben seit 1981
Jump! (1982) • Too Low For Zero (1983) • Breaking Hearts (1984)
Duets (1993) • Made In England (1995)
Single-Hits seit 1981
I'm Still Standing (D 10, GB 4) • Nikita (D 1, GB 3, US 7)
That's What Friends Are For (US 1) • Sacrifice/Healing Hands (GB 1)
Candle In The Wind 1997 (D 1, GB 1, US 1)

Child In Time

Text und Musik: Ritchie Blackmore, Ian Gillan,
Roger Glover, Jon Lord & Ian Paice

»Der Großteil unseres Publikums ist etwa achtzehn Jahre alt. Leute in diesem Alter verstehen Musik nicht unbedingt …, wenn sie musikmäßig den Durchblick hätten, würden sie uns bestimmt nicht mögen.«[1] Dieser Spruch stammt von Ritchie Blackmore, dem Gitarristen von Deep Purple, und er nährt damit das Klischee, dass es im Hardrock nicht hauptsächlich um musikalische Qualität geht. Dabei stellte gerade Deep Purple – allen voran mit »Child In Time« – unter Beweis, dass auch schwerster Hardrock durchaus musikalisch anspruchsvoll sein kann.

Das Stück beginnt als sanfte Orgelballade auf der markanten Akkordsequenz G-Dur–G-Dur–a-Moll/G-Dur–G-Dur–a-Moll/F-Dur–F-Dur–G-Dur/G-Dur–G-Dur–a-Moll. Diese einfache Harmoniefolge beherrscht den gesamten Song. Nach fünfzig Sekunden beginnt Ian Gillan zu singen, und was er in den nun folgenden zweieinhalb Minuten abliefert, darf man getrost als Quintessenz des Rockgesangs bezeichnen. Von sanften und einschmeichelnden Tönen über sehr kräftig artikulierte, soulvolle Vokalpartien hin zu orgiastischem Geschrei und Gekreische ist alles zu finden. Der nur kurze Text ist eine vage und assoziative Beschreibung der Beklemmung, die Krieg und Gewalt auslösen. Nicht die Worte selbst sind hier entscheidend, sondern eher die Art und Weise, wie sie der Sänger je nach Sachlage mal haucht, ein andermal geradezu ausspeit. Bei 1:53 beginnt eine Passage ohne Worte, in der Gillan eine einfache, sehr hohe absteigende Melodie in der Kopfstimme singt. Über eine Minute lang wiederholt sich diese Melodie, wobei sich der Sänger zunehmend in einem unglaublichen Geschrei verausgabt. Er treibt die kurze Tonsequenz immer höher hinauf, bis er das zweigestrichene a erreicht. Parallel dazu bewegt sich das gesamte Ambiente des Songs von der ruhigen, wenn auch etwas bedrohlichen Anfangsstimmung hin zu einer höchst aggressiven Atmosphäre. Das anfänglich nur zart auf den Becken gespielte Schlagzeug wird kraftvoll und dynamisch, der Bass liefert ein wuchtiges Fundament, und Gitarre und Orgel werden zunehmend verzerrt und giftig.

Bei 3:20 hört Gillan zu »singen« auf, und die gesamte Band hämmert wie ein Maschinengewehr einen einzigen Ton. Nach knapp fünfzehn Sekunden beginnt ein zweieinhalb Minuten langes Gitarrensolo, das dem Gesangspart in punkto Vielseitigkeit, Ausdrucksstärke und technischer Perfektion nicht nachsteht. Ritchie Blackmore zeigt, dass rasante und ungestüme Hardrock-Riffs keinen Gegensatz zu

Deep Purple –
IN ROCK

Copyright 1970
Verlag HEC
Enterprises Ltd.

Cover-Versionen
Yngwie Malmsteen
Black Night
Jimmy Augen

tiefem und echtem Blues-Feeling darstellen müssen. Es mag besse-re Gitarristen als Blackmore geben, doch dieses Solo gilt zu Recht als eines der atmosphärisch dichtesten in der ganzen Rockmusik. (Wer es sich zu Gemüte führen will, findet auf der Homepage der Band eine komplette Tabulatur-Transkription: http://www.deep-purple.com/rosas/tab/child.htm.) Mit einer Vollbremsung nach gut sechs Minuten fällt der Song von hundert auf null, und es erklingt wieder die sanfte Orgelstimme vom Anfang. Nun wiederholt sich der ge-samte Gesangspart Gillans, bevor in einem wilden und wirren Ge-flecht aus Orgel und Gesangsstimmen und mit einem lang nachhal-lenden Schlussakkord »Child In Time« nach über zehn Minuten zum Stehen kommt.

Der Bassist Roger Glover erinnert sich an die Entstehung dieser Rock-Tour-de-Force: »Als ich 1969 zur Band stieß, da machte ich zunächst mit Ian Paice und Ritchie Blackmore ein paar Tage Urlaub. Wir fuhren mit einem Boot auf der Themse herum und hörten uns eine Menge Platten von Gruppen an, die uns interessierten.« Eines dieser Alben stammte von der amerikanischen Gruppe It's A Beauti-ful Day. Auch Jon Lord hatte in Amerika ihr »Bombay Calling« gehört und war begeistert von dem Song. Bei den Proben zum neuen Album fiel der Band das Stück wieder ein. Glover: »Wir hatten gera-de alle einen Durchhänger, da sagte einer von uns: ›Erinnert ihr euch noch an diesen schnellen Song von It's A Beautiful Day?‹ Jon Lord begann, ihn auf der Orgel zu spielen, und nach und nach machten wir alle mit. Wir verlangsamten das Tempo, und Ian Gillan fing an, irgendetwas über den Harmonien zu singen. Wir hatten alle das Gefühl, das Stück könnte interessant werden.«[2]

Ian Gillan wurde häufig auf seinen fantastischen Gesangspart ange-sprochen und nach möglichen technischen Tricks gefragt. Seine iro-nische Antwort: »Ich kann nicht erklären, wie ich das Ding hinkrie-ge, auch wenn ich immer wieder danach gefragt werde. Es ist einfach meine Stimme, und ich präsentiere es jeden Abend auf der Bühne. Ich trainiere das nicht extra, und wahrscheinlich ruiniere ich meine Gesundheit damit. Aber bestimmt hilft es, dass ich immer sehr eng anliegende Hosen trage.«[3]

»Child In Time« ist eine zentrale Nummer in jedem Konzert von Deep Purple, egal, in welcher Besetzung, dementsprechend häufig ist der Song auch auf den Live-Alben der Band zu finden. Insgesamt sind neun verschiedene Live-Fassungen offiziell veröffentlicht wor-den, davon allein fünf auf der CD-Box NEW LIVE & RARE: THE BOOTLEG SERIES 1984–2000. Hier sind auf einigen Versionen kurio-serweise weder Ian Gillan noch Ritchie Blackmore mit von der Partie. Die längste Fassung mit über zwanzig Minuten Dauer befin-det sich auf SCANDINAVIAN NIGHTS – ein ausuferndes und ermüdendes Elaborat. Doch auch die mit Abstand beste Live-Fassung auf dem Album LIVE IN JAPAN kann mit der Original-Einspielung nicht mithalten. Gillan bringt nicht die Dynamik der Studioaufnahme mit, und vor allem Blackmores Solo hat nichts von der schneidenden Präsenz des Originals, sondern ist vergleichsweise austauschbar und bleibt klischeehaft.

Von »Child In Time« gibt es kaum Cover-Versionen, zu einschüchternd scheint das Original für viele zu sein. Lediglich die Fassung des exzellenten, wenngleich weithin unbekannten Rockgitarristen Yngwie Malmsteen darf einige Individualität für sich beanspruchen. Dagegen klammern sich die Gruppe Black Night und Jimmy Augen auf diversen Tribute-Alben sehr eng an ihre Vorbilder.

Deep Purple

Gründung 1968

Besetzung 1970 bis 1973:

Ian Gillan (*19. 8. 1945; Gesang)

Ritchie Blackmore (*14.4.1945; Gitarre)

Jon Lord (*9.6.1941; Keyboards)

Roger Glover (*30.11.1945; Bass)

Ian Paice (*29.6.1948; Schlagzeug)

Weitere Mitglieder im Laufe der langen Band-Biografie: Tommy Bolin, David Coverdale, Rod Evans, Glen Hughes, Steve Morse, Nick Simper, Joe Lynn Turner

Deep Purple ist eine der führenden und stilprägenden Hardrock-Gruppen, die seit den späten sechziger Jahren in vielfach wechselnden Besetzungen auftritt. Ihre »klassische« und künstlerisch wichtigste Phase lag zwischen 1970 und 1973.

Alben 1970 bis 1973

Deep Purple In Rock (1970) • Fireball (1971) • Machine Head (1972) Made In Japan (1973) • Who Do You Think We Are (1973)

Single-Hits

Black Night (D 2, GB 7) • Strange Kind Of Woman (D 8, GB 8) Smoke On The Water (US 4)

Cocaine

Text und Musik: J. J. Cale

J. J. Cale –
TROUBADOUR

Eric Clapton –
SLOWHAND

Copyright 1975
Verlag Audigram
Music

Cover-Versionen
Nazareth
Lex Vandyke

J. J. Cale ist ein Meister der musikalischen Miniatur, seine Songs sind wahre Kleinode der Rockmusik, kompakte und dichte Kompositionen, die oft nicht einmal die Drei-Minuten-Grenze erreichen. Sein Gitarrenstil ist ökonomisch und sparsam, zugleich aber außerordentlich griffig und effektiv. Musikalische Aussagen, zu denen viele seiner Kollegen in langen und ausschweifenden Improvisationen gelangen, trifft J. J. Cale in kurzen und markigen Riffs. Nicht umsonst zählen ihn zahlreiche Musiker bis hin zu Mark Knopfler und Eric Clapton zu ihren Vorbildern. Beim breiten Publikum dagegen hatte er nie den ganz großen Erfolg, wofür der Titel »Cocaine« geradezu ein Paradebeispiel ist: Während die Cover-Version von Eric Clapton in sämtlichen Hitparaden – wenn auch nicht unter den Top-Ten – vertreten war, blieb J. J. Cales Originaleinspielung weitgehend unbekannt.

Der Song ist eine unsentimentale und keinesfalls moralisierende Warnung vor der Droge. Der Text ist spröde und fast minimalistisch: »Wenn du dich nur herumtreiben willst, dann zieh die Droge doch gleich aus der Tasche; wenn du ganz tief sinken willst, wenn du deinem persönlichen Blues einen Tritt in den Hintern verpassen willst, wenn du einfach nur entfliehen willst« – am Ende jeder dieser Zeilen steht nur ein Wort: »Cocaine«. Und dazwischen immer wieder die warnende Versicherung: Kokain lügt nicht. Gemeint ist: Die Droge hält ihre Versprechungen und hebt den Konsumenten für kurze Zeit aus seiner Tristesse, doch im Endeffekt zieht sie ihn nach unten, bringt sie ihn um.

Musikalisches Erkennungszeichen des Songs ist ein Riff aus zwei Akkorden, in der Fassung von J. J. Cale Cis-Dur und H-Dur. Das Kuriose an der Sache ist, dass das Stück in Fis-Dur notiert ist, diese Grundharmonie aber an keiner Stelle gespielt wird – oder anders ausgedrückt: »Cocaine« ist harmonisiert durch den Wechsel zwischen der Dominante und der Subdominante. Nur bei der Zeile »She don't lie, she don't lie, she don't lie« wird dieses Muster unterbrochen und durch die Kadenz Cis-Dur–H-Dur–A-Dur–Gis-Dur ersetzt.

Ursprünglich hatte J. J. Cale den Song als kleines Jazzstück im Stil von Mose Allison konzipiert, doch sein Produzent Audie Ashworth konnte ihn überzeugen, »Cocaine« als Rocknummer zu spielen. Dieser erkannte die potenziellen Hitqualitäten des Songs und platzierte ihn auf die Rückseite der Single »Hey Baby«. Doch, wie schon erwähnt, der Erfolg blieb aus, und die Rundfunkstationen nahmen das Stück nicht zur Kenntnis. J. J. Cale erklärt sich das so: »Für viele Leute ist meine Version nicht ganz einfach, sie ist rau und kantig, und für manche hört es sich so an, als sei das Stück noch nicht fertig. Doch das ist genau die Art, wie ich es mag, nicht zu glatt und geschniegelt.«[1]

Glücklicherweise kam der Song Eric Clapton zu Ohren, und er war begeistert. Schon 1970 hatte er J. J. Cales »After Midnight« zu einem Hit gemacht (2001 sollte auf dem Album REPTILE noch »Travelin' Light« folgen), und er nahm »Cocaine« für seine 1976er Platte SLOWHAND auf. Pro forma fragte er J. J. Cale, ob dieser einverstanden wäre – was der selbstverständlich war –, machte ihn aber wohl süffisant auf die Ähnlichkeit des Riffs zu dem Cream-Titel ⇨»Sunshine Of Your Love« aufmerksam.

In einem Interview darauf angesprochen, ob er sich ärgere, wenn andere Musiker mit seinen Songs einen größeren Erfolg einfuhren als er selbst, antwortete J. J. Cale: »Ich sehe mich selbst eher als Songschreiber und weniger als Entertainer. Nein, ich neide niemandem seinen Erfolg, und in einem solchen Fall ist der fremde Erfolg ja auch mein eigener. Ich kann in aller Ruhe Lieder schreiben, und die anderen müssen auf Tournee gehen oder im Studio sitzen und die Songs aufnehmen. Ich kann zu Hause arbeiten, muss nicht rausgehen und spar mir so das ganze Theater des Showbusiness.«[2]

Clapton nun transponiert das Stück nach A-Dur, das heißt, der Riff wird getragen von den beiden Akkorden E-Dur und D-Dur. Claptons Fassung ist verglichen mit J. J. Cales Einspielung sehr viel geschliffener, der Sound transparenter und die gesamte Produktion so gut wie perfekt. Dadurch wurde sie zwar beim Publikum sehr erfolgreich, doch sie erreicht nicht die eigentümliche Mischung aus brachialer Kraft und zugleich relaxtem Vortrag, die das Original auszeichnet.

Leider gibt es keinen Mitschnitt jenes Konzertes im Jahr 1977, bei dem J. J. Cale im Publikum Eric Clapton entdeckte, ihn zu sich auf die Bühne bat und die beiden gemeinsam »Cocaine« spielten.

»Cocaine« wurde eine der beliebtesten Nummern in jedem Clapton-Konzert, und so ist der Song – jeweils um ein ausführliches Solo erweitert – auf diversen Live-Alben zu hören. Auch auf J. J. Cales bislang einzigem Live-Album aus dem Sommer 2001 ist die Nummer vertreten.

Erstaunlicherweise wurde »Cocaine« kaum weiter gecovert, aus dem Bereich der Rockmusik ist lediglich eine recht ansprechende Live-Version der schottischen Band Nazareth zu erwähnen. Darüber hinaus gibt es jedoch nur Fassungen aus dem Easy-Listening-Bereich, so von Alex Bollard, Lex Vandyke und einer ominösen No-Name-Gruppe Guitar Hits – Einspielungen, die bei J. J. Cale wohl nur verhaltenen Beifall finden dürften. Übrigens: Wie weit der Titel mit Eric Clapton identifiziert wird, zeigt die Tatsache, dass Bollard fälschlicherweise diesen als Songautor angibt.

J. J. Cale
Jean Jacques Cale
Geboren 5. Dezember 1938 in Oklahoma City
Gesang, Gitarre
J. J. Cale ist ein erfolgreicher Songschreiber. Seine meist sehr erdigen und rauen Stücke genießen bei Fans und Fachwelt zum Teil geradezu Kultstatus, haben aber nie das ganz große Publikum erreicht.
Alben
Naturally (1971) • Really (1972) • Okie (1974) • Troubadour (1976)
Travel Log (1990)

Eric Clapton
Eric Patrick Clapp
Geboren 30. März 1945 in Ripley, England
Gesang, Gitarre
Eric Clapton ist einer der profiliertesten Gitarristen des Rock, der stets die Blues-Wurzeln dieser Musik in den Vordergrund stellt.
Alben
Layla And Other Assorted Love Songs (1970) • 461 Ocean Boulevard (1974)
Slowhand (1977) • Unplugged (1992) • From The Cradle (1994)
Single-Hits
Layla (GB 4, US 10) • I Shot The Sheriff (D 4, GB 9, US 1)
Lay Down Sally (US 3) • Tears In Heaven (GB 5, US 2)
Change The World (US 5)

Crocodile Rock
Text und Musik: Elton John & Bernie Taupin

Elton John – eine schier unglaubliche Karriere, vielleicht am treffendsten zusammengefasst in der Biografie von Susan Crimp und Patricia Burstein:»Mit Feder-Boas, Schminke und Glamour verwandelte sich Reginald Dwight 1969 in Elton John, den König des Pop. Mit seinem Text-Partner Bernie Taupin schüttelte er einen Welthit nach dem anderen aus dem Ärmel und feierte seine zahllosen Triumphe, indem er seine bizarren Fantasien austobte. Sein phänomenaler Erfolg ist das Produkt von musikalischem Genie und unstillbarem Ehrgeiz, seine exzentrischen Bühnenshows und Maskeraden waren aber Rebellion gegen die deprimierenden Erfahrungen einer vereinsamten Kindheit. Mitte der siebziger Jahre gab er ständig kursierenden Gerüchten nach und bestätigte, bisexuell zu sein. Nachdem diese Offenheit vorübergehend seine Karriere verdunkelte und er eine Reihe von persönlichen Krisen erfolgreich überwand, zählt Elton John in seinem mittlerweile dritten Jahrzehnt als internationaler Superstar zu den schillerndsten Figuren der Popgeschichte.«[1] Im Grunde genommen ist es allerdings eher ein Wunder, dass Elton John so berühmt geworden ist. Kahlköpfig, übergewichtig und mit schreienden Brillen ausgestattet, entspricht er in keiner Weise dem Klischee des sexuell aufreizenden Rockstars. Alkohol- und Drogenprobleme sowie Depressionen erschwerten immer wieder den Weg des Musikers, der selbstironisch seiner 1976er Tournee den Titel gab:»Elton John: Laut wie die Concorde, aber nicht ganz so hübsch.«[2] Geradezu ein Erkennungszeichen des Künstlers ist sein stürmischer »Crocodile Rock« vom 1973er Album DON'T SHOOT ME, I'M ONLY THE PIANO PLAYER. Nicht nur für Fans gehört der Song in eine Reihe mit ⇨»Rock Around The Clock« oder ⇨»Roll Over Beethoven«, und damit zu einer Hand voll der größten Rock'n'Roll-Titel aller Zeiten. »Crocodile Rock« ist eigentlich ein hauptsächlich atmosphärisches Puzzle von musikalischen Zitaten aus der Rockmusik. Klangelemente von Elvis Presley sind genauso zu hören wie von den frühen Rolling Stones. In anderen Passagen könnte man meinen, Brian Wilson von den Beach Boys hätte seine Finger im Spiel gehabt, während sich an wieder anderen Stellen unverkennbar Eddie Cochran ins Bild schiebt. Indem all diese und noch weitere Anspielungen miteinander verknüpft werden, bekommt »Crocodile Rock« eine ganz eigene Kraft. Der Song vermittelt den Eindruck, er verkörpere schlichtweg alles, was Rock'n'Roll ist.
Dies war natürlich auch Elton Johns Intention: »Die Musik für ›Crocodile Rock‹ war in weniger als einer Stunde geschrieben. Es

Elton John –
DON'T SHOOT ME, I'M
ONLY THE PIANO PLAYER

Copyright 1972
Verlag Dick James
Music Ltd.

Cover-Versionen
The Beach Boys
Captain Fantastic
The Joneses
The Ballroom Band

ging ja hier nicht in erster Linie um die Kompositions-Struktur des Songs, sondern um seinen Klang. Ich wollte schon immer ein ganz bestimmtes Lied schreiben, ein nostalgisches Stück über den Rock'n'Roll – ein Song, der vor allem den Sound dieser Musik richtig einfängt.«[3]

Die Gelegenheit zu einem solchen Stück bot sich, als Elton John von Bernie Taupin einen Text bekam, in dem ein offensichtlich nicht mehr ganz junger Mensch an die Unbeschwertheit seiner Jugend denkt: Der Protagonist des Songs erinnert sich in der ersten Strophe an die Tage, als die Rockmusik noch jung war, an unschuldige Tage mit seiner Suzie, an seinen uralten Chevy und an seine erste eigene Bude. Doch das, was von allen Eindrücken am stärksten im Gedächtnis bleibt, ist der Crocodile Rock – eine Musik, wie sie schwungvoller nicht denkbar ist und bei der man keine Sekunde lang die Füße ruhig halten kann. Sollen die anderen doch »around the clock« rocken, die Clique des Sängers fährt auf den Crocodile Rock ab.

Die zweite Strophe zeigt den Interpreten Jahre später. Die Rockmusik ist mittlerweile tot – das Problem einer jeden Generation: So schön wie in unserer Jugend wird es nie mehr! –, Suzie geht längst mit einem anderen; er könnte heulen, wenn er die alten Platten hört und an seinen Chevy und seine Jeans denkt. Aber nichts und niemand kann ihm die Zeit und das Gefühl des Crocodile Rock nehmen. Und siehe da: Die Melancholie weicht offenbar, und die Erinnerungen an die guten alten Zeiten kehren zurück, denn in der dritten Strophe wiederholt sich einfach die erste.

Harmonisch ist »Crocodile Rock« recht einfach aufgebaut, das Stück setzt sich aus zwei unterschiedlichen Kadenzen zusammen, die jeweils aus vier Akkorden bestehen und beide etwas variiert werden: Auf der ersten Folge sind die Strophen aufgebaut, sie besteht aus G-Dur, h-Moll, C-Dur und D-Dur. Die Variante erklingt im Intro und zwischen den Strophen, und sie verwendet statt h-Moll die G-Dur-Parallele e-Moll. Die zweite Kadenz beherrscht den Refrain und basiert auf der Folge e-Moll, A-Dur, D-Dur und G-Dur, in der Variante steht bei der Wiederholung der Harmoniefolge statt e-Moll ein E-Dur.

»Crocodile Rock« ist eine energiegeladene, mitreißende Rocknummer, die bei keinem Elton-John-Konzert fehlen darf. Dementsprechend ist sie auch auf einigen Live-Alben vertreten, doch die ungeheure Dichte der Original-Einspielung erreichen diese Aufnahmen nicht. Auch Cover-Versionen haben es mit »Crocodile Rock« schwer, dennoch gibt es wenigstens ein paar bemerkenswerte Fassungen: von den Beach Boys im California-Sound auf dem Elton-John-Tributalbum TWO ROOMS; von Captain Fantastic, bei ihm rockt das Krokodil im Countrykleid; die Joneses interpretieren den Song als harte Punknummer; und die Ballroom Band schließlich lässt den »Crocodile Rock« fröhlich jazzig swingen.

Elton John
Reginald Dwight

Geboren 25. März 1947 in Pinner, Middlesex, England

Gesang, Keyboards

Elton John ist einer der Superstars der siebziger und achtziger Jahre und ist nach dem Autorenteam Lennon-McCartney der erfolgreichste Songschreiber der Rockmusik. Die stilistische Bandbreite seiner Songs reicht von aggressiven Rock 'n' Roll-Nummern bis hin zu sentimentalen Balladen.

Alben 1972–1980
Honky Chateau (1972) • Don't Shoot Me I'm Only The Piano Player (1973)
Goodbye Yellow Brick Road (1973)
Captain Fantastic & The Dirt Cowboy (1975) • 21 At 33 (1980)

Single-Hits 1972–1980
Rocket Man (GB 2, US 6) • Crocodile Rock (D 3, GB 5, US 1)
Daniel (GB 4, US 2) • Don't Let The Sun Go Down On Me (D 4, GB 1, US 1)
Don't Go Breaking My Heart (D 5, GB 1, US 1)

Daddy Cool

Text und Musik: Frank Farian & George Reyam

D

Boney M. –
TAKE THE HEAT OFF ME

Copyright 1976
Verlag Far
MusikVerlag GmbH

Cover-Versionen
Starlite Orchestra
Countdown Singers
Fausto Papetti

In den USA konnten Boney M. nie nennenswert landen, doch in Europa waren sie in den siebziger Jahren ein Phänomen der Disco-Szene und wurden geradezu als Kultband gefeiert. Der deutsche Plattenproduzent Frank Farian hatte Ende 1974 unter dem Pseudonym Boney M. die Single »Baby Do You Wanna Bump« eingespielt – ein Stück im Stil der damals gerade erst aufkommenden Disco-Welle. Um den Song zu promoten, stellte er eine Gesangsgruppe gleichen Namens zusammen, deren wichtigstes Mitglied die HAIR- und Ex-Les-Humphries-Sängerin Liz Mitchell war. Rasch wurden weitere Titel produziert, darunter »Daddy Cool«. Ein Auftritt 1976 in der populären Fernsehshow »Musikladen« brachte die nötige Aufmerksamkeit, und der Song wurde der erste Smash-Hit von Boney M.

»Daddy Cool« ist reinster, typischer Disco-Sound. Die Basis und Grundidee dieses Musikgenres besteht in der permanenten rhythmischen Tanz-Animation – in diesem Sinn kann man Disco durchaus als unmittelbaren Vorgänger des Techno bezeichnen. Kennzeichen sind ein stur auf den Beat gespieltes Schlagzeug, ein monoton treibender Bass, zum Bombast neigende Streichersätze, funkige Elemente auf Gitarre und Perkussion und ein meist weiblich dominierter Gesang, der oft nur eine Zeile permanent wiederholt. Die Auftritte der Bands waren ein schillernd hedonistisches Happening, wobei die Musik stets playback vom Band kam und die Gruppen in erster Linie als optisches Aushängeschild fungierten.

Disco ist keine Musik für den Konzertsaal oder für einen bewusst zuhörenden Konsumenten, sondern ausschließlich Sache jener Platten, die – in Diskotheken aufgelegt – ein in der Regel schickes Publikum zum Abdancen bringen. Insofern ist es nicht verwunderlich, dass weder die Qualität der Instrumentierung noch die Originalität der Komposition und schon gar nicht die Aussagekraft der Texte als erstrangig angesehen werden dürfen. Disco muss als reine Funktionsmusik aufgefasst werden, und dementsprechend ging diese Musik nach wenigen Jahren enormer kommerzieller Erfolge in ihrer eigenen Belanglosigkeit unter.

All die oben angesprochenen Elemente finden sich auch bei »Daddy Cool«: Die »inhaltliche Aussage« des Songs beschränkt sich auf die eine Zeile »She's crazy like a fool, what about it Daddy Cool« und die suggestive Wiederholung »Daddy, Daddy Cool«. Dies wird stimmlich nur einmal unterbrochen, wenn bei 2:16 die Sängerin versichert, dass sie an ihren »Daddy« glaubt und ihn wirklich liebt. Dies ist die einzige Stelle, wo das Stück seine rhythmische Gleichförmigkeit für ein paar Sekunden unterbricht.

Harmonische Grundlage des in e-Moll notierten Songs ist die permanente Abfolge von E-, D-, H- und wieder E-Akkorden, die jeweils zwischen Dur und Moll oszillieren. Ein Bass hält in gleichmäßig gespielten Achtelnoten die Harmonie und wird unterstützt von Streichern und einem etwas quäksigen Bläserklang. Diese Sound-Elemente liefern immer wieder dieselben kurzen Riffs ab, die letztlich nichts anderes sind als Überleitungen zum nächsten Akkord. Doch zweifellos verleihen sie dem Stück zusammen mit weiterem Schlagwerk und einer funkig gespielten Gitarre eine sehr dichte und treibende Stimmung, der sich auch derjenige nicht entziehen kann, der nicht unbedingt als Disco-Liebhaber einzustufen ist – und damit sind Zweck und Sinn dieser Musik vollkommen erfüllt.

Trotz ihrer schlichten musikalischen Qualität steht die Disco-Musik an einer ganz wichtigen Stelle des Rock: Zum einen hat sie eine Dancefloor-Tradition begründet, die in den achtziger und neunziger Jahren ihre konsequente Fortführung in House, Rap, Hip Hop und Techno findet, auch wenn diese Stile sich klanglich sehr stark von ihr unterscheiden. Zum anderen findet hier erstmals eine Trennung zwischen Tanzmusik und anderen populären Musikformen statt, die eher zum Zuhören animieren sollen. Die Rock-Hits der sechziger und frühen siebziger Jahre konnte man sich gleichermaßen zu Hause anhören oder dazu in der Diskothek tanzen. Das Gleiche gilt für den Rock 'n' Roll. Nun, Mitte der siebziger Jahre, splittet sich die Szene auf, und nur außergewöhnliche Bands wie zum Beispiel die Rolling Stones oder das Electric Light Orchestra konnten glaubwürdige und künstlerisch ansprechende Brücken zwischen der Disco-Musik und anderen Rockformen herstellen.

Da liegt es nahe, dass Disco-Songs wie »Daddy Cool« nicht unbedingt ein ideales Ausgangsmaterial für kreative Cover-Versionen darstellen. Nachspielungen sind lediglich im Easy-Listening-Ambiente zu finden, so beim Starlite Orchestra, bei den Countdown Singers oder bei Fausto Papetti. Letzterer bietet auf seinem 1995er Album eine bizarre Zusammenstellung von Titeln wie »Daddy Cool« neben Stücken wie Django Reinhardts Jazz-Ballade »Nuages«, dem Elton-John-Instrumental »Song For Guy« oder dem Schlager »What A Wonderful World« – what about it, Daddy Cool?

Boney M.
Gründung 1976 • **Auflösung** 1995
Frank Farian (Franz Reuther; *18.7.1941; Produktion)
Liz Mitchell (*12.7.1952; Gesang)
Bobby Farrell (*6.10.1949; Gesang)
Maizie Williams (*25.3.1951; Gesang)
Marcia Barrett (*14.10.1945; Gesang)
Weitere Sängerinnen: Patty Onyewenjo, Sharon Stevens, Reggie Tsiboe.
Boney M. waren eine vom deutschen Produzenten Frank Farian gegründete
Retortengruppe um Bobby Farrell. Mit ihren Disco-Songs feierten
Boney M. vor allem in Europa große Erfolge.
Alben
Take The Heat Off (1976) • Love For Sale (1977) • Nightflight To Venus (1978)
Boonoonoonoos (1982) • Kalimba De Luna (1985)
Single-Hits
Daddy Cool (D 1, GB 6) • Sunny (D 1, GB 3) • Ma Baker (D 1, GB 2)
Belfast (D 1, GB 8) • Rivers Of Babylon (D 1, GB 1)

Dancing Queen

Text und Musik: Benny Andersson,
Stig Anderson & Björn Ulvaeus

ABBA –
ARRIVAL

Copyright 1976
Verlag Polar Music AB

Cover-Versionen
Blanc-Manege
Erasure
Richard Clayderman
U2

19. Juni 1976: Ganz Schweden war erfüllt von einem wahren Freu-
dentaumel, denn an diesem Samstag heiratete König Carl Gustav
seine deutsche Freundin Silvia Sommerlath, die er während der
Olympischen Spiele 1972 in München kennen gelernt hatte. Am
Vorabend der Trauung veranstalteten Regierung und Parlament in
Stockholm eine große Gala, die live im Rundfunk und im Fernsehen
übertragen wurde. Die größten und erfolgreichsten Künstler des
Landes – vorwiegend Musiker aus dem Bereich der klassischen
Musik – traten zu Ehren des Brautpaares auf. Aus dem Popbereich
waren ABBA eingeladen, seit »Waterloo«, »S.O.S.«, »Mamma Mia«
oder »Fernando« Schwedens Exportschlager Nummer eins in Sachen
Musik.
Erstmals stellte die Band hier der Öffentlichkeit einen Song vor, der
von dem neuen Album ARRIVAL, das erst über ein Vierteljahr später
erscheinen sollte, stammte: »Dancing Queen«. Nach der Ausstrahlung aber war die Nachfrage nach dem »Hochzeitslied« so überwältigend, dass der Song im August schon vorab als Single mit der
Rückseite »That's Me« herausgebracht wurde. Das Lied wurde zu
einem der größten Hits von ABBA und ist das vielleicht typischste

Produkt dieser Gruppe, die das Paradox aufstellen konnte, eine der erfolgreichsten Pop-Bands aller Zeiten zu sein, ohne ihrem Musikgenre besondere, eigenständige Impulse verliehen zu haben.

»Dancing Queen« handelt von einem siebzehnjährigen Mädchen, das von einer unbändigen Tanzlust erfasst wird, wenn es nur die richtige Musik und den »beat from the tambourine« hört. Es verliert sich in seinem Selbstbild als tanzende Königin, ihr »König« ist austauschbar, jeder, der in ihrer Nähe tanzt, kann es sein. Das Mädchen versetzt alle in Flammen, doch es geht ihr nicht um die Boys, sondern allein um die Musik und um ihre Rolle. Doch ABBA wären nicht ABBA, hätten sie nicht eine Botschaft an alle ihre Fans: Schau dich in der Szene um, und du wirst sehen, alle können eine Dancing Queen sein, auch du!

Der Song ist im Grunde ein einfacher, eingängiger und absolut harmloser Pop-Schlager, der – wie alle ABBA-Erfolge – von einem perfekten Arrangement und einer makellosen Produktion lebt. Der Sound, der fast synonym für den Stil »Disco« steht, ist schon nach ein paar Sekunden greifbar: Nach einem ganz kurzen Klavier-Glissando parliert ein Piano vor raumfüllenden Streicher- und Schwebeklängen, von denen nicht klar ist, wann sie vom Synthesizer stammen und wann nicht – das Ganze wird angeschoben von einem einfachen, aber doch recht treibenden Vier-Viertel-Rhythmus, der vor allem vom Schlagzeug und von Shakern getragen ist. Daneben machen weitere, rhythmisch angeschlagene Keyboardharmonien die Klangfülle (mehr als) komplett. Nach acht Takten steigen die beiden Gesangsstimmen – Agnetha Fältskog und Frida Lyngstad – mit einer Passage mitten aus dem schwungvollen Refrain des Songs ein. Damit steht ein sehr eingängiges musikalisches Motiv des Stücks im Raum (»you can dance, you can jive, having the time of your life«) und vertröstet über die eher unspektakulären Strophen Eins und Zwei.

Das Harmoniegerüst von »Dancing Queen« ist zwar nicht revolutionär, aber doch komplexer, als es der Song zunächst vielleicht vermuten lässt: Zum einen liegt der Grundton im Bass häufig nicht auf der tragenden Harmonie, sondern auf der Quinte, was für eine undefinierbare, aber doch permanente Spannung sorgt. Zum andern moduliert der Refrain sehr geschickt von A-Dur über Cis-Dur auf die A-Dur-Parallele fis-Moll, von dort aber nicht auf die Moll-Fortsetzung h-Moll, sondern nach H-Dur, und dann erst über D-Dur nach h-Moll und ins gewohnte A-Dur-Fahrwasser, in dem das Stück sich bewegt. Verglichen damit sind die Strophen, die nur mit dem Harmonie-Standard-Quadrat A-Dur, D-Dur, E-Dur, fis-Moll unterlegt sind, eigentlich langweilig.

»Dancing Queen« schlug beim Publikum wie eine Sensation ein, die professionelle Kritik war da schon viel zurückhaltender. So schrieb etwa Mats Olsson im EXPRESSEN: »›Dancing Queen‹ packt die Zu-hörer nicht mit der gleichen Faszination wie zum Beispiel ›Mamma Mia‹ oder ›Fernando‹, doch ist ›Dancing Queen‹ andererseits die am weitesten entwickelte Produktion von ABBA: ein bisschen Disco im Rhythmus, aber alles andere, das Parlando, das plaudernde Klavier, oder wie die Mädchen singen, wird immer typischer für ABBA. Björn und Benny haben den Studiostil studiert, und sie beherrschen ihn. Doch Qualität gewinnt nicht immer gegen leicht mitzusingende Melodien.«[1]

Alle kommerziellen Bedenken waren unbegründet, »Dancing Queen« wurde nicht nur in Schweden, Großbritannien und Deutschland die Nummer Eins (wie in diesen Ländern schon fast üblich), sondern erstmals auch in den USA.

Nachdem sich ABBA Anfang der achtziger Jahre auflösten, entstan-den einige Retortenbands, die Cover-Versionen von ABBA-Titeln ge-radezu zum Kult werden ließen: in den Achtzigern etwa Blanc-Manege, in den Neunzigern Erasure – aber auch Richard Clayder-man spielte 1993 ein ABBA-Album unter anderem mit »Dancing Queen« ein. All diese Aufnahmen kommen nicht an den Ursprungs-sound – und damit vor allem an die Ursprungsidee des Songs – he-ran. Am stimmigsten ist deshalb vielleicht gerade die klanglich sehr abweichende 1993er Aufnahme von U2, die im Rahmen ihrer »Zoo TV Tour« »Dancing Queen« ins Programm nahmen und den Titel in Stockholm gemeinsam mit Björn Ulvaeus und Benny Andersson auf der Bühne präsentierten.

ABBA

Gründung 1971 • **Auflösung** 1983

Benny Andersson (*16.12.1946; Keyboards)

Björn Ulvaeus (*25.4.1945; Gesang, Gitarre)

Agnetha Fältskog (*5.4.1950; Gesang, Gitarre)

Frida Lyngstad (*15.11.1945; Gesang)

ABBA sind bis heute Schwedens kommerziell erfolgreichster Pop-Export, sie schufen zahlreiche melodisch und stilistisch eingängige Schlager und Popsongs.

Alben

Waterloo (1974) • Arrival (1976) • The Album (1978)

Super Trouper (1980) • The Visitors (1981)

Single-Hits

Waterloo (D 1, GB 1, US 6) • Dancing Queen (D 1, GB 1, US 1)

Take A Chance On Me (D 3, GB 1, US 3)

The Winner Takes It All (D 4, GB 1, US 8) • Super Trouper (D 1, GB 1)

Der Kommissar

Text und Musik:
Robert Ponger & Johann Hölzel

Als Anfang der achtziger Jahre die ersten Rap-Platten aus Amerika nach Europa schwappten, glaubten die meisten, diese Musik bliebe dem angloamerikanischen Sprachbereich vorbehalten: Die deutsche Sprache eigne sich allein schon wegen ihrer Melodie nicht für den rhythmisch exakten Sprechgesang, der über ein meist monotones Disco-Grundmuster gelegt ist; zudem sei sie zu weit vom Straßen- und Kneipenjargon entfernt, der dem amerikanischen Rap ein so unverwechselbares Kolorit verleiht.

Falco –
EINZELHAFT

Copyright 1982
Verlag PS Music

Cover-Version
Laura Branigan

Unter dem Künstlernamen Falco bewies der Wiener Johann Hölzel, dass das so nicht unbedingt stimmen muss. Mit Stücken wie »Rock Me Amadeus«, »Jeanny« oder »Wiener Blut«, vor allem aber mit seiner Debütsingle »Der Kommissar« schuf er ein ganz eigenes Sprachidiom, das den Anforderungen des Rap entsprach. Dazu mischte er intuitiv auf ungemein geschickte Art und Weise Sprachcluster aus den unterschiedlichsten Bereichen: dem Wiener Slang, dem Hochdeutschen, dem Amerikanischen, zum Teil auch dem Italienischen. Heraus kam eine völlig neue Sprache, die rasch Eingang zunächst in den Jargon der jugendlichen Szenegänger fand, bald aber auch allgemeinsprachlich akzeptiert wurde.

Falco beschrieb das selbst so: »Die deutsche Sprache hat, wenn man einen Songtext macht, viele Nachteile. Aber sie hat auch einen eminenten Vorteil gegenüber dem Englischen – es gibt im Englischen nicht annähernd so viel Worte mit so vielen unterschiedlichen Bedeutungen. Englisch, das trifft auf den Punkt, aus der deutschen Sprache kann man da als Texter viel mehr herausholen, wenngleich die Sprachmelodie natürlich lange nicht so sehr für die Popmusik geeignet ist wie die des Englischen.«[1]

Das Thema von »Der Kommissar« ist ein Tagesgespräch: Es geht um die Drogen-, genauer die Kokain-Szene in Wien. Schon im Jahr 1980 sorgte die Wiener Lokalband Drahdiwaberl mit Falco am Bass mit dem Lied »Ganz Wien« für einen kleinen Skandal, behauptete der Song doch, ganz Wien stünde unter Kokain. In »Der Kommissar« steigt Falco – nach der Ankündigung, dieses Stück werde es wohl wieder schwer im Radio haben – hinunter in den Drogenunderground: Das Mädchen, das gerade beim Protagonisten des Stücks zu Hause ist, will in die Stadt zu ihren »funky friends«. Ihrer Nase kann man ansehen, was sie sucht, außerdem kennt sie alle »special places« und weiß, wo sie Jack, Joe, Jill und den Rest der coolen Gang trifft. Durch dieses Dealer- und Rapper-Ambiente in der U-Bahn und in dunklen Nebenstraßen geistert die ominöse Figur eines Kommissars. Doch der Gang gelingt es, den Fahnder auszutricksen. Fast unter seiner Nase dealen sie weiter:»Hey, wanna buy some stuff man, ah? Did you ever rap that thing, Jack, so rap it to the beat.« Alles klar, Herr Kommissar? Vielleicht ist der Kriminalbeamte ja des Englischen nicht so recht mächtig? Die zentrale Refrainzeile »Drah di net um, o o o – schau, schau, der Kommissar geht um, o o o« ist natürlich reine Verhöhnung und meint keine reale Vorsicht oder gar Furcht vor den Strafbehörden. Diese Zeile ist der musikalische Fixpunkt, der Ohrwurm, der das ganze Stück allerdings reichlich verharmlost.

Doch der Inhalt des Songs ist wohl gar nicht so entscheidend, wichtig ist vielmehr der Stil, also die sprachliche Umsetzung in den Rap, sowie die Mehrdeutigkeit der Sprache. So ist schon am Anfang nicht klar: Raucht der Protagonist mit dem Mädchen einen Joint (was ihr dann nicht reicht), oder war er mit ihr im Bett (und er raucht die »Zigarette danach«). Und wenn Letzteres stimmt: Ist sie eine Prostituierte, die ihn mit in ihre Szene nimmt? Auch bleibt die Haltung der Droge gegenüber ambivalent. Die Warnung »Die Lebenslust bringt dich um« fällt recht dezent aus gegenüber dem fröhlich glucksenden »Drah di net um«. Und schließlich kann man natürlich, wenn man in Österreich von Schnee hört, auf dem man talwärts fährt, auch an harmlose Skifreuden denken. Wahrscheinlicher ist aber hier Schnee als Szeneausdruck für Kokain, zumal der Sänger dem Kommissar erklärt (auch wenn dieser anderer Meinung ist), diesen Schnee kenne doch wirklich jedes Kind. Und ob das »talwärts« schließlich eine wirkliche Distanzierung von der Droge darstellt oder nur ein sich anbietendes Wortspiel ist, bleibt ebenfalls offen. Diese Mehrdeutigkeit und deren zungenfertige Ausgestaltung machten den »Kommissar« sowie andere Titel Falcos so authentisch für die Rapperszene und initiierten eine eigene deutschsprachige Rap-Kultur. Noch einmal Falco selbst: »Im Denken eines Unterhaltungskünstlers muss an oberster Stelle stehen, dass man sein Publikum nicht für dumm verkaufen kann. Ich habe das bei meinen Texten in kurzer Zeit bestätigt gefunden – die Menschen sind beim Zuhören sensibler, als man gemeinhin annimmt. Die landläufige Bemerkung, auf den Text hätte man gar nicht sonderlich geachtet, ist Unsinn. Besonders deutsche Texte, die jedermann verstehen kann, müssen stimmen.«[2]

Noch ein Wort zur Musik: Falcos Produzent Robert Ponger hatte eigentlich für einen anderen Künstler, den Blueser Reinhold Bilgeri, ein Rap-Playback erstellt, doch Bilgeri konnte damit nichts anfangen. Falco dagegen war von der Musik begeistert und schrieb in kurzer Zeit seinen Text dazu.

Das Stück beginnt harmonisch verwirrend, weil das Eingangspattern den Zuhörer auf B-Dur einstellt, die Grundtonart aber unvermittelt nach a-Moll geht. Die Struktur des Songs ist allerdings einfach: In den Strophen basieren alle Riffs auf dem Harmoniewechsel a-Moll–G-Dur–e-Moll. Im Refrain fällt die Harmonie wiederholt von D-Dur auf a-Moll, bis bei 1:17, 2:10 und weiteren Refrainwiederholungen der Song überraschend auf dem obskuren B-Dur kurz zum Stehen kommt.

»Der Kommissar« wurde aus dem Nichts heraus ein Topseller und verkaufte sich Millionen Mal. Der Erfolg im deutschsprachigen Raum mag nicht allzu verwunderlich sein, erstaunlich ist vielmehr, dass Falcos Nummer auch in Amerika wahrgenommen wurde und sogar in die Charts gelangte. Damit ebnete er in gewisser Weise der so genannten »Neuen Deutschen Welle« den Weg über den Atlantik, was schließlich – neben Falcos eigenem Nummer-Eins-Hit »Rock Me Amadeus« – in dem zweiten Platz der US-Charts für Nenas ⇨»99 Luftballons« gipfelte.

Die Cover-Versionen bewegen sich alle im Rap-Idiom, wobei Laura Branigans Einspielung am erwähnenswertesten dadurch ist, dass sich der Song in ihrer Fassung über eine Million Mal verkaufte.

Alles klar, Herr Kommissar?

Falco

Johann Hölzel

Geboren 19. Februar 1957 in Wien • **Gestorben** 6. Februar 1998

Gesang, Bass, Keyboards

Falco produzierte eine erfolgsträchtige Mixtur aus Hip-Hop und Rap mit deutsch-österreichischen Sprachidiomen.

Alben

Einzelhaft (1982) • Junge Römer (1984) • Emotional (1987)
Wiener Blut (1988) • Egoisten (1997)

Single-Hits

Der Kommissar (D 1) • Rock Me Amadeus (D 1, GB 1, US 1)
Vienna Calling (D 1, GB 10) • Jeanny, Part 1 (D 1)
Wiener Blut (D 9)

Do The Strand

Text und Musik: Bryan Ferry

Roxy Music –
For Your Pleasure

Copyright 1973
Verlag E.G. Music
Ltd.

Cover-Version
Burger Ink

»Ein farbenprächtig schillernder Musik-Schmetterling, der in Leder, Seide, Goldlamé und Federn gekleidet, mit Geschmeide behängt, teilweise karmesinrot und silberblond gefärbt eine abgefeimte Transvestiten-Show aufführt«, so beschreibt das Rocklexikon die Londoner Gruppe Roxy Music.[1]
In ihrer Musik vereinigte die Band Einflüsse aus dem Jazz und von Kurt Weill, aus Fünfziger-Jahre-Rock'n'Roll und Velvet Underground, aus serieller E-Musik, exotischen Rhythmen und schmalzigem Canzone. War ihr Debütalbum aus dem Jahr 1972 noch eher eine musikalische Cocktailbar, in der diese Elemente nebeneinander standen, verquirlt ihr ein Jahr später erschienenes Folgealbum For Your Pleasure all diese Stile zu einer schrillen, dekadenten und sehr eigenwilligen Mixtur. Auftakt und zugleich gewissermaßen Programm der Platte ist der Song »Do The Strand«. Das Stück kam zwar nicht in die Top-Hundred der Charts, dennoch wurde es zur Erkennungsnummer für Roxy Music, die bei keinem Konzert fehlen durfte.
Schon der Songtitel ist verwirrend. Wer, was oder wo ist der »Strand«? Es kann ein Faden, eine Schnur oder ein Strang sein, aber auch eine Zigarettenmarke hieß damals so. Und auch eine der berühmtesten Straßen in der Londoner Innenstadt trägt den Namen »The Strand«. Doch dieser »Strand« hier im Song ist nichts davon, er ist gemeint als Begriff, der all das umfasst, was jemanden wirklich interessiert und anspricht – ein Vergangenheit, Gegenwart und Zukunft übergreifendes Phänomen, das sich jeder konkreten Definition entzieht. Auch der Songautor Bryan Ferry wird nicht exakter: »Ich weiß auch nicht genau, was der ›Strand‹ ist, er beschreibt das, was dir wirklich wichtig ist und was du unbedingt tun musst. Der ›Strand‹ ist alles.«[2]
Mit »Es gibt eine neue Sensation« fällt das Stück unvermittelt in sein hämmerndes Staccato. Was folgt, ist eine surrealistische Aufzählung: zum einen von Aspekten des »Strand«, zum anderen von Figuren, die ihrem »Strand« folgen. Liebe, wenn dir danach ist; wenn du essen gehen willst, wähle zwischen dem luxuriösen Quaglino's oder dem heruntergekommenen Mabel's; tanz was Neues, wenn du von Tango, Fandango, Beguine oder Samba die Nase voll hast. Die Sphinx und Mona Lisa, Lolita und Guernica sind ihrem »Strand« gefolgt, ebenso der französische König Louis XVI. und die russische Balletteuse Nijinsky, wobei der Aristokrat den »Laissez-faire-Strand« bevorzugt, die Tänzerin eher den »Strandsky«. Alles in allem: ein bizarres Kaleidoskop von Worten und Gedanken, die uns der Song

ziemlich aufdringlich auf seinem Tablett anbietet. Auffallendste musikalische Kennzeichen von »Do The Strand« sind das in durchgängigen Achteln hämmernde Klavier, die manierierte Stimme Bryan Ferrys, das zum Teil sehr schräge Saxofon von Andrew MacKay und die Dichte der Gesamtatmosphäre. Der Song besitzt kein eigentliches tonales Zentrum, sondern kurvt scheinbar ziellos durch die Harmonien. Er beginnt zunächst mit der ungewöhnlichen Kadenz Es-Dur–Ges-Dur–As-Dur–G-Dur, die sich vier Mal wiederholt. Dann folgt zwei Mal der Wechsel B-Dur und F-Dur. Das Stück geht weiter über G-Dur, D-Dur, dann einem D-Dur mit dissonanter hinzugefügter kleiner Terz, C-Dur über E-Dur wieder zum anfänglichen Es-Dur. Nur während der Instrumentalpassage von 1:16 bis 2:28 wechselt der Song gleichmäßig zwischen e-Moll und d-Moll. Dieser Teil besitzt kein Solo im gewöhnlichen Sinn, sondern wiederholt in seriellem Stil eine minimalistische Phrase.

»Do The Strand« ist ein auf den ersten Blick chaotisches, dabei ungeheuer Energie sprühendes Stück, das eine Reihe von Stilattributen des Punk um Jahre vorwegnimmt – etwa das monotone Hämmern der Begleitung. Umso erstaunlicher ist, dass der Song kaum gecovert wurde, obwohl sich doch gerade hier bestimmt zahlreiche künstlerische und technische Interpretationsmöglichkeiten anbieten würden. Allein der Experimental-Techno-Musiker Burger Ink hat sich auf seinem 1998er Album Las Vegas des Titels angenommen. Vielleicht ist der Weg zum »Strand« doch zu weit.

Roxy Music
Gründung 1971 • **Auflösung** 1983
Bryan Ferry (*26.9.1945; Gesang, Keyboards)
Phil Manzanera (Philip Tagett-Adams Manzanera; *31.1.1951; Gitarre)
Eno (Brian Peter George St. John Le Baptiste De La Salle Eno; *15.5.1948; Keyboards)
Andrew MacKay (*23.7.1946; Saxofon, Oboe)
Paul Thompson (*13.5.1951; Schlagzeug)
Weitere Mitglieder im Laufe der Band-Biografie: Roger Bunn, Paul Carrack,
Edwin Jobson, Rik Kenton, Dexter Lloyd, Jimmy Maelen, Andy Newmark,
David O'List, Graham Simpson, Alan Spenner, Gary Tibbs
Roxy Music waren durch ihre Kombination von Glam-Rock und zahlreichen anderen Musikstilen eine der innovativsten und einflussreichsten Gruppen in der ersten Hälfte der siebziger Jahre.
Alben
For Your Pleasure (1973) • Stranded (1973) • Country Life (1974)
Siren (1975) • Avalon (1982)
Single-Hits
Virginia Plain (GB 4) • Love Is The Drug (GB 2) • Dance Away (GB 2)
Angel Eyes (GB 4) • Jealous Guy (GB 1)

Don't Worry, Be Happy
Text und Musik: Bobby McFerrin

Bobby McFerrin –
SIMPLE PLEASURES

Copyright 1988
Verlag Prob Noblem
Music

Cover-Versionen
The Blenders
Chamaco Rivera
Stormy Weather
Joachim Kühn
Lester Bowie

Bobby McFerrin, Sohn zweier Profis aus dem Bereich der klassischen Musik, begann bereits im Alter von sechs Jahren mit dem Unterricht in Musiktheorie und Klavier. Aber erst mit 27 Jahren entdeckte der Künstler seine außergewöhnlichen stimmlichen Fähigkeiten. Seinen ersten Gesangsauftritt hatte McFerrin beim 1980er Playboy Jazz Festival, und prompt wurde der Sänger zur Sensation der Veranstaltung. In den achtziger Jahren begann er, mit seiner eigenen Band zu touren und mit Jazz-Größen wie Herbie Hancock, Joe Zawinul oder Wynton Marsalis zusammenzuarbeiten. Für die Einspielung »Another Night In Tunesia«, basierend auf einem Jazz-Standard von Dizzy Gillespie, erhielt er sogar zwei Grammys.

Seit 1983 begann er, mit seiner Solostimme zu experimentieren und Konzerte zu geben. Dabei klang er, wie Frank Laufenberg schreibt, »alleine wie eine Doo-Wop-Gruppe, benutzte seinen Körper als Rhythmus-Instrument und setzte sogar das Geräusch des Atmens als Instrument ein«.[1] Alles in allem: Bobby McFerrin ist ein absoluter Ausnahmemusiker, der im Grunde sehr gut auch ohne einen Hitparadenerfolg auskommen könnte. Doch sein 1988er A-cappella-Album SIMPLE PLEASURES wurde ein gefeierter Topseller, und die Single-Auskopplung »Don't Worry, Be Happy« – ursprünglich für den Film COCKTAIL eingespielt – stürmte weltweit sämtliche Charts. McFerrin singt alle »Instrumente« und Stimmen im Playback-Verfahren, dabei werden sein unglaublicher Tonumfang und seine hervorragende Gesangstechnik deutlich: Bei »Don't Worry, Be Happy« überbrückt seine Stimme den Bereich vom großen e im Bass bis zum zweigestrichenen f im Sopran.

Doch nicht nur dieser Stimmumfang ist beeindruckend, mehr noch fasziniert die klangliche Bandbreite, die er mit seiner Stimme erzielt. Mal ertönt eine Amsel, mal röhrt ein Saxofon, mal jault eine verzerrte E-Gitarre, mal klappert ein Keyboard, mal schreit ein kleines Kind, mal wummert ein blubbernder E-Bass, mal schmettert eine Bebop-Trompete – und das alles aus einer einzigen Kehle. Wie Jimi Hendrix mit seiner Gitarre zwanzig Jahre zuvor hat Bobby McFerrin die Grenzen dessen gesprengt, was man im Bereich des Gesangs für möglich hielt.

»Don't Worry, Be Happy« ist ein Gute-Laune-Song par excellence. Allein schon die permanent wiederholte Akkord-Folge H-Dur–cis-Moll–E-Dur verspricht so fröhlich, wie sie dargeboten wird, gute Stimmung. Die »Begleitband« swingt entspannt vor sich hin und besteht aus »Bass«, »Orgel«, einem nicht genau definierbaren »Blasinstrument«, das zwei Mal einen hüpfenden kurzen Riff einwirft, sowie diversen »Perkussions-Instrumenten« – natürlich alle stimmlich imitiert. Dazu kommen ein sauberer Satzgesang im Background und die Lead-Stimme.

Gut gelaunt pfeift der Sänger die ersten Takte, bevor er uns seine Botschaft mitteilt: »Ich hab ein kleines Liedchen geschrieben, vielleicht magst du ja mitsingen, es heißt: Mach dir keine Sorgen, sei glücklich. In jedem Leben läuft mal was schief, aber wenn du dich darüber sorgst, machst du es nur schlimmer: Du weißt nicht, wo du schlafen sollst, weil dir jemand das Bett geklaut hat – der Hausbesitzer hat die Miete zu spät gekriegt und will nun prozessieren – du hast keine Kohle mehr und auch kein Mädchen, das dich fröhlich macht – in all diesen Fällen gilt trotzdem: Mach dir keine Sorgen, sei glücklich!«

Der Song ist deshalb so stimmig, weil sich sein Inhalt zu hundert Prozent mit der Ausführung deckt. Das Stück verbreitet eine lockere und unerschütterliche Heiterkeit, der man sich nicht entziehen kann. Die Darbietung ist dabei derart perfekt, dass vielen Zuhörern gar nicht bewusst wird, dass hier keine Instrumente eingesetzt sind, sondern McFerrin alles singt. Umso erstaunlicher ist es, dass auf der fertigen Aufnahme bei 0:28 bei der »Orgel-Stimme« am rechten Stereokanal ein deutlicher Schnittfehler zu hören ist – ein seltenes Beispiel von Ungenauigkeit auf einem ansonsten vorbildlich produzierten Album.

»Don't Worry, Be Happy« ist auf zahlreichen Sampler-Alben à la SUMMER GROOVIN', FAMILY FUN oder SUN SPLASHIN' zu hören. Aber zum Beispiel auch der FC Bayern München wollte sich dem Optimismus des Songs nicht entziehen und nahm ihn mit auf die 1997er Fan-CD TO THE TOP. Als Cover-Versionen existieren hauptsächlich solche im Easy-Listening-Milieu. Den Mut, McFerrins Hit a cappella zu singen, hat immerhin die Gesangstruppe The Blenders gehabt, die auf ihrem Album FROM THE MOUTH eine Live-Aufnahme präsentiert. Mit viel Latin-Feeling bringt Chamaco Rivera das Stück genauso wie Bonny Capeda, dagegen verleiht die Gruppe Stormy Weather der Gute-Laune-Hymne einige Rap-Elemente. Schließlich haben sich auch einige Musiker aus McFerrins Heimat, dem modernen Jazz, mit »Don't Worry, Be Happy« beschäftigt, so der deutsche Pianist Joachim Kühn sowie der Avantgarde-Trompeter und Multi-Instrumentalist Lester Bowie auf einem Album mit dem programmatischen Titel SERIOUS FUN. Dieses Etikett passt auch zu Bobby McFerrins Original: prächtige Stimmung gepaart mit viel musikalischer Intelligenz.

Bobby McFerrin
Geboren 11. März 1950 in New York
Gesang, Keyboards
Bobby McFerrin ist als herausragender Vokal-Artist ständiger Grenzgänger zwischen Rock, Jazz, Klassik und Weltmusik und revolutionierte in den achtziger Jahren die Technik des A-cappella-Gesangs.
Alben
Bobby McFerrin (1982) • The Voice (1984) • Spontaneous Inventions (1985) Simple Pleasure (1988) • Hush (1991)
Single-Hit
Don't Worry, Be Happy (D 1, GB 2, US 1)

E

Earth Song

Text und Musik: Michael Jackson

Für das deutsche Fernsehen ist Samstag, der 7. Oktober 1995, ein denkwürdiger Tag. Schon seit Tagen gibt es Gerüchte, dass der extrem medienscheue Michael Jackson sich in Nordrhein-Westfalen aufhalten soll. Am Samstagabend kündigt der plaudernde Showmaster Thomas Gottschalk mit stolzgeschwellter Brust einen Live-Auftritt des angeblich völlig unerreichbaren Mega-Stars im Rahmen seiner Fernsehshow WETTEN DASS ..? an.

Dieser Auftritt ist in vielerlei Hinsicht bemerkenswert: Noch nie war es einem europäischen Showmaster bislang gelungen, den Popstar in seine Sendung zu holen. Das Spektakel wird also prompt zum größten Medienereignis des Jahres hochstilisiert, das angeblich zwei von drei Deutschen verfolgen. Zum anderen muss man auch befürchten, dass der ohnehin sehr fragile Musiker physisch und psychisch gar nicht in der Lage sein würde, den Anforderungen eines solchen Auftritts standzuhalten, da er sich seit den 1994 erhobenen Vorwürfen wegen sexuellen Missbrauchs von Minderjährigen stets am Rande eines totalen Zusammenbruchs befand. (Tatsächlich wird er wenig später, am 6. Dezember, einen Kollaps erleiden und einige Tage in Lebensgefahr schweben.)

Wie dem auch sei, Michael Jackson präsentiert vor dem tosenden Publikum zwei Songs: zunächst »Dangerous« und nach einer Pause von 45 Minuten seine ekstatische Gospelpredigt »Earth Song«. Jochen Ebmeier schildert diesen Auftritt so: »Mit seinem dünnen, stets etwas heiseren Knabentimbre haucht er eine sanfte Ballade, ›Earth Song‹, Weltpremiere, schwefelgelber Rauch, ein brennender Wald, verkohlte Erde, es hat was mit der Umwelt zu tun, das trifft das Herz der Deutschen. Aber dann kommt Spannung auf, er schwingt, er hüpft, er stampft, er springt, er schreit – und nun ist er nicht mehr zu halten. Nein, das hat man in Deutschland noch nicht gesehen. Der Saal ist in Aufruhr, krawattenbewehrte Herren in den besten Jahren und bei bester Gesundheit reißt es von ihren Sitzen, die Vatis und Muttis folgen ihren Jüngsten, und die Fans heulen sich die Seele aus dem Leib. Immerhin, diesmal hat er ganze sieben Minuten gebraucht. Und während der Saal so richtig kocht, erleben wir eine Minute lang den Blick in ein Mysterium. Stolz wie ein Schuljunge geht er an der Rampe entlang, sonnt sich im Beifall und – bohrt verlegen die Hände in die Hosentaschen.«[1]

»Earth Song« ist in der Tat ein Stück, das seine Zuhörer in den Bann schlägt, eine Kanzelrede darüber, wie wir Menschen mit anderen Menschen, mit den Tieren und der weiteren Umwelt umgehen. Der

Michael Jackson –
HISTORY

Copyright 1995
Verlag Mijac Music

Cover-Version
Rupert Parker

Text besteht bis auf eine Ausnahme nur aus suggestiven Fragen: »Was ist mit dem Sonnenaufgang, dem Regen, was ist mit den Schlachtfeldern? Hast du aufgehört, das Blut zu sehen, das wir vergießen, siehst du nicht die schreiende Erde oder die weinenden Küsten?« Zwischen den Strophen steht eine Art Refrain, ein verstörendes Schluchzen auf den Tonsilben »Aah« und »Ooh«. »Was haben wir mit der Erde gemacht, was ist mit dem Frieden, den wir unseren Kindern versprechen, was ist mit unseren Träumen? Hast du aufgehört, die im Krieg getöteten Kinder zu sehen, siehst du nicht die schreiende Erde oder die weinenden Küsten?« Hier folgt nun ein kleiner Einschub, eine Bridge. Vergleichsweise sachlich und kühl konstatiert Michael Jackson: »Ich habe geträumt, ich hätte die Erde vom Weltall aus gesehen. Ich weiß auch nicht, wo wir sind, doch ich weiß, wir sind zu weit gegangen.«

Es geht weiter, und der Song schraubt sich in ekstatische Höhen. Fast zwei Minuten lang bombardiert uns Jackson mit seinen Fragen – nun nicht mehr in der sanften Stimme des Anfangs, sondern wild und schrill schreiend: »Was ist mit den Meeren, mit der blutenden Erde; was ist mit der Natur, von der wir doch alle leben; was ist mit den Walen, denen wir die Lebensgrundlagen entziehen; was ist mit den Wäldern, die wir gegen alle Einwände und wider besseres Wissen niederbrennen; was ist mit den einfachen Leuten, denen man die Freiheit raubt; was ist mit den sterbenden Kindern, hören wir sie nicht weinen; was erwartet heutige Babys, werden sie je Freude finden?« Und so weiter. Am Schluss die vielleicht entscheidende Frage: »Ist uns das alles etwa scheißegal geworden?« Am Ende einer jeden dieser insgesamt 32 Fragezeilen antwortet ein Chor dem Leadsänger in einem Gegengesang mit der immer gleichen Zusatzfrage: »What about us – was ist mit uns?«

Der musikalische Reiz von »Earth Song« beruht in hohem Maße auf der enormen Steigerung seiner atmosphärischen Dichte. Zunächst sind nur Vogel- und Naturstimmen zu hören, dann eine Harfe, ein paar vage dahinschwebende Synthesizerklänge. Erst nach einer guten halben Minute stellt ein Klavier die Harmoniefolge vor, auf der das Stück basiert und die mit den Akkorden as-Moll, Des-Dur und Es-Dur auskommt. Nur bei den beiden letzten Zeilen der ersten zwei Strophen und bei der Bridge wird diese Folge unterbrochen und durch eine abweichende Kadenz ersetzt. Die Steigerung des Liedes erfolgt zunächst fast unmerklich, aber stetig. Ist die erste Strophe noch von den sanften Klängen eines E-Pianos beherrscht, kommen im weiteren Verlauf andere Instrumente hinzu, die gesamte Architektur des Songs verdichtet sich. Auch der hymnische Vortrag Michael Jacksons wird immer leidenschaftlicher und eindringlicher. Schließlich das letzte, von Jackson gerne und häufig verwendete Steigerungsmittel: ein Anheben der Tonart. Bei 3:46, während einer Refrain-Wiederholung, schreitet das Stück um einen Ganzton nach oben, also nach b-Moll.

»Earth Song« fand in Kritikerkreisen nicht nur Zustimmung, dem Stück wurden Vorwürfe in Richtung bigotter Moral gemacht. Doch das breite Publikum und die Fans waren anderer Meinung und machten den Song zu einem der ganz großen Michael-Jackson-Hits der neunziger Jahre. Ein Geheimnis dieses Erfolgs ist sicherlich auch die makellose Produktion: Jackson hat sein Handwerk bei Quincy Jones perfekt gelernt (eine alternative Abmischung ist übrigens auf dem Album BLOOD ON THE DANCE FLOOR – THE HISTORY REMIXES zu hören). Das Gesamtambiente des Songs ist offenbar einschüchternd perfekt, jedenfalls hat sich kein anderer Rockmusiker an »Earth Song« herangetraut. Nur von Rupert Parker gibt es eine Instrumental-Version: Er interpretiert die Klage über den Zustand unserer Erde im Stil des New Age auf seiner Harfe.

Michael Jackson
Geboren 29. August 1958 in Gary, Indiana
Gesang
Michael Jackson gab sowohl der Dance-Music als auch dem sanften Balladenrock als herausragender Songschreiber, Sänger und Tänzer wichtige Impulse und wurde zu einem der erfolgreichsten Popkünstler der achtziger und neunziger Jahre.
Alben 1990–2000
Dangerous (1992) • Scream (1995) • Childhood (1995)
HIStory: Past, Present And Future, Book 1 (1995)
Blood On The Dance Floor (1997)
Single-Hits 1990–2000
Black Or White (D 2, GB 1, US 1) • Heal The World (D 3, GB 2)
You Are Not alone (D 1, GB 1, US 1) • Earth Song (D 1, GB 1)
Blood On The Dance Floor (D 5, GB 1)

103

Eve Of Destruction

Text und Musik: Phil F. Sloan

Barry McGuire –
EVE OF DESTRUCTION

Copyright 1965
Verlag ABM, Inc.

Cover-Versionen
Turtles
Red Rockers
Undead
Hot Tuna
Johnny Thunders

Der Protestsong als solcher hat seine Wurzeln in der Liedermacher- und Folkszene, doch natürlich strahlen Lieder gegen soziale Ungerechtigkeit und gegen den Krieg weit in die Rockmusik hinein und hinterlassen dort ihre Spuren. Die »Mutter aller apokalyptischen Anti-Kriegs-Songs« ist Barry McGuires »Eve Of Destruction«. Mit diesem Stück schuf der eher als zweitrangig einzustufende Folkrocker *die* Hymne für eine Protestbewegung, die trotz des glücklichen Endes der Kuba-Krise das Infernal eines atomaren Krieges noch immer als große Bedrohung erlebte.

»Die östliche Welt fliegt in die Luft, überall dominiert die Gewalt der Kanonenkugeln. Du bist alt genug, um im Krieg zu töten, aber wählen darfst du noch nicht; du glaubst nicht an den Krieg, aber doch vertraust du auf dein Gewehr. Und dann erzählst du mir allen Ernstes, mein Freund, du glaubst nicht, dass wir uns am Vorabend der Weltzerstörung befinden. – Verstehst du denn meine Sorge und meine Angst nicht? Wenn heute einer auf den roten Knopf drückt, dann kommen wir alle nicht mehr aus, dann wird die Welt ein riesiges Grab sein. – Wenn ich über all das genauer nachdenke, gerinnt mir das Blut in den Adern: Ein paar Senatoren auf unserer Seite sind zu wenig, und auch Friedensmärsche bringen nicht genug. Der Respekt der Menschen voreinander bröckelt ab, es ist einfach nur frustrierend. – Denk an den Hass in Rotchina oder in Selma, Alabama [hier wurden im März des Jahres Bürgerrechtsdemonstrationen gewaltsam unterdrückt, die sich gegen den Vietnamkrieg wandten und sich für die Aufhebung der Rassentrennung einsetzten]. Die Leute begraben ihre Toten, ohne Spuren zu hinterlassen, verachten ihre Nachbarn, aber grüßen scheinheilig freundlich. Und dann erzählst du mir allen Ernstes, du glaubst nicht, dass wir uns am Vorabend der Weltzerstörung befinden.«

Der Song beginnt mit zwei Unheil verkündenden Schlägen eines aus weiter Entfernung hallenden Schlagzeugs, eine akustische Gitarre fällt ein, dann in der tiefen und rauen, zornig herausgepressten Wolfsstimme McGuires »The eastern world, it is explodin' ...« – eine Stimme, die dem Stück von Beginn an seinen Stempel aufdrückt. Die Begleitung verdichtet sich etwas, bleibt aber monoton und unterstützt auf diese Weise die triste Eintönigkeit des Songs. Die kurzen Mundharmonika-Phrasen zwischen den Strophen erinnern an McGuires Vorbild Bob Dylan. »Eve Of Destruction« ist notiert in D-Dur und besteht harmonisch aus dem permanenten Wechsel D-Dur–G-Dur–A-Dur, nur im Refrain wechselt die Harmonie bei

»my friend« nach h-Moll. Die Songstruktur ist fest im Folk verwurzelt; die Strophen haben fünf bzw. sieben Zeilen und jeweils einen zweizeiligen Refrain.

Sicher hat das RORORO ROCK LEXIKON Recht, wenn es »Eve Of Destruction« im Eintrag zu Barry McGuire als »triviale Kopie von Bob Dylans ›A Hard Rain's A-Gonna Fall‹«[1] bezeichnet, doch das genau dürfte das Erfolgsgeheimnis des Songs sein. Während Dylan das Thema in wortgewaltiger bildhafter Poesie ausgestaltet – und damit eher Intellektuelle anspricht –, verwendet McGuire einfache Klischees und eine direkte Sprache. Damit erreicht er in viel höherem Maße die breiten Massen – ähnlich wie Country Joe MacDonald, der zwei Jahre später in seinem »I-Feel-Like-I'm-Fixin'-To-Die-Rag« speziell den Vietnamkrieg in einem bitterbösen zynischen Spottgesang aufs Korn nimmt.

»Eve Of Destruction« ist ein so genanntes »One-Hit-Wonder«, die einzige Einspielung McGuires, die in der Öffentlichkeit breitere Beachtung fand – mit einem weiteren Hit hätte er ja schließlich seine eigene Aussage in »Eve Of Destruction« unglaubwürdig gemacht, wie Frank Laufenberg ironisch anmerkt.[2]

Die apokalyptischen Befürchtungen aus den Zeiten des Kalten Krieges haben sich zum Glück bislang nicht bestätigt, die Problemlage der Welt hat sich inzwischen auf andere Bereiche verlagert. Und also nahm McGuire 1990 den Song mit einem neuen Text (von Paul Silhan) nochmals auf. Hier geht es nun um die globale Umweltzerstörung, um Luftverschmutzung, Erderwärmung und Ozonloch, um die Vergeudung fossiler Brennstoffe und die verantwortungslose Brandrodung der tropischen Regenwälder. »Und nach allem, was wir so von den Leuten hören, mein Freund, müssen wir wohl damit rechnen, dass wir uns am Vorabend der Weltzerstörung befinden.« Dem einen oder anderen mag eine solche inhaltliche Verschiebung populistisch, dem Zeitgeist anbiedernd und opportunistisch vorkommen, aber McGuire hat im Grunde Recht, denn er drückt damit aus: Das Szenario mag sich zwar ändern, doch die Ängste der Menschen bleiben – ein Vorgang, der auch und gerade nach den tragischen Ereignissen am und nach dem 11. September 2001 in großen Teilen der Welt beobachtet werden kann.

Die Sorgen, die »Eve Of Destruction« ausdrückt, sind universell, und so ist es nicht verwunderlich, dass der Song mehrfach gecovert wurde. Die Fassungen der Turtles und auch der Pretty Things orientieren sich sehr stark am Original, während die Red Rockers das Stück in einen Country-Rock-Sound à la Byrds tauchen. Duane Eddy kehrt hauptsächlich Rock'n'Roll-Elemente hervor, die Gruppe Undead bleibt im Stil des Mainstream-Rock. Viel Blues bekommt die Ballade von Hot Tuna, wohingegen die Dickies und auch Johnny

Thunders das Stück aus Punk-Sicht präsentieren. Interessant ist vor allem die Aufnahme von Thunders auf dem Album HURT ME, wo er zeigt, dass man Punk auch auf der akustischen Gitarre glaubhaft interpretieren kann.

Barry McGuire
Geboren 15. Oktober 1955 in Oklahoma City
Gesang, Gitarre
Der Folkrocker **Barry McGuire** erzielte mit seinem Hit »Eve Of Destruction« große Popularität, darüber hinaus hatte er keinen nennenswerten Einfluss auf die Rockmusik.
Alben
Eve Of Destruction (1966) • This Precious Time (1966)
Single-Hit
Eve Of Destruction (D 6, GB 3, US 1)

G

Get Up, Stand Up

Musik und Text: Bob Marley & Peter Tosh

Reggae ist viel mehr als nur Tanz- und Rockmusik mit heißen mitreißenden Rhythmen, ansprechenden Melodien und zuweilen aufrührerischen Texten – Reggae ist zunächst ein politisches, gesellschaftliches und spirituelles Phänomen, das weit über sein Klischee hinausreicht: Seine ideologische Grundlage ist die religiöse Verehrung Afrikas im so genannten Rastafari-Kult. Dieser sieht den schwarzen Kontinent als zukünftiges »gelobtes Land«, das einen schwarzen Messias hervorbringt, der seinerseits alle unterdrückten Schwarzen wieder in die Freiheit zurückführen wird. Im Mittelpunkt dieser Verehrung steht der 1975 verstorbene ehemalige äthiopische Kaiser Haile Selassi, aus dessen Geburtsnamen – Ras Tafari Makonnen – sich die Selbstbezeichnung der gesamten Bewegung herleitet.

Dabei ist der Rastafari- (oder einfach nur kurz Rasta-)Kult keine Religion im herkömmlichen Sinn. Es gibt keinen zentral konkret kanonisierten Glaubensinhalt, auch existieren keine festen und allgemein gültigen Zeremonien. Die individuelle Freiheit des Einzelnen, seine Vision des schwarzen Heilbringers zu artikulieren, ist im Grunde unbeschränkt. Und dennoch gibt es einen mit rationalen Mitteln schwer fassbaren Kodex, der vor allem einen Weg weisen soll: hin zur Einigkeit aller Schwarzen und zu einem Leben auf ihrem eigenen Kontinent. Fernziel ist natürlich die Einigkeit und Brüderlichkeit aller Menschen, und alle ernsthaften Rasta-Musiker verstanden und verstehen sich bei ihren Konzerten im Westen stets auch als Botschafter des Rastafari. Wichtiges Bindeglied der gesamten Rasta-Bewegung ist ein eigener Szenejargon. In einer für Außenstehende kaum verständlichen Metaphernsprache verkünden die Songtexte ihre Message. So ist etwa »Babylon« das Symbol für Unterdrückung, »dread« – eigentlich schrecklich – bedeutet super, »Jah« ist Gott, die »Israelites« sind die aus Afrika Vertriebenen, »Ites« ist der Szenegruß und »Spliff« bezeichnet die allgegenwärtige Marihuana-Zigarette.

Das Lebensgefühl des Reggae ist widersprüchlich – zumindest für uns Westeuropäer: einerseits leicht und beschwingt, andererseits sozial engagiert und politisches Selbstbewusstsein vermittelnd; einerseits Rauschmittel wie Alkohol verbietend, andererseits Marihuana als Heil bringende Droge anpreisend; einerseits kämpferisch und anklagend, andererseits frei von Hass. Reggae bietet einerseits intellektuelle Analyse der Probleme, andererseits irrationale utopische Glaubensvisionen; einerseits südamerikanische und jamaikanische

The Wailers –
Burnin'

Copyright 1973
Verlag Island Logic Ltd.

Cover-Versionen
Toots & The Maytals
Big Youth
Rayvon
Butts Band
Steve Marriott

Folklore-Elemente, andererseits weltweit kommerziell und künstlerisch erfolgreiche Rockmusik. Wolf-Christoph von Schönburg schreibt zu Recht: »Die Widersprüche sind in der Tat verwirrend. Nur ein Jamaikaner oder ein Schwarzer allgemein kann sie lösen. Mit dem Verstand allein geht es jedenfalls nicht.«[1]

Wie unmittelbar die Durchdringung solch unterschiedlicher spiritueller Aspekte im Reggae ist, zeigen auch einige Äußerungen, die Bob Marley im August 1979 machte: »Ich erzähle den Menschen nur die Wahrheit. Ich erzähle ihnen, wie das Leben in der Unterdrückung ist, und versuche, ihnen dadurch zu helfen, bewusster zu werden … Jamaika wird nie das Zuhause eines Rastamans sein. Rastaman ist ein afrikanischer Mann, kein jamaikanischer Mann. Rastaman auf Jamaika steht nicht auf Nationalhelden. Jamaika hält die Rastas unten, weil Rasta weiß! … Die Menschen nehmen wahr, dass Rastaman wichtig für sie ist. Rastafari wächst mehr und mehr – überall in der Welt. Ich weiß das, denn ich toure genug in der westlichen Welt, und ich weiß, Rastafari wächst. Die Botschaft wird in der ganzen Welt verstanden. Sie fühlen, dass Rastaman wahr und wichtig ist.«[2]

Neben all diesen weltanschaulichen Aspekten ist Reggae natürlich auch Musik, und zwar im besten Sinn des Wortes »Weltmusik«. In ihm finden nordamerikanischer Rhythm & Blues, südamerikanischer Ska und westeuropäischer Blue Beat zu einer ganz eigenen Mischung zusammen. Hervorstechendstes Merkmal ist dabei stets der synkopisch schaukelnde Rhythmus. Dieser entsteht dadurch, dass verschiedene rhythmische Systeme in gegeneinander laufende Bezüge gesetzt werden. Zum Beispiel betont die Bass-Drum im Viervierteltakt den Schlag auf dem dritten Viertel, während Hi-Hat und Snare-Drum die Schläge Zwei und Vier hervorheben. Dies wird unterstützt, indem etwa Bass und E-Piano der Basstrommel folgen, während Gitarre und ein Bläsersatz den gegenläufigen Rhythmus unterstützen. Wenn dann zum Beispiel noch eine Orgel nur das jeweils zweite Achtel im Takt hervorhebt, beginnt spätestens jetzt der Song rhythmisch so stark zu schwingen, dass man sich dem Drive kaum entziehen kann.

Die vielleicht stärksten Einzelpersönlichkeiten der Reggae-Szene der siebziger Jahre waren wohl Bob Marley und Peter Tosh, von ihnen stammen zahlreiche Titel, darunter auch »Get Up, Stand Up«. Nun mögen »Exodus«, »No Woman No Cry« oder »Could You Be Loved« größere Hits der beiden innerhalb der Rasta-Musik gewesen sein – von Gute-Laune-Stücken wie »Sunshine Reggae« der Gruppe Laid Back ganz zu schweigen –, doch die aufrührerisch brodelnde Hymne, die die Reggae-Philosophie auf den Punkt bringt, ist »Get Up, Stand Up« aus dem Jahr 1973: »Steh auf für deine Rechte, und hör nicht auf, dafür zu kämpfen! Der Pfarrer erzählt, dass man in den Himmel kommt, wenn man unter der Erde liegt. Der weiß doch gar nicht, wovon er redet, anscheinend kennt er den Wert des Lebens nicht. Sicher, nicht alles, was glänzt, ist Gold, doch das ist nur die halbe Wahrheit. Die meisten Leute denken, Gott steigt eines Tages aus dem Himmel herab, nimmt unsere irdischen Dinge in die Hand, und alle werden glücklich sein. Aber wenn du den Wert des Lebens kennst, kümmerst du dich rechtzeitig um deine Belange. Eure Ideologie und Bigotterie macht uns krank, wenn es bei euch heißt ›Stirb und fahr in Jesu Namen in den Himmel‹. Wir wissen, der große Gott ist ein Mann, der lebt. Ihr könnt einige Leute für eine gewisse Zeit für dumm verkaufen, aber nicht alle Menschen die ganze Zeit. Get up, stand up, stand up for your right.«

Der Song ist für Reggae-Verhältnisse außerordentlich direkt und unverklausuliert, die Anspielung auf Haile Selassi steht ganz offenkundig im Raum. (Während der Entstehungszeit des Stücks thronte dieser noch als Gott-Kaiser in Äthiopien, ein Jahr später, im September 1974, wurde er allerdings aus innenpolitischen Gründen gestürzt.) Die Tatsache, dass der Song sich auch und gerade an die westliche Welt wendet, wird dadurch verdeutlicht, dass in der letzten Strophe ein bekanntes Abraham-Lincoln-Zitat adaptiert und umgemünzt wird: »Es ist möglich, dass es ein *paar* Leuten die *ganze* Zeit sehr gut geht. Es ist auch möglich, dass es *allen* Leuten *mäßig* gut geht. Aber es ist unmöglich, dass es *allen* Leuten die *ganze* Zeit sehr gut geht.«

Reggae-Titel sind generell melodisch und harmonisch eher einfach gehalten, doch minimalistischer als bei »Get Up, Stand Up« geht es kaum mehr: Der Song kommt mit einer einzigen Harmonie, g-Moll, aus, und die Melodie umkreist den Grundton g, wobei sie sich nicht weiter als eine Terz nach oben und nach unten entfernt. Anders ausgedrückt: Das Stück besteht ausschließlich aus seinem treibenden Rhythmus und seiner eindringlichen Botschaft.

»Get Up, Stand Up« wurde sowohl allein von Bob Marley als auch von Peter Tosh und natürlich auch von der gemeinsamen Band Wailers mehrfach interpretiert und eingespielt. Auch andere Reggae-Künstler wie Toots & The Maytals, Big Youth oder Rayvon haben sich des Songs angenommen. Aus dem Mainstream-Rockbereich sind vor allem die Einspielungen von der Butts Band (mit den Ex-Doors Robbie Krieger und John Densmore) und von Steve Marriott zu erwähnen.

Bob Marley
Robert Nesta Marley
Geboren 6. Februar 1945 in St. Ann, Jamaika • **Gestorben** 11. Mai 1981
Gesang, Gitarre

Peter Tosh
Winston Hubert McIntosh
Geboren 9. Oktober 1944 in Westmoreland, Jamaika
Gestorben 11. September 1987
Gesang, Gitarre, Keyboards
The Wailers
Gründung 1963 • **Auflösung** 1981
Bob Marley
Peter Tosh
Aston Barrett (*22.11.1946; Bass)
Carlton Barrett (*17.12.1950, †17.4.1987; Schlagzeug)
Bunny Wailer (Neville O'Riley Livingston; *10.4.1947; Gesang, Perkussion)
Bob Marley, **Peter Tosh** und ihre gemeinsame Band **The Wailers** sind die
zentralen Kultfiguren der Reggae-Bewegung, sie waren maßgeblich an der
weltweiten Verbreitung der Reggae-Musik beteiligt.
Alben
Catch A Fire (1973) • Burnin' (1973) • Natty Dread (1974) • Exodus (1977) •
Uprising (1980)
Single-Hits
Jamming (GB 9) • Is This Love (GB 9) • Could You Be Loved (GB 5) •
No Woman No Cry (GB 8)

Give Peace A Chance

Text und Musik: John Lennon & Paul McCartney

John Lennon –
»Give Peace A
Chance« (Single)

Copyright 1969
Verlag Northern Song

Cover-Versionen
Elton John
Louis Armstrong
Maytals
Miller, Mitch & The
Gang

Seit Beginn des Jahres 1969 waren die Beatles eigentlich bereits in
Auflösung begriffen, auch wenn niemand das wahrhaben wollte. Im
Januar zogen die äußerst mühsamen Film- und Plattenaufnahmen
für die spätere LP Let It Be die Kräfte aller Beteiligten ab, und wäre das musikalische Ergebnis dieses Projekts nicht so erbärmlich gewesen, hätte sich die berühmteste Popgruppe aller Zeiten wohl
nicht noch einmal im Studio eingefunden. Doch mit diesem Flop
wollte sich die Band nicht verabschieden und spielte deshalb bis
zum Sommer ihr letztes Album ein: Abbey Road. Lennon erholte
sich von den Beatles, indem er zwischendurch mit Yoko Ono quer
durch die Welt tourte und sich in oft schrillen Aktionen für den
Frieden stark machte – etwa im berühmten Bed-in in Amsterdam ab
dem 25. März. Hierbei blieben sie fünf Tage im Hilton-Hotel im
Bett und empfingen Freunde und auch die Presse. Ihre nicht unlogi-
sche Überlegung: Wenn alle Politiker eine Woche im Bett blieben,
gäbe es weniger Gewalt auf der Welt.

Lennon kommentierte seine Aktivitäten so: »Ein Problem bei dem, was wir tun, ist, dass wir nie erfahren werden, was wir wirklich erreicht haben. Mit den Beatles hat man eine Platte herausgebracht, und sie wurde entweder ein Hit oder ein Misserfolg. Ich erwarte nicht, dass die Premierminister oder die Könige und Königinnen der Welt plötzlich ihre ganze Politik ändern, bloß weil John und Yoko gesagt haben: ›Frieden, Bruder.‹ Schön wäre es schon. Aber die *Jugend* ist es, an die wir uns wenden. In der Jugend liegt die Zukunft. Wenn wir uns in ihr Denken einschleichen und ihnen klar machen können, dass sie für Gewaltlosigkeit sein sollten, sind wir zufrieden. Wozu soll es gut sein, sich bei den Beatles Ruhm zu erwerben, wenn man ihn dann nicht nutzt?!«[1]

Am 1. Juni nahm Lennon während eines Bed-in-Happenings »Give Peace A Chance« auf. Mit diesem Song gab er der Friedensbewegung eine internationale Hymne. An der Einspielung beteiligt waren neben Lennon und Yoko Ono unter anderen die Smother Brothers, Derek Taylor, der »Drogenpapst« Timothy Leary, eine kanadische Sektion des Radha Krishna Tempels, ein kanadischer Rabbi und weitere zufällig Anwesende. Die Aufnahme darf man getrost als amateurhaft bezeichnen, gemessen an den hohen technischen Ansprüchen der Beatles, doch gerade darin liegt der vitale Reiz des Stückes. Es ist ein Song, der unwiderstehlich einlädt zum Mitsingen, egal, ob man nun falsch oder richtig mitsingt.

Kernstück des Liedes ist sein Refrain: »All we are saying is give peace a chance.« Nur darum geht es. Alle anderen Themen und Personen, die in der Öffentlichkeit so viel Staub aufwirbeln, sind im Vergleich dazu nichtiges Geschwätz. Wie ein Zeitungsjunge proklamiert Lennon schlagzeilenartig solche Nichtigkeiten: religiöse Sektiererei, politische Kungeleien, Reizthemen wie Revolution, Evolution oder Meditation sowie viel diskutierte Persönlichkeiten wie John und Yoko, Bob Dylan, Norman Mailer, Alan Ginsberg – stets fällt nach jeder Strophe der Chor ein, der die Priorität setzt. Nur eines ist wichtig: Gebt dem Frieden eine Chance.

Die Musik ist denkbar einfach gehalten. Das in der im Rock ungewöhnlichen Tonart Des-Dur stehende Stück kommt mit zwei Akkorden aus: der Grundharmonie und der Dominante As-Dur. Die Strophen haben keine Harmoniewechsel, und Lennon ruft den Text ohne jede Melodieführung hinaus. Der Refrain besteht aus zwei kurzen, aber ungemein suggestiven Melodielinien: von f hinunter nach as, und von ges hinab zum des.

Das Stück wurde am 4. Juli veröffentlicht und war die erste Solo-Single eines Beatle. Als Co-Autor ist Paul McCartney aufgeführt, doch der hat mit »Give Peace A Chance« so viel zu tun wie Lennon mit ⇨»Yesterday«, nämlich nichts. Die Nennung McCartneys ist vielmehr der Dank Lennons an seinen langjährigen Partner, weil dieser ihm bei seinem selbstverliebten Beatles-Song »The Ballad Of John And Yoko« entscheidend geholfen hatte.

»Give Peace A Chance« wurde sicherlich von Abermillionen von Menschen milliardenfach gesungen. Allein am 15. November des Jahres, dem »Vietnam-Moratorium-Tag«, skandierte eine halbe Million Menschen das Lied in Washington. Lennon sah die Berichterstattung über die Demonstration im Fernsehen und sagte später: »Das war einer der größten Augenblicke meines Lebens.«[2] Doch seiner ungeheuren Popularität zum Trotz hat der Song nur wenige Cover-Versionen nach sich gezogen. Zu nennen sind im Wesentlichen die Fassung von Elton John und die Jazz-Interpretation von Louis Armstrong, aufgenommen bei dessen letzter großen Recording-Session am 29. Mai 1970 in einer illustren All-Star-Besetzung. Als Reggae präsentieren die Maytals Lennons Friedenshymne, während Miller, Mitch & The Gang den Song als Gospel aufführen.

John Lennon

John Winston Lennon

Geboren 9. November 1940 in Liverpool • **Gestorben** 8. Dezember 1980

Gesang, Gitarre, Keyboards

John Lennon, lange Zeit intellektuell führender Kopf der Beatles, war als Songwriter, Musiker und Friedensaktivist eine der prägendsten Persönlichkeiten der Rockmusik.

Alben

John Lennon/Plastic Ono Band (1970) • Imagine (1971)

Sometime In New York City (1972) • Mind Games (1973)

Double Fantasy (1980)

Single-Hits

Give Peace A Chance (D 4, GB 2) • Imagine (D 7, GB 6, US 3)

Whatever Gets You Thru The Night (US 1)

(Just Like) Starting Over (D 4, GB 1, US 1) • Woman (D 4, GB 1, US 2)

God Save The Queen

Text und Musik: Steve Jones, Glen Matlock,
Paul Cook & Johnny Rotten

Wir befinden uns im Juni des Jahres 1977: Ganz Großbritannien ist im Freudentaumel angesichts des silbernen Thronjubiläums von Königin Elizabeth II. ... Ganz Großbritannien? Nein! Ein kleines Häuflein unzufriedener Untertanen – ach, was schreibe ich?: Ein nicht unerheblicher Teil der vor allem jungen Bevölkerung steht dem Trubel ablehnend gegenüber. Viele davon empfinden die Feierlichkeiten als aufwändige Zukleisterei der enormen sozialen Spannungen und Risse in England. Für diese Leute trifft die vom Rundfunk und der guten Gesellschaft verpönte und boykottierte Punkband Sex Pistols genau den Nagel auf den Kopf, als sie mit »God Save The Queen« gleichsam eine Splittergranate ins royalistisch geschmückte Blumenbeet schleudert.

Musikalisch hat der Song nicht viel mehr zu bieten als aggressives und monotones Hämmern von Schlagzeug, Bass und stark verzerrter Gitarre auf den Basisharmonien A-Dur, D-Dur und E-Dur. Lediglich bei einem kurzen Instrumentalteil ab 2:02, der die Bezeichnung »Gitarrensolo« eigentlich nicht verdient, wechselt die Harmonie auf einen Fis-/H- und E-Riff, und in der Schlusskadenz (»No future, no future«) folgt sie der Melodie mit D-/Cis- und H-Griffen.

Die Bedeutung des Stücks liegt weniger in der ungeschliffenen Musik als vielmehr in seiner gesellschaftlichen Wirkung. Gleich die erste Zeile des Songs zeigt, wo's langgeht: »Gott schütze die Königin – und ihr faschistisches Regime.« (Der Texter Johnny Rotten spielt hier auf eine Aussage von Norman Mailer an, nach der auch die modernen Demokratien Tyranneien seien, deren Grenzen allerdings nicht genau definiert sind. Gerade in den Siebzigern werden die europäischen Demokratien offensichtlich an solche Grenzen gestoßen: in Deutschland zum Beispiel durch die RAF, in Italien durch die »Autonomia«, in England durch die »Angry Brigade« und vor allem durch die IRA.)

»Diese Situation«, folgert Rotten weiter, »macht dich zu einem Schwachsinnigen [wie bittere Galle spuckt er sein mo-*rrrrr*-on heraus] oder zu einer potenziellen Atombombe.« Gott soll ruhig die Königin beschützen, samt ihren beschissenen Paraden und ihren korrupten Hofschranzen; sie selbst ist ja eh kein richtiger Mensch mehr – so Rotten. Und dann spricht er von seinesgleichen. Im Wesentlichen findet er dafür nur die zwei Worte »no future«, doch er artikuliert auch seinen Hass auf den für ihn unmenschlichen Staat: »Wir sind das Gift in der Maschine!« Aber bitte schön: Gott schütze

Sex Pistols –
NEVER MIND THE
BOLLOCKS HERE'S THE
SEX PISTOLS

Copyright 1977
Verlag Virgin Music

die Königin, und das meinen wir auch gaaaanz ehrlich! Denn wir haben ja ohnehin keine Zukunft – no future, no future, no future for you.

Angesichts dieser blanken Hass-Verse lässt sich verstehen, dass es nicht leicht für die Band war, für »God Save The Queen« eine Plattenfirma zu finden. Zuerst sprang 1976 EMI ab, dann Anfang 1977 A & M, bis sich im Sommer Virgin Records als mutig genug zeigte, die Nummer zu pressen. Nachträglich betrachtet war das natürlich großes Glück für die Band, denn einen besseren Anlass als das Thronjubiläum konnte es für die Veröffentlichung gar nicht geben. Nur dieses Zusammentreffen der Ereignisse – verbunden mit aufwändigen Marketing-Aktivitäten von Seiten Virgin Rec. – sorgte wohl dafür, dass der Song auf Platz Zwei der britischen Charts klettern konnte, obwohl er weder von einem Rundfunksender gespielt wurde noch in den großen Plattenläden wie Woolworth, Boots oder W. H. Smith im Sortiment lag.

Die Sex Pistols waren, wie die meisten anderen Bands des Punk, nur ein kurzlebiges Phänomen am Ende der siebziger Jahre, und doch hatten sie großen und bleibenden Einfluss auf die Rockmusik. Ihre aggressiven, anarchistischen und nihilistischen Stücke und vor allem ihre rauen, meist äußerst gewalttätigen Auftritte zeigten, was Rock auch sein *kann* – und das in einer Zeit, wo diese Musik mit Pink Floyd, Steely Dan, Stevie Wonder oder Dire Straits zu einer nun endgültig erwachsenen Kunstform geworden war.

Dabei wurden das kompromisslos rüde und brutale Auftreten der Gallionsfiguren des Punk und die schier endlosen Gewalt- und Drogenexzesse zu einer willkommenen Ausdrucksform für die »No-Future-Kids«, die im Zeichen von Thatcherismus und Reagonomics durch alle sozialen Raster fielen und tatsächlich keine Chance und keine Zukunft hatten. Dass das Gebaren der Band sich bald als Image-festigend verselbstständigte und damit im Grunde aufgesetzt war – wenn auch für Sid Vicious schon bald tödlich –, zeigt der Film THE GREAT ROCK & ROLL SWINDLE und auch das gleichnamige Buch von Michael Moorcock.

Punk setzte einen Gegenpunkt zum hoffähig gewordenen Rock, auch wenn er sich in seiner ursprünglichen Form rasch totlief. Dafür war er musikalisch einfach zu uninteressant und enervierend. Selbst Jon Savage, seinerzeit Szenegänger im engsten Umfeld der Sex Pistols, schreibt, dass es schwer fällt, ein Album wie NEVER MIND THE BOLLOCKS am Stück durchzuhören.[1] Trotzdem lieferte die Kompromisslosigkeit des Punk wichtige Impulse für Musiker im New-Wave- wie auch im Hardrock-Bereich. Doch das wohl Entscheidendste an der Punkbewegung war, dass die Kids, deren Existenz keiner so recht zur Kenntnis nehmen wollte, über dieses Idiom einen Schrei in die Welt setzen konnten, der von allen Schichten der Gesellschaft gehört werden musste.

Nachtrag zu »God Save The Queen«, der Vollständigkeit halber: Das Stück fand zwar einige Nachspielungen in der Punk-Szene, lud aber nicht weiter zu nennenswerten Cover-Versionen ein.

Sex Pistols

Gründung 1975 • **Auflösung** 1978

Johnny Rotten (John Lydon; *30. 1. 1956; Gesang)

Steve Jones (*3. 5. 1955; Gitarre)

Bis 1977: Glen Matlock (*27. 8. 1956; Bass)

Ab 1977: Sid Vicious (John Simon Beverly; *10. 5. 1957, †2. 2. 1979; Gesang, Bass)

Paul Cook (*20. 7. 1956; Schlagzeug)

Die **Sex Pistols** waren Ende der siebziger Jahre die Symbol- und Identifikations-Formation der Punk-Bewegung.

Alben

Never Mind The Bollocks Here's The Sex Pistols (1977)

The Great Rock & Roll Swindle (1979) • Flogging A Dead Horse (1980)

Single-Hits

God Save The Queen (GB 2) • Pretty Vacant (GB 6) • Something Else (GB 3)

Silly Thing (GB 6) • C'mon Everybody (GB 3)

Heart Of Gold

Text und Musik: Neil Young

Neil Young –
HARVEST

Copyright 1971
Verlag Silver Fiddle

Cover-Versionen
Roxette
Ashtray Boy

Vielleicht kann man Neil Young als »Janus der Rockmusik« bezeichnen, legt er doch immer wieder zwei völlig unterschiedliche Gesichter an den Tag: Zuweilen entpuppt er sich als Proto-Punker und als Meister des organisierten Gitarrenlärms (zum Beispiel bei »Like A Hurricane«), zuweilen legt er auf der akustischen Klampfe aber auch musikalische Miniaturen hin, die an Schönheit schwer zu überbieten sind (etwa »Sugar Mountain« oder »The Needle And The Damage Done«). Sein 1972er Album HARVEST ist geprägt von der weichen Seite des Künstlers und wurde für ihn zum endgültigen Durchbruch als Solo-Artist. Die Platte belegte in den Albumcharts diesseits und jenseits des Atlantiks Platz Eins, und auch die Single-Auskopplung »Heart Of Gold« schaffte es überall unter die Top-Ten, in den USA sogar auf Platz Eins.

Der Song handelt von Sehnsucht, Sehnsucht nach einem Herz aus Gold, was immer dieses für den Einzelnen bedeuten mag. Neil Young sucht sein Objekt der Begierde im Inneren eines Erdstollens und in Bereichen jenseits aller Erklärbarkeit, er sucht in der Natur, er sucht im Ruhm, er sucht in fernen Ländern und in sich selbst – und wird über seiner Suche alt. Doch er braucht dieses goldene Herz zum Leben, und da er schon in der ersten Zeile des Songs bekennt, »I wanna live«, muss er weitersuchen.

Die Instrumentierung des Songs ist sehr einfach gehalten: zwei akustische Gitarren, Mundharmonika, Steel-Gitarre (gespielt von Ben Keith), Bass (Tim Drummond) und ein sparsames Schlagzeug (Kenny Buttrey). Auch in harmonischer Hinsicht ist das Stück, das zwischen e-Moll und der Parallele G-Dur pendelt, denkbar einfach. Es basiert im Wesentlichen auf dem Akkordwechsel e-Moll, C-Dur, D-Dur und G-Dur in den Verszeilen, sowie auf e-Moll, G-Dur, C-Dur und der fallenden Sequenz C-Dur, h-Moll, a-Moll, G-Dur in den Refrainzeilen. Damit ist der Song harmonisch vollständig beschrieben, abgesehen von der kurzen charakteristischen Einleitung e-Moll–D-Dur–e-Moll. Hier spielt Neil Young in der für ihn so typischen Mischung aus Anschlagen der Gitarre bei gleichzeitiger leichter Dämpfung durch den Handballen im Wechselspiel mit einem offenen Hammering des e-Moll-Akkords auf der a- und der d-Saite.

Nach der Einleitung stellt die Mundharmonika die weiche, sofort eingängige Melodie vor, dann folgt Strophe Eins mit Refrain. Zwischen Strophe Eins und Zwei ist ein mit nur geringen Abweichungen wiederholter Harmonikateil eingeschoben, und auch am Ende von Strophe Zwei erklingt diese Instrumentalpassage. Schließlich beendet den Song eine achttaktige Wiederholung des Refrains, bei der James Tayler und Linda Ronstadt ins Stück treten und mit Neil Young einen sehr ausgefeilten dreistimmigen Gesang abliefern.

Am Album HARVEST schieden sich schon früh die Geister. Während sich die Fans des eher sanften Neil Young gerne vom Zauber der schlichten Schönheit hinwegtragen ließen, erschien den Anhängern der raueren Young-Klänge die Platte zu soft und zu kraftlos. Young selbst hat HARVEST stets als eines seiner stärksten Alben bezeichnet. Die Platte ist in der Tat ein sehr gutes Softrock-Album, Youngs Selbsteinschätzung hängt aber vielleicht auch damit zusammen, dass HARVEST in eine Zeit fiel, in der der Künstler nach einem langen gesundheitlichen Tal der Tränen wieder Hoffnung schöpfte. Er erinnert sich: »In den beiden Jahren zwischen AFTER THE GOLDRUSH [dem Vorgänger-Album] und HARVEST war ich ständig in irgendwelchen Krankenhäusern. Meine Bandscheiben verschoben sich, ich konnte meine Gitarre nicht mehr halten. Ich trug ein Stützkorsett und konnte höchstens vier Stunden am Tag stehen. Die Ärzte redeten schon vom Rollstuhl. Auch während der Aufnahmen für HARVEST trug ich meistens das Korsett. Das ist der Hauptgrund dafür, dass es ein so sanftes Album geworden ist. Ich war körperlich außerstande, E-Gitarre zu spielen. ›Are You Ready For The Country‹, ›Alabama‹ und ›Words‹ [die *elektrischen* Beiträge zur Platte] wurden alle erst nach meiner Operation eingespielt, als es wieder bergauf ging.«[1]

»Heart Of Gold« wurde, wie schon erwähnt, ein Megahit und war natürlich die Zugnummer für HARVEST. Ausschlaggebend für den Erfolg von Single und LP war dabei vor allem, dass Youngs Plattenfirma Vorabversionen von »Heart Of Gold« an alle amerikanischen Radiostationen versandte, die ihrerseits den Titel begeistert aufgriffen. Dies brachte dem Album zwei Millionen Vorbestellungen.

»Heart Of Gold« ist nicht nur der *größte* Single-Erfolg Neil Youngs, sondern zugleich überhaupt sein *einziger*. Keine andere Single kam auch nur in die Nähe der Top Ten. Dies ist insofern erstaunlich, als eine Reihe der Alben des Künstlers sehr wohl erfolgreich waren: AFTER THE GOLDRUSH, COMES A TIME, RUST NEVER SLEEPS, HARVEST MOON, UNPLUGGED, SLEEP WITH ANGELS und MIRROW BALL kamen zum Beispiel alle unter die Top Ten der Albumcharts. Und noch etwas ist bemerkenswert. »Heart Of Gold« ist natürlich auf so gut wie allen Samplern Neil Youngs enthalten, aber es gibt von ihm keine offizielle Live-Aufnahme. Die einzigen Konzerteinspielungen sind lediglich auf den Bootlegs NEIL YOUNG (1991) und LIVE SIDE OF THE MOON (1992) zu hören.

Ebenfalls erstaunlich ist, dass ein so eingängiger und – im reinsten Sinn des Wortes – »schöner« Song kaum Cover-Versionen anregte.

Die nennenswerteste stammt von Roxette. Per Gessle erzählt in einem Interview im Rahmen des Unplugged-Projekts der Gruppe, wie stolz er sei, seinen Lieblingssong seines großen Vorbildes Neil Young hier nun endlich vortragen zu können. Die Aufnahme findet sich auf der CD ACOUSTIC aus dem Jahr 1993.

Neil Young

Geboren 12. November 1945 in Toronto, Ontario

Gesang, Gitarre, Mundharmonika, Klavier

Neil Young ist Grenzgänger zwischen Country-Rock und Hardrock, er entwickelte sich über die Jahre zu einer der einflussreichsten Figuren der nordamerikanischen Rockszene.

Alben

After The Goldrush (1970) • Harvest (1972) • Rust Never Sleeps (1979)
Ragged Glory (1990) • Harvest Moon (1992)

Single-Hit

Heart Of Gold (D 6, GB 10, US 1)

Hey Jude

Text und Musik: John Lennon & Paul McCartney

**The Beatles –
»Hey Jude«** (Single)

Copyright 1968
Verlag Northern
Songs

Cover-Versionen
Wilson Pickett
José Feliciano
The Temptations
Maynard Ferguson
Charlie Byrd

»Hey Jude« ist eine der ganz großen Balladen der Popmusik, das Markenzeichen des Songs ist seine äußerst ausdrucksstarke Melodie. Die Konzentration des Liedes auf den melodischen Aspekt ist insofern nicht verwunderlich, als das Stück nicht an einem Instrument komponiert wurde, sondern durch ein Vor-sich-hin-Singen im Auto entstand.

John Lennon lebte im Sommer 1968 getrennt von seiner Frau Cynthia und wartete auf die Scheidung, worunter Julian, der fünfjährige Sohn der beiden, sehr litt. McCartney, der wie ein Onkel zu dem Jungen stand, besuchte den Kleinen, und auf der Fahrt dorthin fand er die Melodie des Songs, der zunächst nur aus der Botschaft bestand: Hey Jules, lass dich nicht unterkriegen.

Aus Jules wurde Jude, und die Aufmunterung richtete sich an jedermann, der sie auf sich beziehen wollte: »Kontroversen darüber, von wem der Song handelte (die Presse nahm an, er zielte auf Dylan ab), gab es sogar innerhalb der Band. Als Lennon den Song hörte, rief er aus: ›Das bin ja ich!‹, worauf ein überraschter McCartney konterte: ›Nein – das bin ich!‹ [Auch McCartney hatte sich in diesen Tagen von seiner langjährigen Freundin Jane Asher getrennt.] Tatsächlich besitzt ›Hey Jude‹ eine sanfte Weisheit, die man wirklich als inspiriert bezeichnen kann, und trifft dabei einen Ton, der universell verständlich ist.«[1]

Die Botschaft ist eindeutig: »Hey Kumpel, sieh nicht alles grau in grau; bleib dir selber treu und mach das Beste aus der Situation. Hey Kumpel, trau dich und frag sie; und wenn du ihr erlaubst, dir wirklich nahe zu kommen, geht's auch dir gleich besser. Es ist doch logisch, dass man nicht immer nur obenauf ist, aber du kannst nicht das Leid der ganzen Welt herumschleppen. Es gibt immer Verletzungen, aber nur ein Blödmann kommt auf den Gedanken, sich dieser Welt zu verschließen, nur um Schmerz zu vermeiden.«

Als McCartney den Song den anderen drei Beatles vorstellte, waren alle vom ersten Moment an überzeugt, dass es eine starke und erfolgreiche Single werden würde. Der Komponist war zunächst allerdings mit dem Text nicht glücklich. Vor allem die Zeile »the movement you need is on your shoulder« – »der Schwung, den du brauchst, liegt auf deiner Schulter« war ihm recht peinlich.

»Als ich den Song fertig hatte, habe ich ihn John vorgespielt – obwohl ich meinte, dass da noch etwas dran zu machen sei, weil es an der einen Stelle hieß ›The movement …‹. Wie ich so spielte, habe ich John angesehen und gesagt, ›das bringe ich noch in Ordnung‹. – ›Was?‹ – ›Es ist ein blöder Ausdruck, ich ändere das noch.‹ John sagte: ›Das tust du nicht. Das ist die beste Zeile im ganzen Song. Ich weiß, was sie bedeutet – sie ist toll.‹ … Wenn ich also dieses Lied spiele, muss ich bei dieser Zeile immer an John denken, und manchmal geht mir das sehr nahe.«[2]

Die Beatles nahmen »Hey Jude« in einer für ihre Verhältnisse relativ kurzen Session zusammen mit einem 36-köpfigen Orchester auf. Die Aufnahme zeigt den untrüglichen Instinkt der Band wie ihres Produzenten George Martin, ein Maximum an Klangfülle zu erzielen, ohne dabei in platten Bombast zu verfallen.

Das Stück teilt sich auf in zwei völlig unterschiedliche Abschnitte. Teil Eins ist ein konventionell strukturiertes Stück mit Strophe Eins, Strophe Zwei, Chorus Eins, Strophe Drei, Chorus Zwei und Strophe Vier. Der zweite Teil (ab 3:09) besteht aus der permanenten Wiederholung der Akkorde F-Dur, Es-Dur, B-Dur und F-Dur. Ab 3:48 steigt das Orchester ein und schmettert machtvoll und riesig die Harmonien, vor denen vornehmlich McCartney Gesangsimprovisationen abliefert. Schließlich verfällt er in souliges Gekreische.

Der erste Teil von »Hey Jude« steigert sich langsam hin zu diesem Finale furioso. Strophe Eins wird noch ausschließlich von McCartneys eindringlicher Stimme und seinem Klavier bestimmt. In Strophe Zwei kommen Lennons akustische Gitarre, ein Tamburin und Hintergrundgesang hinzu. Im ersten Chorus (0:53) steigt nun das Schlagzeug voll ein und verleiht dem Stück seinen eigentümlich schaukelnden Schwung. Der ebenfalls hinzukommende Bass spielt eine eigene abfallende Linie und bewegt sich oft vom Grundton der jeweiligen Harmonie weg, was zusätzlich eine beträchtliche Spannung erzeugt. Die harmonische Ausgestaltung bewegt sich ansonsten in gewohnten Bahnen. Neben den Grundakkorden F-Dur, B-Dur und C-Dur findet nur noch die Parallele zu B-Dur, g-Moll, Verwendung. In der dritten Strophe und im zweiten Chorus wird das Arrangement etwas dichter, eine E-Gitarre kommt hinzu, und die Steigerung in der letzten Strophe besteht darin, dass McCartney und Lennon den Song gemeinsam singen (wobei Lennon bei 2:58 ein Patzer unterläuft). Schließlich folgt ab 3:02 ein zweitaktiges glissandierendes Hinaufsteigen über zwei Oktaven zum hohen f, bevor der zweite Teil von »Hey Jude« startet.

Einige Tage nach der Aufnahme spielten die Beatles »Hey Jude« noch einmal für einen Film ein. Zu Beginn von Teil Zwei stürzt ein Studiopublikum ins Bild, das zum Teil einfach von der Straße geholt wurde. Die Leute singen und klatschen die sich laufend wiederholende Kadenz mit und nehmen so in gewisser Weise die Funktion des Orchesters der Plattenaufnahme ein.

»Hey Jude« wurde zunächst nur als Single – mit der umwerfenden B-Seite »Revolution« – veröffentlicht (die LP HEY JUDE kam erst im Februar 1970 heraus, auch bekannt unter dem Titel THE BEATLES AGAIN, als sich die Band de facto schon getrennt hatte). Dies war vor allem wegen der Länge des Songs erstaunlich. Vier Minuten war eigentlich die maximale Länge einer 45er Single, bei längeren Stücken mussten die Rillen so gequetscht werden, dass die Tonqualität darunter litt. Es ist Zeichen der hohen Kunst der Tontechniker, dass die Single keinerlei Einschränkungen aufwies, obwohl sie mit über sieben Minuten Länge jegliches Single-Maß sprengte. Es stellt sich natürlich die Frage, warum durch den zweiten Teil der Song so lang werden musste. Die einen behaupteten, die Beatles wollten nach dem sechsminütigen »Mac Arthur Park« von Richard Harris einen neuen Längenrekord aufstellen, andere meinten, die Band wollte mit der Länge gegen die gerade gestiegenen Preise für Schallplatten protestieren. McCartneys Erinnerung geht in eine andere Richtung: »Der Schlussteil sollte eigentlich nicht so lange dauern, aber als wir den Originaltrack aufnahmen, machten mir die verbalen Improvisationen am Ende des Songs so viel Spaß, dass ich einfach nicht aufhören konnte.«[3] Die Sache funktionierte jedenfalls, der Song wurde zumeist in seiner vollen Länge gespielt und gesendet, und »Hey Jude« wurde der meistverkaufte Erfolg der Beatles in den USA.

Cover-Versionen von »Hey Jude« gibt es zahlreiche, unter anderen von Wilson Pickett, Smokey Robinson, José Feliciano, The Temptations, Sonny and Cher, Petula Clark, Frank Sinatra. Dabei sind vor allem jene Versionen hörenswert, die sich relativ weit vom Idiom der Beatles-Einspielung entfernen, also vor allem die Jazz-Interpretationen wie jene von Stan Kenton, Maynard Ferguson oder Charlie Byrd.

The Beatles
Gründung 1960 • **Auflösung** 1970
John Lennon (*9. 10. 1940, †8. 12. 1980; Gesang, Gitarre, Harmonika, Keyboards)
Paul McCartney (*18. 6. 1942; Gesang, Bass, Gitarre, Keyboards, Schlagzeug)
George Harrison (*25. 2. 1943, †29. 11. 2001; Gesang, Gitarre)
Ringo Starr (Richard Starkey; *7. 7. 1940; Gesang, Schlagzeug)
The Beatles waren das wohl wichtigste Einzelphänomen der populären Kultur der sechziger Jahre. Ihr Einfluss auf die Rockmusik kann nicht hoch genug eingeschätzt werden, doch auch ihre gesellschaftspolitische Bedeutung war enorm.
Alben 1968–1970
The Beatles (White Album) (1968) • Yellow Submarine (1969)
Hey Jude (1969) • Abbey Road (1969) • Let It Be (1970)
Single-Hits 1968–1970
Lady Madonna (D 2, GB 1, US 4) • Hey Jude (D 1, GB 1, US 1)
Get Back (D 1, GB 1, US 1) • Come Together/Something (D 1, GB 4, US 1)
Let It Be (D 1, GB 2, US 1)

Highway To Hell
Text und Musik: Ronald Scott, Angus Young & Malcolm Young

Hinter AC/DC, dem englischen Kürzel für Gleich- und Wechselstrom, verbirgt sich eine australische Hardrock-Band, die sich selbst als härteres Gegenprogramm zum Punk sah und die für viele *die* Heavy-Metal-Band schlechthin wurde.
Der raue und ungestüme Sound der Gruppe stand auf zwei Pfeilern: zum einen auf dem ungezähmten Schreigesang des exzentrischen Sängers Bon Scott, dessen Markenzeichen bei Konzerten sein entblößter, stark tätowierter Oberkörper war und der 1980 nach einem seiner endlosen Saufgelage verstarb; zum anderen auf den wilden und exzessiven Gitarrenklängen von Angus Young, der sich bei Auftritten stets in Pennäler-Shorts zeigte und als böser Schulbub wie ein Derwisch über die Bühne sauste.

AC/DC –
HIGHWAY TO HELL
Copyright 1979
Verlag J. Alert & Son PTY., Ltd.

Die Stücke von AC/DC sind rüde Songs, die stets um die Themen Sex, Suff und Sünde kreisen. Dieses Bad-Boy-Image wurde maßgeblich unterstützt von den furiosen und wilden Auftritten der Gruppe. Kennzeichen ihrer animalischen Bühnenshows war eine ungezügelte Spielfreude, vorgetragen mit unglaublicher Hardrock-Energie. Ein Konzert der Band war immer ein Erlebnis der besonderen Art.

Das Album HIGHWAY TO HELL und der gleichnamige Titelsong, der zu einer wahren Hymne für die gesamte Heavy-Metal-Szene (erstaunlicherweise aber so gut wie nicht gecovert) wurde, standen an einem Wendepunkt der Gruppe. Nach drei Studio-LPs und einem Live-Album trennten sich AC/DC von ihren Produzenten Harry Vanda und George Young. Die bisherigen Alben waren zwar einigermaßen erfolgreich, aber den ganz großen Durchbruch schafften sie nicht. Wäre der Gruppe nicht ihr Ruf als umwerfende Live-Band vorausgeeilt, hätte sich wohl keine große Rock-Karriere abgezeichnet. Doch als der Boomtown-Rats- und Graham-Parker-Produzent Robert John »Mutt« Lange sich AC/DC annahm, änderten sich die Dinge. Wurden die früheren Platten der Band im Schnelldurchgang mit wenig Sorgfalt im Detail eingespielt, bestand Lange nun auf einer sehr ausgefeilten Produktion. An HIGHWAY TO HELL arbeitete die Band geschlagene sechs Monate – zum ersten Mal übrigens nicht im heimatlichen Australien, sondern in den Roundhouse Studios in London.

Auf dem Album kann man zwar immer noch den typischen AC/DC-Sound heraushören, dennoch unterscheidet sich die Platte von allem, was die Gruppe bislang produziert hatte. Vor allem wurden mehr melodische Elemente in die Musik integriert. Einer der engsten Studio-Mitarbeiter von AC/DC, Tony Platt, erinnert sich: »Das war genau die Platte, die sie nötig hatten. Es gab damals immer noch Leute, die AC/DC für eine Punkband hielten. Sie bewegten sich natürlich schon länger auf einen geradlinigen Rocksound zu und versuchten damit, den amerikanischen Markt zu erobern.«[1] Mit HIGHWAY TO HELL gelang ihnen 1979 der internationale Durchbruch. Das Album – der erste Millionenseller der Band – schaffte es auf Platz Siebzehn in den Staaten und auf Platz Acht in England, und AC/DC wurde schließlich mit über achtzig Millionen verkaufte Platten eine der erfolgreichsten Hardrock-Formationen aller Zeiten. Dabei ist erstaunlich, dass sie weder in den USA noch in Großbritannien oder Deutschland eine Single in die Top Ten brachten.

Der Song »Highway To Hell« ist eine – bis auf die ausufernde Schlusskadenz – sehr kompakte Rocknummer. Der ganze Song (in A-Dur) kommt mit drei Akkord-Griffen aus, mit A-Dur, D-Dur und G-Dur. Während der Strophen ist neben der Stimme nur das

Schlagzeug und ein sich wiederholender Gitarrenriff zu hören: Nach zwei Takten in A-Dur folgt stets ein dreimaliger Wechsel von D-Dur auf G-Dur. Im charakteristischen Refrain, der dem Song seine hymnischen Qualitäten verleiht, spielt dann die gesamte Band, das heißt, es kommen Bass und Rhythmus-Gitarre hinzu. Das Akkord-Material bleibt dasselbe, nur steht jetzt der Wechsel zwischen A-Dur und D-Dur im Vordergrund. Ab 2:12 erklingt ein Gitarrensolo, das auch während der nachfolgenden Wiederholungen des Refrains fortgesetzt wird. An dieser Stelle wird der entscheidende Unterschied von AC/DC zu einer Punkband deutlich: AC/DC sind selbst zwar keine Filigran-Hardrocker – wie man das vielleicht von einer Gruppe wie Led Zeppelin sagen kann –, doch die musikalischen Momente sind sauber und pointiert gesetzt. Punk dagegen verzichtet explizit auf jegliche Virtuosität, Qualität ist hier geradezu verpönt.

Inhaltlich stehen AC/DC allerdings dem Punk recht nahe: Auch ihr Programm ist die Ablehnung aller bürgerlichen Werte – purer Nihilismus und eine Glorifizierung des Bösen. Stark verkürzt beinhaltet der Song die Botschaft: Das Leben kann so einfach sein, wenn du nur das machst, wozu du Lust hast, und dich um nichts anderes kümmerst. Das trifft die trostlose Situation der No-Future-Kids natürlich auf den Punkt. Die Wirkung auf sie ist schon enorm, wenn Scott brüllt: »Hey Satan, pay'n' my dues, playin' in a rockin' band. Hey momma, look at me. I'm on my way to the promised land. I'm on the highway to hell.« (Etwa: Hey, Satan, ich begleich meine Schulden, weil ich in 'ner Rockband spiele. Hey, Mütterchen, schau mich an. Ich komm ins gelobte Land, und zwar über die Schnellstraße zur Hölle.)

AC/DC
Gründung 1973
Bis 1980: Bon Scott (Ronald Belford; *9. 7. 1946, †19. 2. 1980; Gesang)
Ab 1980: Brian Johnson (*5. 10. 1947; Gesang)
Angus Young (*31. 3. 1956; Gitarre)
Malcolm Young (*6.1.1953; Gitarre)
Bis 1977: Mark Evans (*2. 3. 1956; Bass)
Ab 1977: Cliff Williams (*14. 12. 1949; Bass)
Phil Rudd (*19. 5. 1954; Schlagzeug)
Weitere Mitglieder im Laufe der Band-Biografie: Rob Bailey, Peter Clark, Dave Evans, Chris Slade, Simon Wright, Steve Young
AC/DC sind das Paradebeispiel für böse Buben und die vielleicht spektakulärste Live-Band des Heavy Metal.
Alben
High Voltage (1976) • Let There Be Rock (1977) • Highway To Hell (1979)
Back in Black (1980) • Dirty Deeds Done Dirt Cheap (1981)

123

Hit The Road Jack

Text und Musik: Percy Mayfield

Ray Charles –
»Hit The Road Jack«
(Single)

Stampeders –
HIT THE ROAD

Copyright 1957
Verlag MCA Publ.
Inc.

Cover-Versionen
Yvonne Elliman
Nancy Harrow
Buxter Poindexter
Jerry Lee Lewis
Big Youth

Das Lied vom bedauernswerten Jack, der von seinem »Baby« hinausgeworfen wird, ist eine der markantesten Nummern des Rock und wurde dementsprechend häufig interpretiert. Am bekanntesten wurden die Fassungen von Ray Charles aus dem Jahr 1961 und von den Stampeders 1975.

Markenzeichen des Stücks ist die charakteristisch absteigende, permanent wiederholte Akkordfolge a-Moll–G-Dur–F-Dur–E-Dur-Sept. (Bei Ray Charles erklingt der Song einen Halbton tiefer.) Auf der Basis dieser einfachen, aber äußerst wirkungsvollen Kadenz findet ein dramatisches Gespräch eines Paares am Ende seiner Beziehung statt. Es beginnt mit einer unmissverständlichen Aufforderung der Frau:

»Los, Jack, verschwinde, und lass dich hier nie mehr blicken, nie mehr!
Was sagst du da?
Du sollst von hier verschwinden und dich nicht mehr blicken lassen!
Ach komm! Sei doch nicht so gemein, du bist wirklich die gemeinste Frau, die ich je gesehen hab. Ich vermute mal, du glaubst, du schnippst einfach nur mit dem Finger, und ich hab zu verduften?
Stimmt genau!
Verschwinde, Jack, und lass dich nie mehr hier blicken, nie mehr!
Ach Baby, komm, sei doch nicht so. Bei mir läuft's bestimmt bald wieder besser.
Ist mir doch egal, du hast keine Kohle, und auch sonst bist du kein guter Typ.
Hm, ich vermute mal, du glaubst, du schnippst einfach nur mit dem Finger, und ich hab zu verduften?
Stimmt genau!
Verschwinde, Jack, und lass dich nie mehr hier blicken, nie mehr!
Aber …
Lass dich nie mehr hier blicken!
Was hast du gesagt?
Lass dich nie mehr hier blicken!
Ich hab dich jetzt gerade nicht verstanden …
Lass dich nie mehr hier blicken!
Das meinst du doch nicht wirklich …
Lass dich nie mehr hier blicken!
Ach komm, Baby …
Du sollst verschwinden!
Was versuchst du denn hier für ein Spielchen mit mir?
Lass dich nie mehr hier blicken!
So kannst du mich doch nicht behandeln.«

124

Der expressive Wechselgesang zwischen »Jack« Ray Charles und dem Mädchen – ein Satzgesang von drei Interpretinnen – beherrscht den Song. Die Begleitung aus Klavier, Bass, Schlagzeug und einer sparsam eingesetzten Big Band mit Blech- und Holzbläsern erzeugt zusätzlich eine unterschwellig bedrohliche, knisternde Stimmung. Die Frauenstimme bleibt das ganze Stück hindurch zwar scharf, aber doch eher gleichmütig im Ausdruck. Man merkt genau, sie ist fertig mit dem Typen, das Ganze ist jenseits des »point of no return«. (Nur an der Stelle, wo sie ihm verklickert, dass er nichts taugt, wird die Stimme aggressiver.) Im Gegensatz dazu greift Jack voll in die Kiste der stimmlichen Ausdrucksvielfalt. Er schreit, jammert, schimpft, schmeichelt, konstatiert, wirbt und kreischt – allein, es ist alles umsonst. Die Lady setzt ihn vor die Tür, und er kann nichts dagegen machen.

Ray Charles hatte im Sommer 1961 bei der Einspielung von »Hit The Road Jack« noch keine eigene Big Band – die sollte er erst am Ende dieses für ihn kommerziell sehr erfolgreichen Jahres zusammenstellen –, also ergänzte er seine kleine Combo (mit dem Bassisten Minton Garrad, dem Gitarristen Gisady McGhee und dem Schlagzeuger Milt Turner) mit zusammengewürfelten Studio-Musikern oder gerade verfügbaren Orchestern. Herausgekommen ist in diesem Fall eine treibende und mitreißende Nummer: Rhythm & Blues at its best.

Nicht minder schwungvoll, doch ganz anders klingt der Song bei der kanadischen Rockband Stampeders: Ihr »Hit The Road Jack« ist sicherlich zu einem erheblichen Teil als Parodie gedacht, doch darauf reduzieren sollte man die Version nicht, dafür liefert sie einfach zu fetzige Rockmusik. Das Ganze ist jetzt in das Ambiente des bluesorientierten Gitarren-Hardrock getaucht. Auch ein entsprechendes Gitarrensolo (ab 1:34) darf natürlich nicht fehlen. In dieser Fassung kommt eine weitere Figur ins Spiel, der Star-DJ Wolfman Jack, dessen tägliche Radioshow in den siebziger und achtziger Jahren geradezu Kultstatus besaß. Auf sämtlichen AFN-Sendern in aller Welt konnte man, meist mitten in der Nacht, die mit Abstand beste Rockmusik des gesamten Äthers hören. Bei diesem Wolfman Jack also läutet das Telefon. Während eine E-Gitarre die charakteristische Akkordsequenz anstimmt, meldet sich die rauchig-knarzige Stimme des Moderators. Am anderen Ende der Leitung ist ein Bekannter des DJ, ein gewisser Cornelius, der hörbar verwirrt erzählt, dass ihn seine Freundin gerade rausgeworfen habe. Nun folgt quasi als rückblickender Bericht das finale Gespräch zwischen ihm und seiner Ex. Am Ende fragt Cornelius, ob er für ein paar Tage bei Wolfman Jack wohne könne, er habe ja momentan kein Dach über dem Kopf. Der DJ erklärt Cornelius zunächst mal, dass alles, was er erzählt habe, eine uralte Story sei, die sich schon 1957 zugetragen habe, und bespricht sich dann kurz mit seiner Frau. Aus irgendwelchen Gründen können oder wollen sie den Geschassten nicht bei sich aufnehmen. »Wolf« lässt den armen Kerl auf die denkbar ungerührteste Weise abblitzen: »Oh I'm sorry, Cornelius, we can't have it this weekend. But it was nice to hear from you, man. Byyyeee!«, und legt noch während der Nachfrage von Cornelius auf. Der ruft noch ein paar Mal ein ratloses »Wolf!« in die tote Leitung und gibt dann auf.

Obwohl diese Stampeders-Fassung keinen Top-Ten-Platz in den Charts erreichte, dürfte sie dennoch zu den meistgespielten Stücken der siebziger und achtziger Jahre zählen, denn sie wurde zum Jingle und zum Erkennungszeichen der – WOLFMAN JACK SHOW.

Der Komponist des Songs, Percy Mayfield, hat seinen größten Hit niemals unter »harten Bedingungen« aufgenommen, es gibt aber eine interessante Einspielung von ihm, die man heute als provisorisches Demo bezeichnen würde. Diese Fassung ist auf dem Sampler MEMORY PAIN aus dem Jahr 1992 enthalten. Zahlreiche weitere Künstler haben sich des Streits zwischen Jack und seiner (Ex-) Freundin musikalisch angenommen. Dabei ist es nicht verwunderlich, dass sich gerade Frauen um den Song bemüht haben, so die Country-Rock-Ladys Helen Reddy und Yvonne Elliman. Auch Jazz-Sängerinnen wie Shirley Horn, Laverne Butler oder Nancy Harrow sind zu nennen, wobei vor allem Letztere das Stück sehr humorvoll gestaltete. Bei Wild Bill Davis kommt dem Hörer »Hit The Road Jack« im Dixieland-Kleid entgegen, während der Violin-Virtuose Stephane Grappelli den Song ins Gypsy-Jazz-Milieu stellt. Als Mainstream-Rock-Nummer spielten Buxter Poindexter, John Cougar Mellencamp und Jakki O den Song ein, zum Teil mit längeren Instrumentalsoli. Im Rock'n'Roll- bzw. Rockabilly-Ambiente findet sich das Stück bei Jerry Lee Lewis oder bei der Gruppe Swing Cats wieder; als Reggae schließlich interpretiert der urige Sänger Big Youth die Nummer.

Eines wird dabei jedenfalls ganz deutlich: In keinem Ambiente ist unser armer Jack vor einem Rausschmiss sicher. On the road again, man!

Ray Charles

Ray Charles Robinson

Geboren 23. September 1930 in Albany, Georgia

Gesang, Keyboards

Der im Alter von sechs Jahren erblindete **Ray Charles** war vor allem in den fünfziger und sechziger Jahren der wichtigste Neuerer des Soul, indem er Rhythm-&-Blues-Elemente mit Gospel-, Jazz- und Rockanteilen anreicherte.

Noch heute zählt er zu den einflussreichsten Persönlichkeiten der bluesorientierten Rockmusik.

Alben
The Genius After Hours (1956) • Ray Charles At Newport (1958)
Ray Charles In Person (1960) • Modern Sounds in Country And Western Music (1961) • Ingredients In A Recipe For Soul (1963)

Single-Hits
What'd I Say (US 6) • Georgia On My Mind (US 1)
Hit The Road Jack (GB 6, US 1) • I Can't Stop Loving You (D 8, GB 1, US 1)
You Are My Sunshine (US 7)

The Stampeders
Gründung 1964 • **Auflösung** 1977
Rick Dodson (Gesang, Gitarre, Bass)
Ronnie King (Gesang, Gitarre, Bass)
Kim Berly (Gesang, Gitarre, Schlagzeug)
The Stampeders waren Teil einer kleinen Kanada-Rock-Mode in den frühen Siebzigern.

Alben
Stampeders (1972) • Sweet City Woman (1973) • From The City (1974)
New Day (1975) • Hit The Road (1976)

Single-Hit
Sweet City Woman (US 8)

Honky Tonk Women
Text und Musik: Mick Jagger & Keith Richard

Die Jahre 1968 bis 1972 waren die wohl einschneidendsten in der Karriere der Rolling Stones. In diesem Zeitraum, in dem die Band gewissermaßen künstlerisch erwachsen wurde, fielen einige Zäsuren. Die wichtigste war sicherlich, dass Brian Jones, bis dahin der musikalische Kopf der Stones, im Juni 1969 die Band verließ (und tragischerweise nur wenige Wochen später in seinem Swimmingpool ertrank) und durch Mick Taylor ersetzt wurde – ein Wagnis, denn Taylors Stärke war zweifellos sein sehr ausgefeiltes Gitarrenspiel, die Qualitäten von Jones lagen dagegen eher im (durchaus auch multi-instrumentalen) kreativen Ausgestalten der Songideen von Jagger und Richard. Doch das Experiment funktionierte, denn im genannten Zeitraum entstanden die wohl kreativsten und intensivsten Alben der Rolling Stones: BEGGARS BANQUET (noch mit Brian Jones), LET IT BLEED (einige Titel mit Jones, einige mit Taylor),

**The Rolling Stones –
»Honky Tonk Women«** (Single)

Copyright 1969
Verlag Abkco Music

Cover-Versionen
Ike and Tina Turner
Alexis Korner
Nerds
Elton John
Hampton String Quartet

127

STICKY FINGERS (jetzt nur noch mit Taylor) und das fantastische Doppelalbum EXILE ON MAINSTREET.

Dazwischen erschien im Juli 1969 die Single, deren A-Seite vermutlich die Quintessenz all dessen darstellt, was die Stones waren und sind:»Honky Tonk Women«. Der Song beginnt mit dem sehr charakteristischen, zum Mitklopfen animierenden Anschlagen einer Kuhglocke, wobei der synkopierte Rhythmus erst deutlich wird, wenn das Schlagzeug einfällt. Charlie Watts bleibt zwar im geraden Taktmaß des Songs, spielt aber sehr sparsam und füllt außerordentlich geschickt die »Luft« zwischen den Hauptschlägen. Das ganze Stück wird von diesen beiden sich ergänzenden Rhythmen getragen und angetrieben, und es entsteht ein geradezu erotisches Schaukeln, dem man sich kaum entziehen kann.

Nächstes ohrenfälliges Merkmal des Songs ist der markante Gitarrenriff von Keith Richard. Für viele ist Richard der beste aller schlechten Gitarristen – andere sagen, er sei der schlechteste aller guten Gitarristen –, unbestritten ist in jedem Fall sein überragendes Gespür für kurze, aber äußerst effektive Riffs: ⇨»Satisfaction«, »Jumpin' Jack Flash« oder »Start Me Up« seien hier nur als Beispiele genannt. Das Motiv für »Honky Tonk Women« spielte er auf einer Gitarre in offener G-Stimmung (also D–G–d–g–h–d'). Mittlerweile ist es natürlich ein etwas abgestandenes Ritual, wenn er den Song bei Konzerten nur mit der linken Hand präsentiert und so den Eindruck erweckt, als spränge der Riff von selbst aus der Gitarre heraus.

Mick Jaggers Gesang ist ein Paradebeispiel für seine lässig-rotzige Interpretation und passt vollkommen zu dem Stück, das eigentlich nur aus Rhythmus und guter Laune zu bestehen scheint. Schließlich ist ab 0:47 zum ersten Mal Mick Taylor bei den Stones zu hören. Er spielt bei dieser »Jungfern-Session« die Slide-Gitarre, wodurch »Honky Tonk Women« einen raffinierten Country-Einschlag erhält. Nach zwei Strophen (sechzehntaktig) mit jeweils anschließendem (achttaktigen) Refrain folgt ab 1:54 eine halbminütige Instrumentalphase, in der Richard und Taylor eine kleine Kollektiv-Improvisation abliefern. Damit das Stück nicht auseinander fällt, sorgt ein dezenter, aber sehr effektvoller Bläsersatz für die Songbasis. Nach dem Instrumentalteil wiederholt sich der Refrain zwei Mal, bevor diese eingängige Rocknummer mit einer griffigen Kadenz endet.

Die harmonische Bewegung bleibt im Rahmen der Standard-Akkordstufen I, IV und V, also G-Dur, C-Dur und D-Dur-Sept, nur im vierzehnten Takt der Strophen (»drink you off my mind« bzw. »then she blew my mind«) schleicht sich ein Viertel lang ein a-Moll-Sept-Akkord ein. Für »Honky Tonk Women« gilt wie für unzählige andere Rocksongs auch: Nicht – wie etwa in der E-Musik – der Blick

ins Notenblatt erklärt die Wirkung eines Stücks, sondern erst seine Ausgestaltung und Interpretation. Der Inhalt des Songs ist mit zwei Worten hinreichend beschrieben: »Spaß pur!« – oder für den, der es genau wissen will, ganz ausführlich: »Weiber und Schnaps!«
Während »Honky Tonk Women« einen nur leichten Country-Touch besitzt, spielten die Stones den Song für LET IT BLEED unter dem Titel »Country Honk« völlig neu als reine Country-Version ein: Keith Richard an der akustischen Gitarre, Mick Taylor an der – wiederum geslideten – Dobro, eine dominante Fiddle, gespielt von Byron Berline, ein rudimentäres Betonen der geraden Taktschläge von Charlie Watts und der Gesang von Mick Jagger, Richard und einer gewissen Nanette Newman – dies alles unterschlägt, was das Original so besonders macht: vor allem den mitreißenden Rhythmus und die charakteristischen Gitarrenriffs. Doch auch die seltsam amateurhaft wirkende Aufnahme mit allerlei Motoren- und Hupgeräuschen im Hintergrund hat ihren Reiz, denn vom Kern des Songs, nämlich seiner überschäumend guten Laune, geht auch »unplugged« nichts verloren. Neben »Country Honk« gibt es natürlich auch Live-Versionen der Stones, so etwa auf GET HER YA YA'S OUT (1970) oder auf LOVE YOU LIVE (1977).
»Honky Tonk Women« hat eine ganze Reihe von Interpreten zu Cover-Versionen animiert, interessant ist dabei die stilistische Bandbreite der Aufnahmen: Da stehen Hardrock-Interpretationen – zum Beispiel von Humble Pie, Free oder Mott The Hoople – neben Rhythm-&-Blues-Fassungen wie etwa von Ike & Tina Turner oder Joe Cocker. Hank Williams jr. präsentierte »Honky Tonk Women« als Cowboy-Song, während Alexis Korner den Blues-Gehalt des Songs herausarbeitete. Bei Rick Nelson ist das Stück ein Rock 'n' Roll-Song, die Flying Burrito Brothers spielen ihn dagegen als klassischen Country-Rock-Titel, und die Band Nerds zeigt, dass man den Song auch als Punknummer interpretieren kann. Eine sehr dichte und mitreißende Version stammt von Elton John, zu finden auf seinem sehr frühen und ziemlich unbekannten Live-Album 11–17–70. Doch das Prädikat der ungewöhnlichsten Fassung darf mit Sicherheit das Hampton String Quartet für sich beanspruchen: Auf dem Album WHAT IF MOZART WROTE »BORN TO BE WILD« interpretieren sie auf intelligente Weise Rock-Klassiker wie ⇨»Stairway To Heaven«, ⇨»Light My Fire«, ⇨»Sunshine Of Your Love« und eben auch »Honky Tonk Women« in kammermusikalischem Ambiente. So scheint jede musikalische Richtung einen eigenen Beitrag zum Thema »Weiber und Schnaps« hinzugeben zu wollen.

The Rolling Stones
Gründung 1963
Mick Jagger (*26. 7. 1943; Gesang, Gitarre)
Keith Richard (Keith Richards; *18. 12. 1943; Gitarre, Gesang)
Bis 1969: Brian Jones (Lewis Brian Hopkin-Jones; *28. 2. 1942, †3. 7. 1969;
Gitarre, Mundharmonika, Keyboards, Sitar)
1969 bis 1975: Mick Taylor (*17. 1. 1948; Gitarre)
Seit 1975: Ron Wood (*1. 6. 1947; Gitarre, Gesang)
Bill Wyman (*24. 10. 1936; Bass)
Charlie Watts (Charles Robert Watts; *2. 6. 1941; Schlagzeug)
Die **Rolling Stones** sind die dienstälteste Rockband der Welt, sie prägten die
Rockmusik entscheidend mit, indem sie in den jeweils aktuellen Stilrichtungen
eine ganz eigene Rhythm-&-Blues-Komponente integrierten.
Alben 1969–1977
Let It Bleed (1969) • Sticky Fingers (1971) • Exile On Main Street (1972)
Goats Head Soup (1973) • Black & Blue (1976)
Single-Hits 1969–1977
Honky Tonk Women (D 2, GB 1, US 1) • Brown Sugar (D 4, GB 2, US 1)
Tumbling Dice (GB 5, US 7) • Angie (D 2, GB 5, US 1)
It's Only Rock And Roll (GB 10)

Hotel California
Text und Musik: Don Felder, Don Henley
& Glen Frey

Eagles –
HOTEL CALIFORNIA

Copyright 1976
Verlag Long Run
Music Publ.

Cover-Versionen
Max Romeo
Nashville Superpickers
Hiroki Miyano/
Earl Klugh
Al B. Sure
Wilson Phillips

Würde man eine repräsentative Umfrage nach der »Platte für die
einsame Insel« starten – HOTEL CALIFORNIA nähme bestimmt einen
Spitzenplatz ein. Dabei sprang vor allem die professionelle Kritik
zunächst recht harsch mit dem Album um: Ihm wie auch dem pro-
grammatischen Titelsong wurde vorgeworfen, dass hier Rockmusik
zur degenerierten Schickeria-Pose verkomme, kalkuliert und seicht.
Aber Kritiker sind bekanntlich keine Plattenkäufer, und so wurde
HOTEL CALIFORNIA nach offiziellen Angaben der Record Industry
Association in Amerika zu einer der zehn am besten verkauften
Langspielplatten aller Zeiten.

»Hotel California« eröffnet das Album und steckt seinen inhaltlichen Rahmen ab. *Die* kalifornische Rockband schlechthin wirft
einen Blick auf die dunkleren Seiten des vermeintlichen Paradieses
im amerikanischen Westen, wobei Kalifornien natürlich als Meta-
pher für die ganze westliche Welt zu sehen ist. Die Klischees der
sechziger und frühen siebziger Jahre stimmen nicht mehr: Die

Landstraße, auf der der Sänger fährt, ist keine Straße zur Freiheit, sondern führt in das hedonistische Gefängnis einer saturierten Überflussgesellschaft. Darin spiegelt sich, ohne ausdrücklich thematisiert zu werden, die Reflexion eines Rockmusikers über sein eigenes Leben und über die Rockmusik an sich: Wie lassen sich persönliche Beziehungen aufrechterhalten, wenn Musiker in immer schreienderen Ausmaßen zu Megastars stilisiert werden? Und wie versteht sich eine Rockmusik, die alle Experimentierfreude hinter sich gelassen hat und hauptsächlich nach kommerziellen Aspekten kalkuliert wird? (Die Antwort wird im folgenden Jahr der Punk geben.) Man sieht: Manche Songs funktionieren auf vielen Ebenen.

Zu Beginn ist der Sänger noch ganz dem Idiom des Rock-Outlaws verhaftet, wenn er auf einem »dark desert highway« den Wind in seinen Haaren spürt. Zum Übernachten hält er an einem Hotel, das ihn durch eine geheimnisvolle Frau augenblicklich in den Bann zieht. Er weiß sofort, der Ort hier kann der Himmel sein, genauso aber auch die Hölle, aber bestimmt kein gewöhnliches Quartier. Im Refrain stellen ferne Stimmen das »Lokal« genauer vor: »Welcome to the Hotel California, ein wunderbarer Ort. Wir haben viel Platz, und du findest bei uns alles, wann immer du kommst.« Die fremde Lady entpuppt sich als ausgesprochene Luxusmieze mit Tiffany-Klunkern, Mercedes und einer Heerschar von »pretty, pretty boys«, die in der Schwüle der Nacht um sie herumtanzen. Als der Sänger ein Glas Wein bestellt, meint der Barkeeper: So was hatten wir ja seit 1969 nicht mehr. Wieder hört man die fernen Stimmen, die kurioserweise gleich nach mehreren Alibis – wofür auch immer – fragen. Im Hotel ist es üblich, teuersten Champagner in mondän verspiegelten Gemächern zu trinken. Die Frau klärt ihn auf: Hier sind alle freiwillig gefangen. Im großen Saal kommen alle zum Festmahl zusammen und stechen wie wild auf ein Tier ein. Unserem Sänger wird es bald zu viel, er will nur noch weglaufen, doch der Nachtportier stellt sich ihm in den Weg und erklärt: Er kann sich natürlich im Hotel abmelden, wann immer er mag, aber er wird es nie mehr verlassen.

»Hotel California« ist ein atmosphärisch sehr dichter Song, dessen Aufnahme sich sehr langwierig gestaltete, wie Glen Frey sich erinnert: »Wir haben ›Hotel California‹ gleich drei Mal aufgenommen, es war recht schwierig, das Ding aufs Band zu kriegen. Bei der ersten Aufnahme spielten wir das Stück in der falschen Tonart, es war zu tief für Don Henleys raue Stimme. Drei Wochen später fingen wir in Miami nochmals an, diesmal in der richtigen Tonlage, aber irgendwie kriegten wir nicht die richtige Stimmung und das passende Feeling hin. Zurück in Los Angeles, nahmen wir drei Monate später den dritten Anlauf, und jetzt endlich passte alles. Ich muss sagen, es war die Mühe wert.«[1]

In der Tat: »Hotel California« ist einer der ganz großen Songs der Rockmusik. Er beginnt mit einer langsamen und sanften Einleitung auf akustischen Gitarren, die die Harmoniefolge der Strophen umspielen, eine Akkordentwicklung von der Grundharmonie h-Moll über fis-Moll, A-Dur, E-Dur, G-Dur, D-Dur und e-Moll hin zu Fis-Dur. Bei 0:52 ertönen zwei barsche Schläge auf dem Schlagzeug, die der Träumerei ein jähes Ende machen.

Unvermittelt ist der Zuhörer in Strophe Eins, »On a dark desert highway«. Akustische und elektrische Gitarren sorgen für ein dichtes Harmoniegeflecht, das Schlagzeug hält bodenständig den Beat, während eine geschickte Basslinie das Stück zum Schaukeln bringt und das Ganze eine leichte Reggae-Stimmung erhält. Bei 1:45 erklingt zum ersten Mal der suggestive Refrain, in dem die fernen Stimmen den Protagonisten begrüßen. Das Lied unterbricht seine stetige Akkordfolge und moduliert von G-Dur über einige Schritte nach Fis-Dur. Die emotional stärkste Stelle kommt am Ende der dritten Strophe, bei der letzten Textzeile »but you can never leave«: Genauso abrupt wie zwischen Einleitung und Strophe Eins wechselt der Song bei 4:20 nun in einen langen Instrumentalteil, der bestimmt wird von sehr ausgeklügelten Gitarrensoli, zunächst von Don Felder, ab 4:47 dann von Joe Walsh. Ab 5:13 solieren beide parallel, bevor sie ab 5:39 in eine lange gemeinsame Unisono-Akkordbrechung übergehen, die nach sechseinhalb Minuten ausgeblendet wird.

Von den Eagles gibt es neben der Originalaufnahme noch zwei weitere Einspielungen des Stücks: 1980 auf dem Live-Album (sehr nah an der Studioeinspielung) und 1994 ebenfalls live auf HELL FREEZES OVER (eine reizvolle akustische Unplugged-Fassung).

»Hotel California« hat eine erstaunliche Palette von Cover-Versionen angeregt. Als Reggae interpretieren zum Beispiel Max Romeo oder Majek Fashek den Song, im klassischen Nashville-Sound die Country Picks, und als Bluegrass-Nummer die Nashville Superpickers. Die Jazz-Fassungen reichen von dem Gitarrenduo Hiroki Miyano/Earl Klugh über den Harfenisten Roberto Perera hin zu verschiedenen Zigeuner-Jazz-Aufnahmen, wie etwa von den Gypsy Kings. Al B. Sure bringt »Hotel California« funkig unter die Leute, Jonathan Press eher im Punk-Idiom und Wilson Phillips als krachende Rocknummer. Los Caifanes schließlich interpretieren das Stück in einer Latin-Version, wohingegen der iranisch-armenische Sänger Andy den Song als Twist vorstellt.

Festzuhalten bleibt jedenfalls: In diesem Hotel ist wohl für jeden ein Zimmerchen frei. Welcome and never leave.

Eagles

Gründung 1971

Don Felder (*21. 9. 1947; Gesang, Gitarre)
Glen Frey (*6. 11. 1948; Gesang, Gitarre, Keyboards)
Bis 1976: Bernie Leadon (*19. 7. 1947; Gesang, Gitarre)
Seit 1976: Joe Walsh (*22. 11. 1947; Gesang, Gitarre, Keyboards)
Bis 1977: Randy Meisner (*8. 3. 1946; Gesang, Bass)
Seit 1977: Timothy B. Schmit (*30. 10. 1947; Gesang, Bass)
Don Henley (*22. 7. 1947; Gesang, Schlagzeug)

Die **Eagles** waren in den siebziger Jahren eine der erfolgreichsten Rockgruppen überhaupt und sind zum Inbegriff des kalifornischen Westcoast-Rock geworden.

Alben

Desperado (1973) • On The Border (1974) • One Of These Nights (1975)
Hotel California (1976) • Hell Freezes Over (1994)

Single-Hits

Best Of My Love (US 1) • One Of These Nights (US 1) • Lyin' Eyes (US 2)
Hotel California (D 6, GB 8, US 1) • New Kid In Town (US 1)

House Of The Rising Sun

Text und Musik: Traditional

»House Of The Rising Sun« ist sicherlich der am häufigsten interpretierte amerikanische Folksong, alle Großen der Szene haben ihn gespielt: Woody Guthrie, Leadbelly, Dave van Ronk, Ramblin' Jack Elliott, Odetta, aber auch Nina Simone, Joan Baez, Bob Dylan, Tim Hardin oder Jimi Hendrix – um nur einige wenige zu nennen. Unsterblichkeit im Rock erhielt der Song durch zwei Versionen: zum einen durch die 1964er Einspielung der Animals und zum anderen durch die Interpretation von Frijid Pink aus dem Jahr 1970.

Es existieren zahlreiche Textvarianten zu dem Stück, doch der gemeinsame Nenner aller Fassungen ist entweder die traurige Geschichte einer Frau, die im »House of the Rising Sun«, einem Bordell in New Orleans, anschaffen muss, oder die nicht minder traurige Story eines »poor boy«, der dem Haus der aufgehenden Sonne verfällt und aus diesem Elend nicht mehr herausfindet. Allen Varianten gemeinsam ist die soziale Tristesse der Herkunft der Protagonisten, stets wiederkehrendes Motiv ist der Vater, der als Spieler und Säufer durch die Kneipen zieht, während die Mutter mit mühseliger Kleinarbeit – meist als Schneiderin – ein paar Groschen verdient.

The Animals –
»House Of The Rising Sun« (Single)

Frijid Pink –
FRIJID PINK

Copyright P. D.

133

»House Of The Rising Sun« hat eine sehr einfache, aber mitreißend treibende Akkordfolge, basierend auf dem Wechsel a-Moll, C-Dur, D-Dur, F-Dur / a-Moll, C-Dur, E-Dur, E-Dur-Sept / wieder a-Moll, C-Dur, D-Dur, F-Dur / dann a-Moll, E-Dur, a-Moll. (Diese Harmoniefolge stellt gerade für Gitarrenanfänger die erste größere Herausforderung dar, weil sie – egal, in welcher Tonart das Stück gespielt wird – zumindest einen Barré-Griff benötigt, einen Griff, bei dem zusätzlich zu anderen Grifffingern mit dem linken Zeigefinger alle sechs Saiten gehalten werden müssen.)

Das im Grunde einfache Akkordmuster birgt eine Reihe von harmonischen Möglichkeiten, wie die große Anzahl der Fremdinterpretationen zeigt. Erwähnt sei hier nur die auf der Hand liegende Möglichkeit, den Bass auf zweierlei Arten zu präsentieren: im ersten Fall folgt er der Harmonie, spielt also a–c–d–f und so weiter, was dem Song viel Antrieb verleiht; im zweiten Fall spielt er gegen die Harmoniebewegung, also a–g–fis–f–e–gis–h–e et cetera. Die letztere Variante schafft eine innere Spannung, die das Stück eher in der Schwebe lässt. Beide hier detaillierter vorgestellten Fassungen von »House Of The Rising Sun« orientieren sich vornehmlich an der ersten genannten Spielweise.

Die Version der Animals ist klanglich zunächst definiert durch eine nach immer gleichem Muster arpeggierte Gitarre, durch ein hauptsächlich auf Becken und Hi-Hat gespieltes Schlagzeug und durch die eindringliche Stimme von Eric Burdon. Ab Strophe Drei tritt die Gitarre in den Hintergrund. Alan Price übernimmt mit seiner Orgel (nicht nur im Instrumentalteil ab 1:54) das Kommando und unterstreicht mit seiner antreibenden und zugleich kompakten Spielweise die Bedrängtheit des Inhalts.

Trotz des spürbaren Erfolgspotenzials des Songs wollte die Plattenfirma »House Of The Rising Sun« zunächst nicht als Single herausbringen, denn das Stück sprengte mit viereinhalb Minuten Länge alle Hitparaden-Konventionen. Doch die Band und ihr Produzent Mickie Most setzten sich durch, und »House Of The Rising Sun« wurde zu einem Nummer-Eins-Hit diesseits und jenseits des Atlantiks.

Im Vergleich zu der sehr dichten Animals-Version kommt das Stück bei Frijid Pink in eher breiigem Underground-Idiom daher. Beherrschende Merkmale dieser fast athletischen Aufnahme sind ein wuchtiges Schlagzeug, ein pulsierend treibender Bass und eine stark übersteuerte und verzerrte Gitarre, deren Klang zudem noch stellenweise von einem Wahwah-Pedal verfremdet wird. Das Ganze ist rhythmisch etwas verlangsamt und weist damit schon auf einen Stil hin, der dann vor allem in den siebziger Jahren als Hardrock in aller Welt zu hören sein wird: eine melodische Grundanlage, vorgetragen in schwerstem Gitarren-Bass-Drums-Sound. Als Nobodys in der Musikszene landeten Frijid Pink mit ihrer Version von »House Of The Rising Sun« einen internationalen Topseller, doch genauso überraschend, wie die Band ins Licht der Öffentlichkeit trat, genauso schnell war sie daraus wieder verschwunden.

The Animals
Gründung 1964 • **Auflösung** 1968
Eric Burdon (*11. 5. 1941; Gesang)
Hilton Valentine (*21. 5. 1943; Gitarre)
Bis 1965: Alan Price (*19. 4. 1941; Keyboards, Gesang)
Ab 1965: Dave Rowberry (*27. 12. 1943; Keyboards)
Chas Chandler (*18. 12. 1938, †17. 7. 1996; Bass)
Bis 1966: John Steel (*4. 2. 1941; Schlagzeug)
Ab 1966: Barry Jenkins (*22. 12. 1944; Schlagzeug)
The Animals waren neben den Rolling Stones die wichtigsten Vertreter des englischen Rhythm & Blues in den sechziger Jahren.
Alben
The Animals (1964) • Animal Tracks (1965) • Animalism (1966)
Love Is (1968)
Single-Hits
House Of The Rising Sun (D 10, GB 1, US 1)
Don't Let Me Be Misunderstood (GB 3)
We Gotta Get Out Of This Place (GB 2) • It's My Life (GB 7)
Don't Bring Me Down (GB 6)

Frijid Pink
Gründung 1967 • **Auflösung** 1975
Kelly Green (Gesang)
Gary Ray Thompson (Gitarre)
Larry Zelanka (Keyboards)
Thomas Beaudry (Bass)
Rick Stevens (Schlagzeug)
Frijid Pink spielten psychedelischen Hardrock mit stark ausgeprägten Blues-Elementen.
Alben
Frijid Pink (1970) • Defrosted (1970) • Earth Omen (1972)
Single-Hit
House Of The Rising Sun (D1, GB 4, US 7)

Hurricane

Musik: Bob Dylan; Text Bob Dylan
& Jacques Levy

Bob Dylan –
DESIRE

Copyright 1975
Verlag Ram's Horn
Music

Cover-Version
Ani DiFranco

Songs, die sich mit amerikanischen Justizskandalen beschäftigen, haben in Bob Dylans Werk schon von Anfang an eine wichtige Rolle gespielt und ihm früh das Image eines Protestsängers eingebracht. »The Death Of Emmett Till«, »The Lonesome Death Of Hattie Carroll« oder »George Jackson« brachten juristisch ungesühnte Morde von Weißen an Schwarzen an die Öffentlichkeit, »Percy's Song« oder eben auch »Hurricane« beschäftigten sich mit Unrechtsurteilen weißer Gerichte gegenüber Schwarzen.

»Hurricane« behandelte einen in den Sechzigern und Siebzigern aktuellen Skandal in den Vereinigten Staaten: Der Boxer Rubin Carter wurde nach manipulierten polizeilichen Ermittlungen in einem Prozess mit gekauften bzw. unter Druck gesetzten Zeugen des dreifachen Raubmordes für schuldig gesprochen und 1967 zu drei Mal lebenslänglich verurteilt. Mitte der siebziger Jahre setzten sich zahlreiche Prominente für Rubin Carter ein, wobei Dylan mit seinem Song das vernehmlichste Zeichen setzte. Die Zeugen widerriefen Ende 1975 ihre Aussagen, und Carter kam frei, wurde in der Berufungsverhandlung 1976 jedoch mit fadenscheinigen Begründungen erneut verurteilt. Carters Anwälte kämpften weiter, doch es dauerte immerhin bis 1988, bis seine Unschuld erwiesen war und der Ex-Boxer wieder die Freiheit erlangte.

Wie in einem Kurzkrimi schildert Dylan die Ereignisse: »Schüsse peitschen durch die nächtliche Bar. Die Bedienung Patty Valentine sieht drei Männer in Blutlachen liegen. Eine merkwürdige Type, Alfred Bello, drückt sich herum und beteuert sogleich seine Unschuld. ›Ich war's nicht‹, sagt er, ›ich wollt nur die Kasse klauen. Aber ich hab sie gesehen, sie sind davongelaufen.‹ Die Polizei wird geholt. Zur gleichen Zeit in einem anderen Viertel der Stadt fährt der Mittelgewichts-Boxer Rubin Carter mit Freunden in einem Auto herum, als ihn eine Polizeistreife anhält. Doch das ist er schon gewohnt, und er weiß: In Paterson hast du als Schwarzer die Bullen am Arsch, sobald du dich auf der Straße zeigst.

Zurück zur Bar: Es stellt sich heraus, dass Bello nicht alleine ist. Er und sein Kumpel, Arthur Dexter Bradley, tischen der Polizei eine abenteuerliche Story auf: Sie seien nur so herumgestromert; die Mörder hätten sie gesehen, sie sähen aus wie Mittelgewichtler. Ein Polizist merkt, dass eines der Opfer noch lebt und deshalb vielleicht die Mörder identifizieren kann. Carter wird zu dem sterbenden Mann ins Krankenhaus gebracht, doch das Opfer erkennt ihn ausdrücklich nicht als Täter. Dennoch versuchen die rassistischen Polizisten weiterhin, Carter – dessen Weltmeisterschaftskampf im Mittelgewicht angekündigt wird – die Morde anzuhängen. Dazu werden die Gelegenheitsverbrecher Bello und Bradley massiv unter Druck gesetzt. Schließlich machen sie vor dem – ausschließlich aus Weißen zusammengesetzten – Gericht die polizeilich erpressten Falschaussagen, die zu Carters Verurteilung führen. Der ganze Prozess ist ein Schmierentheater, in dem Carter keinerlei Chancen hat, weil alle Indizien und Zeugen, die für ihn sprechen, unterschlagen werden.«

Seine Beschreibung der Vorkommnisse unterbricht Dylan nur selten, etwa wenn er das Geschehene kommentiert, wie in den mehrfach wiederholten Zeilen: »Das ist die Geschichte des Hurricane, / dem die Behörden ein Verbrechen anhängten, / das er nie begangen hat. / Sitzt hinter Gittern, dabei war er mal auf dem besten Weg / zur Weltmeisterschaft im Mittelgewicht.« An anderer Stelle fragt er sich, wie ein Rechtsstaat ein solches Unrecht zulassen kann, und stellt wütend fest: »Ich kann mich nur noch schämen, in einem Land zu leben, wo die Justiz zur Farce gerät.«

Die letzte Strophe zeigt den Interpreten in bester Protestsong-Manier: »All die Verbrecher mit Schlips und weißem Kragen / sind frei, kippen Martinis runter und freuen sich ihrer Tage, / während Rubin wie Buddha in seiner engen Zelle hockt. / Ein Mann, der unschuldig in der Hölle schmort. / Das ist die Geschichte von Hurricane, / aber zu Ende ist sie nicht, ehe der Mann rehabilitiert / und für seine Haft entschädigt ist. / Sitzt hinter Gittern, dabei war er mal auf dem besten Weg / zur Weltmeisterschaft im Mittelgewicht.«[1]

»Hurricane« hat einen ganz ungewöhnlichen Drive, hervorgerufen zum einen durch ein drängendes Arrangement: Die Gitarre wird sehr rhythmisch geschlagen, Schlagzeug und Congas schieben zusätzlich an, Dylans Stimme zerschneidet fast die Luft, und die treibende Violine Scarlet Riveras gönnt dem Song keine Sekunde lang Ruhe. Doch das Jagende des Songs liegt zum anderen auch in seiner Struktur begründet: Das Stück besteht aus elf Strophen mit je neun Textzeilen ohne Refrain. Während jede Strophe in ihrem ersten Teil vier Zeilen wie gewohnt auf acht Takte verteilt, werden die fünf Zeilen des zweiten Strophenteils in elf Takte gepackt. Der zwölfte Takt, der normalerweise Ruhe und harmonische Auflösung verspricht, ist hier also bereits wieder der erste Takt der neuen Strophe – und so geht's weiter in schäumender Rastlosigkeit.

Das harmonische Gerüst ist einfach: Im ersten Strophenteil wechseln lediglich a-Moll und F-Dur einander ab, im zweiten Teil geht der Song auf C-Dur über, von wo aus er über F-Dur, d-Moll und E-Dur wieder nach a-Moll moduliert.

Im Jahr 1975 tourte Dylan mit seiner »Rolling Thunder Revue« quer durch die Staaten. Der Abschluss der Tournee, die in der faszinierenden Filmdokumentation RENALDO AND CLARA porträtiert ist, war ganz Rubin Carter vorbehalten: Zunächst besuchte Dylan den Inhaftierten im Staatsgefängnis von New Jersey, wo er vor den Gefangenen ein kleines Konzert improvisierte. Einen Tag später, am 8. Dezember, fand dann im ausverkauften Madison Square Garden das Abschlusskonzert als Benefizveranstaltung zu Gunsten des Ex-Boxers statt. Aus dem Gewinn des Konzerts wurden unter anderem Carters Anwälte bezahlt. In der Pause der vierstündigen Veranstaltung wurde der »Fall Rubin Carter« dokumentiert, und Muhammed Ali kam auf die Bühne und telefonierte mit dem Inhaftierten. Während dieses Konzerts wurde übrigens auch erstmals der Widerruf der falschen, belastenden Zeugenaussagen bekannt gegeben, was, wie erwähnt, zur zwischenzeitlichen Haftentlassung Carters führte.[2]

Der Song »Hurricane« wurde von anderen Künstlern kaum gecovert, nennenswert ist eigentlich nur Ani DiFrancos Rap-Interpretation auf ihrem 2000er Album SWING SET. Im Frühjahr 2000 lief in den Kinos der Spielfilm THE HURRICANE an – ein Justizthriller, der den Skandal aufarbeitet. Die Titelmusik ist natürlich Dylans »Hurricane«, anfänglich war daneben auch DiFrancos Version im Gespräch. Außerdem sind im Film einige Archivdokumente eingespielt, die Dylans Besuch bei Carter zeigen. Regie bei diesem viel beachteten Streifen führte Norman Jewison, der Hauptdarsteller Denzel Washington wurde für seine großartige schauspielerische Leistung für den Oscar nominiert.

Bob Dylan
Robert Allen Zimmerman
Geboren 24. Mai 1941 in Duluth, Minnesota
Gesang, Gitarre, Keyboards, Mundharmonika
Bob Dylan ist eine der prägendsten und einflussreichsten Persönlichkeiten der amerikanischen Rockmusik überhaupt. Im Laufe seiner langen Karriere verband er immer wieder zahlreiche unterschiedliche Musikstile zu ganz eigenen Rockformen und kombinierte diese mit zum Teil hochpoetischen Texten.
Alben 1976–2001
Desire (1976) • Street Legal (1978) • Infidels (1983)
Empire Burlesque (1985) • Time Out Of Mind (1997)

Hymn

Text und Musik: John Lees

Die Gruppe Barclay James Harvest wurde von der professionellen Kritik nie übermäßig geliebt. Dabei gehörte ihre Musik – stilistisch irgendwo zwischen Moody Blues und den Beatles zu platzieren – mit Sicherheit zur Oberklasse der makellos produzierten und komplex arrangierten Rockstücke der siebziger Jahre. Kritisiert wurde vor allem der Hang der Gruppe zu pompösem und schwelgerischem Bombast sowie ihr standhaftes Ignorieren von musikalischen Neuerungen. Gerade im zweiten Kritikpunkt liegt eine Menge Wahrheit: Man kann mit Fug und Recht sagen, Barclay James Harvest sind in der musikalischen Entwicklung im Jahr 1969 stehen geblieben, sie perfektionierten lediglich die technische Produktion. Der Song »Hymn« ist hierfür ein gutes Beispiel.

Zunächst sei ein Blick auf den Titel des Stücks geworfen, es gibt im Englischen nämlich zwei Begriffe für das Wort »Hymne«: Da ist zunächst der Ausdruck »anthem«, er bezeichnet jenen Hymnenbegriff, wie er für das vorliegende Buch in der Einleitung definiert ist: also eine Art Schlüssellied für eine bestimmte Bewegung, eine Nation, eine gesellschaftliche Gruppe, eine politische Partei, eine kulturelle Identität und so weiter. Das englische Wort »hymn« ist dagegen ausschließlich in Richtung seiner Zweitbedeutung zu verstehen: als Kirchenlied oder als religiöser Lobgesang.

Solche Lieder sind in der Rockmusik eher selten – schon gar, wenn sie praktisch das gesamte christliche Glaubensbekenntnis beinhalten, wie dies der Song »Hymn« für sich in Anspruch nimmt. Dementsprechend kann man das überaus fromme Stück bei zahlreichen kirchlichen Jugendveranstaltungen hören; ihm wurde sogar die Ehre zuteil, im Rahmen einer Jugendmesse zur Kommunion gespielt zu werden, die vom seinerzeit als äußerst konservativ verschrienen Fuldaer Erzbischof Dyba gehalten wurde.

»Die Täler sind tief und die Berge sind hoch. Wenn du Gott sehen willst, musst du auf die andere Seite wechseln. Du stehst dort so hoch, dass dein Kopf die Wolken berührt. Versuche nicht zu fliegen, du weißt, du könntest es nicht. Jesus kam vom Himmel herab auf die Erde, die Leute sprachen von einer Jungfrauengeburt. Er erzählte große Dinge über Gott und sagte, er wäre der Erretter von uns allen. Dafür brachten wir ihn um und nagelten ihn ans Kreuz. Und gerade so, als ob er uns nach dem Grund dafür fragen wollte, erstand er von den Toten wieder auf. Er stieg in den Himmel hinauf, um uns zu zeigen, dass einzig bei Gott ein besseres Leben möglich ist.« Es sind sicherlich nicht hauptsächlich diese Worte, die den Song nicht nur in

Barclay James Harvest – GONE TO EARTH

Copyright 1977 **Verlag** St. Annes Music Ltd.

kirchlich orientierten Kreisen zu einem wahren Kultlied werden ließen. Vielmehr entwickelt vor allem die Musik eine Suggestionskraft, die man eigentlich nur als inbrünstig bezeichnen kann. Dabei ist die harmonische Grundlage geradezu dürr: Sie besteht auf dem schlichten Wechsel von E-Dur und A-Dur. Nur in den Takten zwischen den Textzeilen, wo der Song auf E-Dur stehen bleibt, wird im Halbtakte-Rhythmus die Quarte – also ein a – hinzugefügt, besonders gut in der viertaktigen Einleitung zu hören.

Die einfache Harmoniefolge, die es auch dem Gitarrenanfänger ermöglicht, das Lied schon nach kurzer Zeit am Lagerfeuer zu schrummen, wird bei Barclay James Harvest mit einer kolossalen Klangsteigerung aufgefüllt. Der Song beginnt in Strophe Eins mit nur zwei akustischen Gitarren, die aber, da zum Teil zwölfsaitig und mit viel Hall unterlegt, schon einen sehr dichten Soundteppich bilden. Dieser wird nun Strophe um Strophe erweitert – hinzugefügt werden eine weitere akustische Gitarre, Bass, Schlagzeug, Orgel und Keyboards –, bis ab 2:55 eine Mischung aus Softrockband und großem Sinfonie-Orchester eine Klangfülle mit den Ausmaßen einer Beethoven-Sinfonie produziert. Auch der anfängliche Sologesang wächst sich zu einem vielstimmigen Chorsatz aus.

Dabei kommt keinerlei – eigentlich nahe liegendes – Gospel-Feeling auf. Das Stück ist sehr weit von jeglichen Blues-Elementen entfernt und wurzelt stattdessen eindeutig in der europäischen Musiktradition. Dies zeigt sich nicht zuletzt auch darin, dass der Song als sanfte Folkrock-Ballade beginnt, mit dem Eintritt des Orchesters aber zu einem langsamen Demonstrationszug christlicher Gläubigkeit mutiert.

Erstaunlich, dass es dieses populäre Lied in den Charts als Single nicht einmal unter die Top-Hundred schaffte. Allerdings war das Album GONE TO EARTH, das der Song eröffnet, außerordentlich erfolgreich, so dass das Stück auf diesem Weg eine enorme Verbreitung fand.

Ebenfalls sehr bemerkenswert ist, dass dieser eingängige Song so gut wie nicht gecovert wurde. Zwar sind in den Plattenkatalogen Hunderte von Stücken verzeichnet, die unter dem Titel »Hymn« auf irgendeiner Scheibe zu finden sind, doch sind dies alles andere Kompositionen (die am häufigsten interpretierte Nummer dürfte wahrscheinlich jene des legendären Jazz-Saxofonisten Charlie Parker sein). Dabei wäre es aus musikalischer Sicht bestimmt sehr interessant zu hören, was herauskäme, wenn gute Musiker den Song seines Bombastes beraubten und ihn in andere atmosphärische Stimmungen versetzten. Doch vielleicht lassen sich viele von dem Text abhalten. Derart fundamentale religiöse Glaubensbekenntnisse sind halt nicht jedermanns Sache.

Barclay James Harvest
Gründung 1967 • **Auflösung** 1982
John Lees (*13. 1. 1947; Gesang, Gitarre)
Wooly Wolstenholm (*15. 4. 1947; Gesang, Keyboards)
Les Holroyd (*12. 3. 1948; Gesang, Keyboards, Bass)
Mel Pritchard (*20. 1. 1948; Schlagzeug)
Barclay James Harvest waren vor allem in den Siebzigern eine der
erfolgreichsten Rockgruppen. In ihren meist sehr melodischen,
perfekt arrangierten Songs lehnten sie sich stark an die Beatles
und an die Moody Blues an.
Alben
Barclay James Harvest (1970) • Early Morning Onwards (1972)
Barclay James Harvest And Other Short Stories (1972)
Gone To Earth (1977) • Turn Of The Tide (1981)
Single-Hit
Life Is For Living (D 2)

I Got A Woman
(auch: I've Got A Woman)

Text und Musik: Ray Charles

Ray Charles –
»I Got A Woman«
(Single)

Copyright 1955
Verlag Progressive
Music Publ. Co. Inc.

Cover-Versionen
Elvis Presley
Jimmy Smith
Alexis Korner
Them
Herbie Mann

Das Leben meinte es mit Ray Charles zunächst nicht gut: Bereits im Alter von sechs Jahren erblindete er an dem grünen Star. Doch schon bald darauf begann er mit intensivem Musikunterricht auf der St.-Augustine-Blindenschule. Dort verinnerlichte er spirituelle und religiöse Musik. Als er mit fünfzehn Vollwaise wurde und bald danach die Schule verließ, tingelte er durch zahlreiche Clubs in Florida, wo er nun mit hitzigem Jazz und erotischem Blues in Berührung kam. Mitte der fünfziger Jahre hatte er seinen eigenen Klavier- und Gesangsstil geprägt, in ihm verband er all die Einflüsse, die ihm bis dahin musikalisch begegnet waren. Heraus kamen explosive Rhythm-&-Blues-Nummern wie »I Got A Woman«, das sein erster großer Erfolg werden sollte.

Musikalische Basis dieses Songs war eigentlich das Spiritual »My Jesus Is All The World To Me«, Ray Charles machte daraus eine schweißtreibende, mit deftigen sexuellen Anspielungen durchsetzte Jubelarie darüber, dass er nun eine gute Frau hat. Dabei ist das Frauenbild, das der Sänger zum Ausdruck bringt, allerdings wirklich nicht zeitgemäß: »Ich hab 'ne Frau, und die ist wirklich gut zu mir. Wenn ich mal in der Patsche stecke, hilft sie mir mit Geld aus. Da ist sie ein prima Kumpel. Und in der Nacht hebt sie ihre ganze Liebe nur für mich auf, und wenn sie mich liebt, ist sie ganz zärtlich. Sie ist immer da, um mich Tag und Nacht zu lieben, nörgelt nicht rum, sondern behandelt mich immer gut. Sie rennt auch nicht auf der Straße herum und lässt mich daheim warten, sondern sie weiß, eine Frau gehört in ihr Zuhause. Oh ja, ich hab 'ne Frau, und die ist wirklich gut zu mir.«

Die musikalische Struktur besteht aus einem abgewandelten Blues-Schema, der Song kommt mit den drei Grundstufen Tonika, Subdominante und Dominante aus, bei Ray Charles A-Dur, D-Dur und E-Dur. Mit einem damals noch ungewöhnlichen Break nach einem kurzen Solo des Saxofons im Anschluss an die zweite Strophe nimmt er ein Stilmittel vorweg, das im Rock'n'Roll vielfache Anwendung findet: Die Begleitung reduziert sich in jedem Takt auf einen Unisono-Schlag auf Eins, wobei die jeweilige Harmonie meist mit einem kleinen Vorschlag von einem Halbton nach oben oder unten angespielt wird.

Für seine äußerst gewagte Kombination von spirituellen Gospelsongs mit erdigem Blues musste Ray Charles sich zunächst viel Kritik gefallen lassen. So meinte etwa der bekannte Bluessänger Big

Bill Broonzy: »Er hat eine gute Stimme, aber es ist eine Kirchen-stimme; er sollte in der Kirche singen. Blues und Spirituals zu mi-schen ist verwerflich.«[1] Ray Charles machte sich aus solcher Kritik allerdings nicht allzu viel: »Als das alles geschah, waren nicht alle einverstanden. Ich bekam Briefe, die mich beschuldigten, dass ich das Werk Gottes zu einem Bastard verfälsche. Eine große Nummer unter den Predigern in New York schalt mich vor seiner Pfarrgemein-de. Viele Leute sahen meine Musik als blasphemisch an. Sie mein-ten, ich nähme religiöse Songs und ließe Leute in Bars und Night-clubs dazu tanzen. Ich muss Ihnen sagen, dass mir keine dieser Reaktionen was ausmachten. Ich hatte mir immer gedacht, dass Blues und Spirituals nahe beisammen lägen – nahe beisammen in musikalischer Hinsicht, nahe beisammen in emotionaler Hinsicht –, und ich war froh, sie zusammenzuklöppeln. Ich war bereit, ganz aus mir zu schöpfen und ganz natürlich zu sein. Alles andere würde sich daraus im Sprung entwickeln. Ich gab keinen Heller für Kritik dieser Art. ›Jeder hat seine eigene Anschauung‹, hatte Mama immer gesagt, ›und jeder hat das Recht dazu. Richte sie deshalb nicht! Lass sie in Ruh!‹«[2] Der Erfolg gab ihm Recht. Ray Charles wurde zu dem be-deutendsten Interpreten des Rhythm & Blues und zu einer der ein-flussreichsten Figuren der gesamten Rockmusik bis in die Gegen-wart.

An dem machohaften Text von »I Got A Woman« haben sich offenbar einige Interpreten gestoßen, und so gibt es ein paar Umschreibun-gen, die von Ray Charles autorisiert wurden und in manchen Songbooks als offizielle Fassung erschienen sind.[3] Darin ist sich der Sänger ebenfalls bewusst, dass er eine gute Frau hat, zieht daraus aber zumeist den Schluss, dass er sie gut behandeln muss, damit sie bei ihm bleibt.

Egal, welche Textversion im Einzelfall verwendet wurde – in der Regel doch eher die ursprüngliche –, »I Got A Woman« gehört zu den am häufigsten gecoverten Stücken des Rock, wobei sich hier vor allem und gerade auch die ganz Großen die Klinke in die Hand ge-ben: Elvis Presley, Otis Rush, Bill Haley, die Beatles, Jimmy Smith, Johnny Rivers, José Feliciano, Rick Nelson, Alexis Korner, Jerry Lee Lewis, George Benson, Johnny Cash, Tom Jones, Ike & Tina Turner, die Shirelles, Jimmy McGriff, Satan & Adam, Sammy Davis jr., Jack McDuff, die Everly Brothers, Them, Chet Atkins oder Carl Perkins – sie alle und viele mehr haben ihre »good woman« mal soft, mal hart, mal als Jazznummer, mal rockig, mal mit Country-Einschlag besun-gen. Ausdrücklich erwähnt sei eine sehr ungewöhnliche Version des Jazz-Flötisten Herbie Mann, der den Song als Instrumentalstück vor dem Hintergrund eines Streichorchesters interpretiert.

Ray Charles

Ray Charles Robinson

Geboren 23. September 1930 in Albany, Georgia

Gesang, Keyboards

Ray Charles war vor allem in den fünfziger und sechziger Jahren der wichtigste Neuerer des Soul, indem er Rhythm-&-Blues-Elemente mit Gospel-, Jazz- und Rockanteilen anreicherte.

Alben

The Genius After Hours (1956) • Ray Charles At Newport (1958) Ray Charles In Person (1960) • Modern Sounds in Country And Western Music (1961) • Ingredients In A Recipe For Soul (1963)

Single-Hits

What'd I Say (US 6) • Georgia On My Mind (US 1) Hit The Road Jack (GB 6, US 1) • I Can't Stop Loving You (D 8, GB 1, US 1) You Are My Sunshine (US 7)

I Just Called To Say I Love You

Text und Musik: Stevie Wonder

Stevie Wonder –
NATURAL WONDER

Copyright 1984
Verlag 1984 Jobete
Music Co. Inc. & Black
Bull Music

Cover-Versionen
Richard Clayderman
Shinehead
Nicotine
Campbell Choker
Diane Schuur

Die meisten ganz großen Musiker-Karrieren beginnen recht unvermittelt und plötzlich. Nicht so bei Stevie Wonder, mit vierzig Hits in den Top Ten, mit bedeutenden Alben, mit sechzehn Grammies und einem Oscar einer der Größten im Rock. Schon sein Start ins Leben war dramatisch und folgenschwer: Durch einen ärztlichen Kunstfehler erblindete er bereits als Neugeborener im Brutkasten. (Bei einem schweren Autounfall sollte er schließlich nach einem zehntägigen Koma auch noch seinen Geruchssinn verlieren.) Doch schon früh erkannte man das außergewöhnliche musikalische Talent des Jungen, und der Chef des Soul-Labels Motown, Berry Gordy, baute »Little Stevie« in den frühen Sechzigern zu einem Kinderstar auf, der mit Titeln wie »Fingertips« oder »Uptight« in die obersten Ränge der Charts gelangte.

Erst Mitte der siebziger Jahre gelang Stevie Wonder dann der ganz große Durchbruch, gerade auch in künstlerischer Hinsicht: mit dem bahnbrechenden Doppelalbum SONGS IN THE KEY OF LIFE, für viele eine Art SGT. PEPPER der Soulmusik. Der Multi-Instrumentalist, der seine Songs häufig ganz im Alleingang einspielt, schuf mit seiner Mischung aus elektronischen, Blues-, Soul- und Jazz-Elementen einen unverkennbaren Sound, der zahllose andere Musiker beeinflussen sollte. In schöner Regelmäßigkeit brachte er Jahr um Jahr seine Hits auf die Top-Plätze der Hitparaden. Am erfolgreichsten war dabei »I Just Called To Say I Love You«, eine Herzensbrecher-Ballade, die er für den Film DIE FRAU IN ROT (mit Gene Wilder) geschrieben hatte und die ihm den Oscar für den besten Filmsong des Jahres 1984 einbrachte.

Der Inhalt des Songs ist rührend, liebevoll und schlicht: »Ich habe keine Neujahrs-Grüße, keine Schokoherzen, nicht einmal ein besonderes Lied … es ist ein ganz stinknormaler Tag. Ich rufe dich einfach nur an, um dir zu sagen: Ich liebe dich. Es ist kein lauer Frühlingstag, es gibt keinen Aprilregen, keine Blumenpracht, keine Sommerhitze, keine Herbstwinde, kein Halloween, keinen winterlicher Frost und auch keine Weihnachtswünsche … ich rufe einfach nur an, um dir zu sagen: Ich liebe dich.«

Auch die Harmoniestruktur des außerordentlich gelassenen und relaxten Stücks ist verblüffend einfach: Sie besteht im Wesentlichen aus den Harmonien Cis-Dur und dis-Moll, wobei die mehrfach wiederholte Erweiterung des Moll-Akkordes mal um die kleine, mal um die große Septime eine sehr reizvolle Spannung erzeugt. Neben diesen Harmonien findet lediglich Gis-Dur als Durchgangsakkord gelegentliche Verwendung.

Der Aufbau von »I Just Called To Say I Love You« ist konventionell: Strophen Eins und Zwei – Refrain – Strophen Drei und Vier – Refrain mit Wiederholung und Schlusskadenz. Während die Strophen von Wonders Solostimme getragen werden, sind die Refrains in einem absichtlich etwas schlampig gesetzten Satzgesang gehalten. Dies unterstützt die entspannte Beiläufigkeit des Songs genauso wie die dezenten Keyboardstimmen, die zusammen mit Bass und Schlagzeug den Background ausmachen. (Dem etwas synthetischen Klang nach zu schließen, wurden auch diese beiden Sounds über einen Synthesizer eingespielt.) In den Refraindurchgängen Zwei und Drei rutscht das Stück jeweils um einen Halbton höher, also zuerst nach D-Dur, dann nach Es-Dur.

Der Reiz des Songs liegt in seiner schlichten Schönheit, seiner unspektakulären und doch enorm anziehenden Melodie und in seinem stimmungsvollen Sound, der unerschütterlich bedächtig von der urwüchsigen Würde der Liebe erzählt. So ist es kein Wunder, dass »I Just Called To Say I Love You« von zahlreichen Interpreten nachgespielt wurde. Die überwiegende Zahl der Einspielungen bewegt sich im Easy-Listening- bzw. Orchestral-Popbereich, als Beispiele seien genannt: Richard Clayderman, Acker Bilk, James Last, das Columbia Ballroom Orchestra, das Northsea Orchestra, The Shadows, das Starlite Orchestra, Ray Conniff, das Ray Hamilton Orchestra, dazu kommen einige Saxofon-, Panflöten-, Romantic-Strings- oder Querflöten-Versionen. Im Hinblick auf die Rockmusik sind allerdings sehr viel interessanter die Rap-Fassung von Shinehead, die

145

punkige Einspielung von Nicotine oder die Soulrock-Interpretation von Campbell Choker. Die einfühlsame und zarte Version der Jazz-Sängerin Diane Schuur aus dem Jahr 2000 ist ebenfalls äußerst hörenswert.

Stevie Wonder
Steveland Judkins Morris
Geboren 13. Mai 1950 in Saginaw, Michigan
Gesang, Keyboards, Schlagzeug, Mundharmonika
Der Multi-Instrumentalist **Stevie Wonder** wurde als Grenzgänger zwischen sanften Balladen, mitreißendem Rhythm & Blues und funkigem Jazz zu einem der erfolgreichsten Rock-Künstler aller Zeiten.
Alben
Uptight (1966) • Innervisions (1973) • Songs In The Key Of Life (1976) Original Musquarium I (1982) • At The Close Of The Century (1999)
Single-Hits
Superstition (US 1) • You Are The Sunshine Of My Life (GB 7, US 1)
Sir Duke (D 10, GB 2, US 1)
Ebony And Ivory (mit Paul McCartney; D 1, GB 1, US 1)
I Just Called To Say I Love You (D 1, GB 1, US 1)

I Want To Hold Your Hand
Text und Musik: John Lennon & Paul McCartney

The Beatles –
»I Want To Hold Your
Hand« (Single)

Copyright 1963
Verlag Northern
Songs

Cover-Versionen
Grant Green
Petula Clark
Duke Ellington
Vanilla Fudge

Im Beitrag zu ⇨»All You Need Is Love« auf Seite 41 dieses Buches wurde bereits der unterschiedliche Kompositionsstil von John Lennon und Paul McCartney angesprochen. In einem ganz zentralen Punkt trafen sich die beiden allerdings exakt: Sie verließen sich auf ihre Spontaneität und auf den Zufallsmoment beim Komponieren: »Sie schrieben zuerst für Gitarren und brachten in ihre Stücke unvorhersagbare Wendungen, indem sie oft ungewöhnliche und zufällige Akkordwechsel spielten. Sie hatten keine Vorstellung, welcher Akkord der nächste sein würde – eine Offenheit, die sie bewusst nutzten und die in einigen ihrer kommerziell erfolgreichsten Songs eine wichtige Rolle spielte. Ihr Formgefühl zeigte sich in den unregelmäßigen Phrasierungen und unorthodoxen Taktgruppierungen, durch die schon die frühesten Werke der Beatles überraschend wirken. Sie wussten, dass gerade das Fehlen einer allzu festen Struktur ihre Musik so lebendig und authentisch machte; es bewahrte sie davor, langweilig zu werden.«[1] Beispielhaft für diese Herangehensweise war Lennon, der in der zweiten Hälfte der Beatles-Karriere

146

bewusst am Klavier komponierte, obwohl er sehr viel mehr vom Gitarrespielen verstand: »So überrasche ich mich selbst.« Gepaart mit ihren unterschiedlichen Kompositionsstilen sorgte dieses intuitive Erschließen neuer Songs dafür, dass die Musik der Beatles stets anregend und ungewöhnlich blieb.

Ein Paradebeispiel dafür ist »I Want To Hold Your Hand«. Der Inhalt des Liedes ist banal und durch seine Titelzeile hinreichend erklärt. Aber die Musik ist mitreißend und lässt den Song selbst nach fast vierzig Jahren noch vital und frisch erscheinen. Das Stück hält nicht eine Melodie im eigentlichen Sinne durch, sondern lebt von meist halbtaktigen Phrasen. Dazu kommt neben dem fröhlich energischen Rhythmus eine eher ungewöhnliche Taktzahl der einzelnen Songteile: Das Stück hat in den Strophen und im Refrain jeweils zwölf Takte, die Bridge (bei 0:51 und 1:33) besteht nur aus elf Takten und verleiht dem Song damit enormen Schwung. Die Melodie-Fetzen, die geschickt zweistimmig vorgetragen werden, zielen meist auf die Quinte der zu Grunde liegenden Akkorde. Dadurch entsteht eine zusätzliche Reibungsfläche zwischen Melodieführung und Harmonie.

Das Verblüffende ist dabei, dass durch spielerisches Ausprobieren so viel Raffinesse entstehen kann – »I Want To Hold Your Hand« ist ja beileibe keine Eintagsfliege des Komponistenteams gewesen –, weder Lennon noch McCartney konnten nämlich Noten lesen.

Lennon erinnerte sich in einem PLAYBOY-Interview: »Wir schrieben echt eine Menge Zeug zusammen, saßen einander gegenüber. Wie in ›I Want To Hold Your Hand‹, ich erinnere mich, wie wir den Akkord fanden, der den Song ausmacht. Wir waren in Jane Ashers Haus [der Freundin McCartneys] im Keller und spielten gleichzeitig auf dem Klavier. Und wir hatten dieses ›Oh, you-u-u … got that something‹. Und Paul schlägt diesen Akkord an, und ich dreh mich zu ihm um und sage: ›Das ist es! Mach das noch mal!‹ In diesen Tagen schrieben wir praktisch nur so – der eine spielte es dem anderen direkt ins Ohr.«[2]

»I Want To Hold Your Hand« ist in G-Dur geschrieben, beginnt jedoch mit einem zwei Mal wiederholten Sekund-Schritt von C-Dur auf D-Dur, bevor der Song mit der Strophe in der Grundtonart landet. Es folgt eine Standard-Kadenz über den Dominantakkord und die Moll-Parallele e-Moll. Nun erklingt der Akkord, von dem Lennon spricht: Es ist ein in G-Dur eher unüblicher H-Sept-Akkord, der unbestimmt zwischen Moll und Dur bleibt, weil die dafür nötige kleine bzw. große Terz ausgespart wird. Dieses viertaktige Schema wird ein Mal wiederholt, bevor es über einen konventionellen Akkordwechsel über die Stufen IV, V und die Moll-Parallele aufgelöst wird. In der Bridge sinkt das Stück in ein verschwörerisches d-Moll, das sich über die gesamten elf Takte hin zu D-Dur entwickelt. Die Schlusskadenz mündet schnörkellos über einen triolisch akzentuierten Takt auf C-Dur in einen energischen Schluss-Schlag in G-Dur.

»I Want To Hold Your Hand« ist der Song, mit dem Amerika erobert wurde. Die pünktlich zum Weihnachtsgeschäft 1963 erschienene Single wurde im Februar 1964 der erste Nummer-Eins-Hit in den Staaten, und nach dem legendären Auftritt der Beatles in der ED SULLIVAN SHOW am 9. Februar nahmen auch die vier bereits erschienenen Backlist-Singles »Love Me Do«, »Please Please Me«, »From Me To You« und »She Loves You« Spitzenplätze in den Charts ein (in der ersten Aprilwoche besetzten die Beatles die Plätze Eins bis Fünf der US-Charts, eine Woche später hatten sie vierzehn Titel in den TopHundred – ein wohl auf Dauer uneinholbarer Rekord). Damit wurde in den Staaten eine regelrechte britische Pop-Invasion ausgelöst: Bis ins Jahr 1965 dominierten britische Künstler die Hitparaden der Amerikaner.

Zurück zu »I Want To Hold Your Hand«: Der Song wurde wie alle erfolgreichen Beatles-Stücke häufig gecovert, wobei nennenswerte Neudeutungen oft nur schwer zu entdecken waren. Hierzu aber gibt es gleich drei Ausnahmen: eine schwungvolle Big-Band-Version von Duke Ellington, eine sensible Einspielung des Jazz-Gitarristen Grant Green mit kleiner Combo und eine sehr psychedelisch angehauchte Interpretation des New Yorker Rock-Quartetts Vanilla Fudge.

The Beatles
Gründung 1960 • **Auflösung** 1970
John Lennon (*9.10.1940, †8.12.1980; Gesang, Gitarre, Mundharmonika, Keyboards)
Paul McCartney (*18.6.1942; Gesang, Bass, Gitarre, Keyboards)
George Harrison (*25.2.1943, †29.11.2001; Gesang, Gitarre)
Ringo Starr (Richard Starkey; *7.7.1940; Gesang, Schlagzeug)
(1960–1962: Schlagzeug Pete Best, Bass Stu Sutcliffe)
The Beatles waren das wohl wichtigste Einzelphänomen der populären Kultur der sechziger Jahre. Ihr Einfluss auf die Rockmusik kann nicht hoch genug eingeschätzt werden, doch auch ihre gesellschaftspolitische Bedeutung war enorm.
Alben 1963–1964
Please Please Me (1963) • With The Beatles (1963)
A Hard Day's Night (1964) • Beatles For Sale (1964)
Single-Hits 1963–1964
She Loves You (D 7, GB 1, US 1) • I Want To Hold Your Hand (D 1, GB 1, US 1)
Can't Buy Me Love (D 1, GB 1, US 1) • A Hard Day's Night (D 2, GB 1, US 1)
I Feel Fine (D 3, GB 1, US 1)

I Will Survive

Text und Musik: Frederick Perren
& Dino Fekaris

Wenn einer Sängerin die Bezeichnung »Disco-Queen« zusteht, dann wohl am ehesten der amerikanischen Interpretin Gloria Gaynor. Sie verdankte ihren Erfolg zunächst nicht hauptsächlich der Schallplattenindustrie, sondern den Diskotheken, in denen sie in den siebziger Jahren unermüdlich tourte und ihre auf Disco getrimmten Soul-Stücke zum Besten gab. Ihre erfolgreichste Nummer wurde mit Abstand das trotzige »I Will Survive«, einer der kultigsten Songs der Disco- und Dance-Szene.

Das Lied ist eine wütende Abrechnung der Sängerin mit ihrem Ex-Lover: »Am Anfang hatte ich ja wirklich noch Angst, ich müsste erstarren; konnte mir ein Leben ohne dich überhaupt nicht vorstellen. Doch in vielen einsamen Nächten hatte ich genug Zeit, darüber nachzudenken, warum du dich so mies mir gegenüber verhalten hast. In dieser Zeit bin ich stark geworden und komme prima klar. Und plötzlich kommst du hier hereinspaziert und setzt deinen traurigen Hundeblick auf. Aber ich bin nicht mehr das Dummchen von früher. Lass den Schlüssel hier und verschwinde, ich will dich nicht mehr sehen. Du hast mir lange genug mit deinen Trennungsspielchen wehgetan, glaubst du, ich kann ohne dich nicht sein? Oh nein, ich werde das überleben. Ich habe so viel Leben zu leben und so viel Liebe zu geben, ich versprech dir, ich überlebe. Ich geb zu, es gab eine harte Zeit, in der ich mir nur selbst Leid getan habe, aber jetzt bin ich wieder obenauf. Und meine Liebe heb ich für jemanden auf, der auch mich liebt. Glaub mir, ich werde überleben. Verschwinde jetzt.«

Der Song beginnt mit der ersten Strophe noch ganz ruhig: Ein etwas dramatisch gespieltes Klavier gibt die Harmoniefolge vor, eine bluesige Gitarre blubbert im Hintergrund, und Gaynors Stimme klingt noch fast ein wenig schüchtern »At first I was afraid ...«. Doch mit der zweiten Strophe ab 0:23 zieht das Stück an und führt im Lauf der nächsten drei Minuten alle klanglichen Klischees der Disco-Musik vor: ein monoton stampfender Mix aus Schlagzeug und Bass, eine funkig gespielte Gitarre, Keyboardklänge und Soundcluster von Blechbläsern, einer Harfe – und natürlich nicht zu vergessen der obligatorische Streichersatz, der mit einer kurzen Instrumentalpassage ab 1:13 eingeführt wird und dann im Song bleibt. Über allem thront die nun forsch deklamierende Stimme der Sängerin, die ihrem Ex das Lied förmlich ins Gesicht spuckt. Noch einmal findet die fast atemlose Tirade eine Pause: Bei 2:34 steht der Song fünf Sekunden

**Gloria Gaynor –
»I Will Survive«**
(Single)

Copyright 1978
Verlag Bibo Music
Publ./Perren-Vibes
Music, Inc.

Cover-Versionen
Gladys Knight
Diana Ross
Countdown Singers
Lonnie Gordon
Cam Clark

149

lang auf der Stelle. (Vielleicht der ultimative Zeitpunkt für ein anregendes Disko-Gespräch?)

Das harmonische Konzept des Stücks ist recht einfach, es wiederholen sich wieder und wieder die gleichen Akkorde, die bereits im langsamen Teil in den ersten zwanzig Sekunden vorgestellt werden: a-Moll, d-Moll, G-Dur, C-Dur mit großer Septime, F-Dur mit großer Septime, d-Moll-Sext und E-Dur.

»I Will Survive« ist von der Anlage wie von der Produktion her gesehen eine reine Tanznummer. Insofern ist es schon sehr erstaunlich, dass der Song immer wieder mal zur Hymne für bestimmte Bewegungen wurde. Zunächst nahmen Strömungen der amerikanischen Frauenbewegung sich des Songs an – ganz in der Nachfolge von Carole Kings »I Am A Woman«. Und bald schon wurde das Lied auch in Europa zu einem Schlüsselsong der Lesbenszene. Später griffen Teile der Schwulenszene das Stück ebenfalls auf. Und als Kuriosum am Rande: In der Spielsaison 2000/2001 wurde »I Will Survive« bei Torerfolgen des damals abstiegsbedrohten Fußball-Bundesligisten VfB Stuttgart in den Heimspielen im Stadion eingespielt.

»I Will Survive« gehört zu den am häufigsten gecoverten Songs der Disco- und Dance-Musik, allerdings bewegt sich kaum eine Fassung entscheidend vom ursprünglichen Idiom weg. Am ambitioniertesten ist wohl die Interpretation von Gladys Knight, die das Stück in eine fast sieben Minuten lange Soul-Ballade verwandelt. Daneben gibt es viel Material für Diskotheken: von Diana Ross, den Countdown Singers, von Lonnie Gordon oder – etwas rockiger – von Cam Clark und der Band Gompie, um nur einige zu nennen.

Gloria Gaynor
Geboren 7. September 1949 in Newark, New Jersey

Gesang

Gloria Gaynors Markenzeichen war es, bekannte Soul-Nummern auf den Disco-Sound zu trimmen; sie gilt als »erste Disco-Queen«.

Alben

Never Can Say Goodbye (1975) • Park Avenue Sound (1978)
I Have A Right (1979) • Love Tracks (1979) • Stories (1980)

Single-Hits

Never Can Say Goodbye (GB 2, US 9) • Reach Out I'll Be There (D 5)
I Will Survive (D 7, GB 1, US 1)

Imagine

Text und Musik: John Lennon

Mit »Imagine« schuf John Lennon innerhalb von zwei Jahren nach ⇨»Give Peace A Chance« eine zweite große Hymne der frühen siebziger Jahre. Während man »Give Peace A Chance« wie auch »Power To The People« oder »Happy X-Mas, War Is Over« einen politischnaiven, etwas indoktrinären und dogmatischen Zug anlasten mag, zeigt sich Lennon nun in seiner Persönlichkeit gereift. Bei »Imagine« steht kein unmittelbares politisches Credo im Vordergrund, sondern einfach nur die ermutigende Botschaft, sich zu trauen, sich auf Utopien einzulassen.

Der Song entstand während eines Fluges, Lennon schrieb ihn auf die Rückseite einer Hotelrechnung. Obwohl nur er für die Autorschaft des Stückes verantwortlich zeichnete, betonte er in der Öffentlichkeit immer wieder, dass Yoko Ono ihm viel bei dem Lied geholfen und ihn hin zum Thema »Utopie« geführt habe.

In ergreifend schlichten Worten skizziert Lennon seine Vision: »Stell dir vor, es gäbe kein Vaterland mehr, nichts, wofür man töten und sterben müsste. Auch Religionen gäbe es keine. Stell dir vor, die Menschen würden einfach in Frieden miteinander leben. Stell dir vor, es gäbe keinen Besitz, keinen Grund für Gier und Hunger – alle Menschen als Brüder. Okay, du kannst sagen, ich sei ein Träumer. Aber ich bin nicht der Einzige. Ich hoffe, irgendwann kommst du zu uns rüber und hilfst mit, eine bessere Welt zu schaffen.«

Diesen Traum stellt Lennon mittels einer wunderschönen, fast volksliedhaft eingängigen Melodie vor. Getragen wird der Song von einem ruhig und rhythmisch gleichmäßig gespielten Klavier, aufgelockert durch die Sechzehntel-Sequenz a-ais-h-c beim Wechsel von F-Dur zurück in die Grundtonart C-Dur. Das weitere Akkordmaterial besteht aus der Quinte G-Dur sowie aus den Moll-Parallelen a-Moll, d-Moll-Sept und E-Dur. Ab dem letzten Drittel von Strophe Eins ergänzen ein sehr sparsames Schlagzeug und ein ebenfalls dezenter Bass Klavier und Stimme. Zu Beginn von Strophe Zwei kommt schließlich noch ein zurückhaltender Streichersatz hinzu, der dem Stück bis zum Ende einen Klangteppich verleiht, auf dem das Lied versonnen und fast ein wenig mystisch dahingleiten kann. »Imagine« *erzählt* nicht nur von einer besseren Welt, es *ist* der Traum einer solchen Utopie. Als solcher entwickelt der Song einen Zauber, dem man sich kaum entziehen kann und der ihn zu einer der größten Hymnen des Rock werden lässt.

Optisches Symbol für Lennons späte Beatles-Phase war wohl seine bis aufs nackte Holz abgezogene Epiphone-Halbresonanz-Gitarre.

**John Lennon –
IMAGINE**

Copyright 1971
Verlag Northern Music

Cover-Versionen
Joan Baez
Diana Ross
Richie Havens
Chet Atkins
Richard Elliot

Ganz in diesem Image steht auch das schonungslos raue, ungeschliffene und gerade dadurch äußerst authentische Album JOHN LENNON/ THE PLASTIC ONO BAND. Bei IMAGINE legte er zusammen mit Phil Spector viel Aufmerksamkeit auf eine ausgefeilte Produktion, wie etwa »Jealous Guy«, »Give Me Some Truth« oder »How Do You Sleep« eindeutig belegen. Umso unverständlicher ist es, dass bei 2:21 ein dicker Patzer in Lennons Klavierspiel einfach stehen gelassen wurde. Dennoch, für viele – Fans wie Kritiker – ist IMAGINE das einzige Album eines Ex-Beatle, das das Niveau einer guten Beatles-Produktion wie etwa REVOLVER oder ABBEY ROAD erreicht.

Lennon äußerte sich zum Verhältnis von Inhalt und Musik bzw. Produktion folgendermaßen: »›Imagine‹ ist überall auf der Welt ein Hit, obwohl der Song anti-religiös, anti-national, anti-kapitalistisch und gegen alle Konventionen ist. Doch weil das alles in ein süßes Kleid gesteckt ist, wird es akzeptiert. Ich habe daraus gelernt: Präsentiere deine politische Botschaft mit einem Löffelchen Honig, und schon funktioniert's.«[1] Die Bedeutung des Songs auch noch in unseren Tagen zeigt die Tatsache, dass er im öffentlichen US-Rundfunk nach den Terroranschlägen vom 11. September 2001 auf einen Index unerwünschter Friedenshymnen gesetzt wurde. Versöhnlichkeit war in diesen Zeiten nicht angesagt, eher schon McCartneys »Freedom«, das auch den Untertitel »Give War A Chance« tragen könnte. Als Opposition gegen die Kampagne schaltete Yoko Ono eine ganzseitige Anzeige in der NEW YORK TIMES, die nur das Wort »Imagine« enthielt. Neil Young ließ sich von der Zensur ebenfalls nicht beeindrucken und spielte auf einem Benefiz-Konzert zu Gunsten der Opfer der Anschläge, AMERICA – A TRIBUTE TO HEROES, Lennons wohl bekanntestes Lied. Die Aufnahme ist zu hören auf der gleichnamigen Doppel-CD.

Doch auch sonst wurde »Imagine« – fast wie ⇨»Yesterday« – unzählige Male gecovert. Hier nur eine kleine Auswahl der Interpreten: Joan Baez, Diana Ross, Richie Havens, Roger Whittaker, The Searchers oder Randy Crawford. Interessant ist die Fassung von Chet Atkins, der den Song nur mit einer akustischen und einer elektrischen Gitarre ohne Rhythmusgruppe präsentiert. Auffallend ist, dass »Imagine« viele Jazz-Versionen inspirierte. So haben sich zum Beispiel Jeff Berlin, Richard Elliot, Gonzalo Rubalcaba, Gary Smart oder Frank Vignola des Liedes angenommen.

Wenn man an Lennons weltverbesserische Intention bei »Imagine« denkt, dann kommt es einem schon fast wie Frevel und Missbrauch vor, dass der Energiekonzern RWE den Song in einer weich gespülten Fassung als musikalischen Hintergrund für seine Werbespots ab Sommer 2001 verwendete. Geschenkt, denn über guten Geschmack lässt sich bekanntermaßen trefflich streiten.

John Lennon

John Winston Lennon

Geboren 9. November 1940 in Liverpool • **Gestorben** 8. Dezember 1980

Gesang, Gitarre, Keyboards

John Lennon, lange Zeit intellektuell führender Kopf der Beatles, war als Songwriter, Musiker und Friedensaktivist eine der prägendsten Persönlichkeiten der Rockmusik.

Alben

John Lennon/Plastic Ono Band (1970) • Imagine (1971)

Sometime In New York City (1972) • Mind Games (1973)

Double Fantasy (1980)

Single-Hits

Give Peace A Chance (D 4, GB 2) • Imagine (D 7, GB 6, US 3)

Whatever Gets You Thru The Night (US 1)

(Just Like) Starting Over (D 4, GB 1, US 1) • Woman (D 4, GB 1, US 2)

In-A-Gadda-Da-Vida

Text und Musik: Doug Ingle

Manche Gruppen und Einzelkünstler sind über nur ein einziges Stück identifizierbar: etwa Norman Greenbaum mit »Spirit In The Sky«, die Edwin Hawkins Singers mit »Oh Happy Day«, Zager And Evans mit »In The Year 2525« und eben Iron Butterfly. Die laut ROLLING STONE »erste psychedelische Hardrock-Band« ist aufs Engste verflochten mit ihrem siebzehnminütigen Monumentalstück »In-A-Gadda-Da-Vida«. Mit diesem Song, der in vielerlei Hinsicht vergleichbar ist mit der neunzehn Minuten langen Golden-Earring-Version von »Eight Miles High« und auch mit dem Album JUST A POKE der Gruppe Sweet Smoke, schrieben Iron Butterfly Rockgeschichte. Nie zuvor wurde eine so ausufernde, drogengetränkte Rockfantasie einem großen Publikum vorgestellt.

Schon die Entstehung des Titels ist bizarr, wie sich der Schlagzeuger Ron Bushy erinnert: »Ich kam zu Doug ins Zimmer, er arbeitete gerade an einem neuen Song mit dem Titel ›In The Garden Of Eden‹. Er hatte sich dabei allerdings mit einer ganzen Gallone Rotwein derart besoffen, dass er den Titel nur noch lallen konnte. Heraus kam so etwas wie ›in a gadda da vida‹. Ich fand, das klang toll, also schrieb ich es so auf, und der Titel blieb.«[1]

Der Inhalt des Stücks ist schnell referiert. Der Song hat nur eine Strophe – oder einen Refrain, wenn man so will: »Du weißt doch, Honey, dass ich dich liebe in einem Garten der Freude und dass ich

Iron Butterfly –
IN-A-GADDA-DA-VIDA

Copyright 1968
Verlag Cotillion Music

Cover-Versionen
Michael Viner
Joe Walsh
Space Negros
Mojo Nixon

dir stets treu bleiben werde. Komm mit mir, nimm meine Hand, komm mit mir in dieses Land.« Dieser Text wird drei Mal gesungen, zwei Mal am Beginn des Stückes, ein Mal am Ende ab 15:29. Dazwischen versuchen die Musiker auf ihren Instrumenten nachzuzeichnen, wie schön das Leben in diesem Garten sein kann.

Der Song bleibt während der gesamten Zeit auf seiner Grundharmonie d-Moll, nur in der zweiten Hälfte der gesungenen Passagen findet ein – zumal recht ungewöhnlicher – Akkordwechsel statt: vom Pendeln zwischen G-Dur und E-Dur zu A-Dur/Fis-Dur hin zu H-Dur, bevor das Stück bei »Please take my hand!« wieder nach d-Moll fällt.

Musikalisches Hauptmotiv ist ein Riff, der häufig von Bass und Gitarre unisono vorgetragen wird und verdächtig nach ⇨»Sunshine Of Your Love« von den Cream klingt: d–d–f–e–c–d–a–as–g–f.

Nach einer kurzen Orgel-Intro fällt »In-A-Gadda-Da-Vida« in seinen Riff, dann folgen ab 0:24 zwei Gesangsdurchgänge. Bei 2:11 beginnt nun eine Improvisations-Tour-de-Force. Zunächst spielt die Orgel ihr Solo, ab 3:28 folgt die Gitarre mit kräftig eingesetztem Wah-wah-Effekt. Dann kommt ein zweieinhalbminütiges, außerordentlich archaisches Schlagzeugsolo, das von einem Steady Beat auf der Bass-Drum und sich steigernden Fill-ins auf zahlreichen Tom-Toms geprägt ist. Nebenbei bemerkt: Dieses Solo inspirierte wohl Ringo Starr zu dessen kurzer Einlage bei »The End« auf dem letzten Album der Beatles, ABBEY ROAD. Die Ähnlichkeiten zwischen Bushys Passage zwischen 6:33 und 6:43 und Starrs Ausführungen können eigentlich kein Zufall sein.

Ab 9:11 übernimmt wieder die Orgel das musikalische Kommando. Ingle hat hierfür eine Registrierung gewählt, die nach Kirchenorgel klingen soll, und er versucht, mit einer quasi-barocken Spielweise eine wohlklingend feierliche Stimmung aufzubauen. Das technische Niveau seiner Darbietung ist allerdings begrenzt, wie man ganz generell zu »In-A-Gadda-Da-Vida« sagen muss: Kein heutiger Musiker – und schon gar keine Plattenfirma – würde sich trauen, eine so ausufernde Kollektiv-Improvisation abzuliefern, die auf einem derart niedrigen Fertigkeitsniveau steht. Aber es waren eben noch andere Zeiten im Jahr 1968, und es galten andere Gesetze …

Zurück zum Song: Nach dem Wohlklang der Orgel, der eher unmotiviert von Saiten- und Kratzgeräuschen der Gitarre torpediert wird, rückt das Grundmotiv wieder in den Vordergrund, und Orgel, Gitarre und Schlagzeug improvisieren abwechselnd und zum Teil auch kollektiv. Es folgt der letzte Gesangsteil, bevor die Orgel-Intro mit einem halben Riff »In-A-Gadda-Da-Vida« überraschend kompakt beendet.

Der gesamte Instrumentalteil wurde in einem Durchgang ohne nachträgliche Korrekturen und Overdubs eingespielt, was manche

technischen Unsauberkeiten und Wackeligkeiten erklärt. Nur die
Gesangspassagen wurden im Nachhinein hinzugefügt. Wer sehr genau hinhört, wird feststellen, dass die klangliche Atmosphäre des
Gesangs erheblich von der des Instrumentalbereichs abweicht. Dies
ist wohl hauptsächlich darin begründet, dass beide Teile in unterschiedlichen Studios eingespielt wurden.

Von »In-A-Gadda-Da-Vida« gibt es auch eine kurze (2:52) Single-
Version, die hauptsächlich aus den beiden ersten Gesangsdurch-
gängen und relativ kompakten Zusammenschnitten des Themas besteht. Doch all der produktionstechnischen und musikalischen
Mängel zum Trotz besitzt die zum Teil fast amateurhafte Langfassung einen ganz eigentümlichen Charme, welcher der Single fehlt.
So wurde diese nicht mehr als ein Achtungserfolg mit Platz Dreißig
in den US-Charts. Das Album dagegen mauserte sich zu einer der erfolgreichsten LPs des Jahres, kletterte bis auf Platz Vier und verkaufte sich insgesamt über sechs Millionen Mal. »In-A-Gadda-Da-
Vida« war natürlich auch die Parade-Live-Nummer für Iron
Butterfly. Nach eigenen Aussagen der Band erreichten diese Exzesse
zeitliche Ausmaße von 25 Minuten bis hin zu einer ganzen Stunde.
Dagegen nimmt sich die knapp neunzehnminütige Aufnahme des
Live-Albums geradezu kompakt und konzentriert aus.

»In-A-Gadda-Da-Vida« wurde mehrfach gecovert, allerdings konzentrierten sich die Interpreten stets nur auf die Kurzform und auf den
markanten Riff. Am längsten ist noch die Einspielung von Michael
Viner, der die Nummer durch ein langes Bongo-Solo immerhin auf
rund acht Minuten anwachsen lässt. Ansonsten wird die Zweiein-
halb-Minuten-Marke kaum überschritten – weder von der Rock-
Version von Joe Walsh, noch von der New-Wave-Interpretation von
den Space Negros. Auch die Jazz-Fassung der Torpedos bleibt zeitlich begrenzt, und die Punk-Version von Mojo Nixon stellt mit 1:26
einen Kürze-Rekord auf.

Doch allen Einschränkungen der Aufnahme zum Trotz: Am schönsten ist der Gadda-Da-Vida wohl nur dann, wenn man darin lange
schwelgend verweilt.

Iron Butterfly
Gründung 1966 • **Auflösung** 1971
Doug Ingle (*9. 9. 1946; Gesang, Keyboards)
Erik Brann (*11. 8. 1950; Gesang, Gitarre)
Lee Dorman (*19. 9. 1945; Gesang, Bass)
Ron Bushy (*23. 9. 1945; Schlagzeug)
Weitere Mitglieder in der Gründungszeit der Band: Darryl DeLoach, Jerry
Penrod, Danny Weis

Iron Butterfly spielten Hardrock mit psychedelischem Einschlag und beeinflussten damit eine ganze Generation von Hardrock-Bands wie Deep Purple, Black Sabbath oder Uriah Heep.
Alben
Heavy (1968) • In-A-Gadda-Da-Vida (1968) • Ball (1969)
Iron Butterfly Live (1970) • Metamorphosis (1971)

It Never Rains In Southern California

Text und Musik: Albert Hammond
& Mike Hazelwood

Albert Hammond –
IT NEVER RAINS IN
SOUTHERN CALIFORNIA

Copyright 1972
Verlag EMI April
Music Inc.

Cover-Versionen
Trent Summer And
The New Row Mob

Es ist schon erstaunlich, dass gerade einer der bekanntesten Erkennungssongs des amerikanischen Westcoast-Sounds von einem in Gibraltar aufgewachsenen Engländer stammt, von Albert Hammond. Bis in die frühen siebziger Jahre, als er nach Los Angeles übersiedelte, war er ein ständiger Pendler zwischen Spanien und Großbritannien. In dieser Zeit schrieb er zusammen mit Mike Hazelwood eine Reihe von Hits zum Beispiel für die Hollies, für Blue Mink oder für Leapy Lee, darunter den Millionenseller »Little Arrows«.

Mit »It Never Rains In Southern California« begründete er 1972 seine eigene Karriere als Interpret und wurde in der Folgezeit mit Titeln wie »The Free Electric Band« oder »I'm A Train« vor allem in Deutschland einer der erfolgreichsten Vertreter des Westcoast-Rock. Markenzeichen seiner Songs waren schwungvoll eingängige Interpretationen von einfachen, oft nahezu schlagerhaften Melodien.

»It Never Rains In Southern California« ist ein kleines Lied vom Platzen eines großen Traums: Voller Zuversicht und Optimismus besteigt der Protagonist des Songs – oder die Protagonistin (»but *girl,* don't they warn ya'«)? – eine Boeing in Richtung Westen. Er gibt zu, vorher nicht groß über seinen Schritt nachgedacht, sondern einfach dem vertraut zu haben, was man so als Klischee von Kalifornien weiß: Land der tausend Möglichkeiten und Zentrum von Fernsehen und Film. Das alles klingt viel zu wahr und zu verlockend. Doch schon rasch ziehen erste Wolken auf. Man hört zwar von allen Leuten, dass es im südlichen Kalifornien nie regnet, aber wovor keiner warnt: dafür gießt und schüttet es wie aus Kübeln.

Der Neuankömmling strandet schnell, ohne Arbeit, das Selbstwertgefühl am Boden, nichts zu essen und von niemandem geliebt. Eigentlich möchte er nur nach Hause. In Strophe Zwei tritt der Sänger in ein Zwiegespräch mit jemandem, den er offenbar von früher kennt. »Sag den Leuten zu Hause bitte, ich hab's schon fast geschafft. Sag ihnen, ich habe ein paar Angebote und weiß nur noch nicht, welches ich annehmen soll. Aber bitte sag ihnen nicht, wie du mich hier gefunden hast, gib mir noch eine Chance. Du weißt ja, es regnet nicht in Südkalifornien – aber es schüttet.«

Es fällt auf, dass bei »It Never Rains In Southern California« ein erheblicher Kontrast zwischen dem doch eher depressiven Text und der gefälligen Heiterkeit der Melodie besteht. Für viele, die nicht den Worten folgen, ist der Song geradezu ein Gute-Laune-Stück par excellence, dem man gerne fröhlich mitsummend und mitwippend folgt. Die Melodie ist einfach und erschließt sich schon beim ersten Anhören des Songs, die Harmonisierung erfolgt durch die drei Akkordstufen Tonika, Subdominante und Dominante, also A-Dur, D-Dur und E-Dur, sowie der Moll-Parallele von D-Dur, h-Moll. Auch die Instrumentierung bleibt im konventionellen Rahmen: Schlagzeug, Bass, akustische Gitarre, Klavier, ein paar unaufdringliche Streicher und als Soloinstrument eine Flöte. All dies verleiht dem Song eine gelassene Freundlichkeit, die sich unmittelbar überträgt und die doch so wenig zum Inhalt zu passen scheint. Doch vielleicht ist ja – wenn es nicht gerade schüttet – die kalifornische Sonne so mächtig und stark, dass sie selbst ein derart trauriges Schicksal in ein milderes Licht zu tauchen vermag.

»It Never Rains In Southern California« war für Albert Hammond zwar ein großer Hit – und sein einziger Top-Ten-Erfolg als Interpret in den USA überhaupt –, allerdings inspirierte das Stück kaum Fremdversionen. Natürlich gibt es einige Easy-to-listen-Pop-Orchester-Einspielungen, zum Beispiel von Nordisle Bois, aber wirklich erwähnenswert ist eigentlich nur die recht rockige Country-Version von Trent Summer und seiner Band New Row Mob.

Albert Hammond
Geboren 18. Mai 1942 in London
Gesang, Gitarre
Albert Hammond verband britische Folk-Idiome mit amerikanischem Westcoast-Sound. Bis auf einige hervorstechende Single-Hits erzielte Hammond aber nicht den ganz großen Erfolg.
Alben
It Never Rains In Southern California (1973) • The Free Electric Band (1973)
99 Miles From LA (1975) • My Spanish Album (1976)
Single-Hits
It Never Rains In Southern California (D 9, US 5) • The Free Electric Band (D 4)
I'm A Train (D 2) • Everything I Want To Do (D 7)
Down By The River (D 8)

157

Jailhouse Rock

Text und Musik: Jerry Leiber und Mike Stoller

J

Elvis Presley –
JAILHOUSE ROCK

Copyright 1957
Verlag Carlin Music
Corp.

Cover-Versionen
Carl Perkins
ZZ Top
Albert King
Marshall Chapman
Tom Jones

1956 war das Triumphjahr für den Rock'n'Roll ganz allgemein und für Elvis Presley im Besonderen. Im September brachte seine Plattenfirma RCA sieben (!) Singles von ihm simultan auf den Markt, allesamt Auskopplungen aus diversen aktuellen Alben. Das Wagnis funktionierte, anscheinend konnten vor allem die Jugendlichen zum Kauf der preisgünstigen Singles animiert werden. Der Effekt war, dass in diesem Jahr ab September ausschließlich Titel von Elvis Presley die ersten Plätze in den amerikanischen Charts belegten.

Getragen von dieser Erfolgswelle drehte Presley nach LOVE ME TENDER und LOVING YOU ab Mai 1957 unter der Regie von Richard Thorpe seinen dritten Film, JAILHOUSE ROCK (deutsch: RHYTHMUS HINTER GITTERN). Die Story ist nicht mehr als eine Rahmenhandlung, die viel Platz für Elvis-Nummern bietet (neben dem Titelsong singt Presley »Treat Me Nice«, »Young And Beautiful«, »I Wanna Be Free«, »Don't Leave Me Now«, »Baby, I Don't Care« und »One More Day«):

Vince Everett – eine Figur, die Presley nahe ans James-Dean-Image rücken ließ – gerät in einer Bar in Streit mit einem Fremden, im Gerangel stürzt dieser so unglücklich gegen eine Wand, dass er stirbt. Vince muss wegen Totschlags ins Gefängnis. Dort erkennt sein Zellenkumpan Hunk Houghton, ein ehemaliger Country-Sänger, Everetts musikalisches Talent. Die beiden schließen einen Vertrag, nach ihrem Gefängnisaufenthalt gemeinsam auftreten und die Gewinne teilen zu wollen.

Wieder in Freiheit, versucht sich Vince als Sänger, zunächst ohne Erfolg. Erst als er die Werbeassistentin Peggy van Alden trifft und mit ihr eine kleine Plattenfirma gründet, gelingt ihm der Durchbruch. Doch die Gefängnisjahre haben aus Vince einen kalten Zyniker gemacht, der nur ans Geld denkt und die Zuneigung Peggys zurückweist. Ein Wandel in seiner Persönlichkeit tritt ein, als bei einer Auseinandersetzung mit Hunk, der auf den Gefängnisvertrag pocht, schwer am Kehlkopf verletzt wird. Jetzt, wo seine Karriere gefährdet ist, erkennt er die Gefühlsstärke Peggys, und es kommt – oh Wunder – nicht nur zur Heilung, sondern auch zum Happy End.

Musikalischer Höhepunkt des Films ist sein Titelsong, präsentiert von einer »Band aus Gefängnisinsassen«. Eine perfekte Choreografie, von Presley selbst ausgearbeitet, zeigt die schweren Jungs in modischem Outfit – schwarze Hosen und scharze Jacketts, darunter die obligatorisch klischeehaften Ringel-Shirts – bei einer schwungvollen und mitreißenden Rock'n'Roll-Nummer. Dem Komponistenteam

Stoller & Leiber gelang es des öfteren, auch bei so standardisierten Vorgaben wie denen des Rock'n'Roll, durch charakteristische Riffs und Wendungen ganz individuelle und einmalige Stücke zu kreieren, so auch hier. Vor allem zwei Merkmale unterscheiden den »Jailhouse Rock« von anderen Rock'n'Roll-Titeln: zum einen die Erweiterung der ersten vier Strophentakte auf acht, zum anderen das ungemein treibende Einhämmern der Grundharmonie Es-Dur durch die kleine Sekunde D-Dur. Ansonsten verläuft der Titel in üblichen Rock'n'Roll-Bahnen: Nach der jeweiligen Strophe folgt die konventionelle Auflösung über die Akkordstufen IV–I–V–IV–I.

Auch der Text ist nicht gerade revolutionär; er folgt dem Muster, eine im Grunde austauschbare Atmosphäre herzustellen, in der es sich einfach nur richtig rocken und tanzen lässt. Der Rahmen ist in diesem Fall selbstverständlich ein Gefängnis. Der Wärter veranstaltet ein kleines Fest hinter Gittern. Jeder Insasse, der ein Instrument spielen kann, jammt in der Band mit, die anderen tanzen dazu. Ein trauriger Typ flennt vor sich hin, weil er keinen Partner gefunden hat. Man rät ihm, eben mit einem Stuhl zu tanzen. Ein anderer denkt, das Fest wäre eine prima Gelegenheit für einen Ausbruch, doch der Kumpel winkt ab. Wer weiß, ob man draußen genauso gut rocken kann wie im Gefängnis.

Und dazwischen immer wieder »Let's rock, let's rock. Ev'rybody in the whole cell block was dancin' to the Jailhouse Rock«, das Presley in einer Mischung aus feurigem Temperament und cooler Schnoddrigkeit so unverwechselbar herausbringt.

Vom »Jailhouse Rock« gibt es viele Cover-Versionen in unterschiedlichen Stilrichtungen. Ganz dem Rock'n'Roll verschrieben bleiben die Interpretationen etwa von Jerry Lee Lewis, Frankie Lymon oder Carl Perkins. John Mellencamp, ZZ Top, Twisted Sisters, Edgar Winter oder Jeff Beck zeigen dagegen, dass im Knast auch Platz für progressiveren Rock ist. Als Punknummer stellen die Abrasive Wheels den »Jailhouse Rock« vor, während Prince Charles das Stück in ein Reggae-Kleid steckt. Sehr intensiv sind die Blues-Fassung von Albert King und die Rock-Version von Marshall Chapman. Die Jourdanaires spielen den Song als Nashville-Country-Titel, Tom Jones gibt dem Stück einen kräftigen Rhythm-&-Blues-Anstrich, und Adriano Celentano schließlich entführt den »Jailhouse Rock« sogar nach Bella Italia.

Elvis Presley

Elvis Aaron Presley

Geboren 8. Januar 1935 in Tupelo, Mississippi • **Gestorben** 16. August 1977

Gesang, Gitarre

Elvis Presley war der Fixstern am Himmel des klassischen Rock 'n' Roll und einer der erfolgreichsten und charismatischsten amerikanischen Entertainer aller Zeiten.
Alben
Elvis (1956) • For LP Fans Only (1959) • Elvis Is Back (1960)
How Great Thou Art (1967) • He Touched Me (1972)
Single-Hits
Heartbreak Hotel (GB 2, US 1) • It's Now Or Never (D 2, GB 1, US 1)
Are You Lonesome Tonight (D 6, GB 1, US 1)
(You're The) Devil In Disguise (D 2, GB 1, US 3)
In The Ghetto (D 1, GB 2, US 3)

Je t'aime moi non plus
Text und Musik: Serge Gainsbourg

Serge Gainsbourg/ Jane Birkin – »Je t'aime moi non plus« (Single)

Copyright 1969
Verlag Editions Musicales Transatlantiques

Cover-Versionen
Judge Dread
Pet Shop Boys
Anita Lane & Nick Cave
Mick Harvey
Brigitte Bardot

Kein Paar in den siebziger Jahren war glamouröser als das Liebes- und spätere Ehepaar Serge Gainsbourg und Jane Birkin. Im Jahre 1969 hatten sie die Popwelt geschockt, indem sie eine Single auf den Markt brachten, die den Eindruck erweckte, als habe es das Paar im Studio offenbar leidenschaftlich getrieben und dabei ein Tonband mitlaufen lassen. Allem Anschein nach unterlegten sie den akustischen Liebesakt mit ein paar stimulierenden Tönen, pressten das Ganze auf eine Platte und stürmten damit in Europa nahezu alle Charts – doch war das alles nur ein Gerücht?

In der Tat hätte man solcherlei Serge Gainsbourg durchaus zutrauen können, war er doch der schillernde Hipster-König der Nacht, der Lover der schönsten Frauen Frankreichs von France Gall über Brigitte Bardot bis Cathérine Deneuve, ein snobistischer, stets provozierender Quertreiber – kurz: genau die Art von genialem Außenseiter, wie sie die Grande Nation so liebt.

Im Sommer 1969 lernte er die achtzehn Jahre jüngere Jane Birkin kennen, und die beiden wurden rasch zum funkelnden Paar des Jetset. Bereits 1967 hatte Gainsbourg das Lied »Je t'aime moi non plus« geschrieben und mit seiner damaligen Partnerin Brigitte Bardot aufgenommen. Als die Sex-Diva das Ergebnis hörte, blockierte sie die Veröffentlichung der Aufnahme. (Erst nach neunzehn Jahren zog sie ihr Veto zurück, und die Fassung wurde 1986 publiziert.) Also musste Gainsbourg wohl oder übel ein zweites Mal ins Studio, diesmal mit seiner neuen Freundin Jane Birkin.

Die Atmosphäre in der engen Kabine des Tonstudios war wohl alles andere als sexy, doch Birkin stöhnte »Je t'aime« in einer seltsamen

Mischung aus lasziver Lust und jugendlicher Unschuld ins Mikrofon. So entstand eine musikalische Porno-Miniatur, die nicht nur zum festen Bestandteil aller Rotlicht-Etablissements wurde, sondern auch den Soundtrack für die Zeugung einer halben Generation geliefert haben dürfte. Natürlich gab es einen Riesenskandal, als die Platte in die Läden kam. Manche der offiziellen Reaktionen wirken aus heutiger Sicht geradezu lächerlich: Der Vatikan erregte sich zum Beispiel in derartigem Maße, dass der Chef der zuständigen Plattenfirma sogar für kurze Zeit ins Gefängnis musste. Dem Erfolg des Liedes konnten solche blindwütigen Aktionen nur gut tun.

»Es gibt keine bessere PR«, sagt Jane Birkin heute, immer noch amüsiert, auch darüber, dass viele das Stück für ein leidenschaftliches Liebeslied halten: »Dabei war es eine Verhöhnung. Wenn es zur Sache kommt, sagen die meisten schnell ›Je t'aime‹ (Ich liebe dich) – und Serges zynische Erwiderung darauf war ›Moi non plus‹ (Ich dich auch nicht). Serge mochte solche Zweideutigkeiten.«[1]

Ansonsten lässt der Text an Eindeutigkeit allerdings keine Wünsche offen: (Er) »Wie eine schwankende Welle gehe ich und komme ich zwischen deine Lenden.« (Sie) »Du bist die Welle und ich die nackte Insel, und du gehst und kommst zwischen meine Lenden, und ich bin bei dir.« Und dazwischen immer wieder mit heftigstem Sex-Filmchen-Gestöhne »Ich liebe dich, oh ja, ich liebe dich – ich dich auch nicht.«

Klanglich wird der Song bestimmt von den beiden sich ergänzenden Stimmen Birkins und Gainsbourgs sowie einer dezenten Begleitung aus Bass, Gitarre, Schlagzeug und einer in jeder Hinsicht dominierenden Hammond-Orgel. Sie liefert die charakteristische Tonfolge e–f–e–f–g, dann über f und e hinunter zum d und wieder hinauf zum g. Ab 1:22 verdichten zusätzliche Streicher die schwüle Atmosphäre, doch wenn man an den Song denkt, hat man weder sie im Ohr, noch das immer dringlicher werdende Schlagzeug, sondern nur die Orgel und das Hauchen und Stöhnen der Frau und die tiefe Stimme des Mannes. Auch registriert man beim Hören des Stückes nicht ohne weiteres, dass ihm eine recht komplexe Harmoniefolge zu Grunde liegt, die permanent und in rascher Abfolge zwischen den Grundakkorden C-Dur, F-Dur und G-Dur sowie den dazugehörigen Moll-Parallelen wechselt. Dabei werden die Harmonien häufig nicht rein gespielt, sondern mit Zusätzen wie Nonen oder kleinen und großen Septen versehen.

Jahrelang hielt sich das Gerücht, der Song sei das Ergebnis eines realen Liebesspiels im Studio. Gainsbourg hatte dies schon früh mit der Bemerkung kommentiert, dann wäre keine Single, sondern eine Langspielplatte dabei herausgekommen. Auch Jane Birkin erinnert sich immer wieder gerne an die Studio-Session, so in einem Gespräch mit Roger Willemsen: »Wir zwei standen in jenem Studio wie in zwei Telefonzellen. Damals produzierte man allenfalls zwei Takes. Serge dirigierte mit beiden Händen, voller Angst, ich könnte bei meinem Stöhnen die Kontrolle verlieren. Wenn Sie genau hinhören, bemerken Sie eine kurze Pause nach dem Stöhnen. Das hat er so dirigiert, damit ich den hohen Ton nicht vergesse. Er dirigierte wie ein Irrer. Nein, an dem Tag gab es keine Intimität im Marble Arch Studio.«[2]

»Je t'aime moi non plus« findet sich auf zahlreichen Alben wie EROTIC DREAMS, ELECTRIC LOVE, IN LOVE WITH LOVE oder PORN BEATS, ebenfalls haben viele Pop-Orchester das Stück instrumental aufgenommen. Doch es gibt auch einige wenige Cover-Versionen von anderen Rockmusikern: Judge Dread hat den Song als Ulk-Titel eingespielt. Im Hintergrund läuft die Begleitung im Ska- bzw. Reggae-Stil, darüber ist mit einer Frauen- und einer Männerstimme ein Nonsense-Talk gelegt. Daraus entsteht ein witziges Vexierspiel zwischen der erotischen Stimmung einerseits und dem nichts sagenden Geplapper andererseits, also zwischen einem eindeutig sexuellen Sub-Text und der oberflächlichen Banalität des Small Talks. Mit gesteigerten Dance-Qualitäten zeigt sich der Song bei den Pet Shop Boys und auch bei Malcolm McLaren, während Barry Adamson das Stück etwas selbstquälerisch interpretiert. Unter dem englischen Titel »I Love You … Nor Do I« spielte Anita Lane im Duett mit Nick Cave das Stück ein, wobei die Männer- und Frauenrolle vertauscht sind. Ebenfalls auf Englisch brachte Mick Harvey den Song heraus. Donna Summers »Love To Love You Baby« aus dem Jahr 1975 ist hingegen definitiv keine Version von »Je t'aime moi non plus«, auch wenn der Disco-Hit von diesem in erheblichem Umfang beeinflusst sein dürfte.

Serge Gainsbourg
Lucien Ginsburg
Geboren 2. April 1928 in Paris • **Gestorben** 2. März 1991
Gesang, Klavier
Serge Gainsbourg fand in einer Mischung aus Chansons, Balladen und Rock zu einer sehr persönlichen Musiksprache, die er als Enfant terrible wirkungsvoll in Szene zu setzen verstand.
Jane Birkin
Geboren 14. Dezember 1946 in Chelsea, London
Gesang
Der musikalische Erfolg von **Jane Birkin** basiert auf dem Katalog von Liebesliedern, die Serge Gainsbourg für sie schrieb. Ansonsten tritt sie eher als Schauspielerin in der Öffentlichkeit auf.

Alben von Serge Gainsbourg

Initials BB (1968) • Serge Gainsbourg & Jane Birkin (1969)
Histoire de melodie Nelson (1971) • Vu de l'extérieur (1973)
Rock Around The Bunker (1975)

Alben von Jane Birkin

Ex-Fan des Sixties (1978) • Je suis venue te dire que je m'en vais (1992)
Ballade de Johnny (1998)

Single-Hit

Je t'aime moi non plus (D 2, GB 1)

Kiss

Text und Musik: Prince Rogers Nelson

K

Prince And The Revolution –
PARADE (Soundtrack von UNDER THE CHERRY MOON)

Copyright 1986
Verlag Controversy Music - ASCAP

Cover-Versionen
Mindy Jostyn
Tom Jones &
Art Of Noise
Rodney Carrington
John McEuen & The
L. A. String Wizards
Bob Belden

Prince ließ bekanntlich keine Gelegenheit aus, sich als bizarrer Sex-Maniac zu stilisieren, ein gutes Beispiel dafür ist neben vielen anderen Songs sein größter Hit, »Kiss«. Vor allem aber ist dieses Stück ein hervorragender Beleg dafür, wie traumwandlerisch sicher der Künstler in dieser Schaffensphase mit den Hörgewohnheiten des Publikums umzugehen verstand.

Doch zunächst zum Inhalt, der unverblümter nicht sein könnte: »Du brauchst nicht schön zu sein, um mich anzutörnen; ich will einfach deinen Körper, und das von Sonnenuntergang bis zum Morgengrauen. Du brauchst auch keine große Erfahrung zu haben, überlass alles mir, ich zeig dir schon, wo's langgeht. Auch musst du keinen Dirty-Talk veranstalten, um mich zu beeindrucken. Ich weiß, wie ich mich ausziehe, aber ich möchte zu deiner Fantasie werden, vielleicht wirst du ja ebenfalls zu meiner. Keine hübschen Mädchen, sondern richtige Frauen beherrschen meine Welt; steh zu deinem Alter und kümmere dich nicht um deine Schuhgröße. Und du musst dir auch keine Soap-Operas reinziehen, um dir ein entsprechendes In-Gehabe zuzulegen. Überlass einfach alles mir, und ich mache meine Liebe zu deinem Brot.« Und zwischendurch immer wieder der Refrain: »Du musst für mich nicht reich sein und auch nicht cool. Du brauchst nichts Besonderes haben, auf das ich abfahren würde. Ich will nur deine ›Extra-Zeit‹ und deinen – – – Kuss!«

Wie Frank Zappa in manchen seiner regelrecht pornografischen Texte stellt auch Prince eine im Grunde entpersonalisierte, ausschließlich sexuell motivierte Beziehung ins Zentrum. Dies spiegelt sich wider im minimalistisch ausgestatteten Video zu »Kiss«: In einem Ambiente, in dem auf nahezu sämtliche Requisiten verzichtet wird, treten nur drei Personen – gleichsam nur symbolische Typen – auf: Prince in dem bauchfreien Oberteil, in dem er auch auf der Plattenhülle zu PARADE posiert, dann die anzüglich lächelnde, auf einem Hocker sitzende Wendy Melvoin sowie eine sonnenbebrillte Tanzpartnerin für Prince, gehüllt in schwarze Unterwäsche und einen Spitzenumhang.

Prince-Biograf Dave Hill würdigt den Song-Clip so: »Das Video zu ›Kiss‹ ist im Grunde genommen ein tänzerisches Glanzstück, in dem sich dicht gedrängt sämtliche Nuancen der Körpersprache ausdrücken, die Prince einzusetzen versteht. Sein Tanzen ist ein Genuss, seine Bewegungen sind flüssig, witzig und exakt. Er verfolgt seine enigmatische Partnerin über die Tanzfläche, wirbelt herum, schleift die Füße nach und drückt seine Lippen verwegen auf ihren

Bauch. Er überlässt es dabei ihr, den Titel zu mimen. Der Clip endet damit, dass die beiden von einer Attrappe eines Fernsehschirms eingerahmt werden, sich wie Tiere im Zoo nach vorn drängen und sich fragen, ob sie versuchen sollen, aus dem Fernseher herauszusteigen.«[1]

Die auf ein Minimum reduzierte Szenerie findet sich perfekt in der Musik wieder: Im Grunde sind nur eine sparsam schleifende Drum-Maschine, ein sehr leises, eigentlich nur angedeutetes Keyboard, eine nur sporadisch erklingende E-Gitarre sowie der Gesang zu hören. Alle weiteren Stimmen eines »normalen« Rock-Arrangements wie etwa Bass oder Rhythmusgitarren fehlen völlig. Dabei ist es ein Faszinosum – und ein produktionstechnisches Meisterwerk allererster Güte! –, wie aus diesem spartanischen Gerippe eines Songs eine erstaunlich fesselnde, funkig treibende Tanznummer wird, in der alle fehlenden musikalischen Elemente im Kopf des Zuhörers gleichsam automatisch ergänzt werden. Als Arrangeur von »Kiss« wird in den offiziellen Plattenangaben David Z. genannt, doch so wie dieser sich erinnert, geht die Idee wirklich auf den Komponisten selbst zurück: Prince »hat mir den Song in einer sehr unausgefeilten Fassung vorgelegt, mit der akustischen Gitarre eingespielt. Ich habe die Nummer mit ein paar Typen aufgenommen, und am nächsten Tag hat er die Leadgitarre und die Stimme draufgesetzt. Ursprünglich hatten wir einen Bass und eine Schnarrtrommel dabei, Klatschen und akustische Gitarrensachen, und Prince hat alles einfach rausgeworfen. – ›Das brauchen wir nicht!‹ Er geht sehr radikal an die Dinge heran.«[2]

Unterstützt wird das ungewöhnliche Stimmungsbild des Songs durch einen durchdringenden Falsett-Gesang, der aus mehreren übereinander gelegten Stimmspuren resultiert. Dadurch präsentiert Prince das Stück quasi mit einer Frauenstimme, entsexualisiert sich also als Mann, während er in seiner textlichen Botschaft die Rolle des Über-Machos einnimmt.

Letztes auffallendes Klangmerkmal, das hier besonders hervorgehoben werden soll, ist ein in Sechzehnteln angeschlagener Gitarrenakkord, der aus dem gängigen Harmonieschema A-Dur, D-Dur-Sept und E-Dur-Sept etwas heraussticht: ein E-Dur-Nonen-Akkord mit Quartvorhalt, sprich: ein E-Dur-Sept mit den zusätzlichen Tönen fis und a, die innerhalb eines E-Dur-Akkordes sehr dissonant wirken. Diese Harmonie wird ganz zu Beginn des Songs angeschlagen und dann jeweils im Refrain an der Stelle »and your – – – kiss« wiederholt.

»Kiss« fand zwar nicht übermäßig viele Cover-Versionen (dass zahlreiche Einspielungen unter diesem Titel kursieren, liegt daran, dass es eine ganze Reihe gleichnamiger anderer Songs gibt), diese sind aber durchwegs hörenswert. Vor allem den Rock- und Tanzcharakter des Stücks heben die Aufnahmen von der Gruppe Mindy Jostyn sowie von Tom Jones zusammen mit der Formation Art Of Noise hervor. Rodney Carrington interpretiert »Kiss« als Country-Song, John McEuen spielt ihn zusammen mit seinen L.A. String Wizards auf seinem Live-Album als Bluegrass-Nummer. Bob Belden und Santi Debriano schließlich verwenden als Kulisse für ihren Kuss den Jazz: Ersterer am Tenor-Saxofon, Letzterer am Kontrabass.

Prince

Prince Rogers Nelson

Geboren 7. Juni 1958 in Minneapolis, Minnesota

Gesang, Gitarre, Keyboards, Bass, Schlagzeug

Prince war einer der Superstars der achtziger und neunziger Jahre, er verband Rhythm-&-Blues-, Rock-, Funk- und Disco-Elemente zu einer sehr eigenen, explosiven, stets stark Sex-geschwängerten Mischung. Ende der neunziger Jahre ließen private Schicksalsschläge es um den exaltierten Multi-Instrumentalisten ruhiger werden.

Alben

Dirty Mind (1980) • 1999 (1983) • Purple Rain (1984)
Sign O' The Times (1987) • The Love Symbol Album (1992)

Single-Hits

Little Red Corvette (GB 2, US 6) • Purple Rain (D 5, GB 8, US 2)
Kiss (D 4, GB 6, US 1) • Batdance (D 10, GB 2, US 1)
The Most Beautiful Girl In The World (D 9, GB 1, US 3)

L

Text und Musik: Ken Hensley

Dass eine Hardrock-Band auch mit ruhigen und sanften Balladen äußerst erfolgreich sein kann, ist keine Seltenheit, wie etwa ⇨»Wind Of Change« von den Scorpions oder »Dust In The Wind« der Gruppe Kansas zeigen. Dass eine solche Ballade aber lediglich aus zwei Akkorden besteht und einen Refrain ohne Worte hat, das ist schon recht ungewöhnlich. Doch auf »Lady In Black« von Uriah Heep, einem der markantesten Rocksongs der frühen Siebziger, trifft das zu.

Die Idee zu dem Stück hatte der Keyboarder Ken Hensley – angeblich nach einer Begegnung mit einer schönen Unbekannten im Sommer 1970 in München. Die Dame hieß diesen Gerüchten zufolge Ingrid, besaß eine Boutique in Schwabing und war mit dem Musiker einige Zeit lang enger befreundet.

Im Herbst des Jahres schrieb Hensley jedenfalls dieses Stück, dessen Reiz sich aus einer geschickten Verknüpfung einfachster musikalischer Bestandteile erschließt. Erstes beherrschendes Element ist eine akustische Gitarre, die versetzt zum Grundrhythmus geschlagen wird, also immer auf die Achtel zwischen den Viertelnoten. Wie wichtig diese Gitarre für das Stück ist, zeigt die lange Ausblende, in der der Refrain wiederkehrt und die Begleitung zwischen 3:35 und 4:04 ausschließlich auf dem Bass und dem Schlagzeug liegt: Von dem dürren musikalischen Material des Songs bleibt da nicht viel mehr übrig als ein Gerippe.

Nächstes Element ist das Schlagzeug. Die stark verhallte Snare-Drum hält stoisch den Rhythmus auf den Vierteln Zwei und Vier, ist also ebenfalls gegen den Hauptschlag versetzt. Dieser wird von der Bass-Drum gehalten, die mit einem Vorhalt den Song zusätzlich anschiebt. Allein durch solch simple Mittel wird zunächst nur mit Gitarre und Schlagzeug ein treibender und schaukelnder Gesamtcharakter erzeugt, wie die erste Strophe zeigt. Die ab Strophe Zwei hinzukommenden E-Gitarre, Bass und Orgel dienen eigentlich nur der Betonung des Grundschlages und der klanglichen Verdüsterung der musikalischen Atmosphäre. Über allem liegt die Stimme des Sängers, in diesem Fall trägt ausnahmsweise Ken Hensley die Hauptstimme. Auf unprätentiöse und unspektakuläre Art präsentiert er einen Text, der in seiner Fomulierung stellenweise genauso mysteriös ist wie die Lady, um die es geht. Das pazifistische Hauptanliegen des Stück liegt allerdings klar auf der Hand:

An einem einsamen Sonntagmorgen kommt eine geheimnisvolle Lady in Schwarz wie aus dem Nichts zum »Ich« des Songs, das sich

Uriah Heep –
Salisbury

Copyright 1970
Verlag EMI Music
Publ. Ltd.

Cover-Versionen
Puhdys
Isabel Varell
Gypsy Vagabondos
Ravenous
Breeding Fear

167

gerade in einem nicht näher beschriebenen schweren Kampf und damit in einer existenziellen Krise befindet. Er bittet sie um Hilfe gegen einen fürchterlichen Gegner: Männer, die ihre Brüder töten ohne einen Gedanken an Gott. Doch die Dame weigert sich, ihm mit Kriegsmaterial behilflich zu sein. Stattdessen pflanzt sie ihm Liebe und Frieden ins Herz. Er bittet sie, für immer bei ihm zu bleiben. Sie lehnt ab, verspricht ihm aber, in seiner Nähe zu sein, wenn er Hilfe braucht. Genauso unvermutet, wie sie erschienen ist, verschwindet die Lady, doch der Protagonist des Liedes ist ein anderer geworden: Er weiß jetzt, dass er nicht allein ist mit seinen Beschwernissen. Und in der letzten Strophe rät er dem Zuhörer: »Wenn sie auch mal zu dir kommt, schöpfe tief aus der Weisheit ihrer Worte eigene Kraft – und sag ihr einen schönen Gruß von mir.«

Ohne Pausen oder Instrumentalteile singt Hensley seinen Text, aufgeteilt in fünf achtzeilige und damit achttaktige Strophen (nur Strophe Fünf hat zwölf Zeilen/Takte). Dazwischen liegt jeweils der viertaktige Refrain. Dieser besteht nur aus einem lang gezogenen »Ah«, das in der ersten Refrainhälfte vom a zum darüber liegenden c und wieder zurück wandert, in der zweiten Hälfte dann vom hohen e zum c zurückfällt. Die harmonische Ausgestaltung des Songs in a-Moll ist denkbar einfach: Sie besteht aus dem schlichten Wechsel von a-Moll und G-Dur.

Nach der letzten Strophe wiederholt »Lady In Black« von 3:02 bis 4:46 den Refrain fast meditativ und Mantra-artig, wobei für eine halbe Minute Gitarren und Keyboards ausgeblendet werden und auch der Satzgesang auf die Solostimme reduziert wird. Diese Passage, die für manche etwas amateurhaft wirkt, ist nur bei der Album-Fassung auf SALISBURY zu hören, die Single-Version blendet zu Beginn dieses Teils den gesamten Song aus.

»Lady In Black« erreichte vor allem in Deutschland fast Kultstatus. Während ihrer Europa-Tournee 1971, als Uriah Heep zum Teil als Vorgruppe für Three Dog Night oder Steppenwolf auftrat, zelebrierte die Band den Song vor allem in deutschen Konzerthallen oft in zwei- und dreifacher Länge. Erstaunlich und ungewöhnlich ist allerdings, dass der Titel gleich mehrfach ins Deutsche übersetzt wurde, zum Beispiel von der Gruppe Torment (»Sie kam zu mir am Morgen«), von Isabel Varell (»Baby Rock'n'Roll«) oder von der populären Ex-DDR-Band Puhdys. Auch das Spanische wurde in einer Fassung der Band Gypsy Vagabondos bemüht. Aus heutiger Sicht wirken solche Versuche eher albern, aber auch Cover-Versionen von »Lady In Black« im englischen Original – etwa von den Ravenous, den Breeding Fear oder von Steven – sind nicht unbedingt umwerfend. Offenbar verfügt unsere mysteriöse Dame nur im schwarzen Kleid von Uriah Heep über den Reiz, der sie berühmt machte.

Uriah Heep
Gründung 1970
David Byron (Garrick Byron; *29. 1. 1947, †28. 2. 1985; Gesang)
Mick Box (*8. 6. 1947; Gitarre)
Ken Hensley (*24. 8. 1945; Keyboards, Gesang)
Paul Newton (*21. 2. 1942; Bass)
Lee Kerslake (*16. 4. 1947; Schlagzeug)
Weitere Mitglieder im Laufe der langen Band-Biografie: Keith Baker,
Trevor Bolder, Ian Clark, Mark Clarke, Bob Daisley, Gregg Dechert,
Steff Fontaine, Peter Goalby, Phil Lanzon, John Lawton, Nigel Ollie Olsson,
Bernie Shaw, John Sinclair, Chris Slade, John Sloman, Gary Thain, John Wetton
Uriah Heep war Anfang der siebziger Jahre eine der populärsten
britischen Hardrock-Bands.
Alben
Very 'eavy … Very 'umble (1970) • Look At Yourself (1971) • Salisbury (1971)
Demons And Wizzards (1972) • Sweet Freedom (1973)
Single-Hits
Lady In Black (D 5) • Free Me (D 9)

Layla
Text und Musik: Eric Clapton & Jim Gordon

Eric Clapton ist einer der ganz Großen im Rock, doch verstand und
versteht er sich immer noch in erster Linie als Blues-Musiker. Und
wie es sich für einen Blueser gehört, hat er im Laufe seines Lebens
viele Höhen, vor allem aber auch alle Tiefen durchgemacht: In der
Mitte der sechziger Jahre zum »Gitarrengott« aufgestiegen, verkaufte er Abermillionen von Schallplatten, heimste alle erreichbaren
Auszeichnungen ein und wurde zu einem der berühmtesten
Künstler der populären Kultur.

Doch daneben erlebte er zahlreiche menschliche Schicksalsschläge:
den Tod vieler Freunde, von Duane Allman bis Stevie Ray Vaughan;
die so verzweifelt erkämpfte Ehe mit Patti, der Ex-Frau seines
Freundes George Harrison, die 1988 in einer Scheidung endete; seine Drogen- und Alkoholexzesse, die ihn selbst an die Grenze des
Todes brachten; und vor allem 1991 der tödliche Fenstersturz seines
vierjährigen Sohnes Conor, dem er mit »Tears In Heaven« ein
musikalisches Denkmal setzte. Der Schlüsselsong dieses Musikers,
der selbst dann die Gitarre noch meisterhaft zu spielen wusste,
wenn er vor lauter Dröhnung schon nicht mehr stehen konnte, war
»Layla«.

**Derek And The
Dominos –
LAYLA AND OTHER
ASSORTED LOVE SONGS**

Copyright 1970
Verlag Throat Music
Ltd.

Cover-Versionen
Charlie Daniels
Hurricane Sam
Alex Bollard
John Fahey

Der Song beginnt mit einem Hammer-Riff: b–des–es–ges–es–des–es, gespielt zunächst nur von Clapton auf seiner hellen und eher dünnen Stratocaster, bevor nach einer Wiederholung (dazwischen bringt Clapton noch ein Füllsel im unteren Gitarrenregister) Duane Allman mit dem schweren und glissandierenden Sound seiner Gibson Les Paul zwei Oktaven höher unisono einsteigt und die Phrase mit as–ges–f–des–es zu Ende führt. Dieses »Layla«-Motiv ist eines der markantesten Rockthemen überhaupt und bildet praktisch die gesamte Basis des Refrains, der in es-Moll steht. Die Strophen sind dagegen einen Halbton tiefer in d-Moll gesetzt. Die Sprünge zwischen den Tonarten, die immerhin fünf (!) Vorzeichen auseinander liegen, erfolgen ohne jegliche Modulation.

»Layla« beginnt also mit seinem Riff, bevor der Song bei 0:24 in die erste Strophe sinkt. Mit gepresster Stimme bringt Clapton seinen recht selbstquälerischen Text hervor, der dann bei 0:40 in den verzweifelten Refrain mündet. Das Ganze wiederholt sich zwei Mal, ab 2:19 improvisiert dann eine extrem hoch gespielte Slide-Gitarre – zum Teil bis in die Höhe eines fiktiven dreißigsten Bundes – über dem »Layla«-Motiv. Bei 3:06 geht das Stück unvermittelt in einen zweiten Teil, der rein instrumental gehalten ist und mit dem bisherigen Song nichts gemeinsam hat: Zum einen sinkt das furiose Tempo des ersten Teils in ziemlich gemäßigtes Fahrwasser; zum anderen wechselt die Tonart von es-Moll nach Des-Dur; und schließlich ändert sich auch das Klang-Ambiente: Die Dominanz der Gitarren verblasst, und ein Klavier übernimmt das musikalische Kommando. Auf einer ruhigen und balladenhaften Akkordfolge improvisieren Clapton und Allman – beide mit dem Bottleneck – in recht langsamen und getragenen Linien. Ab 4:50 tritt das Klavier ein wenig in den Hintergrund und wird von einer akustischen Gitarre unisono unterstützt. Das Stück, das mit einem so markerschütternden Motiv begonnen hatte, klingt mit der sanften Beschaulichkeit eines Sees in der Abendsonne aus.

Im ersten Teil des Songs beschwört Clapton im Refrain immer wieder seine Layla – hinter der sich natürlich Mrs. Harrison verbirgt –, ihn doch zu erhören: Er fleht sie geradezu auf Knien an und bittet und bettelt, sie möge ihn doch von seinem Liebesschmerz erlösen. In den Strophen versucht er's mal als Macho (»Was willst du denn ohne mich machen, wenn du irgendwann allein und einsam bist? Die ganze Zeit versteckst du dich hinter deinem blöden Stolz, komm, jetzt hab dich nicht so!«), mal als konzilianter Freund (»Ich geb ja zu, dein Alter zu Hause ist nicht übel, ich bin halt total in dich verknallt, was soll ich da machen?«). In der dritten Strophe gilt nur noch das Prinzip Hoffnung: »Lass uns das Beste aus der Situation machen, bevor ich ganz durchdrehe: Hör wenigstens auf zu sagen,

dass es mit uns nie was wird und dass all meine Liebe umsonst ist …
Layla!« Der Sänger scheint einzusehen, dass ihn seine furiose und
wohl auch wütende Verzweiflung nicht weiterbringt. Aus den Klängen des zweiten Teils zu schließen, träumt er sich sein Objekt des
Verlangens aber herbei.

In der Tat sah 1970 seine Liebe zu Patti Harrison nach einer uner-
füllbaren Sehnsucht aus. Die Harrisons waren zwar schon seit Jahren
mit Clapton befreundet, und Eric Clapton arbeitete immer wieder
eng mit George Harrison zusammen (noch zu Beatles-Zeiten bei
»While My Guitar Gently Weeps«, dann später zum Beispiel bei ALL
THINGS MUST PASS oder dem Benefizkonzert für Bangla Desh), und
auch Patti Harrison hatte ein gut-freundschaftliches Verhältnis zu
Clapton. Doch sie wollte sich nicht von George trennen und sich – zumal als Person, die stark von der Öffentlichkeit beobachtet wurde –
auch auf keine Affäre einlassen. Erst 1973, als ihre Ehe immer
schlechter wurde und ihr Mann sie gewissermaßen freigab, wandte
sie sich ihrem langjährigen Freund zu.

Zurück zum Song: Die musikalische Wirkung des ersten Teils basiert
in hohem Maße auf dem »Layla«-Motiv. Diesen Riff entwickelte
Duane Allman aus dem Albert-King-Blues »As The Years Go Passing
By« – ein bleibender Rockbeitrag des herausragenden Gitarristen,
der nur ein Jahr nach »Layla« tödlich verunglückte. Der zweite,
sanfte Teil des Stücks stammt von dem Schlagzeuger Jim Gordon,
der die Harmoniefolge in einer Aufnahmepause einfach so vor sich
hin klimperte. Clapton bat darum, die Akkordfolge verwenden zu
dürfen, und verband beide Songteile zu einer höchst ungewöhnlichen Kombination. Teil Eins fetzt als hitziger Rocksong nur so dahin, Teil Zwei dagegen meditiert in Wohlklängen über die Schönheit
der Liebe.

Ein Blick auf die Cover-Versionen zeigt, dass der einschüchternde
Ruf des Ausnahmegitarristen wohl manchen Rocker von einer eigenen Interpretation abgehalten haben mag. Die meisten Versionen
versuchen sich in stilistisch abweichenden Idiomen: So kommt
»Layla« bei Charlie Daniels im Country-Rock-Kleid daher. Daniels
spielt nur den ersten Teil des Songs, wie auch Hurricane Sam, der
das Stück als Blues präsentiert. Viel orchestraler Bombast findet sich
bei Alex Bollard, während John Fahey mit seiner folkigen Adaption
schon fast die Unplugged-Variante von Clapton selbst zu inspirieren
scheint. Die New-Age-Klänge des Taliesin Orchestras wie auch die
Jazz-Funk-Version des Flötisten Herbie Mann darf man dagegen
getrost als weniger geglückt bezeichnen.

Clapton hat »Layla« in die meisten seiner Live-Programme aufgenommen und auch mehrfach veröffentlicht – so 1973 im berühmten
»Rainbow Concert« oder 1975 auf CROSSROADS 2. 1992 präsentierte

er den Song auf der akustischen Gitarre auf dem Album UNPLUGGED und blieb auch bei seinen weiteren Konzerten bei dieser Variante. Akustisch offenbart »Layla« zwar einen neuen Gehalt als Blues-Ballade, doch der charakteristische Riff geht völlig verloren, was dem Stück seinen zentralen Nerv nimmt. So jubelte etwa Alexander Gorkow, der Kritiker der SÜDDEUTSCHEN ZEITUNG, anlässlich des Starts der nach eigener Aussage des Künstlers wohl letzten Welttournee im Februar 2001: »In der Albert Hall spielte er seinen Monsterhit ›Layla‹ nicht mehr in der blasierten und unerträglichen Teakholzversion, also *unplugged*, sondern erstmals seit zehn Jahren wieder mit dem Strom, den die wunderbare Liebeshymne braucht, um zu leben.«

Eric Clapton
Eric Patrick Clapp
Geboren 30. März 1945 in Ripley, England
Gesang, Gitarre
Eric Clapton ist einer der profiliertesten Gitarristen des Rock, der stets die Blues-Wurzeln dieser Musik in den Vordergrund stellt.
Alben
Layla And Other Assorted Love Songs (1970) • 461 Ocean Boulevard (1974)
Slowhand (1977) • Unplugged (1992) • From The Cradle (1994)
Single-Hits
Layla (GB 4, US 10) • I Shot The Sheriff (D 4, GB 9, US 1)
Lay Down Sally (US 3) • Tears In Heaven (GB 5, US 2)
Change The World (US 5)

Light My Fire
Text und Musik: Robby Krieger

The Doors –
THE DOORS

Copyright 1967
Verlag Doors Music Co.

Cover-Versionen
Al Green
Etta James
Ricky Kicklighter
Hampton String Quartet
Patricia Barber

»Du weißt, es wäre unehrlich und ich müsste lügen, wenn ich dir sagen würde, Mädchen, wir könnten nicht noch größere Höhen erreichen. Komm, Baby, entzünde mein Feuer, versuche, die Nacht zum Brennen zu bringen. Die Zeit des Trübsals ist vorbei, wir wälzen uns nicht länger im Sumpf. Vielleicht verlieren wir ja, und unsere Liebe wird zu einem Scheiterhaufen. Komm, Baby, entzünde mein Feuer, versuche, die Nacht zum Brennen zu bringen.« Diese Zeilen sind der Text eines der zentralen Rocksongs des Jahres 1967, der für die später zum Kult erhobene Band The Doors zugleich den internationalen Durchbruch bedeutete. Robby Krieger erinnert sich an die Entstehung des Songs: »Ich stieß ja als Letzter zu den Doors. Kurz nachdem ich gekommen war, sagte Jim Morrison, ›hey

Leute, wir haben nicht genügend eigene Songs, warum versucht ihr nicht, ein paar Stücke zu schreiben‹. Ich ging nach Hause und schrieb ›Light My Fire‹ … Um mit Jims Songs mithalten zu können, wusste ich, dass ich mich ordentlich ins Zeug legen musste. Ich wollte das Stück auf eine universelle Ebene transponieren und über eines der Grundelemente Feuer, Wasser, Luft oder Erde schreiben. Ich entschied mich dann für Feuer, vor allem, weil ich den Rolling-Stones-Titel ›Play With Fire‹ gerne mochte … ›Light My Fire‹ war der erste Song, den ich jemals geschrieben hatte. Nun war ›Feuer‹ in dem Text eher symbolisch gemeint, aber es war immerhin eines der Elemente erwähnt.«[1]

Während der Aufbau des Stückes formal recht einfach ist — Eingangsphrase, Strophe Eins, Refrain, Strophe Zwei, Refrain, Instrumentalteil, Eingangsphrase, Strophe Zwei, Refrain, Strophe Eins, Refrain, Schlusskadenz –, ist seine metrische und vor allem seine harmonische Ausgestaltung bemerkenswert. Die markante fünftaktige Eingangskadenz ist eine Akkordbrechung durch ungewöhnlich aneinander gefügte Harmonien: von G-Dur über D-Dur nach F-Dur und B-Dur, von dort nach Es- und As-Dur, in Takt Vier und Fünf verharrt der Song zunächst auf A-Dur, bis er dann in der Strophe unvermittelt auf den a-Moll-Sept-Akkord fällt und sich dort stetig mit fis-Moll-Sept abwechselt. Der Refrain schreitet dagegen aus der Moll-Stimmung erst nach D-Dur, bevor er auf E-Dur zu stehen kommt.

Die Strophen sind achttaktig, der Refrain dagegen nur siebentaktig, wodurch »Light My Fire« in seinen gesungenen Passagen einen sehr drängenden und dynamischen Charakter erhält. Dies kontrastiert hervorragend mit der langen Instrumental-Passage von 1:07 bis 5:33, die entrückt, fast meditativ auf der Basis des Akkordwechsels von a-Moll-Sept und fis-Moll-Sept vor sich hin fließt. Dabei sind die ersten zweieinviertel Minuten der Orgel vorbehalten, die nächsten eineinhalb Minuten der Gitarre. Ab 4:48 improvisieren beide parallel.

Der Band wurde rasch klar, dass sie mit »Light My Fire« eine gute Nummer aufgenommen hatte. Der Keyboarder Ray Manzarek erinnert sich: »Wir standen vor der Entscheidung, was unsere nächste Single sein sollte, und nahmen ›Light My Fire‹, weil es eine einprägsame Melodie und einen ›catchy‹ Rhythmus hatte, der ins Ohr ging. Außerdem fragten die Hörer der Radiostationen ständig danach. Einer der Discjockeys meinte, der Song könnte ein Riesenhit werden, wenn er oft genug im Radio gespielt würde – doch der Song warf auf der anderen Seite ein Riesenproblem auf: Er war zu lang. Also legte [der Produzent] Paul Rothchild eines Abends die Schere an und schnitt kurzerhand mein und Robbys Solo heraus. Am nächsten Tag hörten wir das Ergebnis, und ich sagte: ›Hey – wo ist mein Solo???‹ Und Robby flippte aus, als er hörte, dass auch sein Solo herausgeschnitten worden war ... aber es funktionierte! Zu unserem großen Erstaunen funktionierte es.«[2]

Das Ergebnis war eine kompakte Drei-Minuten-Fassung, bei deren grobem Schnitt in der Mitte sich allerdings nicht nur den Musikern der Magen umdrehen dürfte. Das Ganze ging zwar kommerziell vollkommen auf – »Light My Fire« wurde zur erfolgreichsten Single des Jahres 1967 in den Staaten –, aber künstlerisch ist das Stück durch den nun fehlenden Kontrast der Songteile zerstört. Die gekürzte Version ist deshalb mittlerweile vom Markt verschwunden, auf allen Samplern – und auf dem Album sowieso – ist nur mehr die sieben Minuten lange Original-Fassung zu hören.

Obwohl »Light My Fire« eine der ganz großen Paradenummern der Doors ist, hatte deren »Kopf«, Jim Morrison, erhebliche Probleme damit. Zum einen war es bereits bei der Vergabe der Songrechte zu einem hässlichen Streit zwischen ihm und den anderen Doors-Mitgliedern gekommen, zum anderen bot ihm der Song keine rechte Entfaltungsmöglichkeit, wie Ray Manzarek im Rückblick feststellt: »Jim hatte immer Einwände gegen ›Light My Fire‹. Sein Part blieb jede Nacht der gleiche, während wir das Ganze bis zu fünfzehn oder zwanzig Minuten ausdehnten – je nachdem, wie lange unsere Soli halt dauerten. Wir improvisierten auf indischen Tonleitern und entdeckten jedes Mal neue Möglichkeiten. Morrison konnte dagegen unglücklicherweise immer nur dasselbe vortragen: ›You know that it would be untrue ...‹. Was anderes blieb ihm nicht.«[3]

»Light My Fire« wurde nicht nur für die Doors, sondern auch für den blinden puertorikanischen Sänger José Feliciano ein Top-Ten-Erfolg in Amerika und in Großbritannien. Er entzog dem Song dessen gesamtes Rock- und Underground-Ambiente und interpretierte ihn mit seiner ausdrucksvollen Stimme als ruhige akustische Ballade. Daneben wurde »Light My Fire« unzählige weitere Male gecovert, hier nur eine kleine Auswahl der Einspielungen: Mit viel Soul nahmen Rhetta Hughes, Al Green oder Clarence Carter das Stück auf; Jackie Wilson oder Etta James drückten dem Song das Feuer des Rhythm & Blues auf; hörenswert ist auch die Blues-Soul-Rock-Fusion-Version von Ricky Kicklighter. Eher gewöhnungsbedürftig sind die Country-Rock-Fassung von Curtiss A, die Reggae-Einspielung von Arturo Tappin oder die Latin-Version von Alberto Shiroma. Schon fast an den Rand zum Schlager rutscht »Light My Fire« bei Nancy Sinatra und bei Calvert DeForest; skurril ist auch die Fassung des Hampton String Quartet.

Auffallend viele Jazzer haben sich mit »Light My Fire« beschäftigt. Vor allem die modalen Improvisationsmöglichkeiten des Mittelteils lassen ein wesentliches Stilelement des modernen Jazz besonders gut zur Geltung kommen. Zu nennen wären etwa die Acid-Jazz-

Formation Black Mighty Orchestra, die swingende Klarinette von Woody Herman oder der Latin-Pianist Paquito Hechavarria. Am bewegendsten aber ist vielleicht die Interpretation der Jazz-Vokalistin Patricia Barber auf ihrem 98-er Album MODERN COOL. Wie schon der Name der Platte signalisiert, zeigt sie, wie eisgekühlt auch das Feuer der Liebe lodern kann.

The Doors
Gründung 1965 • **Auflösung** 1973
Jim Morrison (*8. 12.1943, †3. 7. 1971; Gesang)
Robby Krieger (*8. 1. 1946; Gitarre)
Ray Manzarek (*12. 2. 1939; Keyboards, Bass)
John Densmore (*1. 12. 1944; Schlagzeug)
The Doors gehörten zu den einflussreichsten Bands im Amerika der späten sechziger Jahre, sie boten musikalisch ausgefeilte, intelligente Undergroundmusik. Der Sänger Jim Morrison erhielt nach seinem frühen Tod ähnlichen Kultstatus wie etwa Jimi Hendrix oder Janis Joplin.
Alben
The Doors (1967) • Strange Days (1967) • Waiting For The Sun (1968)
The Soft Parade (1969) • Morrison Hotel (1970)
Single-Hits
Light My Fire (GB 7, US 1) • Hello, I Love You (US 1) • Touch Me (US 3)

Like A Rolling Stone
Text und Musik: Bob Dylan

Als Bob Dylan im Jahr 1965 fast im Alleingang die Folkmusik zur Rockmusik umpolte, schlug ihm von Seiten der orthodoxen Szene viel Hass und Ablehnung entgegen. Diese negative und aggressive Atmosphäre inspirierte ihn alsbald zu einem Text. Er erzählte dem Journalisten Jules Siegel: »Das Ganze war zunächst zehn Seiten lang – hatte keinen Namen, war nur ein rhythmischer Text auf einem Stück Papier. All mein Hass konzentrierte sich auf einen Punkt, mit dem ich es ehrlich meinte. Aber am Ende war kein Hass mehr vorhanden, eher Rache, das ist das bessere Wort. Ich erzähle in dem Text einer unbestimmten Person, dass sie keine Ahnung davon habe, was eigentlich um sie herum los ist, und dass sie darüber sogar noch froh sein kann. Ich hatte die Worte nie als Song betrachtet, bis ich eines Tages am Klavier ein paar langsame Akkordwechsel spielte. Da fing es plötzlich an, wie aus dem Papier herauszusingen: ›How does it feel?‹ Ganz langsam, wie in Zeitlupe. Es war, als wenn man in Lava

Bob Dylan –
HIGHWAY 61 REVISITED

Copyright 1965
Verlag Witmark & Sons

Cover-Versionen
John Mellencamp
Spirit
Jimi Hendrix
The Rolling Stones

schwimmt.«[1] Der Song entwickelt vom ersten Ton an seine ganz eigene Stimmung: »Früher warst du mal schick gekleidet, was? Und hast den Bettlern verächtlich ein paar Groschen hingeworfen. Und wenn man dich warnte, du könntest schief liegen, hast du geglaubt, man wolle dich veralbern. Du hast dich über diejenigen lustig gemacht, die gescheitert sind. Aber jetzt plötzlich schlägst du leisere Töne an und bist überhaupt nicht stolz darauf, dass du nun selbst betteln musst.« Und dann, bei 1:00 zum ersten Mal dieses eindringliche »How does it feel?« – »Wie fühlt sich das an, so völlig allein zu sein, wie ein rollender Stein?«

In Strophe Zwei bekommt die Adressatin einen, wenn auch verschlüsselten, Namen: »Hey, Miss Lonely, in den besten Schulen bist du gewesen, nicht wahr? Aber worauf es wirklich ankommt, hast du dort nicht gelernt – nämlich wie man auf der Straße überlebt. Jetzt lernst du es auf die harte Tour. Dich hat nie interessiert, was in den Leuten vorgeht, die du nur als dein Amüsement betrachtet hast. Du hast nie kapiert, dass es sehr unklug ist, auf Kosten anderer zu leben. Du bist herumgekurvt mit deinem aufgemotzten Schlitten und irgendeinem Diplomaten-Heini, der vor lauter Eitelkeit andauernd sein Siam-Kätzchen mit sich herumtrug. Wie ist es jetzt, wo siehst, dass er dich nur ausgenutzt und dir alles geklaut hat, was nicht niet- und nagelfest war?

Die ganzen Schicki-Micki-Fuzzies prassen auf überkandidelten Festen, dir bleibt nichts anderes übrig, als dein letztes Schmuckstück ins Pfandhaus zu tragen. Du hast dich immer abfällig gegenüber dem verlumpten und ordinären ›Napoleon‹ verhalten; jetzt ruft er dich, geh hin, es bleibt dir nichts anderes übrig. Du bist am Ende, hast nichts mehr zu verlieren. Jeder kann sehen, was du bist: ein Nichts – how does it feel?«

Die Struktur des Songs ist wie so oft bei Dylan relativ einfach, der Musiker kommt mit einem Minimum an Harmonien aus. Er verwendet nur die Stufen I, IV und V, hier also C-Dur, F-Dur und G-Dur sowie die Parallele zur vierten Stufe, d-Moll-Sept. Doch die Einfachheit täuscht. Die langsame, schleppende, fast Mantra-artige Abfolge der Akkorde erzielt eine große suggestive Wirkung und eine bedrohliche Stimmung, die den Text ideal widerspiegelt. Dafür war nicht zuletzt das Arrangement ausschlaggebend, und mit »Like A Rolling Stone« schuf Dylan den Prototyp der Rockmusik der späteren sechziger und siebziger Jahre: Schlagzeug, Bass, Klavier, Orgel, Rhythmusgitarre, Sologitarre und natürlich Gesang.

»Like A Rolling Stone« erschien im August 1965 zunächst als Single. Diese Platte erreichte zwar nie Platz Eins in den Charts, beeinflusste aber »jeden Rock'n'Roller, von den Beatles bis Bruce Springsteen die nächsten zwanzig Jahre ... 1976 kürte die englische Musikzeitschrift ›New Musical Express‹ den Titel zur ›top single of all time‹.«[2] Einen Monat nach seinem Erscheinen eröffnete »Like A Rolling Stone« das Album HIGHWAY 61 REVISITED, eine der bahnbrechendsten LPs der Rockmusik – vom Einfluss her gesehen vielleicht zu vergleichen mit SGT. PEPPER'S LONELY HEARTS CLUB BAND der Beatles, ELECTRIC LADYLAND von Jimi Hendrix oder NEVER MIND THE BOLLOCKS der Sex Pistols.

HIGHWAY 61 REVISITED öffnete den Blick auf ein neues Konzept der Rockmusik, dass aber gerade Dylan als Hero der Folkszene diesen Weg wies und beschritt, brachte ihm zunächst viel Ablehnung seiner bisherigen Fangemeinde ein. Bereits auf dem Vorgängeralbum BRINGING IT ALL BACK HOME war eine Plattenseite mit einer Band eingespielt – die so genannte »elektrische Seite« –, doch fußten diese Songs noch in den Traditionen des Folk, nur dass sie eben elektrisch verstärkt interpretiert wurden. Außerdem »versöhnte« ja die »akustische Seite« die verstörten Gemüter der Folkies (siehe hierzu auch ⇨»Mr. Tambourine Man«). Auf HIGHWAY 61 REVISITED gab es solche Ausreden nicht mehr. Hier wurde Rock in Reinkultur geboten, und zwar Rock der Zukunft. Die orthodoxe Fanszene schrie: »Verrat!«

Doch Dylan hatte sich immer schon als Rockmusiker gesehen. Seine erste Single, »Mixed Up Confusion« aus dem Jahr 1962, war ein Rocksong. Damals erlebte der Rock 'n' Roll allerdings einen schweren Einbruch. Die Plattenfirma Columbia Records reagierte rasch und nahm die Single schnell wieder vom Markt (was die Aufnahme zu einem höchst begehrten Sammler-Objekt machte, bis der Song 1985 auf BIOGRAPH offiziell wieder veröffentlicht wurde). Stattdessen baute man Dylan als Folkmusiker auf. Diese Widersprüchlichkeit brach nun im Jahr 1965 auf und fand ihren Höhepunkt auf dem Newport Folk Festival am 25. Juli des Jahres.

Dylan setzte sich über alle Tabus hinweg: Als Popstar gekleidet betrat er die Bühne, in der Hand eine E-Gitarre, das verhasste Symbol des Rock-Kommerzes, und im Gefolge eine Begleitband. Schließlich rockte er mit der brachialsten seiner »elektrischen Nummern« von BRINGING IT ALL los: mit »Maggie's Farm«. Das Publikum buhte und pfiff sich die Seele aus dem Leib, doch Dylan präsentierte scheinbar ungerührt noch »Like A Rolling Stone« und »It Takes A Lot To Laugh, It Takes A Train To Cry«, bevor er kommentarlos mit seiner Band die Bühne verließ. Kurz darauf kehrte er unter großem Jubel mit der akustischen Klampfe zurück auf die Bühne, doch sein Song war ein Schwanengesang: »It's All Over Now, Baby Blue«. Dieser Newport-Auftritt wurde schon bald symbolisch überfrachtet: Dylan hatte mit der kurzfristig zusammengetrommelten Band ohnehin nur diese drei Songs einstudiert (der akustische Set wäre bei einer anderen Zuschauerreaktion allerdings wohl etwas länger geraten) – aber Mythen braucht auch und gerade der Rock. Und eines steht fest: »Like A Rolling Stone« steht für einen markanten Einschnitt in der Geschichte der Rockmusik.

Bob Dylan hat diesen Song immer wieder in seine diversen Live-Programme eingebaut und dabei uminterpretiert. Die Version, die er mit The Band auf seiner 1966-er Tournee vorstellte, ist auf eindrucksvolle Weise (selbst-)quälerisch langsam und schleppend. 1970 bei seinem Auftritt auf dem Isle-Of-Wight-Festival trägt er das Stück eher im Stil eines Countrysongs vor. Sein Versuch, seine Stimme tiefer und weicher klingen zu lassen, verleiht der Aufnahme eine gewisse Unstimmigkeit. Dagegen passt die mitreißend treibende rockige Version von 1974, die dritte und nun letzte mit The Band, hervorragend zu dem bissigen Text des Titels. Für meinen Geschmack überproduziert präsentiert er den Song auf der 1978er Budokan-Tournee: mit Bläsern und Mädchenchor. Die mit über neun Minuten schließlich längste Fassung liefert Dylan bei seinem MTV-Unplugged-Konzert (1995) ab, wo er das Stück mit der mäßigenden Weisheit des Alters vorträgt. Einige Patzer in der Textphrasierung können den Reiz dieser Aufnahme nicht zerstören.

Aber natürlich haben sich auch andere Musiker des Songs angenommen. Mit rockig-souligem Idiom interpretiert John Mellencamp »Like A Rolling Stone« auf dem Tribute-Konzert zu Dylans dreißigjährigem Bühnenjubiläum 1991. In psychedelische Wolken gehüllt stellte die Gruppe Spirit aus Los Angeles 1975 das Lied vor – mit viel Hall und sanften, weichen Klängen, vielleicht etwas zu soft. Eine sehr ergreifende Fassung stammt von Jimi Hendrix, gespielt auf dem Monterey Popfestival 1967. Hendrix bringt den Song sehr sensibel und extrem langsam; damit das Stück nicht zu lang wird, lässt er dabei die dritte Strophe weg.

Wenn die Worte »Rolling Stone« fallen, denken manche an Muddy Waters' Blues »Rolling Stone«, viele an »Like A Rolling Stone« und noch mehr an die Gruppe The Rolling Stones. Sie erwiesen auf ihrem 1995er Album STRIPPED dem Dylan-Klassiker ihre Reverenz. Ihre Interpretation ist gewohnt rockig und mitreißend, seit Dylans Ersteinspielung dreißig Jahre zuvor hat keiner so viel Wut und Verachtung in seine Stimme gelegt wie hier Mick Jagger.

Darüber hinaus finden sich zahlreiche weitere Interpretationen, angefangen bei den Turtles über Judy Collins, von Mick Ronson und Mott The Hoople zu Johnny Winter bis hin zu Nancy Sinatra und Cher.

Bob Dylan
Robert Allen Zimmerman
Geboren 24. Mai 1941 in Duluth, Minnesota
Gesang, Gitarre, Keyboards, Harmonika
Bob Dylan ist eine der prägendsten und einflussreichsten Persönlichkeiten der amerikanischen Rockmusik überhaupt. Im Laufe seiner langen Karriere verband er immer wieder unterschiedliche Musikstile zu ganz eigenen Rockformen und kombinierte diese mit zum Teil hochpoetischen Texten.
Alben 1965–1969
Bringing It All Back Home (1965) • Highway 61 Revisited (1965)
Blonde On Blonde Vol. 1 & 2 (1966) • John Wesley Harding (1967)
Nashville Skyline (1969)
Single-Hits 1965–1969
Subterranean Homesick Blues (GB 9) • Like A Rolling Stone (GB 4, US 2)
Positively 4th Street (GB 8, US 7) • Rainy Day Woman 12 & 35 (GB 7, US 2)
Lay Lady Lay (GB 5, US 7)

Listen To The Music
Text und Musik: Tom Johnston

Die Doobie Brothers waren das Musterbeispiel einer klassischen Westcoast-Mainstream-Rockband der siebziger Jahre. Sie boten Musik zwar ohne Bilderstürmer-Ambitionen, dafür aber in höchster technischer Perfektion, ihr Kennzeichen war ein gitarrendominierter Sound mit schwungvollem Rhythmus und ausgefeiltem Lead- und Blockgesang. (In späteren Phasen der Gruppe wurde nach häufigen Umbesetzungen die vorrangige Gitarrenpräsenz von einem dominierenden Keyboardklang im Stil von Steely Dan abgelöst.)
Den Durchbruch erzielte die Band, in der übrigens kein Mitglied Doobie hieß und die auch nicht aus Brüdern bestand, mit dem Album TOULOUSE STREET und dem Hit »Listen To The Music«, der mit Platz Elf nur knapp an den amerikanischen Top Ten vorbeischrammte. Ein Jahr später gelang den Doobie Brothers dann mit dem musikalisch ähnlichen »Long Train Running« der Sprung unter die ersten Zehn.
»Listen To The Music« ist nicht nur ein mitreißendes und beschwingtes Gute-Laune-Lied, sondern es ist in gewisser Weise Programm der Band und der gesamten Musikrichtung, wofür sie steht. »Täglich werden die Nachrichten, die die Leute erfahren, mehr und mehr. Manches davon ist gut, anderes stimmt traurig. Wir sollten einfach unsere Musik spielen. Die Leute wollen doch zufrie-

Doobie Brothers –
TOULOUSE STREET

Copyright 1972
Verlag Warner-Tamerlane Publ. Corp.

Cover-Versionen
Isley Brothers
Candi Staton
Rockin' Dopsie jr.
Tom Jones
Kapena

179

den und glücklich sein, und das ist gar nicht so schwer zu erreichen, wenn man nur weiß, wie. Sie brauchen eine Botschaft, und die richtige Botschaft ist: Listen to the music – hör der Musik zu! Ich weiß schon, das alles brauche ich dir nicht zu erzählen, dir ist das schon klar. Komm, wir fahren aufs Land und tanzen uns den Blues aus dem Leib. Wenn wir miteinander glücklich sind, gibt es nichts weiter zu tun oder zu sagen. Sich einfach gut zu fühlen, dafür machen wir unsere Musik. Hör ihr einfach zu! Unser Gefühl wogt wie ein träger Strom um Luftschlösser, und es werden immer mehr, die sich von unseren fröhlichen Klängen anstecken lassen. Hör der Musik zu!«

Die Botschaft, von der der Text spricht, spiegelt sich auf treffliche Weise in der Musik wider. Der Aufbau des Songs wie seine harmonische Ausgestaltung sind relativ einfach: Nach einer mehrfach wiederholten Eingangsphrase, die das Stück rhythmisch definiert, folgen die beiden Strophen jeweils mit Refrain. Im Anschluss an eine kurze, aber klanglich sehr auffällige Bridge erklingt mehrmals der Refrain, der schließlich ausgeblendet wird. Der Song in E-Dur kommt mit den Grundharmonien E-Dur, A-Dur und H-Dur sowie der Moll-Parallele cis-Moll aus, die Bridge moduliert nach A-Dur.

Der besondere Reiz von »Listen To The Music« liegt nicht in seiner Struktur, sondern in der Art und Weise seiner Darbietung. Tragende Säulen des Songs sind neben der charakteristischen Solostimme zwei geschickt einander entgegengestellte Gitarren, die ein dichtes Geflecht aus Harmonie und enorm beflügelndem Rhythmus erzielen, unterstützt von einem wippenden Bass, einem eher dezenten Schlagzeug und einem Tamburin. Während des Refrains kommt noch ein leise abgemischtes Banjo dazu. Dieser Refrain ist sehr eingängig und wirkt geradezu hymnisch: Zunächst steigt in kompaktem Blockgesang die Silbe »oh« von cis über e nach gis hoch, um dann mit der Aufforderung »listen to the music« wieder zum e hinabzusinken.

Die Bridge sticht weniger wegen des Tonartwechsels als vielmehr auf Grund ihres Sounds aus dem Song heraus: Hier wird die gesamte Aufnahme durch einen Phase-Shifter gejagt – das ist ein elektronisches Effektgerät, das ein Tonsignal aufspaltet und die so gewonnenen Bestandteile zeitlich phasenverschiebt; dadurch entsteht ein eigentümlich schwirrender und kreisender Klang. In dieser Bridge kommt auch noch eine dritte Gitarre ins Spiel, die bei der Refrainwiederholung in die Ausblende hinein solistisch improvisiert.

»Listen To The Music« wurde zwar nicht sehr häufig, aber immerhin doch einige Male gecovert. Dabei ist die Version von »Tiger« Tom Jones ebenso Geschmackssache wie die Hawaii-Einspielung der Band Kapena. Sehr eindrucksvoll und berührend ist die Soul-Version der Isley Brothers (diese sind übrigens wirklich Brüder!) aus dem Jahr 1973. Auch die Gospel-Fassung von Candi Staton hat ihren Reiz, genauso wie die Interpretation von Rockin' Dopsie jr., der den Song von der Westküste in den Südosten der Staaten verpflanzt und ihn als Cajun-Nummer präsentiert. Doch egal, in welchem Kleid das Stück auftritt, die Botschaft gilt ganz generell: Listen to the music!

The Doobie Brothers

Gründung 1970 • **Auflösung** 1982

Patrick Simmons (*23 .1. 1950; Gesang, Gitarre)

Tom Johnston (Gesang, Gitarre)

Dave Shogren (Bass)

John Hartman (*13. 3.1950; Schlagzeug)

Weitere Mitglieder im Laufe der Band-Biografie: Jeffrey »Skunk« Baxter, Kornelius Bumpus, Michael Hossack, Keith Knudsen, Bobby LaKind, Chet McCracken, Michael McDonald, John McFee, Tiran Porter

The Doobie Brothers gehören zu den »klassischen« Bands des Westcoast-Rock in den siebziger Jahren.

Alben

The Doobie Brothers (1971) • Toulouse Street (1972)

The Captain And Me (1973) • Takin' It To The Streets (1976)

Minute By Minute (1978)

Single-Hits

Long Train Running (US 8) • Black Water (US 1)

What A Fool Believes (US 1) • Real Love (US 5) • The Doctor (US 9)

Living Next Door To Alice

Text und Musik: Nicky Chinn
& Mike Chapman

Es ist vielleicht nicht die rühmlichste aller denkbaren Karrieren für einen Rocksong: »Living Next Door To Alice« der Teenie-Band Smokie wurde zu einer Bierzelt-Rock-Hymne. Die Gruppe musizierte unter den verschiedensten Namen schon seit 1966 zusammen und spielte auch einige Platten ein, ohne jedoch nennenswerte Erfolge verbuchen zu können. 1975 unterschrieb die Band einen Vertrag bei der Plattenfirma RAK, die sich auf den Teenie-Markt spezialisiert hatte. Nun wurde die Karriere von Smokey, wie der Name zunächst geschrieben wurde, detailliert geplant und »generalstabsmäßig auf ebendiesen Markt geworfen«.[1] In den folgenden fünf Jahren erzielte die Gruppe dreizehn Single-Erfolge unter den Top Ten in Europa, wobei Smokie – so mussten sie sich nach einer

**Smokie –
»Living Next Door To
Alice«** (Single)

Copyright 1976
Verlag Chinnichap
Publ. Ltd.

Cover-Versionen
Johnny Carver
Gen Chron

181

Intervention des US-Bluesers Smokey Robinson nun nennen – vor allem in Deutschland ihre größten Erfolge feierten. Ihren herausragenden Hit erzielten sie mit »Living Next Door To Alice«, das in Deutschland und in der Schweiz Nummer Eins wurde. In Großbritannien erreichte der Song zunächst Platz Fünf, ein Remake der Gruppe im Jahre 1995 unter dem Titel »Who The F**k Is Alice« sogar Platz Drei.

»Living Next Door To Alice« ist ein nahezu schlagerartiger Song zum beliebten Thema: A liebt B, wird aber nicht erhört, C wiederum liebt A, landet dort aber ebenfalls nicht. In diesem Fall ist B die Titelfigur »Alice«, C ist »Sally«, und A wollen wir nach dem Smokie-Sänger »Chris« nennen. Sally ruft Chris in Strophe Eins an und erzählt ihm, dass etwas bei seiner (von ihm offenbar heimlich angebeteten) Nachbarin Alice los wäre. Er schaut aus dem Fenster und sieht eine Limousine – eher doch ein Umzugsbus? – bei Alice einbiegen. Im schmachtenden Refrain stellt Chris fest, dass Alice wohl auszieht – warum und wohin, geht ihn nichts an. Doch seit 24 Jahren ist er nun gewohnt, neben Alice zu wohnen. Seit 24 Jahren wartet er darauf, ihr von seinen Gefühlen für sie zu erzählen, doch jetzt muss er sich wohl daran gewöhnen, nicht mehr Tür an Tür mit Alice zu wohnen. In Strophe Zwei erinnert sich Chris daran, dass er gemeinsam mit Alice aufgewachsen ist und sie als Kinder miteinander im Park gespielt haben. Doch jetzt verlässt sie hoch erhobenen Hauptes das Haus und fährt einfach davon. In der dritten Strophe schließlich betritt Sally als Hauptakteurin die Szene. Sie fragt Chris, wie es ihm gehe, dass sie ihm helfen wolle und überhaupt … Alice sei ja nun fort, aber sie sei immer noch hier … und – sie traut sich wenigstens, möchte man sagen – warte schließlich seit 24 Jahren schon auf ihn. Doch er scheint sie gar nicht wahrzunehmen, sieht nur, wie das Fahrzeug verschwindet, und denkt daran, dass er sich niemals daran wird gewöhnen können, *nicht* Tür an Tür mit Alice zu wohnen. Zurück bleiben also einsame Menschen. Alice sei gratuliert, dass sie dieser Tristesse entkommen ist.

Man muss keinen tieferen Sinn hinter dem Song vermuten und kann ihm wohl getrost eine gewisse rührselige Banalität nicht ganz absprechen. Auch musikalisch bedient sich das Stück einfachster Mittel, die Harmonien des in A-Dur stehenden Stückes gehen nicht über die drei Grundakkorde hinaus. Die Instrumentierung ist ebenfalls nicht gerade gewagt: eine Gitarren-Pop-Combo mit Streicherhintergrund. Und doch besitzt »Living Next Door To Alice« einen ganz eigenen Zauber, der den Song aus seiner Trivialität heraushebt und ihn zu einer der bekanntesten und beliebtesten Melodien der Popmusik gemacht hat. Diese Anziehungskraft hat im Laufe der Jahre vor allem die in Deutschland so beliebten Bierzelte erobert –

allerdings in einer der dortigen oft rustikal-derben Atmosphäre entsprechend trotzigen Version: Hier streuen nämlich der Sänger – und meist lautstark auch das Publikum – in den sentimentalen Erinnerungsfluss von Chris ein unverschämt aggressives »Alice? Who the FUCK is Alice?« an passender Stelle in den Refrain ein. Vor allem das jüngere Publikum kennt den Song überhaupt nur in dieser widerborstigen Form, weshalb Smokie, wenn auch in größtenteils anderer Besetzung, das Stück in den neunziger Jahren selbst mit der Who-the-FUCK-Attitüde noch einmal einspielte – wie gesehen mit Erfolg. Ansonsten wurde »Living Next Door To Alice« sowohl in Disco-Mixes als auch von Easy-Listening-Ensembles verschiedentlich aufgenommen, wirklich erwähnenswert unter den Fremdeinspielungen sind aber wohl lediglich die Country-Version von Johnny Carver und vor allem die punkige Interpretation von Gen Chron – beide in der »gemäßigten« Fassung.

Smokie
Gründung 1966 • **Auflösung** 1980
Chris Norman (*25. 10. 1950; Gesang)
Alan Silson (*21. 6. 1951; Gitarre)
Terry David Uttley (*9. 6. 1951; Bass)
Pete Spencer (*13. 10. 1948; Schlagzeug)
Weitere Bandmitglieder bei diversen Reunion-Projekten: Alan Barton,
Martin Bullard, Mike Craff, Steve Pinnelli
Smokie war mit ihren eingängigen Songs die erfolgreichste Teenie-Band
in der zweiten Hälfte der siebziger Jahre.

Alben
Pass It Around (1975) • Midnight Cafe (1976)
Bright Lights And Back Alleys (1977) • Montreux Album (1978)
The Other Side Of The Road (1979)

Single-Hits
Living Next Door To Alice (D 1, GB 5)
Lay Back In The Arms Of Someone (D 1) • Needles And Pins (D 2, GB 10)
For A Few Dollars More (D 2) • Mexican Girl (D 1)

Locomotive Breath

Text und Musik: Ian Anderson

Jethro Tull –
AQUALUNG

Copyright 1971
Verlag Chrysalis
Records Ltd.

Cover-Versionen
Darkstar
Lenny MacDowell
Cjss
W.A.S.P.

Stücke, die auf eher einfachen Grundriffs basieren, gerade deshalb zu den besten Live-Songs und zu Erkennungstiteln für die jeweilige Band werden, solche Stücke entstehen zumeist spontan, sind Ergebnis eines Gedankenblitzes oder einer kollektiven Improvisation. »Locomotive Breath« ist sicher einer der markantesten Songs des progressiven Rock, doch hier lagen die Dinge ganz anders.

Ian Anderson hatte eher einen Sound als einen Song im Kopf, konnte seine Idee aber den anderen Bandmitgliedern nicht vermitteln, wie er sich erinnerte: »Ich konnte meine Vorstellung einfach nicht beschreiben. Am Ende saß ich im Studio. Damals, das waren noch Zeiten, da hatten die Aufnahmemaschinen noch keine Metronomspuren. Ich setzte mich also ans Schlagzeug und nahm viereinhalb Minuten lang auf Becken und Basstrommel eine solche Spur auf. Dann fügte ich ein paar Gitarrenteile dazu und verknüpfte das Ganze mit einem Klavierfragment von John Evan, das so zur Einleitung des Songs wurde. Clive Bunker spielte das restliche Schlagzeug über die Aufnahme, und Martin Barre fügte die Elektro-Gitarrenparts hinzu. Es war also eine komische Geschichte mit dem Song. Es ist nicht so, als ob nicht die gesamte Band an jenem Tag im Studio gewesen wäre, aber dennoch glich die Aufnahme eher einer späten Pink-Floyd-Session denn einer Aufnahme von Jethro Tull. Und der Grund dafür war einfach, dass niemand außer mir wusste, wie der Song klingen sollte. Nur selten kommt ein Stück auf so mühsame und künstliche Art und Weise zu Stande und wird dann eine so bombastische Live-Nummer.« [1]

»Locomotive Breath« ist eine der zentralen Zugnummern des Albums AQUALUNG, für viele die beste Platte der Band von Ian Anderson. Es war stets sein Konzept, möglichst unterschiedliche Musikbereiche zusammenzuführen. So stammt von Jethro Tull die in meinen Augen einzige gelungene Rock-Adaption eines Musikstücks aus dem klassischen Repertoire: Johann Sebastian Bachs »Bourree« aus der LAUTENSUITE in e-Moll. AQUALUNG verbindet Elemente aus der traditionellen britischen Volksmusik mit schweren Hardrock-Idiomen. Während Stücke wie »Cheap Day Return«, »Wond'ring Aloud« oder »Slipstream« folkloristische Miniaturen darstellen, ist der Hardrock-Anteil durch Titel wie »Up To Me«, »Hymn 43« und vor allem eben »Locomotive Breath« eindrücklich vertreten.

Doch auch die Lokomotive stampft nicht gleich mit voller Power los, sondern beginnt als zarte Klavier-Etüde, die ab 0:45 mit dem Eintritt einer Elektro-Gitarre rhythmisch zunächst anzieht. Erst ab 1:18

bringt ein mächtig anschwellender e-Moll-Akkord die Maschine so richtig zum Laufen, und das donnernde Motiv e–g–d–e lässt den Zuhörer bis zum Schluss nicht mehr los. Der Songaufbau ist an sich konventionell: Es folgen drei Strophen mit jeweils einem kurzen Refrain, zwischen Strophe Zwei und Drei schiebt sich von 2:48 bis 3:27 ein Instrumentalteil, der von einer Improvisation Andersons auf seiner Querflöte dominiert wird. Mit der wiederholten Zeile »no way to slow down« blendet der Song langsam aus.

Inhaltlich ist »Locomotive Breath« nur aus dem Zusammenhang des gesamten Albums zu verstehen. Das Thema von AQUALUNG ist die Frage nach dem Schicksal und der Religion des Menschen. Anderson beantwortet diese Frage in doppelter Weise: Er bejaht Religiosität und gläubige Hinwendung, lehnt aber die institutionelle Vereinnahmung des Glaubens durch die Kirchen ab. Der das Album abschließende Song »Wind Up« bringt es auf den Punkt. Auf die unschuldige Frage eines Kindes an Gott, wer er denn eigentlich sei, antwortet dieser: »I'm not the kind you have to wind up on Sundays.«

»Locomotive Breath« kommt unmittelbar vor »Wind Up« und stellt mit diesem zusammen eine enge inhaltliche Einheit dar. Das Stück zeigt uns einen »all-time loser«, der in seinem Leben alles verloren hat. Selbst wenn er Engel vor dem Fall bewahrt, kommt irgendein »all-time winner« und schnappt ihm die Lorbeeren vor der Nase weg. Doch das schlimme Schicksal läuft wie eine stampfende Lokomotive gnadenlos und unerbittlich weiter. Und weil ein ominöser »old Charlie« auch noch den Steuerknüppel geklaut hat, gibt es keine Möglichkeit, die Maschine zum Stehen zu bringen. Schließlich zeigt in der letzten Strophe ein Blick in die Bibel: Dieser Charlie ist Gott. So bilden »Locomotive Breath« und »Wind Up« die beiden Antworten auf die im Verlauf des Albums aufgeworfenen spirituellen Fragen.

Jethro Tull haben sich in verschiedenen Zusammenhängen und mit unterschiedlichen Besetzungen immer wieder mit »Locomotive Breath« beschäftigt – kein Wunder, ist der Song doch bei allen Konzerten der Band an prominenter Stelle mit von der Partie, meist als Zugabe der Zugaben. Entsprechende Fassungen finden sich auf LIVE AT HAMMERSMITH und auf BURSTING OUT LIVE. Interessanter ist jene Aufnahme, die sich in der 4-CD-ANNIVERSARY-Box findet und die das Stück im Medley zusammen mit »Wind Up« und mit »Land Of Hope And Glory« präsentiert. Auf ihrem hervorragenden Live-Album A LITTLE LIGHT MUSIC zeigen Jethro Tull, dass ihre Musik auch mit zumeist akustischen Instrumenten gespielt nichts an Kraft und Schwung einbüßt. »Locomotive Breath« ist zwar eines der wenigen Stücke auf der CD, in dem Martin Barre die elektrische

Gitarre auspackt, dennoch ist die Fassung nicht nur wegen der spannenden, über zwei Minuten langen Einleitung sehr hörenswert. Eher ein Kuriosum ist die Platte A CLASSIC CASE, die Jethro Tull 1985 mit dem London Symphony Orchestra unter der Leitung von David Palmer einspielte. Im bombastischen Sound einer Bruckner-Sinfonie eröffnet »Locomotive Breath« das Album und taucht wie eine Reprise am Ende eines Medleys nochmals kurz auf.

»Locomotive Breath« ist sehr eng mit Ian Anderson und Jethro Tull verbunden, deshalb lassen sich nur relativ wenige Cover-Versionen finden: Die Rockversionen der eher unbekannten Gruppen Darkstar und Rabbit sind nicht besonders aufregend, interessanter ist da schon die Instrumentalfassung des Jazz-Flötisten Lenny MacDowell. Ins Heavy-Metal-Idiom versetzen die Gruppen Helloween und Cjss den Song. Am gelungensten erscheint mir die Fassung der Heavy-Metal-Formation W.A.S.P., die auf ihrem Album HEADLESS CHILDREN neben »Locomotive Breath« eine Reihe weiterer bemerkenswerter Covers bietet.

Jethro Tull

Gründung 1967

Besetzung bei »Locomotive Breath«:

Ian Anderson (*10. 8. 1947; Gesang, Gitarre, Flöte)

Martin Barre (*17. 11. 1946; Gitarre)

John Evan (*28. 3. 1948; Keyboards)

Jeffrey Hammond-Hammond (*30. 7. 1946; Bass)

Clive Bunker (*12. 12. 1946; Schlagzeug)

Weitere Mitglieder im Laufe der langen Band-Biografie: Mick Abrahams, Don Airey, Martin Allcock, Barriemore Barlow, Paul Burgess, Garry Conway, Glenn Cornick, Marc Craney, Andy Giddings, John Glascock, Edwin Jobson, Dave Mattacks, David Palmer, Dave Pegg, Doane Perry, Peter-John Vettesse, Tony Williams

Jethro Tull ist eine der intelligentesten stilübergreifenden progressiven Gruppen, die Ian Anderson in permanent sich verändernden Besetzungen um sich schart. Markenzeichen der Band sind die wie eine Sologitarre eingesetzte Flöte Andersons sowie ausgefeilte Konzeptalben.

Alben

Aqualung (1971) • Thick As A Brick (1972) • A Passion Play (1973) Minstrel In The Gallery (1975) • Heavy Horses (1978)

Single-Hits

Living In The Past (GB 3) • Sweet Dream (GB 7) Teacher/The Witch's Promise (GB 4)

Lola

Text und Musik: Ray Davis

Es ist schon eher ungewöhnlich, dass ein Song zu einer der meistge-spielten und beliebtesten Rocknummern wird, der davon erzählt, wie sich ein junger Mann in einen Transvestiten verliebt. Doch die unwiderstehliche Mitsing-Hymne »Lola« ist so ein Lied.
Ray Davis, der Bandleader der Kinks, hatte sich mit seinen treffsi-cheren Pop-Porträts des britischen Kleinbürgertums bereits einen Namen gemacht. Am Ende der sechziger Jahre wurde seine Welt-sicht immer sarkastischer und beißender, und er schuf das Material für LOLA VERSUS THE POWERMAN AND THE MONEY-GO-ROUND, ein Album voller Satiren auf die Rockszene und das Musikgeschäft im Allgemeinen. Erfolgreichste Einzeltitel der Platte wurden »Lola« und »Apeman«.
Ray Davis zu »Lola«: »Wie der Song entstand, das ist eine lange Geschichte. Da kam so viel zusammen, das reicht für ein kleines Taschenbuch. Zum einen stand ich kurz vor meiner Hochzeit. Ich hatte eine echte Krise, weil ich befürchtete, ich würde mich selbst zum Gefangenen einer Familie machen und könnte mein Leben als Musiker nicht weiterführen. Das war natürlich Unsinn. Dann erin-nere ich mich an einen Besuch in einem Club. Robert Wace [der Produzent der Kinks] tanzte fast die ganze Nacht mit einer schwar-zen Lady. Ein paar Mal kam sie auch mir nahe, und ich sagte zu Robert: ›Siehst du nicht ihre Stoppeln?‹ Jetzt fiel es mir auch beim Tanzen auf. Männer haben einen etwas anderen Schwung in den Hüften als Frauen. Das hier war ein Transvestit. Beim Schreiben von ›Lola‹ dachte ich auch an ihn.
Das Dritte, an das ich mich erinnere, war, dass ich in dem Theater-stück THE LONG-DISTANCE PIANO PLAYER eine Rolle spielte und ich mich einige Zeit nicht meiner Musik widmen konnte. Diese Pause tat mir gut, und am Ende hatte ich zwei neue Songs: ›Lola‹ und ›Powerman‹. Wir probten ›Lola‹ wochenlang, bevor wir ins Studio gingen. Dort machten wir einige Aufnahmen, doch irgendwie kam der Song nicht ins Laufen. Robert Wace meinte, wir sollten als Auf-takt einen Ear-Catcher wie bei ›You Really Got Me‹ spielen, also schlug ich ein paar Akkorde auf der Gitarre, bevor die Strophe be-gann, und siehe da: es funktionierte.«[1]
Diese Eingangsakkorde sind genauso ungewöhnlich wie der gesamte musikalische Aufbau des Songs, denn Ray Davis betreibt ein außer-ordentlich geschicktes Verwirrspiel mit den Takteinheiten: Das Stück besteht im Grunde aus fünf Strophen und einer kurzen Bridge, hat aber keinen Refrain im eigentlichen Sinn. Diese Funk-

The Kinks –
LOLA VERSUS THE POWERMAN AND THE MONEY-GO-ROUND

Copyright 1970
Verlag Davray Music Ltd. & Carlin Music Corp.

Cover-Versionen
Don Fardon
Cud
The Majors

187

tion übernimmt die jeweils letzte Strophenzeile, ein ausgiebig zelebriertes »Lola, La-la-la-la Lola ...«. Die Strophen sind allerdings harmonisch wie auch metrisch sehr unregelmäßig angelegt. Strophen Eins und Zwei bestehen aus neun Takten, dazu kommen jeweils zwei Takte instrumentale Überleitung. Strophe Drei setzt sich aus acht plus zwei Takten zusammen, dann folgt eine fünftaktige Bridge. Strophe Vier hat acht und Strophe Fünf wiederum neun Takte, bevor die dreitaktige »Lola La-la ...«-Phrase bis in die Ausblende hinein wiederholt wird. Ein derart gelungenes Spiel mit metrischen Unregelmäßigkeiten verleiht dem Song natürlich eine ungeheuere Spannung und Schubkraft, wie man sie in den sechziger Jahren hauptsächlich von den Beatles kennt.

Auch harmonisch treibt »Lola« ihre Verehrer in ein kleines Labyrinth. Mit den ersten Akkordschlägen wird der Zuhörer auf C-Dur eingestimmt, doch flugs hüpft der Song über D-Dur in seine Grundtonart E-Dur. Die Harmonien betreiben ein ähnliches Vexierspiel wie die Figur Lola in ihrer geschlechtlichen Doppeldeutigkeit. Die gleiche Akkordbewegung wiederholt sich am Ende jeder Strophe in umgekehrter Richtung, wenn »Lola« von E-Dur für einen Takt nach C-Dur tänzelt. Die Strophen Eins und Zwei haben E-Dur als tonales Zentrum, die Strophen Drei, Vier und Fünf modulieren dagegen zunächst ins Zentrum H-Dur. Die Bridge schließlich pendelt zwischen A-Dur und H-Dur. In den regelmäßig angelegten Akkordwechseln verwendet Davis so ziemlich alle Dur-Akkorde, die sich um diese tonalen Zentren herum ergeben. Nur in der Bridge bei »down on my *knees*« fällt der Song auf ein schmachtendes cis-Moll.

»Lola« ist ein Liebeslied, gespickt mit einer gehörigen Portion an (Selbst-)Ironie. Das »Ich« des Songs erzählt von einem Besuch in einem Club in Soho, wo selbst Champagner wie Kirsch-Cola schmeckt. (Bemerkung am Rande: In der LP-Fassung heißt es noch »Coca-Cola«, dies wurde auf der Single in »Cherry-Cola« umgeändert, um dem Bannstrahl der BBC wegen versteckter Werbung zu entgehen.)

Von einer ominösen Lady namens Lola wird unser Freund zum Tanzen aufgefordert. Er ist nicht gerade der stärkste Typ, und sie hält ihn so fest, dass ihm fast das Rückgrat bricht. Auch kann er nicht verstehen, dass sie wie eine Frau aussieht, aber wie ein Mann spricht. Aber es hilft alles nichts: Er verliebt sich in seine Lola und lässt sich auf sie ein, denn es ist ohnehin eine verdrehte und verwirrte Welt ... außer für Lola. Am Schluss springt die Katze aus dem Sack: »Ich weiß, ich bin nicht der männlichste Mann der Welt, aber ich weiß, wer ich bin, und ich bin froh, ein Mann zu sein, und genau das ist auch Lola.« Mit diesem Geständnis findet ein witziges Wechselspiel ein Ende, das den ganzen Song hindurch zwischen der erotischen

Ausstrahlung Lolas und »ihren« erstaunlichen Körperkräften hin und her pendelt.

»Lola« ist einer der großen Klassiker der Rockmusik – umso bemerkenswerter erscheint, dass es kaum Fremdinterpretationen davon gibt. (Die große Zahl von unterschiedlichsten Einspielungen unter dem Titel »Lola« resultiert aus der Tatsache, dass es eine ganze Reihe von anderen Songs des gleichen Namens gibt – vor allem, aber nicht nur, im spanischsprachigen und südamerikanischen Raum.) Dies hat zur Folge, dass der Ray-Davies-Song zwar auf unzähligen Rock-Samplern in zuweilen verschiedenen Fassungen der Kinks zu hören ist, dass aber neben den Tribute-Covers der Gruppen Cud und The Majors lediglich die Interpretation von Don Fardon erwähnenswert ist.

The Kinks

Gründung 1963

Ray Davies (*21. 6. 1944; Gesang, Gitarre)

Dave Davies (*3. 2. 1947; Gesang, Gitarre)

Peter Quaife (*31. 12. 1943; Bass)

Mick Avery (*15. 2. 1944; Schlagzeug)

Weitere Mitglieder im Laufe der langen Band-Biografie: John Dalton, Gordon Edwards, Ian Gibbons, John Goslings, Mark Hailey, Bob Henrit, Andy Pyle, Jim Rodford

The Kinks waren in den sechziger Jahren neben den Beatles, den Rolling Stones und den Who die einflussreichste Kraft des britischen Rock. Ab Mitte der siebziger Jahre verlegte sich die Band mit geringerem Erfolg auf Hardrock und Punk.

Alben

Face To Face (1966) • Something Else By The Kinks (1967)

The Village Green Preservation Society (1968)

Arthur Or The Decline And Fall Of The British Empire (1969)

Lola Versus The Powerman And The Money-Go-Round (1970)

Single-Hits

You Really Got Me (GB 1, US 7) • All Day And All Of The Night (GB 2, US 7)

Sunny Afternoon (D 7, GB 1) • Dandy (D 1) • Lola (D 2, GB 2, US 9)

London Calling
Text und Musik: Joe Strummer & Mick Jones

The Clash –
LONDON CALLING

Copyright 1979
Verlag Nineden Ltd.

Cover-Versionen
East Meets West
N.C. Thirteens
Eddy Bop
One King Down

The Clash nehmen innerhalb des Punk eine besondere Stellung ein: Sie waren es, die dieser Musikrichtung den Weg vom künstlerisch unausgegorenen subkulturellen Protest hin zu musikalisch gereifteren Strukturen wiesen, ohne die gesellschaftliche und politische Botschaft des Punk zu verraten. Vor allem das Album LONDON CALLING stand in diesem Prozess am Scheideweg. Erstmals integrierte eine Punkband Bläsersätze, Orgelklänge oder Reggae-Rhythmen in ihre Musik und versuchte, auch produktionstechnisch alle Möglichkeiten der Tonstudios auszuschöpfen.

Der Bruch mit den Traditionen des Punk ließ natürlich zahlreiche Puristen aufschreien, brachte der Platte LONDON CALLING aber immerhin von Seiten der Herausgeber des namhaften ROLLING STONE Magazins die ehrenvolle Auszeichnung als »wichtigstes Album der achtziger Jahre« – ein Titel, über den man allerdings trefflich streiten kann und muss.

Die inhaltlichen Themen der Clash-Songs sind stets politisch. Mal treten sie unmittelbar als apokalyptische Agitationsslogans auf, mal eher indirekt in Form von Schilderungen der Realität der Londoner Unterschicht. Diese Berichte sollen vor Augen führen, wie tief die britischen Ideale von Fairness und Chancengleichheit gesunken sind. Dabei wurde Clash nicht selten der Vorwurf gemacht, dass sie zuweilen mit der »geopolitischen Profundität einer Wermutpennerin« sich aus dem »großen Füllhorn all der Dinge, die ›politisch‹ heißen, das herausgreifen, was sie, ohne hinzusehen, in die Finger kriegen«. Das Ergebnis sei ein »Rebellen-Schick«, der nichts weiter kann, als sich »einen Logenplatz an der Apokalypse« zu suchen.[1] Doch darf bei solcher Kritik nicht vergessen werden, dass The Clash mit ihren Texten über soziale Entfremdung, Polizei-Willkür oder Rassismus vielen jungen Leuten aus der Seele sprachen und mit ihren Inhalten weit weg vom puren Nihilismus etwa der Sex Pistols führten.

»London Calling« ist allerdings in der Tat ein verwirrendes Untergangsszenario. Da ist von einem Krieg die Rede, von Schlachten, die zu toben beginnen. Die Zeit der Sixties – für die das »Swinging London« mit seiner Carnaby Street so etwas wie ein Synonym war – ist endgültig vorbei. Eine Eiszeit steht vor der Tür, die Maschinen werden anhalten, das Getreide wird eingehen. Ein nuklearer Störfall, doch ich hab keine Angst. London geht unter, während ich am Fluss lebe. Mit solchen und weiteren düsteren Bildern wird eine bedrückende Stimmung erzeugt, die vor allem durch das am Beginn jeder Doppelzeile mehrstimmig vorgetragene Erkennungsmerkmal »London calling …« immer wieder angeheizt wird.

»London Calling« dürfte wohl einer von zahlreichen Rocksongs sein, der weniger wegen seines Inhalts als vielmehr wegen seiner musikalischen Kraft gehört und zu dem vor allem auch getanzt wird. Das Stück basiert auf dem permanenten Wechsel von e-Moll und C-Dur bzw. G-Dur. Nur im Refrain bei »and *I live by the river*« geht der Song nach D-Dur. Kennzeichen von »London Calling« ist das gemeinsame Hämmern der verzerrten E-Gitarren und des Schlagzeugs auf den Vierteln, während der Bass eine für Punk-Verhältnisse geradezu kunstvoll arrangierte Linie verfolgt. Fast atemlos hechelt der Text durch den Song, lediglich ab 1:51 erklingt eine rund halbminütige Instrumentalpassage, die hauptsächlich von Rückkopplungseffekten der Gitarren bestimmt ist.

»London Calling« hat kaum Fremdeinspielungen angeregt, abgesehen von einigen Versionen, die sich allesamt auf Clash-Tribute-Alben finden: von N.C. Thirteens, Eddy Bop und One King Down. Eine erwähnenswerte Ausnahme ist dagegen die Fassung der japanischen Formation East Meets West, die auf ihrem 97er Album TIME IS THE MASTER den Song als Electronic-Techno-Hip-Hop-Mix interpretiert.

The Clash

Gründung 1976 • **Auflösung** 1986
Besetzung bei »London Calling«:
Joe Strummer (John Graham Mellors; *21. 8. 1952; Gesang, Gitarre)
Mick Jones (*26. 6. 1953; Gesang, Gitarre)
Paul Simonon (*15. 12. 1955; Gesang, Bass)
Topper Headon (*30. 5. 1955; Schlagzeug)
Weitere Mitglieder im Laufe der Band-Biografie: Terry Chimes, Peter Howard, Glyn Johns, Keith Levine, Nick Sheppard, Vince White
The Clash waren Ende der siebziger Jahre neben den Sex Pistols die tonangebende Band des Punk-Genres.

Alben
The Clash (1977) • Give 'Em Enough Rope (1978) • London Calling (1979)
Sandinista! (1980) • Combat Rock (1982)

Single-Hits
Rock The Casbah (US 8) • Should I Stay Or Should I Go (D 5, GB 1)

Mambo No 5

Musik: Pérez Prado;
Neubetextung und Neubearbeitung: Zippy/
Lou Bega

Pérez Prado –
»Mambo No 5«
(Single)

Lou Bega –
»Mambo No 5«
(Single)

Copyright 1950/1999
Verlag Editorial
Mexicana de Musica
Int. S. A./Strange
World Enterprises

Weitere Versionen
Fruko Y Sus Tesos
Habana Ensemble
Los Grandes del Baile
Orquesta Sonora de
Havana
Banda Novillera

Einige Songs des Rock – etwa ⇨»San Francisco (Be Sure To Wear Some Flowers In Your Hair)« oder ⇨»Sex And Drugs And Rock And Roll«, um nur zwei Beispiele zu nennen – sind außerordentlich stark an ein bestimmtes Zeitgefühl oder ein ganz spezielles Ambiente gebunden. Man kann sie nur schwer oder sogar überhaupt nicht in andere Lebensgefühle transponieren. Andere Songs dagegen scheinen zeitlos und ungebunden. »Mambo No 5« ist ein perfektes Beispiel für eine solche Zeitlosigkeit, besser gesagt für eine zeitliche Übertragbarkeit, die keinen Verlust an Aktualität mit sich bringt: Immerhin nahezu fünfzig Jahre liegen zwischen den beiden Aufnahmen des Songs, die hier vorgestellt werden sollen!

Doch zunächst eine kurze Begriffserklärung: Mambo ist ein Ende der vierziger Jahre in den städtischen Zentren Kubas entstandener Tanzstil. Seine Kennzeichen sind sein meist flottes Tempo und sein dichtes rhythmisches Geflecht, das durch die Betonung des ersten, dritten und siebten Achtels innerhalb eines Viervierteltaktes permanent und enorm wirkungsvoll angetrieben wird. Das Wort »Mambo« ist die ursprünglich kongolesische Bezeichnung für eine Priesterin und geht zurück auf rituelle Handlungen versklavter Afrikaner, die von polyrhythmisch geschlagenen Trommeln begleitet und angefeuert wurden. Der Mambo war über Jahre hinweg ein beliebter Modetanz, bis er Ende der Fünfziger vom Cha-Cha-Cha abgelöst wurde. Länger währte sein Einfluss innerhalb des Jazz: Bis heute bildet er im so genannten »Afro-Cuban Jazz« die rhythmische Grundlage.

Pérez Prados »Mambo No 5« aus dem Jahre 1950 verdeutlicht das soeben Gesagte: Das Stück besteht praktisch nur aus seinem schwungvollen Rhythmus. Harmonisch ist es äußerst einfach, es wechselt lediglich zwischen f-Moll und dem Es-Dur-Sextakkord, auch wäre es fast übertrieben, von einer Melodie zu sprechen. Die Holzbläser wie Klarinetten und Saxofone brechen im Prinzip nur auf rhythmisch versetzte Weise den jeweiligen Dreiklang, während die Blechbläser, also vor allem Trompeten und Posaunen, im Blocksatz dagegen schmettern. Das Ganze ist ein wilder rhythmischer Ritt, der von Zeit zu Zeit unterbrochen wird, bevor es mit einem lang gezogenen »aaah … uh« weitergeht.

Einen Text hat Prados Fassung nicht, es gibt aber einige Aufnahmen, in der die Musiker wiederholt ein fröhliches »Si, yo quiero Mambo« – Ja, ich liebe den Mambo – intonieren. Das Ergebnis ist jedenfalls eine hitzig pulsierende Tanznummer, deren Vitalität man sich kaum entziehen kann.

Im Jahr 1999 nahm sich der talentierte 24-jährige Entertainer Lou Bega diesen Song vor. Wie einige Kritiker anmerken, vereint sein »Mambo No 5« mit seinem dynamischen Rhythmus musikalisch all das, was schon in seiner eigenen Biografie steht: Ein Stück Afrika trägt Lou Bega seit seiner Geburt in sich – dafür hat sein in Uganda geborener Vater gesorgt. Aber auch die aus Sizilien stammende Mutter wird in der Ausprägung von Lou Begas rassigem Image nicht nachgestanden haben. In einer Mischung aus afro-kubanischen Rhythmen mit Swing, Soul und Rap kreierte er eine eigenständige Musikrichtung und feierte mit dem Song einen durchschlagenden Erfolg. Dazu nahm er Samples – also elektronisch aufbereitete Soundcluster und Musikfetzen – aus der Originalaufnahme von Pérez Prado und fügte sie mit Synthesizerklängen zusammen. Über das Ganze legte er einen Text, in dem es nur um eines geht: um Frauen. Dabei erwähnt er, wie er mehrmals betonte, nur Namen von Mädchen, die ihn auf die eine oder andere Weise in seinem eigenen Leben beschäftigten: als Freundinnen, Ratgeberinnen, als Mutter, als Gesprächspartnerin, als Geliebte. Doch all die Monicas, Ericas, Ritas, Tinas, Sandras, Marys und Jessicas stehen natürlich ganz generell für alle weiblichen Geschöpfe.

Zuweilen wurde Lou Bega vorgehalten, »nur mit einer Cover-Version« den großen Reibach gemacht zu haben. Er selbst sieht die Sache so: »›Mambo No 5‹ war eigentlich kein Cover, sondern eine Bearbeitung. Das ist schon was anderes. Du hast einen Instrumental-Part, und zu dem schreibst du neue Lyrics und neue Melodien, du machst sozusagen aus zwei Songs einen. Das hat bei ›Mambo No 5‹ eben wunderbar geklappt. Beim Cover übernimmst du vollständig eine bestehende Komposition und veränderst sie eigentlich kaum. Heutzutage wird sehr viel gecovert, fast zu viel, würde ich sagen. Beim Covern ist es meiner Meinung nach wichtig, dass du den Song nicht kaputtmachst, und du darfst ihn auch auf keinen Fall wesentlich schlechter machen als das Original, das ist die Schwierigkeit. Das schaffst du nur, wenn du den Song wirklich ganz anders machst. Oder du suchst dir ein Cover aus, was vielleicht noch keine so klassische Version hat. Da finde ich das Covern legitim. Aber an Songs wie ›It's Raining Men‹ hätte ich mich zum Beispiel nicht herangetraut. Es gibt einfach Songs, die darf man nicht covern. Ich würde nicht Prince covern, nicht Bob Marley, auch bei den Beatles ist es schwer. Da könnte ich nicht sagen, ›ich mache jetzt eine tolle Version, die alles in den Schatten stellt und die die Welt unbedingt braucht‹, das geht nicht.«[1]

Hier schließt sich der Kreis zu dem eingangs Gesagten. »Mambo No 5« beschränkt sich nicht bloß auf das Nachspielen und Reproduzieren eines Erfolgsprinzips. Das musikalisch so schlichte Lied hat die Potenz, so unterschiedliche Aufnahmen wie die von Prado und Bega gleichermaßen selbstverständlich und authentisch klingen zu lassen.

Nur der Vollständigkeit halber: Natürlich gibt es von unzähligen Mambo-Orchestern weitere Fassungen, die sich allesamt stark an Pérez Prado anlehnen. Als Beispiele seien genannt: Fruko Y Sus Tesos, Xavier Cugat, das Orquestra Sonora de Havana, die Banda Novillera, Proteus Seven, Les Brown, das Habana Ensemble, die Los Grandes del Baile oder Ruiz Hilton.

Pérez Prado
Dámaso Pérez Prado
Geboren 11. Dezember 1916 in Mantanzas, Kuba
Gestorben 14. September 1989
Keyboards, Perkussion
Pérez Prado brachte den afro-kubanischen Tanzstil in den fünfziger Jahren in die Vereinigten Staaten, machte ihn dort zum Modetanz und avancierte selbst zum »El Rey de Mambo«, zum König des Mambo.
Alben
Plays Mucho Mambo For Dancing (1951) • Mambo Mania (1955)
Havana 3 A. M. (1956) • A Touch Of Tabasco (1960)
Exotic Suite Of The Americas (1962)
Single-Hits
Cherry Pink And Apple Blossom White (D 1, GB 1, US 1)
Patricia (D 1, GB 8, US 1) • Guaglione (GB 2)

Lou Bega
Geboren 1975 in München
Gesang
Lou Bega, Sohn eines ugandischen Vaters und einer sizilianischen Mutter, gilt als einer der erfolgversprechendsten Jungstars der Gegenwart. Mit »Mambo No 5« schoss er aus dem Nichts weltweit in die Spitzenränge der Hitparaden und löste ein wahres Mambo-Fieber aus.
Alben
A Little Bit Of Mambo (1999) • Ladies And Gentlemen (2001)
Single-Hit
Mambo No 5 (D 1, GB 1, US 3)

Massachusetts

Text und Musik: Barry Gibb, Robin Gibb
& Maurice Gibb

Als die Bee Gees Anfang 1967 nach Großbritannien kamen, um dort dauerhaft ihre Zelte aufzuschlagen, hatten sie in ihrer Heimat Australien nach vielen Flops endlich mit »Spicks And Specks« ihre erste Nummer Eins gelandet. Doch Australien war damals noch weit vom Nabel der Rockmusik entfernt und konnte nicht als Sprungbrett für eine internationale Karriere herhalten.

In London wandte sich die Gruppe an NEMS, dessen Chef der Beatles-Manager Brian Epstein war. Vor allem dessen Assistent Robert Stigwood war von der Band begeistert und nahm sie rasch unter seine Fittiche. Doch es gab ein Problem: Zwar hatten die drei Gibb-Brüder Barry, Robin und Maurice neben der australischen auch die britische Staatsbürgerschaft, doch ihr Lead-Gitarrist Vince Melouney und der Schlagzeuger Colin Petersen waren Australier und erhielten keine Arbeits- und damit Auftrittserlaubnis. Doch Stigwood wäre ein schlechter Epstein-Schüler gewesen, wenn er ein solches Problem nicht augenblicklich positiv für seine Band genutzt hätte. Er verkündete öffentlich, eine Beatgruppe könne nicht mit halber Besetzung spielen, und drohte mit der Abwanderung nach Hamburg, wo es ebenfalls eine sehr aktive Musikszene gab. Zugleich wurden die Fans der Gruppe mobilisiert. Sie schrieben entrüstete Briefe an Zeitungen, marschierten zum Regierungssitz »Whitehall« und ketteten sich sogar an die Gitter des Buckingham-Palasts.

Stigwood erinnert sich: »Die ganze Geschichte stand eine Woche lang auf den Titelseiten vieler Zeitungen. Auf diese Weise wurden die Bee Gees innerhalb einer Woche nicht nur als Schallplattenkünstler bekannt, sondern auch in den Rang von öffentlichen Persönlichkeiten gehoben.«[1]

Das Ergebnis dieser unfreiwilligen Werbung durch das britische Innenministerium war ein Nummer-Eins-Hit in Großbritannien und Deutschland: »Massachusetts«, ein außergewöhnlich sanftes Lied, das von eingefleischten Rockfans, die an härterer Kost Gefallen finden, schon gerne auch mal als »schnulziger Schmachtfetzen« bezeichnet wird. In der Tat mag das orchestrale Arrangement vielleicht etwas überladen wirken, wenn man es zum Beispiel mit der knappen und messerscharfen Besetzung eines Beatles-Titels wie »Eleanor Rigby« vergleicht (das ja durchaus in engerem zeitlichen Zusammenhang damit steht). Andererseits unterstützt das Orchester die melancholische Stimmung von »Massachusetts« auf sehr treffende Weise und verleiht dem Song eine ganz unverwechselbare Stimmung.

Bee Gees –
HORIZONTAL

Copyright 1967
Verlag Abigail Music
Ltd.

Cover-Versionen
Freddie McGregor
Insect Surfers
Bill Shepherd Singers
Ed James

Auch der Text von »Massachusetts« erzählt keine Geschichte, sondern vermittelt ein Gefühl: »Ich merke, ich muss zurück nach Massachusetts, eine Stimme in mir sagt mir, ich muss heim. Alle Lichter in Massachusetts sind verloschen, als ich sie allein gelassen habe. Ich musste unbedingt rüber nach San Francisco, um einfach nur das zu tun, was ich tun wollte. Alle Lichter in Massachusetts sind verloschen, und sie bringen mich zurück, um unseren gemeinsamen Weg zu sehen. Erzähle mir vom Leben in Massachusetts und von den Leuten, die ich kenne. Alle Lichter in Massachusetts sind verloschen, doch Massachusetts ist der einzige Ort, den ich wirklich kenne.«

Man erkennt unschwer die gegenseitige Projektion »Heimat als Geliebte« und umgekehrt »Geliebte als Heimat«. Doch der Song weist in eine zusätzliche Richtung, wenn man bedenkt, dass San Francisco im sonnigen Kalifornien 1967 geradezu die Hauptstadt der Flower-Power-Bewegung war, während Massachusetts im Nordosten der Staaten eher als Synonym für Bürgerlichkeit anzusehen ist. Natürlich wünschte sich in diesen Tagen ein Großteil der jungen Menschen in der ganzen westlichen Welt ein lockeres Leben in der ausgeflippten Hippie-Atmosphäre. Doch viele mussten rasch erkennen, dass Traum und Wirklichkeit auch in diesem Fall weit auseinander klafften. Der Traum der Blumenkinder blieb – wie man nicht erst heute ernüchtert feststellen muss – ein Traum.

Die Musik von »Massachusetts« ist wie gesagt hauptsächlich Stimmung. Der Sound des Songs setzt sich zusammen aus einer dezenten Beatgruppe aus akustischen Gitarren, Bass und Schlagzeug, aus getragenen Orchesterstimmen sowie einem darüber liegenden Blockgesang, der schwermütig die sanfte Melodie trägt. Auffallendstes Einzelmerkmal ist weniger ein Melodiefragment oder ein besonders herausragendes Harmoniegerüst, sondern ein kleiner Gegenmelodie-Riff in den Streichern (d–e–g–a–h–a–h), der wie ein ferner Lockruf aus der Heimat als Motiv immer wiederkehrt.

Die harmonische Ausgestaltung des Stücks ist einfach und basiert auf den Grundakkorden G-Dur, C-Dur und D-Dur sowie der Subdominanten-Moll-Parallele a-Moll. Die häufig wiederkehrende Harmoniefolge verläuft von G-Dur über a-Moll und C-Dur zurück nach G.

»Massachusetts« war der erste ganz große Erfolg der Bee Gees. Die Single wurde im Laufe eines Jahres fünf Millionen Mal verkauft, und die Band stieß in England in kommerzielle Bereiche vor, die ansonsten Gruppen wie den Beatles, den Rolling Stones oder den Monkees vorbehalten blieben. Erstaunlicherweise fand der Song aber nur recht wenige Cover-Einspielungen. Die meisten davon stammen aus dem Bereich des orchestralen Easy-Listening-Pop: etwa von Peter

Breiner, Gary Tesca, dem Moonlight String Orchestra oder dem Starlite Orchestra. Auch die gesungenen Fassungen – zum Beispiel von den Bill Shepherd Singers oder von Ed James – sind nicht gerade als gewagt zu bezeichnen. Am weitesten von der Vorlage entfernen sich Freddie McGregor in seiner Reggae-Version sowie die Gruppe Insect Surfers, die der Schmacht-Nummer unerwartet harte Seiten abgewinnt.

The Bee Gees
Gründung 1962
Barry Gibb (*1. 9. 1946; Gesang, Gitarre)
Robin Gibb (*22. 12. 1949; Gesang, Keyboards)
Maurice Gibb (*22. 12. 1949; Gesang, Gitarre, Keyboards, Bass)
Begleitmusiker unter anderen: Dennis Byron, Vince Melouney,
Colin Peterson, Alan Relf, Blue Weaver
The Bee Gees hatten eine sehr wechselvolle Karriere. Höhepunkte waren große Erfolge mit sanften Beatsongs in den späten sechziger Jahren sowie mit Titeln im Discosound in den Siebzigern.
Alben 1967–1974
Horizontal (1967) • Odessa (1969) • Cucumber Castle (1970)
Trafalgar (1971) • To Whom It May Concern (1972)
Single-Hits 1967–1974
Massachusetts (D 1, GB 1) • Words (D 1, GB 8)
I've Got A Message To You (D 3, GB 1, US 8)
Don't Forget To Remember (D 9, GB 2)
How Can You Mend A Broken Heart (US 1)

Material Girl
Text und Musik: Peter Brown & Robert Rans

Aufreizende Sex-Ikonen wie Marilyn Monroe, Brigitte Bardot oder Anita Ekberg – welche Mutter hätte nicht ihre Söhne vor dem Sog dieser Frauen eindringlich gewarnt! Gott sei Dank nur mit mäßigem Erfolg, denn die meisten verfielen schließlich doch den Verlockungen des Eros. Auch Madonna ist beileibe keine Heilige, wie ihr Name glauben machen könnte, sondern durch und durch ein Sexsymbol.
Mit dem Album LIKE A VIRGIN erreichte ihre Selbststilisierung einen ersten Höhepunkt. Natürlich löste ihr provozierendes Outfit, meist in Form extrem verführerischer Dessous, in Öffentlichkeit und Presse manchen Skandal aus, doch liegt sie mit ihrer

Madonna –
LIKE A VIRGIN

Copyright 1984
Verlag Candy Castle
Music

Cover-Versionen
Henry Mancini
Velva Blu
KMFDM

197

Einschätzung sicherlich richtig, wenn sie sagt: »Um Erfolg zu haben, muss ich ein Sexsymbol sein. Wie könnte ich darum herumkommen? Das ist mein eigentliches Wesen. Die Leute sagen, dass ich das Frauenbild um dreißig Jahre zurückwerfe. Ich glaube aber, dass die Frauen in den fünfziger Jahren sich nicht für ihren Körper schämten. Sie strahlten Sexualität aus und benutzten ihre Weiblichkeit. Ich finde, das ist besser, als sie zu verstecken und zu sagen: ›Ich bin stark, ich bin wie ein Mann.‹ Frauen sind anders als Männer, sie tun Dinge, die Männer nicht tun können. Wenn die Leute den Humor, der in meiner Person und in meiner Show liegt, nicht verstehen, dann nur, weil sie es nicht wollen. Zehnjährige Kinder verstehen ihn sehr gut, also müssen auch die Erwachsenen dazu in der Lage sein.«[1]
Mit dieser Haltung wurde Madonna wie wohl kein anderer Künstler und keine andere Künstlerin zum Inbegriff der achtziger Jahre. So wie Elvis Presley als Symbol für die Lebenslust der fünfziger Jahre stand, die Beatles für die bilderstürmerischen sechziger Jahre, der Punk für die Ruhe- und Zukunftslosigkeit der siebziger, genauso verkörpert Madonna die Haltung der achtziger Jahre, die sich vor allem persönlichen Erfolg und reines Nützlichkeitsdenken auf die Fahnen geschrieben hat.
»Material Girl« ist eine ganz bewusste Hommage an ihr Idol Marilyn Monroe. Man könnte auch sagen: »Material Girl« ist das direkte, unmittelbare und unverblümte Spiegelbild der achtziger Jahre zu »Diamonds Are A Girl's Best Friend« aus dem 1949 uraufgeführten und vier Jahre später mit der Monroe verfilmten Broadway-Musical GENTLEMEN PREFER BLONDES (deutsch: BLONDINEN BEVORZUGT).
Die Aussage ist in beiden Fällen dieselbe. Marilyn Monroe sang: »Diamanten sind die besten Freunde eines Mädchens, denn sie bleiben auch noch bestehen, wenn die Schönheit längst vergangen ist. Du kannst dich darauf verlassen, dass sie dann immer noch für dich sorgen und dir die Miete zahlen.«
Genauso unromantisch – wenngleich ebenfalls natürlich unverkennbar ironisch und augenzwinkernd – ist auch die Weltsicht von »Material Girl«: »Boys, die nur küssen wollen, die romantisch vor sich hin träumen und verschmust tanzen, sind zwar ganz nett, aber wenn sie nicht das nötige Kleingeld mitbringen, lass ich sie einfach stehen. Bei mir kann nur einer landen, der die dicke Kohle hat, denn wir leben in einer materialistischen Welt und ich bin ein materiell eingestelltes Mädchen.« Doch trotz dieser äußerlichen Parallelität ist Madonnas Song etwas völlig anderes als Marilyn Monroes Lied. Während diese »Diamonds Are A Girl's Best Friend« als Karikatur mit nach außen hin geradezu haarsträubender Arglosigkeit präsentiert, stellt mit Madonna eine äußerst selbstbewusste Frau ihre Forderungen. Sie weiß genau, was sie will, und man darf sicher sein,

dass sie den Verlust der Romantik – und damit letztlich die Trennung von Liebe und Sex – ganz bewusst mit einkalkuliert und pragmatisch in Kauf nimmt.

Unter den zahlreichen Hits von Madonna war »Material Girl« mit Platz Zwei in den Vereinigten Staaten und Platz Drei in den britischen Charts bei weitem nicht der erfolgreichste Titel, doch kein anderer ihrer Songs brachte die Geisteshaltung seiner Zeit besser auf den Punkt. Die neue Denkweise zeigt sich auch, wenn man »Material Girl« mit George Harrisons »Living In The Material World« aus dem Jahr 1973 vergleicht. Während der Ex-Beatle die materialistische Welt als einengend und belastend erlebt und Auswege in einer spirituellen Hinwendung zu Religion und Philosophie sucht, akzeptiert Madonnas materiell orientiertes Girl klaglos – gedankenlos? – die Situation und sucht ihren Heilsweg im Pragmatismus.

Neben all diesen weltanschaulichen Überlegungen darf aber nicht vergessen werden, dass »Material Girl« ein mitreißender Rocksong ist. Mit einem wuchtigen Mix aus Schlagzeug, Bass und Synthesizer legt das Stück los. Dazu kommen rasch hintereinander zwei weitere Synthesizerstimmen, eine zittrig wimmernde und eine sehr hohe, metallisch klingende. Außerdem spielt eine E-Gitarre einen Riff auf einem »merkwürdigen« Akkord. Basisharmonie des Songs in C-Dur ist nämlich der C-Dur-Dominant-Sept-Akkord mit Quartvorhalt, mit anderen Worten: C-Dur mit seinen Tönen c, e, g, dazu die Septe b sowie die im Akkord dissonante Quarte f.

An einer Reihe von Stellen ist das Stück abweichend vom Rock-Grundschema harmonisiert. So gehen zum Beispiel die Strophen von C-Dur über das ungewöhnliche B-Dur in die Moll-Parallele a-Moll. Auch finden sich Quartvorhalte bei einigen Dominant-Sept-Akkorden. Nur der hymnische Refrain, »living in a material world, and I am a material girl«, bleibt mit seiner Kadenz F-Dur, G-Dur, a-Moll, F-Dur, G-Dur, C-Dur vollständig im konventionellen Rahmen.

»Material Girl« ist sehr eng mit Madonna verflochten, deshalb gibt es kaum nennenswerte Fremd-Interpretationen. Zu erwähnen wären höchstens Henry Mancinis Fassung mit großem Pop-Orchester oder die Gruppe Velva Blu auf dem Album BARBIE GIRL ALBUM. Am gelungensten dürfte wohl jene Version sein, die die Retortenband KMFDM für das Madonna-Tribut-Album VIRGIN VOICES VOL. 1 einspielte.

Madonna
Madonna Louise Veronica Ciccone
Geboren 16. August 1958 in Rochester, Michigan
Gesang, Schlagzeug
Madonna präsentiert in ihren tanzorientierten Songs eine geschickte Mischung aus Disco und Rock. Mit sagenhaften 34 Top-Ten-Erfolgen wurde sie zu einer der Ikonen des Rock der achtziger und neunziger Jahre.
Alben
Madonna (1983) • Like A Virgin (1984) • True Blue (1986)
Like A Prayer (1989) • Ray Of Light (1998)
Single-Hits
Like A Virgin (D 4, GB 3, US 1) • Papa Don't Preach (D 2, GB 1, US 1)
Who's That Girl (D 2, GB 1, US 1) • Vogue (D 4, GB 1, US 1)
Frozen (D 2, GB 1, US 2)

Me And Bobby McGee
Text und Musik: Kris Kristofferson
& Fred Foster

Kris Kristofferson –
ME AND BOBBY MCGEE

Janis Joplin –
PEARL

Copyright 1969
Verlag Combine
Music Corp.

Cover-Versionen
Roger Miller
Jerry Lee Lewis
Celinda Pink
Greatful Dead
Ramblin' Jack Elliot

»Me And Bobby McGee« ist nicht nur einer der am häufigsten interpretierten Rocksongs überhaupt, das Stück steht auch an einer entscheidenden Schwelle zwischen Country-Musik und Country-Rock. Doch der Reihe nach.

Der Nashville-Musiker Kris Kristofferson hatte sich in der Szene mit einigen seiner Songs bereits einen recht guten Namen gemacht, doch der ganz große Durchbruch war ihm noch nicht gelungen – bis im Jahr 1969 zwei seiner Stücke sehr populär wurden:»Sunday Mornin' Comin' Down« in der Einspielung von Johnny Cash und »Me And Bobby McGee« in der Version von Roger Miller. Beide Interpretationen beschränkten sich musikalisch auf das stilistisch eher naive Country-Idiom, wie es von zahlreichen Liedern her bekannt war, die letztlich aus der Glorifizierung einer Cowboy-, später dann Trucker- und Biker-Romantik bestanden. So fiel es zunächst gar nicht auf, dass gerade die beiden Kristofferson-Songs inhaltlich neue Wege gingen. Auch als der Komponist selbst die Lieder auf seinem Debüt-Album 1970 neben ätzend scharfen Stücken wie »Blame It On The Stones« oder »The Law Is For Protection Of The People« veröffentlichte, bemerkten viele noch nicht den neuen rauen Ton seiner Songs. Man musste schon genau hinhören, um zu spüren: Hier findet keine Idyllisierung einer zuweilen borniert engen Welt statt, die höchstens durch Liebesschmerz und Herzeleid erschüttert wird, sondern hier wird der Blick freigegeben auf die Gescheiterten, die Süchtigen, die Verlassenen, die Kleinkriminellen und die Chancenlosen – kurz: die Loser der Gesellschaft.

»Me And Bobby McGee« ist so eine Geschichte: Das Ich des Songs ist völlig pleite, aus der Wohnung geflogen, weiß nicht, wohin. Eine (im Fall weiblicher Interpretinnen entsprechend ein männlicher) Bobby kommt mit dem Auto vorbei, und die beiden fahren einfach los Richtung New Orleans. Sie freunden sich rasch an und singen »gemeinsam alle Lieder, die sie kennen«. Doch im Refrain wird schnell klar, dass das Glück nicht ewig halten wird: »Freiheit ist nur ein anderes Wort dafür, dass man nichts mehr zu verlieren hat. Und das Nichts hat nur den Wert, frei zu sein. Glücklich zu sein war leicht, solange Bobby den Blues sang, dieses Glück hätte leicht ausgereicht für mich und Bobby McGee.« Die beiden Menschen beginnen ihr Leben zu teilen und sind offenbar zufrieden. Doch genauso unerwartet und unerklärlich, wie sich ihre Lebenslinien gekreuzt haben, geht das Ganze wieder auseinander: »Mein Gott, irgendwo in der Nähe von Salinas hat sie sich einfach davongestohlen, und ich habe es zugelassen. Hoffentlich findet sie das Zuhause, das sie sucht. Trotzdem würde ich all meine Zukunft für ein einziges Gestern eintauschen, um noch einmal Bobby in meinen Armen zu halten.« Aber der Sänger weiß: »Freedom's just another word for nothing left to lose.«

Musikalisch ist der Song countrytypisch einfach aufgebaut. Das Stück kommt mit den Harmoniestufen Tonika, Subdominante und Dominante aus. Charakteristisch ist ein Ganzton-Schritt der Grundtonart zwischen der ersten und zweiten Strophe nach oben. Die Melodie ist etwas schwermütig, aber sehr eingängig und angenehm, sie lädt spontan zum Mitsummen oder Mitwippen ein. Alles in allem: ein schönes, auf den ersten Blick recht harmloses und vielleicht sogar durchschnittliches Country-Lied – wäre da nicht die Interpretation von Janis Joplin.

Die überragende Rocksängerin der späten sechziger Jahre hatte in wenigen Jahren einen ganz eigenen, unnachahmlichen und äußerst expressiven Stil gefunden, in dem sich Rock-, Soul- und vor allem Blues-Elemente auf vielfältige Weise wieder fanden und durchdrangen. Doch das musikalische Herkunftsland der gebürtigen Texanerin war die Country-Musik. Nun, im Jahr 1970 – wie sich bald herausstellen sollte: am Ende ihres kurzen, exzessiven Lebens –, suchte die selbstquälerische Sängerin wieder ihre musikalischen Wurzeln. Bereits im Dezember 1969 hatte sie »Me And Bobby McGee« auf der Bühne gesungen. Dabei konnte sie davon ausgehen, dass Roger Millers Fassung ihrem Publikum nicht bekannt war, denn in diesen Jahren fand wenig Austausch zwischen den verschiedenen Musikgenres statt. »Janis fing den Song allein an und begleitete sich auf der akustischen Gitarre, aber zum Finale wurde sie wie bei ›Hey Jude‹ von der ganzen Band begleitet. Janis hatte seit ihren Tagen in Austin keine Country-Musik mehr gesungen, aber jetzt war sie bereit, ihre musikalischen Urgründe zu erkunden.«[1]

Schließlich wurde »Me And Bobby McGee« für ihr neues Album PEARL eingeplant und am 25. September 1970 aufgenommen – eine Woche vor ihrem Tod. Es sollte posthum der größte Hit ihrer Karriere und 1971 ihre einzige Nummer Eins in den Charts werden. Janis Joplin führt durch das gesamte Ausdrucksspektrum der menschlichen Stimme: Da findet sich nahezu stumme Aussichtslosigkeit neben schwelgerischer Sehnsucht, unzerstörbare Zuversicht neben brüchiger Skepsis und liebevolle Erinnerung neben verzweifelt herausgekreischter Einsamkeit.

Kris Kristofferson, der zum engeren Freundeskreis Joplins gehörte, besuchte einen Tag nach ihrem Tod ihre Band Full Tilt Boogie im Studio und hörte sich die Bänder für das neue Album an. Als ihm Joplins Aufnahme seines Songs vorgespielt wurde, brach der ansonsten als recht robust geltende Mittdreißiger zusammen. Man darf ohne Zweifel »Me And Bobby McGee« als musikalisches Vermächtnis der hinter ihrer schreienden Maske so fragilen, drogenkranken Ikone des Rockgesangs betrachten.

Auch wenn die Interpretation von Janis Joplin in jeglicher Hinsicht überragend und einmalig ist, so haben sich doch zahlreiche andere Musiker mit »Me And Bobby McGee« beschäftigt. Dabei überrascht freilich nicht, dass sich die meisten Fassungen im Country-Bereich tummeln. Roger Miller wurde schon erwähnt, nennenswert sind aber zum Beispiel auch: Bobby Bare, Roy Clark, Waylon Jennings, Gordon Lightfoot, Loretta Lynn, Olivia Newton-John, Charley Pride, Boots Randolph, Kenny Rogers, Hank Snow, die Statler Brothers oder Jerry Jeff Walker. Als Rock'n'Roll bzw. als Rockabilly interpretieren Sleepy LaBeef, Jerry Lee Lewis und Shakin' Stevens den Song. Blues-orientierte Versionen stammen unter anderem von Rita Chiarelli und von Celinda Pink. Die Westcoast-Kultband Greatful Dead verleiht »Me And Bobby McGee« einen etwas psychedelischen Anstrich, während im Gegensatz dazu Ramblin' Jack Elliot das Stück als erdigen Bluegrass bringt. Am gewöhnungsbedürftigsten sind wohl die Einspielungen von Ace Cannon und von The Moms & Dads. Cannon präsentiert den Song als Instrumental, ein klassisches Country-Arrangement mit einem Saxofon (!) als Leadstimme. Doch künstlerische Freiheit kennt kaum Grenzen: The Moms & Dads entdecken in »Me And Bobby McGee« erstaunlicherweise Tanz- und Polka-Elemente. Wie auch immer – der Song spricht es ja ganz deutlich aus: Freedom's just another word …

Kris Kristofferson

Geboren 22. Juni 1936 in Brownsville, Texas
Gesang, Gitarre

Kris Kristofferson ist einer der profiliertesten Country-Musiker, der immer wieder Brücken auch zu progressiveren Rockformen schlug.

Alben

Kristofferson (1970) • Me And Bobby McGee (1971)
The Silver Tongued Devil And I (1971) • Bolder Lord (1972)
A Moment Of Forever (1995)

Single-Hits

Me And Bobby McGee (US 9) • Help Me Make It Through The Night (US 8)
Sunday Mornin' Comin' Down (US 10) • Why me? (US 1)
(Die Chart-Angaben beziehen sich auf die US-Country-Charts)

Janis Joplin

Geboren 19. Januar 1943 in Port Arthur, Texas • **Gestorben** 4. Oktober 1970
Gesang

Janis Joplin war die herausragende weiße Blues-Sängerin. Durch ihren exzessiven Lebensstil und ihren frühen Tod wurde sie mit Jimi Hendrix und Jim Morrison zu einer der größten Ikonen der Rockmusik.

Alben

Big Brother And The Holding Company (1967) • Cheap Thrills (1968)
I Got Dem Ol' Kozmic Blues Again Mama! (1969) • Pearl (1971)
In Concert (1972)

Single-Hit

Me And Bobby McGee (D 8, US 1)

Miss You

Text und Musik: Mick Jagger & Keith Richard

An Titeln wie »Miss You« oder »Start Me Up« schieden sich die Geister: Während die einen diese Songs als »faszinierende Tanznummern auf der Höhe der Disco-Mode ohne Verlust der Rhythm-&-Blues-Tradition«[1] feierten, vermeldeten andere »den Ausverkauf der Stones«,[2] die sich sogar zu Disco herabließen, nur um die Verkäufe anzukurbeln.

Die Wahrheit liegt wie so oft wohl in der Mitte. Es dürfte unbestritten sein, dass die Rolling Stones ihren künstlerischen Zenit zwischen 1968 und 1972 erreicht hatten (⇨»Honky Tonk Women«). In diesem Zeitraum entwickelten sie eine ganz eigene Mischung aus Rock, Rhythm & Blues und Country, die eine Vielzahl von Rock-

**The Rolling Stones –
SOME GIRLS**

Copyright 1978
Verlag Schaltone
B.V./EMI

Cover-Versionen
Honeyboy Hicklingk
Sugar Blue
Etta James

bands entscheidend beeinflusste. Gemessen daran müssen alle späteren Arbeiten der Stones natürlich abfallen. Genauso richtig ist aber auch, dass es den Stones gelang, der oft so sterilen und synthetischen Disco-Musik wesentliche Rockelemente einzupflanzen. Damit trugen sie dazu bei, dass diese Musik authentischer und hörenswerter wurde und schließlich auch das reine Diskotheken-Ambiente verlassen konnte. Das Problem der Stones ist grundsätzlich das eines jeden Rock-Musikers, der in die Jahre kommt: Er ist zuweilen »Too old to rock and roll, and too young to die«, wie es Ian Anderson von Jethro Tull so prägnant ausdrückte.

Vier Elemente, die typisch für den Disco-Stil sind, werden auch bei »Miss You« schnell ohrenfällig: Zum einen ein monoton stampfender Rhythmus, der zwar permanent zu rhythmischer Körperbewegung animiert, aber zugleich jede Raffinesse vermissen lässt; zum zweiten die melodische Reduzierung auf eine geradezu minimalistische Phrase; zum dritten wiederum eine minimalistische und monotone Harmoniegestaltung, die keine nennenswerte Bewegung erkennen lässt; und schließlich viertens ein lebhafter Bass, der sowohl rhythmische wie harmonische Defizite auffängt.

Das Schlagzeug marschiert bei »Miss You« ohne große Variationen oder Breaks durch das Stück. Den Grundrhythmus geben die Bass-Drum (jeweils auf Eins und Drei) sowie die Snare-Drum (bei Zwei und Vier) vor, dazu gesellen sich gerade Achtel auf dem Hi-Hat. Die melodische Reduzierung führt bei »Miss You« zu einem kleinen Thema, das sich wie ein roter Faden durch das gesamte Stück zieht: zu der Melodielinie g–a–d'–c'–a–g–a (2x) – g–a–c'–a. Dieses Motiv wird zunächst vom E-Piano, dann von der gesungenen Melodie vorgestellt, und alles, was melodisch in dem Stück passiert, gründet letztlich darauf. Entsprechend ist auch die Harmonisierung denkbar einfach: der gesamte Song besteht aus einem permanenten Wechsel zwischen a-Moll und d-Moll. Nur während eines kurzen Einschubs von acht Takten (bei 1:45) weicht die Harmonie von diesem Schema ab und geht über F-Dur, e-Moll und d-Moll nach E-Dur. Was Rhythmus und Harmonie an Monotonie aufbauen, macht Bill Wymans Bass mit seinen luftigen Sprüngen und seinen geschickten Gegenmelodien zu einem Gutteil wieder wett.

Neben diesen Elementen finden sich bei »Miss You« allerdings auch Teile, die untypisch für den Disco-Sound sind: allem voran die saubere Gitarrenarbeit von Keith Richard und Ron Wood, die dem Song viel Rhythm-&-Blues-Power verleiht. Ebenfalls zu erwähnen ist in diesem Zusammenhang die sporadisch eingesetzte, stets passgenaue Blues-Harp. Schließlich, und das ist wohl das stärkste Moment im Song, muss Mick Jaggers Gesang hervorgehoben werden. Virtuos spielt er mit allen Facetten der vokalen Ausdrucksmöglichkeiten.

Mal zeigt er sich als ein vor Sehnsucht jaulender Wolf, mal artikuliert er seine Einsamkeit wütend; mal dreht er zu überkanditeltem Sprechgesang in Straßenmanier auf, mal flüstert er in Selbstverlorenheit; in der langen Schlussblende fällt er ab 3:01 sogar in höchstes Falsett – kurz: Jagger zeigt, warum er mit vollem Recht zu einer der ganz großen Stimmen der Rockmusik gezählt werden muss.

Im Song geht es nur um ein Thema: Er vermisst *sie* – wer immer *sie* auch sein mag, was bei Mick Jagger nicht ganz einfach zu klären sein dürfte. Zwar noch mit seiner Frau Bianca verheiratet, machte er durch allerlei Eskapaden Schlagzeilen: die Anerkennung der Vaterschaft von Karis Hunt, der Tochter des Model- und Sängerstars Marsha Hunt, vor allem aber seine heikle Affäre mit Margret Trudeau, der Frau des damaligen kanadischen Ministerpräsidenten. Die ominöse *Sie* im Song ist aber aller Wahrscheinlichkeit nach das Top-Model Jerry Hall, Jaggers spätere Ehefrau.

Wie auch immer, er vermisst sie – etwa in der Nacht, wenn er alleine schläft. Oder er wartet auf ihren Anruf, doch als das Telefon wirklich klingelt, ist nur ein Kumpel dran, der ihm erzählt, sie hätten ein paar tolle puertorikanische Miezen aufgetan, guter Wein wär' auch da, er soll doch einfach rasch rüberkommen. Der Sänger kann über dieses Angebot nur lachen – oder heulen. Verloren läuft er im Central Park herum, manche Leute sprechen ihn an, fragen, was mit ihm los sei. Doch es ist, wie es ist: Er vermisst sie.

»Miss You« wurde relativ wenig gecovert: Sugar Blue, der bereits auf der Originalaufnahme der Stones die Mundharmonika spielte, nahm den Song 1994 in einer sehr dezenten Fassung auf. Ebenfalls mit viel Gewicht auf der Mundharmonika, allerdings mit deutlich stärkerer Blues-Orientierung kommt die Interpretation von Honeyboy Hicklingk daher. Stimmungsvoll trägt die Soul-Sängerin Etty James den Song vor. Die Gruppe Catfish hielt sich dagegen bei ihrer 1996er Fassung sehr eng an das Vorbild der Rolling Stones.

The Rolling Stones

Gründung 1963

Mick Jagger (*26. 7. 1943; Gesang, Gitarre)

Keith Richard (Keith Richards; *18. 12. 1943; Gitarre, Gesang)

Bis 1969: Brian Jones (Lewis Brian Hopkin-Jones; *28. 2. 1942, †3.7.1969; Gitarre, Mundharmonika, Keyboards, Sitar)

1969 bis 1975: Mick Taylor (*17 .1. 1948; Gitarre)

Seit 1975: Ron Wood (*1. 6. 1947; Gitarre, Gesang)

Bill Wyman (*24. 10. 1936; Bass)

Charlie Watts (Charles Robert Watts; *2. 6. 1941; Schlagzeug)

Die **Rolling Stones** sind die dienstälteste Rockband der Welt, sie prägten die Rockmusik entscheidend mit, indem sie in jeweils aktuellen Stilrichtungen eine ganz eigene Rhythm-&-Blues-Komponente integrierten.

Alben 1978–1997

Some Girls (1978) • Tattoo You (1981) • Undercover (1983)
Voodoo Lounge (1994) • Bridges To Babylon (1997)

Single-Hits 1978–1997

Miss You (GB 3, US 1) • Emotional Rescue (GB 9, US 3)
Start Me Up (GB 7, US 2) • Mixed Emotions (US 5)

Morning Has Broken

Text: Eleanor Farjeon; Musik: Cat Stevens

Cat Stevens –
TEASER AND THE FIRECAT

Copyright 1971
Verlag Cat Music Ltd.

Cover-Versionen
New Seekers
Floyd Cramer
Judy Collins
Neil Diamond
Art Garfunkel

Steven Demetri Giorgoiou, besser bekannt als Cat Stevens, stilisierte sich selbst auch dann gerne noch als Anti-Star, als er mit zahlreichen Songs weltweite Erfolge feierte. Bereits 1967 kam der Sohn eines zypriotischen Griechen und einer Schwedin mit Titeln wie »Matthew And Son« in die britischen Charts, doch dann zwang ihn eine lebensbedrohende Lungen-Tuberkulose bis 1970 zu einer langen Pause.

Anfang der Siebziger spielte er sich mit Songs wie »Peace Train«, »Wild World«, »Father And Son« oder »Lady D'Arbanville« zurück in die Herzen seiner Fans. Dabei fand er eine sehr eigene Mischung aus Folk und Softrock, die ihn am ehesten mit Georges Moustaki oder mit Angelo Branduardi vergleichbar machen. Er legte stets Wert darauf, alle Songs selbst zu schreiben, insofern ist »Morning Has Broken« eine Ausnahme, denn mit diesem, seinem wohl bekanntesten Stück überhaupt, vertonte er einen bereits vorhandenen Text, ein Gedicht von Eleanor Farjeon.

Schon im Eintrag zu dem Titel ⇨»Hymn« auf Seite 139 dieses Buches findet sich die Begriffsabgrenzung der beiden englischen Wörter »hymn« und »anthem«, für die wir im Deutschen gleichermaßen die Bezeichnung »Hymne« verwenden. »Anthem« bezeichnet eine Art Schlüssellied für eine bestimmte Bewegung, eine Nation, eine gesellschaftliche Gruppe, eine politische Partei, eine kulturelle Identität und so weiter, das Wort »hymn« ist dagegen ausschließlich als Kirchenlied oder als religiöser Lobgesang zu verstehen. »Morning Has Broken« ist eindeutig eine »hymn«:

»Ein Morgen bricht an wie am Anfang der Schöpfung, eine Amsel hebt an wie zum allerersten Gesang. Preist ihr Singen, preist den Morgen, preist, dass sie neu geboren ist in der Welt. Süß fällt der

Regen wie morgendlicher Tau funkelnd vom Himmel. Preist das Wunder dieses vollkommenen Gartens. Mein ist die Sonne, mein ist der Morgen, der aus dem einen Licht entsteht, das aus Eden kommt. Preist mit Hingabe jeden Morgen als Gottes Erschaffung eines neuen Tages.«

»Morning Has Broken« hat, wie unschwer zu erkennen ist, einen stark religiösen Inhalt mit einer universell spirituellen Aussage – ein eher allgemein gehaltenes Lobgedicht auf die Schöpfung als Werk Gottes, aber keinesfalls ein wie auch immer konfessionell gebundenes Glaubensbekenntnis.

Cat Stevens setzte diese Worte um in eine fast unwirkliche, ungemein schwebende, beinahe magische Melodie, deren tonales Zentrum mehrfach wandert. Das Stück steht in einem – im Poprock eher ungewöhnlichen – Dreivierteltakt. Dabei pendelt der Song auffällig zwischen zwei Elementen: den vier Strophen, in denen die Stimme des Sängers, eine akustische Gitarre, ein dezenter Bass sowie teilweise eine mystisch entrückte Hintergrundstimme vorherrschen, und diversen instrumentalen Überleitungen, die von einem Klavier geprägt und dominiert sind. Der Stil dieser kurzen Passagen wird in der Einleitung definiert, wo eine prägnante Akkordbrechung durch eine Reihe von Harmonien wandert. Die jeweils ersten beiden Viertel des Taktes werden dabei in vier Achtel aufgesplittet, das dritte Drittel in vier Sechzehntel. Damit bekommen diese Songteile immer wieder einen erstaunlichen Drive. Dieser wird unterstützt durch eine recht raffinierte Harmoniefolge, die zusätzlich weitere Spannung aufkommen lässt: von D-Dur über G-Dur und A-Dur nach Fis-Dur und h-Moll, von dort weiter über G-Dur und F-Dur nach C-Dur, der Grundtonart der ersten, zweiten und vierten Strophe.

Diese Verse basieren im Wesentlichen auf den drei Hamoniestufen Tonika, Subdominante und Dominante sowie deren Moll-Parallelen, lediglich die Dominante der Dominante erweitert das Akkord-Material, also in den Strophen Eins, Zwei und Vier (alle in C-Dur) ein D-Dur, in Strophe Drei (in D-Dur) ein E-Dur. Die Überleitungen dagegen variieren jeweils die von der Einleitung geprägte Kadenz: Zwischen der ersten und zweiten Strophe bleibt die Zwischenmusik brav in C-Dur, zwischen Zwei und Drei moduliert sie nach D-Dur, zwischen Drei und Vier wieder zurück nach C-Dur, und die das Lied abschließende Akkordfolge stellt gewissermaßen die Umkehrung der Einleitung dar. Wieder geht die Wanderung über das harmonisch weit entfernte Fis-Dur, diesmal aber von C-Dur nach D-Dur.

Damit erhält »Morning Has Broken« in seinen Instrumentalparts beinahe so etwas wie mathematische Logik, die auf perfekte Weise mit den hauptsächlich atmosphärisch wirkenden Strophen kontrastiert. Diese werden getragen von einer schulmäßig schönen Melodie, die sich jeglicher Genre-Klassifizierung entzieht. Das Ganze könnte sowohl als Folkrock-Melodie wie auch als Schlagerthema durchgehen, als Volkslied genauso wie als Kirchenlied aus der Romantik des 19. Jahrhunderts.

Cat Stevens hat »Morning Has Broken« zunächst für sein 1971er Album TEASER AND THE FIRECAT eingespielt, den Song aber auch für den Soundtrack des Films HAROLD AND MAUDE verwendet, zu dem er noch einige weitere Stücke beisteuerte, nicht zuletzt das bezaubernde »If You Want To Sing Out, Sing Out«. Der Film ist eine herrliche Persiflage auf den »American way of life« und zugleich ein vehementes Plädoyer für unbekümmerte Individualität. Umso mehr erstaunt Cat Stevens' spätere Entwicklung hin zu einer sehr entschiedenen und einseitigen religiösen Fixierung: Er brach völlig mit seinem Leben als Popkünstler, konvertierte 1979 zum Islam und widmete sich zwei Jahre später unter seinem neuen Namen Yusuf Islam hauptsächlich dem schiitischen Glauben und dessen Verbreitung. Dabei erntete er heftigste Kritik, als er sich in einer außerordentlich heiklen öffentlichen Auseinandersetzung mit problematischen Äußerungen selbst ins Abseits manövrierte:

Der in England lebende Autor Salman Rushdie hatte 1989 mit seinem Buch SATANISCHE VERSE in der islamischen Welt große Ablehnung hervorgerufen, viele Muslime empfanden einige Passagen des Werks als Gotteslästerung und Ketzerei. Der schiitische Religionsführer Ayatollah Khomeini verurteilte Rushdie in Abwesenheit öffentlich zum Tode und bot demjenigen umgerechnet rund fünf Millionen Euro, der den Autor nachweislich töten würde. Dieses barbarische Vorgehen stieß bei den allermeisten Intellektuellen und Künstlern in aller Welt auf entschiedenen Widerstand, nicht so bei Yusuf Islam alias Demetri Giorgoiou alias Cat Stevens, der das Todesurteil öffentlich befürwortete oder zumindest Verständnis dafür einforderte.

Doch zurück zu »Morning Has Broken«. Der Song wurde zwar des öfteren gecovert, doch wagte sich keine dieser Versionen auf wirkliches musikalisches Neuland. Natürlich darf bei einem so spirituellen Titel die New-Age-Musik nicht fehlen – Wayne Gratz hat sich in diesem Rahmen des Stücks angenommen. Auch Trivial-Pop und schlagerhafte Einspielungen bieten sich gleichsam wie von selbst an, etwa von Nana Mouskouri, den New Seekers, Joanie Bartels oder Johnny Ventura. Auch gibt es Instrumental-Fassungen, zum Beispiel von den Pianisten Floyd Cramer oder Anthony Burger sowie dem Klarinettisten Acker Bilk. Die meisten Versionen bleiben aber im ursprünglichen Idiom des Softrock, so von Eli oder John MacNally, aber auch bekanntere Namen sind zu finden: Judy Collins, Neil Diamond oder Art Garfunkel.

Cat Stevens

Steven Demetri Giorgoiou

Geboren 21. Juli 1948 in London

Gesang, Gitarre

Cat Stevens war vor allem Anfang der siebziger Jahre mit seiner sehr
eigenen Mischung aus Folk und Softrock einer der erfolgreichsten
Vertreter seines Genres.

Alben

Matthew And Son (1967) • Mona Bone Jakon (1970)
Tea For The Tillerman (1970) • Teaser And The Firecat (1971)
Catch Bull At Four (1972)

Single-Hits

Matthew And Son (GB 2) • Lady D'Arbanville (GB 8) • Peace Train (US 7)
Morning Has Broken (GB 9, US 6) • Oh Very Young (US 10)

Move Your Body

Text und Musik: Marshall Jefferson

In der Entstehung der House Music ist Marshall Jefferson eine der zentralen und prägenden Figuren – doch was ist mit diesem Musikstil überhaupt gemeint? Mit House im ursprünglichen Sinn ist jene Dance-Music bezeichnet, die Anfang der achtziger Jahre in Chicago, und da vor allem im Szeneclub Warehouse entstand. (Von dem Clubnamen leitet sich, nebenbei bemerkt, auch die Bezeichnung »House« ab.) Die Musik wurde dabei hauptsächlich von den Discjockeys kreiert, die den Tänzern einen ganz speziellen Groove anboten – the groove that makes you move –, eine schier endlose Kombination von oft nur sehr kurzen Rhythmuspassagen vieler Soul-, Disco-, Rhythm-&-Blues- und Euro-Electronic-Platten. Dabei wurden häufig klassische Songstrukturen aus Strophe und Refrain zu Gunsten eines pausenlos dahinstampfenden Rhythmus-Gebräus aufgegeben.

House Music hat wie vergleichbare Musikrichtungen – etwa der New Yorker Garage – nur einen Zweck: die Leute zum Tanzen zu bringen. Das Lebensgefühl des House ist damit rundherum positiv. Als diese Musik in den achtziger Jahren neu und heiß war, vereinigte sie alle gesellschaftlichen Schichten, wie auch ein Schlagwort der damaligen Zeit belegt: »One Nation Under A Groove«.[1] Ob schwarz oder weiß, ob hetero oder homo – House stellte für alle ein gemeinsames Dach dar.

Der Musikstil blieb stets mit seinem Entstehungsort, dem Chicagoer Warehouse, verbunden, doch natürlich bildeten sich an vielen

Marshall Jefferson –
Acid Trax

Copyright 1986
Verlag Demon Music Group Ltd.

209

Orten in den Staaten und auch in Europa lokale Szenen heraus, die ihrerseits eigene Varianten entwickelten: Acid House, Handbag, Progressive House, Hardbag, Hiphouse oder Speedhouse. Ihnen allen gemeinsam ist der Mix aus einem monoton treibenden Sound eines Drum-Computers, den quirligen und blubbernden Klängen eines Bass-Synthesizers – meist eines Roland TB 303 –, eines Klaviers und natürlich einer Stimme. Marshall Jefferson kommt dabei das Verdienst zu, das Klavier praktisch im Alleingang im House integriert zu haben. Damit schuf er einen Sound, der weltberühmt wurde und eine wahre Flut vergleichbarer Produktionen anregte. Der Song, mit dem Marshall Jefferson den Durchbruch schaffte, war »Move Your Body«, die »absolute Hymne der House Music mit dem Zusatz ›The House Music Anthem‹«.[2]

Peter Wicke, der erste Rock-Professor der Welt, schreibt in einer bemerkenswerten Analyse zur Entstehung des Techno über »Move Your Body«: »Obwohl scheinbar noch ganz der traditionellen Disco-Musik verhaftet und um Lichtjahre von dem entfernt, was heute in Diskotheken in futuristischer Manier aus überdimensionierten Lautsprechern quillt, markiert das Stück dennoch eine tief greifende Wende und gilt den Technojüngern als beinahe schon mythischer Ursprung ihrer Bewegung.

Was da zu hören war, das war keine Musik und wollte auch keine sein. Es war dies ein so genannter Loop, eine mit diversen Effekten verzierte Tonbandschleife, gebastelt aus dem mit Einführung der Digitaltechnik in die Musikproduktion buchstäblich über Nacht zu Elektronikschrott gewordenen, die Secondhand-Läden mit Tiefstpreisen überschwemmenden Analogsynthesizern. Durch kunstvolles und häufig überaus virtuoses Übereinanderlegen solcher Loops, deren schrittweise Verschiebung gegeneinander, angereichert mit mehr oder weniger ausgeprägt bearbeiteten Fragmenten ausgewählter aktueller Hits, entsteht eine Mixtur besonderer Art, die ohne Tonträger und den hochgerüsteten Gerätepark heutiger Musikproduktion nicht denkbar ist, sich aber dennoch jeder Konservierung und Aufzeichnung und damit der Repräsentation oder Reproduktion durch Medien entzieht. Was damals noch House Music hieß und heute als Techno bekannt ist, ist eine DJ-Musik – die erste gänzlich von technisch generierten Klängen und den dazugehörigen Medien abhängige Form des Musizierens.«[3]

Bei »Move Your Body« wird sehr deutlich, was hier angesprochen wird. Das Stück besteht aus einigen wenigen Versatzstücken, die abwechselnd miteinander kombiniert werden: eine kurze Klavierphrase, die klimpernd vom h auf den Grundton e fällt; eine zweite Klavierpassage, die die monoton in Vierteln geschlagene Akkordfolge E-Dur–E-Dur–A-Dur–H-Dur präsentiert; der Bass, der dieser

Linie ebenfalls strikt folgt; eine Drum-Maschine, die mit verschiedenen Rhythmuspatterns dem Stück keine Pause gönnt; und natürlich die Stimmen, welche die Botschaft des Songs vermitteln – und diese Botschaft lautet ganz einfach: »Gib mir die House Music, am besten die ganze Nacht. Mit der House Music liegst du nie falsch. Die House Music macht mich frei und dich auch! Komm, befrei dich, beweg deinen Körper. Komm, befrei dich, beweg deinen Körper. Deinen sexy Körper. Komm, beweg deinen Körper.«

House und verwandte Musik-Genres haben sich eine recht eigene Interpretation des Urheberrechts zu Eigen gemacht. Da der Philosophie dieser Musik zufolge die Komposition nahezu völlig gleichgesetzt wird mit der Performance, ist jede »Cover-Version« quasi eine Neukomposition. So findet man in den Verzeichnissen einschlägiger Plattenfirmen zahlreiche Titel mit demselben Namen, die alle auf Marshall Jeffersons Titel zurückgehen, sich aber dennoch als Original empfinden. Als Beispiele für solche Neuschöpfungen seien genannt: Eiffel Sixty Five, Trevor Fung, Oscar G. oder Rick Garcia. Darüber hinaus diente der hier behandelte Song Tausenden von »Kompositionen« als Vorlage und als Sample-Pool – das heißt, kurze Riffs werden als elektronisch aufbereitete Musikfragmente (Samples) weiter »verarbeitet«.

Marshall Jefferson
Geboren 19. September 1959 in Chicago
Produktion, Gesang, Klavier
Marshall Jefferson ist eine der prägendsten Persönlichkeiten innerhalb der House Music und der Entwicklung hin zu unterschiedlichen Techno-Formen.
Alben
Acid Trax (1986) • A Day Of The Onion (1996)
Zahlreiche Produktionen für House-Künstler wie Ten City, Byron »B Rude« Burke, Kim Mazelle oder Ce Ce Rogers

Mr. Tambourine Man
Text und Musik: Bob Dylan

Bob Dylan –
BRINGING IT ALL BACK
HOME

The Byrds –
MR. TAMBOURINE MAN

Copyright 1964
Verlag Witmark &
Sons

Cover-Versionen
Judy Collins
John Denver
Stevie Wonder
Raphael Cruz

Es dauerte nur knapp zwei Jahre, bis ein blasser und unscheinbarer zwanzigjähriger Folkie, der im New Yorker Studentenviertel Greenwich Village unter dem Pseudonym »Bob Dylan« lebte, bis dieser junge Mann zur alles überragenden Ikone der amerikanischen Protestsong-Szene aufstieg. Ausschlaggebend für diesen kometenhaften Aufstieg waren Songs wie »Masters Of War«, »A Hard Rains A-Gonna Fall«, »The Times They Are A-Changin'«, »With God On Your Side« und vor allem die Folkhymne Nummer Eins ⇨»Blowin' In The Wind«. Im Jahr 1965 sollte Dylan die amerikanische Folk- und Rockszene wie kein anderer im Alleingang durcheinander wirbeln, doch bereits auf dem Newport Folk Festival im Juli des vorangehenden Jahres zeigten sich erste dunkle Wolken am sonst so idyllischen Folk-Himmel. Statt wie üblich seine Protestklassiker zum Besten zu geben, stellte Dylan hauptsächlich neues Songmaterial aus der sehr persönlichen und eher unpolitischen LP ANOTHER SIDE OF BOB DYLAN (erschienen November 1964) vor. Daneben spielte er auch schon drei Stücke, die erst elf Monate später auf Schallplatte erscheinen sollten: »Gates Of Eden«, »It's Alright, Ma (I'm Only Bleeding)« und den Song, der am meisten Aufregung verursachte, »Mr. Tambourine Man«.

Dieser Titel kam vor allem bei den jungen Zuhörern ausgesprochen gut an, besitzt er doch eine eingängige, schöne und schlichte Melodie, die eine merkwürdige Suggestivkraft in sich zu tragen scheint. Aber der Text war höchst verwirrend und stellte letztlich ein völlig surrealistisches Gedicht dar. Während Dylan bisher mit machtvollen und einprägsamen Worten die Befindlichkeit seiner Generation auf den Punkt gebracht hatte, fanden sich nun literarische Töne, die unverkennbar von der intensiven Auseinandersetzung Dylans mit Rimbaud, Blake, Eliot oder Kafka beeinflusst waren.

Der Refrain beschwört einen ominösen Tambourine Man, sein Lied weiter zu spielen. Der Sänger hat keinen Platz, an dem er sich so richtig zu Hause fühlt, und er verspricht, dem Lied des Tamburinspielers am nächsten Morgen zu folgen. In einer Bilderwelt, die sich nur schwer fassen lässt, zeichnet Dylan den Protagonisten des Songs zunächst in einer sehr tristen Umgebung. Der Tag und der Abend sind im Sand versunken, ohne Spuren hinterlassen zu haben. Der Sänger ist verstört und innerlich rastlos, doch seine alte Straße bietet ihm keine Träume mehr. Er bittet den Tambourine Man, ihn auf dessen Zauberschiff mitzunehmen, dafür will er ihm folgen, wohin ihn dessen Zaubertanz auch führen mag. Er wird sich von nichts abbringen lassen, von keinem Lachen, das um die Sonne tanzt, und von keinem Clown, der seinem eigenen Schatten hinterherjagt. Er wünscht sich, aus seinen dämmrigen Gedanken durch weiße Nebel der Zeit weg von allen Sorgen zu gelangen, hin zu einem diamantenen Himmel, unter dem er bis morgen das Heute vergessen kann. Und dazwischen immer wieder: »Hey Mr. Tambourine Man, spiel ein Lied für mich …« Man kann die Ratlosigkeit der Zuhörer auch heute noch gut nachvollziehen, und so war es kein Wunder, dass rasch Spekulationen ins Kraut schossen, »Mr. Tambourine Man« handele von Drogen. Dylan hat zwar immer wieder eigenen Drogenkonsum eingestanden, aber diesen Einfluss auf den Song stets vehement bestritten: »Bruce Langhorne spielte Gitarre auf einer Reihe früher Aufnahmen. Bei einer dieser Sessions bat ihn der Produzent Tom Wilson, Tamburin zu spielen. Es war ein gigantisches Tamburin, so groß wie ein Wagenrad. Er spielte, und dieses Bild blieb in meinem Kopf haften … Auch andere Dinge inspirierten mich, so der Fellini-Film La Strada. Es war irgendwie die gleiche Sache. Drogen spielten niemals eine Rolle in dem Song.«[1] »Mr. Tambourine Man« läutete eine Phase ein, in der Dylan qualitativ hochrangige surrealistische Lyrik in die Rockmusik integrierte und sie damit letztlich in die Hitparaden brachte. Die Alben Bringing It All Back Home, Highway 61 Revisited und das Doppelalbum Blonde On Blonde sind prall gefüllt mit solchen Texten, die einerseits einen großen Zauber ausstrahlen, sich andererseits aber der unmittelbaren Deutung entziehen und eher assoziativ aufgenommen werden müssen.

Der Songaufbau ist wie bei nahezu allen Dylan-Stücken sehr einfach. Der Song kommt mit einem Minimum an Akkorden aus (F-Dur, B-Dur, C-Dur und g-Moll, Dylan spielt auf der D-Akkord-Basis mit dem Kapodaster auf dem dritten Bund), auch der Aufbau des Stücks orientiert sich an einfachen Folksong-Strukturen: Refrain, Strophe Eins, Refrain, Strophe Zwei, Refrain, Strophe Drei, eine Strophe Mundharmonika, Strophe Vier, Mundharmonika (Lied wird ausgeblendet).

»Mr. Tambourine Man« erschien auf Bringing It All Back Home, dem ersten »elektrischen« Album Dylans, ist dort aber auf der akustischen Seite Zwei zu finden (zu dem ganzen Komplex »Dylan goes electric« siehe in diesem Buch den Beitrag zu ⇨»Like A Rolling Stone«). Der Song ist getragen von Dylans Stimme, seiner akustischen Gitarre und der Harmonika, wird aber bereichert durch eine sehr sensibel ergänzende E-Gitarre, gespielt von Bruce Langhorne.

»Mr. Tambourine Man« ist eines der schönsten Stücke Dylans, doch es hätte in seiner Version wohl nie Kultstatus erreicht. Manchmal ist es erst eine Cover-Version, die einen Song so richtig berühmt macht. Zurück ins Jahr 1964: Im Herbst nahm Dylan seine letzte rein akus-

213

tische LP ANOTHER SIDE OF BOB DYLAN auf und spielte im Zuge der Sessions wohl auch »Mr. Tambourine Man« ein (die »Testläufe« auf dem Newport Festival und beim »Halloween Concert« am 31. Oktober 1964 in New York sprechen jedenfalls dafür), und ein solches Tonband gelangte auf welche Weise auch immer in die Hände von Roger McGuinn, der gerade die Byrds gegründet hatte. Im Januar 1965 nahmen diese auf Anraten ihres Managers Jim Dickson den Song auf, wobei sie – mit Dylans Zustimmung – das Stück heftig bearbeiteten. Zunächst transponierten sie das Lied nach D-Dur, was ihm eine größere Helligkeit verlieh; als Zweites verlangsamten sie das Originaltempo stark; sie konzentrierten sich drittens musikalisch vor allem auf den Refrain und strichen schließlich viertens alle Strophen bis auf die zweite heraus. Damit passte der Song in das damalige Zwei-Minuten-Schema der Hitparaden. Entscheidend aber war die Instrumentierung, sie wurde prägend für den berühmten Byrds-Sound: McGuinns zwölfsaitige Rickenbacker E-Gitarre, Crosbys Rhythmusgitarre, eine harmonische Basslinie und ein treibendes Schlagzeug, und über allem ein sauberer und ausgeklügelter Satzgesang. Es wurde der ganz große Wurf, denn in dieser Fassung erzielten die Byrds mit »Mr. Tambourine Man« nicht nur einen weltweiten Nummer-Eins-Hit, sondern sie schufen einen Song, der für viele geradezu zum Synonym für die Musik der sechziger Jahre wurde. Dylans erste Reaktion, als er die Byrds-Fassung hörte, war: »Fantastisch! Darauf kann man ja sogar tanzen!« Begeistert bot er McGuinn einige seiner Songs an, die die Byrds mit großem Erfolg herausbrachten.

Neben einem solchen »Hammer« hatten es andere Cover-Versionen natürlich schwer, überhaupt zur Kenntnis genommen zu werden. Judy Collins' (1965 auf 5TH ALBUM) und Melanies (1969 auf BORN TO BE) Versionen bewegen sich im Bereich der sanften Folkmuse und stehen dem »Tambourine Man« nicht schlecht an, während der Versuch von Eddy Duane, eine Rock'n'Roll-Nummer daraus zu machen (1965 auf DUANE DOES DYLAN), getrost als missglückt bezeichnet werden darf. Als einer der Ersten coverte auch Stevie Wonder auf seinem dritten Album DOWN TO EARTH (1966): ungewöhnlich, aber gekonnt auf soulige Weise. Von John Denver über Glen Campbell hin zu den Mamas & Papas haben viele Westcoast- und Country-Musiker das Stück eingespielt, ohne besondere Spuren zu hinterlassen. Bemerkenswert ist zu guter Letzt eine Jazz-Version von Raphael Cruz auf seinem 1999er Album A MANO.

Interessant sind daneben auch die späteren Versionen, die Bob Dylan im Laufe seiner Karriere entwickelte: Bei der berühmten Benefizveranstaltung »Concert For Bangla Desh«, das der Ex-Beatle George Harrison am 1. August 1971 im Rahmen von zwei Shows im New Yorker Madison Square Garden veranstaltete, interpretierte

Dylan seinen »Tambourine Man« fast Country-artig; mit ihm musizierten George Harrison, Leon Russell und Eric Clapton. Während seiner langen Tourneen 1974 brachte Dylan den »Tambourine Man« nur sehr selten zu Gehör, und wenn, dann in einer rein akustischen Version mit Stimme, Gitarre und Harmonika. Ein Beleg dafür existiert nur auf dem seltenen Bootleg 40 RED WHITE AND BLUE SHOE-STRINGS. Auf seiner 1978er Welttournee präsentierte er das Lied mit (sehr) großer Rockbesetzung. Der Song hopst fröhlich und flott vor sich hin, nachzuhören auf dem Album AT BUDOKAN. Doch ob diese Fassung (auch ohne die viel zu laute und störende Flöte von Steve Douglas) ein Hörgenuss ist, sei jedem anheim gestellt.

Bob Dylan

Robert Allen Zimmerman

Geboren 24. Mai 1941 in Duluth, Minnesota

Gesang, Gitarre, Keyboards, Harmonika

Bob Dylan ist eine der prägendsten und einflussreichsten Persönlichkeiten der amerikanischen Rockmusik überhaupt.

Alben 1965–1969

Bringing It All Back Home (1965) • Highway 61 Revisited (1965)
Blonde On Blonde Vol. 1 & 2 (1966) • John Wesley Harding (1967)
Nashville Skyline (1969)

Single-Hits 1965–1969

Subterranean Homesick Blues (GB 9) • Like A Rolling Stone (GB 4, US 2)
Positively 4th Street (GB 8, US 7) • Rainy Day Woman 12 & 35 (GB 7, US 2)
Lay Lady Lay (GB 5, US 7)

The Byrds

Gründung 1964 • **Auflösung** 1973

Jim Roger McGuinn (*13. 7. 1942; Gesang, Gitarre)
David Crosby (David van Cortland; *14. 8. 1941; Gesang, Gitarre)
Gene Clark (*17. 11. 1941, †24. 5. 1991; Gesang, Perkussion)
Chris Hillman (*4. 12. 1942; Bass)
Michael Clarke (Michael Dick; *4. 6. 1944, †19. 12. 1993; Schlagzeug)
Weitere Bandmitglieder: Skip Battin, Kevin Kelly, Gene Parsons, Gram Parsons, Clarence White

The Byrds produzierten vornehmlich melodiösen Folkrock im typischen Sound der sechziger Jahre.

Alben

Mr. Tambourine Man (1965) • Fifth Dimension (1966) • Younger Than Yesterday (1967) • Sweetheart Of The Rodeo (1968) • Untitled (1970)

Single-Hits

Mr. Tambourine Man (D 2, GB 1, US 1) • All I Really Want To Do (GB 4)
Turn! Turn! Turn! (D 8, US 1)

215

My Generation
Text und Musik: Pete Townshend

The Who –
THE WHO SINGS MY
GENERATION

Copyright 1965
Verlag Fabulous
Music Ltd.

Cover-Versionen
Manfred Mann
Count Five
Patti Smith
The Wailing Souls
Gorky Park

Bei dem Namen »The Who« fällt den meisten Rockfans das zum Markenzeichen der Band gewordene Zertrümmern der gesamten Musikanlage nach getaner Konzertarbeit ein. Dieser Zerstörungsakt geht nach Erinnerung von Pete Townshend zurück auf ein Konzert 1964 in einem kleinen Club, als die nur lokal bekannte Gruppe Who einen ihrer Rhythm-&-Blues-Auftritte absolvierte. Der Gitarrist stieß während seines wilden Herumgehopses mit dem Gitarrenhals an die Wand, und das Instrument bekam einen heftigen Riss. Aus Wut darüber, und weil das Publikum sein Malheur so gänzlich ungerührt hinnahm, zertrümmerte Townshend seine Gitarre völlig, worauf der Schlagzeuger Keith Moon begeistert einfiel und auch sein Instrument zu Kleinholz verarbeitete.

Einer anderen Version zufolge, die als die wahrscheinlich »richtigere« gelten darf, besuchte der gerade siebzehnjährige Keith Moon ein Konzert der Who, deren Schlagzeuger noch Doug Sandon war. Moon soll Sandon einfach von der Bühne geschubst und selbst mitgespielt haben, mit dem Ergebnis, dass am Ende des Auftritts vom Schlagzeug nur noch ein Trümmerhaufen übrig geblieben war. Townshend, der Sänger Roger Daltrey und der Bassist John Entwistle waren von der Power des jungen Typs so begeistert, dass sie ihn als neuen Drummer aufnahmen.

Welche Fassung auch immer wahr sein mag, Fakt ist jedenfalls, dass die kollektive Zerstörung des Equipments für lange Zeit zu einem festen Ritual eines jeden Who-Auftritts werden sollte – die Who als Verschrotter ihrer Instrumente. Belege für dieses Wüten liefern einige Konzert-Mitschnitte, so zum Beispiel der MONTEREY-POPFESTIVAL-Soundtrack.

Dass die Musiker daneben eine Reihe guter Songs schrieben und einspielten, rückte demgegenüber oftmals fast in den Hintergrund. Mit »My Generation« gelang ihnen dann aber eine ultimative Hymne, die wie kaum ein anderer Song das Lebensgefühl der Rockjugend der englischen »lower class« (also auf der »dark side« der Beatles und der Rolling Stones) widerspiegelte.

Gleichsam als Vorwegnahme des Punk, der von England aus Ende der siebziger Jahre den Rock aus seiner Lethargie rütteln wird, artikulieren die Who in diesem Stück den Frust vieler junger Menschen: »Die Leute versuchen uns schlecht zu machen, weil wir so sind, wie wir sind. Wenn ich deren Kälte sehe, hoffe ich, dass ich sterbe, bevor ich alt werde. Das ist meine Generation. Warum verpisst ihr euch nicht einfach alle? Versucht gar nicht erst, mich zu verstehen, ich hab nichts Sensationelles zu erzählen, ich rede nur über meine Generation.«

Auch musikalisch klopfen die Who an genau die Tür, die dann schließlich die Punker aufstoßen werden. Der Song ist rau und schroff, besteht im Grunde nur aus dem unbändig gedroschenen Akkordwechsel zwischen der Grundtonart G-Dur und F-Dur. Nur ab und zu und in keiner Weise signifikant hervortretend wird zwischendurch kurz nach C-Dur gewechselt. Einen entscheidenden Unterschied zwischen der Musik der Who und der Punks gibt es aber doch: Während die instrumentale und musikalische Qualität der Letzteren oft genug aus einer gewissen Unfähigkeit resultiert, kann man das bei Pete Townshend & Co. nun wirklich nicht behaupten. Wie sie vor allem in ihrem *opus magnum*, der Rockoper TOMMY eindrucksvoll unter Beweis stellten, sprühte die Band in dieser Phase vor musikalischen Ideen, und Townshend selbst darf mit Sicherheit als einer der besten Gitarristen der späten sechziger Jahre bezeichnet werden.

»My Generation« wurde wegen seiner Kompromisslosigkeit und seiner direkten Aussage rasch zum Signature-Song der Gruppe. Pete Townshend erinnert sich: »Ich habe das Lied in einer Nacht zusammengeschrieben, deshalb ist es auch sehr direkt und sehr laut … Es ist der einzige wirklich erfolgreiche politische Kommentar, den ich jemals abgegeben habe.«[1] Dabei entstand natürlich irgendwann das Problem, dass die Musiker älter wurden, während der Song seinen jugendlich-rebellischen Inhalt behielt. Wieder Townshend: »Es hat wunderbar funktioniert. Es hat alle abgestoßen, die es abstoßen sollte, und es hat zwischen den Leuten, die es mochten, und denen, die es nicht mochten, einen dicken Trennungsstrich gezogen. Aber was ist, wenn wir diesen Trennungsstrich gar nicht mehr wollen? … Nun, heute [1979] denke ich, dass es vollkommen lächerlich ist. Vielleicht sollten wir den Text ändern. Wir verlangsamen den Song jetzt zu einem Jimmy-Reed-Rhythm-&-Blues-Tempo. Das ist auch passender für meine müden alten Beine.«[2]

Etwas schwierig dürfte es für einen Interpreten zudem werden, wenn er – nun selbst erwachsen, respektive aus jugendlicher Sicht »alt« geworden – glaubhaft eine Zeile wie »I hope I die before I get old« singen muss. Nochmals der Komponist: »Ich kann mich gut daran erinnern, dass mich viele Leute wegen dieser Zeile ansprachen: ›Meinst du das wirklich? Wie willst du das in fünf Jahren noch singen?‹ Ich hab da immer geantwortet: ›In fünf Jahren sing ich den Song bestimmt nicht mehr.‹ Ich habe wirklich geglaubt, keine fünf Jahre mehr zu leben. Nachdem die Kubakrise nur mit viel Glück überstanden war, gab es insgesamt eine niedergeschlagene Stimmung. Viele von uns waren überzeugt davon, dass in nächster Zeit der große Atomkrieg ausbrechen würde. Das war einfach so. Viele Leute wollen das heute nicht mehr wahrhaben, aber ich habe meine damaligen Gefühle noch genau im Gedächtnis.«[3]

Die Blütezeit von »My Generation« war 1969/1970 – also gerade die besagten fünf Jahre nach der Ersteinspielung! Im Mai 1969 erschien das Aufsehen erregende Doppelalbum TOMMY, das diesseits und jenseits des Atlantiks die Album-Charts stürmte und die Who zu Topstars des Rock machte. Doch die zentrale Live-Nummer dieser Zeit war »My Generation«. Oft genug erweiterte die Band ihren Erkennungssong auf eine Länge von fünfzehn Minuten und baute neben einigen Soloeinlagen das ganze Themenspektrum ihrer Rockoper ein. Eine mitreißende Version dieser Phase findet sich auf ihrem legendären Album LIVE AT LEEDS. Diese Interpretation beginnt mit einem – verglichen mit dem Original – schnelleren und in einer höheren Tonart (A-Dur) gespielten »My Generation«. Doch schon nach 1:40 wandert der Song über Akkordfolgen, die aus »Underture« und »Sparks« stammen, in Richtung TOMMY. Es folgen die charakteristischen Passagen »See me, feel me« und »Listening to you …«, die in TOMMY mehrmals wie Leitmotive auftauchen. Ab 4:40 folgt ein gut fünfminütiger Improvisationsteil, der Themen und Riffs aus TOMMY mit schweren Blues-Rock-Idiomen im Stil von Cream verbindet. Dabei hämmert die Band nicht blind vor sich hin, sondern variiert geschickt zwischen weichen und harten Passagen (bei 8:10, nach einem langen Gitarren-Tremolo, glaubt man sogar, der Song ist nun vorbei). Ab 9:57 konzentrieren sich die Musiker wieder auf charakteristische Tommy-Motive, bevor das Stück zum letzten Mal ab 12:45 in das harte Blues-Rock-Ambiente fällt, in dem es nach insgesamt vierzehneinhalb Minuten endet. Selten überragt eine Live-Einspielung das Original turmhoch, doch hier ist es der Fall – dabei war »My Generation« als Single immerhin der größte Hitparadenerfolg der Who.

Der Song wurde vor allem von Interpreten aus dem Bereich des Hard- und Blues-Rock nachgespielt, so etwa von den Krewmen, den Razobacks, Blues Saraceno oder Manfred Mann. Eher psychedelisch ist die Version der Count Five, die Sängerin Patti Smith dagegen rückt »My Generation« in die Nähe des Punk. Die Wailing Souls interpretieren den Song als Reggae, und sehr ungewöhnlich ist die Heavy-Metal-Fassung der Gruppe Gorky Park: Sie fügen dem Originalsong einige russische Textpassagen an — ma generationskij ist schließlich international.

The Who

Gründung 1964 • **Auflösung** 1983

Pete Townshend (*19. 5. 1945; Gesang, Gitarre)

Roger Daltrey (*1. 3. 1944; Gesang)

John Entwistle (*9. 10. 1944; Bass)

Keith Moon (*23. 8. 1947, †7. 9. 1978; Schlagzeug)

ab 1978: Kenny Jones (*16. 9. 1948; Schlagzeug)

The Who gehören zu den profiliertesten Vertretern des britischen Rock, Aufsehen erregten neben einer Reihe von Einzeltiteln vor allem ihre Rockopern TOMMY und QUADROPHENIA. Die Band wird vielfach als Vorreiter der Punk-Musik betrachtet.

Alben

The Who Sings My Generation (1965) • The Who Sell Out (1967)

Tommy (1969) • Live At Leeds (1970) • Quadrophenia (1973)

Single-Hits

My Generation (D 6, GB 2) • I'm A Boy (D 10, GB 2)

Pictures Of Lily (D 5, GB 4) • I Can See For Miles (GB 10, US 9)

Pinball Wizard (GB 4)

My Sweet Lord

Text und Musik: George Harrison

Fachwelt wie Fans staunten nicht schlecht darüber, dass ausgerechnet der nach außen hin eher zurückgezogen und introvertiert wirkende George Harrison als erster Beatle große Solo-Erfolge feiern konnte. Während John Lennon immerhin fast zwei Jahre »Nach-Beatles-Zeit« benötigte, um mit ⇨»Imagine« wieder an die alte Kreativität anknüpfen zu können – Paul McCartney sogar drei Jahre für ⇨»Band On The Run« –, erschien weniger als ein halbes Jahr nach dem offiziellen Ende der legendären Band Harrisons spektakuläres Dreifach-Album ALL THINGS MUST PASS. Ursache für diese rasche Produktion war sicherlich zum einen, dass er auf eine Menge Song-Material zurückgreifen konnte, das er noch zu Beatles-Zeiten geschrieben hatte, dort aber nicht an den Mann respektive an die Gruppe bringen konnte: »Isn't It A Pity«, das in zwei sehr unterschiedlichen Fassungen auf dem Dreier-Set zu finden ist, war sogar schon für das 1966er Album REVOLVER im Gespräch. Zum anderen war er künstlerisch nicht so ausgebrannt wie Lennon und McCartney, deren endlose Reibereien beide eine Menge Energie gekostet hatten.

Wie dem auch sei, gleichsam aus dem Nichts schoss ein Harrison-Titel an die Spitze sämtlicher Hitparaden: »My Sweet Lord«. Schon

George Harrison –
ALL THINGS MUST PASS

Copyright 1970
Verlag Harrisongs Ltd.

Cover-Versionen
Fitzroy Sterling
Richie Havens
Aretha Franklin
The Belmonts
Main Attraction

219

zu Zeiten der Beatles hatte Harrison einen Hang zu spirituellen und ins Religiöse gehenden Stücken, wie zum Beispiel »Within You Without You« oder »The Inner Light« bezeugen. Hier nun legte er das ergreifendste »Halleluja« und »Credo« der Rockmusik vor – ein Lob- und Preisgesang und ein Glaubensbekenntnis an Gott, das an keinerlei konfessionelle Zwänge und Einschränkungen gebunden war: »Mein höchster Gott, ich möchte dich wirklich sehen, möchte bei dir sein, aber es braucht seine Zeit. Ich möchte dich erkennen, möchte deinen Weg gehen und dir zeigen, dass es vielleicht doch nicht so lange dauert. Halleluja – Hare Krishna – Hare Rama.«

Mit der Gelassenheit eines Mantras zieht der Song in stetem ruhigen Rhythmus und ohne besonders auffällige harmonische oder melodische Finessen am Zuhörer vorüber und hinterlässt den ausgesprochen ästhetischen Eindruck eines mit majestätischem Flügelrauschen vorbeifliegenden Schwans. Basis der Musik ist ein doppelter Akkordwechsel. Während der Passagen »My Sweet Lord« lösen sich zunächst fis-Moll und H-Dur ab, dieser Wechsel erklingt auch in der Einleitung mit ihrer charakteristischen Slide-Gitarre. In den Textpassagen »really want to see you« spielt sich das Alternieren der Harmonien zwischen der Grundtonart E-Dur und cis-Moll ab. In diese Basiswechsel streut Harrison dezent und sporadisch einige verminderte Akkorde ein. Bei 1:52, nach einer kurzen Modulationsphase, die das Stück gleichsam in noch strahlendere Höhen führen soll, steigt die Grundtonart um einen Ganztonschritt nach Fis-Dur.

Der gesamte Vortrag Harrisons ist sehr stark von innen heraus getragen, feierlich und nachdrücklich. Insofern erstaunt es, dass ausgerechnet dieser Song einen recht hässlichen Plagiatsvorwurf nach sich zog. George Harrison hatte immer behauptet, zu »My Sweet Lord« durch »Oh Happy Day« der Edwin Hawkins Singers inspiriert worden zu sein, und in der Tat ist den beiden Stücken neben ihrer jeweiligen religiös motivierten Bestimmtheit auch eine musikalische Ähnlichkeit nicht abzusprechen. Doch noch größer ist diese Ähnlichkeit, wie sich später herausstellen sollte, mit einem amerikanischen Nummer-Eins-Hit aus dem Jahr 1963: mit »He's So Fine« von den Chiffons. Das Ganze führte schließlich zu einem Rechtsstreit, als dessen Ergebnis sich Harrison die Tantiemen aus dem Song mit den Verfassern des Chiffons-Titels teilen musste.

Mit »My Sweet Lord« wurde Harrison zweifellos seinem Image als spirituell angehauchter Ex-Beatle voll gerecht. Ein anderes Klischee widerlegte er aber: dass er stets nur in der zweiten Reihe hinter seinen Kollegen John Lennon und Paul McCartney stehen könne. Doch trifft dieses Image des »stillen Beatles«, das von vielen Kommentatoren auch bei ihren Nachrufen auf den im November 2001 nach langjährigem Krebsleiden verstorbenen Musiker weidlich ausgebreitet wurde, nicht ganz ins Schwarze. Oft genug war es vor allem Harrison, der mit seinen frech-humorvollen Kommentaren die Dinge auf den Punkt brachte. Geradezu eine Legende ist jene Geschichte geworden, die davon handelt, wie die noch völlig unbekannten Beatles Probeaufnahmen bei ihrem späteren Produzenten George Martin machen sollten. Die Beatles spielten unter anderem zwei Eigenkompositionen ein, »Love Me Do« und »Please Please Me«, und der Produzent erklärte ihnen am Ende der Aufnahme ausführlich und freundlich, wo man Arrangement oder Vortrag verbessern konnte oder wo technische Mängel lagen. Dann fragte er die Band, was ihnen denn nicht gefallen habe. Es war nicht der vorlaute Lennon, sondern Harrison, der nach einer Weile betretenen Schweigens schließlich meinte: »Also, als Erstes gefällt mir Ihre Krawatte nicht.« Oder als in der Silvesternacht 1999 ein geistig Verwirrter den Musiker in seinem Haus niederstach und ihn schwer verletzte, meinte Harrison lakonisch: »Ich schätze, der war nicht gekommen, um sich bei den Traveling Wilburys zu bewerben.«[1]

Zurück zum Song: Cover-Versionen von »My Sweet Lord« finden sich zunächst auf zahlreichen Beatles-Tribute-Alben (was insofern merkwürdig anmutet, da der Song mit der Band überhaupt nichts mehr zu tun hatte). Beispiele hierfür sind etwa die Einspielungen von Stu Phillips oder von Keith Lynn. Auffallend viele Reggae-Musiker haben sich des Songs angenommen, etwa die Rudies, die Wailing Souls oder Fitzroy Sterling. Auch im Bereich zwischen Jazz und Soul ist das Stück häufig vertreten, Interpreten sind unter anderen Nina Simone, Edwin Starr, Richie Havens oder Aretha Franklin. Eher seicht und schlagerartig kommt der Titel dagegen bei Peggy Lee oder Andy Williams daher. Auch sonstige Easy-Listening-Versionen, wie etwa die von Percy Faith oder Billy Vaughn, können nicht wirklich konkurrieren mit Versuchen, Harrisons Lobgesang neue musikalische Dimensionen abzugewinnen: Die Belmonts etwa interpretieren den Song als A-cappella-Doo-Wop, Boots Randolph als Nashville-Country-Song und Woschek & Henderson als New-Age-Meditation. Die Formation Main Attraction schließlich klopft in ihrer Fassung »My Sweet Lord« auf seine Eignung als Tanznummer ab.

George Harrison hat anlässlich seiner Anniversary-Edition von ALL THINGS MUST PASS im Jahr 2000 den Song in einer veränderten Fassung neu eingespielt. »Ich wollte für die Jubiläums-Ausgabe ein paar neue Dinge machen und entschloss mich, unter einem ganz anderen Blickwinkel an ›My Sweet Lord‹ heranzugehen. Sam Brown singt zusammen mit mir, und auch die meisten anderen Instrumente wurden ersetzt.«[2] Diese neue Version, auf der auch Harrisons Sohn Dhani an der akustischen Gitarre mitwirkt, ist deutlich schwerer, nach innen gerichteter, es fehlt ihr das luftige Strahlen der 1970er

Aufnahme – man darf nicht vergessen, dass George Harrison zum Zeitpunkt der Neuausgabe seit Jahren schwer an seiner Krebserkrankung litt. Doch der Song ist in seiner späten Fassung abgeklärter, und er weist, nicht zuletzt durch das kurze Sitar-Intro, eindeutiger als das Original in die Richtung östlicher Glaubensvorstellungen. Nach Harrisons Tod begann die Boulevardzeitung THE SUN mit einer Kampagne für eine Neuauflage von »My Sweet Lord« als Single, die zu Weihnachten auf die obersten Plätze der Hitparaden steigen sollte. Doch die Sache wurde nicht realisiert – warum auch? Auf der Doppel-CD von ALL THINGS MUST PASS sind ja schließlich beide Versionen enthalten.

George Harrison

Geboren 25. Februar 1943 in Liverpool, England

Gestorben 29. November 2001

Gesang, Gitarre, Keyboards

George Harrison konnte im Laufe seiner Solo-Karriere nicht ganz an die Erfolge als Beatle anknüpfen, doch er schrieb einige Hits. Daneben verstärkte er seine Aktivitäten als Platten- und Filmproduzent, unter anderem auch für Monty Python, und wandte sich zunehmend dem Hinduismus zu.

Alben

All Things Must Pass (1970) • Living In The Material World (1973)

33 & 1/3 (1976) • George Harrison (1979) • Cloud Nine (1987)

Single-Hits

My Sweet Lord (D 1, GB 1, US 1) • What Is Life (D 3, US 10)

Give Me Love (GB 8, US 1) • All Those Years Ago (US 2)

Got My Mind Set On You (D 7, GB 2, US 1)

N

99 Luftballons

Text und Musik: Jörn-Uwe Fahrenkrog-
Petersen & Carlo Karges

Wie Sternenstaub schneite sie in die internationale Rock- und Popwelt und wirbelte dort ein paar Jahre umher: die Neue Deutsche Welle, kurz NDW. Die Initialzündung für diesen kommerziell erfolgreichsten Beitrag deutscher Bands und Musiker innerhalb des Rock war Peter Schillings »Major Tom«. Völlig losgelöst segelte er von Nichts auf Platz Eins der deutschsprachigen Charts. Es folgten Erfolgstitel wie »Bruttosozialprodukt« (von Geier Sturzflug), »Goldener Reiter« (Joachim Witt), »Sternenhimmel« (Hubert Kah), »Ich will Spaß« (Markus), »Da, da, da« (Trio) oder »Eiszeit« (Ideal), um nur einige der zahlreichen Songs zu nennen. Doch die unbestrittene Hymne der Neuen Deutschen Welle (und der auch international erfolgreichste Song dieser Musikrichtung) wurde »99 Luftballons« von Nena – der »nach außen hin unbedarftesten Sängerin der Neuen Deutschen Welle, sozusagen das Blümchen der achtziger Jahre«.[1]

Der Schritt aus der Anonymität gelang Nena mit einem Auftritt in der damals sehr populären Fernsehshow MUSIKLADEN. Rasch wurde ein Etikett gefunden: Nena, die »wilde frische Sängerin«. Kritiken wie »Lebensfreude schießt aus den Gesten der 22jährigen mit der Unbändigkeit einer Rohölquelle auf Ewing'schem Farmgelände« (aus der TV-Soap DALLAS) waren nicht die Ausnahme. Ihr Schlüsselwort hieß Charme: Nenas Charme war ansteckend, und Deutschland ließ sich anstecken. Ein solches Image wird natürlich irgendwann zum unfreiwilligen Bumerang. Nena erinnert sich auf ihrer Webseite: »Das Witzige ist doch, dass alles so festgeschrieben wird. Wenn so ein erster Anlauf geklappt hat, weil da eine unheimliche positive Ausstrahlung war, dann schreiben sie dich schon als lachendes Monster fest. So muss man dann auch auf jeden Fall sein. Ich erinnere mich noch deutlich an die erste ZDF-Hitparade, bei der nicht so rumgehopst wurde; da kamen dann gleich Stimmen: ›Na, das war aber nicht so fröhlich.‹«

Zurück zu ihrem größten Erfolg, dem Lied von der kleinen Ursache – den 99 unschuldigen Luftballons – und der großen Folge: »Hast du etwas Zeit für mich, dann singe ich ein Lied für dich: von 99 Luftballons auf ihrem Weg zum Horizont.« Doch die Luftballons werden für UFOs aus dem All gehalten, und ein schlauer General befiehlt rasch den Abschuss. 99 Düsenjäger sorgten für ein großes Feuerwerk. »99 Kriegsminister, Streichholz und Benzinkanister, hielten sich für schlaue Leute, witterten schon fette Beute. Riefen: ›Krieg‹ und wollten Macht, Mann, wer hätte das gedacht, dass es einmal so weit kommt wegen 99 Luftballons.« Zurück bleibt eine zerstörte Welt. Die Sängerin findet einen der Luftballons, »[ich] denk an dich und lass ihn fliegen«.

Nena greift mit »99 Luftballons« – wenn auch auf recht naive Weise – ein im Jahr 1983 brandaktuelles Thema auf: Zwar war der Kalte Krieg der sechziger Jahre zwischen dem Warschauer Pakt und der NATO überwunden, allerdings konnten sich die beiden Militärblöcke noch nicht auf eine gemeinsame Abrüstung einigen. Die drohende Aufstellung amerikanischer Pershing-2-Raketen auf deutschem Boden mobilisierte einen deutschlandweiten Massenprotest gegen Atomwaffen und Aufrüstung; weit über eine Million Menschen beteiligten sich an Sitzblockaden und Großkundgebungen. Niemals seit der Kubakrise 1962/63 hatten die Menschen so unmittelbar die Besorgnis, dass durch irgendeinen Zufall – warum nicht durch harmlose Luftballons? – ein atomarer Weltkrieg in ein Inferno führen könnte. Doch man würde Nenas »99 Luftballons« nicht gerecht werden, wenn man den Erfolg des Songs auf seinen textlichen Inhalt reduzieren würde. Das Stück ist vor allem eine pulsierende Rocknummer. Sie besteht aus fünf Strophen ohne Refrain. Die Strophen Eins und Fünf sind getragen und langsam, Nena singt vor dem Hintergrund eines schwebenden Synthesizer-Klangs. Es sind dies die Passagen, wo sie zunächst die Ballons steigen lässt und am Schluss die völlige Zerstörung der Erde erkennen muss. Dazwischen liegen drei sehr schnell und hämmernd vorgetragene Strophen, in denen sich die Atemlosigkeit und die Unausweichlichkeit eines Krieges spiegeln. Der Sound ist geprägt von einem harten Schlagzeug, mehreren aggressiven Synthesizer- und E-Gitarren-Stimmen und einem Slap-Bass (bei dem also immer wieder das Schnalzen der dicken Bass-Saiten heraussticht). Vor den Strophen Zwei und Vier ist jeweils eine rund halbminütige Instrumentalpassage eingefügt, die einen einfachen Riff wiederholt. In diesem Abschnitt steht der Song auf seiner Grundharmonie E-Dur, ansonsten ist »99 Luftballons« ausschließlich auf dem permanenten Wechsel E-Dur–fis-Moll–A-Dur–H-Dur-Sept aufgebaut. Das Stück endet auf einem harmonisch offenen H-Dur-Sext-Akkord mit übergelegter None ... und fort fliegt er, der Luftballon.

Von »99 Luftballons« gibt es keine nennenswerten Cover-Versionen, aber Nena nahm den Song selbst unter dem Titel »99 Red Balloons« mit einem englischen Text auf: »You and I in a little toy shop, buy a bag of balloons with the money we've got. Set them free at the break of dawn, 'til one by one, they were gone.« Diese Fassung erreichte in den britischen Charts Platz Eins. Doch noch erstaunlicher ist, dass »99 Luftballons« in Amerika auf Platz Zwei kam – in der deutschen Version! Luftballons kennen eben keine Grenzen.

Nena

Gabriele Kerner

Geboren 24. Februar 1960 in Hagen

Gesang

Nena ist eine der führenden Interpretinnen der Neuen Deutschen Welle
in den achtziger Jahren.

Alben

Nena (1983) • ? (1984) • 99 Luftballons (1984) • Jamma nich (1997)
Wenn alles richtig ist, dann stimmt was nich' (1998)

Single-Hits

Nur geträumt (D 2) • 99 Luftballons (D 1, GB 1, US 2) • ? (D 3)
Irgendwie, irgendwo, irgendwann (D 3) • Feuer und Flamme (D 8)

Nights In White Satin

Text und Musik: Justin Hayward

Es hätte ja alles ganz anders kommen sollen: Als die Beatles im
Sommer 1967 mit ihrem Album SGT. PEPPER'S LONELY HEARTS CLUB
BAND auf den Markt kamen, brach in der ganzen Rockwelt das
Konzept-Album-Fieber aus. Auch die Moody Blues ließen sich bei
ihrer Suche nach einer Verbindung zwischen klassischer Musik und
Rhythm & Blues anstecken. Es wurde nun geplant, Anton Dvoráks
Sinfonie AUS DER NEUEN WELT in einer Rock-Version einzuspielen –
ein ähnliches Projekt führte schließlich die Formation Emerson, Lake
& Palmer im Jahr 1971 mit Modest Mussorgskijs BILDER EINER AUS-
STELLUNG durch.

Die Dvorák-Geschichte wurde nicht zu Ende gebracht, aber Moody
Blues fand eine neue Verwendung für die vom London Festival
Orchestra unter der Leitung von Peter Knight eingespielten Passa-
gen. Das thematische Konzept des nun entstehenden Albums DAYS
OF FUTURE PASSED war der Ablauf eines Tages: »Der Tag beginnt« –
»Morgengrauen« – »Vormittag« – »Mittag« – »Nachmittag« –
»Abend« – »Nacht«. Jede Tageszeit hat ihren eigenen Song, die
Nacht natürlich den schönsten: »Nights In White Satin«.

Der Song ist die poetische Umschreibung einer traumartigen Lie-
besnacht, der Text ist eine Aneinanderreihung freier Assoziationen
und sehr persönlicher Bilder: »Die Nacht, gehüllt in weißen Satin,
scheint nie zu Ende zu gehen. Briefe, nie zum Abschicken gedacht,
fallen mir ein. Schönheit, wie ich sie immer gesucht habe, liegt vor
meinen Augen. Ich kann nicht mehr sagen, wo die Wahrheit liegt.
Denn ich liebe dich! Vor mir sehe ich andere Paare, aber keiner von

**The Moody Blues –
DAYS OF FUTURE PASSED**

Copyright 1967
Verlag Tyler Music
Ltd.

Cover-Versionen

Eric Burden
The Dickies
Elkie Brooks
Doug Smith
Jon Saint James

225

denen versteht mich. Im Grunde kommt es nur darauf an, dass du letztlich das wirst, was du wirklich sein willst. Und ich liebe dich!« Justin Hayward erinnert sich: »Ich schrieb ›Nights In White Satin‹ für unsere neue Show, der Song sollte für die Nacht stehen. Da sind eine Menge persönlicher Dinge hineingeflossen. Heute denke ich, es ist in gewisser Weise ein riskanter Song, insofern du deine Gefühle völlig offen legst, damit machst du dich unglaublich angreifbar; und irgendeinen gibt's immer, der dir eins reinwürgen will. Aber im Endeffekt glaube ich, das ist der Grund, warum die Leute das Lied so gerne mögen.«[1]

Wie glänzend schmeichelnd-glatter Satin fließen Melodie und Harmonien des Stücks sanft ineinander. Dabei bricht der in e-Moll stehende Song immer wieder aus seinen Grundakkorden aus, macht Ausflüge nach F-Dur oder – im Refrain – nach A-Dur. Das alles geschieht aber so spielerisch und beiläufig, dass der Hörer keinerlei Brüche bewusst wahrnimmt. Auch der im Rock eher ungewöhnliche Zwölf-Achtel-Takt wird zunächst kaum ohrenfällig. Liest man Rezensionen zum Album und zum Song, so fällt in Bezug auf »Nights In White Satin« immer wieder ein Urteil auf: Das Lied sei einfach nur »schön«.

Der Song erschien Ende 1967 als Single sowie auf DAYS OF FUTURE PASSED. In der Album-Version ist er eingebettet in orchestrale Überleitungen und Ausklänge und wirkt so noch traumartiger als auf der Single, wo er ohne diese Stimmen erdiger – man könnte auch sagen: »rockartiger« – erscheint.

»Nights In White Satin« hat eine ganze Menge Fremd-Einspielungen inspiriert, die meisten davon tummeln sich erwartungsgemäß im Bereich des Easy-Listening – etwa diverse Orchester-Interpretationen oder Aufnahmen von Nancy Sinatra, Nana Mouskouri, Richard Clayderman, Pierre Belmonde oder den Shadows. Auch Mainstream-Fassungen, die sich stilistisch nah am Original bewegen, finden sich vielfach, genannt seien nur die Interpretationen von Jon Saint James oder von Sandra. Weiter weg führt die Version von Eric Burden, der dem Song einen kräftigen Rhythm-&-Blues-Anstrich verleiht, während die Band The Dickies in der Satin-verhüllten Nacht sogar raue Punk-Elemente entdecken. Den Raum zwischen Pop und Jazz loten der Fusion-Musiker Deodato sowie die Sängerin Elkie Brooks aus. Dagegen ganz auf der Seite des Jazz angesiedelt ist eine bemerkenswerte Gitarren-Version von Doug Smith auf seinem 95er Album DEEP HEART.

The Moody Blues

Gründung 1964

Justin Hayward (*14. 10. 1946; Gesang, Gitarre, Keyboards)
Ray Thomas (*29. 12. 1941; Gesang, Flöte, Mundharmonika)
Mike Pinder (*27. 12. 1941; Keyboards)
John Lodge (*20. 7. 1945; Bass)
Graeme Edge (*30. 3. 1941; Schlagzeug, Tabla, Gitarre)
Weitere Mitglieder im Laufe der langen Band-Biografie: Paul Bliss, Rod Clarke,
Denny Laine, Patrick Moraz, Clint Warwick
Die Musik von **The Moody Blues** verbindet Elemente der klassischen
und romantischen E-Musik mit Rhythm & Blues.

Alben

Days Of Future Passed (1967) • On The Threshold Of A Dream (1969)
Every Good Boy Deserves Favour (1971) • Long Distance Voyager (1981)
Strange Times (1999)

Single-Hits

Go Now! (GB 1, US 10) • Nights In White Satin (GB 9, US 2)
Question (D 9, GB 2) • Your Wildest Dreams (US 9)

Nutbush City Limits

Text und Musik: Tina Turner

Die gesamten sechziger Jahre hindurch wurde das Rhythm-&-Blues-Duo Ike & Tina Turner als heißer Insidertipp gehandelt. Das Ehepaar erzielte einige Hitparaden-Notierungen und war vor allem wegen seiner energiegeladenen Bühnenshow bekannt. Doch erst im Nachhinein sickerte durch, wie es hinter der Kulisse um das Familienleben der Turners stand. Wie Tina Turner 1986 in ihrer Autobiografie ICH, TINA – MEIN LEBEN enthüllte, war ihr Mann ein prügelnder Tyrann, drogenabhängig, jähzornig und völlig unberechenbar. So verwundert es wohl weniger, dass die Ehe in den siebziger Jahren zerbrach, als vielmehr, dass sie überhaupt so lange gehalten hat.

Wie dem auch sei, als Ike und Tina Turner am Scheideweg standen, landeten sie ihren letzten und zugleich größten Hit, »Nutbush City Limits«. Das Lied handelt, zumindest auf den ersten Blick, von der einengenden Starrheit in Nutbush City, jener amerikanischen Kleinstadt in Tennessee, in der Anna Mae Bullock alias Tina Turner aufwuchs. Doch man darf sicher sein, dass »Nutbush City Limits« nicht nur eine Abrechnung mit ihrer Kindheit war, sondern auch eine entschiedene Absage an die Unfreiheit ihres Lebens und an die

Ike & Tina Turner –
NUTBUSH CITY LIMITS

Copyright 1973
Verlag EMI
Blackwood Music Inc.

Cover-Versionen
Bob Seeger
Alvin Lee
Hank Davison
Zora Young

227

Missachtung, die ihr Ike Turner permanent entgegenbrachte. In ihren Erinnerungen wird diese Doppelbödigkeit sehr deutlich: »Zur Zeit von ›Nutbush City Limits‹ wurde ich 34 Jahre alt. Ich glaube, wenn eine Frau diesen mittleren Abschnitt ihres Lebens erreicht, dann verändert sich ihr Denken. Bei mir war das zumindest der Fall. Ich begann über meine bisherige Karriere nachzudenken, mich daran zu erinnern, was ich erwartet hatte, als ich angefangen hatte. Ich dachte an meine Träume von einem Leben in Glamour. Aber an meinem Leben war nichts Glamouröses. Es war nicht einmal *meine* Karriere – sondern es war *Ikes* Karriere. Und es waren Ikes Songs, die meisten jedenfalls, und sie behandelten Ikes Leben – und ich musste sie singen. Ich war nur sein Werkzeug. Dann dachte ich über meine Ehe nach. Und ich erinnerte mich daran, was die Ehe mir bedeutet hatte, als ich noch ein kleines Mädchen war – ein liebender Ehemann und ein liebendes Weib und glückliche Kinder. Mein Gott, dachte ich, wie hat das alles nur so schief gehen können?«[1]

All diese Gedanken und Reflexionen stecken zumindest indirekt in dem Song, und auch Ike Turner ist ein Stück weit »Nutbush City«.

»Dieses Nest am Highway Number 19 besteht aus Kirche, Kneipe, Schule und öffentlichem Klo, und die Leute passen pingelig darauf auf, dass alles schön sauber bleibt. In der ganzen Stadt darf man nicht schneller als 25 Meilen pro Stunde fahren, Motorräder sind sogar völlig verboten. Am Freitag gehen die Leute einkaufen, am Sonntag in die Kirche. An den Wochentagen wird auf den Feldern gearbeitet, und am Gewerkschaftstag machen alle ein Picknick. Whiskey kriegt man in der ganzen Stadt nicht, und wehe, man hat mal zu viel getrunken: Dann wandert man gnadenlos ins Gefängnis, wo sie einen mit gesalzenem Schweinefleisch und mit Zuckersirup vollstopfen. Tja, so ist Nutbush, und so sind seine Grenzen, die sich die Leute dort selbst auferlegen.«

Es ist ein trister Ort, durch den Tina Turner angeekelt wie durch einen stinkenden Schweinestall stapft, auch wenn sie ihre Abscheu hinter einem von manchem vielleicht als ironisch empfundenen Ton verbirgt. In dem Song scheint sich ihre ganze Wut und ihre Verzweiflung über die eigene desolate Lebenssituation zu komprimieren. Ihr Mann nahm erstaunlicherweise wohl nur die Oberfläche des Stücks wahr, anderenfalls hätte er »Nutbush City Limits« kaum mit seiner Frau eingespielt und dem Stück sein mitreißendes Arrangement verpasst.

In der Tat basiert die Wirkung und damit der Erfolg des Stücks weder auf einer besonderen Struktur oder auf irgendwelchen musikalischen Raffinessen, sondern ausschließlich auf der Art und Weise, wie es dargeboten wird: In einer Art Einleitung stellen zunächst zwei E-Gitarren das einfache harmonische Konzept vor, ein andauerndes Verharren auf A-Dur, das nur im Refrain (»They call it *Nutbush* ...«) für je zwei Takte nach C-Dur und nach G-Dur wandert. Die Gitarren sind rhythmisch und klanglich gegeneinander gesetzt – die eine aggressiv verzerrt und mit einem ausgeprägten Funk-Rhythmus geschlagen, die andere mit verspieltem Wah-Wah-Effekt gegen den Akzent gezupft. Dadurch entsteht bereits in dieser rudimentären Phase des Stücks eine gehörige Portion Vehemenz und Treibkraft, die den Hörer und vor allem auch den Tänzer den ganzen Song nicht mehr loslässt. Nach und nach verdichten ein hart getrommeltes Schlagzeug, ein pulsierender Bass, ein metallisch klingendes Keyboard sowie sporadisch eingesetzte, prägnante Bläserriffs die Atmosphäre des Stücks, das seinen endgültigen Charakter erhält, wenn Tina Turner ihren bissigen Text herausschreit. Dieser wird nur unterbrochen, wenn nach Strophe Drei ein ziemlich zittriger Moog-Synthesizer 25 Sekunden lang ein etwas quäksiges Solo hinlegt.

»Nutbush City Limits« ist zwar auf unzähligen Samplern vertreten, die sich mit der Musik der siebziger Jahre beschäftigen, erstaunlicherweise hat der Song aber relativ wenige Fremdeinspielungen angeregt. Am intensivsten bemühte sich der Blues-Rocker Bob Seeger um das Stück, er hat es sowohl im Studio als auch live aufgenommen; beide Versionen sind großartige Rocknummern, die sich vor keinem Vergleich mit dem Original zu fürchten brauchen. In einen ähnlichen stilistischen Bereich fallen die Interpretationen von Alvin Lee oder von Hank Davison. Demgegenüber zeigt die Sängerin Zora Young in einer Version aus dem Jahr 2000, dass man sich der »Nutbush City« auch über einen eher sanfteren Blues nähern kann.

Zurück zur Familien-Saga der Turners: Nach der Trennung im Jahr 1974, der zwei Jahre später auch die formelle Scheidung folgte, arbeitete Ike Turner zunächst als Produzent und Solokünstler weiter, erzielte mit seinen Projekten aber nur mäßige Erfolge. In den Achtzigern bekam er ernsthafte Probleme wegen seines Drogenkonsums und auch wegen Drogenhandels. Er wurde mehrfach verurteilt und saß achtzehn Monate im California-Men's-Colony-Gefängnis eine Haftstrafe ab. Tina Turner verschwand zunächst aus dem Blick der Öffentlichkeit, und auch sie floppte mit einigen Platten. Innerlich wohl wieder gestärkt, gelang ihr 1984 mit PRIVATE DANCER ein unerwartetes und atemberaubendes Comeback, das die Sängerin in die Riege der absoluten Superstars der achtziger und neunziger Jahre katapultierte. Sie brachte Top-Hit auf Top-Hit heraus: »What's Love Got To Do With It«, »We Don't Need Another Hero«, »Two People« oder »The Best«, um nur einige zu nennen. Daneben brach sie reihenweise Tournee-Rekorde, einen hält sie heute noch: Als sie im Januar 1988 im Maracana-Stadion in Rio de Janeiro auftrat, besuchten 180 000 Menschen das Konzert – die größte Zuschauermenge, die jemals für einen Einzelkünstler zusammengekommen ist.

Ike & Tina Turner

Gründung 1959 • **Auflösung** 1974

Ike Turner (*5. 11. 1931; Gesang, Gitarre, Keyboards)

Tina Turner (Anna Mae Bullock; *26. 11. 1938; Gesang)

Ike & Tina Turner waren eines der profiliertesten Rhythm-&-Blues-Duos während der gesamten sechziger Jahre. Nach der Trennung und einer längeren Pause wurde Tina Turner in den achtziger und neunziger Jahren zu einem der Mega-Stars der Rock- und Popmusik.

Alben

The Sound Of Ike & Tina Turner (1960)

Festival Of Live Performances (1962) • River Deep – Mountain High (1966)

Workin' Together (1970) • What You Hear Is What You Get (1971)

Single-Hits

River Deep – Mountain High (GB 3) • Proud Mary (US 4)

Nutbush City Limits (D 2, GB 4)

On The Road Again

Text und Musik: Floyd Jones & Alan Wilson

Es waren nicht einfach nur Blues-Freaks, die in den sechziger Jahren mit Canned Heat den »Prototyp einer, noch dazu erfolgreichen, Laurel Canyon Blues Band«[1] entstehen ließen. Den Kern der Formation bildeten der schwergewichtige, vollbärtige Bob Hite, der Gitarrist Henry Vestine und der Musikstudent Alan Wilson. Hite hatte bereits als Kind mit dem Sammeln rarer Blues-Platten und -Schellacks begonnen und war schließlich stolzer Besitzer einer der größten Sammlungen überhaupt, die mehr als 70 000 Scheiben umfasste. Vestine war lange Zeit mit seiner Gitarre durch die Südstaaten gezogen, hatte zahllose Songs gesammelt und mit vielen Blues-Veteranen gespielt. Wilson schließlich spezialisierte sich an der Boston University auf Blues-Forschung, vor allem seine Arbeiten über die Blues-Legende Son House waren wissenschaftliche Pioniertaten.

Doch Canned Heat wollten nicht nur sammeln und analysieren, sondern vor allem den Blues auch selber spielen. Sie brachten einige bemerkenswerte Alben heraus, auf denen die Band eine glaubwürdige Brücke zwischen Tradition und in die Zukunft weisenden Elementen schlug, wie – nur als ein Beispiel – das fast zwanzigminütige Experimentalstück »Parthenogenesis« zeigt. Und die Gruppe schaffte es, mit »On The Road Again« auch in die Hitparaden zu gelangen, in Großbritannien sogar unter die Top Ten.

Das Stück geht zurück auf einen Song von Floyd Jones, einem Chicago-Blueser, der in den fünfziger Jahren mit einigen Stücken über seine lokalen Grenzen hinaus bekannt wurde. Canned Heat spielten nun diesen Titel nicht einfach nur nach – was im Gegensatz zu ihnen viele Blues-Rock-Gruppen auf die Dauer so ermüdend und langweilig werden ließ –, sondern Wilson »entkleidete« die Nummer bis auf ihren wesentlichen Kern und komponierte um diesen herum ein völlig neues »Gewand«. Heraus kam ein Song, der zwar einen völlig neuartigen Sound vermittelte, der aber dennoch die ursprüngliche und brachiale Kraft des Blues beibehielt.

»On The Road Again« erzählt die Geschichte vom ewigen Auf und Ab im Beziehungsgeflecht zwischen Männern und Frauen. Der Sänger beklagt in den ersten vier Strophen sein Schicksal: »Ich hab's satt zu weinen, aber ich bin wieder mal auf der Straße, und da ist keine Frau, die meine Freundin sein will. Ich hau ab aus der Stadt, die ganzen hektischen Auseinandersetzungen machen mich noch fertig. Ich kenn es ja vom ersten Mal, als ich allein in Regen und Schnee stand und weder einen Kumpel noch ein Zuhause hatte. Meine Mutter verließ mich, als ich noch recht jung war, sagte nur, ›Herr, pass auf

Canned Heat –
BOOGIE WITH CANNED
HEAT

Copyright 1968
Verlag Southern
Music, EMI USA

Cover-Versionen
Doctor Feelgood
The Rockets
Dave Edmunds &
Love Sculpture
The Memphis Jug
Band
Pete Townshend

den schlimmen Bengel auf‹.« – Nun folgt eine kurze Instrumental-passage, und danach hat sich die Stimmung total geändert, und der Sänger ist nicht mehr der Verlassene, sondern der Verlassende: »Hör auf zu weinen, Mädchen, es ist halt so: Eines Morgens bin ich wieder fort. Ich werde die lange und einsame Straße aber nicht alleine ent-langziehen; doch dich kann ich nicht mitnehmen, Baby, es wird je-mand anders sein.«

»On The Road Again« funktioniert textlich auf zwei Ebenen. Die »road« ist natürlich die konkrete »Straße«, auf die sich der Protago-nist des Songs geworfen sehen kann, doch steht sie als übertragener »Weg« auch für seine Suche nach einer dauerhaften Beziehung zu einer Frau. Dieses Vexierspiel hält den Bogen von der ersten Strophe (»I ain't got no woman just to call my special friend«) bis zur letzten (»I ain't going down that long and lonesome road all by myself. I can't carry you, baby, gonna carry somebody else«). In dieselbe Richtung weisen auch die vermeintlichen Abschiedsworte der Mutter in Stro-phe Vier, »Lord have mercy on my wicked son« – trägt doch der Aus-druck »wicked« neben einem generell negativen Beigeschmack einen durchaus raffiniert verführerischen und damit attraktiven Aspekt in sich. Es geht also im Grunde um das ewig schwingende Pendel der Liebe zwischen den Polen »Freiheit« und »Sich-auf-Dauer-Einlassen auf eine Partnerin«.

Dieses fast mantra-artige unaufhörlich Kreisende schlägt sich auch musikalisch nieder: Klanglich ist »On The Road Again« eine einzig-artige Mischung aus reinstem Blues und verspielter Popmode. Das Erste, was man zu hören bekommt, ist ein Bordun-Ton, der das ganze Stück hindurch gehalten wird. Dieser Ton wird erzeugt durch eine Tambura, ein bundloses indisches Zupfinstrument, das vor allem George Harrison mit den Beatles über Songs wie »Tomorrow Never Knows«, »Lucy In The Sky With Diamonds« oder »Across The Uni-verse« in die Rockmusik eingeführt hat. Nach zehn Sekunden er-klingen hintereinander die Flageolett-Töne aller sechs Saiten der Lead-Gitarre – das heißt, durch nur leichtes Berühren der Saite direkt über dem zwölften Bundstäbchen werden ausschließlich die jeweiligen Oberstimmen zum Schwingen gebracht. Ab 0:17 steigt der Song dann in seinen pulsierenden Bluesriff ein, den er das ganze Stück hindurch praktisch unverändert beibehält. Das Schlüssel-Motiv folgt der schlichten Sequenz e–g–a–e, die jeweils aufgebaut und angekündigt wird durch die gegenläufige Bewegung nach unten e–d–h. Dabei bleibt die Grundharmonie permanent auf E-Dur. Das Motiv wird ständig und unisono von der Lead-Gitarre und von Wil-sons Mundharmonika vorgetragen, nur eine zwanzig Sekunden lange Improvisation der Harmonika ab 1:31 und als Wiederholung am Schluss unterbricht den behäbigen Fortgang des Stücks. Den Gesang trägt allein die hohe Falsett-Stimme Alan Wilsons (die bei anderen Stücken der Band markant Hites kratzig-tiefe Stimme ergänzt). Nach der zweiten Improvisation reduziert sich das Stück ab 3:07 wieder auf den meditativen Bordun-Ton, und mit der Wiederholung der Flageolett-Töne klingt das Stück aus.

In den Platten- und CD-Katalogen finden sich zahlreiche Einspielungen unter dem Titel »On The Road Again«, doch beziehen sich diese zumeist auf den gleichnamigen Countryhit von Willie Nelson. Aber auch der Song von Canned Heat wurde verschiedentlich gecovert, dabei haben sich die Interpreten nicht weit vom Blues-Rock-Idiom der Vorlage entfernt, wie etwa Doctor Feelgood, Big Country, Nine Below Zero, La Muerte oder die Rockets zeigen. Die Fassung der letztgenannten Band fällt dabei allein schon durch ihre Länge von über achteinhalb Minuten auf. Hörenswert, weil mit pfiffiger Schärfe versehen, ist in jedem Fall die bereits 1968 erschienene Version von Dave Edmunds und seiner Love Sculpture. Die Memphis Jug Band nimmt dem Song etwas von seiner Popseite und führt ihn wieder näher an den traditionellen Blues heran. Pete Townshend schließlich eröffnete mit »On The Road Again« ein 1999 veranstaltetes Benefizkonzert zu Gunsten einer bekannten Kinderhilfs-Organisation, zu hören auf der CD PETE TOWNSHEND LIVE: A BENEFIT FOR MARYVILLE ACADEMY.

Canned Heat
Gründung 1966 • **Auflösung** 1993
Bob Hite (*26. 2. 1945, †5. 4. 1981; Gesang)
Alan Wilson (*4. 7. 1943, †3. 9. 1970; Gesang, Gitarre, Mundharmonika)
Henry Vestine (*25. 12. 1944, †20. 10. 1997; Gitarre)
Larry Taylor (*26. 6. 1942; Bass)
Adolpho »Vito« de la Parra (*8. 2. 1946; Schlagzeug)
Weitere Mitglieder im Laufe der Band-Biografie: Mark Andes, Stuart Brotman, Frank Cook, Harvey Mandel
Canned Heat verschmolzen konsequent klassischen Blues mit Elementen der Rockmusik. Durch ihre Präsenz bei allen großen Rockfestivals der späten sechziger Jahre erreichte die Gruppe große Popularität.
Alben
Boogie With Canned Heat (1968) • Living The Blues (1968)
Future Blues (1970) • Hooker 'n' Heat (1971)
Historical Figures And Ancient Heads (1972)
Single-Hits
On The Road Again (GB 8) • Let's Work Together (D 6, GB 2)

Oye como va
Text und Musik: Tito Puente

Tito Puente –
»Oye como va«
(Single)

Santana –
ABRAXAS

Copyright 1963
Verlag Planetary
Music Publ. Corp.

Weitere Versionen
The Ventures
Tito Puente jr.

Wie ⇨»Mambo No 5« ist auch »Oye como va« in diesem Buch insofern eine Ausnahme, da der Song eigentlich aus einem rockfremden musikalischen Ambiente kommt: aus der Latin Music – genauer: aus dem Cha Cha Cha. Doch eine einzige Einspielung eines inspirierten Rockmusikers machte das Stück auch zu einem absoluten Klassiker des Rock. Sein Komponist, Tito Puente, war die wohl herausragende Persönlichkeit innerhalb der afrokubanischen Musik: Mit seinen sage und schreibe 118 Alben und unzähligen Singles und Schellacks schrieb er Musikgeschichte. Wie kaum ein anderer Musiker verband er in seiner über sechzigjährigen Karriere unterschiedlichste Aspekte der lateinamerikanischen Musikstile, von Rumba und Mambo über Pachanga, Bossa Nova und Cha Cha Cha bis hin zu Latin Jazz und Salsa. Puente beherrschte eine Vielzahl von Instrumenten, doch sein Markenzeichen waren die als Front-Instrumente platzierten Timbales.

Während Puente in den fünfziger Jahren mit Alben wie PUENTE IN PERCUSSION, CUBAN CARNIVAL oder DANCE MANIA weltweite Erfolge feierte, rückt seine Musik angesichts der zunehmenden Dominanz von Beat, Soul und Rock in den sechziger Jahren etwas in den Hintergrund der Öffentlichkeit. Doch als der mexikanisch-amerikanische Rockgitarrist Carlos Santana Puentes »Oye como va« für sein 1970er Album ABRAXAS aufnahm, brachte er diese Musik damit vor allem auch unter ein jugendliches Publikum.

»Oye como va, mi ritmo. Bueno pa' gozar, mulata.« – »Hör zu, wie mein Rhythmus geht. Er ist gut, um Spaß zu haben, dunkle Schönheit.« Das sind die einzigen Textzeilen des Songs, die wie ein Refrain mehrmals wiederholt werden. Und genau diese Zeilen sind das perfekte »Programm« für »Oye como va«, denn der Song besteht im Grunde nur aus Rhythmus. Ansonsten kommt er mit einem Minimum an »Material« aus: dem permanenten Wechsel von a-Moll bzw. a-Moll-Sept- und dem D-Dur-Nonen-Akkord (also D-Dur plus c plus e). Die besondere Raffinesse liegt dabei im Timing der Akkord-Einsätze: Während der Wechsel auf a-Moll stets auf die Eins des neuen Taktes trifft, vollzieht sich der Sprung zum D-Akkord bereits ein Achtel früher. Auf diese Weise erhält »Oye como va« seine unaufhörlich treibende Kraft, die den Zuhörer vom ersten Takt an in ihren Bann schlägt. Der Song wird in kürzester Zeit zu einem Ohrwurm und ist eines der Stücke, die es einem völlig unmöglich machen, regungslos zu verharren, während es läuft. Man muss einfach mitwippen oder tanzen.

Auf Grund seiner einfachen und stets voraussehbaren Struktur ist die Nummer eine ideale Plattform für ein Orchester oder eine Rockgruppe, um den verschiedenen Musikern eine Möglichkeit zu bieten, sich in mehr oder weniger ausführlichen Solos dem Publikum zu präsentieren. Es gibt wohl kaum ein Instrument in Puentes verschiedenen Orchester-Formationen, das nicht bei der einen oder anderen Aufnahme einige Chorusse lang im Vordergrund steht. Auch bei Santana bilden das Herzstück des Songs ausgedehnte Gitarren- und Orgelimprovisationen. Dabei ist es im Vergleich zwischen Latin- und Rock-Version interessant zu verfolgen, auf welchen tonalen Skalen sich die Solisten bewegen. Bei den Latin-Einspielungen verwenden die Improvisierenden zumeist konventionelle Tonleitern, die im Wesentlichen um die pentatonische Skala – hier also a, c, d, e, g – kreisen. Carlos Santana hingegen bezieht seine solistischen Anregungen hauptsächlich aus dem Blues: In einigen seiner früheren Aufnahmen finden sich eindeutige Phrasen seines großen Vorbildes B. B. King (später öffnet er sich vor allem durch seine Zusammenarbeit mit John McLaughlin auch freieren und zuweilen atonalen Skalen).

Carlos Santana gelang bei »Oye como va« eine Interpretation, die einerseits unverkennbar nach Tito Puente klingt, andererseits aber durch seinen deftigen Blues-Touch so radikal frisch und neu wirkt, dass nicht wenige Zuhörer sie wie eine Neukomposition empfanden. Der Santana-Biograf Simon Leng zeigt sich begeistert darüber: »Die Cleverness der Bearbeitung von ›Oye como va‹ äußert sich in der puren Freude, mit der es auch heute noch als Partysong funktioniert. Santana und Rolie benutzten die vielschichtigen Bläsersätze des Originals und erfüllten sie mit neuem Leben und neuer Würze. Die Musiker zeigen hier viel Einfühlungsvermögen, sowohl bei den geschickten Perkussion-Einschüben als auch mit Rolies erfrischenden Orgelbreaks. Allesamt werden sie zu Sklaven der unwiderstehlichen Rhythmen, die sich zu einem Höhepunkt steigern, den das Gitarrensolo beschließt. Als Sänger hatten sie für diese Aufnahme Rico Reyes engagiert, der in der Nachbarschaft wohnte und die Leute von Santana kannte, weil er sich privat mit ihnen herumtrieb. Er war musikalisch kein Schwergewicht, konnte aber auf Spanisch singen.«[1] Der Ruhm geht eben manchmal ungeahnte Wege!

»Oye como va« fand sowohl bei seinem Komponisten Tito Puente als auch bei Santana neben der »offiziellen« Studio-Einspielung mehrere Live-Varianten. Und auch sonst wurde das Stück von zahlreichen Musikern adaptiert. Bis auf eine Version der Rockgruppe The Ventures bewegen sich diese Aufnahmen aber allesamt im Bereich von Latin bzw. Jazz. Deshalb seien nur am Rande erwähnt: die Jazz-Formation Fattburger, Willie Colon, die OJays oder die Celis Sisters. Vor allem aber hat sich Puentes Sohn, Tito Puente jr., dem kleinen Song mit dem unwiderstehlichen Rhythmus angenommen, wie einige Neueinspielungen von ihm deutlich belegen.

Tito Puente
Geboren 20. April 1923 in Spanish Harlem, New York
Gestorben 1. Juli 2000
Timbales, Vibrafon
Tito Puente war einer der erfolgreichsten und auch künstlerisch profiliertesten Interpreten und Komponisten der Latin Music. In seinen Stücken verband er zahlreiche Einflüsse aus dem Jazz mit unterschiedlichsten Stilen der afrokubanischen Musik.
Alben
Puente In Percussion (1955) • Cuban Carnival (1956) • Top Percussion (1957)
Puente In Hollywood (1961) • Para los Rumberos (1973)

Santana
Gründung 1966
Carlos Santana (*20. 7. 1947; Gitarre)
Gregg Rolie (*17. 6. 1947; Gesang, Keyboards)
David Brown (*15. 2. 1947; Bass)
Mike Shrieve (*6. 7. 1949; Schlagzeug)
José »Chepito« Areas (*25. 7. 1946; Perkussion)
Mike Carabello (*18. 11. 1947; Perkussion)
Weitere Mitglieder im Laufe der langen Band-Biografie: Tom Coster, Coke Escovedo, Tom Frazer, Rod Harper, Graham Lear, Bob Livingstone, Armando Peraza, Raul Rekow, Gus Rodrigues, Neal Schon, Orestes Vilato
Die Musik von **Santana** verbindet konsequent Rock, Latin und Jazz und entwickelt hieraus eine sehr eigenständige und explosive Mischung.
Alben
Abraxas (1970) • Caravanserei (1972) • Amigos (1976)
Blues for Salvador (1987) • Supernatural (1999)
Single-Hits
Evil Ways (US 9) • Black Magic Woman (US 4) • Maria Maria (US 1)

P

Papa Was A Rollin' Stone

Text und Musik: Barrett Strong
& Norman Whitfield

Mit Titeln wie »My Girl« oder »Cloud Nine« wurde die Sänger-
(und Tänzer-)Formation The Temptations weit über ihr schwarzes
Stammpublikum hinaus bekannt. Ihr Markenzeichen war ein perfekt arrangierter konventioneller Motown-Soul, im Vordergrund
standen die sich ideal ergänzenden Stimmen von David Ruffin und
Eddie Kendricks. Die beiden verließen jedoch unabhängig voneinander Ende der sechziger Jahre die Temptations, was die Gruppe zu
einer Umorientierung nutzte. Sie integrierte musikalisch progressi-
vere, funkigere Elemente und nahm sich verstärkt sozialer Themen
an. Damit wurde die Band zu einem wichtigen Protagonisten einer
Bewegung, die vor allem James Brown 1969 mit seinem ⇨»Say It
Loud (I'm Black And I'm Proud)« ausgelöst hatte.

Auch »Papa Was A Rollin' Stone« behandelt eine gesellschaftliche
Frage: das Problem urbaner Entwurzelung und schwieriger Familien-
verhältnisse. Der Song ist geschrieben aus der Perspektive eines jungen Mannes, dessen Vater gestorben ist (»It was the third of September«). Er hat diesen Vater nie persönlich kennen gelernt, aber
zahlreiche üble Gerüchte kursieren über den Verstorbenen. Also
konfrontiert der Junge seine Mutter mit diesem Tratsch und fleht
sie geradezu an, ihm die Wahrheit über seinen Vater zu erzählen. Die
Antwort der Mutter ist immer dieselbe und bildet den Refrain:
»Papa was a rollin' stone, son. Wherever he laid his head was his
home, and when he died all he left was us alone.« – Mein Sohn, dein
Papa war ein kullernder Stein. Zu Hause war er immer da, wo er sich
gerade befand, und nach seinem Tod hinterließ er nichts außer uns
in Einsamkeit.

Doch der Junge lässt nicht locker: Stimmt es, dass Papa nie gearbeitet hat? Einige sagen, er hätte drei Kinder mit einer anderen Frau
gehabt, manche erzählen, er hätte als Straßenprediger vollmundige
Reden zur Seelenrettung geschwungen, während er selbst bloß üble
Geschäfte gemacht und im Namen des Herrn gestohlen hätte. »Papa
was a rollin' stone ...« Noch einmal versucht's der Junge: Ich habe
gehört, Papa hat sich selbst als Hansdampf in allen Gassen bezeichnet; ist er deshalb so früh gestorben? Die Leute sagen, er hätte ge-
bettelt und gestohlen, um seine Rechnungen zu bezahlen, und sie
sagen auch, er hätte nie groß nachgedacht, sondern sein Leben damit verbracht, hinter Weiberröcken her zu sein und zu saufen.
Mama, bitte sag mir die Wahrheit. Doch die Antwort der Mutter
bleibt vage, sie kann nicht mehr sagen als »Papa was a rollin' stone«.

The Temptations –
ALL DIRECTIONS

Copyright 1972
Verlag Jobete Music

Cover-Versionen
George Michael
David Lindley
The Pioneers
Regina Carter

Das Stück ist geradezu ein Lehrbeispiel dafür, wie man aus einfachsten Bestandteilen ein grandioses Meisterwerk schaffen kann. Wer das Lied nicht kennt, kann sich wahrscheinlich nicht vorstellen, wie ein fast zwölf Minuten langer Song mit einem einzigen Bass-Riff auskommt (as–b–des–des–as–b), permanent auf ein und derselben Harmonie bleibt (auf b-Moll), mehr als die Hälfte der Songdauer ohne hervorgehobene Soli oder besondere Improvisationen instrumental bleibt – und dabei keine Sekunde Langeweile aufkommen lässt. Die ganze Nummer ist ein produktionstechnischer Geniestreich. Ihre Basis bildet der stetig pulsierende Bass, der sein Motiv nicht verlässt, dazu kommt ein sehr sparsames Schlagzeug – oft nur Achtelschläge auf dem Hi-Hat. In dieses rudimentäre Netz flicht der Co-Autor und Produzent Norman Whitfield schillernd raffinierte Klangkonstruktionen: Glissandierende Violinen werfen rauschende Soundcluster ein; Gitarren- und E-Piano-Klänge wirbeln durcheinander; eine mit starkem Wah-Wah-Effekt ausgestattete Gitarre zieht den Song rhythmisch immer wieder an; Blechbläsersätze verlieren sich in Echo-Kaskaden, und stellenweises Klatschen vermittelt einen Eindruck von der hysterischen Bedrängtheit des Jungen. Über solche Klangelemente baut sich der Song ganz langsam auf. Erst bei 3:54 kommt mit Strophe Eins das letzte musikalisch beherrschende Moment zum Tragen: die gesanglich hervorragenden, stark kontrastierenden Stimmen – vom tiefen Bass bis zu höchstem Falsett. Es folgen der Refrain sowie Strophe Zwei mit Refrain, bevor bei 6:34 erneut ein instrumentales Klangbild die Regie übernimmt. Nach über drei Minuten, bei 9:43, schließen die dritte Strophe und vor allem der mehrmals wiederholte Refrain das Stück langsam ab, das bei 11:45 in der Ausblende endet.

Die Temptations haben ihre Originalaufnahme in zwei verschiedenen Versionen veröffentlicht. In voller Länge ist der Song auf dem Album ALL DIRECTIONS zu hören. Daneben gab es einen siebeneinhalb Minuten langen Single-Mix. Oft liegt im Rock gerade in der Kürze und Kompaktheit die Würze, nicht so in diesem Fall. Gerade die unkonkreten Instrumentalpassagen bauen eine Stimmung von ungemeiner Dichte auf, welche dann in den gesungenen Strophen ihr i-Tüpfelchen findet. In der gekürzten Version fielen hauptsächlich gerade diese Soundcluster der Schere zum Opfer, was den Song zwar nicht zerstört, ihm aber viel von seinem Reiz nimmt. Nochmal um zwei weitere Minuten gekürzt und etwas auf Disco aufgemotzt präsentierten Anfang der achtziger Jahre die so genannten Original Leadsingers Of The Temptations das Stück – wer auch immer sich hinter dem Namen verbergen mag. Hier ist allerdings vom Zauber der Originalaufnahme so gut wie nichts mehr übrig geblieben.

»Papa Was A Rollin' Stone« wurde recht häufig gecovert, vornehmlich von Künstlern aus dem Soul-Rock-Bereich, wie etwa Regina Carter oder George Michael. Als Reggae interpretierten Gruppen wie The Pioneers oder Big Youth den Song, während er bei Four The Cause als reine Rocknummer erklingt. Die vielleicht mitreißendste Version stammt von David Lindley auf seinem 1988er Album VERY GREASY, in dem »Papa Was A Rollin' Stone« als Rocksong mit raffiniert unterlegten karibischen Rhythmen zu hören ist. Doch an den ganz besonderen Reiz der Langfassung der Temptations kommt keine der genannten Aufnahmen heran.

The Temptations
Gründung 1960 • **Auflösung** 1985
Besetzung im Jahr 1972:
Dennis Edwards (*3. 2. 1943; Gesang)
Melvin Franklin (*12. 10. 1942; Gesang)
Damon Otis Harris (*3. 7. 1950; Gesang)
Richard Street (*5. 10. 1942; Gesang)
Otis Williams (Otis Miles; *30. 10. 1941; Gesang)
Weitere Mitglieder im Laufe der Band-Biografie: Elbridge Bryant, Ray Davis, Eddie Kendricks, Glenn Leonard, Ricky Owens, Theo Peoples, Louis Price, David Ruffin, Ron Tyson, Paul Williams und Ali Ollie Woodson.
The Temptations gehören zu den erfolgreichsten Interpreten des Motown-Soul, sie füllten die Spannbreite zwischen konventionellem Soul und erdigem Funk aus.
Alben
Meet The Temptations (1964) • Sing Smokey (1965)
I Wish It Would Rain (1968) • Cloud Nine (1969) • All Directions (1972)
Single-Hits
My Girl (GB 2, US 1) • I'm Gonna Make You Love Me (GB 3, US 2)
I Can't Get Next To You (US 1)
Just My Imagination (Running Away With Me) (GB 8, US 1)
Papa Was A Rollin' Stone (US 1)

Proud Mary

Text und Musik: John Fogerty

**Creedence
Clearwater Revival –
BAYOU COUNTRY**

Copyright 1968
Verlag Jondora Music

Cover-Versionen
Ike & Tina Turner
Elvis Presley
Amen Corner
Solomon Burke
Satan & Adam

»Proud Mary« gehört zu den ganz großen Melodien der späten sechziger Jahre, kein Geringerer als Bob Dylan bezeichnete den Song sogar als bestes Stück des Jahres 1969. Creedence Clearwater Revival waren 1970 in Amerika die erfolgreichste Band – noch vor den Beatles – mit permanent mindestens zwei Single-Hits in den Top Hundred. Ihr Erfolgsgeheimnis lag in einer ungekünstelten Bodenständigkeit, die ein Gegengewicht zu den immer weiter ausufernden Art-Rock-Konzepten darstellte. Sie legten allerdings keinen Wert auf ein rückwärts gewandtes Rock'n'Roll-Revival, sondern machten neue Musik auf der Basis bestehender Grundmuster. Dank des herausragenden Songschreiber-Talents von John Fogerty gerieten ihre Stücke dabei alles andere als flach oder banal.

Obwohl aus San Francisco stammend, identifizierten sie sich in ihren Liedern mit dem Süden der Staaten, mit dem Mississippi-Delta oder dem Dixie. Als Gegenprogramm zu Kult, Charisma und Extravaganz beschäftigten sie sich weniger mit Politik, Drogen oder Sex, sondern beschrieben in ihren Songs den Süden mit einer Genauigkeit, die mit der Treffsicherheit Mark Twains verglichen wurde.

Ein gutes Beispiel dafür ist »Proud Mary«, eine Hommage an einen alten stolzen Schaufelraddampfer der vergangenen Zeiten, dessen riesiges Antriebsrad sich unverdrossen dreht und das Schiff über den Mississippi bringt – den »Green River«, wie ein anderer Topseller der Band heißt. Das Lied entwickelt keine Geschichte, die nachzuerzählen wäre, sondern wirft mit einfachen, aber markanten Worten eine Skizze in die Luft – die Skizze einer Landschaft, die Muße, Ruhe und Gelassenheit widerspiegelt. Für Hektik und Betriebsamkeit ist hier kein Platz. Und dazwischen immer wieder das stoisch gleichmäßige »rollin', rollin', rollin' on the river«.

Typisch an der schnörkellosen Aufnahme ist ihre Geradlinigkeit, das präzise und zügige Durchmusizieren, der unwiderstehlich rollende Beat und die mitreißende Melodie. Dies zusammen ergibt eine Mischung, die fast zwangsläufig hitverdächtig ist. Das Stück in D-Dur beginnt harmonisch ungewöhnlich: mit dem Wechsel C-Dur–A-Dur (3x), G-Dur, F-Dur, D-Dur. Diese harmonischen Fehlfarben tauchen noch zwei Mal im Stück auf, bei 1:16 und bei 2:00, wo sie zwischen Strophe Zwei und Drei einen Instrumentaldurchgang einleiten und auch wieder beschließen. Ansonsten kommt das Stück mit einem Minimum an Akkorden aus. Die Strophen werden ausschließlich von D-Dur getragen, der Refrain basiert auf dem Wechsel

A-Dur, h-Moll und D-dur – also nur auf eng mit der Grundtonart verwandten Harmonien.

»Proud Mary« wurde sehr häufig gecovert – allein im Jahr 1969 erschienen 35 Fremdversionen –, hier also nur eine ganz kleine Auswahl: Auf eher gewohnten Pfaden bewegt sich der stolze Dampfer in den Versionen von Tom Jones und Elvis Presley. Als Flower-Power-Beatsong präsentieren Tommy Roe und die Gruppe Amen Corner den Song; Letztere verpassen dem erdigen Stück einen deutlich psychedelischen Anstrich. In souligem Ambiente lassen Junior Walker und auch Solomon Burke das Schiff dahingleiten, während die Jubert Sisters das Lied schon fast als gospelartigen Blues singen. In modisch aktuellem Mambo-Kleid stellt die Doctor Mambo's Combo den Song vor.

Interessant sind auch vom Pop weit entfernte Aufnahmen wie die Einspielung des Jazz-Klarinettisten Woody Herman. Die New Yorker Straßenmusiker Satan & Adam brachten das Kunststück fertig, die stolze Dame vom Mississippi in die Straßen und Hinterhöfe von Harlem zu entführen. Sie interpretierten das Stück als wild krachenden und äußerst eigenwilligen Blues.

Doch am erfolgreichsten von allen Cover-Versuchen war die Aufnahme von Ike & Tina Turner. Sie bescherte ihnen im Jahr 1971 einen Sprung in der Hitparade bis auf Platz Vier – die einzige Top-Ten-Platzierung des damals noch als Duo auftretenden Paares. Ihre knapp fünfminütige Version beginnt in einer langsamen, relaxten und erdigen Stimmung – »nice and easy«, wie Tina Turner im Song-Intro erklärt. Doch dann scheint ihr einzufallen, dass es Leute gibt, die meinten, Ike & Tina wären niemals »nice and easy«, sondern nur »nice and rough«. Und so kippt auch der Song bei 2:19 in eine schnelle und schweißtreibende Rhythm-&-Blues-Atmosphäre um.

Eines zeigen alle Einspielungen: dass der stolze alte Schaufelraddampfer in vielen Gewässern zu Hause ist.

Creedence Clearwater Revival
Gründung 1963 • **Auflösung** 1972

John Fogerty (*28. 5. 1945; Gesang, Gitarre, Keyboards, Saxofon, Mundharmonika)

Tom Fogerty (*9. 11. 1941, †6. 9. 1990; Gesang, Gitarre)

Stu Cook (*25. 4. 1945; Bass, Keyboards)

Doug »Cosmo« Clifford (*24. 4. 1945; Schlagzeug)

Creedence Clearwater Revival gehören zu den erfolgreichsten Bands in Amerika in den Jahren 1969 bis 1971. In einer eingängigen Mischung aus Rock 'n' Roll, Memphis Blues und Cajun Music schufen sie in diesem Zeitraum fünfzehn Top-Ten-Titel.

Alben

Bayou Country (1969) • Green River (1969) • Willy & The Poor Boys (1969)
Cosmo's Factory (1970) • Pendulum (1970)

Single-Hits

Proud Mary (D 4, GB 8, US 2) • Bad Moon Rising (D 8, GB 1, US 2)
Green River (D 8, US 2) • Travelin' Band (D 4, GB 8, US 2)
Up Around The Bend (D 3, GB 3, US 4)

Pump Up The Jam

Text und Musik: Manuela Kamosi
& Thomas De Quincy

Technotronic –
PUMP UP THE JAM

Copyright 1989
Verlag BMC
Publishing/Bogam

Techno – oder auch Tekkno – wird immer wieder definiert als Musik- oder Rockstil, dessen Ergebnis eine kompromisslose elektronische Tanzmusik ist. Doch ist die Frage berechtigt, inwieweit Techno überhaupt zur Rockmusik zu zählen ist. Die Songstruktur besteht nicht mehr aus konventionellen Einheiten wie Strophe oder Refrain. Auch gibt es keine gängigen melodischen oder harmonischen Strukturen. Im Gegensatz dazu baut sich diese Musik nur noch aus rhythmischen Breaks sowie elektronischen Einzelriffs und Tracks auf. Für sich genommen klingt jeder dieser Sound-Cluster oft unfertig, monoton und langweilig, erst in der – meist stereotypen, sich nur minimal verändernden – Zusammenfügung entsteht eine Mischung, die wohl nur eine einzige Bestimmung hat: Leute auf die Beine zu bringen und in andauernde rhythmische Bewegung zu versetzen. In seiner musikalischen Konzeption ähnelt Techno jedenfalls mehr der so genannten »Minimal Music« und stellt sicherlich die äußerste Ausweitung des Begriffs »Rock« dar.

Techno selbst definiert sich sowohl als eigenständiger Stil wie auch als Überbegriff für all jene tanzorientierten Musikrichtungen, denen eine bestimmte Produktionsweise – weg vom Spielen eines Instruments hin zum Programmieren eines Computers – gemeinsam ist. Das TECHNO-LEXIKON von Sven Schäfer und anderen blättert die folgende Stilbreite des Techno auf: erstens »House« (inklusive »Garage«, »Acid House«, »Handbag/Hardbag«, Progressive House«, »Hiphouse« und »Speed Garage«); zweitens die Stilform »Techno« selbst (mit »Electro« und »Intelligenz & Minimalismus«); drittens Trance (mit den Spielarten »Hardtrance«, »Acidtrance«, »Goa-Trance« und Psychedelic Trance«); viertens »Dancefloor«; fünftens »Breakbeat« (mit »Hardcore«, »Jungle«, »Drum & Bass«, »Triphop« und »Big Beats«; sechstens »Garber« und »Happy Hardcore«; und siebtens schließlich »Ambient« und »Chill Out«.[1] Auch die Techno-Formationen sind weniger als eigenständige Musikgruppen zu verstehen, sie stellen vielmehr einzelne Projekte dar, die zumeist von einem DJ lanciert und geleitet werden.

Eines der erfolgreichsten dieser Projekte fand Anfang der neunziger Jahre in Belgien unter dem Namen »Technotronic« statt. Dahinter verbirgt sich als treibende Kraft vor allem der Brüsseler Thomas De Quincey. Zusammen mit dem Waliser Eric Martin und der siebzehnjährigen zairischen Rapperin Manuela Kamiso produzierte er 1989 eine Reihe von Einspielungen, von denen sich »Pump Up The Jam« und »Get Up! (Before The Night Is Over)« zu internationalen Topsellern entwickelten – ein für eine solchermaßen aufgesplittete Szene wie jener des Techno eher ungewöhnliches Phänomen. Zur Truppe gesellte sich schließlich noch das ebenfalls zairische Model Felly, die ausschließlich bei den Videos mitwirkte und lediglich als Blickfang fungierte.

Eine musikalische Analyse von »Pump Up The Jam« ist im Grunde ein Widerspruch in sich, da der Song eigentlich weder Form noch Inhalt besitzt, sondern praktisch ausschließlich aus Sound besteht. Minimalistische Klangfragmente schweben auf einem lautstark dröhnenden Beat aus einem Bass-Sample und aus elektronischen Perkussion-Mustern. Dazu fordert die Sängerin auf, eine Tanz- und Ravefete zu veranstalten und so richtig die Sau rauszulassen.

Techno ist sicherlich die umstrittenste Form moderner populärer Musik. Sie ist zudem ein primär europäisches Phänomen. Doch bei allen hauptsächlich musikalischen Vorbehalten diesem Stil gegenüber muss der ganzen Bewegung zugute gehalten werden, dass sie – aller Schrillheit und scheinbarer Aggressivität der Musik zum Trotz – auf sehr friedfertige Weise die Massen verbindet. Ein deutliches Indiz dafür ist zum Beispiel die alljährliche Berliner Love-Parade, bei der zuweilen über eine Million Menschen ungeachtet aller sozialen, ethnischen und kulturellen Unterschiede eine gigantische Mega-Party feiern, ohne dass es bislang zu nennenswerten Handgreiflichkeiten oder Auseinandersetzungen gekommen ist.

Technotronic

Gründung 1988 • **Auflösung** 1996

Jo Bogaert (Thomas De Quincey; *5. 5. 1956; Gesang, Rap-Computer, DJ)

MC Eric (Eric Martin; *19. 8. 1968; Gesang, Rap-Computer)

Ya Kid K (Manuela Barbara Kamosi Moaso Djoki; *26. 1. 1972; Gesang, Rap-Computer)

Technotronic gehören zu den erfolgreichsten Techno-Projekten der frühen neunziger Jahre.

Alben

Pump Up The Jam (1989) • Trip On This: The Remixes (1990) • Recall (1995)

Single-Hits

Pump Up The Jam (D 2, GB 2, US 2)

Get Up! (Before The Night Is Over) (D 2, GB 2, US 7)

Rockin' Over The Beat (GB 9) • Megamix (D 9, GB 6) • Move This (US 6)

Purple Rain

Text und Musik: Prince Rogers Nelson

Prince And The Revolution – PURPLE RAIN (Soundtrack)

Copyright 1984
Verlag Controversy Music - ASCAP

Cover-Versionen
Mike Scotts Waterboys
Preston Shannon
The Hollies
Flying Pickets
Randy Crawford

Der in seinem öffentlichen Auftreten sich extrem exaltiert gebende, sich bewusst und permanent außerhalb jeglicher Normen stellende Prince Roger Nelson, kurz Prince, gehört zu den innovativsten und kreativsten Rockkünstlern der achtziger Jahre. Seine erfolgreichsten Hit-Singles waren ⇨»Kiss« und »Batdance«, doch der Song, der ihm zu einem Alter Ego geworden ist und der geradezu Kultstatus erreicht hat, ist »Purple Rain«.

Das Stück ist der Titelsong eines gleichnamigen knapp zweistündigen Rock-Films, dessen grundlegenden Handlungsstrang der Prince-Biograf Dave Hill so zusammenfasst: The Kid (Prince) ist der Anführer einer Rockband, die im einflussreichen Club First Avenue in heftigem Konkurrenzkampf mit einer rivalisierenden Gruppe von Musikern verstrickt ist. Zu Hause schlagen sich währenddessen seine Eltern unter lautem Geschrei gegenseitig den Schädel ein – ihre Beziehung ist längst am Boden, schuld ist der Misserfolg des Vaters, der sich als Musiker nicht durchsetzen konnte. Das persönliche Drama von The Kid entwickelt sich nach demselben Muster wie die Krise der Eltern und bestimmt die Atmosphäre in seiner Band wie auch den Verlauf seiner Liebesbeziehung zu Apollonia. Sie ist neu in der Stadt und träumt davon, ein Star zu werden. Die Lage eskaliert bis zu jenem Punkt, an dem The Kid aus dem First-Avenue-Programm gestrichen werden soll, weil sein Hang zur Selbstbesessenheit und Selbstzerstörung sich auch auf seine Musik und die damit verbundenen Einnahmen niederschlägt. Nach einem kurzen inneren Kampf kommt The Kid plötzlich die »Erleuchtung«, er erkennt, dass ihm seine absolute Selbstbezogenheit im Weg zu anderen Menschen steht. Diesen neu gefundenen Einklang mit der Welt demonstriert er, indem er den Song »Purple Rain« aufführt.[1]

Mit diesem Stück stilisiert Prince sich im Finale des Films selbst zum Rock-Messias – in einem Film, der sich ohnehin in weiten Strecken auf die Selbstdarstellung des bizarren Stars konzentriert.

Princes Erschaffung einer eigenen mythologischen Gestalt darf mit
guten Gründen – vielleicht neben David Bowies Schöpfung ⇨»Ziggy
Stardust« – als gelungenste Kunstfigur des Rock bezeichnet werden.
»Purple Rain« ist im Film aus handlungsdramaturgischen Gründen
angeblich von zwei Musikerinnen – Wendy und Lisa – aus der Band
von The Kid geschrieben worden, aber es weiß jeder: Das ist Prince,
wie es ihn purer nicht gibt. Im Song reflektiert The Kid seine Fehler,
und er kommt an den Punkt, wo er sieht: Seine extreme
Selbstbezogenheit treibt ihn nur in die Isolation. Er muss teilen, wie
ja auch Prince selbst das Stück in gewisser Weise mit Wendy und
Lisa »teilt«, wenn die beiden in PURPLE RAIN als Komponistinnen
gelten dürfen.
Der Begriff »purple« trägt in der Rocksprache neben der schillernden Farbe Violett noch einen weiteren Sinn, jenen der hallozinoge-
nen Droge LSD. Dies geht zurück auf den Jimi-Hendrix-Song »Purple Haze«, in dem es heißt: »Purple haze is in my brain, lately things
don't seem the same.« – Ein violetter Schleier fällt in mein Gehirn,
und danach scheint nichts mehr so zu sein, wie es war. Princes Verwendung von »purple« zielt sicher nicht direkt auf die Droge ab,
aber natürlich schwingt diese Nebenbedeutung mit – besonders
wenn man bedenkt, dass Prince zuweilen als Hendrix der achtziger
Jahre gefeiert wurde.
Zurück zum Song. The Kid öffnet sein Ego und erklärt sich: »Ich
wollte dir niemals Kummer oder Schmerz bereiten, ich wollte doch
nur sehen, wie du lachend im violett-roten Regen stehst. Ich wollte
auch nie dein Weekend-lover sein, sondern einfach nur ein Freund.
Ich hätte dich nie einem anderen ausgespannt, es ist so traurig, dass
unsere Freundschaft zu Ende ist. Jaja, ich weiß schon, die Dinge ändern sich, und wir alle strecken unsere Arme nach neuen Zielen aus,
auch du. Du sagst, du suchst jemanden, der dich führt, aber du
scheinst dich noch nicht wirklich entschieden zu haben. Vergiss es
und lass mich dich hineinführen in den violett-roten Regen.«
The Kid bewegt sich mit diesem Text auf verschiedenen Ebenen: Er
wendet sich zunächst und vordergründig natürlich an seine Apollonia; doch auch seine filmischen Fans und Anhänger in der First
Avenue dürfen sich angesprochen fühlen. Schließlich und endlich ist
»Purple Rain« aber auch das Finale und zugleich der Höhepunkt des
ganzen Films, somit geht Princes Botschaft hinaus in die gesamte
Welt.
Das aufwändig arrangierte, äußerst dichte Stück basiert harmonisch
auf der schwerfälligen Abfolge eng verwandter Akkorde, wie man es
zum Beispiel von Bob Dylans »Knocking On Heaven's Door« oder
von »Like A Hurricane« von Neil Young kennt. Die Harmoniefolge
ist relativ einfach, in den Strophen geht es von der Tonika B-Dur

über die Moll-Parallele g-Moll-Sept zur Dominante F-Dur, zurück dann von der Subdominante Es-Dur über F-Dur nach B-Dur. Der Refrain ist ähnlich gehalten: Dort wechseln sich zunächst B-Dur und Es-Dur ab, bevor die Harmonie über g-Moll-Sept und F-Dur zur Grundtonart B-Dur zurückfällt. Um diese einfachen Sequenzen nicht ins Simple oder Triviale abgleiten zu lassen, erweitert der Komponist die Akkorde. B-Dur wird verschiedentlich um die None c ergänzt, Es-Dur wird zuweilen mit der Quarte as oder der None f erweitert und g-Moll-Sieben mit der Quarte c. Nur die Dominante bleibt »sauber«.

»Purple Rain« ist zunächst aufgebaut wie ein gängiger Rocksong: Drei Strophen folgen jeweils mit Refrain aufeinander, bevor das Stück in einen instrumentalen Soloteil mündet. Dabei verwendet der Song das im Rock beliebte Stilmittel der sich allmählich, aber stetig verdichtenden Textur. Das Stück beginnt mit einer schlichten, elektronisch leicht verfremdeten E-Gitarre, und es erreicht im dritten Refrain eine ungeheuer wuchtige Dynamik aus einer Vielzahl von Stimmen, Gitarren- und Keyboardklängen, gestützt von einem kraftvollen Schlagzeug und einem ruhenden Bass-Fundament. Am Beginn der Strophen Zwei und Drei wird jeweils ein Taktteil weggelassen. Dies erzeugt einen Ruck, wie wenn man bei einer Autofahrt beim Schalten aus Versehen einen zu niedrigen Gang einlegt. Damit wird die schwere Getragenheit des Songs unterbrochen, und es baut sich zusätzliche Spannung auf.

Ab 3:46 folgt ein bemerkenswertes, rund einminütiges Gitarrensolo, das üblicherweise nach einer Weile in die Ausblende münden würde. Aber hier ist es anders: Nicht zuletzt aus seiner Funktion als Film-Finale heraus zelebriert sich der Song selbst. Von 4:41 bis 6:20 schwelgt er in seinem eigenen Bombast, dann kündigt sich mit schweren Akkorden der Schluss an. Doch wer meint, dass der violett-rote Regen nun vorbei ist, täuscht sich gewaltig, denn die scheinbar nicht enden wollende Schlusskadenz mündet bei 7:07 in eine unerwartete, von Cello-Klängen getragene, zum Teil dissonante, in jedem Fall sehr unkonkrete Musik. Mit diesen Klängen außerhalb der ursprünglichen Tonalität endet »Purple Rain« nach gut achteinhalb Minuten.

»Purple Rain« gehört mit Sicherheit zu den intelligentesten und einfallsreichsten Rocksongs der achtziger Jahre, dementsprechend vielfältig sind die Bemühungen anderer Musiker, sich mit dem Stück auseinander zu setzen. Es gibt zwar nicht viele Cover-Versionen, doch diese weisen in sehr unterschiedliche Musikrichtungen. Am engsten hält sich die Tribute-Version von Stina Nordenstam ans Original. Eine sehr prägnante, bluesgetränkte Live-Aufnahme gibt es von Mike Scott und seinen Waterboys, ebenfalls als Blues interpretieren die Coastline Band, Preston Shannon und Lucky Peterson das Stück. Im Beatsound taucht der Song bei den Hollies auf, während Leann Rimes den violetten Regen als Country-Song plätschern lässt – für viele eine vielleicht doch etwas zu weiß geratene Angelegenheit. Abgedreht und witzig ist die A-cappella-Version der Flying Pickets. Von der Jazzrock-Band Niacin gibt es eine pulsierende Live-Einspielung, ebenfalls ins Jazz-Ambiente verpflanzen Chris Hunter, Bob Belden, Kenwood Dennard und Randy Crawford den Song, wobei sich gerade die letztgenannte Fassung vor allem auf die Suche nach den ruhigeren Tiefen des purple rain begibt.

Prince

Prince Rogers Nelson
Geboren 7. Juni 1958 in Minneapolis, Minnesota
Gesang, Gitarre, Keyboards, Bass, Schlagzeug
Prince ist einer der Superstars der achtziger und neunziger Jahre, er verband Rhythm-&-Blues-, Rock-, Funk- und Disco-Elemente zu einer sehr eigenen, explosiven, stets stark sexgeschwängerten Mischung. Ende der neunziger Jahre ließen private Schicksalsschläge es um den exaltierten Multi-Instrumentalisten ruhiger werden.

Alben

Dirty Mind (1980) • 1999 (1983) • Purple Rain (1984)
Sign O' The Times (1987) • The Love Symbol Album (1992)

Single-Hits

Little Red Corvette (GB 2, US 6) • Purple Rain (D 5, GB 8, US 2)
Kiss (D 4, GB 6, US 1) • Batdance (D 10, GB 2, US 1)
The Most Beautiful Girl In The World (D 9, GB 1, US 3)

Rapper's Delight

Text und Musik: Bernard Edwards
& Nile Rodgers – Rhythmus-Pattern /
Sylvia Robinson, Guy O'Brien, Henry Jackson
& Michael Wright

R

Sugar Hill Gang –
RAPPER'S DELIGHT: HIP
HOP REMIX

Copyright 1979
Verlag Sugar Hill
Music

Cover-Versionen
Grandmaster Flash
Kurtis Blow
Old School Players

Rap ist ein Ende der siebziger Jahre in den schwarzen Vierteln der nordamerikanischen Großstädte aufkommender Tanzmusik-Stil. Sein musikalisches Zentrum lag unbestritten in New York, speziell in Harlem. Der Begriff »Rap« leitet sich ab von *to rap*, was so viel bedeutet wie »dem anderen die Ohren voll quasseln«. Auf rhythmische Muster, die meist von Schlagzeug und Bass geprägt sind, wird ein schneller, rhythmisch präzise angepasster Sprechgesang gelegt. Nur manchmal werden riffartige Bläser-, Keyboard- oder Gitarrenphrasen eingeschoben. Die raffiniert ineinander geschachtelte Mixtur aus Rhythmus-Track und Wortkanonade lässt eine dynamische, zum Tanzen sehr animierende Atmosphäre entstehen. Dementsprechend ist Rap hauptsächlich eine Diskotheken-Kunst. Zum Teil finden in diesem Ambiente regelrechte Rap-Wettbewerbe statt, in denen sich einzelne Jugendliche oder ganze Gruppen in der Interpretation über endlos lange Rhythmus-Muster abwechseln. Eine andere Möglichkeit, sich miteinander zu messen, besteht auch in den spektakulären Rap-Dances, in denen die Kids wahrhaft akrobatische Pirouetten zum Beispiel auf dem Kopf oder auf den Schultern drehen.

Der Rap besteht im Grunde nur aus Rhythmus – Harmonie und Melodie haben so gut wie keine Funktion, zumeist auch keinen Inhalt. Die Texte sind zuweilen frei nach dem Klang der einzelnen Worte virtuos assoziiert, oder sie orientieren sich am Straßenslang der vornehmlich afroamerikanischen Kids. Es ist der großsprecherische Jargon der Schulhöfe und Sportplätze, der Kneipen und Billardsalons. Die Themen sind oft narzisstische Selbstdarstellung, Geld und Sex, nicht selten geht es aber auch um Drohungen, um gewalttätige Abgrenzung und offene Aggressionen.

Der Titel »Rapper's Delight« von der Sugar Hill Gang war einer der ersten professionell eingespielten Songs des Rap und zugleich der erste große Hit dieser Musikrichtung. Die Formation bestand aus den Sängern »Master Gee«, »Wonder Mike« und »Big Bank Hank« – natürlich alles Fantasienamen. Die drei wurden auf einer Party von der Plattenproduzentin Sylvia Robinson entdeckt, die 1979 gerade das Sugar-Hill-Label gegründet hatte. Robinson – von den Fünfzigern bis in die siebziger Jahre selbst musikalisch erfolgreich – wollte mit ihrem Label vor allem neue und alternative Dancefloor-Musik produzieren. Rasch wurde die Sugar Hill Gang zu ihrer Parade-Truppe, und »Rapper's Delight« spielte allein in den USA dreieinhalb Millionen Dollar Gewinn ein.

Das Stück basiert auf dem Rhythmus-Groove von »Good Times« der New Yorker Disco-Kultband Chic. Wonder Mike beginnt mit der selbstironischen Feststellung, dass das, was man hört, kein Testlauf und keine Probe ist, alle – ob schwarz oder weiß, ob rot oder braun – sollten am besten gleich von Beginn an mittanzen. Dann stellt er seinen Kumpel Big Bank Hank vor, der ab 0:42 vollmundig von sexuellen Erlebnissen – oder doch eher »Verklemmnissen«? – prahlt. Bei 2:44 folgt der Dritte im Bunde, Master Gee, der hauptsächlich vom Tanzen erzählt und dabei allerlei witzig gesetzte Nonsens-Reime einflicht. Ab 4:23 scattet Wonder Mike zunächst in bester Bebop-Manier, bevor er sich über diverse miserable Mahlzeiten auslässt.

Einem nicht in diesem Sprachjargon aufgewachsenen und damit vertrauten Zuhörer ist es zuweilen unmöglich, die genaue Bedeutung des Vorgetragenen zu verstehen. Doch wie schon gesagt: Der Inhalt der Texte ist nicht das Entscheidende am Rap. Gerade die Sinnlosigkeit der Worte verleiht dieser Musik soviel jugendlich unbekümmerte Leichtigkeit. Es geht um keine Message, sondern es geht nur darum, sich von dem treibenden Rhythmus mitreißen zu lassen. (Wer den abgedrehten Text nachlesen will, findet ihn im Internet unter »http://www.geocities.com/SunsetStrip/Palms/7347/rappers.html«.)

»Rapper's Delight« löste ein wahres Rap-Fieber aus, wurde dann aber in den achtziger Jahren von stilistisch härteren Formen des Hip Hop zurückgedrängt. Der Song wurde in der Rap-Szene einige Male gecovert, so etwa von Grandmaster Flash, Kurtis Blow oder den Old School Players, ohne ihm neue musikalische oder inhaltliche Varianten entlocken zu können. Zehn Jahre nach der Original-Einspielung wurde im Zuge der Remix-Mode in den späten Achtzigern auch »Rapper's Delight« neu zusammengemischt, diese Fassung konnte jedoch an den kommerziellen Erfolg des Originals nicht anschließen.

Sugar Hill Gang
Gründung 1979 • **Auflösung** 1985
Wonder Mike (Michael Wright; Gesang)
Master Gee (Guy O'Brien; Gesang)
Big Bank Hank (Henry Jackson; Gesang)
Die **Sugar Hill Gang** stellt mit ihren meist fröhlichen Songs den Auftakt für den Rap- und Hip-Hop-Boom in den Achtzigern dar.
Alben
Rapper's Delight: Hip Hop Remix (1980) • The Sugar Hill Gang (1980)
8th Wonder (1982)
Single-Hit
Rapper's Delight (D 3, GB 3)

Road To Nowhere

Text und Musik: David Byrne

Talking Heads –
LITTLE CREATURES

Copyright 1985
Verlag Index Music
Inc. & Bleu Disques
Music. Co., Inc.

Der Musikjournalist Andy Smith definierte die New Yorker Underground-Gruppe Talking Heads einmal so: »Die angesagteste Band der Welt in den späten siebziger und frühen achtziger Jahren waren die Talking Heads. Die Gruppe war wie gemacht für Menschen, die kunstbeflissene Filme schätzten und sich mit den neuesten Stars der Literatur auskannten. Trotz all ihrer ironischen Distanziertheit konnte man tanzen zur Musik einer Band, die chic, intelligent und schnippisch war.«[1] Überhaupt zogen die Talking Heads anscheinend Kritiker-Superlative magnetisch an. Da war die Rede von der »progressivsten amerikanischen Rockband« (FRANKFURTER ALLGEMEINE ZEITUNG), von der »Spitze der Underground-Hierarchie« und der »Musik für denkende Menschen« (beide aus der NEW YORK TIMES) oder von einer der »innovativsten und intellektuell interessantesten Bands der Geschichte« (DER SPIEGEL).

Merkmal der Formation war ein Verschmelzen von Elementen des großstädtischen New Wave mit klassischem Rock und afrikanischer Rhythmik. Auf dieser publikumswirksamen Basis transportierten die Musiker ihre oft pessimistischen Texte über die Ausweglosigkeit und die Probleme des modernen Menschen. Themen waren dabei die zerstörte Seelenwelt eines Stadtneurotikers (etwa im wie aus dem Nichts entstandenen Debüterfolg »Psycho Killer«) ebenso wie infernalische Schreckensvisionen von der nuklearen Zerstörung unserer Erde. Musikalisch geht auf die Talking Heads und ihren kongenialen Produzenten Brian Eno eine wichtige Neuerung zurück: Sie verwendeten den Synthesizer nicht nur als klanglich extravagantes Soloinstrument, sondern setzten ihn als Erste konsequent auch als Rhythmus- und Begleitinstrument ein.

Für all das oben Gesagte ist »Road To Nowhere« geradezu ein Musterbeispiel: Mittels einer schwungvoll mitreißenden Musik, die ein stampfender Rhythmus unaufhörlich vorantreibt, wird ein nachdenklicher Text präsentiert: »Wir wissen zwar, wo wir hingehen, doch wir wissen nicht, wo wir gewesen sind. Und wir wissen, was wir wissen, aber wir können nicht sagen, was wir gesehen haben. Wir sind auch keine kleinen Kinder mehr, sondern wissen, was wir wollen, und die Zukunft gibt uns sicherlich Zeit, das alles auch umzusetzen.« So beginnt in geradezu hymnisch vorgetragenem A-cappella-Satzgesang der Weg auf dieser Road. Die in G-Dur gesetzte Passage wirkt schlagerartig strahlend, Spannung erzeugt einzig ein wiederholt über das tonart-ferne Es-Dur führender harmonischer Umweg.

Ab 0:35 wechselt der Song nach E-Dur und kommt für den Rest mit den Grundakkorden E-Dur, A-Dur und H-Dur sowie der Moll-Parallele cis-Moll aus. Auch rhythmisch zieht das Stück an und fällt auf eine marschartig treibende Trommelsequenz aus Achtel- und Sechzehntel-Schlägen, die den ganzen Song hindurch vom Bass unterstützt beibehalten wird. Mehrere Synthesizer-Stimmen und eine E-Gitarre komplettieren den musikalischen Background, vor dem David Byrne mal solo, mal im Blockgesang mit den anderen Bandmitgliedern den Text anstimmt: »Wir sind auf einer Straße nach nirgendwo, komm doch mit und begleite uns auf unserer Reise. Wir waren am Morgen gut drauf und sind jetzt auf dem Weg ins Paradies. Vielleicht fragst du dich, wo du bist, ich aber scher mich darum nicht, weil ich weiß: Da wo wir sind, steht die Zeit auf unserer Seite.«

Bei 2:29 mündet »Road To Nowhere« in einen weiteren Songteil. Zwar werden Tonart und Rhythmus unverändert beibehalten, doch die vormals optimistische, mühelos eine Oktave und mehr überspringende Melodie wird minimalistisch und beschränkt sich auf eine Tonbewegung innerhalb einer Terz. Fast gehetzt – den Vortrag dabei ganz allmählich intensivierend – stößt der Sänger Textzeile um Textzeile hervor, wobei diese sich unregelmäßig wiederholen und jede einzelne Zeile mit »and it's alright, baby it's alright« abgeschlossen wird: »Ich stell mir eine Stadt vor, in die wir gelangen – sie ist zwar noch weit weg, aber sie wird täglich deutlicher – wenn du mit willst, hilf mir einfach dieses Lied zu singen – die anderen machen dich doch nur lächerlich.«

Wie in eine Art Reprise fällt bei 3:30 der Song wieder zurück in die Melodie des zweiten Teils: »We're on a road to nowhere.« Dieses Motto wird vier Mal vorgetragen, dabei hört die instrumentale Begleitung nach dem dritten Durchgang schlagartig auf, und das Stück endet, wie es begonnen hat: mit einem reinen Vokalsatz.

»Road To Nowhere« spielt ganz offensichtlich auf zwei Ebenen. Da ist die Perspektivlosigkeit der Menschen, die bewirkt, dass eine Straße, selbst wenn sie nirgendwohin führt, in eine bessere Zukunft weist. Doch besitzt der Song auch eine unmittelbar persönliche Ebene: Man kann den Text zweifelsohne genauso als Todesvision im Sinne einer spirituellen Befreiung von den irdischen Beschwernissen empfinden. Dieser Aspekt liegt geradezu auf der Hand, wenn man bedenkt, dass David Byrne sich in den Jahren vor »Road To Nowhere« intensiv mit religiösen Praktiken und esoterischen Trance-Experimenten beschäftigte, sich zuweilen wie ein fanatischer Wanderprediger gab und eine gewisse religiöse Hysterie an den Tag legte. Doch letztlich wird jeder für sich selbst entscheiden, wo für ihn persönlich sein »Nirgendwo« liegt, zu dem ihn die Straße

führt. Und wem das zu viel ist, der kann sich immerhin an einer heißen Tanznummer erfreuen, die beim bloßen Zuhören keinen gedan-
kenschweren Inhalt vermuten lässt.

Für die Talking Heads war »Road To Nowhere« zwar mehr als nur
ein kommerzieller Achtungserfolg – immerhin kletterte der Song in
den Staaten unter die Top Twenty, in einigen europäischen Charts
sogar unter die Top Ten. Allerdings hat das Stück keine nennenswerten Fremd-Interpretationen angeregt, so dass die Rubrik Cover-
Versionen hier leer bleiben muss.

Talking Heads
Gründung 1974 • **Auflösung** 1991

David Byrne (*14.5.1952; Gesang, Gitarre)

Jerry Harrison (Jeremiah Harrison; *21.2.1949; Gitarre, Keyboards)

Tina Weymouth (Martina Weymouth; *22.11.1950; Bass)

Chris Frantz (Charlton Christopher Frantz; *8.5.1951; Schlagzeug)

Die **Talking Heads** waren eine der innovativsten Bands in den späten
siebziger und frühen achtziger Jahren. Sie boten eine Mischung aus
New Wave, klassischem Rock und afrikanischer Rhythmik, in ihren
Texten beschrieben sie häufig die Ausweglosigkeit der Lebenssituation
des modernen Menschen.

Alben
Talking Heads 77 (1977) • More Songs About Buildings And Food (1978)

Fear Of Music (1979) • Stop Making Sense (1984)

Little Creatures (1985)

Single-Hits
Burning Down The House (US 9) • Road To Nowhere (D 6, GB 6)

Rock Around The Clock

Text und Musik: Max C. Freedman
& Jimmy de Knight

»Rock Around The Clock« benötigte (wie der Rock 'n' Roll selbst) einige Geburtshelfer, bevor der Song zum Synonym einer gesellschaftlichen und musikalischen Umwälzung wurde.

Rock 'n' Roll ist untrennbar mit dem Namen Alan Freed, einem Diskjockey aus Cleveland, verbunden (allerdings nicht dessen Erfindung, wie er immer wieder gerne behauptete). Freed war zuständig für das klassische Abendprogamm eines Radiosenders, als er 1952 zufällig auf ein paar Rhythm-&-Blues-Platten stieß und bemerkte, wie begeistert die Jugendlichen auf diese Musik reagierten. Er führte im Anschluss an sein klassisches Programm eine ganz neue Sendung ein, die ›Moondog's Rock And Roll Party‹. Ihre Erkennungsmelodie war »Crazy Man Crazy«, gespielt von dem noch recht unbekannten Bill Haley. Im Rhythmus der Platte klopfte Freed mit den Fingern oder mit einem Bleistift auf den Tisch und sang laut »Rock, rock, rock – roll, roll, roll.«

Dadurch ermutigt, nahm – am 12. April 1954 nachmittags im American Decca Studio in New York – Haley mit seiner Begleitband Comets weitere Titel auf, die er schon länger für seine kleineren Auftritte im Programm hatte. Es wurde eine im Nachhinein denkwürdige Session, für viele die Geburtsstunde des Rock 'n' Roll, denn unter den eingespielten Songs war »Rock Around The Clock«. Dieser Titel erschien bald darauf als Single und war zunächst einmal – ein totaler Flop.

Ebenfalls im Jahr 1954 erschien jedoch ›Blackboard Jungle‹, ein Roman von Evan Hunter, der wegen seiner Brisanz rasch verfilmt wurde und bereits im März 1955 in den Kinos anlief. Sein Thema ist ein heftig tobender Generationenkonflikt: Ein Lehrer einer Berufsschule in der New Yorker Bronx sieht sich permanenten Auseinandersetzungen mit seinen gemischtrassigen Schülern ausgesetzt. Um mit ihnen in Kontakt zu kommen, spielt er ihnen »seine Musik« vor: Swing- und Jazz-Platten. Die Antwort der Schüler: Sie legen Haleys »Rock Around The Clock« auf – eine mehr als deutliche Abfuhr für den Lehrer. Die Symbolhaftigkeit und die Identifikation des Rock 'n' Roll-Stücks mit der jugendlichen Abgrenzung im Film verhalf dem Song zum Durchbruch, und in der Folge schoss er ein Jahr nach seinem Erscheinen wie aus dem Nichts an die Spitze der Charts, wo er fast ein halbes Jahr Platz Eins behauptete.

Das auffallendste Merkmal von »Rock Around The Clock« ist sein schonungsloser Rhythmus, der gewissermaßen durch eine »Auflö-

**Bill Haley And His
Comets –
»Rock Around The
Clock«** (Single)

Copyright 1955
Verlag Edward
Kassener Music

Cover-Versionen
Telex
Gary Usher
Sandy Nelson
Henry Mancini
Harry Nilsson

253

sung des Taktes« entsteht: Bis zum Rock'n'Roll wurde die Tanz-
und Unterhaltungsmusik mit einem klaren rhythmischen Akzent
auf der Eins (und manchmal auch auf der Drei) im Takt gespielt.
Auch der Swing hatte eine eindeutige Betonung: auf der Zwei und
der Vier. Diese Akzentuierung fällt im Rock'n'Roll fort. Die Musik
stampft hier auf rhythmisch gleichwertigen Takteinheiten dahin,
und dies wiederum bewirkt den kraftvollen und energischen
Schwung, der dem Rock so eigen ist.

»Rock Around The Clock« folgt wie viele Rock'n'Roll-Stücke dem
klassischen Blues-Schema auf den Akkordstufen I (hier A-Dur), IV
(D-Dur) und V7 (E-Dur-Sept) in der standardisierten Abfolge –
I–I–I–I–IV–IV–I–I–V–IV–I–I. In fünf Strophen singt sich Haley
durch die zwölf Stunden der Uhr, wobei immer nur die beiden ersten
Zeilen (das entspricht den ersten vier Takten) variiert werden. Ab
Takt Fünf jeder Strophe wiederholt der Text stets sein Motto: »We're
gonna rock around the clock tonight, we're gonna rock rock rock 'till
broad day light, we're gonna rock, gonna rock around the clock tonight.«

Nach Strophe Zwei folgt ein Gitarrensolo (bei 0:45), gespielt von
Danny Cedrone, der eigentlich gar kein Mitglied der Comets war,
sondern eigens für die Aufnahme engagiert wurde. Wenige Monate
nach der Session verunglückte er tödlich und erlebte so nicht mehr,
wie Abermillionen Menschen von seinem Solo begeistert waren.
Nach Strophe Vier folgt ein weiterer Instrumentaldurchgang, in dem
ausschließlich der Rhythmus im Vordergrund steht.

Es ist schon in der Einleitung dieses Buches angesprochen worden:
Rock'n'Roll ist eigentlich eine Musik der Schwarzen gewesen, doch
der enorme Publikumserfolg stellte sich erst mit weißen Interpreten
wie Haley und vor allem Elvis Presley ein. Auch »Rock Around The
Clock« war ursprünglich die Nummer des schwarzen Sängers Johnny
Dae. Umso erstaunlicher ist, dass ausgerechnet Bill Haley zu einer
so wichtigen Figur des frühen Rock'n'Roll wurde – entsprach er doch
in keiner Weise dem Image eines jugendlichen Rock-Rebellen. Als
»Rock Around The Clock« die Hitparaden stürmte, war Haley fast
dreißig Jahre alt, fünffacher Familienvater und ein gutmütig ausse-
hender, etwas plumper und dicklicher Durchschnittstyp mit Schmalz-
locke. Doch er war der Erste, der einen sehr eigenen Rock'n'Roll-Stil
entwickelte und definierte, indem er Rhythm-&-Blues, Country &
Western und Elemente des Dixie-Jazz zu einer schäumenden und
aufrüttelnden Melange zusammenbraute.

Für die konservativen Kräfte wurde Haley rasch zur Symbolfigur für
eine unerwünschte, wenn nicht verhasste Gegenkultur, was durch
Haleys randalierendes Rocker-Publikum natürlich verstärkt wurde.
»Die Ostberliner SED-Zeitung ›Neues Deutschland‹ bezichtigte

damals den ›Rock'n'Roll-Gangster‹ Haley, eine ›Orgie der amerikanischen Unkultur‹ angerichtet zu haben, der ›Rheinische Merkur‹ klagte, dass ausgerechnet ›am Tag der Papstwahl‹ der ›Komet der Triebentfesselung‹ im Bistum Essen einen ›Generalangriff auf Geschmack, Anstand und Selbstachtung‹ gewagt hatte. Der Cellist Pablo Casals erkannte in Haleys Musik schließlich ›ein Destillat aus allen Widerwärtigkeiten unserer Zeit‹.«[1] Wenn man bedenkt, wer heute alles fröhlich wippend den Song begleitet …

»Rock Around The Clock« fand zahlreiche Cover-Versionen innerhalb der Rock'n'Roll- und Rhythm-&-Blues-Szene: angefangen von den Platters, Carl Perkins über Pat Boone, den Isley Brothers bis hin zu Adriano Celentano und Buddy Knox. Interessanter sind da schon die Fassungen, die Haleys musikalisches Ambiente verlassen: So die Synthesizer-Version von Telex, die Interpretation im Westcoast-Surf-Sound von Gary Usher, die folkige Fassung von Sandy Nelson, die Orchester-Version von Henry Mancini oder die raue Country-Rock-Einspielung von Harry Nilsson, produziert von John Lennon. Die kurioseste Abweichung ist wohl die Fassung, die unter dem Namen Bethie aufgenommen wurde. Auf dem Album BETHIE'S REALLY SILLY SONGS ABOUT NUMBERS (1993) findet sich »Rock Around The Clock« als Kinderlied.

Bill Haley

Geboren 6. Juli 1925 in Highland Park, Michigan • **Gestorben** 9. Februar 1981

Gesang, Gitarre

Bill Haley ist einer der Pioniere des klassischen Rock'n'Roll.

Alben

Rock'n'Roll Stage Show (1955) • Bill Haley & His Comets (1960)
Bill Haley's Jukebox (1961) • Scrapbook: Live At The Bitter End (1974)
Rock Around The Country (1976)

Single-Hits

Shake, Rattle And Roll (GB 4, US 7)
Rock Around The Clock (D 1, GB 1, US 1)
See You Later, Alligator (GB 7, US 6) • The Saints Rock'n'Roll (GB 5)
Rockin' Through The Rye (GB 3)

Roll Over Beethoven
Text und Musik: Chuck Berry

Chuck Berry –
»Roll Over
Beethoven« (Single)

Copyright 1956
Verlag Arc Music
Corp.

Cover-Versionen
The Beatles
Carl Perkins
Electric Light
Orchestra
Kenny Loggins
The Byrds

Da kann Bill Haley wochenlang »around the clock« rocken und Elvis mit seinem Rock so viele »jailhouses« zum Einsturz bringen, wie er will – die selbstbewusst freche Eigendefinition und das eindeutigste Statement des Rock'n'Roll stammt von Chuck Berry: »Roll Over Beethoven«. Dabei war der Song zunächst nur das Ergebnis eines anscheinend lange schwelenden Geschwisterkonflikts in Berrys Elternhaus, wie er sich selbst erinnert: »›Roll Over Beethoven‹ schrieb ich auf der Basis der Gefühle, die ich hatte, als meine Schwester damals, als wir noch zur Schule gingen, das Klavier zu Hause für sich allein in Anspruch nahm. Die meisten Worte waren gegen Lucy und nicht gegen Maestro Ludwig van Beethoven gerichtet, es war ihre Schuld, dass der Rock'n'Roll zwanzig Jahre lang aufgehalten wurde. Es war keine gute Idee von mir, Mutter davon zu erzählen, in der Hoffnung, für meine Musik Unterstützung zu finden, aber es wäre vielleicht gut gewesen, einen Brief an einen der örtlichen DJs zu schicken, wie es am Anfang des Songs heißt.«[1] Berry erhielt also, das darf man aus diesen Zeilen schließen, keine mütterliche Hilfe gegen das schwesterliche, klassisch geprägte Bildungsprimat, und er war immerhin schon Ende zwanzig, als er sich mit seiner Musik, dem Rock'n'Roll, endlich befreien konnte.

Doch wie dem auch sei: Mit »Roll Over Beethoven« gelang ihm endgültig dieser Sprung, und obwohl der Titel keiner der großen Chuck-Berry-Hits wurde – er schaffte es gerade und knapp in die Top-Thirty –, schlug er in der Rock'n'Roll-Szene wie kein anderer Titel ein und wurde rasch zur Hymne dieser gesamten Musikrichtung. »Ich werde meinem Local-DJ einen Brief schreiben und ihn bitten, diesen kleinen neuen Song zu spielen: Roll over Beethoven, ich muss ihn unbedingt heute noch mal hören. Mir wird's ganz heiß dabei, und die Musikbox lässt alle Sicherungen rausfliegen, mein Herz schlägt im Rhythmus, und meine Seele singt den Blues. Roll over Beethoven und erzähl auch Tschaikowsky, was heute angesagt ist.« Und so weiter, und so fort. Sechs Strophen lang zelebriert Chuck Berry die wundersame Wirkung der neuen Musik auf Seele und Körper, die Klassiker wie Beethoven oder Tschaikowsky ganz schön alt aussehen lässt. Die sind alle verblichene, graue Vergangenheit, was heute zählt, ist allein der knisternd frische Rock'n'Roll.

Harmonisch basiert »Roll Over Beethoven« auf dem so genannten »Blues-Schema«. Dies ist eine relativ standardisierte zwölftaktige Harmonieabfolge, die auf die frühen Call-&-Response-Blues der amerikanischen Südstaaten zurückgeht. Zur Verwendung kommen dabei zumeist nur die Akkordstufen Tonika (I), Subdominante (IV) und Dominante (V), die einander auf folgende Art taktweise ablösen: I–IV–I–I–IV–IV–I–I–V–IV–I–I. Dabei werden diese Harmonien oft durch die Septe und zuweilen auch die spannungsbildende None erweitert. »Roll Over Beethoven« liefert uns ein perfektes Beispiel für den Wahrheitsgehalt von Muddy Waters' legendärem Ausspruch »The Blues has got a baby, and they called it Rock 'n' Roll«, denn es verlässt dieses Schema nicht.

Denkt man an »Roll Over Beethoven«, kommt man nicht umhin, sich an die schier unzähligen Fremdeinspielungen zu erinnern, die der Song erfahren hat. Allein von den Beatles gibt es vier offizielle Aufnahmen (von Bootlegs ganz zu schweigen): 1962 aus dem Hamburger Starclub, aus dem Jahr 1963 dann auf dem Album WITH THE BEATLES, LIVE IN KOPENHAGEN (ANTHOLOGY 1) sowie die Aufnahme für die BBC. Außerdem hat George Harrison die Nummer häufig in seinen Konzerten gespielt, zu hören etwa auf dem 92er Live-Album IN JAPAN. Aber vor allem haben natürlich zunächst die »klassischen« Rock 'n' Roller kräftig an Beethoven & Co herumgerockt – so Carl Perkins, Duane Eddy, Gene Vincent, Jerry Lee Lewis, Screaming Lord Sutch, Charlie Feathers, Sleepy LaBeef, die Trashmen, die Searchers, die Astronauts oder Johnny Rivers, Letzterer mit viel Rhythm & Blues im Blut. Die Boogie-Seiten von »Roll Over Beethoven« kehrt vor allem Jackie Wilson hervor, während Jan & Dean den Song in ein kräftiges, kalifornisch inspiriertes Himmelblau tauchen. Im Ambiente des Mainstream- und Hardrock findet sich Mr. van Beethoven wieder bei Status Quo, bei Mountain, Quartz, Leslie West oder beim Electric Light Orchestra. Dabei ist die zuletzt genannte Aufnahme besonders erwähnenswert, vermischt sie doch auf geschickte Weise den Chuck-Berry-Titel mit Ausschnitten aus dem ersten Satz von Beethovens Fünfter Sinfonie. Im Bereich von Country- und Softrock sind folgende Interpretationen angesiedelt: von Margaret Lewis, von Gerry & The Pacemakers, von George Jones, von den Flying Burrito Brothers und von Kenny Loggins; mit anderer Intention geht Tom Jones an die Sache heran. Tief in die Cajun-Kiste greift Tommy McLain, als Bluegrass lassen Jim & Jesse den alten Ludwig rocken. Dagegen haben Gruppen wie The Move oder die Byrds der bodenständigen Rock 'n' Roll-Nummer einen verträumten psychedelischen Beigeschmack mitgegeben. Auch für Blues-Liebhaber lassen sich passende Einspielungen finden, etwa von Big Moose Walker (Chicago Blues) oder von Kerry Kearney (moderner Electric Blues), während Bill Black die Memphis-Soul-Wurzeln des Stücks zu ergründen versucht. Die mit Abstand abgedrehteste Interpretation des Hampton Streichquartetts findet sich auf dem programmatischen Album WHAT IF MOZART WROTE »ROLL OVER

BEETHOVEN«. Und wer meint, die hier erwähnten Einspielungen seien wenigstens halbwegs komplett, dem sei ein Blick in einen beliebigen Plattenkatalog empfohlen. Man wird erstaunt feststellen: Es rockt »over Beethoven« an allen Ecken und Enden.

Chuck Berry
Geboren 18. Oktober 1926 in St. Louis, Missouri
Gesang, Gitarre
Chuck Berry ist einer der wichtigsten und stilbildendsten Pioniere des Rock'n'Roll, der entscheidende Blues- und Rhythm-&-Blues-Elemente integrierte und der zum großen Vorbild für spätere Künstler wurde wie die Beatles, die Rolling Stones, die Beach Boys oder Bob Dylan – um nur die wichtigsten zu nennen.

Alben
One Dozen Berrys (1958) • Chuck Berry Is On Top (1959)
Chuck And Bo (1963) • St. Louis To Liverpool (1964)
Two Great Guitars (1964)

Single-Hits
Maybellene (US 5) • Rock And Roll Music (US 8) • Sweet Little Sixteen (US 2)
Johnny B. Goode (US 8) • My Ding-A-Ling (GB 1, US 1)

Roxanne
Text und Musik: Sting

**The Police –
OUTLANDOS D'AMOUR**

Copyright 1978
Verlag Virgin Music
Publ. Ltd.

Cover-Versionen
Joonie Hightower
Bob Belden
George Michael
Bub Roberts
Aswad

»Roxanne«: zwar nicht einer der größten Hits der Gruppe Police (vor allem wegen fehlender PR erreichte »Roxanne« in Großbritannien »nur« Platz Zwölf), aber dennoch wurde dieses Stück gleichsam zum Markenzeichen der Musik von Police und seines charismatischen Leaders Sting.

Police entwickelten sich aus der gleichen englischen Punk-Szene der späten siebziger Jahre, der auch die Sex Pistols oder Clash entwuchsen, dennoch zeigten sie sich von ganz anderem Schlag. Im Gegensatz zu den meisten Punkern waren sie ambitionierte und technisch versierte Musiker, alle drei Mitglieder experimentierten im Vorfeld schon in punkfernen Musikrichtungen wie im Jazz oder in progressiven Rockformen. Doch erst als der britische Punk die Rockwelt gehörig durcheinander wirbelte, schafften auch Police den Durchbruch. In der Folgezeit brachten sie zwischen 1979 und 1983 dies- und jenseits des großen Teichs elf Songs in die Top Ten, fünf davon sogar auf Platz Eins. Ihr Erfolgsgeheimnis war eine beeindruckende Verbindung der brachialen Energie des Punk mit einem

außerordentlich intelligenten und komplexen Stilmix aus Reggae und New Wave, Funk und Jazz, Minimalismus und arabischen Elementen. Sting beschrieb Police so: »Wir sind eine Pop-Band im besten Sinne, wir sprechen viele Leute auf verschiedenen Ebenen an, ohne dabei unsere Musik zu kompromittieren.« Und die ehrwürdige NEW YORK TIMES bestätigte: Police bieten eine perfekte »Fusion aus Avantgarde und Kommerzialität«.[1]
Startschuss für die Karriere der Band war »Roxanne« – ein Song, der lange Zeit von der puritanischen BBC nicht gespielt wurde, weil er von einer Prostituierten handelt. (Das gleiche Schicksal traf auch den Nachfolgehit »Can't Stand Losing You«, weil es hier um Selbstmord ging. Das Stück kam in Großbritannien dennoch auf Platz Zwei der Charts.) In seiner gequält und gequetscht hohen Stimme beschwört der Sänger »seine« Roxanne, offenkundig ein Straßenmädchen: »Roxanne, du musst nicht das rote Licht einschalten, diese Tage sind doch vorbei. Du brauchst deinen Körper nicht mehr in die Nacht hinaus zu verkaufen. Du sollst auch nicht mehr diesen Fummel tragen und auf der Straße nach denen Ausschau halten, die dir Geld geben. Dich kümmert überhaupt nicht, ob das richtig oder falsch ist. Seit ich dich kenne, hab ich's mir verkniffen, dich zu überreden, aber ich muss dir einfach sagen, wie's mir geht. Ich kann dich nicht mit anderen teilen, aber ich weiß, dass ich dich will. Also wisch dein Make-up ab. Ich hab's dir schon gesagt, und ich sag's dir nicht nochmal: Es ist ein schlechter Weg, auf dem du bist. Roxanne, du musst nicht das rote Licht einschalten – Roxanne, nicht das rote Licht – Roxanne …«
Das ganze Stück hindurch bleibt offen, ob die Angesprochene ihren Verehrer erhört. Angesichts der wütenden Verzweiflung, die Sting in seine Stimme legt, darf man wohl eher vom Gegenteil ausgehen.
Harmonische Basis des in g-Moll stehenden »Roxanne« ist eine Akkordwanderung von g-Moll über d-Moll und Es-Dur nach d-Moll und wieder zurück über c-Moll, F-Dur und G-Dur. Dabei treten diese Harmonien zumeist mit speziellen Erweiterungen zu Tage, was zum einen eine fast minimalistische Tonverschiebung in der Gitarrenbegleitung hervorruft, zum andern eine wirkungsvolle dissonante Spannung erzielt (Es-Dur ist um die große Septe, also d, erweitert, F-Dur und G-Dur jeweils um die Quarte, also um c bzw. d). Lediglich im Refrain, der aus den parallel gesetzten Elementen »Roxanne« und »put on your red light« besteht, wird diese Harmoniefolge etwas variiert.
Der Sound ist geprägt von einer messerscharfen E-Gitarre, einem melodiösen Bass, einem dichten, treibenden Schlagzeug, von Stings charakteristischer Stimme und sporadischem Hintergrundgesang, der in der vielfachen Refrain-Wiederholung fast wie ein Bläsersatz

wirkt. Das Ganze ist im Grunde makellos produziert, umso unverständlicher ist es, dass bei 0:04 ein eklatantes Studio-Fehlgeräusch – als ob jemand mit dem Ellenbogen auf einem Klavier abrutscht – zu hören ist. Dieses Geräusch wurde erstaunlicherweise in der Endabmischung nicht bereinigt – eine Unsauberkeit, die so gar nicht zu Polices und vor allem Stings Perfektionismus bei vielen anderen Stücken passen will.

Natürlich haben sowohl Police als auch später Sting allein ihr Stück über Roxanne häufig live gespielt und auch auf entsprechende Alben gebannt. Daneben gibt es eine Aufnahme von Police zusammen mit dem Royal Philharmonic Orchestra. Bei einem Blick auf Cover-Versionen durch andere Künstler fällt auf, dass der Song vor allem bei Jazzern großen Anklang gefunden hat. So interpretiert Joonie Hightower »Roxanne« als Swing, Bob Belden als Bebop, Warren Hill und auch George Michael als sanfte Jazz-Ballade und das Ensemble Big Band Vocal Bémol 9 als afrokubanisches Furioso. Rockig zeigt sich dagegen nur Bub Roberts auf seinem Police-Tribut-Album. Die Formation Aswad stellt in ihrer Version die Reggae-Aspekte des Songs in den Vordergrund, während die Easy-Listening-Fassung von den Recliners das leichte Mädchen wohl etwas *zu* leicht nimmt.

The Police
Gründung 1977 • **Auflösung** 1985
Sting (Gordon Summer; *2. 10. 1951; Gesang, Bass)
Andy Summers (*31. 12. 1942; Gitarre, Gesang)
Stewart Copeland (*16. 7. 1952; Schlagzeug, Gesang)
The Police verbinden die Energie des Punk mit einem komplexen musikalischen Stilmix aus Reggae, New Wave, Funk, Jazz, Minimalismus und diversen arabischen Elementen.
Alben
Outlandos D'Amour (1979) • Regatta De Blanc (1979)
Zenyatta Mondatta (1980) • Ghost In The Machine (1981)
Synchronicity (1983)
Single-Hits
Message In A Bottle (GB 1) • Walking On The Moon (GB 1)
Don't Stand So Close To Me (GB 1, US 10)
Every Little Thing She Does Is Magic (GB 1, US 3)
Every Breath You Take (D 8, GB 1, US 1)

S

Text und Musik: Gavin Sutherland

Zwei Obsessionen begleiten die Karriere von Rod Stewart: blonde Frauen und Fußball. Den weiblichen Schönheiten hatte der Sänger auf seinem langen Weg aus kleinen Londoner Folk- und Blues-Clubs bis auf die größten Bühnen der Welt so manchen Song gewidmet, doch eine wahre Hymne für Fußballstadien sollte noch eine Weile auf sich warten lassen.

Den kommerziellen Durchbruch erzielte Stewart im Sommer 1971 mit seinem Album EVERY PICTURE TELLS A STORY. Es war dies der Auftakt einer sensationellen Karriere, die dem Sänger mit der ungehobelt rotzigen Stimme sagenhafte rund fünfzig Hit-Notierungen einbrachte. 1974 nahm er zusammen mit dem schottischen Fußballspieler Dennis Law die Hendrix-Komposition »Angel« für das Weltmeisterschafts-Album des schottischen Fußballverbands auf – Stewart ist zwar in London geboren, kehrt aber stets seine schottische Abstammung hervor. Auch für die nächste Weltmeisterschaft, 1978, nahm er einen Titel auf: »Ole Ola« war das offizielle schottische Lied für das sportliche Großereignis. Der Song wurde ein Erfolg, doch die Fußballarenen sollte Rod Stewart 1975 mit einem anderen Stück erobern: mit »Sailing«.

In diesem Jahr 1975 änderte sich viel in Stewarts Leben: Zunächst zog er nach Los Angeles. »Ich ging aus England weg, weil ich dort 83 Prozent meines Einkommens der Steuer in den Rachen werfen musste. Das war einfach nicht fair. Im Gegensatz zu vielen anderen hatte ich die Möglichkeit, nach Amerika zu ziehen – und als ich dort war, verliebte ich mich in dieses Land.«[1] Dieser Ortswechsel zog zahlreiche persönliche Veränderungen nach sich. Für Stewarts Musik war vor allem der Wechsel der Plattenfirma und die Zusammenarbeit mit einem neuen Produzenten, Tom Dowd, ausschlaggebend. Dieser war hauptsächlich dafür verantwortlich, dass die Songs des neuen Albums ATLANTIC CROSSING verglichen mit früheren Arbeiten von Rod Stewart einen etwas glatteren, popartig kommerzielleren Touch erhielten. Diese Veränderung quittierten manche Kritiker mit dem Vorwurf der Oberflächlichkeit und mit der Behauptung, Stewart habe seinen Blues und seinen Soul verloren und seine Seele verkauft. Doch das Publikum war anderer Meinung, und schon kurz nach Erscheinen schoss die Platte auf Platz Eins der britischen Album-Charts, in denen es sich fast zwei Jahre lang halten konnte. ATLANTIC CROSSING ist in eine »Schnelle Seite« und eine »Langsame Seite« unterteilt, wobei vor allem Letztere die Aufmerksamkeit der Fans auf sich zog. Absoluter Höhepunkt und Zugnummer des ge-

Rod Stewart –
ATLANTIC CROSSING

Copyright 1972
Verlag Island Music
Ltd.

Cover-Versionen
Robin Trower
Khadja Nin
Joan Baez
The Shadows
Stina Nordenstam

261

samten Albums wurde »Sailing«: »Über das Meer und durch stürmische Gewässer segle ich zurück nach Hause, um bei dir und frei zu sein. Über den Himmel, vorbei an hohen Wolken fliege ich zurück, um bei dir und frei zu sein. Kannst du mich durch die dunkle Nacht hören, es ist fast, als ob ich sterben müsste, doch ich werde nicht aufgeben, zu dir zu kommen. Ob es mir gelingt? Über das Meer und durch stürmische Gewässer segeln wir zurück nach Hause, um bei dir und frei zu sein.«

In gewisser Weise darf man den Text von »Sailing« wie auch den Album-Titel ATLANTIC CROSSING wörtlich nehmen, bedenkt man Stewarts Übersiedelung von England in die Staaten. Aber die Wirkung des Songs geht natürlich weit darüber hinaus. Im Grunde ist es ganz allgemein die Sehnsucht, der jeder auf seine ganz eigene und persönliche Weise nachhängt – die Sehnsucht nach einem geliebten Menschen, nach Gesundheit oder vielleicht auch nur nach einem Sieg der eigenen Fußball-Mannschaft. Stewarts Einspielung konzentriert sich vollkommen auf die einfache, aber doch sehr anrührend schöne Melodie, die zunächst in wenigen raumgreifenden Schritten über mehr als eine Oktave hinweg von fis auf das hohe gis emporsteigt und von dort dann in kleinen Intervallen hinab zum Grundton h fällt. Die Harmonisierung dieser Tonfolge ist konventionell, die Akkorde beschränken sich auf die Grundharmonien H-Dur, E-Dur und Fis-Dur, die Moll-Parallelen gis-Moll und cis-Moll sowie auf die Dominante zu Fis-Dur, Cis-Dur. Die Wirkung der Melodie wird vor allem durch das Arrangement gestützt, das »Sailing« von einem zunächst harmlosen Popsong hin zu einem hymnisch zelebrierten Stück geleitet: Einleitung und erste Strophe sind sehr sparsam gehalten, eine akustische Gitarre, eine Orgel und ein Bass unterlegen Stewarts Solostimme. In Strophe Zwei kommen weitere Gitarren und in Strophe Drei ein Schlagzeug hinzu, das schnörkellos den Grundbeat betont. Ab der vierten Strophe ergänzt ein Hintergrundchor Stewarts Gesang. Nach einem Instrumentaldurchgang mit Gitarrensolo und einer Wiederholung der ersten Strophe – diesmal im Plural formuliert – mündet »Sailing« in seine Schlusskadenz, in der ab 3:47 ein Streichersatz die suggestive Melodie wiederholt.

Seine »Hymnen-Tauglichkeit« erhielt der Song in besonderem Maße durch den Chor, der, wie die Stewart-Biografen Ewbank und Hildred schreiben, recht spontan zusammenkam: »Bob Crewe, der früher die Platten der Four Seasons geschrieben und produziert hatte, befand sich gerade im Studio, als Rod den Song aufnahm. Dowd meinte, er brauche Begleitstimmen, damit man den Eindruck eines großen Chors habe. Crewe erklärte sich sofort bereit, auf der Nummer mit einem Dutzend seiner eilig herbeigeschafften Freunde zu singen. Erst durch diese Begleitung erhielt der Song die hymnische

Ohrwurmqualität, nach der Dowd gesucht hatte.«[2] Und es ist wohl genau dieser eingängigen Melodie zu verdanken, dass »Sailing« zu *der* Stadion-Hymne des britischen Fußballs wurde.

Rod Stewart erlebte dies erstmals, als er mit seinem Vater ein Länderspiel zwischen England und Schottland im Londoner Wembley-Stadion besuchte. In der Halbzeitpause holte der Musiker ein paar Getränke, doch als er zurückkehrte, fand er seinen Vater mit Tränen in den Augen vor. Stewarts anfängliche Beunruhigung legte sich rasch, als ihm sein Vater erklärte: »Du hättest es hören sollen. Als du weg warst, hat das gesamte Stadion ›Sailing‹ gesungen.«[3] Das Stück stellte übrigens noch ein zweites Mal seine enormen Identifikationsmöglichkeiten unter Beweis. Nachdem der Song ein Jahr nach seinem Erscheinen in einer Fernsehdokumentation über die britische Marine als Schlüsselsong auftauchte, wurde er rasch zur inoffiziellen Hymne der Royal Navy gekürt.

Es ist nicht verwunderlich, dass ein Stück wie »Sailing« nicht übermäßig gewagte Fremd-Interprationen anregt. Da genügt es schon, dass etwa Robin Trower den Song mit viel Blues-Feeling einspielt. Khadja Nin versetzt das Stück durch seine eigenwillige Instrumentierung auf den Schwarzen Kontinent, wohingegen Joan Baez die Nummer im strahlend weißen Folkgewand präsentiert. Die Shadows segeln im für sie typischen Sixties-Sound, und Stina Nordenstam interpretiert das Lied mit Klavier- und Streicherbegleitung. Ansonsten findet sich »Sailing« auf einer Unzahl von Easy-Listening-Platten wie ROMANTIC MELODIES, LOVE COLLECTION, THEMES FOR DREAMS, SOULFUL SAX oder FANTASTIC STRINGS. Und natürlich darf Richard Clayderman genauso wenig fehlen wie Acker Bilk oder Johnny Ventura, vom London Symphony Orchestra gar nicht erst zu reden. Dass aber auch das offizielle Orchester der Royal Marines »Sailing« zu seinen besten Stücken zählt, ist ein Kuriosum, das nicht vielen Rocksongs zuteil wird.

Rod Stewart

Geboren 10. Januar 1945 in Highgate, London
Gesang
Rod Stewart ist einer der erfolgreichsten Superstars des Rock seit Beginn der siebziger Jahre. Sein Markenzeichen ist seine ausdrucksstarke Stimme, die immer ein bisschen nach Reibeisen und Sandpapier klingt.
Alben
Gasoline Alley (1970) • Every Picture Tells A Story (1971) • Atlantic Crossing (1975) • Tonight I'm Yours (1981) • Spanner In The Works (1995)
Single-Hits
Maggie May (GB 1, US 1) • Sailing (D 4, GB 1) • Da Ya Think I'm Sexy? (D 9, GB 1, US 1) • Baby Jane (D 1, GB 1) • All For Love (D 1, GB 2, US 1)

263

Samba Pa Ti

Musik: Carlos Santana

Santana –
ABRAXAS

Copyright 1970
Verlag Petra Music

Cover-Versionen
Edward Wier
Aquablue
José Feliciano
Bolero Jazz
Pat Flynn

Als Carlos Santana mit seiner Band im November 1970 sein zweites Album ABRAXAS auf den Markt brachte, war jedem Zuhörer schnell klar, dass hier ein neues Kapitel der Rockmusik aufgeschlagen wurde. In bislang nie dagewesener Konsequenz verband Santana intensives Latin-Feeling sowie Jazz- und Fusion-Elemente mit bluesgetränktem Hardrock zu einer einzigartigen musikalischen Mischung. Der Gitarrist selbst legte ein gutes Stück seiner Hendrix-/Clapton-Fixierung ab und entwickelte einen ganz eigenen melodiösen Stil. Kein Song des – schwachpunktfreien – Albums zeigt dies deutlicher als »Samba Pa Ti«, ein eher ruhiges Instrumentalstück, das zu einer weltweiten Liebeshymne wurde.

Doch es war kein romantischer Anlass, der Carlos Santana zu dem Lied inspirierte: »›Samba Pa Ti‹ habe ich geschrieben, als wir von unserer ersten Europa-Tour zurückgekehrt waren. Ich war in meinem Zimmer und sah aus dem Fenster, weil ich einen seltsamen Klang hörte. Irgendein Typ blies ein paar Töne auf einem Saxofon. Plötzlich kam in mir das Bild auf, dass der Mann sich in einem Konflikt befindet; er weiß nicht, was er als Nächstes an die Lippen setzen soll: sein Saxofon oder die Flasche Schnaps, die in seiner Hosentasche steckt. Und ich dachte, er ist ein Gefangener seines Konflikts, und das machte mich traurig. Aus irgendeinem Grund fielen mir die Zeilen ›through every step in life you find freedom from within‹ ein, und dann hatte ich eine Melodie im Kopf. ›Samba Pa Ti‹ ist eines der ersten Lieder, wo ich mich richtig frei gefühlt habe – so frei, dass ich alles andere vergessen konnte und mich einfach nur treiben ließ. Und obwohl das Stück sehr einfach ist, steckt sehr viel Gefühl darin.«[1]

Ein Blick in die Noten kann den einzigartigen Zauber des Songs nicht erklären. Das harmonische Konzept ist einfach, eine Akkord-Fortschreitung von G-Dur über h-Moll, e-Moll, a-Moll nach D-Dur. Auch das melodiöse Thema von »Samba Pa Ti«, das in den ersten zwei Sekunden von der Gitarre solo vorgestellt wird, sieht nicht gerade aufregend aus: eine aufsteigende Melodie a–h–c–d–e–g und zurück zum d.

»Samba Pa Ti« ist ein Song, der nicht intellektuell erfassbar ist. Man muss dieses Stück emotional aufnehmen – mit dem Herzen oder mit der Seele oder wie immer man eine solche intuitive Erfahrung beschreiben mag. Das Lied ist durch und durch spirituell ausgerichtet und steht damit in der Tradition eines Miles Davis oder eines John Coltrane. Auch nimmt es spätere Experimente von Carlos Santana zusammen mit John McLaughlin vorweg. Doch während diese Aufnahmen sehr frei und zum Teil atonal sind (und damit nie ein größeres Publikum ansprechen können), ist »Samba Pa Ti« neben aller inneren Freiheit tonal konzentriert und harmonisch kompakt – oder, um es anders auszudrücken: einfach schön. (Ob der Song deshalb gleich zur Camembert-Werbung eingesetzt werden muss, wie in den achtziger und neunziger Jahren geschehen, darf heftig bezweifelt werden.)

Der Gleichgang von Ästhetik mit freier musikalischer Ausgestaltung ist sicherlich das Erfolgsgeheimnis dieses Stücks, das hauptsächlich von Carlos Santanas E-Gitarre dominiert wird. Sie präsentiert einen langen Fluss ineinander greifender Melodien, die sich von sämtlichen Klischees eines Gitarrensolos abheben. Simon Leng beschreibt es treffend: »Mit ›Samba Pa Ti‹ führte Santana einen gänzlich neuen Stil von Gitarren-Instrumental ein, das an die melodische Empfindsamkeit der alten mexikanischen ›sones‹ und an lyrische Balladen angelehnt zu einer neuen lateinamerikanischen Volkshymne werden sollte.«[2]

»Samba Pa Ti« beginnt moderat langsam, die Stimmung ist ruhig, sinnlich, vielleicht auch nachdenklich. Die Gitarre stellt das Thema vor, umspielt und variiert es, ohne größere Virtuosität an den Tag zu legen. Die sechzehntaktige Akkord-Progression wird ein Mal wiederholt, am Ende der beiden Blöcke setzt das Stück jeweils einen Takt lang aus. Es folgt eine achttaktige Überleitung, bevor bei 2:00 der Song auf das doppelte Tempo anzieht. Die Rhythmus-Sektion stellt einen dichten Klangteppich her, harmonisch verlässt das Stück das Akkordschema des vorangegangenen Teils. Auf der Basis des permanenten Wechsels zwischen G-Dur und a-Moll legt die Gitarre ein furios sich steigerndes, zum Teil technisch sehr anspruchsvolles Solo hin, das vor Vitalität und Energie nur so sprüht. Ohne weitere strukturelle Zäsuren blendet der Song nach viereinhalb Minuten aus.[3]

Carlos Santana hatte zunächst große Probleme, seine Band von dem Song zu überzeugen – rückblickend gesehen natürlich ein Kuriosum. Vor allem seinem Keyboarder Gregg Rolie, dem »starken Mann« der Gruppe, ist es zu verdanken, dass das Stück überhaupt eingespielt wurde. Er ist auch der Einzige, der ihm neben der Gitarre einen individuellen Tupfer aufsetzt: mit einer sehr kurzen, aber enorm wirkungsvollen Phrase auf seiner Hammond-Orgel bei 1:34. Ansonsten bleibt die Begleitung im Hintergrund.

»Samba Pa Ti« ist natürlich eine der Paradenummern von Santana und wird bei jedem Konzert vom Publikum gefordert. Einen guten Eindruck der Live-Versionen bekommt man auf dem Album LOTUS, dort ist eine neunminütige Improvisation zu hören. Solche ausgedehnten Fassungen kommen zwar dem Motiv der inneren Freiheit entgegen, die das Stück in gewisser Weise definiert. Allerdings fehlt hier jenes Maß an Disziplin, das auch ein solcher Song braucht, um zu einem der schönsten Juwelen der Rockmusik zu werden.

Cover-Versionen von »Samba Pa Ti« finden sich hauptsächlich im Bereich des Easy-Listening, doch egal, welche Fassung man sich anhört – zum Beispiel von Fausto Papetti, Johnny Ventura, Alex Bollard oder Lex Vandyke –, sie werden alle nicht dem Zauber des Songs gerecht. Hörenswerte Rockversionen stammen dagegen von Edward Wier und von Aquablue. In einem etwas merkwürdigen Rock 'n' Roll-Ambiente spielt El Fez das Stück, während José Feliciano es als Vokalnummer interpretiert. Von der Gruppe Bolero Jazz stammt eine reizvolle Latin-Jazz-Version, und Pat Flynn steckt »Samba Pa Ti« in ein Bluegrass-Kleid.

Santana
Gründung 1966
Carlos Santana (*20. 7. 1947; Gitarre)
Gregg Rolie (*17. 6. 1947; Gesang, Keyboards)
David Brown (*15. 2. 1947; Bass)
Mike Shrieve (*6. 7. 1949; Schlagzeug)
José »Chepito« Areas (*25. 7. 1946; Perkussion)
Mike Carabello (*18. 11. 1947; Percussion)
Weitere Mitglieder im Laufe der langen Band-Biografie: Tom Coster, Coke Escovedo, Tom Frazer, Rod Harper, Graham Lear, Bob Livingstone, Armando Peraza, Raul Rekow, Gus Rodrigues, Neal Schon, Orestes Vilato
Die Musik von **Santana** verbindet konsequent Rock, Latin und Jazz und entwickelt hieraus eine sehr eigenständige und explosive Mischung.
Alben
Abraxas (1970) • Caravanserei (1972) • Amigos (1976)
Blues for Salvador (1987) • Supernatural (1999)
Single-Hits
Evil Ways (US 9) • Black Magic Woman (US 4) • Maria Maria (US 1)

San Francisco (Be Sure To Wear Some Flowers In Your Hair)

Text und Musik: John Phillips

Die Rockmusik ist voll von so genannten »One-Hit-Wonders«, also singulären Hiterfolgen von ansonsten im Wesentlichen bedeutungslos gebliebenen Künstlern und Interpreten: Norman Greenbaums »Spirit In The Sky« etwa, »In The Year 2525« von Zager and Evans, »Oh Happy Day« von den Edwin Hawkins Singers oder Don Fardons »Indian Reservation«, um nur einige Beispiele aus den sechziger Jahren zu nennen. Die wohl berühmteste Eintagsfliege dieser Art wurde von Scott McKenzie gesungen und entwickelte sich zur unbestrittenen Hymne der kalifornischen Hippies und Blumenkinder: »San Francisco (Be Sure To Wear Some Flowers In Your Hair)«. Geschrieben hat den Song John Phillips von den Mamas & Papas, mit denen McKenzie eng befreundet war. Der von der Ostküste stammende Kalifornien-Fan Phillips (siehe hierzu auch ⇨»California Dreamin'«) zeichnet mit »San Francisco« ein verträumtes Idealbild einer lebensbejahenden Flower-Power-Bewegung. In jenen Tagen im »Summer of love« 1967 war es für die jungen Leute nicht nur reizvoll, sondern überaus nahe liegend, ein solches Wunschdenken für bare Münze zu nehmen:
»Wenn du nach San Francisco kommst, stecke dir unbedingt ein paar Blumen ins Haar. In San Francisco wirst du eine Menge ganz liebenswürdiger Leute treffen. Für diejenigen, die nach San Francisco kommen, wird der Sommer ein einziges Love-in werden, und überall in den Straßen triffst du freundliche Menschen mit Blumen im Haar. Das ganze Land wird erschüttert von einem neuen Geist. Die Leute sind in Bewegung, und da gibt es eine neue Generation mit völlig neuen und eigenen Sichtweisen. Ja, wenn du nach San Francisco kommst, wird der Sommer ein einziges Love-in.«
Dieses Heile-Welt-Bild spiegelt sich wider in einer nicht minder freundlichen und friedlichen Musik. Im Mittelpunkt stehen drei Strophen. Eine sanft auf- und absteigende Melodie wird von den Grundharmonien G-Dur, C-Dur und D-Dur sowie den Moll-Parallelen e-Moll und h-Moll getragen. Alle Akkorde werden ohne zusätzliche Ergänzungen wie Septen gespielt, um ja nicht zu viel Spannung zu erzeugen. Die Musik schwebt fast ätherisch dahin wie ein fliegender Märchenteppich aus dem Morgenland. Zwischen Strophe Zwei und Drei schiebt sich bei 1:18 eine kleine Bridge (»All across the nation ...«), während der das Stück in ein vergleichsweise aufrührerisches F-Dur und d-Moll fällt, doch mit den »people in motion« stellt sich alsbald wieder die ursprüngliche Verträumtheit ein.

Scott McKenzie –
THE VOICE OF SCOTT
MCKENZIE

Copyright 1967
Verlag MCA Music
Publ.

Cover-Versionen
Ted Hawkins
Guitarras del
Renacimiento
Petula Clark

267

Am Ende des Songs wird ab 2:28 die letzte Zeile (»If you come to San Francisco, summertime will be a love-in there«) wiederholt, wobei die Harmonie etwas überraschend um einen Ganzton nach oben steigt, also nach A-Dur, in dem das Lied schließlich auch ausklingt. Das Arrangement des Stücks ist relativ konventionell gehalten: Im Vordergrund steht die Stimme McKenzies, den Hintergrund bilden Bass, Schlagzeug, Rhythmus- und Solo-Gitarre sowie etwas Perkussion, zeitweiliges Klatschen und ein recht auffälliger Triangel. Während der Bridge hört man ab 1:28 mehrmals kurz eine Sitar – jenes Instrument, das seit dem Beatles-Album RUBBER SOUL nicht mehr aus der Rockmusik wegzudenken ist.

»San Francisco« wurde ein erfolgreicher Hitparadenstürmer und ging als Single rund sieben Millionen Mal über die Plattentheken. Dabei erfuhr das – getrost als naiv zu bezeichnende – Stück eine Menge Kritik. Als Beispiel sei das ROCK LEXIKON zitiert: »McKenzie ließ sich von der Presse in einer Weise feiern, als sei er der Repräsentant der Subkultur-Szene San Franciscos. In Wahrheit hatten Komponist John Phillips und Produzent Lou Adler mit dem Song ›San Francisco (Be Sure To Wear Some Flowers In Your Hair)‹ nur eine tönende Reklame-Postkarte abgeliefert, die die Underground-Atmosphäre des Stadtteils Haight-Ashbury oberflächlich romantisierte.«[1] Diese Einschätzung ist sicher nicht falsch, doch blendet sie das Faktum aus, dass mit »San Francisco« eben doch und sehr zielgenau der Lebensnerv gerade dieser Subkultur getroffen wurde. Anders wäre es nicht zu erklären, dass der Song zu *der* Schlüsselnummer des legendären Monterey Pop Festivals wurde (dass Phillips einer der Veranstalter war, hat dabei sicherlich nicht geschadet, kann aber nicht als alleinige Erklärung gelten). Das kalifornische Musik-Festival vom 16. bis 18. Juni 1967 war mit fünfzigtausend Besuchern gewiss nicht das größte Open-Air-Festival der späten sechziger Jahre. Zum Vergleich: Auf die Isle of Wight kamen über hunderttausend Zuschauer, nach Woodstock pilgerten gar über dreihunderttausend junge Menschen. Doch Monterey war die erste und für viele die wichtigste dieser Veranstaltungen, nirgendwo sonst manifestierte sich der friedliche Geist der Hippie-Bewegung auf vergleichbare Weise. Und auch wenn mit Bob Dylan und den Beach Boys die damals namhaftesten amerikanischen Rockmusiker fehlten (Dylan trat zur Empörung mancher stattdessen ausgerechnet auf der britischen Isle of Wight auf), traf sich mit den Who, den Byrds, mit Jefferson Airplane, Otis Redding, Jimi Hendrix, Janis Joplin und den Mamas & Papas nebst vielen weiteren die Crème de la Crème der Rockmusik.

Zurück zu »San Francisco«: Erstaunlicherweise hat John Phillips seine Erfolgsnummer nie mit der eigenen Gruppe Mamas & Papas aufgenommen. In McKenzies Fassung findet sich der Song natürlich auf zahllosen Sixties- und Softrock-Samplern, und selbstverständlich haben sich mehrere Easy-Listening-Formationen der sanften Melodie angenommen, so zum Beispiel das Bruno Bertone Orchester, der Pianist Giovanni oder die Pasteles Verdes. Mit viel lateinamerikanischem Schwung im Blut verpflanzen die Guitarras del Renacimiento den Song in die Gegend des San Franciscoer Latino-Viertels um Mercadori. Die englische Schlagersängerin Petula Clark erzielte mit »San Francisco« immerhin einen Top-Thirty-Erfolg in ihrer Heimat. Am weitesten entfernte sich der Blues-Musiker Ted Hawkins mit seiner Version auf dem Album LOVE YOU MOST OF ALL vom ursprünglichen Hippie-Ambiente.

Scott McKenzie
Philip Blondheim
Geboren 1. Oktober 1939 in Jacksonville, Florida
Gesang, Gitarre
Scott McKenzie erzielte mit seinem Mega-Seller »San Francisco (Be Sure To Wear Some Flowers In Your Hair)« den einzigen Erfolg seiner Musikkarriere, die sich stets im Dunstkreis der Mamas & Papas befand.
Alben
The Voice Of Scott McKenzie (1967) • Stained Glass Morning (1970)
Single-Hit
San Francisco (Be Sure To Wear Some Flowers In Your Hair) (D 1, GB 1, US 4)

(I Can't Get No) Satisfaction
Text und Musik: Mick Jagger & Keith Richard

»(I Can't Get No) Satisfaction« gehört wie ⇨»Smoke On The Water« oder ⇨»Whole Lotta Love« zu den Songs, die ihre musikalische Kraft hauptsächlich aus einem einzigen Riff beziehen. Keith Richard träumte dieses Motiv – von der Quinte über die Sexte zur kleinen Septe und wieder zurück – während der 1965er Tournee der Rolling Stones in den Staaten. Seiner Erinnerung nach wachte er für ein paar Sekunden aus dem Schlaf auf (dieser glich angesichts des enormen Whiskey- und Amphetaminkonsums des Gitarristen wohl eher einem Delirium) und spielte die wenigen Töne mit der allzeit bereitstehenden Gitarre in das ebenfalls immer präsente Tonbandgerät. Am nächsten Tag assoziierte er die Textzeile »I can't get no satisfaction« aus dem Chuck-Berry-Titel »Thirty Days« zu seinem Riff und baute den Song gemeinsam mit Mick Jagger vollständig aus. Das

The Rolling Stones –
OUT OF OUR HEADS

Copyright 1965
Verlag Abkco Music

Cover-Versionen
Jimmy Smith
Otis Redding
Jimi Hendrix
Frankie Ruiz
Devo

269

Ganze war zunächst allerdings eher als Folksong angelegt und riss keinen so recht vom Hocker. Auch als sich das Thema mit einer kraftvollen verzerrten E-Gitarre präsentierte und der Schlagzeuger Charlie Watts dem Stück enormen Schwung verlieh, blieb Richard skeptisch, da ihm die ganze Anlage des Songs zu einfach erschien. Doch die anderen Stones und ihr Manager Andrew Oldham konnten ihn schließlich überzeugen (oder überstimmen?), das Stück als Single herauszubringen – mit durchschlagendem Erfolg: »Satisfaction« wurde die erste Nummer-Eins-Single der Rolling Stones in den USA.

Der Aufbau von »Satisfaction« ist in der Tat sehr einfach: Der harmonische Wechsel findet bis auf eine einzige Stelle ausschließlich zwischen E-Dur und A-Dur statt, nur im Refrain bei »'cause I try and I *try*« geht die Harmonie für einen Moment auf die V. Stufe nach H. Das Stück beginnt mit der mehrmaligen Wiederholung des Riffs, bevor Jagger den programmatischen Refrain zunächst einschmeichelnd und zart vorstellt. Es folgen – nun mit viel mehr Wut in der Stimme – Strophe Eins, Refrain, Strophe Zwei, wiederum Refrain, Strophe Drei und schließlich eine mehrfache Wiederholung des Refrains, die allmählich ausgeblendet wird.

Die Wirkung des Songs resultiert zum einen aus dem bereits erwähnten markanten Gitarrenriff, zum anderen aus der beherrschenden Textzeile »I can't get no satisfaction«. Man kann es heute nicht mehr nachvollziehen, aber in der Mitte der sechziger Jahre war ein Wort wie »satisfaction« – Befriedigung – absolut verpönt, weil es Anlass zu Spekulationen und sexuellen Assoziationen gab. Dabei spiegelt der Text nur eine alltägliche und allgemeine Frustration vornehmlich der jungen Leute wider. In Strophe Eins geht es um die Medien, die mit sinnlosen Informationen die Hirne verkleistern, in Strophe Zwei ärgert sich der Sänger über die Werbung, die versucht, ihm vorzuschreiben, wie man zu sein hat. Strophe Drei schließlich handelt von solchen Frauen, die einen immer nur warten lassen und auf später vertrösten. Alles also ganz »normale« Themen, zumal aus der Sicht eines jungen Menschen. Allein die Verwendung des Wortes »satisfaction« ließ das Establishment aufheulen: Doch war dies weniger ein Indiz für eine besondere Derbheit des Textes als vielmehr für die Prüderie der damaligen Gesellschaft.

»Satisfaction« lässt sich in seiner Gesamtbedeutung schwer beschreiben, weil es auf vielen unterschiedlichen Ebenen funktioniert. Dies beginnt schon mit dem simplen, dabei ungeheuer raffiniert komprimierten Riff, der sehr viel mehr ist als das, was man musikalisch analysieren kann. Das Stück ist ein Protestsong – daher auch sein ursprünglicher Folkcharakter –, doch anders als das gängige Klischee dieser Lieder geht »Satisfaction« in seiner ablehnenden Haltung auch musikalisch voll und ganz auf. »Im Grunde genommen ist es falsch, wenn gesagt wird, dass ›Satisfaction‹ die Unzufrieden-heit der Jugendlichen *ausdrückte* und dass der Song zusammenfasste, wie sie sich damals gefühlt haben. Denn ›Satisfaction‹ hat nicht die-se Distanz in sich, dass da *über* etwas geredet oder befunden würde. Man müsste sagen: ›Satisfaction‹ *ist* unzufrieden, *ist* herausfordernd. Und weil der Song genau sich selbst repräsentiert, genau das ist, als was er erscheint, ohne Zwischenschritte und ohne intellektuelle Distanz, deshalb wurde er direkt und unvermittelt von den Jugend-lichen verstanden.«[1]

»(I Can't Get No) Satisfaction« wurde zur Erkennungsmelodie und zum Synonym der Rolling Stones, wie es auch Mick Jagger später sah: »Dieser Song schuf die Rolling Stones und verwandelte uns von einer Band unter vielen in eine Monsterband. Dazu braucht man im-mer den einen Song, sonst bleibt man nur ein Bild in der Zeitung.«[2] Selbstverständlich war der »Signature Song« der Stones in allen Live-Programmen vertreten und ist entsprechend auf einigen Live-Alben der Band zu hören, so auf GOT LIFE IF YOU WANT IT (1966), GIMME SHELTER (1971), STILL LIFE (1982) oder FLASHPOINT (1991). Aber auch zahlreiche andere Künstler haben den Stones durch eine eigene Interpretation von »(I Can't Get No) Satisfaction« ihre Reverenz erwiesen. Darunter befinden sich überdurchschnittlich viele Jazz- und Soul-Fassungen. Jazz-Giganten wie Oscar Peterson, Jimmy Smith oder Quincy Jones haben sich des Stücks genauso an-genommen wie Rob Wasserman oder Bill Cunliffe, der im Jahr 1998 sogar ein ganzes Album nach diesem Stones-Titel benannte. Im Soul-Idiom präsentierten den Song José Feliciano, Sam & Dave, Chris Farlowe, Otis Redding oder Aretha Franklin. Bei Paul Revere & The Raiders trug die Nummer ein Rhythm-&-Blues-Kleid, rockig kam das Stück dagegen bei Jimi Hendrix, Blue Cheer, Samantha Fox oder Mary Burns daher. In Latin-Klänge tauchte Frankie Ruiz den Song, während die Punkband Devo ihn völlig zerlegte. In ihrer Ver-sion ist »Satisfaction« kaum wieder zu erkennen. – Ein erstaunlicher Siegeszug des kleinen Riffs von der großen Unzufriedenheit.

The Rolling Stones
Gründung 1963
Mick Jagger (*26. 7. 1943; Gesang, Gitarre)
Keith Richard (Keith Richards; *18. 12. 1943; Gitarre, Gesang)
Bis 1969: Brian Jones (Lewis Brian Hopkin-Jones; *28. 2. 1942, †3. 7. 1969;
Gitarre, Mundharmonika, Keyboards, Sitar)
1969 bis 1975: Mick Taylor (*17. 1. 1948; Gitarre)
Seit 1975: Ron Wood (*1. 6. 1947; Gitarre, Gesang)
Bill Wyman (*24. 10. 1936; Bass)
Charlie Watts (*Charles Robert Watts; *2. 6. 1941; Schlagzeug)

Die **Rolling Stones** sind die dienstälteste Rockband der Welt, sie prägten die Rockmusik entscheidend mit, indem sie in die jeweils aktuellen Stilrichtungen eine ganz eigene Rhythm-&-Blues-Komponente integrierten.

Alben 1964–1968

12 x 5 (1964) • Aftermath (1966) • Between The Buttons (1967)
Their Satanic Majesties Request (1967) • Beggar's Banquet (1968)

Single-Hits 1964–1968

The Last Time (D 1, GB 1, US 9) • (I Can't Get No) Satisfaction (D 1, GB 1, US 1)
Get Off Of My Cloud (D 1, GB 1, US 1) • Paint It Black (D 2, GB 1, US 1)
Jumpin' Jack Flash (D 1, GB 1, US 3)

Say It Loud (I'm Black And I'm Proud)

Text und Musik: James Brown
& Alfred James Ellis

**James Brown –
»Say It Loud (I'm
Black And I'm Proud)
(Pt. 1 & 2)«** (Single)

Copyright 1968
Verlag Dynatone
Publ. Co.

Cover-Versionen
Lou Donaldson
El Vez
Black Randy And
Metrosquare

Gruppen wie Earth, Wind & Fire oder Kool & The Gang wären ohne ihn nicht denkbar: den nicht gerade zu übertriebener Bescheidenheit neigenden selbst ernannten »Soul Brother Number One« oder »Godfather Of Soul« James Brown. Er entwickelte eine ganz eigene Soulformel, in die er auch Latin- und Rhythm-&-Blues-Elemente integrierte. Das Ergebnis war ein ekstatisch wilder Call-and-Response-Dialog zwischen seiner mal kreischend schreienden, mal jammernden Stimme und einer bläserdominierten hämmernden Rhythmusgruppe. Auch seine Auftritte waren legendär, so konnte seine Abschlussnummer »Please, Please, Please« gut und gerne eine Dreiviertelstunde dauern, in der Brown mehrmals publikumswirksam hinter dem Mikrofon zusammenbrach.

Im Zusammenhang mit den – im Anschluss an die Ermordung des schwarzen Bürgerrechtlers Martin Luther King am 4. April 1968 – in ganz Amerika aufbrodelnden Rassenunruhen schrieb Brown seine Hymne des Stolzes der Schwarzen, »Say It Loud (I'm Black And I'm Proud)«: »Sag es laut: Ich bin schwarz und ich bin stolz! ... Einige Leute sagen, wir seien bösartig, andere halten uns für mutig. Ich sage euch, wir werden uns so lange für unsere Rechte einsetzen, bis wir bekommen haben, was uns zusteht. Sie haben uns verachtet und uns schlecht behandelt, aber ich sag dir eins, Bruder, solange wir zusammenhalten, kriegen sie uns nicht klein. Sag es laut ... Wir alle arbeiten hart und viel, doch wir arbeiten für einen fremden Herrn. Wir fordern das Recht, für uns selbst und in unserem eigenen Interesse zu arbeiten. Oh, das Ganze bringt mich noch um ... Wir arbeiten hart, doch immer nur für die anderen. Wir fordern das Recht, für uns selbst zu arbeiten. Lieber sterben wir im Stehen, als ein Leben lang auf den Knien zu buckeln. Sag es laut: Ich bin schwarz und ich bin stolz!«

Mit »Say It Loud (I'm Black And I'm Proud)« nahm James Brown zwar einen eindeutig kämpferischen Standpunkt ein, der sich allerdings inhaltlich ein ganzes Stück weit von dem entfernte, was von den radikaleren Verfechtern der »Black Power« vertreten wurde. Während diese als Konsequenz der Rassenunterdrückung Aufruhr und Anarchie propagierten, sah Brown den Weg aus der vielfältigen Benachteiligung in einer möglichst großen ökonomischen Unabhängigkeit der Schwarzen. Damit nahm er jenen Platz ein, der ihm offenbar immer wieder am besten gefiel: den Platz zwischen allen Stühlen. Bei vielen Weißen stieß er wegen seines exzentrischen Auftretens und seines Macho-Gehabes auf Widerstand (sein übermäßiges Selbstbewusstsein und seine grenzenlose Selbstüberschätzung brachten ihn des Öfteren mit dem Gesetz in Konflikt, und er saß wegen diverser Delikte einige Jahre im Gefängnis). Doch auch bei den Black-Power-Leuten erntete er heftige Kritik, weil er Weiße in seinem Tross beschäftigte oder sich in puncto Vietnamkrieg an die Seite der US-Präsidenten Johnson und Nixon stellte. Wie dem auch sei, im Rückblick werden viele Beobachter heute dem Soul-Sänger Recht geben – zumindest, was dessen Rassenengagement anbelangt. Die wirtschaftliche Verbesserung der Lage vieler Schwarzer hat mehr zur Stärkung ihres Selbstbewusstseins beigetragen als jeder ideologisch motivierte Straßenkampf.

Musikalisch ist »Say It Loud (I'm Black And I'm Proud)« höchst einfach gestrickt (und darf – dennoch oder deshalb? – in gewisser Weise als unmittelbarer Vorgänger des Rap betrachtet werden). Auf einem sich permanent wiederholenden Rhythmus-Pattern, getragen von Schlagzeug, Bass, einer funkig gespielten Gitarre und einem Bläsersatz, rappt James Brown in hitzig vorgetragenem Sprechgesang seine Botschaft. Nur die zentrale Zeile »I'm black and I'm proud« wird von einem Kinderchor gesprochen bzw. gesungen. Der gesamte Song bleibt auf einer Harmonie (B-Dur-Sept), lediglich während einer Art Bridge (von 1:24 bis 1:44 bei »Ooh-ee, you're killing me«) und in der Ausblende (ab 2:31) wird das Rhythmus-Muster nach Es-Dur-Sept transponiert.

Für den Kinderchor waren ursprünglich die Kinder einiger schwarzer Musikerkollegen eingeplant, doch Brown hatte sich gerade wieder einmal Feinde gemacht. Zum einen stieß sein amerikafreundlicher Song »America Is My Home« bei radikaleren Schwarzen auf erbittertste Feindschaft, zum anderen wurden ihm auch seine Auftritte in Vietnam im Sommer 1968 zur Stützung der Truppenmoral übel genommen. Es waren jedenfalls keine Kinder von Freunden verfügbar, als es zu der entsprechenden Einspielung kommen sollte. James Brown: »Und nun hatten wir keine Kinder. Ich schickte jeden raus aus dem Studio, sie sollten alle Kinder aufgabeln, die auf der Straße rumliefen. Byrd [Browns Pianist Bobby Byrd] holte einige aus Denny's Restaurant, das in der Nähe lag, andere holten sie von hier und von da zusammen. Nach einer Weile hatten wir etwa ein Dutzend. Wir probten mit ihnen und machten ihnen klar, dass sie ruhig sein müssten, wenn sie nicht sangen. Jedesmal, wenn ich sang: ›Say it loud‹, mussten sie nur antworten: ›I'm black and I'm proud.‹ Das war ulkig, weil die meisten von ihnen gar nicht schwarz waren. Es waren meistens Weiße oder Asiaten.«[1]

Vielleicht wurde »Say It Loud (I'm Black And I'm Proud)« trotz seiner in manchen schwarzen Kreisen umstrittenen Aussage dennoch zu einer so wichtigen Hymne der Schwarzen, weil sie eigentlich eine Selbstverständlichkeit ausdrückt. James Brown ist davon jedenfalls überzeugt, wie er Mitte der achtziger Jahre in seiner Autobiografie schrieb: »Der Song ist heute überholt. Eigentlich war er schon damals überholt, als ich ihn aufnahm, aber er war nötig. Man sollte den Menschen nicht erzählen müssen, welcher Rasse man angehört, und man sollte den Menschen nicht beibringen müssen, dass man stolz zu sein hat. Dieses Gefühl sollten sie von selber haben, weil sie da leben, wo sie leben. Aber damals war es nötig, ihnen Stolz zu predigen, und ich glaube, der Song hat vielen Leuten geholfen und gutgetan. Aber er hat auch manchem Angst gemacht. Der Titel kostete mich einen großen Teil meines Crossover-Publikums. Danach war die Hautfarbe in meinen Konzerten überwiegend schwarz. Es tut mir aber nicht Leid, dass ich das Stück aufgenommen habe. Es half dem Afro-Amerikaner, und darauf bin ich stolz.«[2]

Von »Say It Loud (I'm Black And I'm Proud)« gibt es zwar einige Interpretationen von James Brown selbst, der Song wurde allerdings nur von wenigen anderen Musikern gecovert. Bereits im Jahr 1968 hat der Jazz-Altsaxofonist Lou Donaldson das Stück interpretiert, fast dreißig Jahre später, 1996, nahm der schwarze Rock'n'Roller El Vez den Song auf. Dazwischen liegt die etwas absurde Einspielung des spleenigen weißen New-Wave-Rockers Black Randy mit seiner Band Metrosquare. Say it loud: Ich wär gern black and proud.

James Brown

James Joe Brown jr.

Geboren 3. Mai 1933 (oder 1928? oder 1929?) in Macon, Georgia

Gesang, Keyboards

James Brown ist die absolute schwarze Soul-Ikone seit den sechziger Jahren. Sein Markenzeichen ist eine einzigartige Verbindung von Soul-, Latin- und Rhythm-&-Blues-Elementen,

seine Texte greifen oft sozialkritisch Probleme der schwarzen Bevölkerung
der USA auf.

Alben

Night Train (1961) • Cold Sweat (1967) • Sex Machine (1970) • Hell (1974)
In The Jungle Groove (1986)

Single-Hits

Papa's Got A Brand New Bag (Part 1) (US 8)
It's A Man's Man's Man's World (US 8) • I Got The Feelin' (US 6)
Say It Loud (I'm Black And I'm Proud) (Part 1) (US 10)
Living In America (GB 5, US 4)

Se batasse una canzone
Text und Musik: Eros Ramazotti,
Adelio Cogliati & Piero Cassano

Italo-Rock nimmt im Gesamtrahmen der Rockmusik eine sehr eigene und spezifische Position ein, da er weniger auf elementaren Blues- und Rock'n'Roll-Idiomen gründet als vielmehr auf einer eigenen Tradition, die hauptsächlich der Schlagermusik entstammt. Entsprechend sind in Italien die »Gräben« zwischen einem Schlagerduo wie Al Bano und Romina Power und Italo-Rockern wie Gianna Nannini oder Zucchero, eines folkloristisch angehauchten Angelo Branduardi oder einer Jazz-Sängerin wie Ornella Vanoni nicht so groß wie anderswo. Das alljährlich stattfindende Musikfestival in San Remo – ein erstrangiges Forum für Talente, auf dem auch Eros Ramazzotti bekannt wurde – ist hierfür der beste Beweis. Hervorstechendes Merkmal all dieser Musikrichtungen ist eine ausgefeilte Balance zwischen im Grunde einfachen, doch oft sehr ideenreich gesetzten Harmonien und fantasievollen Melodien, die italienische Songs so unglaublich leicht erscheinen lassen. (Selbst eine so erschütternde Ballade wie Antonello Vendittis »Bomba o non bomba« ließ im Frühsommer 2001 einen Sprecher in einem Münchner Radiosender von der Leichtigkeit der italienischen Lebensart und vom bevorstehenden Italienurlaub schwärmen. Dabei geht es in dem Song um das schlimmste Blutbad der europäischen Nachkriegszeit, einem von Rechtsradikalen verübten Bombenanschlag in Bologna im Jahr 1980 mit 83 Toten und Hunderten Verletzten.) Die für viele gelungenste Vermischung italienischer Elemente und traditioneller Rock-Roots stammt zum einen von Pino Daniele – der allerdings international nie den ganz großen Durchbruch geschafft hat –, zum anderen von Eros Ramazzotti. Spätestens mit seinen

Eros Ramazzotti –
IN OGNI SENSO

Copyright 1990
Verlag Unalira s.a.s.
Milano/BMG Ricordi
S.p.A. Roma

275

Alben IN CERTI MOMENTI und MUSICA È hatte dieser einen ganz eigenen musikalischen Ausdruck gefunden, der ihn weit über Italien hinaus berühmt machte. In Amerika wurde er, obwohl er nie eine Platte in die Top Ten brachte, mit Megastars wie Billy Joel oder Phil Collins verglichen und seine Musik so beschrieben: »Eine fantastische Mischung aus mediterraner Melodiekunst und virtuosem Rock.«[1]

»Se batasse una canzone« vom Folgealbum IN OGNI SENSO ist zwar nicht Ramazzottis erfolgreichste Single, doch der Song wurde zur Erkennungsmelodie des Mädchen- und Frauenschwarms, der ganz offensichtlich seinen Vornamen nicht umsonst trägt. Das Lied handelt von der utopischen Hoffnung auf eine bessere Welt: »Wenn ein schönes Lied ausreichen würde, um die Liebe regnen zu lassen, dann könnte man es Millionen Mal singen; das würde schon genügen. Wenn es möglich wäre, mit einem wahren Lied andere zu überzeugen, müsste keiner mehr kämpfen, um Gehör zu finden. Wenn ein gutes Lied reichen würde, um zu helfen, könnte man es im Herzen finden, ohne weit gehen zu müssen. Keiner bräuchte mehr um Almosen zu bitten. Wenn ein großes Lied reichen würde, um vom Frieden zu sprechen, könnte man es so lange herbeirufen, bis alle unterschiedlichen Stimmen zusammengefunden haben.

Gewidmet ist mein Lied all jenen, die aus der Bahn geworfen worden sind; all jenen, die noch nie etwas hatten und seit eh und je am Rande stehen; all jenen, die versuchen ein Lied zu finden, um etwas zu verändern; all jenen, die einsame Träumer sind und bleiben.«[2]

Der Inhalt des Songs hat, wie unschwer zu erkennen ist, zwei Ebenen: Da ist zum einen die Hoffnung auf Liebe, auf Wahrhaftigkeit, auf gegenseitige Fürsorge und auf Frieden – Wünsche, die die allermeisten Menschen in der ganzen Welt wohl teilen. Jede dieser Hoffnungen füllt eine Strophe aus. Daneben steht aber ein zweiter Komplex, der in der Widmung im Refrain ausgedrückt ist. Hier geht es nicht um gutmenschliche Sehnsüchte, hier geht es um die Gestrandeten, um diejenigen, die durchs gesellschaftliche Raster fallen. Dadurch entsteht ein bedeutsamer Konflikt: Alle wollen zwar das Lied der gegenseitigen Hilfe teilen, aber wollen wir mit gescheiterten Existenzen wirklich etwas zu tun haben? Alle reden von Frieden und Liebe, doch was tut jeder von uns, um Gestürzten wieder auf die Beine zu helfen?

Dieser Kontrast spiegelt sich auch in der Struktur des Songs wider. Während die Strophen in schöner Regelmäßigkeit in acht Takten stehen, zerrt und rüttelt der Refrain an dieser Beschaulichkeit. Durch seine elftaktige Konstruktion entsteht genügend rhythmische Unruhe, die verhindert, dass das Stück in den schwelgerischen Hoffnungen stecken bleibt. Auch die Strophen selbst sollen den

Zuhörer ganz offensichtlich nicht zur Ruhe kommen lassen, denn jede von ihnen steht in einer anderen Tonart, wobei die Tonartwechsel ohne jegliche Modulationsschritte vollzogen werden und damit zwangsläufig ziemlich schroff wirken: Strophe Eins (Thema Liebe) steht in G-Dur, Strophe Zwei (Wahrheit) in A-Dur. Beim Übergang nach Strophe Drei (gegenseitige Hilfe) werden gleich fünf Vorzeichen übersprungen, und das Stück landet in B-Dur. Nun folgt in derselben Tonart der erste Refrain. Unmittelbar danach geht es weiter nach C-Dur, in dem die letzte Strophe (Frieden), der zweite Refrain und das Gitarrensolo der Ausblende den Song zu Ende führen. Die Strophen wie auch der Refrain sind konventionell mit den Akkordstufen I, IV, V sowie den dazugehörigen Moll-Parallelen harmonisiert.

»Se batasse una canzone« ist eine der großen Parade-Nummern von Eros Ramazzotti und darf natürlich bei keinem Konzert des Römers fehlen. Seine spektakulärste Interpretation fand wohl am 9. Juni 1998 im Parco Novi Sad in Modena statt. Luciano Pavarotti veranstaltete ein Benefiz-Konzert für verarmte Kinder in Liberia, für die aus dem Erlös ein Kinderdorf erbaut wurde. Im Rahmen dieser Musik-Gala trug Eros Ramazzotti sein Lied gemeinsam mit dem Star-Tenor vor. Ansonsten ist der Song so eng an die ausdrucksstarke Interpretation von Ramazzotti gebunden, dass keine nennenswerten Cover-Versionen aufzutreiben sind.

Eros Ramazzotti

Geboren 28. Oktober 1963 in Cinecittà, Rom

Gesang, Gitarre, Keyboards

Eros Ramazzotti ist einer der führenden Vertreter der italienischen Rockmusik. Mit seiner zwischen Rauheit und Verletzlichkeit schwankenden Stimme singt er Lieder von Liebe und Treue, von Sorgen, Hoffnungen und Träumen.

Alben

In certi momenti (1987) • Musica è (1988) • In ogni senso (1990)
Dove c'è musica (1996) • Eros (1997)

Single-Hit

Cose della vita (Can't Stop Thinking Of You) (mit Tina Turner, D 4)

September

Text und Musik: Maurice White, Al McKay
& Allee Willis

Earth, Wind & Fire –
»September« (Single)

Copyright 1978
Verlage EMI April
Music Inc./Blackwood
Music Inc./Steelchest
Music/Irving Music

Cover-Versionen
Undercover
John Tesh
Danny Jung
Michael Torregano
Brian Bromberg
The Nettai Tropical
Jazz Big Band

Kaum ein Musikstil des Rock ist mit so fest zementierten Klischees behaftet wie die Disco-Musik. Dies mag zum einen daran liegen, dass gerade auch musikalisch eher farblose Interpreten wie Amanda Lear oder John Travolta innerhalb des Genres einen unangemessen hohen Stellenwert erzielten; zum anderen ist sicher die Tatsache bedeutsam, dass sich diese Musik innerhalb einer sehr klar definierten Szene abspielte, eben der Diskotheken-Szene. Entsprechend bildete sich ein Stil heraus, der sich weniger dem bewussten Zuhören verpflichtet sah, sich stattdessen primär als Funktionsmusik definierte. Durch einen relativ standardisierten Aufbau mit dominierenden stereotyp geraden Basstrommel-Schlägen, funkigen Bass-Riffs, Streichereinwürfen und dem markanten Gesang in zumeist hohen Stimmlagen hatten die Songs genau den einen Zweck: das junge Volk in Scharen auf die Tanzfläche zu locken. Beim Hören dieser Musik kann man dabei nur zu leicht vergessen, dass der Stil eigentlich auf ein durchaus ambitioniertes Anliegen afroamerikanischer Musiker zurückgeht, die mit ihrem Sound meist in den Großstädten – und hier vor allem in New York – ein künstlerisches Gegengewicht zum »weißen« Rock schaffen wollten. Wie vielschichtig diese Musik sein konnte, zeigte neben anderen Gruppen die Funk-Bigband Earth, Wind & Fire.

Markenzeichen der Formation war eine künstlerisch glaubwürdige Fusion aus unterschiedlichsten Musikrichtungen: aus Rhythm & Blues, Jazz, Latin- und Funk-Rhythmen, Rock, Gospel sowie aus exotischen Klängen wie etwa dem afrikanischen Daumenklavier Kalimba. Aus all diesen Zutaten kreierte die Band einen sehr speziellen Sound, den die Musikzeitschrift ROLLING STONE zutreffend beschrieb als »innovativ, aber populär, präzise und dennoch sinnlich, kalkuliert und trotzdem mitreißend«.[1] Bei ihren spektakulär ausgestatteten Konzerten versuchten sie, »mit kosmischen Anspielungen und altägyptischem Dekor eine spirituelle Brücke von den Pharaonentempeln am Nil zu den Ghetto-Wohnblocks in Harlem zu schlagen«.[2] Dazu errichteten sie riesige Kulissen aus Pyramiden und streuten mit viel Feuer und Rauch zahlreiche mystische und magische Effekte ein. Earth, Wind & Fire gehörte somit zu den wenigen Disco-Bands, deren Musik nicht nur auf der Tanzfläche, sondern auch im Konzertsaal ein beeindruckendes Erlebnis war.

Einer der größten Hits der Band war 1978 ihre Single »September«. Der Song handelt von der Erinnerung im Dezember an eine Spätsommernacht drei Monate zuvor, wo der Sänger offenbar auf einer Tanzparty seine Liebe gefunden hat. Doch das Paar scheint es nicht eilig gehabt zu haben, denn erst in der Gegenwart des Stücks manifestiert sich die Liebe der beiden – »Now December found the love that we shared, September, only blue talk and love. Remember the true love we share today.« In seine verliebte Erinnerung hinein stellt der Sänger quasi als Refrain und als lange Ausblende immer wieder die rührende und sentimentale Frage an seine Liebste: »Ba de ya – sag, erinnerst du dich noch, wie wir im September getanzt haben. Seit dieser Zeit gab es keinen bewölkten Tag mehr.«

Diese kleine, sehr liebevolle Geschichte ist in eine flotte Tanznummer verpackt, deren Schwung man sich kaum entziehen kann. Während der ersten zwanzig Sekunden baut sich die klangliche Textur des Songs in zügigen Schritten auf: rhythmisch vertrackt geschlagene Gitarren, Keyboards, ein funkiger Bass, Schlagzeug, Perkussion und Klatschen und zuletzt scharf konturierte und exakt gesetzte Bläser verdichten rasch den Sound, der dann von der ersten Strophe an (»Do you remember«) sich nicht mehr wesentlich ändert. Während die Stimme in den Strophen im üblichen männlichen Tonbereich liegt, wird der Refrain in sehr hohen Kopfstimmen vorgetragen. Er taucht erstmals bei 0:51 auf und wiederholt sich ab 1:51 mit der Ausnahme einer kleinen Unterbrechung bis zum Ende von »September« nach über dreieinhalb Minuten. Instrumentalteile hat der Song keine, aber von 1:06 an erklingt ein rund fünfzehn Sekunden langer Abschnitt allein auf den Silben »ba do oo«, in dem vor interessant wechselnden Harmonien ständig die Tonfolge a–fis–e gesungen wird.

Apropos Harmonien: Der Disco-Musik hängt, wie schon angedeutet, zuweilen der Makel einer gewissen musikalischen Schlichtheit an. »September«, das in fis-Moll notiert ist, darf für sich in Anspruch nehmen, auf einer sehr komplexen und raffiniert gesetzten Akkordstruktur zu basieren. Sie unternimmt zahlreiche Ausflüge in Harmonien mit übermäßigen Septimen und Nonen, doch fällt dies beim bloßen Hören zunächst gar nicht weiter auf, da die Akkorde so rasch aufeinander folgen, dass man sie eher als Verzierungen durch den Bläsersatz wahrnimmt denn als Harmoniewanderung. Erst beim Blick ins Notenblatt oder beim Versuch, bei dem Song »mitzuspielen«, bemerkt man die vielen »Kurven« und »Stolpersteine«, die in seiner Struktur liegen und ihn deshalb auch so interessant machen.

»September« wurde eine der herausragenden Dance-Nummern der späten siebziger Jahre. Es ist insofern recht erstaunlich, dass sich kaum andere Disco-orientierte Ensembles an dem Song versucht haben. Von der Gruppe Undercover gibt es jedoch eine Gospel-Version des Stücks, die Ballroom Band interpretiert es als Cha Cha Cha. Die sonstigen Fremdeinspielungen stammen dagegen hauptsächlich aus dem Jazz-Bereich. Eher sanft tragen die Saxofonisten John Tesh wie auch Danny Jung »September« vor, auch der Jazz-Pianist Michael Torregano taucht die Nummer in Pastelltöne. Der Bassist Brian Bromberg dagegen zeigt uns den Song als eher harten Bebop, wobei vor allem seine Gesangsleistung hervorzuheben ist. Die Latin-Jazz-Formation The Nettai Tropical Jazz Big Band schließlich hat sogar ein eigenes Album nach dem feurig-leuchtenden Spätsommermonat benannt.

Earth, Wind & Fire

Gründung 1969

Maurice White (*19.12.1941; Gesang, Schlagzeug, Kalimba)

Philip Bailey (*8.5.1951; Gesang, Perkussion)

Verdine White (*25.7.1951; Gesang, Bass)

Al McKay (*2.2.1948; Gitarre)

Larry Dunn (Lawrence Dunhill; *19.6.1953; Keyboards)

Ronald Laws (*3.10.1950; Saxofon, Flöte)

Andrew Woodfolk (*11.10.1950; Blechbläser)

Johnny Graham (*3.8.1951; Bass)

Fred White (*13.1.1955; Schlagzeug)

Ralph Johnson (*4.7.1951; Perkussion)

Weitere Mitglieder im Laufe der langen und wechselvollen Band-Biografie: Roland Bautista, Michael Beal, Jessica Cleaves, Leslie Drayton, Sonny Emory, Wade Flemons, Yackov Ben Israel, Sheldon Reynolds, Sherry Scott, Alex Thomas, Chet Washington, Don Whitehead

Earth, Wind & Fire gehören zu den musikalisch profiliertesten und stilistisch vielseitigsten Formationen der Disco-Musik.

Alben

That's The Way Of The World (1975) • Gratitude (1975) • Spirit (1976)

All'n All (1977) • Powerlight (1983)

Single-Hits

Shining Star (US 1) • September (GB 3, US 8)

Boogie Wonderland (GB 4, US 6) • After The Love Has Gone (GB 4, US 2)

Let's Groove (GB 3, US 3)

Sex And Drugs And Rock And Roll

Text und Musik: Ian Dury & Chaz Jankel

Der 1942 als Sohn eines Busfahrers geborene Ian Dury hatte es oft nicht leicht in seinem Leben. Mit sieben Jahren erkrankte er an Kinderlähmung, in der Folge blieben sein linkes Bein und sein linker Arm gelähmt. Dury machte aus dieser Not eine Tugend und stilisierte sich bei seinen Auftritten als skurriler Rock-Anarchist. »Mit lasziver Straßenjungen-Mentalität, vordergründigen Sexsprüchen und breitem Cockney-Slang faszinierte der kleine, kräftig gebaute Entertainer als tragisch-komisches Unikat.«[1]

In den siebziger Jahren avancierte er zu einer der zentralen lokalen Persönlichkeiten der Londoner Rock- und Punkszene, doch der ganz große Durchbruch wollte sich lange Zeit nicht einstellen. Bereits 1974/1975 veröffentlichte Dury zwei Singles und ein Album, doch die Platten floppten allesamt. Auch 1977, als er mit den Singles »Sex And Drugs And Rock And Roll« sowie »Sweet Gene Vincent« und der Langspielplatte NEW BOOTS AND PANTIES!! auf den Markt kam, nahm niemand so recht Kenntnis von dem Rockmusiker. Dies alles änderte sich schlagartig, als Dury ein Jahr später mit dem Song »Hit Me With Your Rhythm Stick« einen weltweiten Hit erzielen konnte, der in seiner britischen Heimat sogar den Spitzenplatz der Charts eroberte. Nun begann man, sich auch für die früheren Arbeiten des Künstlers zu interessieren, und vor allem »Sex And Drugs And Rock And Roll« bekam im Nachhinein jenen Status zuerkannt, den es eigentlich von Beginn an verdient hatte: den der ultimativ kompromisslosen Stellungnahme zum Lebensgefühl des Rock'n'Roll – oder, wie es das RORORO-ROCKLEXIKON treffend formuliert, jenen der definitiven »Nach-mir-die-Sintflut-Hymne«.[2]

»Sex und Drogen und Rock'n'Roll ist alles, was mein Hirn und mein Körper brauchen, und diese leckere Kombination ist wirklich prima. Du hast ja selbst die Wahl: Bleib bei deinem idiotischen Weg oder schmeiß das, was du bisher gemacht hast, aus dem Fenster. Es gibt immer die Möglichkeit, es auch anders zu machen. Was für eine grottenschlechte Show ist das Leben, wenn du immer nur einem Job nachgehst, den du überhaupt nicht magst. Du kannst dein Leben in schönen Gewändern verbringen oder einfach nur grau in grau. Aber das wär doch schade, oder? Pass auf, ich geb dir einen ganz kostenlosen Ratschlag: Lass dich auf keine Sonderangebote des Lebens ein. Sie wollen dich nur runterziehen, bis du genauso bescheuert bist wie alle anderen und genauso zufrieden mit deinem kleinen Stückchen Freiheit. Aber es gibt mehr. Sex und Drogen und Rock'n' Roll!«

Ian Dury –
»Sex And Drugs And
Rock And Roll«
(Single)

Copyright 1977
Verlag Blackhill Music
Ltd.

Cover-Versionen
Nick Lowe's Last
Chicken In The Shop
Raphael Ravenscroft

281

Mit diesen Zeilen traf Ian Dury mitten ins Mark der No-Future-Kultur, die sich rund um die Punks aufgebaut hatte. Doch »Sex And Drugs And Rock And Roll« hat noch mehr: vor allem einen griffigen und unverwechselbaren »Catcher« – den Gitarrenriff h–cis–d–cis–h–a–g. Diese kleine Sequenz wird jeweils drei Mal wiederholt, wobei der letzte Ton variiert wird. Bei der ersten Wiederholung geht es hinauf zum e, bei der zweiten wieder hinunter zum g, bei der dritten schließlich ebenfalls zum g, aber eine Oktave höher. Diese Riff-Folge ist Basis des Refrains, der textlich im Grunde nur aus »sex and drugs and rock and roll« besteht; sie ist ebenfalls Grundlage einer Bridge von 1:28 bis 1:46, in der Durys Sologesang die Gitarrenstimme übernimmt. Die Harmonie bleibt bei Bridge und Refrain statisch auf dem Grundakkord E-Dur.

Die drei Strophen – von denen die dritte (ab 1:46) aus einem Klaviersolo besteht – heben sich durch ihre leichte und lockere Melodie deutlich vom übrigen Song ab, und hier schreiten die Harmonien in raschen Wechseln über cis-Moll und gis-Moll nach A-Dur und H-Dur, wobei am Schluss jeder der achtzeiligen Einheiten das Stück über D-Dur, H-Dur, A-Dur und G-Dur nach E-Dur zurückmoduliert.

Im Anschluss an den erwähnten Klavierpart folgt ab 2:05 die Ausblende, die über eine Minute lang ist, sich nur auf den Basisriff des Songs konzentriert und unaufhörlich das Motto des Liedes wiedergibt: »sex and drugs and rock and roll«.

Dury spielte seinen Song übrigens zusammen mit Chaz Jankel ein, von dem die Musik des Liedes stammt. Außerdem waren einige Musiker bei der Aufnahme engagiert, aus denen sich ein Jahr später Durys erfolgreiche Band The Blockheads entwickelte.

»Sex And Drugs And Rock And Roll« hat nicht gerade viele Fremdinterpreten inspiriert. Lieferbar sind zur Zeit lediglich die Version von Raphael Ravenscroft und die wilde Live-Einspielung von Nick Lowe's Last Chicken In The Shop unter dem Titel »Sex And Drugs And Rock And Roll And Chads«, zu hören auf einem Live-Sampler des Plattenlabels Stiff Records.

Zurück zu Ian Dury: Nach einigen erfolgreichen Platten in den späten siebziger und achtziger Jahren zog sich der Wegbereiter des Punk immer mehr aus der Szene zurück. Er verfasste Film- und Fernsehmusiken und widmete sich verstärkt der Schauspielerei und Malerei. Seit 1995 litt der Künstler an Darm- und Leberkrebs. Sein Kampf gegen die Krankheit wurde von der britischen Öffentlichkeit ähnlich aufmerksam verfolgt wie etwa der Fall von Linda McCartney. Und wie diese konnte auch Ian Dury den Tumor nicht besiegen. Er starb im März 2000.

Ian Dury

Geboren 12. Mai 1942 in Upminster, Essex, England
Gestorben 27. März 2000
Gesang
Ian Dury war in den späten siebziger und achtziger Jahren einer der
zentralen Wegbereiter des britischen Punk.
Alben
New Boots And Panties!! (1977) • Do It Yourself (1979) • Laughter (1980)
Apples (1989) • The Bus Driver's Prayer And Other Stories (1992)
Single-Hits
What A Waste (GB 9) • Hit Me With Your Rhythm Stick (GB 1)
Reasons To Be Cheerful (Pt. 3) (GB 3)

Sexual Healing
Text und Musik: Marvin Gaye & Dell Brown

Es gibt in der Rockmusik wie in allen anderen künstlerischen Bereichen Stücke, die handeln nur von einem: von Sex, und zwar losgelöst von jeglichen Formen emotionaler Liebesempfindung. Was den Rock allerdings von anderen Kunstformen unterscheiden mag, ist die Unverblümtheit, mit der er dieses Thema angeht. Während etwa die Schlager- und Countrymusik sich in harmlose Formulierungen wie »ich will heut nacht nicht allein sein« rettet oder mancher Hollywood-Klassiker von kleinen Bienchen und Schmetterlingen erzählt, geht's in der Rockmusik eindeutig zur Sache. Titel wie »Let It Bleed« der Rolling Stones, George Michaels »I Want Your Sex« oder ⇨»Je t'aime moi non plus« von Jane Birkin und Serge Gainsbourg sind nur besonders bekannte Beispiele dafür.

In dieselbe Kategorie gehört die Erfolgsnummer »Sexual Healing« von Marvin Gaye. Der Musiker, dessen Leben in einem geradezu bizarren Spannungsfeld zwischen größten künstlerischen Erfolgen und einer äußerst (selbst-)zerstörerischen Privatsphäre stattfand, erhielt für seinen Lobgesang auf die körperliche Liebe im Februar 1983 den Grammy als bester Rhythm-&-Blues-Sänger. In seinen Texten prangerte Gaye häufig genug das Elend in den Ghettos, Krieg und Umweltverschmutzung an, zugleich sang er für Gott und Jesus, für die Kinder, für den Frieden und die Liebe. In »Sexual Healing« schuf er mit seiner magischen, gezielt unterschwellig eingesetzten Stimme eine wahre Hymne der Erotik.

»Oh Baby, ich bin heiß wie ein Backofen, und ich brauche jetzt etwas Liebe. Ich kann nicht länger warten, das Gefühl dafür wird immer

**Marvin Gaye –
MIDNIGHT LOVE**

Copyright 1982
Verlage EMI April
Music Inc./Pie Music
Publ./Blackwood
Music Inc.

Cover-Versionen
Roy Meriwether
Anita Lane
The Common Sense
Jimmy Riley
Fourplay

283

stärker, und alles, wonach ich mich sehne, ist die Heilkraft der Sexualität. Oh Baby, das ist so ein tolles Gefühl.« In diesen Worten der ersten Strophe ist das gesamte Programm des Songs enthalten. Es geht also nicht um tiefe Liebe oder ewige Treue, Gaye beschwört sein Mädchen einfach nur, ihm guten Sex zu bieten, weil er diesen unbedingt braucht.

Gayes Stimme wird im Song getragen von einem gleichförmig lasziven Klang. Dieser setzt sich zusammen aus einer Vielzahl von Stimmen – einem Drum-Computer, Keyboards, Bass, mehreren Gitarren und einem sporadisch eingesetzten Hintergrundgesang. Diese Klänge sind allerdings allesamt äußerst dezent und zurückgenommen eingesetzt, so dass an keiner Stelle auch nur ansatzweise der Eindruck von Bombast entstehen könnte. Im Gegenteil: »Sexual Healing« strahlt von der ersten bis zur letzten Sekunde ein hohes Maß an Intimität und Gelassenheit aus. So erschließt sich beim Hören des Stücks auch nicht, dass es harmonisch – wie sollte es schließlich bei diesem Thema sonst auch anders sein – permanent in Bewegung ist. Es gibt, bis auf die Ausnahme eines wiederholten Einschubs (von 1:09 bis 1:49 und von 2:51 bis 3:21), praktisch keinen Takt, in dem nicht ein oder mehrere Akkordwechsel stattfinden. Nur in diesen Zwischenpassagen steht das Lied ab und an für zwei Takte auf einer Harmonie, dabei findet eine Modulation von der Grundtonart Es-Dur bis hin zum entfernten G-Dur statt. Ansonsten basiert der Song auf den drei Grundharmonien und ihren Moll-Parallelen.

Natürlich hat das Lied von der Heilkraft der Sexualität zahlreiche andere Künstler inspiriert. Stilistisch nahe an Marvin Gayes Rhythm & Blues und Soul Mix befinden sich die Einspielungen von Mahogany, Roy Meriwether und der Formation Soul Asylum, während viele Hörer die Fassungen von Michael Bolton oder der Gruppe Sensuous Sax wohl als zu leicht und trivial einschätzen dürften. Als fetzige Rocknummer interpretieren sowohl die Sängerin Anita Lane wie auch die Band The Common Sense den Song, Letztere sowohl im Studio als auch auf einem Live-Album. Jimmy Riley präsentiert »Sexual Healing« als Reggae-Stück, doch vor allem Jazz-Musiker scheinen sich von dem Song besonders angezogen zu fühlen, wie die Aufnahmen des Saxofonisten Bryan Savage, des Organisten Reuben Wilson, des Drummers Brian Melvin oder der Gruppe Fourplay zeigen. Auffallendstes Merkmal der Einspielung des letztgenannten Jazz-Quartetts ist der Falsett-Gesang ihres Vokalisten El DeBarge. »Sexual Healing« war natürlich auch eine zentrale Nummer in den Konzerten Marvin Gayes. Oft dehnte er seinen Song zu einer langen Exkursion aus. Auf einigen Live-Mitschnitten, die während seiner letzten Tournee am Anfang des Jahres 1984 angefertigt wurden, sind über zwölf Minuten lange Variationen zu hören.

Am 1. April 1984, einen Tag vor seinem 45. Geburtstag, endete das von unglücklichen Beziehungen, Depressionen und Drogenexzessen gezeichnete Leben des herausragenden Rhythm-&-Blues-Sängers. Er wurde von seinem Vater, einem Geistlichen der apostolischen Kirche, im Streit erschossen.

Marvin Gaye
Marvin Pentz Gay jr.

Geboren 2. April 1939 in Washington, D.C.

Gestorben 1. April 1984

Gesang

Marvin Gaye war einer der vielseitigsten und innovativsten Interpreten des Rhythm & Blues und des Soul. Er integrierte in seine Musik unterschiedlichste Genres wie Blues, Jazz, Latin, symphonische Unterhaltungsmusik und Rock.

Alben

United (1967) • I Heard It Through The Grapevine (1968)
What's Going On (1971) • Let's Get It On (1973) • Here My Dear (1978)

Single-Hits

I Heard It Through The Grapevine (GB 1, US 1) • What's Going On (US 2)
Let's Get It On (US 1) • Got To Give It Up (Pt. 1) (GB 7, US 1)
Sexual Healing (GB 4, US 3)

(Sittin' On) The Dock Of The Bay
Text und Musik: Steve Cropper & Otis Redding

Es wäre eine der ganz großen Karrieren der Rockmusik geworden, wenn – ja wenn der Soulsänger Otis Redding die kurze Strecke zum nächsten Konzertort Madison, Wisconsin, mit dem Auto oder sonstwie zurückgelegt hätte. Aber er und seine Band hatten es eilig, und Redding steuerte lieber sein kleines Privatflugzeug. In dichtem Nebel stürzte er am 10. Dezember 1967 über dem zugefrorenen Manona Lake ganz in der Nähe des Zielortes ab und war wie vier seiner Musiker auf der Stelle tot. Frank und Ingrid Laufenberg bemerken in ihrem Rock & Pop Lexikon hierzu, dass dies offenbar eine recht häufige Todesart für amerikanische Popmusiker sei. Man denke nur an Buddy Holly, Patsy Cline, Jim Reeves, Rick Nelson, Ronnie van Zant, Jim Croce oder John Denver.[1]
Otis Redding musste mit seiner Musik dieselbe Erfahrung machen wie etwa Fats Domino, Little Richard oder Chuck Berry: Erst als das weiße Publikum auf seine Songs aufmerksam wurde, stellte sich der ganz große Erfolg ein. Zwar waren diese Stücke in diversen Black-

Otis Redding –
THE DOCK OF THE BAY

Copyright 1968
Verlag East/Memphis Music Corp.

Cover-Versionen
Golden Gate Quartet
Ted Hawkins
Waylon Jennings &
Willie Nelson,
T Rex
Al Jarreau

Music- und Soul-Charts gut vertreten, doch der breiten Masse des Rockpublikums wurde der charismatische Sänger erst durch seinen spektakulären Auftritt auf dem Monterey Pop-Festival bekannt. Auf dieser ersten großen Open-Air-Veranstaltung der Rockmusik war er neben Jimi Hendrix *die* Sensation schlechthin. Der Organist Booker T. (Jones), der Redding bei dessen Show begleitete, erinnert sich: »Otis verschmolz den Blues mit dem Gesangsstil von Sam Cooke und der Energie von Little Richard. Kein anderer Sänger konnte das. Wir arbeiteten mit ihm und ich muss sagen, mit ihm Musik zu machen war etwas ganz Besonderes.« Bob Weir von der Gruppe Greatful Dead erlebte den Auftritt als Zuhörer: »Ich war mir ganz sicher, gerade Gott auf der Bühne zu sehen. Otis sah riesengroß aus, während er wie ein eingesperrter Tiger über die Bühne schritt und ein Feuerwerk an Blitzen versprühte. Es war mehr als erstaunlich, es war elektrisierend. Ich redete danach mit einer Menge von Leuten über diese Performance, und alle hatten dasselbe Gefühl. Es war großartig.« In ein ähnliches Horn stieß Grace Slick von den Jefferson Airplane: »Ich habe nie jemanden gesehen, der die Bühne so wie er in Beschlag nahm. Er schien so groß zu sein, dass er die gesamte Bühne ausfüllen konnte. Und wenn ich das sage, rede ich von Persönlichkeit und Ausstrahlungskraft.«[2]

Seinen ersten und einzigen Millionenerfolg erzielte Otis Redding mit »(Sittin' On) The Dock Of The Bay«, tragischerweise erlebte er aber nicht mehr, wie dieser Song einen Monat nach seinem Tod im Januar 1968 auf Platz Eins der amerikanischen Hitparaden stürmte. In seinen früheren Songs transportierte der Sänger oft problem- und harmlose Textinhalte, später wandte er sich auch nachdenklicheren und sozialkritischen Themen zu. Bestes Beispiel hierfür ist »(Sittin' On) The Dock Of The Bay«, das traurige Lied eines Verlierers: »Von morgens bis abends sitze ich hier und schau den Schiffen zu, wie sie in den Hafen hinein und wieder heraus fahren. Ich sitze am Dock über der Bucht, schau der Flut zu, wie sie kommt und geht, und verschwende dabei meine Zeit. Ich hab meine Heimat in Georgia verlassen, um hierher nach ›Frisco‹ zu kommen. Doch was mach ich hier eigentlich, wenn ich doch keinen Fuß auf den Boden bringe. – Es scheint sich nichts zu ändern, offensichtlich kann ich die Erwartungen der Leute nicht erfüllen. – Ich sitz hier am Dock, und die Einsamkeit ist mein ständiger Begleiter. Und dafür bin ich zweitausend Meilen getrampt. Ich sitze am Dock über der Bucht, schau der Flut zu, wie sie kommt und geht, und verschwende dabei meine Zeit.«

Die Ausweglosigkeit und Tristesse im Leben des Song-Protagonisten ist in jeder Silbe spürbar, doch es gelingt Redding, diese gescheiterte Existenz mit einem hohen Maß an Würde und Gelassenheit auszustatten. Er brüllt sein Schicksal nicht zornig in die Welt hinaus, ruft zu keiner Revolution auf, auch sucht er nicht andere, die für sein Unglück verantwortlich sein könnten. Sicherlich ein Stück weit resigniert und doch mit innerer Ruhe akzeptiert er seine Situation. Und ganz am Ende des Songs schlendert er, eine melancholische Melodie pfeifend, davon.

Die Struktur von »(Sittin' On) The Dock Of The Bay« ist recht einfach. Der Song besteht aus drei achtzeiligen Strophen, wobei die zweiten vier Zeilen als eine Art Refrain fungieren. Zwischen Strophe Zwei und Drei ist eine vierzeilige Bridge geschoben. Interessanter ist da schon die Harmonik des Stücks. Das tonale Zentrum befindet sich zwar eindeutig in der Grundtonart G-Dur, allerdings bezieht das Lied sein Akkordmaterial aus zum Teil weit entfernten Tonarten. In den Strophen wandern die Harmonien von G-Dur über H-Dur und C-Dur nach A-Dur, im Refrain geht es unvermittelt nach E-Dur (»dock of the *bay*«), nur die Bridge beschränkt sich im Wesentlichen auf die Grundharmonien G-Dur, C-Dur und D-Dur.

»(Sittin' On) The Dock Of The Bay« ist einer der am häufigsten gecoverten Songs der Rockmusik. Hierbei sticht vor allem die enorme stilistische Bandbreite der Fremdinterpretationen ins Auge. Da gibt es die unvermeidlichen Easy-Listening-Versionen – etwa von Sergio Mendes oder Erich Künzel, um nur zwei zu nennen. Zahlreiche Soul- und Rhythm-&-Blues-Interpreten haben das Lied eher in der Nähe seiner musikalischen Wurzeln belassen: das Golden Gate Quartet, die Staple Singers, Ben E. King, Sam & Dave, Percy Sledge, Booker T. & The MG's oder Joe Simon. Im weitesten Sinne gehören auch die Aufnahmen von Tom Jones und von Engelbert Humperdinck in diese Kategorie, doch gleiten deren Versionen stark in Richtung Schlager ab. Als Blues kommt »(Sittin' On) The Dock Of The Bay« bei Ted Hawkins wie auch bei der Coastline Band daher. Auffallend viele weiße Country-Musiker haben sich des Songs angenommen und sich zu ihrem schwarzen Kumpel auf das Dock gesetzt: Cal Smith, David Allan Coe, Waylon Jennings zusammen mit Willie Nelson, Glen Campbell oder David Grisman, Letzterer mit viel Bluegrass-Feeling. Eric Anderson dagegen präsentiert das Stück als schlichte Folk-Nummer. Freilich gibt es auch einige Mainstream- und Hardrock-Adaptionen, etwa von Beki Bondage, T Rex, Sammy Hagar oder Kenny Rankin. Im Ambiente der modernen elektrischen Dancefloor-Musik finden sich ebenfalls Nachspielungen, zum Beispiel von Charlie Shaffer, Andy Smith oder der Rap-Formation Whoridas.

Weitere Adaptionen versetzen die Hafenbucht in südamerikanische Gefilde. Es gibt zahlreiche Reggae-Versionen (Dennis Brown, Club Safari oder Jacob Miller), Mambos (Ballroom Band) und sonstige

Latin-Fassungen (Mongo Santamaria, Rene Y Rene). Und selbstverständlich haben auch Jazz-Musiker »(Sittin' On) The Dock Of The Bay« auf ihre Weise nachempfunden, allen voran der geniale Organist Jimmy Smith, aber auch der Gitarrist Paul Bollenback, der Gypsy-Jazzer Pete Lancaster, der Sänger Kevin Mahogany oder der Saxofonist Kim Waters. Und last not least hat auch ein bedeutender Grenzgänger zwischen all diesen unterschiedlichen Stilen, der Sänger Al Jarreau dem traurigen Lied seinen unverwechselbaren Stempel aufgedrückt. Man sieht: Auf diesem Hafendock ist Platz für alle.

Otis Redding
Geboren 9. September 1941 in Dawson, Georgia
Gestorben 10. Dezember 1967
Gesang
Otis Redding bestach in seiner kurzen Karriere vor allem durch sein Charisma und die außerordentliche Bühnenpräsenz, mit der er seine Soul- und Rhythm-&-Blues-Titel vortrug.
Alben
Pain In My Heart (1964) • Otis Redding Sings Soul Ballads (1965)
Otis Blue (1966) • The Dock Of The Bay (1968)
In Person At The Whiskey A Go Go Live (1968)
Single-Hit
(Sittin' On) The Dock Of The Bay (GB 3, US 1)

Smells Like Teen Spirit

Text und Musik: Kurt Cobain, Chris Novoselic, Dave Grohl

Nirvana –
NEVERMIND

Copyright 1991
Verlag EMI Virgin Songs, Inc.

Cover-Versionen
Tori Amos
Beki Bondage
Abigail

Der Zynismus war schon schwer verdaulich und brachte der Grunge-Kultfigur Kurt Cobain eine Menge Kritik ein, als er Mitte der achtziger Jahre den Standpunkt vertrat: Der Vietnamkrieg sei trotz all des Leids, das er für die betroffenen Menschen bedeutet hatte, insgesamt doch kein humanitäres Desaster gewesen; immerhin hätte er ja entscheidend dazu beigetragen, dass in den sechziger Jahren großartige Popmusik gemacht wurde. Bei allem Sarkasmus hatte er wohl damit Recht, dass es Woodstock in seiner Form ohne den Vietnamkrieg wahrscheinlich nicht gegeben hätte. Es ist nun müßig, darüber zu spekulieren, ob es dem Zufall entspringt, dass genau in jener Woche, in der Cobain »Smells Like Teen Spirit« schrieb – eine der ganz großen symbolischen Hymnen des Jugendprotests der neunziger Jahre –, dass genau in dieser Woche mit der Bombardierung Bagdads durch die alliierten Streitkräfte der Golfkrieg begann.

Das Songfundament ist außerordentlich einfach gestrickt: mit einem Vier-Akkord-Riff, der an »(I'm Not Your) Stepping Stone« der Monkees erinnert. Diese Akkordabfolge sieht so aus: F^5 – also ein F-Akkord, der unbestimmt zwischen Dur und Moll bleibt, da er nur aus den Grundtönen und Quinten besteht und die charakterisierende Terz ausspart –, B-Dur, As^5 und Des-Dur. Diese Abfolge wird das gesamte Stück hindurch beibehalten. Lediglich am Ende des Refrains nach Strophe Eins und Zwei wird das Schema vier Takte lang unterbrochen – fast melismatisch pendeln die Harmonien zwischen E^5, F^5 und Ges^5.

Auch der Songaufbau orientiert sich an einfachsten Rockmustern. Zunächst hämmert eine verzerrte Gitarre ein paar Mal die beschriebene Akkordfolge, dann taucht vier Takte lang unvermittelt eine unverzerrte Gitarre auf, die zwei Mal den Quartsprung c–f spielt, bevor auf der Basis unserer Abfolge die achttaktige Strophe beginnt. Der Strophe folgt eine Art »Vor-Refrain«, der – wiederum acht Takte auf dem bekannten Muster – ausschließlich aus dem Wortspiel »Hello, hello, hello, how low« besteht. Der Klang von Cobains Stimme ist bis hierher lethargisch und schleppend. Dies ändert sich schlagartig im eigentlichen (16-taktigen) Refrain, wenn der Sänger seine Worte geradezu hysterisch herauskreischt. Danach fällt die Stimme wieder zurück in ihre schleppende Langeweile, es folgen Strophe Zwei, Vor-Refrain und Refrain. Bei 2:52 setzt ein sehr archaisches und simples Gitarrensolo der hämmernden Ödheit die Krone auf. Schließlich: ein dritter Durchgang von Strophe und Refrains, bis das Stück bei 5:00 nach einigen Riff-Wiederholungen ausklingt.

Damit spiegelt die triste und zugleich äußerst aggressive Musik die Orientierungs- und Wertelosigkeit des Textes wider: Es ist völlig gleichgültig, was du tust, ob du verlierst, ob es langweilig ist ... ich kann nichts und bin sogar stolz drauf, und daran wird sich auch nichts ändern ... mit einem Wort: Es ist alles scheißegal. Doch infernalisch bricht ein Refrain herein, den man auch als verzweifelten Hilfeschrei verstehen kann: Im Dunkeln ist es nicht so gefährlich, hier sind wir ... »entertain us« – das kann heißen: sorgt für unsere Unterhaltung; aber auch: nehmt uns auf. Die Stumpfheit ist ansteckend, und wieder: »entertain us«. Mitten im Refrain fallen die Worte zurück in ein Spiel der Beliebigkeit: ein Mulatte, ein Albino, ein Moskito, meine Libido, und am Schluss des Songs blanke Verweigerung.

NEVERMIND – das von »Smells Like Teen Spirit« angeführt wurde – war das ausgereifteste Album der Band und zu »Lebzeiten der Gruppe« auch das erfolgreichste (in den USA sogar Nummer Eins der

Albumcharts, wo es immerhin Michael Jacksons DANGEROUS verdrängte; »Teen Spirit« schaffte es als Single in den USA auf Platz Sechs, in Großbritannien auf Platz Sieben und in Deutschland auf den zweiten Rang). Die Platte bringt eine öde und triste Stimmung zum Ausdruck, die in den USA nach den optimistischen achtziger Jahren viele Amerikaner teilten. Die in großen (wenn auch nicht mehrheitlichen) Bevölkerungsteilen umstrittene Teilnahme am Golfkrieg lud geradezu ein zu jener pseudoanarchistischen Weltschau, von der das Album viel zu bieten hat. Deshalb wurden NEVERMIND wie auch sein Schlüsselsong »Smells Like Teen Spirit« zu Dokumenten der gesellschaftlichen Befindlichkeit Amerikas in den neunziger Jahren – ob das nun von Cobain & Co. so beabsichtigt war oder nicht, bleibt dahingestellt.

An »Teen Spirit« lässt sich trefflich die innere Widersprüchlichkeit gerade der progressiven Rockmusik aufzeigen. Allem spontanen Punk- und Grunge-Auftreten und aller freien Improvisation im Studio und auf der Bühne zum Trotz ist dieser Song nämlich das Gegenteil musikalischer Spontaneität. Zahllose Takes wurden eingespielt, und in mühsamster Kleinarbeit mussten unterschiedlichste Arrangementfragmente letztendlich zu einem fertigen Produkt zusammengesetzt werden. Dies ist wohl auch der Grund dafür, dass Kurt Cobain Jahre später die Produktion von »Teen Spirit« als Verrat bezeichnete.

Eine Live-Version des Titels ist auf dem 1996er Album NIRVANA – FROM THE MUDDY BANKS OF THE WISHKAH veröffentlicht. Dieses Album mag – vor allem wegen der Heterogenität des Materials – seine Schwächen haben, doch legt es wohl am besten davon Zeugnis ab, wie Nirvana live geklungen haben.

Nennenswerte Cover-Versionen von »Smells Like Teen Spirit« stammen allesamt von Frauen: Da wäre zunächst Tori Amos, die auf ihrer Fünf-Song-EP CRUCIFY das Stück in einer beeindruckend schlichten Gesangsversion mit Klavierbegleitung interpretiert. Von Beki Bondage stammt das Heavy-Metal-Album COLD TURKEY, auf dem sie in einer bizarren Titelzusammenstellung aus Songs wie »Son Of A Preacher Man«, »Foxy Lady«, ⇨»(Sittin' On) The Dock Of The Bay« oder »I Heard It Through The Grapevine« eben auch »Smells Like Teen Spirit« zu Gehör bringt. Gleich zwei unterschiedliche Techno-Fassungen bietet Abigail auf ihrem Album FEEL GOOD: eine »Guitar Vocal Radio Version« und eine so genannte »Original Version« als Eingangs- und Schluss-Song des Albums, auf dem sich unter anderem auch Adaptionen von »Losing My Religion« oder »Twist In My Sobriety« finden.

Nirvana
Gründung 1987 • **Auflösung** 1994
Kurt Cobain (*20. 2. 1967, †5. 4. 1994; Gesang, Gitarre)
Chris Novoselic (Krist Anthony Novaselic; *16. 5. 1965; Gesang, Bass)
Dave Grohl (*14. 1. 1969; Gesang, Schlagzeug)
Die Schlagzeugbesetzung wechselte häufig: Aaron Burckhard, Chad Channing,
Dale Crover, Dan Peters
Nirvana gelten als die Begründer des Grunge, einer Mischung aus
Heavy-Metal- und Punk-Idiomen mit meist düsteren und pessimistischen Texten.

Alben
Nevermind (1991) • In Utero (1993) • MTV Unplugged In New York (1994)
From The Muddy Banks Of The Wishkah (Live) (1995)

Single-Hits
Smells Like Teen Spirit (D 2, GB 7, US 6) • Come As You Are (GB 9)
Heart-Shaped Box (GB 5)

Smoke On The Water
Text und Musik: Ritchie Blackmore, Ian Gillan,
Roger Glover, Jon Lord & Ian Paice

»Smoke On The Water« ist in mancherlei Hinsicht bemerkenswert: Zum einen besitzt der Song einen der markantesten, wenngleich unheimlich einfachen, um nicht zu sagen primitiven Riffs als Basis, zum anderen ist sowohl die Geschichte, die der Song erzählt, als auch seine Aufnahme selbst wie aus einem Abenteuerroman gegriffen.

Die Gruppe Deep Purple hatte mit ihren Alben DEEP PURPLE IN ROCK und FIREBALL neue Hardrock-Maßstäbe gesetzt. Für ihr nächstes Album, MACHINE HEAD, wollte die Band eine Bühne mieten und die Aufnahmen wie bei einem Live-Auftritt ohne besondere Studio-Finessen einspielen – allerdings ohne Publikum. Dazu hatte die Gruppe das mobile Studio der Rolling Stones angemietet.

Die Wahl fiel schließlich auf die Bühne des Casinos in Montreux. Am 6. Dezember 1971 hatte hier Frank Zappa mit seinen Mothers Of Invention ein Nachmittagskonzert gegeben, danach war die Bühne frei, und Deep Purple sollten mit ihren Aufnahmen beginnen. Damit die Verstärker und Instrumente der beiden Bands nicht aus Versehen durcheinander gerieten, ließen Deep Purple ihre Anlage im Tour-LKW – was sich als großes Glück herausstellen sollte. Denn während Zappas Auftritt schoss jemand aus dem Publikum mit einer Leuchtpistole eine Rakete an die Decke des Konzertsaals, worauf dieser binnen weniger Minuten in Flammen stand. Glücklicherwei-

**Deep Purple –
MACHINE HEAD**

Copyright 1972
Verlag Deep Purple
(Overseas) Ltd.

Cover-Versionen
Jive Bunny And The
Mastermixers
Lee Johnny Wills
Pat Boone
Point Break

se entwickelte sich im Publikum keine Panik, so dass bei dem Brand niemand ernsthaft verletzt wurde. Das Casino war allerdings nicht mehr zu retten, genauso wenig wie Zappas komplette Ausrüstung. Es dauerte sieben Stunden, dann war alles bis auf die Grundmauern niedergebrannt.

Deep Purple brauchten nun eine neue Bühne und konnten schließlich den Konzertraum des altehrwürdigen Grand Hotel in dem illustren Ort am Genfer See für sich buchen. Dort wurden in den folgenden Tagen alle Titel für MACHINE HEAD eingespielt – bis auf »Smoke On The Water«. Der Gitarrist Ritchie Blackmore erinnert sich: »Diesen Song nahmen wir in irgendeinem riesigen Hörsaal in der Schweiz auf. Wir wählten den Raum, weil wir einen mächtigen, echoartigen Sound wollten. Entsprechend laut spielten wir. Da klopfte es an die Türe und wir wussten, dass das die Polizei sein musste. Und wir wussten auch, dass sie uns wegen des Lärms zum Teufel jagen würden. Also machten wir einfach nicht auf, sondern spielten Take um Take ein, bis wir eine zufrieden stellende Aufnahme im Kasten hatten. Erst dann öffneten wir den Polizisten, die mittlerweile in Mannschaftsstärke erschienen waren und wie wild an die Türe hämmerten. Ganz formell teilten sie uns mit, dass wir sofort aufhören müssten, was wir dann auch gerne taten.« [1]

Unverkennbares Markenzeichen des Songs ist sein brachialer, fast brutaler Eingangsriff – ein Motiv, das 99 Prozent aller Gitarren-Anfänger nach wenigen Tagen stolz präsentieren: g–b–c, g–b–des–c, g–b–c, b–g. Dieser Riff ist wie das Motiv von ⇨»Whole Lotta Love« oder ⇨»Locomotive Breath« eines der ganz großen Erkennungszeichen des Hardrock. Um diese wenigen Noten herum spielen sich die Strophen lediglich auf g-Moll ab, das am Ende einer jeden Zeile für einen kurzen Moment frische Kraft aus F-Dur schöpft. Nur im Refrain moduliert der Song nennenswert: von C-Dur über As-Dur zurück nach g-Moll.

Das Stück erzählt die Geschichte des Casinobrandes in Montreux. Fast reportageartig wird über die Vorkommnisse berichtet: dass die Band im Casino Aufnahmen machen wollte, doch dass irgendein Idiot während des Zappa-Konzerts den ganzen Spielsalon in Schutt und Asche legte; dass dank der Umsichtigkeit einiger Casino-Verantwortlicher niemand zu Schaden kam, dass sich die Band aber einen neuen Aufnahmeort suchen musste; dass sie schließlich im Grand Hotel mit dem mobilen Rolling Stones Studio ihre Titel einspielten konnten.

Eines ist jedenfalls klar: Die Musiker werden die turbulenten Tage in Montreux niemals vergessen. Und dazwischen immer wieder »Smoke on the water, fire in the sky«. Zur Illustration findet sich auf dem Plattencover das entsprechende Bild: Schwerer schwarzer

Qualm liegt über dem winterlichen Genfer See, während aus dem Dach eines Gebäudes an der Uferpromenade gewaltige Flammen schlagen.

Von Deep Purple gibt es neben einigen zum Teil nur halb offiziellen Konzertmitschnitten drei wesentliche Versionen des Songs: Die Originalaufnahme auf der 1972er LP, dann eine völlig neue Abmischung dieser Aufnahme für die Anniversary-CD aus dem Jahr 1997 sowie eine mitreißende Live-Aufnahme auf dem Doppelalbum MADE IN JAPAN. Die Neuabmischung ist in mehrerlei Hinsicht bemerkenswert: Sie verfügt wie üblich natürlich über eine erheblich bessere Tonqualität und enthält in der Mitte des Stücks ein völlig abweichendes Gitarrensolo von Ritchie Blackmore. Am Ende schließlich ist ein ausgedehntes Orgelsolo von Jon Lord zu hören, das im Original nach wenigen Sekunden ausgeblendet wird, entsprechend ist der Remix um eine knappe Minute länger. Das Ende von »Smoke On The Water« kommt ziemlich abrupt, weil die Band einfach an irgendeiner Stelle zu spielen aufhört.

Nochmals eine gute Minute länger ist die Live-Aufnahme. Durch den sehr ungestümen und aggressiven Vortrag, den souveränen Gesang Ian Gillans und die exzellenten Intrumentalsolos von Blackmore und Lord ist diese Aufnahme die wohl überzeugendste Deep-Purple-Fassung. Der Anfangsriff ertönt zunächst variiert. Man muss vermuten, dass Blackmore sich schlicht verspielt hat, dann rasch aus der Not eine Tugend macht und kurz auf dem Riff improvisiert, bevor dann der Song erst bei 0:43 so richtig loslegt.

Natürlich gibt es auch einige Fremdversionen von »Smoke On The Water«, so etwa von Jive Bunny And The Mastermixers, Lee Johnny Wills, Pat Boone oder Point Break. Auch haben Ian Gillan und Ritchie Blackmore den Song bei diversen Solo-Projekten eingespielt. All diesen Aufnahmen fehlt allerdings jene entscheidende Authentizität, die eben nur die fünf Deep-Purple-Musiker gemeinsam – aller Rivalitäten zum Trotz – erzielten.

Deep Purple

Gründung 1968

Besetzung 1970 bis 1973:

Ian Gillan (*19. 8. 1945; Gesang)

Ritchie Blackmore (*14. 4. 1945; Gitarre)

Jon Lord (*9. 6. 1941; Keyboards)

Roger Glover (*30. 11. 1945; Bass)

Ian Paice (*29. 6. 1948; Schlagzeug)

Weitere Mitglieder im Laufe der langen Band-Biografie: Tommy Bolin, David Coverdale, Rod Evans, Glen Hughes, Steve Morse, Nick Simper, Joe Lynn Turner

Deep Purple ist eine der führenden und stilprägenden Hardrock-Gruppen, die seit den späten sechziger Jahren in vielfach sich ändernden Besetzungen auftritt. Ihre »klassische« und künstlerisch wichtigste Phase lag zwischen 1970 und 1973.
Alben 1970–1973
Deep Purple In Rock (1970) • Fireball (1971) • Machine Head (1972)
Made In Japan (1973) • Who Do You Think We Are (1973)
Single-Hits
Black Night (D 2, GB 7) • Strange Kind Of Woman (D 8, GB 8)
Smoke On The Water (US 4)

Stairway To Heaven

Text und Musik: Jimmy Page & Robert Plant

Led Zeppelin –
LED ZEPPELIN IV

Copyright 1972
Verlag Superhype Publ.

Cover-Versionen
Frank Zappa
Far Corporation
Rolf Harris
Stanley Jordan

Tribut-Alben für einzelne Künstler oder Bands sind bekanntlich keine Seltenheit, Sammlungen aber, die sich nur mit einem einzigen Song beschäftigen, sind eine absolute Rarität. STAIRWAYS TO HEAVEN (1995) ist ein solches Album, auf dem sich zwölf australische Künstler mit »Stairway To Heaven«, dem Opus Majus von Led Zeppelin, auseinander setzen. (Die Fassung von Rolf Harris schaffte es sogar in die britischen Top Ten.) Doch auch abseits dieses australischen Projekts gab es zahlreiche Künstler, die sich dem Zauber dieses ganz ungewöhnlichen Songs nicht entziehen konnten und sich um Neudeutungen bemühten – doch davon später mehr.

In seiner Originalfassung aus dem Jahr 1972 beginnt das Stück mit einem sehr eingängigen und charakteristischen Gitarrenpicking auf a-Moll und einer verträumten, flötenartig klingenden Melodie, bis bei 0:52 Robert Plant mit zerbrechlicher Stimme einfällt: »There's a lady who's sure …«. »Ich saß mit Pagey [Jimmy Page] im Headley Grange am Kamin herum«, erinnert er sich später. »Pagey spielte mir eine Akkordfolge vor, die er geschrieben hatte. Ich hatte Stift und Papier in der Hand, und aus irgendeinem Grund war ich unheimlich schlecht drauf. Dann schrieb meine Hand plötzlich wie von selbst einen Satz hin: ›There's a lady who's sure, all that glitters is gold, and she's buying a stairway to heaven.‹ Ich saß da und starrte die Zeile an, und plötzlich fiel ich fast vom Stuhl.«[1]

Die sanften Klänge und der auf seltsame Weise unwirklich versponnene Text schaffen von Anfang an eine fast mystische Stimmung, die schon bald nach einer Steigerung in ekstatische Höhen zu verlangen scheint. Und in der Tat, Schritt für Schritt entwickelt sich der zarte Song unwiderstehlich zu einer furiosen Rock-Nummer. Der erste Schnitt erfolgt bei 2:14. Während im Eingangsteil das harmonische

Gerüst auf dem Picking der Akkordabfolge a-Moll, Gis-Dur mit übermäßiger Quinte, C-Dur, D-Dur, F-Dur mit großer Sept und G-Dur basiert, werden die Durchgangsharmonien nun »straighter«: C-Dur, G-Dur, a-Moll und F-Dur. Doch auch das Arrangement wird rhythmischer. Die akustische Gitarre wird nun geschlagen, und an die Stelle der Flötenklänge tritt eine zweite, diesmal elektrische Gitarre. Beide Gitarren gehen während der nächsten beiden Strophen unisono in eine konventionelle Akkordbrechung, die im Hintergrund der Bass ergänzt.

Jimmy Page: »Ich hatte lange an der Musik rumgefeilt, der erste Teil war mir irgendwann mal nachts eingefallen. Die anderen Teile entstanden dann Stück für Stück. Als wir anfingen, den Song aufzunehmen, waren wir alle so besessen davon – mit diesen immer dramatischeren Parts und den ganzen Möglichkeiten, die sich da auftaten –, dass die Lyrics aus Robert nur so rausprudelten. Vierzig Prozent des Textes hatte er auf Anhieb stehen. Dann brachten wir alle unsere Ideen ein – zum Beispiel dass Bonzo [der Schlagzeuger John Bonham] erst irgendwann mitten im Song reinkommen sollte, um das Tempo anzuziehen –, und der Song und das Arrangement entstanden in einem Rutsch.«[2]

Die Stelle, die Page anspricht, leitet bei 4:20 den dritten Teil von »Stairway To Heaven« ein. Durch das Schlagzeug bekommen die beiden Unisono-Gitarren viel Schwung, und das Stück hat sich längst in einen energischen Rocksong verwandelt. Dann, vor dem Grande Finale, tritt der Song von 5:33 bis 5:56 auf der Stelle, doch ein paar Durchgangsharmonien machen klar: Jetzt geht's erst so richtig los. Zunächst liefert Page eines seiner besten Gitarrensolos ab, in dem er nicht primär seine Virtuosität zur Schau stellt, sondern eine gute Balance zwischen flinken Läufen und dem dramatischen Grundcharakter des Titels findet.

Bei 6:45 steigt nun auch der Sänger Plant wieder ein. Wie besessen kreischt er seinen Text, während die Band im fast klassischen Harmonie-Idiom des Heavy Metal verharrt, das schon während des Gitarrensolos die Basis bildete: auf der hämmernden Abfolge von a-Moll, G-Dur und F-Dur. Erst in der letzten halben Minute verlangsamt sich das krachende Spektakel, die Band löst sich gleichsam auf, und zurück bleibt nur eine – nun wieder brüchige und immer leiser werdende – Stimme: »And she's buying a stairway to heaven«, und vorbei ist der achtminütige Song, der zum Markenzeichen von Led Zeppelin werden sollte.

Die Nummer spricht den Hörer musikalisch ganz unmittelbar an. Dies erfuhr die Gruppe erstmals, als sie das Stück in Konzerten »ausprobierte«, noch bevor es auf Platte erschienen war. Page: »Ich weiß noch, wie wir es im Forum in L. A. spielten ... ich dachte nur: unglaublich, denn die Nummer kannte ja keiner. Offenbar waren die Leute bewegt – da wusste ich, dass wir den Nerv getroffen hatten. Es ist nämlich immer verdammt schwer, sich in eine völlig neue Nummer reinzuhören – besonders, wenn sie so lang ist.«[3]

Sehr viel schwieriger ist der Zugang zum Text, der sich einer konkreten Deutung entzieht. Robert Plant hat immer wieder das Buch MAGIC ARTS IN CELTIC BRITAIN als entscheidende Inspirationsquelle genannt, und den Text von »Stairway To Heaven« kann man wohl am besten mit der ewigen Suche des Menschen nach seiner spirituellen Wiedergeburt erklären, wie dies auch Ritchie Yorke in seiner Led-Zeppelin-Biografie tut.

Der Erfolg von »Stairway To Heaven« stellte sich augenblicklich ein und machte das Album LED ZEPPELIN IV zu einem Top-Seller. Natürlich gab es heftigste Bestrebungen, den Titel als Single herauszubringen, doch die Band wehrte sich energisch und – im Gegensatz zur »Verstümmelung« von ⇨»Whole Lotta Love« – diesmal auch erfolgreich.

Von Led Zeppelin gibt es allerdings noch eine Live-Aufnahme aus dem Jahr 1976 (vom Doppelalbum THE SONG REMAINS THE SAME). Häufig wurde der Band der Vorwurf gemacht, sie sei eigentlich nur die Plattform für endlose Sologitarren-Exzesse von Jimmy Page. Und wer diese Live-Aufnahme hört, findet das (Vor-)Urteil bestätigt. Im Gegensatz zur konzentrierten Studioleistung macht hier der Gitarrist nämlich vor, wie es nicht geht: In einem ausufernden, fast dreiminütigen Solo steigert er die Spannung nicht, sondern schlägt sie mit beliebigen und austauschbaren Phrasen aus dem Handbuch für Rockgitarristen tot. Doch ganz unabhängig davon – der ganzen Aufnahme fehlt die Brillanz und Stimmigkeit des Originals.

Es wurde schon eingangs angesprochen: »Stairway To Heaven« wurde häufig gecovert, zwei Versionen seien an dieser Stelle gesondert erwähnt – als Erstes die Fassung von Frank Zappa (auf THE BEST BAND YOU NEVER HEARD IN YOUR LIFE, 1991): Was sich in der Original-Aufnahme dramatisch steigernd zeigt, ist hier skurril parodiert. Das einleitende Fingerpicking hüpft gleichsam wie ein Schrat über die Bühne, ein harter Blechbläser-Riff lässt keinerlei Weichheit am Beginn des Songs aufkommen, Verdauungs- und andere Geräusche und durch Sampler verfremdete Stimmen machen die Interpretation zu einer musikalischen Jazzrock-Gaudi. Das Ganze ist, so scheint es, hauptsächlich um die immer wiederkehrende Zeile »Ooh, it makes me wonder« aufgebaut – der Meister fragt sich ganz offenbar, was hier alles abgeht. Humorvoller Höhepunkt ist die Neudeutung des Instrumentalteils von »Stairway To Heaven«: Während im Laufe des Stücks manche bemerkenswerte und markante Gitarrenriffs eingestreut sind, übernimmt das Gitarrensolo von

Jimmy Page nun der Bläsersatz. Alles in allem ein typischer Zappa also: witzig, abgedreht und sehr gelungen.

Die zweite Version geht in eine ganz andere Richtung; sie stammt von der Gruppe Far Corporation, einer Retortenband, gegründet von Frank Farian, dem Macher von Gruppen wie Boney M. oder Milli Vanilli. Für Far Corporation sammelte er hochrangige Studiomusiker um sich, um Rockklassiker wie »Fire And Water«, »Long Train Running« und andere auf möglichst effektvolle und kompakte Weise einzuspielen. Auf DIVISION ONE findet sich die Langfassung von »Stairway To Heaven«, deren verkürzte Single-Version 1985 immerhin in die britischen Top Ten gelangte. Die Version von Far Corporation ist unverkennbar das Ergebnis produktionstechnisch perfekter Arbeit: Akustische Gitarren brillieren, der Synthesizer schwebt, der Bass wummert, die E-Gitarre schneidet wie ein Messer, und die Drums heben dich aus den Schuhen – und trotzdem: Zum Abdancen super, aber als Ohrenschmaus bleibt nur das Original. Denn ein genialer Rocksong, wie es nur wenige gibt, wird hier auf dem Hochaltar der Studiotechnik geopfert. There's a producer who's sure ...

Led Zeppelin
Gründung 1968 • **Auflösung** 1980
Robert Plant (*20. 8. 1947; Gesang)
Jimmy Page (*9. 1. 1944; Gitarre)
John Paul Jones (John Baldwin; *3. 1. 1946; Bass, Keyboards)
John Bonham (*31. 5. 1947, †25. 9. 1980; Schlagzeug)
Led Zeppelin war der Prototyp einer am Blues orientierten Hardrock-Band, die, stets experimentierfreudig, unterschiedlichste Stile und Klänge integrierte.
Alben
Led Zeppelin I (1969) • Led Zeppelin II (1969) • Led Zeppelin III (1970)
Led Zeppelin IV (1971) • Physical Gravity (1975)
Single-Hits
Whole Lotta Love (D 1, US 4) • Immigrant Song (D 1) • The Ocean (D 8)

Stayin' Alive

Text und Musik: Barry Gibb, Robin Gibb
& Maurice Gibb

Bee Gees –
SATURDAY NIGHT FEVER

Copyright 1977
Verlag Gibb Brothers
Music Ltd.

Cover-Versionen
Edson Cordeiro
Baila
Scooter Lee
C Loc
N Trance featuring
Ricardo da Force

Der Film SATURDAY NIGHT FEVER und das gleichnamige Album markieren jenen Punkt, an dem sich die Disco-Szene von einer bloßen Modeerscheinung hin zu einem Phänomen entwickelte, das alle Bereiche der populären Kultur erfasste. Dabei ist die Story des Streifens denkbar simpel: Tony Manero, ein kleiner Angestellter in einem Brooklyner Farbengeschäft – gespielt von John Travolta – ist im täglichen Leben eine ganz unscheinbare Figur. Doch jeden Samstagabend geht er in die Disco, und dort ist er der absolute Tanzkönig auf dem Parkett. Recht viel mehr gibt die Handlung des Films nicht her, den Plot kennt man aus unzähligen Hollywood-Streifen seit Fred Astaire und Ginger Rogers. Das Erfolgsgeheimnis des Films lag zum einen natürlich in der Person des Hauptdarstellers, der seine Rolle mit viel Charme, tänzerischem Können und Erotik ausfüllte und für die jungen Zuschauer eine unmittelbare Identifikationsfigur darstellte. Aber wirklich neu an SATURDAY NIGHT FEVER war die musikalische Perfektion, mit der hier die bislang eher schludrig produzierte Disco-Musik aufbereitet und dargeboten wurde.

Für den Soundtrack zeichneten die Bee Gees verantwortlich, die damit eine jahrelange Durststrecke endgültig überwunden hatten. In der zweiten Hälfte der sechziger Jahre landeten sie mit sanften, oft violinengetränkten Titeln wie ⇨»Massachusetts«, »Words«, »To Love Somebody« oder »I've Got A Message To You« internationale Erfolge, doch in den siebziger Jahren wurde es still um die Band. Mitte der siebziger Jahre taten sich die drei Gibb-Brüder mit dem Gitarristen Alan Kendall, dem Keyboarder Blue Weaver und dem Schlagzeuger Dennis Byron zusammen. Mit ihnen entwickelten sie gemeinsam einen ganz eigenen Disco-Stil, der ein treibendes Funk-Korsett mit einem porösen Falsett-Gesang verband und eine eigentümliche Mixtur aus neuem Sound und gewohnter Gefälligkeit darstellte. In diesem Stil hatten die Bee Gees bereits mit »Jive Talkin'« und »You Should Be Dancing« seit 1975 beachtliche Single-Erfolge, doch die ganz großen kommerziellen Überflieger fanden sich erst auf dem (fantastische dreißig Millionen Mal verkauften) Soundtrack SATURDAY NIGHT FEVER: »How Deep Is Your Love«, »Night Fever« und vor allem »Stayin' Alive«.

Dieser Song ist gleichsam ein Leitmotiv des Films, er stimmt den Zuschauer/-hörer atmosphärisch ein und ertönt am Anfang, während Manero/Travolta in den Straßen New Yorks herumstolziert. Perfekt erfasst das Stück die spannungsgeladene Erwartungshaltung vor einer Samstagnacht, in der der graue Alltag im glitzernden Ambiente aus Sex, Drogen und Tanz verschwindet. »Du siehst schon an meinem Gang, dass ich ein Frauentyp bin. Ich mag nicht groß quatschen, Hauptsache, die Musik ist laut und die Frau bei mir ist warm. Seit ich auf der Welt bin, werde ich gepiesackt, aber hier ist alles in Ordnung, hier bin ich der Typ, auf den man steht.« Nach dieser Bestandsaufnahme folgt als Refrain das Überlebensmotto Maneros: »Egal ob du 'n Bruder oder 'ne Mutter bist, und egal, ob um uns herum alles zusammenkracht – wir werden es überstehen!« In der zweiten Strophe beschwört der Sänger die Magie der Samstagnacht: »Da hält mich nichts mehr, meine Schuhe bekommen Flügel, und wenn ich so tanze, kann ich gar nicht verlieren.« In einem dritten Songteil, der als Bridge und als Ausblende fungiert, zeigt sich explizit die doppelte Persönlichkeit Maneros: »Das [gewöhnliche] Leben führt doch nirgendwo hin, aber [hier] hilft mir schon wer, und ich werde alles überstehen, werde es überleben.«

Schon aus der Notation kann man die treibende Kraft des Stückes herauslesen, wenn man auf die zahlreichen synkopierten Sechzehntel-Noten schaut, in denen die Melodiestimme geschrieben ist. Demgegenüber wirkt die Harmonisierung geradezu behäbig: Der Song in f-Moll kommt außer mit der Grundharmonie im Wesentlichen mit den Akkorden Es-Dur und B-Dur aus. Nur am Ende des Refrains, wenn der Song für kurze Zeit stehen zu bleiben scheint, ruht die Harmonie auf c-Moll-Sept. Musikalisch wird »Stayin' Alive« getragen von einem unbeirrbaren, funkig angeschlagenen Bass, relativ unromantischen Streichern und dem schneidenden Falsett-Gesang. Das alles in Kombination mit Elementen aus Mainstream-Rock und Rhythm & Blues führt zu einem Sound, der zu einer Definition und geradezu zum Synonym für Disco-Musik wurde. Und hier findet man auch den Grund, warum sich gerade an »Stayin' Alive« von Beginn an so heftig die Geister schieden. Für die einen, die Disco-Fans, ist der Song so ziemlich das Größte, was Rock und Pop hervorgebracht haben, für andere, die Disco-Verächter, gehört das Stück zum größten Schrott, der je produziert wurde.

Legenden ranken sich um das Entstehen dieses Titels, angeblich haben die Gibb-Brothers »Stayin' Alive« während eines Fluges geschrieben – und in der Tat gibt es jenen berühmten Boarding Pass von Robin Gibb, auf dem Teile des Textes niedergeschrieben sind (für ultimative Fans: VIP Boarding Pass, Flugnummer BA 0295 von London nach Miami am 22. April 1977, 14:30). Robin Gibb erinnert sich dazu: »Der Song war im Wesentlichen schon fertig und hatte zunächst den Titel ›Saturday Night‹. Eigentlich hatten wir nach zwei Worten gesucht, die ›überleben‹ oder ›überstehen‹ bedeuten sollten. Wir kamen schließlich auf ›buried alive‹ [lebendig begraben] oder eben ›stayin' alive‹. Wir haben uns wohl für den richtigen Begriff entschieden. Ich schreibe auf alles, was ich in der Hand habe, und als wir den Text änderten, habe ich eben den Boarding Pass beschrieben.«[1]

Durch diese Titeländerung bekam übrigens auch der Film, der zunächst TRIBAL RITES OF A SATURDAY NIGHT (Stammesriten in einer Samstagnacht) hieß, seinen endgültigen Namen. Der Produzent Robert Stigwood verband den nun frei gewordenen Titel »Saturday Night« mit einem anderen Song, »Night Fever«, und fertig war SATURDAY NIGHT FEVER.

»Stayin' Alive« hat eine Reihe sehr unterschiedlicher Cover-Versionen angeregt. Selbstverständlich finden sich diverse Easy-Listening-Fassungen, etwa von dem Starlite Orchestra, dem Boston Pops Orchestra, den Countdown Singers oder dem Ray Hamilton Orchestra, Letzteres interpretiert den Song als Cha-Cha-Cha. Dann gibt es Dance-Versionen, die in lateinamerikanische und afro-karibische Stile hineinragen, zum Beispiel von Edson Cordeiro oder von der Band Baila. Eher im Jazz sind die Interpretationen des Saxofonisten Gil Ventura oder der Sängerin Jo Stafford beheimatet. Als Country-Song bringt ihn die Sängerin Scooter Lee, während die Formation C Loc das Stück als Rap und N Trance featuring Ricardo da Force mit deutlichem Techno-Einschlag vortragen. Es ist also fast für jeden etwas dabei, und wer den Song gar nicht mag, wird's dennoch überstehen – will be stayin' alive.

The Bee Gees
Gründung 1962
Barry Gibb (*1. 9. 1946; Gesang, Gitarre)
Robin Gibb (*22. 12. 1949; Gesang, Keyboards)
Maurice Gibb (*22. 12. 1949; Gesang, Gitarre, Keyboards, Bass)
Begleitmusiker unter anderen: Dennis Byron, Alan Kendall, Vince Melouney, Colin Peterson, Alan Relf, Blue Weaver
The Bee Gees hatten eine sehr wechselvolle Karriere. Große Erfolge waren sanfte Beatsongs in den späten sechziger Jahren sowie Titel im Discosound in den späteren Siebzigern.
Alben seit 1975
Main Course (1975) • Saturday Night Fever (1977)
Spirits Having Flown (1979) • Staying Alive (1983)
This Is Where I Came In (2000)
Single-Hits seit 1975
Jive Talkin' (GB 5, US 1) • How Deep Is Your Love (GB 3, US 1)
Stayin' Alive (D 2, GB 4, US 1) • Night Fever (D 2, GB 1 US 1)
Tragedy (D 2, GB 1, US 1)

Streets Of London

Text und Musik: Ralph McTell

1967 schreibt der weithin unbekannte Folkie Ralph McTell seinen dritten Song überhaupt – ein einfaches, fast volksliedhaftes Lied, das durch seine schlicht-schöne Melodie und seine eingängig-raffinierte Gitarrenbegleitung sein Publikum in den Folk-Kneipen von Anfang an in den Bann schlägt. Doch die Platte SPIRAL STAIRCASE, auf dem die kleine Ballade über die Schattenseiten des Londoner Gesellschaftslebens erstmals erscheint, geht sang- und klanglos unter. Auf diversen Folgealben werden alternative Fassungen mit zum Teil leicht abweichenden Texten veröffentlicht, doch sie alle floppen. Das ist insofern verwunderlich, weil das Lied über die Straßen Londons bei McTells Konzerten ein absoluter Publikumsrenner ist. Im Jahr 1974 entschließt sich der stets etwas schüchtern wirkende Musiker zu einer aufgemotzten Fassung mit Bass, Streichern und Frauenchor, und siehe da – wie aus dem Nichts schießt der Song auf Platz Eins der britischen Charts. Und der zurückhaltende Musikus ist plötzlich ein derart gefragter Star, dass er die gemütlichen Folk-Pubs gegen die altehrwürdige Royal Festival Hall eintauschen muss. In »Streets Of London« rechnet McTell mit den ewig nörgelnden Wohlstands-Saturierten ab, denen es nie gut genug gehen kann und die über ihrem eigenen Selbstmitleid völlig den Blick darauf verlieren, dass es auf der Straße des Lebens – nicht nur in London – viele, viele Menschen gibt, deren Existenz wirklich bedauernswert ist. »Hast du den alten Mann am Marktplatz gesehen, wie er mit seinen zerlumpten Schuhen zwischen alten Zeitungen herumstiefelt? Schau in sein Gesicht, da findest du keinen Stolz, und seine Hand kann kaum mehr ein Papier halten. Doch die gestrigen Zeitungen verkünden eh nur die gestrigen Neuigkeiten.« Dann folgt, wie ein Mantra-artiger Refrain, die eindringliche Mahnung: »Und du kommst daher und willst mir erzählen, dass du einsam bist und die Sonne für dich nicht scheint?! Schau nur her, ich nehme dich mit in die Straßen von London, und ich werde dir Sachen zeigen, die dich das Umdenken lehren.« Und weiter geht's durch die Niederungen der nächtlichen Großstadt: »Hast du die alte Frau gesehen, die ohne Rast durch die Straßen läuft. Ihr Haar starrt vor Dreck, ihre Kleidung besteht nur aus Lumpen, und alles, was sie besitzt, trägt sie in zwei Plastiktüten mit sich. Oder der Typ in dem Nachtcafé. Er betrachtet die Welt über den Rand seiner Teetasse. Jeder Tee muss für eine Stunde reichen, und irgendwann schleicht er einsam nach Hause. Oder hast du den alten Mann vor der Armenmission gesehen. Alles, was er noch besitzt, sind seine Orden. In der winterlichen Stadt

Ralph McTell –
SPIRAL STAIRCASE/
STREETS

Copyright 1968
Verlag Essex Music
Int. Ltd.

Cover-Versionen
Glen Campbell
Green Pajamas
Anti Nowhere League
Sinead O'Connor
Fade 2 Black featuring
Cynthia Hemingway

singt der Regen sein trauriges Lied über einen ihrer vergessenen Helden und über eine Welt, die sich darum nicht schert. Und du kommst daher und willst mir erzählen, dass du einsam bist ...«

Dieses nachdenkliche Lied bezieht seinen musikalischen Reiz vor allem aus der Korrespondenz zwischen der sanften einschmeichelnden Melodie und der geschickten Gitarrenbegleitung. Ralph Mc-Tell, der nebenbei bemerkt als exzellenter Picking- und Ragtime-Gitarrist in einem Atemzug mit Stefan Grossman oder Davy Graham genannt werden darf, hat für das Lied ein Pickingmuster entwickelt, das zum Grundschema unzähliger Gitarristen avancierte: Dabei wechselt der Zupfdaumen im Viertelschlag zwischen Grundton und einer daneben liegenden Saite, während Zeige- und Mittelfinger dieser Hand die Achtel ab dem zweiten Viertel ausfüllen. Nur das je erste Viertel pro Takt wird in der Regel doppelt angerissen.

Die Harmoniefolge von »Streets Of London« ist bei aller Einfachheit ähnlich markant wie jene von ⇨»House Of The Rising Sun«: C-Dur–G-Dur–a-Moll–E-Dur–F-Dur–C-Dur–F-Dur–G-Dur (bzw. in der Wiederholung ... –G-Dur–C-Dur), und in den ersten beiden Zeilen des Refrains F-Dur–E-Dur–C-Dur–a-Moll–D-Dur–G-Dur. Pickingmuster wie Akkordfolge gehören mittlerweile zum Handwerkzeug eines jeden akustischen Gitarristen und finden weithin und unverdrossen Anwendung.

Natürlich hat das eindrucksvolle Lied vom Hinterhof unserer Wohlstandsgesellschaft vor allem viele Folkmusiker zu Cover-Versionen angeregt. In der britisch-keltischen Folklore beheimatet sind Interpreten wie Phil Coulter, die Johnstons, die Shaw Brothers, Schooner Fare oder Liam Clancy. Auch Countrystars wie Glen Campbell oder Roger Whittaker haben den Song aufgenommen. Doch das Stück wäre in einem Buch über Rock-Hymnen gänzlich unpassend, hätte es nicht auch in diesem Genre seine unverwechselbaren Spuren hinterlassen: Während die Sängerin Cleo Laine sowie der Sänger-Gitarrist Val Doonican den Song eher konventionell präsentieren, gibt ihm die Formation Green Pajamas einen verträumten neo-psychedelischen Anstrich. Bodenständiger wirken die Straßen von London in der Bluegrass-Version von Tony Rice, wohingegen die Steeldrum-dominierte Fassung der Steelasophicals die Szenerie eher nach Jamaika verlegt. Der großartige Konzertgitarrist John Williams hat »Streets Of London« zusammen mit einem Sinfonieorchester in sein Album Echoes Of London aufgenommen, und selbst der Großmeister des Big-Band-Jazz, Count Basie, konnte sich der Nummer nicht entziehen. Im Bereich der Rockmusik stehen jedoch drei andere Einspielungen an allererster Front: zunächst die Fassung der Punkband Anti Nowhere League, die dem Song eine Menge No-Future-Wut verpassten; zweitens die einfühlsame Interpretation von Sinead

O'Connor auf ihrer Maxi-Single »Fire On Babylon«, wo sich neben dem Titelsong und »Streets Of London« noch Dylans »I Believe In You« und der Klassiker »House Of The Rising Sun« befinden; und schließlich eine bemerkenswerte Hip-Hop-Soul-Blues-Fusion-Interpretation der Formation Fade 2 Black zusammen mit Cynthia Hemingway. Ein erstaunlicher Siegeszug eines kleinen Liedes, das zunächst jahrelang keiner haben wollte!

Ralph McTell

Geboren 3. Dezember 1944 in Farnbrough, Kent
Gesang, Gitarre
Ralph McTell war in der britischen Folkszene der siebziger Jahre einer der führenden Picking- und Ragtime-Gitarristen. Jenseits seines weltweiten Erfolges »Streets Of London« konnte er der Popmusik allerdings keine bleibenden Impulse verleihen.

Alben
Spiral Staircase (1969) • Your Well-Meaning Brought Me here (1971)
Not Till Tomorrow (1973) • Streets (1974) • Slide Away The Screen (1979)

Single-Hit
Streets Of London (D 8, GB 1)

Sultans Of Swing
Text und Musik: Mark Knopfler

Als 1977 die Kneipenband The Cafe Racers unter dem neuen Namen Dire Straits ihre ersten musikalischen Gehversuche unternahm, sah nichts nach einem zukünftigen Erfolg aus. Zu konventionell, melodiös und technisch versiert war ihre Musik in einer Zeit, in der der Punk die britische Popszene fest in den Griff nahm.

Der Bassist John Illsley erinnerte sich an die mühsamen Anfangszeiten der Band: »Wir lebten von der Hand in den Mund, es war weiß Gott kein Honigschlecken. Wer schon am Telefon erfuhr, dass die Dire Straits nicht wie die Punkgruppen das Publikum bespuckten und sich auf der Bühne verprügelten, wollte in dieser ausgeflippten Zeit nichts von der Gruppe wissen. Eine melodische Rockband, zudem mit eigenen Liedern, konnte im London der späten siebziger Jahre keinen Blumentopf gewinnen. Um Erfolg zu haben, musste man Sid Vicious oder Johnny Rotten heißen und möglichst wenig musikalisches Talent vorweisen.«[1]

So bedurfte es einer Menge Glück, von einem nennenswerten Publikum überhaupt wahrgenommen zu werden. Dieses Glück trug den

**Dire Straits –
DIRE STRAITS**

Copyright 1978
Verlag Straitjacket Songs

Cover-Versionen
Pedro Javier Gonzales
The C-Nuts
Ventures

303

Namen Charlie Gillet, war Rockjournalist, BBC-Diskjockey und ein guter Freund von Illsley. Die Dire Straits hatten ein Demoband mit einigen eigenen Stücken produziert und übergaben es Gillet mit der Bitte um Begutachtung. Dieser war recht angetan und präsentierte die Nummern in einer seiner Sendungen – mit durchschlagendem Erfolg. Schon bald rissen sich die Plattenfirmen um die Band, und 1978 erschien das Debüt-Album DIRE STRAITS.

Musikalischer Fixstern der Platte ist der Eröffnungstitel »Sultans Of Swing«. In diesem Stück – laut BILLBOARD »einem der klassischen Songs der siebziger Jahre« – finden sich alle musikalischen Elemente und Merkmale des Dire-Straits-Sounds, der sich später abermillionenfach in der ganzen Welt verbreiten sollte – eine sehr eigentümliche Gesangsweise, ein äußerst ungewöhnlicher Gitarrenstil und ein mitreißend federnder Schwung der Rhythmusgruppe:

Mark Knopfler, die unbestrittene Zentralfigur der Band, hat zwar eine recht ausdrucksvolle Stimme, besitzt allerdings einen nur sehr geringen Tonumfang. Clever machte der gelernte Pädagoge und Lokaljournalist seine Not zur Tugend und entwickelte seinen charakteristischen Sprechgesang, ein Klang, von dem man glaubt, ihn schon von Bob Dylan her zu kennen, der aber doch anders war als alles, was Dylan je gesungen hat – eine Art »Dylan von einem anderen Stern«.

Die schon fast aufreizende Lässigkeit, die Knopflers Stimme beherrscht, findet sich auch in seinem Gitarrenspiel wieder. Er entwickelte eine Solo-Technik, die sich – wie zum Teil auch bei Django Reinhardt, Wes Montgomery oder einigen alten Blues-Gitarristen – aus den Harmonien herausbildete. So sind manche der kurzen Solo-Riffs im Grunde nur arpeggierte Akkorde, die perfekt rhythmisch eingesetzt im Rock ganz ungewohnte Melodiephrasen erscheinen lassen. Diese Präsentation stellt einen Gegenpol zum gängigen Rock-Klischee etwa im Sinne des Clapton'schen Vorbildes dar, das sich eher einer modalen Spielweise bedient. Basierend auf Tonleitern wie der Bluesskala (mit den »Blue Notes« kleine Terz und kleine Septime) wird hier entlang ebendieser Tonfolgen improvisiert – ganz vereinfacht ausgedrückt: Ein Stück zum Beispiel in A-Dur ist mit Riffs aus der a-Moll-Tonleiter angereichert.

Knopfler dagegen orientiert sich nicht an einer Tonleiter, sondern an den Gitarrengriffen, was seinem Spiel eine außerordentliche Flüssigkeit verleiht – mit größtem Erfolg: Seine kristallklaren Riffs, ein perfekter Kontrast zum dunkel murmelnden Gesang, wurden so zu einer der ganz großen Gitarrenstimmen im Rock. Unterstützt wird das Ganze durch einen federnd swingenden Rhythmus, der weniger »rockt« als vielmehr »rollt«, wie es der SPIEGEL einmal treffend formulierte.

Die Geschichte, die Dire Straits in »Sultans Of Swing« erzählen, ist eine Hommage an eine kleine Dixieland-Band in einem Pub im Londoner Süden: Der Sänger geht im Regen spazieren und hört aus einer kleinen Kneipe Dixiemusik dringen. Er betritt das Lokal, es sind nur ein paar Zuhörer anwesend, doch die Musiker spielen unverdrossen und gut gelaunt. Da ist Guitar George, der zuverlässig seine Akkorde schrummt, ohne sich durch Solos profilieren zu wollen. Auch Harry, der Pianist, muss sich nicht produzieren. Er hat den ganzen Tag gearbeitet und ist nun glücklich, mit seiner Band Musik machen zu können.

Ein paar junge Burschen, herausgeputzt und mit angeberischen Posen, betrinken sich im Pub und mosern über die Musik. Es ist eben nicht ihr Rock'n'Roll. Aber die Band lässt sich gar nicht aus der Ruhe bringen und spielt weiter – heißen Creole. Schließlich geht einer der Musiker ans Mikrofon, kündigt das letzte Lied des Abends an und stellt die Gruppe nochmals vor: die Sultans of Swing.

Vom ersten Ton des Songs an ist die komplette Bandbesetzung vorhanden: Zwei parallel und synkopisch geschlagene Rhythmusgitarren, der Bass und das Schlagzeug sorgen für eine locker und lässig swingende Atmosphäre, der charakteristische Klang von Knopflers Fender Stratocaster ist sofort präsent. Das Stück hat keinen Refrain, sondern reiht Strophe an Strophe, insgesamt sechs. Einzige Unterbrechungen: Nach Strophe Fünf folgt ein Chorus (3:28 bis 4:00) mit dem ersten Gitarrensolo von Knopfler, nach Strophe Sechs erklingt ein zweites (ab 4:49), das in die Ausblende mündet. Das harmonische Material ist konventionell und sparsam: Neben der Grundtonart d-Moll finden lediglich deren fünfte Harmoniestufe A-Dur(-Sept) sowie die Dur-Parallele F-Dur mit den Standardstufen B-Dur und C-Dur Verwendung.

»Sultans Of Swing« ist aus heutiger Sicht zweierlei: der Geniestreich einer noch unverbrauchten Band, zugleich aber auch ein noch sehr roher Diamant. Bei der Aufnahme konnten bei weitem nicht alle studiotechnischen und klanglichen Möglichkeiten ausgeschöpft werden, da das Budget des relativ kleinen Progressiv-Labels Vertigo begrenzt war. Außerdem hatte natürlich auch die Band selbst noch nicht die Produktionserfahrungen, die sie Jahre danach etwa bei LOVE OVER GOLD oder BROTHERS IN ARMS so kreativ einbringen konnten. Es gab natürlich spätere Live-Versionen sowohl von den Dire Straits (etwa auf ALCHEMY, 1984) als auch von Mark Knopfler solo. Beherrschendes Merkmal dieser Einspielungen sind exzessiv in die Länge gezogene Gitarrensoli. Solche ausufernden Improvisationen sind im Rock grundsätzlich problematisch, da sie meist den vordergründigen Sinn haben, hauptsächlich die Virtuosität eines Musikers unter Beweis zu stellen. Dabei geht die Kompaktheit eines

Songs, die für den Rock so wichtig ist, häufig verloren. (An diesem Punkt unterscheiden sich Rock und Jazz fundamental, denn im Jazz liegt die Hauptfunktion der Improvisation im individuellen Ausloten der oft standardisierten Songvorlagen.)

Eines muss man Mark Knopfler allerdings zugestehen: Es gelang ihm immerhin, wie in der Royal Albert Hall 1996, »Sultans Of Swing« auf fast eine Viertelstunde Länge auszudehnen, ohne langweilig zu werden – davon können viele seiner Kollegen nur träumen. Ob diese Selbstdarstellung aber der Philosophie der kleinen Dixie-Band (und damit dem Inhalt des Songs) entspricht, darf bezweifelt werden.

Die Zahl der Cover-Versionen kann man an einer Hand abzählen: Zu erwähnen sind lediglich eine Gitarren-Version im Latin-Stil von Pedro Javier Gonzales, eine Jazz-Interpretation der Bebop-Formation The C-Nuts und eine – erheblich härter als das Original rockende – Live-Einspielung der Ventures.

Dire Straits

Gründung 1977 • **Auflösung** 1995

Mark Knopfler (*12. 8. 1949; Gesang, Gitarre)

Bis 1980: David Knopfler (*27. 12. 1952; Gitarre)

Ab 1980: Hal Lindes (*30. 6. 1953; Gitarre)

Ab 1980: Alan Clark (*5. 3. 1952; Keyboards)

John Illsley (*24. 6. 1949; Bass)

Pick Withers (Schlagzeug)

Dire Straits bieten intelligenten Erwachsenen-Rock mit einer deutlichen Rhythm-&-Blues-Basis. Zentrum ihrer Musik ist der Gesang und das Gitarrenspiel Mark Knopflers.

Alben

Dire Straits (1978) • Communiqué (1979) • Making Movies (1980)
Love Over Gold (1982) • Brothers In Arms (1985)

Single-Hits

Sultans Of Swing (D 3, GB 8, US 4) • Private Investigations (GB 2)
Money For Nothing (GB 4, US 1) • Walk Of Life (GB 2, US 7)

Summer Of '69

Text und Musik: Bryan Adams & Jim Vallance

Bryan Adams gehört zu den Künstlern, die zwar beim Publikum großen Erfolg hatten – zwischen 1983 und 1985 verkaufte er allein in den USA über elf Millionen LPs –, die aber von der professionellen Kritik meist geschmäht wurden. So wurde er etwa als »Schmalspur-Springsteen« bezeichnet oder als einer, der im Outfit des City-Rockers daherkommt, dem man diese Attitüde aber nicht abnimmt. Wieder andere sahen in Adams nicht den Rocker, der dieser gern gewesen wäre, sondern stuften ihn eher als Balladensänger ein. Wie dem auch sei: Adams hatte so viel Erfolg, dass ihn diese Mäkeleien nicht wirklich treffen konnten. Sein größter Hit war »(Everything I Do) I Do It For You«. Diese Nummer war der Titelsong für den Film ROBIN HOOD (mit Kevin Kostner), wurde zum »Hit des Jahres 1993«, erreichte in sechzehn Ländern Platz Eins der Charts und brachte Bryan Adams einen Grammy ein. Doch zu einer wahren Hymne – und zwar für alle, die in ihrer Jugend von einer Karriere als Rockstar träum(t)en – wurde »Summer of '69«, auch wenn der Song kommerziell nicht ganz so erfolgreich war und »nur« auf Platz Fünf der amerikanischen Charts kam.

Der Song beinhaltet dazu eine Menge Klischees, die dem »ersten musikalischen Gehversuch eines jungen Menschen« spätestens seit der Zeit des Rock'n'Roll anhängen: Da ist die erste (billige) Gitarre; da sind die ersten Versuche, mit ein paar Kumpels aus der Schule eine Band zu gründen; mit viel Eifer und Enthusiasmus wird geprobt und geübt, aber schon bald ist klar: Das wird nichts. Der eine steigt aus, weil er keinen Bock mehr hat, der andere, weil er heiratet. Und trotzdem: Der Held des Liedes ist sich sicher, diese Tage im Sommer '69, sie sind die besten in seinem ganzen Leben.

In Strophe Zwei passiert dann das Unvermeidliche. Während unser Freund irgendeinem Aushilfsjob im nächsten Drive-in-Restaurant nachgeht, trifft er *sie*. Und sie wird in diesem Sommer seine große Jugendliebe. Und selbstverständlich sind diese Tage im Sommer '69 die besten seines Lebens.

Es folgt ein Einschub, der erste Melancholie aufkommen lässt. »Mann, was haben wir damals die Sau rausgelassen – aber klar, so geht das natürlich nicht ewig.« Diese Vorahnung bestätigt sich in Strophe Drei: Die Zeiten sind andere geworden, und seine Jugendliebe ist längst fort. Doch immer, wenn er seine alte Gitarre spielt, denkt er an sie und fragt sich, warum es schief gelaufen ist. Doch dann – vielleicht durch den Zauber seiner Klampfe – werden die alten Tage wieder wach, und der Interpret bleibt dabei: Es waren die

Bryan Adams –
RECKLESS

Copyright 1984
Verlag Irving Music Inc.

Cover-Versionen
Cloud #9
MxPx
Jive Bunny And The Mastermixes

besten Tage seines Lebens, damals im Sommer '69. Bryan Adams sagte selbst über den Song:
»Jeder, der jemals Gitarre gespielt hat, kann sich in diesem Song wiederfinden. Wenn du die erste Gitarre deines Lebens kaufst, gehst du mit einem so unglaublichen Enthusiasmus an dieses neue Hobby heran, dass es schon mal vorkommen kann, dass du dir durch das stundenlange Üben die weichen Fingerkuppen an den scharf geschliffenen Gitarrensaiten aufschneidest. Jim Vallance und ich packten in diesen Song all unsere Erfahrungen, die wir in den vergangenen Jahren gesammelt haben. Und schließlich fallen dir all die kleinen Anekdoten wieder ein, die Romanzen deiner Zeit als Teenager. Ich glaube, dass jeder ab und zu ein wenig melancholisch an seine Jugend zurückdenkt und dass es in der Erinnerung eines jeden von uns eine Jugendliebe gibt, die man irgendwann aus den Augen verloren hat.«[1]

In diesen Gedanken ist sicherlich der Schlüssel dafür zu finden, dass der Song nicht nur bei Adams-Fans fast eine Art Kultstatus errang: Er packt viele Menschen an einem wichtigen Abschnitt ihrer eigenen Biografie. Und so wie viele von uns bestimmte Jugendphasen im Nachhinein verklären, verklärt auch »Summer of '69« – aber auf ehrliche und offene Art und Weise.

Der Song in D-Dur ist relativ einfach gehalten: Es gibt drei Strophen ohne ausgeprägten Refrain, zwischen Strophe Zwei und Drei schiebt sich ein kleiner Abschnitt, der sich harmonisch stark absetzt. Die Strophen sind harmonisiert mit den drei Grundstufen D-Dur, G-Dur und A-Dur, dazu kommt noch die Parallele h-Moll. Im Zwischenspiel (ab 1:41) wechselt der Song für acht Takte plötzlich nach F-Dur (mit der IV. und V. Stufe B-Dur und C-Dur), bevor er ohne weitere Modulationsakkorde bei 1:55 wieder in sein gewohntes D-Dur-Fahrwasser mündet.

Der relativ einfachen harmonischen Struktur der Strophen verleiht Adams viel Spannung, indem er bei den sich häufig wiederholenden Wechseln zwischen D-Dur und A-Dur ab der zweiten Strophe ein recht raffiniertes Picking einsetzt: Durch eine kleine, aber permanente Fingerverschiebung auf der hohen e-Saite (bei D-Dur) bzw. auf der h-Saite (bei A-Dur) lässt er die jeweilige Harmonie wandern zwischen dem Nonen-, dem Dur- und dem Quartakkord. Außerdem ist der Picking-Rhythmus nicht auf dem geraden Muster zwei Mal vier Achtel aufgebaut, sondern auf zwei Mal drei Achtel plus zwei Achtel, was den Song enorm antreibt.

Die Originalaufnahme von »Summer of '69« auf dem Album RECKLESS zeigt sich als schwungvoller Rocktitel. Dass der Song auch als sanfte akustische Ballade große Wirkung erzielen kann, dies lässt die Aufnahme auf BRYAN ADAMS UNPLUGGED (1997) zumindest erahnen.

Außerdem gibt es von Adams noch eine weitere Live-Version von »Summer of '69« aus dem Jahr 1995 auf dem Album LIVE! LIVE! LIVE!.

»Summer of '69« ist sehr eng mit den Interpretationen seines Komponisten verflochten, Cover-Versionen sind also spärlich gesät und gehen künstlerisch nicht über die drei Einspielungen von Bryan Adams hinaus. Als Beispiele seien lediglich genannt die Aufnahmen von Cloud #9, MxPx oder von Jive Bunny And The Mastermixes.

Bryan Adams

Geboren 5. November 1959 in Kingston, Ontario
Gesang, Gitarre
Bryan Adams ist ein typischer Vertreter des amerikanischen Mainstream-Rock.

Alben
Cuts Like A Knife (1983) • Reckless (1984) • So Far So Good (1993)
MTV Unplugged (1997)

Single-Hits
Straight From The Heart (US 10) • Heaven (US 1)
(Everything I Do) I Do It For You (D 1, GB 1, US 1)
Please Forgive Me (D 3, GB 2, US 7)
Have You Ever Really Loved A Woman (D 3, GB 4, US 1)

Sunshine Of Your Love
Text und Musik: Jack Bruce, Pete Brown
& Eric Clapton

Die so genannte Bluestonleiter ist eine der wichtigsten Improvisationsgrundlagen für Rock- und Bluesmusiker. Sie besteht aus einem Grundton (zum Beispiel d), der kleinen Terz (f), der Quarte (g), der verminderten Quinte (gis), der Quinte (a) und der Septe (c). Unzählige Blues- und Rockgitarrenriffs sind auf dieser schlichten Tonleiter aufgebaut, und Virtuosen wie Jimi Hendrix haben ihr ungeahnte Variationen und Facetten entlockt – man vergleiche nur einmal die Stücke »Hey Joe«, »Message Of Love«, »Machine Gun« oder »Voodoo Chile (Slight Return)« miteinander.

Auch der andere »Gitarrengott« der späten sechziger Jahre, Eric Clapton, bediente sich bei den meisten seiner Solos dieser charakteristischen Tonfolge. Der Song »Sunshine Of Your Love« der nur relativ kurzlebigen Supergroup The Cream – die Poll-Gewinner »bester Schlagzeuger«, »bester Bassist« und »bester Gitarrist«, Ginger Baker, Jack Bruce und Clapton, fanden hier zusammen – basiert prak-

Cream –
DISRAELI GEARS

Copyright 1967
Verlag Unichappell
Music Inc.

Cover-Versionen
Jimi Hendrix
Buddy Miles
Ike and Tina Turner
Frank Zappa
Bobby McFerrin

tisch ausschließlich auf der Bluestonleiter. Das Stück entstammt hauptsächlich der Feder von Jack Bruce und dem Texter Pete Brown und war als Hommage an Jimi Hendrix gedacht. Bruce und Clapton hatten den Ausnahmemusiker im Frühjahr 1967 bei einem seiner spektakulären Auftritte im Londoner Saville Theater gesehen und waren vollends aus dem Häuschen. Nach der Show fiel Bruce spontan der markante Riff ein, der sich bis auf die »Bridge« durch das ganze Stück zieht.

Sehr viel schwieriger gestaltete sich der Text. Bruce und Brown verausgabten sich eine ganze Nacht, ohne dass etwas Vernünftiges herausgekommen wäre. Am Morgen nahm ein erschöpfter und frustrierter Bruce seinen Bass, starrte aus dem Fenster und beschrieb einfach nur, was er fühlte: »It's getting near dawn, when lights close a tired eye.« Fertig war die erste Zeile des neuen Songs. »Es dämmert schon der Morgen herauf, wenn das Licht dein müdes Auge schließt. Ich werde gleich bei dir sein, mein Schatz, wenn die Sterne vom Himmel fallen. Ich habe so lange gewartet, um hierher zu kommen: in das Sonnenlicht deiner Liebe. Ich bin bei dir, wenn das Licht auf dich fällt. Für uns gibt es nur den Morgen und uns beide, und ich bleib bei dir, bis ich mein ganzes Pulver verschossen habe. Denn ich habe schon so lange gewartet, um hierher zu kommen: in das Sonnenlicht deiner Liebe.«

Das Stück gründet harmonisch im Prinzip auf dem Blues-Schema. Nach diesem Muster folgen auf vier Takte Tonika zwei Takte auf der Subdominante, wieder zwei Takte Tonika, ein Takt Dominante, ein Takt Subdominante und zwei Takte Tonika. Bei »Sunshine Of Your Love« ist dieses Schema auf die doppelte Taktzahl erweitert: Es erklingt also zunächst der Gitarren- und Bass-Riff acht Takte lang auf der Basis der Grundharmonie D-Dur, dann wird der Riff vier Takte nach G-Dur transponiert und wandert dann wiederum vier Takte zurück nach D-Dur. Die letzten acht Takte bleibt der Song im Wesentlichen auf A-Dur – jeweils umspielt mit C-Dur und G-Dur – und bildet so eine Art Bridge oder, wenn man anders will, einen Refrain, der dem Stück seinen Titel verleiht: »I've been waiting so long to be where I'm goin', in the sunshine of your love.« Diese Passage stammt von Clapton, deshalb ist er in diesem Bruce-Brown-Song zum einzigen Mal als Co-Autor aufgeführt.

»Sunshine Of Your Love« wurde zum größten Hit der Cream, dabei waren die Verantwortlichen bei der Plattenfirma Atlantic zunächst von dem Titel nicht sehr überzeugt. Glücklicherweise war Booker T. Jones gerade im Studio, als Cream den Titel anspielten. Jones war nicht nur der Chef der Band Booker T. & The MG's, sondern auch einer der gefragtesten Studiomusiker bei Atlantic. Er war von dem Stück begeistert und konnte auch die Atlantic-Bosse überzeugen –

mit dem Ergebnis, dass »Sunshine Of Your Love« nicht nur der bekannteste Song von Cream wurde, sondern einer der erfolgreichsten Single-Hits von Atlantic überhaupt – und eine unumstößliche Hymne für alle Bluesrock-Gitarristen.

»Sunshine Of Your Love« wurde allein von Cream drei Mal eingespielt: Die Studioaufnahme für die Single und für das Album DISRAELI GEARS, dann im März 1968 live im Winterland, eine siebeneinhalb Minuten lange Fassung mit ausgedehnten Gitarrensoli, sowie im Mai desselben Jahres in einer TV-Aufzeichnung für die GLEN CAMPBELL SHOW. Auch nach dem Auseinanderbrechen der Gruppe ein Jahr später blieb der Song ein fester Begleiter der drei Musiker. Sowohl von Ginger Baker als auch von Jack Bruce gibt es spätere Aufnahmen. Vor allem aber Eric Clapton hat den Sonnenschein der Liebe immer wieder besungen und gleich auf mehreren Solo-Live-Alben eingefangen.

Und auch Jimi Hendrix hat sich des ihm gewidmeten Stücks intensiv angenommen. Zwar gab es zu seinen Lebzeiten keine offizielle Studio- oder Live-Aufnahme, aber der Song war fester Bestandteil des Konzertprogramms von Hendrix; außerdem hat der Gitarrist im Studio mit dem Titel experimentiert. So gibt es in der gewaltigen Flut von Platten und CDs, die mit allem möglichen – und oft auch unmöglichen! – Material der Musiklegende bestückt sind, eine ganze Reihe von Scheiben, auf denen sich seine Versionen von »Sunshine Of Your Love« finden.

Natürlich haben sich auch andere Musiker mit dem Erfolgstitel beschäftigt, darunter gewiss nicht nur Bluesrock-Gitarristen und -Gruppen wie Bugs Henderson, Joe Lynn Turner, John Norum, Willie Mitchell, Hate Plow, die Buddy Miles Band oder Fudge Tunnel. Als Bluegrass interpretieren die drei Guitar-Picker Kenny Malone, Mark Thornton und Rob Ickes, sehr Funk-orientiert ist die Version von George Clinton. In die Welt des Jazz strahlt der Liebes-Sonnenschein bei der Pianistin Junko Onishi, dem Gitarristen Richie Zellon, den Trompetern Mac Gollehon und Gerald Wilson und auch bei der unvergessenen Ella Fitzgerald. Die Fifth Dimension interpretieren »Sunshine Of Your Love« mit viel Schwung und Soul, Ike & Tina Turner gehen den Rhythm-&-Blues-Wurzeln auf den Grund, Frank Zappas Fassung ist wie immer intelligent und skurril, noch abgelegener ist die Einspielung des Hampton String Quartet.

Doch die für meinen Geschmack pfiffigste Interpretation stammt von Bobby McFerrin (siehe hierzu auch ⇨»Don't Worry, Be Happy«), der im Alleingang a cappella sämtliche Instrumente einer Rockband mit seiner Stimme imitiert.

Cream
Gründung 1966 • **Auflösung** 1969
Eric Clapton (Eric Patrick Clapp; *30. 3. 1945; Gesang, Gitarre)
Jack Bruce (*14. 5. 1943; Gesang, Bass)
Ginger Baker (*19. 8. 1939; Schlagzeug)
Cream gilt als erste »Supergroup« der Rockgeschichte, zu der sich drei sehr
verschieden ausgeprägte Musiker zusammenschlossen. Ihr Stil basierte auf
schwerem Hardrock und Blues, ihre Konzerte waren geprägt von zum Teil
ausschweifenden Instrumentalsoli, die aber wegen der herausragenden
Qualität der Musiker nie langweilig wurden.
Alben
Fresh Cream (1966) • Disraeli Gears (1967) • Wheels Of Fire (1968)
Goodbye (1969) • Live Cream (1970)
Single-Hits
Sunshine Of Your Love (US 5) • White Room (US 6)

Surfin' U.S.A.
Text und Musik: Chuck Berry & Brian Wilson

Beach Boys –
Surfin' U.S.A.

Copyright 1963
Verlag Music Sales /
Arc Music Corp. BMI

Cover-Versionen
Jan and Dean
Leif Garrett
Blind Guardian
French Frith Kaiser
Thompson

Geschichten gibt's, die gibt's gar nicht – zum Beispiel die des weltberühmten Sounds der Beach Boys. Und das kam so: Brian Wilson war unbestritten der musikalische und kreative Kopf der Gruppe. Allerdings war der Musiker, der scheinbar problemlos in kompliziertesten sechsstimmigen Harmoniegeflechten denken konnte, auf einem Ohr taub. Da er nun nicht nur für die Komposition der meisten Titel der Band zuständig war, sondern auch für die Produktion und Abmischung der Songs, entstand das Problem, dass er keine Stereo-Mixes erstellen konnte. Wilson machte aus der Not eine Tugend und schuf einen besonders kompakten und knalligen Mono-Sound, der speziell in den kleinen Autoradios der damaligen Zeit überaus wirkungsvoll war. Aber auch aus heutiger Sicht muss man diesem Sound eine enorme Ausstrahlungskraft zugestehen. Zwar wurden in der Zwischenzeit die meisten Songs der Beach Boys nachträglich auch stereo abgemischt, doch diese Fassungen sind lange nicht so gut wie die alten Mono-Aufnahmen – eine Beobachtung, die man zum Beispiel auch bei den frühen Stücken der Beatles machen kann.
Mit ihrem ersten Album SURFIN' SAFARI hatten die Beach Boys also einen Sound gefunden, der ganz eigen und unverwechselbar war: eine Mischung aus urbanem Rock'n'Roll, kalifornischer Surfmusik und ausgefeiltem Satzgesang, der im Jazz wurzelt. Mit der zweiten

LP und dem Titelsong »Surfin' U.S.A.« stürmten die kalifornischen Paradesurfer die Hitparaden und wurden zumindest bis 1966 zur wichtigsten künstlerischen Herausforderung ihrer berühmten Kollegen aus Liverpool. Witziges Kuriosum: Von den Beach Boys konnte nur ihr Schlagzeuger Dennis Wilson surfen. Tragische Ironie des Schicksals: Ausgerechnet er ertrank beim Tauchen im Dezember 1983 vor Marina del Rey in Kalifornien.

Das Album SURFIN' U.S.A. wurde innerhalb weniger Tage im Januar 1963 produziert, weil die Plattenfirma im Hinblick auf den Sound der Band an einen eher kurzlebigen Trend glaubte. Die Beach Boys kamen zum Teil überhaupt nicht dazu, ihre Songs zu betexten, dies erklärt die relativ hohe Zahl von vier Instrumentalnummern auf der Platte. Doch auch bei den gesungenen Stücken hat der Text hauptsächlich klangliche Funktionen, von einem Inhalt im eigentlichen Sinn kann oft keine Rede sein.

So auch bei »Surfin' U.S.A.«, wie sich Brian Wilson erinnert: »Am Entstehen von ›Surfin' U.S.A.‹ waren Chuck Berry, Chubby Checker und Jimmy, der Bruder meiner Freundin Judy, maßgeblich beteiligt. Als ich die Melodie hatte, kam mir plötzlich eine Idee: Warum sollten wir nicht einen Text machen, in dem jeder einzelne Surfplatz in den Staaten erwähnt wird? Hier, da, in jener Stadt und in dieser auch – wie in Chubby Checkers ›Twistin' U.S.A.‹. Jimmy war Surfer, also bat ich ihn um eine Liste mit allen Surfspots, die er kannte; und bei Gott, er vergaß keinen einzigen.«[1]

Der besondere Reiz des Stücks liegt dann auch in seinem vitalen Schwung und seiner mitreißenden Fröhlichkeit. Wie »Fun, Fun, Fun« und zahlreiche andere frühe Songs der Beach Boys, vermittelt »Surfin' U.S.A.« Spaß pur: Überall um Amerika herum ist das Meer, und überall wollen die Kids mit ihren Baggys und ihren Huarachi-Sandalen nur surfen. In Del Mar, in Santa Cruz, in Manhattan … Wir warten nicht mehr bis Juni, schon heute holen wir unsere Bretter heraus und gehen auf »Surfari«. Wir pfeifen auf die Schule. Schönen Gruß an den Lehrer, sag ihm, wir sind surfen. In San Onofre, in La Jolla, in Wa'imea Bay … Surfin' U.S.A. – Und immerhin, das »Schwänzen« hat sich gelohnt: Die Surf-Hymne der Beach Boys wurde zum ersten Top-Ten-Hit der noch jungen Band in den Vereinigten Staaten.

»Surfin' U.S.A.« folgt harmonisch haargenau Chuck Berrys »Sweet Little Sixteen«. Als Autor des Songs firmierte zunächst zwar nur Brian Wilson, doch bei der Neuveröffentlichung 1974 wurde auch Berry als Komponist aufgenommen – sei es aus später Reue, sei es aus Furcht vor einem möglichen Plagiatsprozess. Das Stück basiert auf einer sechzehntaktigen Variante des klassischen Rock'n'Roll-Schemas: Zwei Mal wechselt zunächst die Dominante B-Dur in die

Grundtonart E-Dur, in Takt Neun wandert der Song in die vierte Akkordstufe As-Dur, bevor die Strophe über Tonika und Dominante zur Grundtonart führt und mit einer gängigen Kadenz abgeschlossen wird.

Der Song wurde häufig gecovert, am erfolgreichsten von Jan and Dean, einer ebenfalls sehr bekannten Formation der Surf-Song-Szene. Jan Berry und Dean Torrence waren eng mit den Beach Boys befreundet, und die Musiker halfen sich von Zeit zu Zeit gegenseitig im Studio. Und wenn es bei dem stets im Schatten der Beach Boys stehenden Duo zwischendurch nicht so gut lief, schrieb Brian Wilson schon mal einen Song für sie. (Das waren noch andere Zeiten! Man stelle sich als Kontrast die achtziger Jahre vor: Michael Jackson – zum Beispiel mit »Beat It« bereits selbst in den Charts vertreten – hätte etwa »Billie Jean« großzügig an einen seiner Brüder abgetreten, um dessen Solokarriere zu fördern.) Ebenfalls im klassischen Surf-Sound bewegen sich die Versionen der Rincon Surfside Band und der Hot Doggers. Auf Kinder und Teenies schielen dagegen mit musikalisch trivialen Fassungen die Muppets oder auch Aaron Carter. Interessanter sind da schon die Rock'n'Roll-Interpretation von Leif Garrett sowie die Heavy-Metal-Version von den Blind Guardians. Am gelungensten, weil witzig, frech, abgedreht und mit musikalischen Überraschungsmomenten versehen, ist die Fassung der kuriosen Folk-Rock-Avantgarde-Formation French Frith Kaiser Thompson auf ihrem völlig zu Unrecht vergessenen 1987er Album LIVE LOVE LARF & LOAF.

Beach Boys
Gründung 1961
Brian Wilson (*20. 6. 1942; Gesang, Keyboards, Bass)
Carl Wilson (*21. 12. 1946, †8. 2. 1998; Gesang, Gitarre)
Mike Love (*15. 3. 1941; Gesang)
Al Jardine (*3. 9. 1942; Gesang, Gitarre)
Dennis Wilson (*4. 12. 1944, †28. 12. 1983; Gesang, Schlagzeug)
Die **Beach Boys** waren in den sechziger Jahren das künstlerisch wichtigste amerikanische Pendant zu den Beatles. Wie diese revolutionierten sie die Studiotechnik und produzierten zahllose Bestseller.
Alben
Surfin' U.S.A. (1963) • The Beach Boys Today! (1965) • Pet Sounds (1966) Sunflower (1970) • Love You (1977)
Single-Hits
Surfin' U.S.A. (US 3) • I Get Around (GB 7, US 1)
Barbara Ann (D 2, GB 3, US 2) • Sloop John B. (D 1, GB 2, US 3)
Good Vibrations (D 8, GB 1, US 1)

T

Take Me Home, Country Roads
Text und Musik: Bill Danoff, Taffy Nivert & John Denver

John Denver war *der* klassische Vertreter eines nostalgischen und Lagerfeuer-romantischen Country-Rock, der in oft genug realitätsfernen und naiven Songs die Schönheit seiner Heimat Amerika pries. Dass er dabei wenig soziale Reflexion und kaum politisches Engagement in seinen Liedern transportierte, wurde ihm vor allem von Seiten der kritischen Öffentlichkeit in den Staaten übel genommen. Anderen wiederum kam die adrette Erscheinung des Sonnyboys sehr zupass, und so wurde der Sänger vor allem in den siebziger Jahren hauptsächlich in republikanischen Kreisen zum erklärten »Lieblingssohn Amerikas«.

In den Neunzigern wurde es stiller um den Star, er geriet wegen seiner zunehmenden Alkoholprobleme mehrfach mit dem Gesetz in Konflikt. Im Herbst 1997 verunglückte er tödlich – er stürzte mit seinem Kleinflugzeug in der Nähe der kalifornischen Stadt Monterey ins Meer.

Erstmals trat Denver 1969 mit dem Song »Leaving On A Jet Plane« in Erscheinung, den er für Peter, Paul & Mary schrieb und den das Folktrio auf Platz Eins der US-Charts hievte. In rascher Folge veröffentlichte Denver zwischen 1969 und 1971 vier Alben, die allesamt keine allzu große Beachtung fanden, doch seine fünfte LP, POEMS, PRAYERS & PROMISES, brachte für den Künstler auch als Interpreten den endgültigen Durchbruch. Das Album ist eine perfekte Gratwanderung zwischen Countrymusik und Rock und besitzt mit »Sunshine On My Shoulders« und »Take Me Home, Country Roads« die ersten Millionenseller für John Denver. Vor allem letzteres Stück wurde rasch zu einer Hymne für alle, für die die Landstraße zu einem Stück Lebensheimat geworden ist: »Es ist fast wie im Himmel in West Virginia mit seinen Blue Ridge Mountains und dem Shenandoah River. Das Leben dort ist uralt, viel älter als die knorrigen Bäume, aber jünger als die Berge. Ach, ihr Landstraßen, führt mich nach Hause, dorthin, wohin ich gehöre: nach West Virginia. Auf meiner Fahrt höre ich die vertrauten Radiosender und denke, dass ich längst daheim sein sollte. Ach, ihr Landstraßen, führt mich nach Hause, dorthin, wohin ich gehöre: nach West Virginia.«

Wie eine angebetete Frau besingt Denver seine geliebte Heimat in einer prägnanten und eingängigen Melodie, getragen von einem recht schlichten Harmoniegerüst aus den Grundakkorden A-Dur, D-Dur, E-Dur sowie fis-Moll. Nur in einer kurzen Bridge nach Strophe Zwei, bevor der Song mit seinem Refrain endet, moduliert

John Denver –
POEMS, PRAYERS & PROMISES

Copyright 1971
Verlag Cherry Lane Music Co.

Cover-Versionen
Olivia Newton-John
The Osborne Brothers
Toots & The Maytals
Jason And The Scorchers
Ray Charles

das Stück für einen Takt nach G-Dur. Schließlich sind auch der Aufbau und – zumindest im Original – das Arrangement des Songs einfach gestrickt: Nach zwei Strophen, jeweils mit Refrain, folgt die besagte Bridge, nach der das Lied mit zweimaliger Refrainwiederholung ausklingt.

Die Besetzung besteht aus zwei akustischen Gitarren, Denver zupft die Harmonien, die Sologitarre ergänzt unspektakulär, aber sehr wirkungsvoll. Im Hintergrund unterstützt eine Pedal-Steel-Gitarre die Harmonie einfühlsam. Dazu kommen ein auf die geraden Viertel gespielter Bass, ein sehr zurückhaltendes Schlagzeug und dezent eingesetzte Zweit- und Drittstimmen, die lediglich im letzten Refraindurchgang ein wenig aufdringlich werden.

Die nahezu spartanische Schlichtheit ist nötig, um dem sanften und gefälligen Song seine authentische Rauheit zu belassen. Denver selbst hat in späteren Jahren das Stück nicht nur live, sondern auch im Studio neu eingespielt. Dabei hat er mit opulenteren Besetzungsformen experimentiert – leider, möchte man sagen, denn ein Lied wie »Take Me Home, Country Roads« verträgt kaum »Schminke«, um nicht ins trivial Kitschige abzuleiten. Dies gilt auch für die zahlreichen Cover-Versionen des Songs, die aus dem Bereich der Countrymusik stammen, etwa von Lawrence Welk, Olivia Newton-John – sie kam mit ihrer Aufnahme immerhin in die Top Twenty –, den Statler Brothers, Boots Randolph, Charlie McCoy, Lynn Anderson oder John Casey. Mehr authentisches Feeling vermitteln da die durchwegs spröderen Bluegrass-Fassungen, wie etwa von David West oder den Osborne Brothers. Dass es auch ganz anders geht, zeigen Toots & The Maytals sowie die Formation Yellowman, die die Country Roads im fröhlichen Reggae-Rhythmus entlangfahren. Sehr erdig ist dagegen die Blues-Version von Ted Hawkins. Erstaunlich harte Seiten entlockt die Rockband Jason and The Scorchers dem Song, während Altmeister Ray Charles dem Stück seinen ganz eigenen Stempel aus Country, Rhythm & Blues und Swing aufdrückt. Doch für meinen Geschmack übertrifft keine der genannten Interpretationen die schlichte Schönheit der Originalaufnahme aus dem Jahr 1971.

John Denver
Henry John Deutschendorf jr.
Geboren 31. Dezember 1943 in Roswell, New Mexico
Gestorben 12. Oktober 1997
Gesang, Gitarre
John Denver war der Prototyp des kommerziell erfolgreichen Country-Rock-Musikers, der mit seinen romantisch-schwelgerischen Liedern vor allem eher konservative Kreise ansprach.

Alben

Poems, Prayers & Promises (1971) • Rocky Mountain High (1972)
Rocky Mountain Christmas (1975) • Windsong (1975)
Some Days Are Diamonds (1981)

Single-Hits

Take Me Home, Country Roads (US 2) • Sunshine On My Shoulder (US 1)
Annie's Song (GB 1, US 1) • Thank God I'm A Country Boy (US 1)
I'm Sorry (US 1)

Teach Your Children

Text und Musik: Graham Nash

Ende der sechziger Jahre beschlossen die Sänger und Gitarristen Stephen Stills und Neil Young (von Buffalo Springfield) sowie Graham Nash (The Hollies) und David Crosby (The Byrds), gemeinsam Musik zu machen. Der Zusammenschluss führte zu einer Mixtur von Persönlichkeiten, die einerseits seelenverwandt waren, andererseits unterschiedlich, wie sie unterschiedlicher nicht hätten sein können.[1] Zwar strebten die vier Musiker einen gemeinsamen Sound und Stil an, aber »überwiegend blieben sie vier einzelne Sänger-Songwriter, deren geistige Haltungen, Themen und musikalische Mittel zwar hochgradig verwandt miteinander waren, die auch gemeinsam auftraten, die aber als Solisten ihre eigenen Lieder verwalteten. Das konnte gar nicht anders sein. Ging die ›Supergroup‹-Gleichung schon bei Instrumentalstars fast niemals ganz auf, so war sie für Sänger-Persönlichkeiten ganz unlösbar. Allein auf Grund der unterschiedlichen Timbres und Vokalstilistiken. Crosby mit seiner morbiden Weinerlichkeit, Stills mit seiner angriffslustigen Rauheit, die fast schwarz klang, Nashs ungenaue Freundlichkeit – ausgerechnet der Engländer wagte mit ›Teach Your Children‹ einen waschechten Country-Song – oder Youngs Doppelgleisigkeit aus strapaziöser Gitarre und hochgequältem Jammerorgan, das waren verschiedene Welten.«[2] Dies führte dazu, dass nach allem, was man von den Beteiligten hört, die Aufnahme-Sessions teilweise eher psychologischen Encounter-Sitzungen als musikalischen Produktionsverfahren ähnelten, dass aber andererseits das Ergebnis dieser Sessions in außerordentlichem Maße vielschichtig und interessant geriet. Vor allem das Album DÉJÀ VU darf sich zurecht zu den differenziertesten und intelligentesten Platten der Rockmusik überhaupt zählen: mit den musikalischen Polen von Youngs zornigem »Ohio«, Crosbys paranoid überdrehtem »Almost Cut My Hair«, Stills' agitatorischem »Carry

Crosby, Stills, Nash & Young – DÉJÀ VU

Copyright 1970
Verlag Giving Room Music, Inc.

Cover-Versionen
Suzy Bogguss
The Country Gazette
The Hollies
Richie Havens
Fareed Haque

On« und Nashs »Teach Your Children«. Der Einfluss von Crosby, Stills, Nash & Young auf die gesamte Rockmusik kann kaum hoch genug eingestuft werden, auch wenn die Formation immer wieder nur sporadisch und häufig ohne Neil Young zusammenkam. Viele Kritiker vertreten mit guten Gründen die Auffassung, dass dieser Einfluss wohl an den der Beatles oder auch Bob Dylans heranreichen dürfte.

»Teach Your Children« war zwar nicht der größte Hit des Quartetts – es erreichte wie »Woodstock« und »Ohio« vom selben Album »nur« die Top Twenty, während in den späten siebziger und frühen achtziger Jahren der Sprung unter die ersten Zehn gelang –, doch es wurde in kürzester Zeit zu einer der beständigsten Hymnen der Hippie-Szene. Dieser Song, wie im Grunde das gesamte Album, demonstrierte in beeindruckender Weise die Fähigkeit der Band, die Gefühle und die Lebenseinstellung einer ganzen Generation widerzuspiegeln. Das Stück ist eine Behandlung des Generationenkonflikts, der wohl nur selten so grundsätzlich war wie in der Flower-Power-Zeit. »Teach Your Children« plädiert dafür, die Generationen über gegenseitiges Verständnis miteinander zu verbinden und trotzdem beiden Eigenständigkeit zu lassen. Schließlich sind unterschiedliche Sichtweisen durchaus bereichernd: »Ihr, die ihr schon auf eurem Lebensweg ein Stück gegangen seid, lebt doch oft nach einem vorgegebenen Muster. Aber sucht und findet euch doch lieber selbst, denn die Vergangenheit ist unwiederbringlich vorbei. Lehrt eure Kinder Gutes und lasst sie an euren Träumen teilhaben.« Es folgt der Refrain, der sich aus der bisherigen Song-Perspektive an die Eltern richtet: »Fragt nicht, warum sie sind, wie sie sind, das würde euch nur traurig machen. Schaut sie euch an – wenn auch manchmal mit Seufzen – und lasst sie wissen: Ihr liebt sie.« Während der folgenden kurzen Instrumentalpassage dreht sich der Blickwinkel, und der Adressat ist nun die junge Generation: »Und ihr Jungen, ihr kennt nicht die Ängste, mit denen eure Eltern aufgewachsen sind. Helft ihnen mit eurer Jugend, lehrt sie Gutes und lasst sie an euren Träumen teilhaben.« Während dieser Strophe erklingt im Hintergrund in der Zweitstimme ein parallel gesungener abweichender Text, der die Eltern ermahnt, dafür zu sorgen, dass die Jungen auf einen guten Weg gelangen, der von Freiheit, Liebe und Frieden bestimmt ist. Beide Texte fallen beim Wort »*teach*« (your parents well) aus der ersten Stimme wieder zusammen mit dem ähnlich klingenden, zeitgleichen Wort »peace« in der zweiten.

Melodie wie Harmoniestruktur sind fast volksliedhaft einfach und eingängig (Verwendung finden nur die Grundakkorde D-Dur, G-Dur, A-Dur und h-Moll), ebenso das Country-artige Arrangement aus einem dezent schaukelnden Bass (gespielt von Stephen Stills), fröhlich scheppernden Tamburinen (Nash und der Session-Drummer Dalls Taylor) sowie zwei akustischen Gitarren (Nash und Stills). Auffallendste musikalische Elemente sind der perfekte Satzgesang von Nash, Crosby und Stills sowie eine vom Greatful-Dead-Chef Jerry Garcia einfühlsam gespielte Pedal-Steel-Gitarre (Nash merkt im Beiheft zur 4-CD-Werkschau an, dass Garcia auf diesem Instrument erst zwei Wochen vor der Aufnahme zu spielen begann). Neil Young ist auf »Teach Your Children« überhaupt nicht mit von der Partie.

Zusammen mit ihm ist dagegen jene übermütige Live-Fassung, die das Quartett ein Jahr später auf seinem hervorragenden Doppelalbum FOUR WAY STREET veröffentlichte. »Teach Your Children« gehört zu jenen Songs, die zwar an jeder Straßenecke gepfiffen werden, die aber scheinbar nur wenig Raum für abweichende Interpretationen zulassen, denn es gibt von diesem Stück nur sehr wenige Cover-Versionen. Zu nennen wären vor allem die Country-Fassung der Sängerin Suzy Bogguss, die Bluegrass-Interpretationen der Formationen The Country Gazette und The Country Gentlemen. Graham Nash hat seinen Hit Ende der neunziger Jahre mit den kurzzeitig wieder formierten Hollies eingespielt, und Richie Havens verleiht dem Song eine Menge Rhythm & Blues. Die vielleicht spannendste Adaption stammt aus dem Bereich des Jazz: Der Gitarrist Fareed Haque hat im Jahr 1997 mit seiner Band das gesamte Album DÉJÀ VU gecovert, darunter natürlich auch »Teach Your Children«, das gleich drei Mal ertönt: zunächst als Intro des Albums, dann als »normale« Cover-Version und schließlich am Ende der Platte als Reprise.

Crosby, Stills, Nash & Young
Gründung 1969 • **Auflösung** 1971
Danach zahlreiche Wiedervereinigungen in diversen Varianten,
zumeist ohne Neil Young
David Crosby (David van Cortland; *14. 8. 1941; Gesang, Gitarre)
Stephen Stills (*3. 1. 1945; Gesang, Gitarre, Keyboards)
Graham Nash (*2. 2. 1942; Gesang, Gitarre, Keyboards)
Neil Young (*12. 11. 1945; Gesang, Gitarre)
Crosby, Stills, Nash & Young ist eine der ersten Supergroups; mit ihrer intelligenten Mischung aus Folk-, Country-, Rock- und auch Jazz-Elementen ist die Band eine der einflussreichsten Formationen der gesamten Rockmusik.
Alben
Crosby, Stills & Nash (1969) • Déjà Vu (1970) • Four Way Street (1971)
Daylight Again (1982) • Looking Forward (1999)
Single-Hits
Just A Song Before I Go (US 7) • Wasted On The Way (US 9)

That'll Be The Day
Text und Musik: Jerry Allison & Buddy Holly

Buddy Holly & The Crickets –
»That'll Be The Day«
(Single)

Copyright 1957
Verlag MPL
Communications, Inc.
und: Wren Music Co.

Cover-Versionen
Everly Brothers
Linda Ronstadt
Sandy Denny
Cliff Richard
The Beatles

Es gibt Songs, die werden geschrieben, aufgenommen und veröffentlicht, und sie stürmen die Hitparaden (oder auch nicht). »That'll Be The Day«, einer der größten Hits des Rock'n'Roll, dazu durch seine Besetzung stilbildend für eine gesamte Epoche der Rockmusik, gehört nicht zu dieser Kategorie. Es war im Gegenteil eine wahre Odyssee, bis das Stück die Nummer-Eins-Position in den amerikanischen und britischen Charts erreichte.

Im Jahr 1956 erhielt der knapp zwanzigjährige Buddy Holly einen Plattenvertrag von Decca und nahm in deren Nashville-Studio einige Titel im Western-Stil auf, darunter auch den Country-Song »That'll Be The Day«. Die Verantwortlichen von Decca waren von dem Ergebnis allerdings alles andere als begeistert und ließen die Aufnahmen liegen.

Anfang 1957 traf Holly, dessen Gruppe sich nun »The Crickets« nannte, den Produzenten Norman Petty, der in Clovis/New Mexico ein eigenes Studio betrieb. Dort nahm Holly das Stück neu auf, diesmal in einer erheblich härteren und rockigeren Version. Die Erinnerungen an diese denkwürdige Aufnahmesession gehen bei einzelnen Mitwirkenden weit auseinander. So berichtet der kurzfristig eingesprungene Bassist Larry Welborn von einer anstrengenden zwölfstündigen Arbeit, während der die Musiker den Titel wieder und wieder spielten, bis eine absolut perfekte Aufnahme im Kasten war. Der Schlagzeuger Jerry Allison erzählt dagegen: »Wir nahmen ›That'll Be The Day‹ nur als Demo auf, um es nach New York zu schicken und zu sehen, ob ihnen der Sound der Gruppe gefiel – ein Master wollten wir davon nicht machen. Also gingen wir nur rein, bauten auf und spielten es einfach runter. Ich glaube, wir nahmen es zwei Mal auf. Und natürlich alles auf einmal, Stimmen und Instrumente – es war ja Mono. Wir sagten, das reicht für ein Demo. Wir versuchten nicht, es perfekt hinzukriegen, denn wir hätten nie gedacht, dass die Platte rauskommen würde.«[1] Die Wahrheit dürfte wohl in der Mitte liegen. Der perfekte Hintergrundgesang des Rhythmus-Gitarristen Niki Sullivan sowie der eigens für die Aufnahme engagierten Gary und Ramona Tollet sowie June Clark zeugt genauso von einer akribischen Aufnahme wie der gesamte professionelle, kompakte und fehlerfreie Vortrag – gerade auch bei rhythmischen Breaks wie bei 1:48.

Über zahlreiche Umwege gelangte das Band schließlich in die Hände von Bob Thiele, dem Leiter des Country-Labels Coral. Thiele war von dem Song überzeugt, musste sich aber von höherrangigen Verantwortlichen überreden lassen, dass das Stück – wenn überhaupt! – auf dem progressiveren Jazz-Label Brunswick zu erscheinen habe. Die Ironie der ganzen Geschichte: Sowohl Coral als auch Brunswick waren Tochterfirmen von Decca. Gerne kommentierte Holly das Prozedere mit: »Sie warfen uns durch die Vordertür hinaus, und deswegen kamen wir durch die Hintertür wieder herein.«[2] Das Ganze nahm bald absurde Züge an, denn es drohte ein Prozess zwischen Decca und den eigenen Tochtergesellschaften bezüglich der Verlagsrechte an dem Song – Decca besaß ja noch die Optionen an dem Stück aus dem 1956er Vertrag.

Wie dem auch sei, endlich, im Juni 1957, konnte »That'll Be The Day« erscheinen. Zunächst nahm kaum eine Radiostation Notiz von dem Titel, doch als Georgie Woods, einer der wichtigsten DJs in Philadelphia, die Scheibe spielte, wurde das Stück allmählich bekannt. Im September schließlich eroberte »That'll Be The Day« den Spitzenplatz der US-Hitparade und wurde zu einem der stilprägendsten Songs des Rock'n'Roll.

Das Besondere an Hollys Musik ist weniger sein zuweilen eigenwillig glucksender, witziger Schluckauf-Gesang, auch sein gutes Gitarrenspiel hebt ihn nicht besonders aus dem Kreis seiner damaligen Kollegen heraus. Auffallend ist da schon eher der Kontrast zwischen dem Inhalt seiner Songs – oft genug Spiegel reinsten Teenager-Kummers – und ihrer unbekümmerten Interpretation, die durch die Erscheinung des freundlichen, schulbubenartigen jungen Mannes mit dicker Hornbrille verstärkt wird. Vom ruppigen Rockerimage eines Gene Vincent, von der sexuellen Magie eines Elvis Presley oder von der schillernden Selbstinszenierung eines Little Richard war Holly meilenweit entfernt.

Am wichtigsten aber war Hollys Gruppensound, geprägt von einer völlig neuartigen Besetzung: mit zwei Gitarren, dazu dem üblichen Schlagzeug und Bass. Diese Instrumentierung wurde von den allermeisten Beatgruppen übernommen, die in den Sechzigern Furore machen sollten – allen voran von den Beatles und den Rolling Stones. Hollys Besetzung verlieh seinen Songs generell – und »That'll Be The Day« im Besonderen – einen ganz eigentümlich treibenden, dabei auch schaukelnden, schwingenden Charakter. Dagegen liegt die Songstruktur völlig innerhalb des konventionellen Rock'n'Roll: Nach einem kurzen Gitarrenintro erklingen Refrain, Strophe Eins und wieder Refrain. Es folgt ein Instrumentaldurchgang mit Gitarrensolo, dann wieder Refrain, Strophe Zwei und Refrain, schließlich die mehrfache Titelzeilenwiederholung und ein kurzer trockener Gitarren-Schlussriff.

Den Inhalt des mittelschnellen Songs bringen die Refrain-Zeilen auf den Punkt: Der Tag, an dem du mich zum Weinen bringst, weil du mich verlässt, das wird der Tag sein, an dem ich sterbe. Passend zum schlichten Inhalt ist auch das harmonische Material von »That'll Be The Day« überschaubar. Das Stück in A-Dur kommt mit den drei Grundakkorden A-Dur, D-Dur und E-Dur aus, zuweilen werden Sept-Varianten verwendet.

Es ist nicht verwunderlich, dass »That'll Be The Day« mit seiner wachsenden Popularität zahlreiche Fremdversionen im Bereich der Countrymusik und des Rock'n'Roll fand. Zu den Interpreten gehören die Everly Brothers, Linda Ronstadt, Barry Goldberg, Sandy Denny, Pure Prairie League, Link Wray, Waylon Jennings, Bobby Vee oder Cliff Richard. Auch die Beatles waren frühe Fans von Buddy Holly. In Liverpool gab es in Kensington Hausnummer 38 ein kleines Demo-Studio für unbekannte Bands – der so genannte Phillips Sound Recording Service –, und im Frühjahr oder Sommer 1958 nahm die spätere Kultband, damals noch unter dem Namen Quarry Men, ihre erste Platte auf: »That'll Be The Day«. Die 78-er Scheibe galt bei Insidern lange Zeit als eine der größten Raritäten des Pop (Ringo Starr: »Hard to get, and hard to keep, when you've got it.«), bis die Aufnahme 1995 auf THE BEATLES ANTHOLOGY 1 offiziell veröffentlicht wurde.

Buddy Holly
Charles Hardin Holley
Geboren 7. September 1936 in Lubbock, Texas
Gestorben 3. Februar 1959
Gesang, Gitarre
Buddy Holly war trotz seiner nur sehr kurzen Karriere einer der einflussreichsten Musiker des klassischen Rock'n'Roll.
Alben
The Chirping Crickets (1957) • Buddy Holly (1958) • Listen To Me (1958)
Sound Of The Crickets (1958) • Rave On (1958)
Single-Hits
That'll Be The Day (GB 1, US 1) • Peggy Sue (GB 6, US 3) • Rave On (GB 5)
It Doesn't Matter Anymore (GB 1) • Brown-Eyed Handsome Man (GB 3)

The Boxer

Text und Musik: Paul Simon

Das Album BRIDGE OVER TROUBLED WATER von Simon & Garfunkel brachte im Jahr 1970 das Kunststück fertig, vier seiner Songs in den Single-Hitparaden zu platzieren. Neben dem Titelsong waren dies »Cecilia«, »El Condor Pasa« und das nicht erfolgreichste, aber wohl wichtigste Stück der Platte, »The Boxer«. Der letztgenannte Song – für viele der beste, den Paul Simon je geschrieben hat – kam allerdings bereits im April 1969, also rund ein Dreivierteljahr vor dem Album, als Single mit der Rückseite »Baby Driver« heraus und blieb die einzige 1969er Veröffentlichung des Duos, das sich in jener Zeit auf dem Höhepunkt seines Erfolgs befand.

»The Boxer« ist eine hintergründig fein gesponnene Beobachtung dessen, wie inhuman sich die moderne Großstadtgesellschaft dem Einzelnen, zumal Gescheiterten gegenüber verhalten kann. Der Song stellt außerdem eine vernichtende Bestandsaufnahme jenes Teils der amerikanischen Gesellschaft dar, der sich ausschließlich auf die Gewinner des Lebens fixiert und nur wenig Toleranz für weniger Glückliche bereithält. »The Boxer« bietet – vergleichbar mit »America« vom herausragenden Album BOOKENDS – eine Art autobiografischen Rechenschaftsbericht eines solchen Losers, der einfach keinen Boden unter die Füße bekommt: »Ich bin nur ein einfacher Junge, dessen Geschichte kaum einer kennt. Das Auflehnen gegen meine Armut habe ich weggeworfen gegen billige und leere Versprechungen. Alle lügen und treiben ihre Späße, und jeder hört nur das, was er hören will. Als ich mein Elternhaus verlassen habe, war ich fast noch ein Kind. Ich habe mich an Bahnhöfen und anderen heruntergekommenen Orten durchgeschlagen, mit Pennern und Obdachlosen. Obwohl ich nur wenig Lohn wollte, bekam ich nirgends einen Job. Die einzigen, die mich ansprachen, waren die Huren auf der Seventh Avenue, und ich gebe zu: Es gab Zeiten, da war ich so einsam, dass ich mir dort etwas Wärme verschaffte. Ich schlage meinen Mantelkragen hoch und wünsche mir, weit weg zu sein, doch der eisige New Yorker Winter lässt mich nicht nach Hause.« Soweit das offensichtlich ehrliche Selbstbekenntnis des jungen Mannes, bevor sich in der letzten Strophe die Textperspektive unvermittelt dreht. Ein neutraler Betrachter konstatiert nüchtern und distanziert: »Ganz ungeschützt steht da ein Boxer, der nie etwas anderes tun konnte als kämpfen. In seiner Erinnerung hat er jeden Schlag gespeichert, der ihn zu Boden warf oder ihn verletzte. Aus Wut und Scham schreit er verzweifelt: ›Ich werde das alles hier verlassen‹. Aber – er bleibt.«

Simon & Garfunkel –
BRIDGE OVER TROUBLED WATER

Copyright 1968
Verlag Paul Simon
Music

Cover-Versionen
Bob Dylan
Joan Baez
The King's Singers
Thom Rotella
John Zorn

Die Aussichtslosigkeit, sein Schicksal zum Besseren zu wenden, unterstreicht eine zusätzliche Strophe, die Simon erst in den siebziger Jahren dem Song hinzugefügt hat und die auf Live-Aufnahmen wie etwa THE CONCERT IN CENTRAL PARK zu hören ist. In ihr reflektiert der Protagonist des Stücks: »Die Jahre fließen einfach gleichmäßig dahin. Ich war früher jünger, später werde ich älter werden, das ist ganz normal. Allen Wechseln im Leben zum Trotz wird doch alles mehr oder weniger beim Alten bleiben.«

Musikalische Merkmale dieser traurigen Bestandsaufnahme sind zum einen eine gemächlich auf und ab steigende Melodie, zweitens ein schnelles Gitarren-Picking, das die Melodie wunderbar unterstützt und ergänzt, drittens ein zunächst dezentes Arrangement mit Bass und Perkussion. Viertes und vielleicht auffallendstes Signum ist eine Art Refrain, erstmals zu hören ab 1:01, in dem die Melodie aus ihrer sanften Lethargie erwacht und forsch und fordernd wird. Der Refrain hat keinen Text, sondern besteht aus den Trällersilben »Lie-la-lie«. Unterstützt wird das Ganze durch eine deutliche Verdichtung der Atmosphäre, hervorgerufen durch mächtige und lang hallende Schläge auf den Drums – hierfür ließ sich der Produzent Roy Halee ganz spezielle Studio-Klangeffekte einfallen. Diese Schläge symbolisieren das abweisende Zuschlagen der Türen, an denen sich der Sänger etwa nach Arbeit erkundigt.

Von 1:45 bis 2:10 erklingt ein Instrumentalteil, ein Flötensolo, das aus der Feder von Art Garfunkel stammt. In einem Interview 1990 darauf angesprochen, ob er sich nicht ärgere, nicht als Co-Autor des Songs aufgeführt zu sein – George Harrison zum Beispiel hatte sich einmal bitter darüber beklagt, dass viele seiner Ideen gleichsam en passant in Lennon-McCartney-Stücke geflossen seien –, antwortete Garfunkel: »Das passiert doch immer wieder, dass einer mal ein paar Zeilen oder einige Ideen beisteuert. Ich habe nie dafür Co-Autorenschaft beansprucht, denn meine Beiträge machten nur zwei Prozent aus. Ich wundere mich, dass Harrison sich hier beklagt hat, denn es geht doch immer darum, wessen Song es im *Wesentlichen* ist. Klar habe ich immer etwas beigetragen, aber im Grunde waren es doch die Stücke von Paul.«[1]

Zurück zu »The Boxer«: Nach den letzten beiden Strophen erklingt ab 3:17 der immer und immer wiederholte Refrain, der sich in ein klangliches Furioso steigert, unterstützt von einem bombastischen Sinfonie-Orchester. Dabei bleibt dieses Orchester – vergleichbar dem besten Stil eines George Martin – stets im Dienste des Songs, während ein in etwa ähnlich besetztes Großensemble zum Beispiel den Song »Bridge Over Troubled Water« stellenweise fast erschlägt. Bei 4:40 verstummt aller Bombast, und das Stück plätschert im lockeren Gitarren-Picking seinem Ende entgegen.

Die Harmonisierung ist konventionell, sie beschränkt sich auf die Grundakkorde C-Dur, F-Dur und G-Dur sowie deren Parallelen a-Moll, d-Moll und e-Moll. Der Song ist also in C-Dur notiert, klingt aber auf der Platte einen Halbton tiefer. Vermutlich wurde »The Boxer« in der Tat in C-Dur eingespielt, dann aber, um die wuchtigen Schläge des Refrains noch wirkungsvoller erscheinen zu lassen, im Nachhinein etwas verlangsamt. (Bei manchen Live-Aufnahmen erklingt das Stück in Cis-Dur, also in C-Dur mit dem Kapodaster auf dem ersten Gitarrenbund gespielt.)

Sehr eng mit dem Song »The Boxer« ist auch Bob Dylans verbunden. Immer wieder wurde spekuliert, ob sich Paul Simon in die Figur des Boxers die Ikone der amerikanischen Folkrock-Musik imaginiert hat. Er selbst hat dies nie bestätigt. Auch Interpretationen, dass sich das »lie« (amerikanisch »Lüge«) auf das Pseudonym »Dylan« bezöge (dieser heißt ja eigentlich Robert Zimmerman), wurde von Simon als Blödsinn abgetan: »Ich habe nie an so etwas gedacht. Im Ernst: Für mich bedeutete die ›lie-la-lie‹-Passage immer ein wenig eigenes Versagen beim Song-Schreiben. Ich fand einfach keine Worte. Ich weiß, dass viele Menschen den Song genau wegen dieser Stelle mögen, aber ich schäme mich dafür immer ein bisschen, wenn ich ›The Boxer‹ singe.«[2]

Doch auch abseits solcher Spekulationen bleibt »The Boxer« mit dem Namen Bob Dylan verbunden, spielte dieser doch das Stück in einer sehr ungewöhnlichen Fassung für sein 1970er Doppelalbum SELFPORTRAIT ein: Das Markenzeichen des jungen Dylan war – neben seinen großartigen Texten natürlich – seine raue und sehr ungeschliffene Stimme, die oft nicht mehr als Sprechgesang lieferte. Im Jahr 1966 erlitt der Künstler einen schweren Motorradunfall, der ihn fast das Leben gekostet hätte und von dem er sich nur langsam erholte. Dylan zog sich für eine Weile aus dem Musikgeschäft zurück, ging in eine Art innere Emigration und bastelte an seiner Stimme. Das Ergebnis war ein höherer, künstlicher und für viele etwas »knödeliger« Gesang, zu hören besonders auf den Alben NASHVILLE SKYLINE und eben SELFPORTRAIT. Bei seiner Fassung von »The Boxer« sang er mit sich selber im Overdub-Verfahren im Duett, wobei er seine »alte« und seine »neue« Stimme einfach übereinander legte. Auf der Basis einer einfachen Country-Begleitung entstand so ein irisierendes Gesangskaleidoskop, nicht gerade schön – Dylan machte sich wie so oft nicht einmal die Mühe, Fehler zu korrigieren –, aber doch auf sehr eigentümliche Weise anziehend und faszinierend. Paul Simon, auf seine Erinnerung angesprochen, als er zum ersten Mal Dylans Version hörte, sagte: »Ich fand seine Fassung schrecklich, aber ich war stolz, dass er ein Lied von mir aufgenommen hat.«

Natürlich hat »The Boxer« auch weitere Cover-Versionen angeregt, vornehmlich im Folkrock-Bereich: zum Beispiel von Joan Baez, Emmylou Harris oder den King's Singers. Doch keine dieser Aufnahmen entwickelt die Kraft, die die Originalaufnahme von Simon & Garfunkel so unwiderstehlich macht und sie immerhin auf die Chartplätze Sechs (in Großbritannien) bzw. Sieben (in den USA) katapultierte. Deshalb sind vielleicht zwei Einspielungen am interessantesten, die sich sehr weit von der Vorlage entfernen: jene des Jazz-Gitarristen Thom Rotella, der Paul Simon 1993 ein gesamtes Tribute-Album widmete, und jene des Altsaxofonisten John Zorn, der die gefällige Melodie des Songs mit Avantgarde-Jazz verbindet.

Paul Simon
Paul Frederic Simon
Geboren 13. Oktober 1941 in Newark, New Jersey
Gesang, Gitarre
Art Garfunkel
Arthur Garfunkel
Geboren 5. November 1941 in Forest Hills, New York
Gesang
Simon & Garfunkel war das erfolgreichste Folkrock-Gesangsduo in den sechziger Jahren, ihre Musik verband ansprechende und eingängige Melodien mit teilweise sehr persönlichen Texten.
Alben
Wednesday Morning 3 A.M. (1964) • Sounds Of Silence (1966)
Parsley, Sage, Rosemary And Thyme (1966) • Bookends (1968)
Bridge Over Troubled Water (1970)
Single-Hits
The Sound Of Silence (D 9, US 1) • Mrs. Robinson (GB 4, US 1)
Bridge Over Troubled Water (D 3, GB 1, US 1) • Cecilia (D 2, US 4)
El Condor Pasa (D 1)

The Breaks

Text und Musik: Kurtis Blow

Kurtis Blow –
»The Breaks« (Single)

Copyright 1980

Kurtis Blow entstammt der Szene des Harlemer Kult-DJs und Rapper-Gurus Grandmaster Flash, emanzipierte sich jedoch bald und war der Erste, der Rap so »sauber« und perfekt produzierte, dass die Musik hitparadentauglich wurde. Mit seiner Maxi-Single »The Breaks« gelang es ihm als erstem Rapper, die magische Grenze von einer Million verkaufter Exemplare zu durchbrechen. Das RORORO

ROCK-LEXIKON fasst die Gründe für seinen Erfolg folgendermaßen zusammen: »Sein rhythmischer Sprechgesang hatte die Schlagfertigkeit und jugendliche Aufschneiderei authentischer Ghetto-Reports vom ethnischen Leben zwischen Fürsorgebehörde, Gefängnis und Spielhölle, ließ aber gleichzeitig einen distanzierten urbanen Witz hören, der die flotten Sprüche auch für Weiße und wohlhabende Schwarze außerhalb der Problemzonen städtischen Lebens amüsant machte. Im sauber prononcierten Sprech-Singsang, ›der wegen der sorgfältigen Betonung etwas aufgeblasen wirkt, aber nie zur Karikatur wird‹, stilisierte sich Kurtis Blow zum Magier aller Disco-Feten.«[1]

Das Stück »The Breaks« ist ein ironisches Klagelied über die Fallstricke, die das großstädtische Leben für einen jungen Mann so bereithält. Das Ganze ist aufgezogen an zahlreichen Wortspielen, die sich um die amerikanische Vokabel »break« bzw. um das genauso ausgesprochene »brake« ranken, und die sich in einer anderen Sprache so gut wie nicht wiedergeben lassen. Während »brake« als Fahrzeug- oder Flugzeugbremse noch recht klar eingrenzbar ist, steht »break« für einen wahren Fächer von Bedeutungen. Allein als Substantiv kann der Begriff eingesetzt werden für so unterschiedliche Dinge wie Bruch, Spalte, Riss, Sprung oder Lücke, aber auch für Unterbrechung, Pause, Ferien, für einen Abbruch oder einen Schlussstrich unter eine Sache genauso wie für eine Chance oder Gelegenheit. Vollends verwirrend wird es, wenn »break« bzw. »breaks« dazu noch als Verb mit seinen vielen Nebenbedeutungen eingesetzt wird.

»Hey Leute, klatscht alle mit. Ich bin Kurtis Blow, und ich erzähl euch was über die breaks. Brakes gibt's im Bus und im Auto, breaks machen dich zum Star, zum Sieger oder Verlierer. Und manchmal kippen sie dich aus den Schuhen; ja, ja, so sind die breaks. Wenn deine Alte mit einem anderen Typen durchbrennt, wenn sie dich im Chat anmachen, wenn du nicht erklären kannst, warum du der Katze den Kragen umgedreht hast, wenn dir die Telefon-Mama eine Rechnung über achtzehn Gespräche nach Brasilien schickt, wenn du dir vom falschen Typen Geld geliehen hast oder wenn du deinen Job verlierst – ja, das alles sind die breaks. Break down and break it up! Hey, Mädchen in Brown, geh nicht downtown! Hey, Typ in Blue, was machst'n du? Hey, Girl in Grau, sei nicht so flau! Hey, roter Knabe, glaub der Message, die ich habe! Break down! Brakes gibt's in Flugzeugen und Zügen, breaks gibt's in der Liebe und im Krieg, manchmal wirst du darüber krank, ein andermal knallt's dich einfach nur auf die Schnauze, aber so sind sie halt, die breaks. Wenn du glaubst, du triffst den perfekten Typen, der dir die Sterne vom Himmel verspricht oder der dir sein Auto verkauft und dir erklärt, dass der Cadillac aus Gold besteht, aber verschweigt, dass die Karre schon uralt ist, wenn er dich zum Essen einlädt, aber keine Kohle dabei hat, so dass du zahlen musst, wenn er dir mit seinen Lebensgeschichten die Ohren voll sülzt, aber nichts von seiner scharfen Lady erzählt, tja, das sind die breaks.«

Musikalisch setzt sich der Song im Wesentlichen aus fünf Bestandteilen zusammen: erstens einer funkigen E-Gitarre, die im hohen Lagenbereich einen e-Moll-Akkord anschlägt und diesen zuweilen leicht variierend umspielt; zweitens einem dichten Rhythmusgeflecht aus Drum-Maschine, Klatschen und unterschiedlicher Perkussion; drittens einem rhythmisch geschlagenen Bass, der häufig den Grundton e mit dem Lauf e–g–a–(b)–h auflockert; viertens diversen Hintergrundstimmen, die zumeist nur »that's the breaks« skandieren; und fünftens natürlich aus Blows Solostimme, die in geradezu aufreizender Lässigkeit den frech-fröhlichen Text herunterspult.

Was zum Thema Cover-Versionen und Auslegung des Urheberrechts im Eintrag zu ⇨»Move Your Body« über die House Music gesagt wurde, gilt im Grunde auch für den Rap. Jede neue Einspielung ist einerseits eine Cover-Version, weil sie die Idee eines bereits bestehenden Werks aufgreift. Sie ist zugleich aber auch im gewissen Sinn eine Neukomposition, weil die Kreativität hauptsächlich in der konkreten Performance zu finden ist, während die musikalischen Elemente in der Regel lediglich aus stereotypen Soundclustern bestehen, die sich urheberrechtlich kaum schützen lassen. Dennoch seien einige Interpreten mit ihren »breaks« wenigstens erwähnt: Old School Rap, Jim Rome, Rockit, Nadanuf oder Buck Hill. Keinesfalls sollte man allerdings Kurtis Blows Titel mit dem gleichnamigen Stück von Lester Young verwechseln, das im Jazz der vierziger Jahre eine Reihe von Einspielungen erlebte.

Kurtis Blow
Geboren 9. August 1959 in New York
Gesang, Keyboards
Kurtis Blow ist einer der Pioniere des Rap und des Hip-Hop.
Alben
The Breaks (1980) • Kurtis Blow (1980) • Deuce (1981) • Ego Trip (1984) America (1985)
Single-Hit
The Breaks (US 4)

The Night They Drove Old Dixie Down

Text und Musik: J. Robbie Robertson

Wenn sich Rockmusik mit dem Thema Krieg beschäftigt, dann tut sie dies in der Regel anhand aktueller Auseinandersetzungen. So stand etwa das legendäre Woodstock-Festival ganz unter dem Zeichen des damals tobenden Vietnamkriegs. Umso bemerkenswerter ist es, dass The Band mit »The Night They Drove Old Dixie Down« das Szenario des Sezessionskriegs, also des amerikanischen Bürgerkriegs 1861 bis 1865 hervorholt.

Drei Sätze Geschichtsunterricht: In der Mitte des 19. Jahrhunderts entzündeten sich die seit langem bestehenden Konflikte zwischen dem Norden und dem Süden der USA an der Frage der Befürwortung oder Ablehnung der Sklaverei. Als der Sklaverei-feindliche Abraham Lincoln zum amerikanischen Präsidenten gewählt wurde, lösten sich elf Südstaaten aus der Staatenvereinigung, gaben sich eine eigene Verfassung und wählten einen eigenen Präsidenten. Dies führte zu einem Bürgerkrieg, der im Jahr 1865 mit dem Sieg des Nordens und der Wiedereingliederung der Südstaaten in die Vereinigten Staaten von Amerika endete.

Das Ende des Kriegs beschreibt »The Night They Drove Old Dixie Down«, und zwar aus der Sicht eines Südstaatlers, was allein schon deshalb erstaunlich ist, weil sein Autor Robbie Robertson aus Kanada stammt. Doch das soll nicht das einzige Kuriosum des Songs bleiben. Auf den ersten Blick erzählt der Protagonist von der Niederlage und vom Tod seines Bruders. Seine Worte sind scheinbar klar und einfach, erst bei genauer Lektüre stellt man fest, dass der Text voller bewusst gesetzter Widersprüche ist. Eine solche Ambivalenz ist das Markenzeichen der großen und bedeutenden Songs der Band und tritt am deutlichsten bei »The Weight« in Erscheinung: Dieses Stück, das nur so lange verständlich ist, wie man es nicht erklären muss – denn dann zerrinnt einem der Text zwischen den Fingern –, ist das wohl authentischste Porträt des beunruhigten, suchenden »kleinen Mannes« in Amerika. In einem ähnlichen Kontext muss auch »The Night They Drove Old Dixie Down« gesehen werden.

Das »Ich« des Songs stellt sich in der ersten Strophe vor: Virgil Caine. Er diente auf dem »Danville Train«, einer strategisch wichtigen Zugverbindung innerhalb der Südstaaten, bis ein gewisser General Stoneman die Gleise zerstörte – im Winter '65 war es schwer zu überleben. Am 10. Mai schließlich fiel Richmond, die Hauptstadt Virginias. Unser Held ist in Strophe Zwei zurück bei seiner Frau in Tennessee. Allein der flüchtige Anblick des berühmten Südstaaten-

The Band –
THE BAND

Joan Baez –
BLESSED ARE

Copyright 1969
Verlag Canaan Music, Inc.

Cover-Versionen
Juliane Werding
Richie Havens
Jerry Garcia
Johnny Cash
Tanya Tucker

Generals Robert E. Lee versetzt ihn in Aufregung und weckt Erinnerungen an das Wichtigste, das er im Krieg verloren hat.

In Strophe Drei erfahren wir über den so herben Verlust: Der achtzehnjährige Bruder von Virgil Caine ist im Krieg umgekommen, und Virgil schwört, »ein gefallener Caine steht nie mehr auf«. Doch er schwört nicht bei seiner Seele oder seinem Herzen, auch nicht bei seinem »blood«, wie viele im Song zu hören glauben, sondern er schwört bei dem Schlamm des Schlachtfeldes, beim »mud«. Und zwischen den Strophen immer wieder der Refrain: In der Nacht, in der sie »Old Dixie« – gemeint sind damit die Südstaaten – fertig gemacht haben, da haben die Glocken geläutet und die Menschen ein trauriges Lied gesungen.

Beim genaueren Betrachten des Songs fällt auf, dass zwei der drei im Song erwähnten Fakten – der Fall von Richmond und Robert E. Lees Besuch in Tennessee – historisch schlichtweg falsch sind. Nun ist ein Rockmusiker nicht unbedingt zugleich Geschichtsprofessor, dennoch muss man davon ausgehen, dass Robertson die Fehler nicht aus Versehen gemacht hat, denn er arbeitete insgesamt über einen Zeitraum von acht Monaten an dem Text und beschäftigte sich dabei eingehend mit dem amerikanischen Bürgerkrieg. Es ist also nicht vorstellbar, dass er nicht wusste, dass Richmond bereits am 2. April fiel, einem ganz wichtigen Datum des Sezessionskriegs. Auch war Robert E. Lee nach dem Bürgerkrieg nie mehr in Tennessee, wie der Lead-Sänger, Levon Helm, freimütig gesteht.

Die in meinen Augen plausibelste Begründung für die Fehler ist, dass Robertson ganz bewusst zeigen wollte: Es geht nicht nur um den Sezessionskrieg, das Stück dreht sich eher ganz allgemein um den Menschen im Krieg. Greil Marcus formuliert es so: »Ich kann mir kaum vorstellen, dass jemand aus dem Norden, der mit einem Krieg aufgewachsen ist, der sich grundlegend von dem des Virgil Caine unterscheidet, diesen Song hören könnte, ohne dadurch verändert zu werden. Man kann sich der Wahrheit des Sängers schwerlich entziehen.«[1]

»The Night They Drove Old Dixie Down« war zunächst nur ein Stück ohne Worte, erst nach und nach füllte sich eine der markantesten Melodien der Rockmusik mit Inhalt. Das Stück in a-Moll basiert harmonisch im Wesentlichen auf den Akkorden a-Moll und d-Moll sowie auf deren Dur-Parallelen C-Dur und F-Dur – Letzterer häufig auch als großer Sept-Akkord, also mit einem zusätzlichen e. Nur im Refrain wechselt die Harmonie einen Takt lang in eine Variante des G-Dur-Akkordes. Rhythmisch stockt der Song an einigen Stellen: So ist Takt Fünf der jeweils sechzehntaktigen Strophe ein Fünf-Viertel-Takt, während das Stück sich ansonsten behäbig in vier Vierteln dahinschleppt. Vor allem aber hat der Refrain nur fünfzehn Takte, was den akustischen Eindruck einer plötzlich gezogenen Handbremse erweckt, die »The Night They Drove Old Dixie Down« vor jeder Strophe gleichsam zum Stehen bringt.

»The Night They Drove Old Dixie Down« ist einer der ganz großen Songs der Band, einer Gruppe, die als die vielleicht typischste amerikanische Formation gilt, zugleich war es neben »The Weight« und »Stage Fright« die zentrale Live-Nummer der Band. Dementsprechend gibt es eine ganze Reihe von Aufnahmen, 1969 vom Woodstock-Festival, 1972 auf dem Album ROCK OF AGES, 1974 auf dem gemeinsamen Dylan-&-The-Band-Album BEFORE THE FLOOD sowie schließlich auf dem Abschiedsalbum THE LAST WALTZ – eine Aufnahme, die vielleicht auf Grund des besonders zornigen Gesangs von Levon Helm die mitreißendste ist.

Kommerziell viel erfolgreicher aber als die Band war die Folksängerin Joan Baez, die »The Night They Drove Old Dixie Down« in einer geglätteten Country-Version 1971 in den USA und in Großbritannien in die Top Ten der Charts führte. Dabei ergänzte sie nicht nur den fehlenden sechzehnten Takt des Refrains, sondern nahm auch einige Textveränderungen vor, die im Grunde unverständlich sind, da sie der gesamten Intention des Originalsongs zuwiderlaufen. Zum einen korrigierte sie die beiden erwähnten Fehler: Aus »By May the 10th, Richmond had fell« macht sie »I took the train, Richmond had fell«; in »there goes Robert E. Lee« – was den General in persona bezeichnet – fügt sie ein nur scheinbar unschuldiges »there goes ›The Robert E. Lee‹« ein, was den General nun in ein Mississippi-Dampfschiff dieses Namens verwandelt. Aber auch sonst sind die Eingriffe fast Textschändung: Virgil Caine dient nicht mehr auf dem Danville Train, sondern reist nur damit; aus »Stoneman's cavalry« wird »so much cavalry«; bei Baez ist es nicht der gefallene Bruder, der den »rebel stand« einnimmt, sondern Virgil. Dieser schwört in ihrer Fassung auch nicht bei dem Schlamm zu seinen Füßen, sondern mannhaft bei seinem Blut, und schließlich macht sie aus »a Caine«, der nicht mehr aufstehen kann, »the Caines«. Es scheint fast, als hätte sich die Grande Dame des Folk von einem wunderbaren Song bezaubern lassen, ohne ihn richtig zu verstehen.

Verglichen damit ist es viel konsequenter, das Stück gleich völlig neu und mit einem ganz anderen Inhalt zu betexten, wie dies die deutsche Fassung von Juliane Werding tat, die damit als Fünfzehnjährige Platz Eins der deutschen Charts eroberte und eine lange Schlagerkarriere begründete. Hans-Ulrich Weigel schrieb den Text, der den Song ins Drogenmilieu umpflanzt und vom Tod eines Süchtigen erzählt: »Am Tag, als Conny Kramer starb«.

Es gibt eine Reihe weiterer Cover-Versionen von »The Night They Drove Old Dixie Down«. Sie sind bis auf die Soul-Interpretation von

Richie Havens alle im Bereich zwischen der recht harten Original-Version und der sehr weichgespülten Country-Fassung angesiedelt. Am hörenswertesten sind die Einspielungen von Jerry Garcia, John Denver, Johnny Cash und Tanya Tucker.

The Band

Gründung 1967 • **Auflösung** 1976

Jaime »Robbie« Robertson (*5. 7. 1944; Gesang, Gitarre)
Richard Manuel (*3. 4. 1945, †6. 3. 1986; Gesang, Keyboards)
Garth Hudson (*2. 8. 1943; Gesang, Keyboards)
Rick Danko (*9. 12. 1943; Gesang, Bass)
Levon Helm (*26. 5. 1940; Gesang, Schlagzeug)

The Band gilt als eine der authentischsten Gruppen Amerikas. In ihrem ganz eigentümlichen und ungekünstelten Stil verbinden sich Elemente aus Folk, Country und Rock 'n' Roll.

Alben

Music From Big Pink (1968) • The Band (1969) • Stage Fright (1970)
Rock Of Ages (1972) • The Last Waltz (1978)

Joan Baez

Geboren 9. Januar 1941 auf Staten Island, New York

Gesang, Gitarre

Joan Baez ist die Grande Dame der Folk- und Protestbewegung. Vor allem in den siebziger Jahren wandte sie sich auch rockigeren Formen der Musik zu.

Alben

Joan Baez (1960) • Noël (1966) • Blessed Are (1971)
Diamonds And Rust (1975) • Recently (1988)

Single-Hits

There But For Fortune (GB 8)
The Night They Drove Old Dixie Down (GB 6, US 3)

The Sound Of Silence

Text und Musik: Paul Simon

Die New Yorker Paul Simon und Art Garfunkel debütierten im Spätherbst des Jahres 1964 mit dem Folkalbum WEDNESDAY MORNING 3 A.M. Beide Musiker befanden sich am Beginn ihrer Karriere jedoch gewissermaßen auf dem Abstellgleis, denn zur gleichen Zeit war Bob Dylan dabei, die gesamte Folkszene auf Rockmusik umzupolen (siehe hierzu auch ⇨»Like A Rolling Stone«). Verglichen damit schien das Duo mit Songs wie »Last Night I Had The Strangest Dream«, »Sparrow« oder »Go Tell It To The Mountain« geradezu rückwärts gewandt und veraltet, und entsprechend ging das Album sang- und klanglos unter. Mit ihm wäre dann auch beinahe eine der markantesten Melodien der Popmusik in der Versenkung verschwunden: »The Sound Of Silence«, laut dem NEW YORK TIMES MAGAZINE die »Hymne einer ganzen Generation«. Doch der Columbia-Produzent Tom Wilson – er arbeitete mehrfach auch mit Dylan zusammen – war von der Qualität des Songs überzeugt und motzte das Stück Ende 1965 mit Bass, Schlagzeug und E-Gitarre auf, und prompt stürmte die Nummer auf Platz Eins der US-Charts.

Der Musikjournalist Stephen Holden rezensierte das Stück im ROLLING STONE im Jahr 1972 so: »Wenn man sich den Song heute anhört, merkt man erst, wie gut er ist. Er ist genauso kraftvoll und provokativ wie Dylans ⇨›Mr. Tambourine Man‹, dem ich in jenen Tagen den Vorzug gab. ›The Sound Of Silence‹ besitzt eine starke Melodie, einfache Harmonien und vor allem einen ergreifenden Text – eine wunderschöne Sprachwelt eines talentierten jungen Poeten, die wie ein Traum an einem vorüberzieht.«[1] Das Stück handelt von der Einsamkeit vieler Stadtmenschen, von der Kontaktlosigkeit, die das Zeitalter der Massenmedien mit sich führt.

»Hallo, Dunkelheit, alter Kumpel, ich muss mal wieder mit dir reden. Eine Vision hat sich in meinem Kopf festgesetzt, die Vision vom Klang der Stille. In ruhelosen Träumen führte mich der Weg auf das Kopfsteinpflaster enger Gassen, und als ich im Licht einer Straßenlaterne den Mantelkragen hochschlug, blendete mich ein Neonblitz, der die Nacht teilte und den Klang der Stille berührte. In diesem Licht sah ich die Abertausenden von Menschen, die redeten, ohne miteinander zu sprechen, die hörten, ohne zuzuhören, und die Lieder schrieben, die keine Stimme singen konnte. Und keiner verletzte den Klang der Stille. ›Ihr Narren‹, schrie ich, ›wisst ihr nicht, dass die Stille wie ein Krebsgeschwür wächst? Nehmt meine Worte und meine Arme.‹ Aber was ich sprach, verschwand wie Regentropfen im Brunnen der Stille. Doch die Leute hörten nicht auf, ihren Neon-

Simon & Garfunkel –
WEDNESDAY MORNING
3 A.M.

Simon & Garfunkel –
SOUNDS OF SILENCE

Copyright 1964
Verlag Eclectic Music
Co.

Cover-Versionen
Negative Space
Peaches & Herb
Chet Atkins
King's Singers
Barney Kessel

Gott anzubeten, und das Licht bildete wie zur Warnung ein Zeichen, das besagte: ›Die Worte der Propheten sind an U-Bahn-Wände und an Mietskasernen geschrieben‹, und sie werden geflüstert in den Klang der Stille.«

Bei dieser Bilderwelt fühlt man sich unweigerlich an die Greenwich-Village-Szene und deren Protagonisten Bob Dylan erinnert, wie auch Paul Simon Anfang der neunziger Jahre freimütig einräumte: »Ich habe lange überlegt, ob es irgendjemand außer Bob Dylan gab, der mich beeinflusst haben könnte, aber ich kann es mir nicht so recht vorstellen. Es war vielleicht nicht Dylan ganz unmittelbar, sondern die ganze Folkszene in Bleecker und Macdougal [Straßen in Manhattans Greenwich Village]. Aber Dylan war hier eine derart dominante Kraft, dass alles letztlich auf ihn hinauslief. Trotzdem bin ich sicher, dass auch auf ihn die dortige Straßenszene ihre Wirkung hatte.«[2]

Eine ruhig auf- und absteigende Melodie unterstützt den träumerisch melancholischen Text, dabei werden mühelos eineinhalb Oktaven überwunden. Die Harmonisierung ist denkbar einfach und kommt mit dem Grundakkord dis-Moll sowie den dazugehörigen Dur-Parallelen Fis-Dur, H-Dur und Cis-Dur aus. (Paul Simon spielt das Stück auf der Gitarre in d-Moll mit einem Kapodaster auf dem ersten Bund.) Auch die Songstruktur ist konventionell: Die fünf jeweils sechzehn Takte umfassenden Strophen folgen einander ohne instrumentale Zwischenspiele oder sonstige Überleitungen. Eine metrische Unebenheit schiebt das Stück allerdings unaufhörlich an, denn der Vier-Viertel-Takt wird jeweils in Takt Neun und Vierzehn zugunsten eines Zwei-Viertel-Taktes unterbrochen. So entsteht ein bedeutsamer Drive, der den Song permanent in Spannung hält. Dies fällt vor allem bei der »elektrischen« Single-Fassung auf, die ohne weiteres Zutun (aber bei dem Erfolg freilich zur großen Freude) von Paul Simon oder Art Garfunkel entstand – Ersterer tourte gerade durch diverse Folk-Pubs in Europa, Letzterer besuchte die Columbia-Universität. Es war Tom Wilson, der das Original-Band der Folk-Version nahm und die zusätzlichen Instrumente einfach hinzufügte. Bei genauem Hinhören kann man verfolgen, wie die Studiomusiker Mühe haben, den minimalen Temposchwankungen der Originalaufnahme zu folgen. Dennoch ist die Einspielung sehr gelungen und darf getrost als beste Fassung des Songs bezeichnet werden.

Daran ändern auch die zahlreichen Cover-Versionen nichts, die das Stück erlebt hat. In den Plattenkatalogen kann man zunächst eine Menge Easy-Listening-Fassungen finden – von romantischen Streichern, Saxofonen und Panflöten über Schlager-Versionen und Interpretationen von Pop- und Sinfonieorchestern. Ambitionierter sind da schon die rockigeren Fassungen etwa der Bachelors, der Coolies oder der Band Negative Space. Dagegen hat sich die Aufnahme der kalifornischen Comedy-Punk-Band The Dickies den zweifelhaften Ruf der hässlichsten Version »erarbeitet«. Als Reggae erklingt der Klang der Stille bei Honeyboy, soulig interpretiert das Duo Peaches & Herb den Song. Chet Atkins präsentiert »The Sound Of Silence« im Country-Kleid, die King's Singers stellen den Song a cappella vor. Hörenswert sind auch einige Jazz-Adaptionen, so zum Beispiel von dem Pianisten und Komponisten Leonard Feather, von dem Gitarristen Barney Kessel oder von der Sängerin Carmen McRae.

Paul Simon

Paul Frederic Simon

Geboren 13. Oktober 1941 in Newark, New Jersey

Gesang, Gitarre

Art Garfunkel

Arthur Garfunkel

Geboren 5. November 1941 in Forest Hills, New York

Gesang

Simon & Garfunkel war das erfolgreichste Folkrock-Gesangsduo in den sechziger Jahren, ihre Musik verband ansprechende und eingängige Melodien mit teilweise sehr persönlichen Texten.

Alben

Wednesday Morning 3 A.M. (1964) • Sounds Of Silence (1966)

Parsley, Sage, Rosemary And Thyme (1966) • Bookends (1968)

Bridge Over Troubled Water (1970)

Single-Hits

The Sound Of Silence (D 9, US 1) • Mrs. Robinson (GB 4, US 1)

Bridge Over Troubled Water (D 3, GB 1, US 1) • Cecilia (D 2, US 4)

El Condor Pasa (D 1)

The Star Spangled Banner

Musik: Traditional, arrangiert von Jimi Hendrix

Various Artists –
WOODSTOCK, THREE
DAYS OF LOVE AND
PEACE

Copyright 1970
Verlag Bella Godiva
Music Inc.

Manchmal wird Rockgeschichte in weniger als vier Minuten geschrieben – so am 18. August 1969, einem der großen und unvergesslichen Momente der Rockmusik. Gekleidet in Jeans und einer kurzen weißen Lederjacke im Indianerstil mit langen Fransen, dazu mit einem leuchtend roten Stirnband steht Jimi Hendrix auf der Bühne des legendären Woodstock-Festivals und jagt mit gnadenloser Schrillheit seine Version der amerikanischen Nationalhymne »The Star Spangled Banner« in den frühen Morgen. Zwar hatte er das Stück schon seit etwa einem Jahr im Repertoire und auch im Studio bereits eingespielt, dennoch gilt die Woodstock-Version als die einzig authentische und »gültige« Fassung.

Hendrix geht mit »The Star Spangled Banner« weit über die Grenzen der Tonalität hinaus und demonstriert die extremsten Klangmöglichkeiten einer Elektrogitarre. In der ersten Minute folgt er zwar weitestgehend der Melodie der Hymne, seine freie rhythmische Ausgestaltung gleicht jedoch eher einem Sezieren der Noten als einem melodischen Spiel. Ab 1:03 brechen dann alle akustischen Dämme. Ein infernalischer Lärm macht sich breit, und Hendrix entlockt seinem Instrument ungeahnte Geräusche und Klänge: Raketen schießen durch den Raum, Bomben fallen und explodieren mit ungeheurer Wucht, Sirenen kreischen durch die Luft und Kampfmaschinen erzeugen die Atmosphäre äußerster Bedrohlichkeit. Erst bei 2:20 tritt wieder die Melodie in den Vordergrund – wiederum sehr gezerrt und gedehnt und mit zahlreichen Rückkopplungseffekten verfremdet, bis bei 3:43 das Spektakel in den nachfolgenden Song mündet. Durch den ungewöhnlichen Gitarrenstil von Hendrix und durch seinen exzessiven Einsatz des Vibrato-Hebels verstimmte sich die Gitarre ein wenig. Bei »The Star Spangled Banner« ist sie bereits etwa einen Viertelton zu tief.

Genau genommen ist »The Star Spangled Banner« ein Teil eines 25-minütigen Medleys, das die zweite Hälfte des gut einstündigen Auftritts von Jimi Hendrix beherrschte: »Voodoo Chile (Slight Return)/Stepping Stone« – »The Star Spangled Banner« – »Purple Haze« – »Woodstock Improvisation«. Der zuletzt genannte Titel war übrigens nicht die abschließende Hendrix-Nummer (dessen Gig das gesamte Woodstock-Festival beendete), wie es der Film und das Album so schön suggerieren. In Wirklichkeit folgten als letzte Stücke »Villanova Junction« und »Farewell«.

Viel ist über Hendrix' Fassung der amerikanischen Nationalhymne geschrieben und spekuliert worden. Für zahlreiche Kommentatoren

336

ist sie das definitive Fanal gegen den Vietnamkrieg, doch diese Sichtweise greift wohl zu kurz. Sicher ist richtig, dass das gesamte Woodstock-Festival unter dem Zeichen des Protestes gegen Amerikas Krieg in Südostasien stand. Songs wie »I-Feel-Like-I'm-Fixin'-To-Die-Rag« von Country Joe McDonald können nicht deutlicher sein. Diese Grundstimmung ist an Jimi Hendrix gewiss nicht ganz spurlos vorübergegangen. Auf der anderen Seite war seine politische Haltung eher »rechts« und konservativ – allem schrillen Hippie-Outfit und psychedelischen Drogenkonsum zum Trotz. Der ehemalige Armee-Fallschirmspringer teilte keineswegs die vorherrschende Haltung der Jugendlichen zum kriminellen Wahnsinn des Vietnamkrieges, wie zahlreiche Äußerungen belegen. So sagte er 1967 zum Beispiel: »Wenn China erst mal die ganze Welt beherrscht, wird alle Welt wissen, warum sich Amerika so stark in Vietnam engagiert.« [1] Hendrix' akustischer Aufschrei ist also wohl eher gegen den Krieg allgemein gerichtet, gegen die Unmenschlichkeit, die Menschen gegenüber Menschen aufbringen. Harry Shapiro und Caesar Glebbeek liefern die vermutlich schlüssigste Interpretation von »The Star Spangled Banner«, wenn sie schreiben: »Vielleicht wollte Jimi dem Publikum klar machen, dass sich nichts ändern würde, nur weil sie drei Tage lang in einem Meer aus Schlamm und Unrat ausharrten. Vergesst, was Tausende von Kilometern entfernt in Vietnam passiert! Kümmert euch um den Schlamassel vor eurer eigenen Haustür: um die Polizisten, die Kinder verprügeln, um Schwarze und Weiße, um die brennenden Ghettos. Glaubt ihr wirklich an die Morgendämmerung eines neuen Zeitalters, solange solche Dinge geschehen? Wenn ihr ein besseres Leben wollt, wo sind die Führer? [... In diesem Sinn] war Jimi vielleicht der einzig echte Woodstock-Revolutionär. Mit Sicherheit aber war er der große böse Bilderstürmer.« [2] Mit »The Star Spangled Banner« leistete Hendrix jedenfalls den spektakulärsten Beitrag des an herausragenden Songs gewiss nicht armen dreitägigen Woodstock-Festivals. Bereits kurz nach dem frühen Tod des Gitarristen im Jahr 1970 wurde der Plattenmarkt von einer Unzahl von Schallplatten geradezu überschwemmt, die bis dato verschollenes und unveröffentlichtes Material versprachen. Der überwiegende Großteil dieser Scheiben war, um es ganz deutlich zu sagen, absoluter Schrott. In vielen Fällen darf sogar die Authentizität des Materials angezweifelt werden. Ein anderer Teil beschränkt sich auf tontechnisch zumeist miserable Live-Mitschnitte. Natürlich ist auf diesen Platten zuweilen auch eine Version von »The Star Spangled Banner« zu hören, doch auch nur annäherungsweise so hörenswert und mitreißend wie die Woodstock-Fassung ist keine davon. Auch die Studio-Einspielung, zu finden auf dem Album RAINBOW BRIDGE, ist vergleichsweise blutleer.

337

Jimi Hendrix
Geboren 27. November 1942 in Seattle, Washington
Gestorben 18. September 1970 in London
Gesang, Gitarre

Jimi Hendrix revolutionierte die Klang- und Einsatzmöglichkeiten der Elektrogitarre wie kein Musiker vor oder nach ihm. Durch sein Spiel und seine einzigartig fulminante Bühnenshow war er einer der größten Superstars der späten sechziger Jahre. Nach seinem frühen Tod wurde er zur überragenden Ikone der Rockmusik stilisiert.

Alben
Are You Experienced? (1967) • Axis: Bold As Love (1967)
Electric Ladyland (1968) • Band Of Gypsys (1970)
The Cry Of Love (1971)

Single-Hits
Hey Joe (GB 6) • Purple Haze (GB 3) • The Wind Cries Mary (GB 6)
All Along The Watchtower (GB 5) • Voodoo Chile (GB 1)

U

Über sieben Brücken musst du gehen

Text und Musik: Helmut Richter & Ulrich Swillms

»Über sieben Brücken musst du gehen«: symbolischer Schlüssel-song wie kaum ein anderer zur Öffnung der ehemaligen DDR und der darauf folgenden deutschen Wiedervereinigung. Dabei ist der Song ursprünglich überhaupt nicht politisch, sondern erzählt vielmehr von individuellen Lebensabschnitten, die es zu überbrücken und auszuhalten gilt: »Manchmal geh ich meine Straße ohne Blick, manchmal wünsch ich mir mein Schaukelpferd zurück. Manchmal ist mir kalt und manchmal heiß, manchmal weiß ich nicht mehr, was ich weiß. Manchmal scheint die Uhr des Lebens still zu stehen, manchmal scheint man immer nur im Kreis zu gehen. Manchmal nimmt man, wo man lieber gibt, manchmal hasst man das, was man doch liebt.« Die Antwort auf all diese verwirrenden und zum Teil widersprüchlichen Lebenssituationen findet sich im Refrain: »Über sieben Brücken musst du gehen, sieben dunkle Jahre überstehen, sieben Mal wirst du die Asche sein, aber ein Mal auch der helle Sonnenschein.«

Die Musik spiegelt die Struktur des Textes wider: Die jeweils acht-zeiligen Strophen, die immer mit »manchmal« beginnen, bauen melodisch und harmonisch eine beträchtliche Spannung auf. Diese wird zusätzlich unterstützt durch die dezenten Keyboards, die »mehr Sound« nur versprechen und ankündigen. Die Harmonien wandern dabei – bei abweichenden Versionen in unterschiedlichen Tonarten – munter durch die Grundakkorde Tonika, Subdominante und Dominante, deren Moll-Parallelen sowie den Dur-Akkord, der sich auf der Septe aufbaut. Im Refrain schließlich findet die Spannung ihre Auflösung. Bass, Schlagzeug und Gitarren ergänzen das Ambiente zu einem wuchtigen Rocksound, die pathetisch-hymnische, durchaus ohrwurmtaugliche Melodie tröstet gleichsam über alle dunklen Zeiten hinweg und kündet strahlend von sonnigen Stunden.

»Über sieben Brücken musst du gehen« wurde Anfang der achtziger Jahre in Ost und West ein Hit. Die Original-Version stammt von der Gruppe Karat, neben den Puhdys die bekannteste Rock-Formation in der ehemaligen DDR. Die Band wurde eingeladen, am »Internationalen Schlagerfestival 1978« in Dresden teilzunehmen. Lange wurde diskutiert, ob das denn mit den musikalischen Zielen einer Rockband vereinbar sei. Herbert Dreilich dazu später: »Schließlich haben wir das gerne angenommen, denn wir waren und sind heute noch der Meinung, man sollte nicht in Schubladen denken. Schlager,

Karat –
ÜBER SIEBEN BRÜCKEN
(Amiga)
ALBATROS (Teldec)

Peter Maffay –
REVANCHE

Copyright 1979
Verlag Harth Musik-Verlag, GmbH

Pop und Rock, da sind die Grenzen doch fließend. Weshalb sollten wir solch ein internationales Publikum nicht nutzen. Es konnte doch nur von Vorteil sein.«[1] Dreilich sollte Recht behalten, und »Über sieben Brücken musst du gehen« feierte die größten Erfolge beim Publikum. Rasch kam die DDR-Plattenfirma Amiga mit dem Album ÜBER SIEBEN BRÜCKEN sowie mit der Single heraus, die schon bald auf Platz Zwei der DDR-Charts kletterte. In der Bundesrepublik wurde Karat von der Firma Teldec vertrieben, auch sie veröffentlichte das Album, allerdings unter dem Namen ALBATROS. Die Single »Über sieben Brücken musst du gehen« erreichte im Westen immerhin Platz Fünfzehn in den Hitparaden.

Wichtiger aber war, dass der Sänger und Gitarrist Peter Maffay auf den Song aufmerksam wurde und ihn selbst in einer allerdings nicht ganz überzeugenden Interpretation einspielte – das ROCK LEXIKON degradiert seine Fassung gar als zu schlagerartig.[2] Maffay – in den siebziger Jahren mit Schmachtfetzen wie »Du« oder »Und es war Sommer« kommerziell außerordentlich erfolgreich – begann sich Ende der Siebziger härteren und Rock-orientierten Musikstilen zu nähern. Mit seiner auf diese Weise gefundenen Symbiose von Schnulze und Rock entwickelte er eine sehr eigene Musikform, die ihn zu einem der arriviertesten deutschen Musiker machte. Dabei blieb stets ein beträchtliches Spannungsfeld zwischen der Wertschätzung seiner Arbeit bei seinen zahlreichen Fans und der professionellen Kritik erhalten, bei der er zumeist nur schlecht wegkam und die ihn mit zuweilen völlig überzogener Häme überschüttete. Maffays Fassung von »Über sieben Brücken musst du gehen« erreichte in den West-Charts immerhin den vierten Platz – dies brachte Karat natürlich willkommene Tantiemen und mit der finanziellen Sicherheit auch mehr musikalische Unabhängigkeit.

Der Song blieb in den achtziger Jahren in Ost wie in West ständig im Repertoire der Rundfunkstationen und entwickelte sich langsam zu einer heimlichen Hymne einer damals noch nicht vorstellbaren Annäherung und schrittweisen Verbindung der beiden deutschen Staaten. Dieser Symbolgehalt erhielt im Jahr 1990 schließlich seine »offizielle Weihe«, als nicht nur die deutsche Wiedervereinigung Tatsache wurde, sondern Karat und Peter Maffay mit »Über sieben Brücken musst du gehen« mehrfach gemeinsam auf der Bühne standen.

Karat

Gründung 1973 • **Auflösung** 1995
Herbert Dreilich (*5. 12. 1942; Gesang, Gitarre)
Bernd Römer (*6. 9. 1944; Gitarre)
Ulrich »Ed« Swillms (*7. 3. 1947; Keyboards)
Henning Protzmann (*12. 2. 1946; Bass, Gesang)
Michael Schwandt (*4. 11. 1952; Schlagzeug)
Karat war neben den Puhdys die populärste Rockband der ehemaligen DDR,
ihr Stil pendelte zwischen Mainstream-Rock und schwermütigem Pathos.

Alben
Über sieben Brücken (1979) • Schwanenkönig (1980)
Der blaue Planet (1982) • Zehn Jahre auf dem Weg zu euch (1985)
Im nächsten Frieden (1990)

Single-Hits
Über sieben Brücken musst du gehen (DDR 2) • Jede Stunde (D 9)

Peter Maffay

Peter Alexander Makkay
Geboren 30.8.1949 in Kronstadt, Rumänien
Peter Maffay begann 1970 als Interpret seichter, wenngleich erfolgreicher
Schlager, wurde dann aber zu einer der wichtigsten Stimmen der
deutschen Unterhaltungsmusik, die eine sehr eigene Verbindung
aus Schnulze und Rock entwickelte.

Alben
Steppenwolf (1979) • Frei sein (1979) • Revanche (1980)
Carambolage (1984) • Sonne in der Nacht (1985)

Single-Hits
Du (D 1) • Und es war Sommer (D 5) • So bist du (D 1)
Über sieben Brücken musst du gehen (D 4) • Lieber Gott … (D 6)

Verdamp lang her

Text und Musik: Wolfgang Niedecken
& Klaus Heuser

V

Wenn man den Liedtext von »Verdamp lang her« durchliest, käme man vielleicht auf den Gedanken eines schwermütigen Chansons, vielleicht entstünde auch die Assoziation einer leisen Folk-Ballade, aber man dächte bestimmt nicht an eine schwungvoll treibende Rock-Hymne. Und doch ist es anders gekommen.

»Verdamp lang her« ist ein fiktives Gespräch eines nicht mehr ganz jungen Mannes mit seinem toten Vater. Seit der Pubertät des Burschen war zwischen beiden kein so richtiges Gespräch mehr möglich. Nun denkt der Sänger über all die seither verstrichenen Jahre nach. Es ist verdammt lang her, dass er alles – und wohl am meisten sich selbst – viel zu ernst nahm. Es hat lang gedauert, bis er gelernt hat, wie echte von falschen Freunden zu unterscheiden sind. Er erinnert sich an seine beständige Suche nach der eigenen Identität – eine Suche, die in jungen Jahren oft so intensiv war, dass das Finden darüber fast vergessen wurde. Es war keine schlechte Zeit und er hat bestimmt kein Pech gehabt, und doch fühlt er sich zwischen seinen Lektüre-Favoriten John Steinbeck und Joseph Conrad »relativ schachmatt«. Das alles ist verdammt lang her – und scheint doch erst gestern gewesen zu sein.

Dann, nach immerhin vier Strophen, erklingt zum ersten Mal der suggestive Refrain, der den Song überhaupt Hitparaden-tauglich werden ließ: »Verdamp lang her, verdamp lang, verdamp lang her«. In Strophe Fünf antwortet der Sänger auf fiktive Fragen des toten Vaters: Wann er zuletzt ein Bild gemalt hat; ob er da ist, wo er hinwollte. Wieder Refrain, dann Strophe Sechs: Hier nun wird erklärt, was wir bereits wissen – es ist verdammt lang her, dass er bei seinem Vater am Grab war, sprich: seit der Beerdigung nicht mehr; verdammt lang her, dass sie richtig miteinander sprechen konnten – so lange, dass er sich kaum daran erinnern kann.

Wolfgang Niedecken, dem zuweilen bei seinen politischen Liedern der Vorwurf der »Betroffenheitslyrik« gemacht wurde – ein Vorwurf, wie er wohl nur in Deutschland möglich ist –, ist hier hundertprozentig authentisch und autobiografisch: »Das Lied entstand im Februar 1981. Mein Vater war ein paar Monate vorher – am 18. September 1980 – gestorben. Von September bis Februar hatte ich lange darüber nachgedacht, welches Verhältnis ich zu ihm hatte, und mir kamen Sachen hoch, an die ich zu seinen Lebzeiten nie gedacht hatte … Ich habe dieses Stück, seit es es gibt, bei jedem Konzert gespielt, und ich bin wohl bei keinem Stück auf Dauer so andächtig

geblieben wie bei ›Verdamp lang her‹. Egal, wie die Leute toben.
Egal, was im Saal abgeht, bei diesem Song verspüre ich die totale
Nähe zu meinem Alten.«[1]
Als Wolfgang Niedecken »Verdamp lang her« zu den Aufnahmen für
das Album FÜR USSZESCHNIGGE! mitbrachte, löste er keine Begeisterung bei den Kollegen aus. Die Nummer wurde zurückgestellt und
immer wieder verschoben. Noch einmal Niedecken: »Am Schluss
der Proben zu FÜR USSZESCHNIGGE! kam der magische Moment.
Eigentlich war keine Zeit mehr, aber kurz vor dem Abbau meldete
ich mich noch einmal ganz schüchtern mit der Frage nach ›Verdamp
lang her‹. Die genervte Antwort von Klaus war: ›Wie sollen wir das
denn machen … womöglich so!?!?‹ Und er spielte das Lustloseste,
was man sich vorstellen kann – nämlich die Karikatur eines Police-
Gitarrenlicks in Moll. Also so, wie es gar nicht gehen kann. Und er
spielte also dieses Lick – und alle drehten sich um und schauten erstaunt in die Runde. Diesen Moment werde ich nie vergessen. Die
allgemeine Reaktion: ›Das war aber geil, mach nochmal!‹ Auf einmal
funktionierte das Stück. Auf einmal war die Nummer wichtig.«[2]
Der Song beginnt mit einem getragenen Synthesizer-Klang, dazu
Niedeckens Stimme. Das Keyboard schlägt die Harmonien an:
e-Moll-Sept, D-Dur und C-Dur in den ersten vier Strophenzeilen,
dann über eine Kadenz von C-Dur und D-Dur und deren Parallelen
a-Moll und h-Moll geht das Stück in den beiden letzten Zeilen wieder nach e-Moll zurück. Am Ende von Strophe Zwei schleicht sich ab
1:33 zunächst leise, dann bald sehr dominant Heusers E-Gitarre mit
dem erwähnten Riff ein, gefolgt von Bass und Schlagzeug. Aus einer
anfänglich etwas im luftleeren Raum hängenden Ballade wird nun
ein pulsierender Rocksong, der mächtig anzieht. Nach Strophe Vier
erklingt bei 3:07 zum ersten Mal der höchst eingängige Refrain. Im
Kontrast zu den getragenen Moll-Strophen ist er in leuchtendem
G-Dur gehalten und drückt dem Song seinen Stempel auf. Es folgen
Strophe Fünf, Refrain, Strophe Sechs und ein mehrfach wiederholter Refrain, der den Titel in der Ausblende beendet.
Das Geheimnis des Erfolgs von »Verdamp lang her« liegt mit Sicherheit in dem fast hymnischen Refrain. Bestimmt verstand ein Großteil der Hörer den genauen Inhalt des Songs nicht, zumal der Köll-
sche Dialekt Niedeckens für Nicht-Rheinländer so etwas wie eine
Fremdsprache ist. Doch jeder kennt ein eigenes »Verdammt lang
her«, das eine besondere Bedeutung in seinem Leben hat. Und
exakt dieses Gefühl wird von dem Refrain intuitiv auf den Punkt gebracht.
»Verdamp lang her« war von der Band gar nicht als Single geplant,
doch nach der Ausstrahlung im WDR-Fernsehen – der Redakteur der
Musiksendung HIT CLIP tauschte eigenmächtig die Single »Frau,

ich freu mich« gegen »Verdamp lang her« aus – fand das Stück solchen Anklang im Publikum, dass schleunigst eine Single-Ausgabe nachgepresst wurde. Daneben gibt es natürlich auch noch eine Live-Aufnahme, bei der der Song über sieben Minuten lang fast feierlich zelebriert wird.

Das Lied ist so eng mit der Vita Wolfgang Niedeckens verknüpft, dass keine nennenswerten Fremd-Versionen auszumachen sind.

BAP

Gründung 1976

Besetzung 1981:

Wolfgang Niedecken (*30. 5. 1951; Gesang, Gitarre)

Klaus »Major« Heuser (*27. 1. 1957; Gitarre, Gesang)

Alexander »Effendi« Büchel (*29. 1. 1957; Keyboards)

Steve Borg (Stefan Kriegeskorte; *5. 10.1953; Bass, Cello)

Manfred »Schmal« Boecker (*22. 4. 1952; Perkussion, Gesang, Saxofon)

Wolfgang »Wolli« Boecker (Schlagzeug)

Weitere Mitglieder im Lauf der Band-Biografie neben anderen: Jan Dix, Hans Heres, Wolfgang Klever, Bernd Odenthal und Jürgen Zöller

BAP war die erfolgreichste deutsche Mundart-Rockband der achtziger Jahre. Ihre Songs verbinden eingängigen Rock mit ambitionierten persönlichen und politischen Texten.

Alben

Affjetaut (1980) • für usszeschnigge! (1981) • Vun drinne noh drusse (1982) Zwesche Salzjebäck un Bier (1984) • Ahl Männer, aalglatt (1986)

Single-Hit

Fortsetzung folgt … (D 10)

Walk On The Wild Side

Text und Musik: Lou Reed

Ende der sechziger Jahre sammelte der Pop-Art-Künstler und Filmemacher Andy Warhol in New York einen Kreis von bizarren Underground-Avantgardisten um sich, vor deren Aktivitäten und Äußerungen der brave Normalbürger nur entsetzt zurückschrecken konnte. Die Themen, mit denen sich die Clique nicht nur künstlerisch beschäftigte, waren unter anderem Drogen jeder Art, morbide Todesszenarien, Bisexualität oder Sadomaso-Erlebnisse. Einer dieser Leute war Lou Reed, zusammen mit John Cale der künstlerische Kopf der Underground-Kultband The Velvet Underground.

Im Jahr 1972 veröffentlichte Lou Reed, nun solo, das von David Bowie produzierte Album TRANSFORMER – mit Sicherheit eine der kompromisslosesten Platten der Rockmusik. Mit diesem stellenweise sehr ironischen Werk, in dem es neben Drogen viel um Transvestiten und Schwule geht, führt Reed in die zuweilen grotesken Absurditäten des New Yorker Großstadtdschungels. Herausragender Song der Platte – und Lou Reeds einziger Top-Ten-Erfolg bis 1997 – ist »Walk On The Wild Side«.

Reed wurde zu diesem Stück durch den gleichnamigen Roman von Nelson Algren inspiriert. Theaterleute aus der Szene waren an den Autor mit der Bitte herangetreten, aus dem Buch ein Konzept für ein Musical zu machen. Nachdem Lou Reed das Buch gelesen hatte, empörte er sich: »Es handelt von Krüppeln im Ghetto, machen Sie Witze? Ich soll derjenige sein, der sich am besten dazu eignet, ein Musical über Krüppel zu schreiben?«[1] Doch die Titelzeile hatte den Musiker gepackt, und er begann, Bezüge zur New Yorker Szene herzustellen. Als Personen nahm er Leute aus Warhols Umgebung, die erst seit kurzem dabei waren: Holly Woodlawn, Candy Darling, Little Joe Dallesandro und eine ominöse Sugar Plum Fairy, hinter der sich wohl Joseph Campbell verbarg.

Diese vier Figuren und eine/n zusätzlichen Jackie setzte Reed in einen höchst ironischen Kontext und schuf so eine humorvolle Karikatur der Szene: Holly ist von Miami aus die ganzen Staaten durchgetrampt, hat sich die Augenbrauen gezupft und die Beine rasiert, und so wurde aus ihm eine Sie, und sie sagt: »Hey Babe, take a walk on the wild side!« Candy aus Long Island treibt's im Hinterzimmer mit jedem. (Zum Glück haben die prüden amerikanischen Zensurbehörden die folgende Zeile nicht verstanden, sonst wäre der Song hundertprozentig auf dem Index gelandet: Er/sie verliert nie den Kopf, auch wenn er/sie etwas in den Kopf bekommt – eine verschlüsselte Anspielung auf Fellatio.) Little Joe sieht es ganz klar: Jeder

Lou Reed –
TRANSFORMER

Copyright 1972
Verlag Dunbar Music Inc.

Cover-Versionen
The Skids
Jamie J. Morgan
Dave's True Story

muss für alles bezahlen. Aber in New York ist es einfach zu sagen: »Hey Babe ...«. Die »Zuckerfee«, Sugar Plum Fairy, ist im Apollo-Club völlig ausgeflippt, und Jackie spielt James Dean und verunglückt mit dem Auto. »Hey Babe, take a walk on the wild side!« (Wer den gesamten Text mit zahlreichen Subtexten und Assoziationen nachlesen will, findet ihn zusammen mit Gitarrengriffen und allerlei bizarren Blödsinn im Internet auf der Seite: »http://ww21.tiki.ne.jp/ ~wildside/tabs/walk_on_the_wild_side.html«)

Die Stimmung des Songs ist unterkühlt schwülstig und derart lasziv, dass die Musik mit Sicherheit zur Untermalung in Abertausenden von Heimkino-Pornos Verwendung fand. Erstes Erkennungszeichen ist ein von Herbie Flowers geradezu unverschämt lässig gespielter Bass, der bis auf eine Stelle pro Strophe nur abwechselnd in die Noten g und a glissiert. Zweites Merkmal ist Lou Reeds lakonischer Gesang, der recht distanziert von Holly, Candy und Co. erzählt. Die Begleitung, bestehend aus akustischen Gitarren und einem sehr sparsamen Schlagzeug, bleibt das ganze Stück hindurch dezent im Hintergrund. Der dritte Fixpunkt ist ein »Coloured-Girls-Chor« am Ende der Strophen Zwei und Fünf (bei 1:24 und 3:19), und spätestens hier wird deutlich, dass man »Walk On The Wild Side« nur als Parodie betrachten kann. Nicht nur, dass der Sänger dem Chor den schwierigen Text geduldig vorsingt (»Doo doo doo doo doo ...«), das Ganze ist so kitschig, dass es jede Nummer, die nicht ironisch wäre, zum Absturz bringen würde. Am Schluss von Strophe Fünf mündet der Chor in ein sehr punktgenaues Saxofon-Solo, gespielt von David Bowie; damit wird der Song ausgeblendet.

Von Lou Reed, immer gut für einen provozierenden Spruch, stammt der Satz: »Ein Akkord ist gut. Zwei Akkorde sind schon eine ganze Menge. Drei Akkorde – und schon ist man beim Jazz.«[2] Gemessen an diesem Anspruch ist »Walk On The Wild Side« eine fast kunstvolle Jazz-Etüde, denn genau genommen sind es sogar vier Akkorde, die das Stück verschwenderisch einsetzt: Zwar dominiert fast den ganzen Song hindurch der Wechsel zwischen C-Dur und F-Dur-Sext-Akkord, doch im jeweils fünften und sechsten Takt der Strophen wandert die Harmonie nach D-Dur und F-Dur – an jener Stelle, an der der Bass sein Zwei-Ton-Glissando verlässt.

»Walk On The Wild Side« ist nur zu dreißig Prozent Musik, zu siebzig Prozent Atmosphäre. Entsprechend schwer hat es jeder, der den Song abweichend von Lou Reeds Version interpretieren will. Die New-Wave-Gruppe The Skids spielt das Stück nahe am Punk, während Jamie J. Morgan versucht, aus der Wild Side Tanzqualitäten herauszukitzeln. Beeindruckend ist die Fassung der Jazz-Formation Dave's True Story. Die Sängerin Kelly Flint verleiht »Walk On The Wild Side« auf dem hervorragenden Album SEX WITHOUT BODIES eine intensive, sinnliche Färbung. Häufig vertreten ist das Stück auf so genannten Schwulen-Samplern – was immer der Sinn einer solchen thematischen Zusammenstellung sein mag – wie CLUB VERBOTEN oder GLAD TO BE GAY. Meist wird dabei Lou Reeds Version verwendet, letztgenanntes Album beinhaltet dagegen eine Einspielung der ominösen Band No Sports.

Lou Reed

Louis Firbank

Geboren 2. März 1942 in Freeport, New York

Gesang, Gitarre

Lou Reed ist eine der führenden und zugleich provozierendsten Figuren der amerikanischen Underground-Szene.

Alben

Transformer (1972) • Coney Island Baby (1976) • The Blue Mask (1982)
New Sensations (1984) • Songs for Drella (1990)

Single-Hits

Walk On The Wild Side (GB 10) • Perfect Day (GB 1)

We Are The World

Text und Musik: Michael Jackson
& Lionel Richie

Im Herbst 1984 herrschte eine fürchterliche Hungerkatastrophe in Äthiopien – zum wievielten Mal fragte niemand mehr –, von der sieben Millionen Menschen (etwa ein Viertel der Landesbevölkerung!) unmittelbar betroffen waren. Viele von ihnen standen vor dem Hungertod. Im Oktober liefen deshalb groß angelegte internationale Hilfsaktionen an.

Auch die Rockmusiker entdeckten ihr Herz für die Hungernden in Zentralafrika, und der Sänger und Produzent Bob Geldof (Leader der Boomtown Rats) gründete in England die Initiative »Band Aid For Africa«. Er gewann die renommiertesten Rockgrößen Großbritanniens für die Einspielung des Songs »Do They Know It's Christmas«. An der Aufnahme wirkten Paul McCartney, Phil Collins, Duran Duran, George Michael, Sting, Status Quo, Elton John, David Bowie, die Eurythmics, Paul Young, U2 und viele andere Topstars mit.

Das Projekt war lediglich als humanitäre Geste gedacht, deren Reinerlös zu hundert Prozent an diverse Hilfsorganisationen fließen sollte, doch die Geschichte wurde zur Lawine, und binnen weniger

U.S.A. For Africa –
WE ARE THE WORLD

Copyright 1985
Verlag Mijak
Music/Brockman
Music

Cover-Versionen
Jamaica Combination
Captain T
Luciano Pavarotti All
Stars

347

Monate stellten Rockmusiker in allen Teilen der Welt vergleichbare Veranstaltungen auf die Beine.

Das Ganze gipfelte in der größten Show der Rockgeschichte, dem »Live-Aid-Concert«, in dem zwei Mammutveranstaltungen – Teil Eins im Wembley-Stadion in London, Teil Zwei im John-F.-Kennedy-Stadion in Philadelphia – zeitlich nacheinander geschaltet wurden und live in über fünfzig Länder mit geschätzten eineinhalb Milliarden Zuschauern übertragen wurden.

In London sangen und spielten vor 75 000 Zuschauern unter anderem Paul McCartney, David Bowie, Elton John und Paul Young, in Amerika traten vor einem Publikum von 90 000 Menschen neben vielen anderen Mick Jagger, Tina Turner, Madonna, Eric Clapton, Joan Baez, Lionel Richie und Bob Dylan auf. Phil Collins nützte eine Concorde-Überschall-Flugverbindung über den Atlantik und war Gast auf beiden Bühnen.

In der Fernsehübertragung wurden Aufzeichnungen von diversen Aid-Song-Projekten eingespielt: Deutschland zum Beispiel lieferte den Song »Nackt im Wind« mit BAP, Ina Deter, Herbert Grönemeyer, Klaus Lage, Udo Lindenberg, Wolf Maahn, Peter Maffay, Ulla Meinecke, Marius Müller-Westernhagen, Nena, Spider Murphy Gang, Spliff, Trio und anderen. Österreichische Künstler präsentierten den Song »Warum?«; mit im Boot waren unter anderen Wolfgang Ambros, Peter Cornelius, Georg Danzer, Rainhard Fendrich, André Heller, Opus, Tom Petting und STS. Kanada lieferte mit »Tears Are Not Enough« einen der beeindruckendsten Songs ab. Mitwirkende waren dabei Bryan Adams, Gordon Lightfoot, Joni Mitchell, Oscar Peterson, Neil Young und weitere.

Doch der spektakulärste und – wie könnte es anders sein – auch erfolgreichste Beitrag kam aus Amerika, der Band U.S.A. for Africa: »We Are The World«. Die Besetzung ließe sich wohl niemals wieder in ähnlicher Form zusammentrommeln: Harry Belafonte, Ray Charles, Bob Dylan, Bob Geldof, Hall & Oates, Michael Jackson, Al Jarreau, Billy Joel, Cyndi Lauper, Huey Lewis, Bette Midler, Willie Nelson, Lionel Richie, Kenny Rogers, Diana Ross, Paul Simon, Bruce Springsteen, Tina Turner und Stevie Wonder, um nur die in Europa Bekanntesten zu nennen.

Das Strickmuster all dieser Aufnahmen ist das gleiche: Jeder Interpret fügt sich in das Stück ein und singt nur eine kurze Passage als Solist. Damit entsteht eine musikalisch reizvolle Spannung, weil jeder Künstler in der für ihn charakteristischen Weise präsent ist, sich zugleich aber dem Projektgedanken vollkommen unterordnen muss. Wohl in weiser Voraussicht hatte der Produzent von »We Are The World«, Quincy Jones, am 28. Februar 1985, dem Tag der Aufnahme, an der Eingangstür zum Aufnahmeraum des A&M-Studios

in Los Angeles eine große Tafel angebracht: »Lass dein Ego vor der Tür!« Es wurde eine denkwürdige Aufnahmesession, nicht nur des einmaligen Starensembles wegen, sondern auch, weil eine exorbitant erfolgreiche Hymne entstand. Jochen Ebmeier schreibt in seiner Michael-Jackson-Biografie, dass diese Single rund achtzig Millionen Mal verkauft wurde. Damit wäre die Platte der erfolgreichste Tonträger aller Zeiten.[1]

Im Gegensatz zu anderen Africa-Aid-Songs ist »We Are The World« keine sozialkritische Ballade, sondern eher eine religiöse Gospel-Hymne, aber – wie auch Michael Jackson betonte – nicht in einem konfessionell eingeengten Sinn: »Es ist eine Zeit gekommen, wo wir Menschen alle zusammenhalten und denen helfen müssen, deren Leben – das größte aller Geschenke – bedroht ist. Wir können nicht so tun, als ob die Probleme sich von alleine auflösten, wir entstammen alle aus Gottes Familie und benötigen unsere gegenseitige Liebe. Wir sind die Welt, sind ihre Kinder, wir alle können Licht in den Tag bringen, also lasst uns dieses Licht teilen. Denn damit retten wir auch unser eigenes Leben, indem wir die Welt lebenswerter machen. Lasst uns die anderen annehmen, damit sie merken, jemand kümmert sich um sie und hilft ihnen. Denkt an Gott, wie er Steine zu Brot machte – genau so müssen auch wir uns einsetzen. Wir sind die Welt …

Wenn du niedergeschlagen bist, verlierst du die Hoffnung, aber wenn du glauben kannst, wirst du stark. Wir sollten endlich begreifen, dass sich die Dinge nur ändern, wenn wir als Einheit zusammenhalten. Wir sind die Welt …«

Die Musik dieser suggestiven Gospel-Ballade verlässt nicht den Rahmen eines eingängigen und konventionell strukturierten Pop-songs, das Besondere ist das außergewöhnliche Stimmen-Arrangement der Aufnahme: Da findet sich die knabenhaft hohe Stimme Michael Jacksons neben dem schlampig näselnden Bob Dylan, oder der so oft etwas schüchtern wirkende Paul Simon neben dem exaltiert rauen Bruce Springsteen.

Das Stück basiert auf den Grundharmonien E-Dur, A-Dur und H-Dur sowie den dazugehörenden Parallelen cis-Moll, fis-Moll und gis-Moll. Jede Strophe besteht aus vier Zeilen, dabei ist die erste und dritte Zeile mit den Dur-Akkorden unterlegt, die zweite und vierte mit der entsprechenden Moll-Verwandtschaft. Der Refrain ist hauptsächlich in Dur gehalten und macht bei »… there's a choice we're making …« nur einen kurzen Ausflug ans Moll-Ufer.

Die Songstruktur ist denkbar einfach: Einleitung, Strophe Eins (ab 0:27), Strophe Zwei (0:54), Refrain (1:19), Strophe Drei (1:49), Refrain (2:15). Nun unterbricht bei 2:42 eine achttaktige Bridge das gewohnte Schema. Die Harmonie geht zwei Mal kurz hinunter auf

C-Dur, findet aber rasch wieder zurück zu E-Dur und stabilisiert die Grundtonart über einen kurzen Moll-Exkurs. Ab 3:08 folgt nun eine fast Mantra-artig endlose Wiederholung des Refrains (insgesamt neun Mal), in der sich verschiedene Stimmenkombinationen mit dem wohl illustersten Rockchor der Popgeschichte abwechseln. Dabei steigt die Grundtonart ab der zweiten Wiederholung (4:01) um einen Halbton nach F-Dur.

Es ist ganz selbstverständlich, dass sich jeder Versuch, »We Are The World« zu covern, an der Gigantomanie der Originalaufnahme messen lassen muss und damit per se zum Scheitern verurteilt ist. Insofern kann eigentlich nur eine ähnliche Allstar-Parade diesen Gospel stimmig interpretieren, wie dies zum Beispiel der Opernstar Luciano Pavarotti bei einer seiner Benefizveranstaltungen unternahm. Am 1. Juni 1999 stand er bei einem Wohltätigkeitskonzert zu Gunsten der Kinder von Guatemala und dem Kosovo in Modena zusammen mit einer Reihe von Rockstars auf der Bühne: mit Gloria Estefan, B. B. King, Joe Cocker, Mariah Carey, Lionel Richie oder Zucchero, um nur einige zu nennen. Als letzte Nummer fanden sich alle Musiker ein, um das wohl berühmteste Rock-Gebet aller Zeiten gemeinsam zu zelebrieren: »We Are The World«.

Noch ein Wort zu Bob Geldof: Sein »Band Aid« initiierte nicht nur – wie schon beschrieben – eine Reihe ähnlicher Aktivitäten aus dem Musikbereich, sondern wurde auch zum Vorbild anderer »Aid«-Projekte: für behinderte Sportler, AIDS-Erkrankte, für durch Naturkatastrophen geschädigte Bauern und so weiter und so fort. Für sein Engagement wurde Geldof von Königin Elizabeth II. zum Ritter geschlagen und 1986 für den Friedensnobelpreis nominiert (den dann aber der jüdische Schriftsteller Elie Wiesel erhielt).

We Will Rock You/
We Are The Champions

Text und Musik: Brian May & Freddie Mercury

»Keine Band hat je Stadionrock so gespielt wie Queen, und keine Band wird sie vermutlich je darin übertreffen. Diese Gruppe hatte einen einmaligen Sinn für Theatralik – mitunter kitschig, aber rockig –, und ihre Songs schienen am besten, wenn sie vor fünfzigtausend und mehr Fans gebracht wurden, die alle ihre Hände in die Höhe streckten und hin- und herschwenkten. Fest steht, dass britische Fußballfans ›We Will Rock You‹ Wort für Wort begeistert mitsingen – oder bei besonderen Gelegenheiten ›We Are The Champions‹. Vermutlich würden viele diese Songs von Queen der britischen Nationalhymne vorziehen. Das ist schon ein gewaltiges Erbe.«[1] Mit diesen zutreffenden Worten beginnt der Journalist Steve Dinsdale seinen Artikel über Queen. Die Gruppe war eine der erfolgreichsten Bands der siebziger und vor allem der achtziger Jahre, obwohl sie lange Zeit in der Musikpresse alles andere als angesagt war, wie sich der Gitarrist Brian May erinnert: »Wir wurden so lange völlig ignoriert, nur um dann von allen total verrissen zu werden. Vielleicht war das ein ganz guter Start für uns, aber es gab keine Art von Beleidigung, die man uns nicht an den Kopf geworfen hätte.«[2] Doch die Fans blieben der Band treu, strömten in die Arenen und kauften ihre Platten zuhauf.

Die Schlüsselsongs der Gruppe – und unbestrittene Stadion-Hymnen nicht nur für Fußballfans – sind die beiden unmittelbar zusammengehörigen Stücke »We Will Rock You« und »We Are The Champions«, die 1977 als Doppel-Single veröffentlicht wurden und postwendend zu einem Großerfolg avancierten. Beide Nummern funktionieren natürlich jeweils auch einzeln für sich, doch ihre volle Wirkung erzielen sie erst als Medley – vergleichbar mit dem langen Beatles-Medley auf der B-Seite von Abbey Road oder den »Doppelpacks« »Black Magic Woman«/»Gypsy Queen« von Santana, »The Load-Out«/»Stay« von Jackson Browne, »Carry On«/»Questions« von Crosby, Stills, Nash & Young. Darum werden auch hier »We Will Rock You« und »We Are The Champions« gemeinsam betrachtet.

Die Songs behandeln mit Gewinnern und Verlierern zwei entscheidende Pole im Leben. »We Will Rock You« beschreibt in seiner trotzigen Zornigkeit den Loser, der in seinem Leben nicht von der Stelle kommt und dessen einziger Lebenstrost wohl die wütend vorgetragene Selbsterhaltungs-Parole »we will rock you«, »wir werden's euch schon noch zeigen«, ist. Ob als kleiner dreckiger Steppke, der bestimmt mal ein wichtiger Mann wird, jetzt aber nur mit einer

Queen –
News Of The World

Copyright 1977
Verlag Queen Music Ltd.

Cover-Versionen
Dragon Attack
Warrant
DJ Hurricane
Linda Ronstadt
Daddy Freddy

351

Blechdose Fußball spielt – ob als junger Mann, der bestimmt mal ein Großer in der Welt wird, der aber gerade offenbar Prügel bezogen hat, ob als schmutziger und alter Mann, der zwar bestimmt noch ein Friedensstifter wird, sich aber jetzt doch besser verpissen sollte: Sie alle können in ihren Illusionen nur leben, weil sie überzeugt sind, dass sie es der Welt schon noch zeigen werden.

Der Protagonist in »We Are The Champions« hingegen hat es der Welt wirklich gezeigt, er ist der Winner. Zwar hat auch er seine Schulden zu bezahlen und seine Strafen zu akzeptieren, und er räumt sehr wohl ein paar gewaltige Schnitzer ein. Auch ihm ist manchmal der Sand ins Gesicht geflogen (bei »We Will Rock You« war es noch »mud«, also Dreck, bzw. »blood«, Blut), aber er hat nie aufgegeben. »Wir sind die Größten, und wir hören nicht auf, dafür zu kämpfen. Wir sind die Größten, und deshalb haben wir keine Zeit für die Loser.« Er hat vor dem Schlussvorhang rauschenden Applaus entgegengenommen, dankt freundlich für all den Ruhm und die Anerkennung. Aber das alles ist kein Zuckerschlecken, sondern immer wieder eine große Herausforderung, doch er macht weiter, denn »Wir sind die Größten.«

Die Refrainzeilen »we are the champions« sind ähnlich hymnisch und selbstbewusst wie das widerborstige »we will rock you«, doch das ganze Ambiente hat sich gedreht. Nicht nur die Funktion des Schmutzes im Gesicht ist in beiden Fällen eine andere, auch steht im zweiten Song eine triumphierende Pose der fast kindlich naiven Grundhaltung im ersten Fall gegenüber – eine Polarität, die sich auch in der Musik extremer kaum zeigen kann: »We Will Rock You« ist die Idealform eines aufs bloße Skelett heruntergefahrenen Rocksongs, die Begleitung besteht lediglich aus der rudimentären Rhythmusformel des Stücks: zwei (mehrfach overdubte) Schläge der Basstrommel auf den ersten beiden und den fünften und sechsten Achteln sowie ein vielfach multipliziertes Klatschen auf dem zweiten und dem vierten Viertel. Dieses charakteristische »bum bum cha!« durchzieht den Song unbeirrbar. Bei 0:12 setzt der aggressiv vorgetragene Gesang Mercurys ein, bei 0:24 ertönt erstmals der vielstimmige Refrain. Ohne Zäsur folgen, fast atemlos, jeweils mit Refrain die Strophen Zwei und Drei. Beim letzten Refrain schleicht sich zunächst ganz leise aus dem Hintergrund das Feedback-Geräusch einer E-Gitarre ins Stück, beim letzten »rock you« (1:31) schlägt diese Gitarre wild verzerrt einen C-Dur-Akkord an – bislang stand die Melodie in e-Moll –, um dann sogleich nach A-Dur zu wechseln und in dieser Tonart bis zum Ende bei 2:00 ein technisch nicht spektakuläres, aber doch sehr wirkungsvolles Solo zu liefern.

Ohne Übergang geht es mit »We Are The Champions« in einer geläuterten Stimmlage weiter: »I paid my dues«. So brachial einfach und geradezu brutal »We Will Rock You« war, so ausgefeilt ist nun das Folgestück. In perfektem Verhältnis zueinander sind hier mehrere E-Gitarren (darunter auch an ganz wenigen Stellen der Sound aus »We Will Rock You«), Bass, Schlagzeug, Klavier und Gesang abgestimmt. Die Strophen stehen in c-Moll, im Refrain – das erste Mal bei 0:34 – moduliert der Song nach F-Dur. Dabei finden nicht nur die üblichen Grundharmonien Verwendung, stattdessen werden zahlreiche Tonart-fremde Akkorde und dissonante Akkorderweiterungen eingeschoben. Nach Strophe Zwei und dem wiederholten Refrain endet das Stück mit »we are the champions« ohne das zu erwartende »of the world« auf einem einige Sekunden lang ausklingenden C-Dur-Sept-Akkord mit hinzugefügter Quart.

»We Will Rock You«/»We Are The Champions« war eine der zentralen Live-Nummern von Queen und ist auf mehreren Live-Alben vertreten (etwa auf LIVE IN BUDAPEST, LIVE KILLERS, LIVE AT WEMBLEY '86, LIVE MAGIC). Doch es nahmen sich auch eine Reihe anderer Interpreten der Songs an. Dabei fällt zunächst auf, dass nur bei der Tribute-Version von Dragon Attack der Medley-Charakter der beiden Stücke erhalten blieb (von dem Rock-Gitarristen Paul Di'Anno gibt es kurioserweise das Medley »We Will Rock You«/⇨»Smoke On The Water«). In den anderen Fällen wurden die Songs auseinander gerissen und an entfernten Stellen in den jeweiligen Alben platziert, etwa bei den Gesangsformationen BB Band oder den Countdown Singers sowie bei einigen Orchester-Fassungen. Aber die Mehrzahl der Cover-Versionen nimmt überhaupt nur eines der beiden Stücke heraus. Generell gilt hierbei: »We Will Rock You« wurde deutlich häufiger gecovert, die Stilformen gehen über Rock (Fisherman, Warrant und Paul Shortino) und Rap (Grandmaster Flash, 5ive oder DJ Hurricane) hin zur Girlie-Fassung der Slam Girls und vor allem der mit enorm lässigem Charme vorgetragenen Country-Rock-Version von Linda Ronstadt. »We Are The Champions« fand erwartungsgemäß mehr Aufnahmen im Easy-Listening-Bereich sowie in sanfteren Rock- und Popformen, etwa bei der Sängerin Mina, bei Mizz oder bei Barry Williams. Heftiger geht es zur Sache bei der Band Naked Lunch, und Daddy Freddy schafft sogar einen Rap über dem Titel.

»We Will Rock You«/»We Are The Champions« sind natürlich auf zahlreichen Sport-Samplern von Vereinen und Stadien vertreten, außerdem gibt es einige »Kinder-Versionen«, die in den Soundtracks zu diversen Mickey-Mouse- und Donald-Duck-Comics zum Thema Sport zu hören sind.

Queen
Gründung 1971 • **Auflösung** 1991
Freddie Mercury (Faroukh Bulsara; *5. 9. 1946, †24. 11. 1991; Gesang, Keyboards)
Brian May (*19. 7. 1947; Gesang, Gitarre)
John Deacon (*19. 8. 1951; Bass)
Roger Taylor (Roger Meddows-Taylor; *26. 7. 1949; Schlagzeug)
Queen gehört zu den erfolgreichsten Rockbands der siebziger und achtziger Jahre, ihre stilsichere, teilweise ins Bombastische reichende Selbstinszenierung in Verbindung mit teils konventionellem, teils sehr hartem Rock verlieh der Gruppe einen unverwechselbaren Sound.
Alben
Sheer Heart Attack (1974) • A Night At The Opera (1975)
News Of The World (1977) • Jazz (1978) • The Game (1980)
Single-Hits
Bohemian Rhapsody (D 7, GB 1) • We Are The Champions (GB 2, US 4)
Crazy Little Thing Called Love (GB 2, US 1)
Another One Bites The Dust (D 6, GB 7, US 1) • Radio Ga Ga (D 2, GB 2)

When The Music's Over

Text und Musik: Jim Morrison, Robby Krieger,
Ray Manzarek & John Densmore

The Doors –
STRANGE DAYS

Copyright 1967
Verlag Doors Music, Inc.

Es ist fast unmöglich, von »When The Music's Over« der Doors zu sprechen, ohne im gleichen Atemzug an ein zweites Stück derselben Gruppe zu denken: an »The End«. Und wie so oft fiel die Beurteilung dieser beiden musikalischen Zwillingsschwestern bei den professionellen Kritikern und bei den Fans höchst unterschiedlich aus. Während die einen »When The Music's Over« als Abklatsch von »The End« bezeichneten, empfanden die anderen den Song als konsequente Weiterentwicklung und als einen der größten Rocksongs aller Zeiten.

»The End« war auf dem Debüt-Album THE DOORS im März 1967 erschienen und sprengte den Rahmen der damaligen Rockmusik. Allein schon die Länge von über elfeinhalb Minuten hatte mit dem üblichen Drei-Minuten-Format nichts mehr zu tun. Auch musikalisch eroberte der Song mit seinen schweren Orgelklängen, seinen filigranen Instrumentalsolos und vor allem mit der ungeheuer expressiven Stimme Jim Morrisons absolutes Neuland. Vor allem aber provozierte der Inhalt. In einem äußerst geschickt konstruierten Spannungsaufbau behandelt »The End« auf orgiastische Weise die Ödipus-

Sage – Beleg für Morrisons gestörtes Verhältnis zu seiner Familie. Der Text gipfelt schließlich in den Zeilen »Father I want to kill you, mother I want to fuck you«, die dem Song zwar zahlreiche Zensuren der öffentlichen Radiostationen einbrachte, ihn aber auch rasch sehr bekannt machte. So wurde THE DOORS nach dem nicht minder bilderstürmerischen SGT. PEPPER'S LONELY HEARTS CLUB BAND der Beatles zum meistverkauften Album des Jahres 1967.

Im Gegensatz zu »The End« ist »When The Music's Over« weniger eine geschlossene Einheit als vielmehr ein musikalisches Puzzle mit einem Text, der sich nur schwer erschließt und zahlreiche Anleihen aus experimentellen literarischen Vorlagen und aus der indianischen Mythologie bezieht: »Bevor ich in den Großen Schlaf versinke, möchte ich einmal den Schrei eines Schmetterlings hören. Komm zurück, Baby, in meine Arme, wir haben es doch satt, nur herumzuhängen. Leg deinen Kopf auf den Boden und warte – ich höre einen sehr sanften Klang. Ganz nah und doch weit entfernt, ganz sanft und doch sehr klar. Komm noch heute! Was haben sie mit unserer Erde gemacht, wie benehmen sie sich dieser treuen Schwester gegenüber? Sie verwüsten sie und plündern sie aus, sie schlitzen sie auf, beißen sie, und mit riesigen Messern stechen sie ihr in die Seite der Morgendämmerung, fesseln und quälen sie. Ich höre einen sehr sanften Klang, mit dem Ohr am Boden. Wir wollen die Welt zurück – und zwar jetzt sofort!!«

Rainer Moddemann schreibt dazu: »Hier spricht ein Schamane, Zeremonienmeister eines alten indianischen Stammes. ›Der Große Schlaf‹ bezeichnet den Tod als lang andauernden Schlaf, bis der Indianer geweckt wird, um seine Landstriche wieder nach dem Verschwinden des weißen Mannes durchstreifen zu können. Der Schamane horcht in die Erde, um Botschaften empfangen zu können, und hört den Klang der Erdenstimme. Mit dem in der indianischen Tradition verwurzelten Respekt vor der Natur wird die Erde als Schwester angesehen, die die Weißen ausgebeutet und von Osten her (›die Seite der Morgendämmerung‹) erobert hatten.« [1]

Jim Morrison als Schamane? Der Doors-Organist und Bassist Ray Manzarak erinnert sich 1990 in ähnlicher Weise: »Es war, als wenn nicht Jim Morrison auf der Bühne stehen würde, sondern ein Schamane. Jim Morrison war ein moderner Schamane, der ein Konzert von den Doors nutzte, um seine Botschaften in die Welt hinauszusenden; der den Moment des Augenblicks nutzte und seine Energie darauf verwandte, den Leuten mitzuteilen, dass sie zu sich selber kommen sollen, dass sie ihrer eigenen Person bewusst werden sollen und dass sie selbst eine Gottheit sind.« [2]

Musikalisch gesehen ist »When The Music's Over« eine Gratwanderung durch eine Welt unterschiedlichster Klänge. Das Stück beginnt mit einem schlichten, dabei ungemein eingängigen Motiv aus dem Wechsel von e-Moll(-Sept) und A-Dur. Wie ein Bordun-Ton bleibt das e die Basis, während die Töne darüber von h/d über a/cis nach g/h fallen und wieder zurücksteigen. Nach wenigen Sekunden baut sich durch die rhythmisch stark kontrastierenden Schlagzeug- und Bass-Stimmen eine spannungsgeladene Atmosphäre auf, die sich bei 0:27 in einem mächtigen Schrei entlädt. Das Stück besitzt keinen konventionellen Aufbau nach Strophe und Refrain. Wenn man ein Zentralmotiv herausfiltern möchte, dann am ehesten die Zeilen ab 1:03, »When the music's over« (drei Mal), »turn out the lights« (wieder drei Mal). Nach der Wiederholung des gesamten Motivs folgt die Erklärung dieser profanen Aussage: weil die Musik der einzige Freund ist, den man hat; wenn sie vorbei ist, ist alles vorüber.

Ab 2:52 folgt ein knapp einminütiges verwirrendes Synthesizer-Solo, das aus jaulenden und sich dissonant beißenden Moog-Klängen besteht. Es folgen einige Wortspiele, bevor das Stück ab 5:21 in jene inhaltlich zentrale, lange Textpassage mündet, die oben bereits vorgestellt wurde. Die Begleitung der Band nimmt sich stark zurück, besteht größtenteils nur aus einem sehr sporadischen, freien Schlagzeug und einem durchgehenden Bass, der ständig einen Wechsel zwischen e-Moll und einem A-Dur-Nonen-Akkord spielt. Bei 7:55 schließlich die lautstarke Forderung »We want the world and we want it now!«, bevor anschließend die gesamte Gruppe wieder einsteigt und auf Orgel und Gitarre eine mitreißende Kollektiv-Improvisation abliefert. Jim Morrison unterstützt die ekstatische Stimmung mit Wortfetzen wie »Persian night – see the light – save us – Jesus«.

Allmählich beruhigt sich der Song wieder und fällt ab 9:40 in sein Eingangsmotiv zurück. Ein letztes Mal wird beschworen, das Licht zu löschen, wenn die Musik vorbei ist, denn die Musik ist dein einziger Freund, bis zum Ende. Mit einem gezogenen »until the end« findet schließlich auch »When The Music's Over« nach fast elf Minuten Laufzeit sein Ende.

»When The Music's Over« ist das vielleicht beste Beispiel dafür, wie gut die Doors als Gruppe aufeinander eingespielt waren. Der Schlagzeuger John Densmore: »›When The Music's Over‹ wurde als Instrumental aufgenommen. Ohne Jim, der zu der Recording-Session nicht aufgetaucht war. Doch wir hatten den Song schon oft gespielt und wussten genau, wann und wo Jim bestimmte Sachen singen würde. Am nächsten Tag kam er dann, stellte sich in seine Gesangskabine, und der Gesang wurde in einem einzigen Take aufgenommen. Wir hatten es am Tag zuvor geschafft, selbst kleine Nuancen von Jims Text einzuplanen, die er wahrscheinlich bringen würde. Es klappte vorzüglich.« [3]

»When The Music's Over« wurde zu einem der Paradesongs der Doors und durfte bei ihren Konzerten nie fehlen. Die Band machte aus dem Stück oft geradezu eine Rockmesse und dehnte das Ganze – wie übrigens auch »The End« – auf bis zu zwanzig Minuten aus. (Von den Live-Aufnahmen ist wohl jene viertelstündige Version am mitreißendsten, die man auf dem Live-Doppelalbum THE DOORS IN CONCERT hören kann.) »When The Music's Over« ist derart stark an die Doors und an Jim Morrison gebunden, dass es bis auf eine nur fünf Minuten lange Hardrock-Version einer Gruppe namens Controlled Bleeding keine Cover-Versionen des Songs gibt.

The Doors

Gründung 1965 • **Auflösung** 1973

Jim Morrison (*8. 12. 1943, †3. 7. 1971; Gesang)

Robby Krieger (*8. 1. 1946; Gitarre)

Ray Manzarek (*12. 2. 1939; Keyboards, Bass)

John Densmore (*1. 12. 1944; Schlagzeug)

The Doors gehören zu den einflussreichsten Bands im Amerika der späten sechziger Jahre, sie boten musikalisch ausgefeilte, intelligente Undergroundmusik. Der Sänger Jim Morrison erlangte nach seinem frühen Tod ähnlichen Kultstatus wie etwa Jimi Hendrix oder Janis Joplin.

Alben

The Doors (1967) • Strange Days (1967) • Waiting For The Sun (1968)
The Soft Parade (1969) • Morrison Hotel (1970)

Single-Hits

Light My Fire (GB 7, US 1) • Hello, I Love You (US 1) • Touch Me (US 3)

Whole Lotta Love

Text und Musik: Jimmy Page, Robert Plant,
John Paul Jones & John Bonham

Led Zeppelin –
LED ZEPPELIN II

Copyright 1969
Verlag Superhype
Publ.

Cover-Versionen
Perry Farrell
James Taylor Quartet
King Curtis
Tina Turner

Es gibt Rocksongs, die eigentlich nur auf einem einzigen Riff aufgebaut sind. »Whole Lotta Love« von Led Zeppelin ist dafür vielleicht das berühmteste Beispiel – auch nach über dreißig Jahren noch mitreißend und sicherlich *der* Prototyp des Heavy Metal. Der Riff h–d–h–d–e ist die komplette musikalische Basis des Stücks, das sich nicht von e-Moll fortbewegt. Doch wer glaubt, dass bei so viel Einfachheit am Ende auch ein simpler Song herauskommen muss, sieht sich getäuscht. »Whole Lotta Love« ist ein Paradebeispiel dafür, was eine phantasievolle Band aus einem griffigen Thema herausholen kann.

Der textliche Gehalt des Stücks ist knapp und einfach. In die heutige Sprache übersetzt: Ich weiß ganz genau, Mädchen, dass du nur bei mir die mega-affen-turbo-geile Super-Liebe findest, die du brauchst. Du willst sie doch, oder? – »Wanna whole lotta love?« Dass es sich bei dieser Liebe bestimmt nicht um eine platonische Form handelt, machen nicht nur die Lyrics, sondern vor allem die hitzige und schweißtreibende Musik deutlich.

Woher der markerschütternde Riff des Songs stammt, weiß im Nachhinein offenbar keiner mehr so genau. In den Liner-Notes zur 4-CD-Werkschau LED ZEPPELIN glaubt sich der Bassist John Paul Jones zu erinnern, dass die Phrase während der »Dazed And Confused«-Session für die erste LP der Band entstanden sei. Der Sänger Robert Plant ergänzt: »Egal, wo es herkommt, ›Whole Lotta Love‹ hing völlig an diesem Riff. Alle Hochachtung gebührt Jimmy [Page] und seinen Riffs. Sie waren meistens in E und man konnte gut mit ihnen herumspielen.«[1]

»Whole Lotta Love« beginnt nach einem winzigen Fetzen Studiogeräusch, das sich nach Plants heiserem Lachen anhört, mit Pages schwerem Gibson-Sound, der das Motiv vorstellt. Der Bass steigt unisono ein, und vor diesem pulsierenden Background erklärt Plant seinem »baby« und »honey«, was es/sie will. Mit dem ersten Refrain treibt auch John Bonham am Schlagzeug den Song mit an. Plant fragt suggestiv »Wanna whole lotta love?«, und Page ersetzt den Riff vier Takte lang durch eine nach unten glissandierende Gitarre. Dieser Slide-Effekt wurde mit einem Metallrohr statt mit dem sonst gebräuchlicheren Glas-Bottleneck erzeugt, um eine größere Klangschärfe zu erzielen.

Nach Strophe Zwei ab 1:22 steigt der Song aus dem Riff völlig aus und verliert sich in allerlei Perkussion, die stark mit Hall unterlegt

ist. Ab 1:43 taucht ein verwirrendes und chaotisches, nur durch
Bonhams Hi-Hat zusammengehaltenes Klangspektakel auf, das Page
mit diversen Gitarren und allen Verfremdungsmöglichkeiten schuf,
die zur Verfügung standen. Am ehesten kann man diese mit viel
Rückwärts-Echo aufbereiteten Klangfetzen als Sound-Orgasmus beschreiben, und auch Plants Gestöhne hat wohl kaum den Sinn, vom
Gegenteil zu überzeugen.

Bei 3:02 gelangt das Stück wieder auf die Erde, eine kurze Schlag-
zeugsequenz führt zu einem knappen, dabei aber sehr konzentrierten Gitarrensolo, bis ab 3:21 die dritte Strophe einsetzt. Noch einmal wird der Song jäh unterbrochen: nach dem dritten Refrain, wo
Plant ohne Begleitung die Worte dehnt und zerrt und zieht: »Way
down inside, woman, you need love.« Um den dynamischen Unterschied zur klanglichen »Sättigung« des stampfenden Songs nicht zu
groß werden zu lassen, ist auch hier ein leises Rückwärts-Echo eingesetzt. Ab 4:28 setzt schließlich wieder der Riff ein, auf dessen
Basis Plant über seinem Thema variiert, bis ab 5:20 das Stück ausblendet.

»Whole Lotta Love« war der Eröffnungskracher des zweiten Led-
Zeppelin-Albums. Diese Platte war von Beginn an unerhört erfolg-
reich und wurde schon am Tag ihres Erscheinens vergoldet. Im
Herbst 1969 erschienen sehr zeitnah die ebenfalls Popgeschichte
schreibenden Alben ABBEY ROAD von den Beatles, LET IT BLEED von
den Rolling Stones und BRIDGE OVER TROUBLED WATER von Simon
& Garfunkel, und diese Alben lieferten sich mit LED ZEPPELIN II
dauerhafte Kämpfe um Platz Eins der Albumcharts. »Whole Lotta
Love« als potenzielle Zugnummer wurde dabei im Gegensatz zu
»Come Together«/»Something« oder auch »El Condor Pasa«/
»Cecilia« von den Radiostationen nahezu übersehen. Vor allem die
Top-40-Sender übergingen den Titel, weil dieser mit fünfeinhalb
Minuten Länge das Drei-Minuten-Schema der Stationen entschie-
den sprengte.

Einige der Sender gingen deshalb eigenmächtig einfach daran, den
Song in der Mitte zu kürzen. Dies rief eine rege Nachfrage nach
einer Single-Version von »Whole Lotta Love« hervor, was wiederum
die Plattenfirma Atlantic zu einer entsprechenden Kurzversion ani-
mierte. Gegen den erklärten Widerstand der Gruppe wurde ein
Monat nach LED ZEPPELIN II die Single »Whole Lotta Love«/
»Living Loving Maid« veröffentlicht, die sich prompt in die gehobe-
nen Regionen emporschwang (in den USA auf Platz Vier, in
Deutschland auf Platz Eins). Doch vom künstlerischen Standpunkt
aus gesehen ist die Single nicht verdichtend verkürzt, sondern
schlicht kastriert: Am Anfang fehlt das kleine Studio-Cluster (was
sicherlich zu verkraften wäre), doch eine entscheidende Einschrän-

kung ist, dass der gesamte Klangcollagen-Part (1:22 bis 3:02) einfach herausgeschnitten wurde. Die Schnittstelle wurde zudem nicht übermäßig sorgfältig gearbeitet, man kann sich also gut vorstellen, wie hier einem Studio-Perfektionisten wie Page die Haare zu Berge gestanden haben mussten. Außerdem wurde der Schlussriff einfach um über eine halbe Minute früher als auf dem Album ausgeblendet; es fehlt also der gesamte letzte Gesangsteil Plants. Als auch Atlantik U.K. Anstalten machte, in Großbritannien mit einer Single auf den Markt zu gehen, legte sich die Band wiederum quer, diesmal mit Erfolg.

Jimmy Page wie auch Robert Plant spielten »Whole Lotta Love« im Rahmen ihrer Solokarrieren später getrennt ein, doch auch Led Zeppelin veröffentlichte auf THE SONG REMAINS THE SAME eine Live-Version. Doch alles, was im Original griffig und stimmig erscheint, wird hier aus- und überdehnt, der Song ist letztlich nur noch ein beliebiges Vehikel für Improvisationen, die in eine ziemlich allgemeine Boogie-Woogie-Variation münden, was im Grunde nichts mit »Whole Lotta Love« zu tun hat.

»Whole Lotta Love« wurde wegen der kraftvollen Eingängigkeit des Riffs natürlich häufig gecovert. Perry Farrell etwa zerlegt den Song in völlig unzusammenhängende Bestandteile, das James Taylor Quartet präsentiert ihn in funkigem Jazzambiente. Der Saxofonist King Curtis intoniert »Whole Lotta Love« auf dem Album LIVE AT THE FILLMORE WEST nur recht kurz, während Soulrock-Röhre Tina Turner das Stück so interpretiert, wie man es von ihr erwarten darf: schnell, rhythmisch und mitreißend. Doch bei all diesen (und anderen) Aufnahmen geht die archaische Wucht des Riffs mal mehr, mal weniger unter. Deshalb ist wohl auch aus heutiger Sicht die Originalaufnahme die nach wie vor beste, weil sie sich ganz auf das Wesen des Songs konzentriert: auf seinen Riff.

Led Zeppelin
Gründung 1968 • **Auflösung** 1980
Robert Plant (*20. 8. 1947; Gesang)
Jimmy Page (*9. 1. 1944; Gitarre)
John Paul Jones (John Baldwin; *3. 1. 1946; Bass, Keyboards)
John Bonham (*31. 5. 1947, †25. 9. 1980; Schlagzeug)
Led Zeppelin war der Prototyp einer am Blues orientierten Hardrock-Band, die stets experimentierfreudig unterschiedlichste Stile und Klänge integrierte.
Alben
Led Zeppelin I (1969) • Led Zeppelin II (1969) • Led Zeppelin III (1970)
Led Zeppelin IV (1971) • Physical Gravity (1975)
Single-Hits
Whole Lotta Love (D 1, US 4) • Immigrant Song (D 1) • The Ocean (D 8)

Wind Of Change

Text und Musik: Klaus Meine

Die Scorpions sind ein gutes Beispiel dafür, wie schwer es für eine Band ist, ein einmal entstandenes Image wieder loszuwerden, und das gleich in zweierlei Hinsicht: Zum einen besaß die Gruppe lange das so genannte »Krautrock-Image«, das den meisten deutschen Gruppen anhaftete, die in den sechziger Jahren gegründet wurden. Darunter verstand man neben einer gewissen musikalischen Unprofessionalität vor allem einen eher biederen Lebensstil in bundesdeutschen Vororten. In puncto Professionalität brauchen sich die Scorpions zwar vor keiner anderen Band der Welt zu verstecken, doch ihr Lifestyle ist in der Tat nicht unbedingt Hardrock-typisch, wie auch der Spiegel anmerkte: »Keine Häuser in Malibu oder auf den Dächern Manhattans, keine zertrümmerten Hotelzimmer, kein wüster Rock'n'Roll-Terror mit Schweinen im Flugzeug oder zu Kleinholz zerdroschenen Gitarren: viel Milch, wenig Kakao auf der Kinderschokoladenseite der Popmusik.«[1]

Das zweite Imageproblem ergab sich aus der Stilisierung der Scorpions als ultraharte Rockband. Dies verstellt leicht den Blick darauf, dass die wahre Stärke der Gruppe vielleicht doch eher in den sanfteren Stücken und Balladen liegt. »Wind Of Change« ist hierfür das wohl beste (und kommerziell außerordentlich erfolgreiche) Beispiel.

Der Song ist auf den ersten Blick recht einfach aufgebaut. Die Harmonien beschränken sich auf C-Dur, F-Dur und G-Dur, dazu die Parallelen a-Moll und d-Moll sowie die V. Stufe zu a-Moll, E-Dur (-Sept). Um zu verhindern, dass die Songstruktur allzu konventionell gerät, fügte der Komponist Klaus Meine geschickt ein paar kleine Unregelmäßigkeiten ein: Zunächst lässt er das C-Dur-Stück auf der IV. Stufe F-Dur und dem dazugehörigen Mollakkord d-Moll beginnen (und auch schließen). So liegt vom ersten Ton an eine spürbare Spannung in der Luft, die nach harmonischer Auflösung ruft. Zweitens schiebt er am Ende des Eingangsmotivs sowie in die Strophen jeweils einzelne Zwei-Viertel-Takte ein, die den gemächlichen Vier-Viertel-Rhythmus wirkungsvoll unterbrechen und zugleich forcieren (bei 0:19, 0:33, 0:48, 1:08, 1:22, 1:38, 2:18, 2:32). Schließlich platziert er die Bridge (ab 3:13) an eine recht ungewöhnliche Stelle – nämlich nicht zwischen die Strophen, sondern fast an das Ende des Songs, wo nur noch der Refrain wiederholt wird.

Klaus Meine sagte 1990 zur Entstehung des Stücks: »Die Idee dazu ist mir in der UdSSR gekommen, als ich in einer Sommernacht im Gorki Park Center saß und auf die Moskwa blickte. Ursprünglich

Scorpions –
CRAZY WORLD

Copyright 1990
Verlag Pri Music Inc.

Cover-Version
James Galway

361

hatte ich es nur so für mich aufgeschrieben. Das Lied ist meine persönliche Aufarbeitung dessen, was in den letzten zwei Jahren in der Welt passiert ist. Diesen Wind der Veränderung, der wie ein Sturm durch Ost und West geblasen ist, haben wir ja in Moskau und Leningrad [bei einer Tournee] am eigenen Leib spüren können, er hat uns ebenfalls ein Stückchen getrieben.«[2]

Der Song beginnt mit einem schwebenden Synthesizer, dann zunächst einer, schließlich noch einer zweiten E-Gitarre und einer melancholischen Melodie, die scheinbar eher beiläufig dahingepfiffen wird. In der ersten Strophe erfahren wir mehr: Der Protagonist des Stücks schlendert in einer Augustnacht die Moskwa hinunter zum Gorki Park; eine Gruppe von Soldaten kommt vorbei, und alle hören den Wind der Veränderung.

Unser Mann schlendert pfeifend weiter. Eine akustische Gitarre übernimmt das rhythmische Kommando, der Sänger denkt darüber nach, ob jetzt, wo Ost und West einander näher gerückt sind, sich auch die Menschen so nahe kommen können wie Brüder. Man spürt es überall, eine ganz neue Zukunft liegt in der Luft.

Zusammen mit einem wuchtigen Schlagzeug fällt zum ersten Mal der Refrain ein. Auf geradezu hymnische Weise beschwört er den Zauber einer wunderbaren Nacht, in der die Kinder sich verträumt dem Wind der Veränderung hingeben können. Unsere Person spaziert weiter, die Vergangenheit ist endgültig überwunden, auf dem Weg zwischen Moskwa und Gorki Park hört man nur den Wind der Veränderung.

Nach zwei Refrain-Durchläufen scheint der Song für kurze Zeit aus der strahlenden C-Dur-Höhe in das etwas schwerere a-Moll der Bridge zu sinken: Der Wind der Veränderung bläst der Zeit kräftig ins Gesicht, doch letztlich wird nur die Glocke der Freiheit zum Schwingen gebracht. Die Grenzen sind überwunden, die Balalaika soll spielen, was die Gitarre singen möchte. Es folgen wiederum zwei Refrain-Durchgänge, bevor der Sänger pfeifend wie zu Anfang aus dem Lied schlendert.

»Wind Of Change« war ein Mega-Seller, die erfolgreichste Single der Scorpions. In Deutschland erreichte der Titel Platz Eins der Charts, in Großbritannien Platz Zwei und in den USA immerhin Platz Vier. Doch die größte Anerkennung und Ehrung erfuhr das Lied wohl dadurch, dass 1991 der damalige Staatspräsident der UdSSR, Michail Gorbatschow, die Gruppe in Anerkennung ihres Popbeitrags zur Überwindung des Kalten Krieges im Kreml empfing.

»Wind Of Change« ist sehr eng mit seiner Zeit und mit der Gruppe Scorpions verwoben, so ist es nicht verwunderlich, dass es – vielleicht außer von James Galway – eigentlich keine nennenswerten Cover-Versionen davon gibt. Die Scorpions selbst haben den Song noch zwei Mal live eingespielt: auf dem Album LIVE BITES (1995) und – »unplugged« mit viel Romantik und Balalaika-Klängen – im Jahr 2001 auf ACOUSTICA.

Scorpions

Gründung 1969

Klaus Meine (*25. 5. 1948; Gesang)

Rudolf Schenker (*31. 8. 1948; Gitarre)

Mathias Jabs (*25. 10. 1956; Gitarre)

Ralph Riekermann (*19. 2. 1950; Bass)

Herman Rarebell (*18. 11. 1949; Schlagzeug)

Im Laufe der langen Band-Biografie wechselnde Mitglieder: Francis Buchholz, Wolfgang Dziony, Bernd Hegner, Lothar Heimberg, Werner Hoyer, Achim Kirchhoff, Achim Kirschning, James Kottak, Rudy Lenners, Jürgen Rosenthal, Ulrich Roth, Michael Schenker, Karl-Heinz Vollmer und Ulrich Worobiec

Die **Scorpions** sind eine der ersten deutschen Hardrock-Bands, sie zeigten vor allem in der späteren Phase ihrer Karriere eine große Begabung für langsame Rockballaden.

Alben

Virgin Killer (1976) • Lovedrive (1979) • Love At First Sting (1984)

Crazy World (1990) • Acoustica (2001)

Single-Hit

Wind Of Change (D 1, GB 2, US 4)

With A Little Help From My Friends
Text und Musik: John Lennon & Paul McCartney

Various Artists –
WOODSTOCK, THREE
DAYS OF LOVE AND
PEACE

Copyright 1967
Verlag Northern
Songs

Cover-Versionen
Santana
Herb Alpert
Barbra Streisand
Richie Havens

»With A Little Help From My Friends« der Beatles erschien im Original 1967 auf dem epochalen Album SGT. PEPPER'S LONELY HEARTS CLUB BAND. Doch nicht diese Aufnahme schrieb Rockgeschichte, sondern ein einziger Auftritt Joe Cockers auf dem Woodstock-Festival machte aus dem eher harmlosen Song eine der ganz großen Hymnen dieses legendenumwobenen Rockkonzerts.

Doch werfen wir zunächst einen Blick auf den Originalsong, quasi das Ausgangsmaterial, das Joe Cocker zur Verfügung stand: Der Song besteht aus drei Strophen, jeweils mit Refrain, dazu je eine Bridge nach Strophe Zwei und Drei, die Hauptmelodie bewegt sich innerhalb einer Quinte (zwischen e und h), was dem eher geringen Stimmumfang von Ringo Starr auf den Leib geschneidert war. Nur in der Bridge geht es hinauf bis zum hohen gis, diese Passagen wurden aber von McCartney und Lennon gesungen. (Starr musste für seinen Schlusston immerhin das hohe e treffen.)

Paul McCartney ist noch heute sehr stolz auf »With A Little Help From My Friends«: »Ich denke, es ist der beste Song, den wir jemals für Ringo geschrieben haben. Das Stück war eine waschechte Koproduktion von John und mir, ein Vehikel für Ringo. Man kann auch sagen, eine kleine Demonstration unseres handwerklichen Könnens. Lieder für Ringo zu schreiben – das war so ähnlich, fand ich, wie die Komposition der Titelmusik für einen James-Bond-Film. Es war eine Herausforderung, eine eher ungewöhnliche Aufgabe für John und mich, denn für Ringo mussten wir in einer bestimmten Tonart schreiben, und die Sache durfte nicht ganz so ernst sein.«[1]

Schon kurz nach dem Erscheinen von SGT. PEPPER'S wurde der noch unbekannte Sänger Joe Cocker von dem Song in Bann geschlagen. Er trommelte im darauf folgenden Jahr einige Musiker, darunter Stevie Winwood und Jim Capaldi von der Gruppe Traffic, zusammen, um das Stück einzuspielen, doch der Funke sprang zunächst nicht über. Bei einem weiteren Termin kam noch Jimmy Page dazu, der später mit Led Zeppelin zum Weltstar werden sollte. Diesmal gelang die Aufnahme, sie wurde als Single veröffentlicht und kletterte in den Charts rasch nach oben.

Cocker machte aus dem schlichten Lied eine treibende und schäumende Rhythm-&-Blues-Tour-de-Force, die in einen Drei-Viertel-Takt umgesetzt war. Petra Zeitz trifft es genau: »›With A Little Help From My Friends‹ wurde *der* Joe-Cocker-Song. Obwohl es eine Cover-Version war, machte Joe es zu seinem ureigensten Lied, so dass es in Zukunft immer mehr mit ihm als mit den Beatles in

Verbindung gebracht wurde.«[2] Die Beatles zeigten sich von Cockers Version übrigens hellauf begeistert und sandten ein Glückwunsch-Telegramm.

Doch der Ruhm, den der Song für Cocker bedeutete, hing weniger mit der Hit-Single zusammen als vielmehr mit Cockers Präsentation auf dem Woodstock-Festival. »With A Little Help From My Friends« wurde zu einem der berühmtesten Songs dieses Megakonzerts, das durch nachträgliche Verklärung geradehin zum Mythos geworden ist: Vom 15. bis 18. August fand auf dem Gelände einer riesigen Milchfarm im Staat New York das erste Rockkonzert-Ereignis mit wahrlich globalen Ausmaßen statt. Die wichtigsten Bands und Künstler spielten drei Nächte hindurch ihre Musik. Cocker eröffnete am 17. August nachmittags den dritten Block, das Konzert ging die Nacht hindurch, und es folgten unter anderem: The Band, Johnny Winter, Ten Years After oder Crosby, Stills, Nash & Young, bevor am nächsten Morgen in strahlender Morgensonne Jimi Hendrix das Festival beendete (siehe hierzu ⇨»The Star Spangled Banner«).

Während Cockers Set zogen finstere Gewitterwolken herauf, und tatsächlich musste sein Auftritt wegen eines Wolkenbruchs und Gewittersturms abgebrochen werden. Der letzte Song, bevor Cocker mit seiner Band fluchtartig die Bühne verließ, war »With A Little Help From My Friends«. Man kann den Eindruck bekommen, Cocker legte in diesen Song all die Energie hinein, die er für den restlichen Auftritt »reserviert« hatte.

Das Stück setzt ein mit einer leisen Orgel, die in fast provozierend langsamem Tempo die Grundharmonien des Songs gebrochen intoniert, bis nach einer Viertelminute zusammen mit Bass und Schlagzeug die E-Gitarre mit den charakteristisch fallenden Tönen g–fis–e erklingt. Im Film sieht man Cocker in sich versunken seine typische »Luft-Gitarre« hampeln, was ihn offenbar so richtig in Stimmung bringt. Bei 1:09 beginnt er mit brüchiger Stimme die erste Strophe. Ab dem Refrain kommt ein hoher Satzgesang hinzu, der vor allem jene Passagen übernimmt, die im Original von Lennon und McCartney gesungen werden. Auch die Refrainzeilen kommen von dem Falsettchor, Joe Cocker improvisiert darüber in bester Rhythm-&-Blues-Manier.

Es folgen Strophe Zwei und Refrain, bis bei 2:52 die Bridge das schwere Stampfen des Songs wie mit einer Notbremse anhält. Hier und vor allem in der zweiten Bridge (ab 4:46) kreischt Cocker wie eine Säge durch das Stück – schöne Grüße an Janis Joplin! Nach 5:46 sinkt die Nummer für eine knappe halbe Minute in ruhiges und sanftes Fahrwasser, bis Tempo und Dynamik enorm anziehen und das Stück bis zum Ende nach fast acht Minuten in eine ekstatische und furiose Kollektiv-Improvisation mündet. Cocker bedankt sich artig für den Applaus, schnappt sich sein Bier und flüchtet vor dem hereinbrechenden Wetterinferno.

»With A Little Help From My Friends« gehört zu den Beatles-Titeln mit den meisten Cover-Versionen. Darunter finden sich Interpreten wie Santana, Herb Alpert, Barbra Streisand, Richie Havens, Sergio Mendes, Ike & Tina Turner, The Beach Boys und Wet Wet Wet. Doch eine derart geniale Version wie Joe Cocker ist keinem von ihnen auch nur annähernd gelungen.

Joe Cocker

Geboren 20. Mai 1944 in Sheffield, England

Gesang

Joe Cocker ist mit seiner rauen Stimme eines der Urgesteine des am Blues orientierten Rock.

Alben

With A Little Help From My Friends (1969) • Mad Dogs & Englishmen (1970)
Luxury You Can Afford (1978) • Sheffield Steel (1982) • Night Calls (1992)

Single-Hits

With A Little Help From My Friends (D 3, GB 1) • Delta Lady (GB 10)
The Letter (US 7) • You Are So Beautiful (US 5)
Up Where We Belong (mit Jennifer Warnes; D 6, GB 7, US 1)

Y

Text und Musik: H. Belelo, Jacques Morali
& Victor Willis

Als der französische Musikproduzent Jacques Morali Mitte der siebziger Jahre in Kontakt mit der schillernden und lebenslustigen New Yorker Schwulenszene in Greenwich Village kam, beschloss er bald, eine Formation zu gründen, die genau auf dieses Ambiente zugeschnitten sein sollte. Über Zeitungsannoncen suchte er Sänger, Schauspieler und Models, die er zu sechs Figuren stilisierte, die sowohl als homoerotisch attraktive wie auch als nationalistisch verwertbare Stereotypen einsetzbar waren: der G. I. (Briley), der Bauarbeiter (Hodo), der Leder- und Motorradtyp (Hughes), der Cowboy (Jones/Olson), der Indianer (Rose) und der Polizist (Simpson/Willis). Moralis Rechnung ging auf, sein mehrdeutiges und gekünsteltes Glamourwerk erreichte mit lasziven Disco-Songs wie »Y.M.C.A.« oder »In The Navy« Spitzenplätze der Hitparaden. Die Village People entwuchsen rasch der Schwulenwelt im Süden Manhattans und wurden für einige Jahre zu weltweit gefeierten Topstars der Disco-Szene. Der Ort, der in »Y.M.C.A.« so schwungvoll besungen wird, ist keine der weltweit bestehenden Anlaufstellen und Herbergen des Vereins christlicher junger Männer (deutsch CVJM), dieses Y.M.C.A. ist ein berühmt-berüchtigter Sado-Maso-Schwulen-Club in New York: »Junger Mann, komm, du musst dich nicht hängen lassen. Gib dir einen Ruck, du brauchst doch nicht unglücklich zu sein, bloß weil du dich in der neuen großen Stadt noch nicht auskennst. Da gibt's einen Ort, da kannst du hingehen und dich richtig gut amüsieren.« Es folgt im Refrain (erstmals ab 0:44) die geradezu hymnisch vorgetragene Empfehlung dieses Clubs: »Im Y.M.C.A. hat man einfach nur Spaß. Alles, was Männer dazu brauchen, gibt es dort, und du kannst tun und lassen, wonach dir gerade ist.« Damit ist der Inhalt des Stückes voll erfasst, denn auch in der zweiten und dritten Strophe versucht der Sänger, den angesprochenen »young man« zu einem Besuch im Y.M.C.A. zu überreden. Der Refrain bleibt ebenfalls bei seiner Kernaussage: »It's fun to stay at the Y.M.C.A.« Gerade die letztgenannte Zeile hat immer wieder kirchliche Stellen veranlasst, gegen die Ausstrahlung des Songs vehement zu protestieren – ohne Erfolg. Im Gegenteil, dies brachte der Band viel Publicity und Aufmerksamkeit beim breiten Publikum.

Durch seine sehr dichte Textur ist »Y.M.C.A.« eine ungemein treibende Disco-Nummer, die unaufhörlich zum Tanz auffordert. Beherrscht wird der Song durch einen geschickt gesetzten, dynamischen Bläsersatz, durch allerlei Perkussion und durch einen Disco-

Village People –
CRUISIN'

Copyright 1978
Verlag Scorpio Music
(Black Scorpio)
SACEM

Cover-Versionen
Del Rubio Triplets
Manhattan Brass Band
Green Bay Packers
Skunks
DJ Dero

typisch stampfenden geraden Schlag von Bass und Bass-Trommel auf den Vierteln. Und über allem schwebt der raffinierte Satzgesang, der zwischen Strophen und Refrain pendelt und im einen Fall suggestiv bedrängend, im anderen Fall überschwänglich preisend wirkt. Ob dieser Gesang wirklich von den sechs Mitgliedern der Village People stammt oder ob die Band vor dem Hintergrund von Playback-Bändern im Stile von Milli Vanilli nur zu singen vorgab – entsprechende Gerüchte kursierten immer wieder –, wird wohl niemals mehr zu klären sein, zumal der »Kopf« der Formation, Jacques Morali, 1991 im Alter von 44 Jahren tragischerweise an AIDS starb.

»Y.M.C.A.« ist in der Version der Village People auf unzähligen Disco-, Party- und Dance-Samplern enthalten, zum Teil auch etwas verfremdet, elektronisch bearbeitet oder in obskure Medleys eingepresst. Dass man den Song musikalisch aber auch außerhalb des Disco-Ambientes ansiedeln kann, zeigen eine Reihe von Fremdinterpretationen: Etwas kurios ist die Fassung des Gesangs-Trios Del Rubio Triplets. Drei mit akustischen Gitarren ausgestattete, nicht mehr ganz junge Damen präsentieren das Stück von der verruchten New Yorker Lasterhöhle als unschuldigen Folksong. Mit viel Drive und Latin-Feeling hingegen stellt die Manhattan Brass Band den Titel vor. »Y.M.C.A.« wird von den Green Bay Packers als Rocknummer eingespielt, und die Skunks zeigen, dass die schillernde urbane Laszivität auch eine Verbindung mit Punk einzugehen vermag. Und DJ Dero schließlich holt den Song aus den späten Siebzigern in die Dancefloor-Szene der Neunziger – als zeitgemäßen Rap.

Village People

Gründung 1977 • **Auflösung** 1983, seither zahlreiche Comeback-Versuche
Alexander Briley (*12. 4. 1951; Gesang)
David Hodo (*7. 7. 1947; Gesang)
Glen Hughes (*18. 7. 1950; Gesang)
Randy Jones (*13. 9. 1952; Gesang)
Felipe Rose (*12. 1. 1954; Gesang)
Ray Simpson (*15. 1. 1952; Gesang)
Weitere Mitglieder: Miles Jaye, Jeff Olson, Ray Stevens, Victor Willis und zahlreiche Gastsänger
Die **Village People** waren in den siebziger Jahren eine der klassischen Disco-Club-Bands, ihr Image ließen sie sich vor allem auf die Schwulenszene zuschneidern.
Alben
Village People (1977) • Cruisin' (1978) • Macho Man (1978)
Go West (1979) • Renaissance (1981)
Single-Hits
Y.M.C.A. (D 1, GB 1, US 2) • In The Navy (D 3, GB 2, US 3)
Can't Stop The Music (D 10)

Yesterday

Text und Musik: John Lennon & Paul McCartney

»Yesterday« ist der wohl geheimnisvollste und in vielerlei Hinsicht bemerkenswerteste Song der Beatles: Zum einen ist seine Entstehungsgeschichte ins diffuse Licht einer vagen Legende getaucht; zum Zweiten war sich McCartney lange Zeit nicht sicher, ob er den Song wirklich geschrieben hatte oder ob es das Stück nicht bereits schon längst gab – so vertraut war es ihm vom ersten Moment an; zum Dritten hatte er große Probleme mit der Präsentation des Liedes, das so gar nicht zum Image eines Rockmusikers passen wollte; zum Vierten war »Yesterday« im Grunde die erste Solo-Aufnahme eines Beatle, denn neben McCartney ist lediglich ein vom Produzenten George Martin engagiertes Streichquartett zu hören; zum Fünften schließlich – um die Kuriositätenliste an dieser Stelle zu beenden – wurde »Yesterday« zu dem Popstück mit den meisten Cover-Versionen aller Zeiten: Es existieren über 2500 verschiedene Einspielungen, das Who's who der gesamten populären Musik vom Schlager bis zum Jazz findet sich unter den Interpreten: Ray Charles, Elvis Presley, Benny Goodman, Placido Domingo, Willie Nelson, Frank Sinatra, The Temptations oder Sarah Vaughan.

Doch werfen wir zunächst einen kurzen Blick auf Musik und Text dieses jedem geläufigen Liedes. Das Stück besteht aus zwei Teilen: einem Strophenabschnitt, der zugleich auch Erkennungsmelodie und damit Refrain ist, und einer Bridge, die jeweils nach Strophe/ Refrain Zwei und Drei gespielt wird.

Der Zauber des Songs liegt in den Strophen/Refrains. Diese sind siebentaktig (statt einer üblicherweise zu erwartenden achttaktigen Anlage) und schieben dadurch das grundsätzlich äußerst sanfte Stück auf ungemein vitale und treibende Weise an. Damit läuft »Yesterday« gar nicht erst Gefahr, in die Banalität einer Schnulze zu verfallen. Eine Melodie, die schon beim ersten Hören vertraut erscheint, hebt sich in luftigen Sprüngen zum hohen f, um dann in sanften Bewegungen zum eine knappe Oktave tieferen a hinabzugleiten. Die harmonische Unterfütterung bewegt sich wie selbstverständlich von der Grundtonart F über e-Moll und A-Dur-Sept zur Parallele d-Moll, von dort über die IV. und V. Stufe B-Dur und C-Dur-Sept wieder zurück zu F-Dur, worauf sich zwei Takte über d-Moll-Sept, G-Dur-Sept, B-Dur und F-Dur wie im Kreise drehen.

Die Bridge ist deutlich konventioneller gehalten und besteht aus einer viertaktigen Phrase, die wiederholt wird: Auf einen Takt A-Dur-Sept (bei dem in der ersten Takthälfte noch die Quarte d eingeschoben ist) folgt eine Akkordprogression im Vier-Viertel-Schritt

The Beatles – Help!

Copyright 1965
Verlag Northern Songs

Cover-Versionen
Ray Charles
Elvis Presley
The Temptations
Willie Nelson
Diverse Jazz-Versionen

369

(d-Moll, C-Dur, B-Dur und d-Moll, in diesem Takt unterbricht McCartney sein Achtel-Zupfmuster und spielt die Akkorde in Vierteln), die sich über g-Moll-Sext und C-Dur-Sept nach F-Dur auflöst. Um bei der Bridge die Spannung zu erhalten, wurden zwei kleine produktionstechnische Tricks angewendet: Im ersten Durchlauf singt McCartney eine zweite Solostimme zur ersten (ab »… something wrong«, 0:52), in der zweiten Bridge wurde bei 1:25 eine auffällige Cello-Phrase hinauf zur – für »Yesterday« eigentlich völlig untypischen – »Blue Note« es hinzugefügt. McCartney bestand entgegen der zunächst geäußerten Bedenken des Produzenten auf dieser Ausschmückung, um dem Song so viel Eigenständigkeit wie möglich zu verleihen.

Für Gitarristen, die sich immer schon gewundert haben, warum sie nicht denselben Klang ihrer Klampfe hinbekommen wie McCartney auf der Beatles-Aufnahme, hier ein kleiner Tipp: Tricky Paul hat seine Gitarre einen Ganzton tiefer gestimmt und den Song dann in G gespielt. Damit bekam er die G-typischen »offenen Saiten«, die bei regulärem F-Spiel nicht zu erreichen sind.

Zum Inhalt: Nach zwei Takten Gitarreneinleitung denkt der Sänger in der erste Strophe an ein Gestern, in dem irgendwelche Sorgen noch weit entfernt schienen. Ab der zweiten Strophe kommt das bereits erwähnte Streichquartett zur Gitarrenbegleitung hinzu. George Martin hat das Arrangement bewusst sehr spartanisch gehalten: Die beiden Violinen, die Viola und das Cello unterstützen geradezu fröstelnd die melancholische Reflexion des Textes. Der Sänger ist plötzlich des gestrigen Glücks beraubt, findet sich im schattigen Jetzt. Dann die Bridge: Seine Liebste ist fort, er weiß nicht, warum; vielleicht ein falsches Wort? Zurück bleibt nur die Sehnsucht. Die dritte Strophe zeichnet nochmals den Gegensatz zwischen dem heiteren Gestern und dem ungeborgen kühlen Jetzt – und der Sehnsucht. Es wiederholen sich Bridge und dritte Strophe, bevor das Stück mit McCartneys gesummter Schlusskadenz frostig ausklingt.

McCartney ist mit »Yesterday« nicht nur der wohl berühmteste Popsong aller Zeiten geglückt, er hat mit dem Lied eine der ganz großen Melodien der gesamten Musikgeschichte geschrieben. Und es ranken sich, wie beschrieben, zahlreiche Geschichten um das Stück. Allein schon die Entstehung des Songs ist wie aus dem Märchenbuch gegriffen. McCartney erinnert sich (immer wieder mit winzigen Abweichungen): »Ich wachte morgens auf mit einer wunderhübschen Melodie im Kopf. Neben mir stand das Klavier, rechts vom Bett am Fenster. Ich stand auf, setzte mich an das Instrument, fand die Töne und prägte sie mir ein. Ich mochte die Melodie sehr gern, aber weil ich sie geträumt hatte, konnte ich nicht glauben, dass sie von mir stammte. Ich dachte: Nein, so was habe ich nie geschrieben. Aber ich hatte die Melodie, und das war das allergrößte Wunder.«[1] Und in der Tat war sich McCartney monatelang unsicher, ob er nicht doch eine bereits bestehende Melodie aus dem Unterbewusstsein hervorgekramt hatte. Immer wieder testete er den Song bei Freunden und Bekannten, ob nicht doch jemand das Stück erkennen würde. Der Text entstand übrigens einige Wochen nach der musikalischen Ausarbeitung des Liedes, diese fand auf der Basis des Text-Dummies »Scrambled eggs, oh my baby, how I love your legs ...« statt.

Es mag den einen oder anderen wundern, dass als Song-Autoren Lennon und McCartney verzeichnet sind, während die Urheberschaft gerade dieses Stücks durch McCartney völlig unbestritten ist. Doch dies war eine vereinbarte und unverbrüchliche Praxis bei den Beatles: Jede ihrer Nummern, die einer von beiden verfasste – freilich auch die gemeinsamen –, lief offiziell unter dem Namen beider Autoren. Dies ging sogar über die »Lebzeiten« der Band hinaus. Lennons ⇨»Give Peace A Chance« entstand nach der De-facto-Trennung der Beatles, trug aber noch deren Markenzeichen »Lennon-McCartney«.

Aus heutiger Sicht ist es ein Kuriosum, dass die Beatles zunächst Probleme mit der Veröffentlichung von »Yesterday« hatten, weil sie einen Konflikt mit ihrem Image als Rock'n'Roll-Band befürchteten. Dies erklärt, weshalb die Beatles »Yesterday« in Großbritannien nie als Single herausbrachten, sie den Song auf dem Album HELP! – gewiss nicht einer ihrer stärksten Platten – etwas verschämt als vorletztes Stück platzierten und sich auch die Live-Präsentationen für Beatles-Verhältnisse eher schüchtern ausnahmen, wie etwa die ANTHOLOGY-Videoaufnahme aus dem ABC Theatre deutlich zeigt.

Es macht hier keinen Sinn, die unzähligen Cover-Versionen von »Yesterday« zu besprechen, und natürlich hat auch Paul McCartney das Lied in seiner weiteren Karriere mehrmals eingespielt. Musikalisch am interessantesten sind allerdings jene Aufnahmen, in denen sich vornehmlich Jazzmusiker um Neudeutungen des Popklassikers bemühen. Der Leser sei hier stellvertretend für viele andere Einspielungen auf folgende Interpreten verwiesen: Benny Goodman, Herbie Mann, Wes Montgomery, Charlie Byrd, Ray Bryant, Ben Webster oder Tito Puente.

Wie gesagt: »Yesterday« ist zu hundert Prozent Paul McCartney. Vielleicht ist es gerade deshalb angebracht, das Schlusswort zu diesem Meisterwerk seinem kongenialen Beatles-Gegenpart John Lennon zu erteilen. Er äußerte sich darüber auf eine für ihn typische Weise: »Wir wissen alles über ›Yesterday‹. Ich bekam so viel Lob dafür, dabei ist es Pauls Song und sein Baby. Gut gemacht. Wunderschön. Und ich habe mir nie gewünscht, es selbst geschrieben zu haben.«[2] Und bei anderer Gelegenheit: »In einem Restaurant in Spanien bestand ein Geiger darauf, mir ›Yesterday‹ direkt ins Ohr zu spielen. Eines Tages wird er herausfinden, dass Paul es geschrieben hat. Aber ich schätze, er hätte schlecht von Tisch zu Tisch gehen und ›I Am The Walrus‹ spielen können.«[3]

The Beatles

Gründung 1960 • **Auflösung** 1970

John Lennon (*9. 10. 1940, †8. 12. 1980; Gesang, Gitarre, Harmonika, Keyboards)

Paul McCartney (*18. 6. 1942; Gesang, Bass, Gitarre, Keyboards)

George Harrison (*25. 2. 1943, †29. 11. 2001; Gesang, Gitarre)

Ringo Starr (Richard Starkey; *7. 7. 1940; Gesang, Schlagzeug)

The Beatles waren das wohl wichtigste Einzelphänomen der populären Kultur der sechziger Jahre. Ihr Einfluss auf die Rockmusik kann nicht hoch genug eingeschätzt werden, doch auch ihre gesellschaftspolitische Bedeutung war enorm.

Alben 1965–1967

Help! (1965) • Rubber Soul (1965) • Revolver (1966)

Sgt. Pepper's Lonely Hearts Club Band (1967) • Magical Mystery Tour (1967)

Single-Hits 1965–1967

Help! (D 2, GB 1, US 1) • Paperback Writer (D 1, GB 1, US 1)

Strawberry Fields Forever/Penny Lane (GB 2, US 8)

All You Need Is Love (D 1, GB 1, US 1) • Hello Goodbye (D 1, GB 1, US 1)

You've Got A Friend

Text und Musik: Carole King

Sie ist eine der größten Komponistinnen im Rock der sechziger und siebziger Jahre: Carole King – höchstens Joni Mitchell oder Judy Collins reichen vielleicht an sie heran. Zusammen mit ihrem ersten Ehemann Gerry Goffin verfasste sie Millionenseller wie »The Loco-Motion«, »Will You Love Me Tonight« oder »Chains«. Der letzte Titel wurde sogar von den Beatles aufgenommen, die bekanntlich den überwiegenden Teil ihres Songmaterials selbst schrieben und nur rund zwanzig Fremdkompositionen veröffentlichten.[1] Die King-Goffin-Teamarbeit endete 1967 mit dem Bruch ihrer Ehe, und von da an schrieb die sensible Musikerin auch die Texte ihrer Stücke selbst. 1968 wurde sie Mitglied der Gruppe City, die nach einer einzigen LP, NOW THAT EVERTHING'S BEEN SAID, allerdings wieder in der Versenkung verschwand. Carole Kings Beitrag für dieses Album war unter anderen ein Song, der zum Hohelied auf die Freundschaft wurde: »You've Got A Friend«.

»Wenn du niedergeschlagen und beunruhigt bist, weil einfach nichts klappen will, und du eine hilfreiche Hand benötigst, dann schließe deine Augen und denk an mich, und so schnell ich kann, werde ich bei dir sein.« Der Refrain versichert mit Bestimmtheit: »Ruf einfach meinen Namen, und egal, wo ich bin, ich werde zu dir eilen. Egal, ob Winter, Frühling, Sommer oder Herbst – wenn du mich rufst, werde ich sofort zu dir kommen. Du hast einen Freund.« – »Wenn sich der Himmel über dir verfinstert und dir der eisige Nordwind in die Knochen fährt, ruf mich einfach. Du hast einen Freund. Ist das nicht ein schönes Gefühl in einer Welt, in der die Menschen so schrecklich kalt und verletzend werden können? Sie wollen deine Seele, aber du wirst sie ihnen nicht geben. Du weißt ja, du musst mich nur rufen.« In diesen schlichten Worten fängt Carole King das Wesen einer frei von Ansprüchen gebliebenen, tiefen Freundschaft ein. Adressat der Worte war der Gitarrist und Sänger James Taylor, der damals eine tiefe Krise durchlebte. In Interviews sagte die Musikerin immer wieder, der Song sei ihr regelrecht zugeflogen und wie von selbst aus den Klaviertasten gesprungen.[2]

Der Songtext wird durch die musikalische Ausgestaltung von »You've Got A Friend« auf ideale Weise unterstützt und bestätigt das Urteil der NEW YORK TIMES, Kings Kompositionen seien »auf Jazz basierender Folkrock«.[3] Die Pianistin, die schon im Alter von vier Jahren intensiven Musikunterricht bekam, unterlegt die sanfte, im Grunde sehr unspektakuläre Melodie mit ausgefeilten harmonischen Bewegungen, wobei die Akkorde wie eben auch im Jazz mit

Carole King –
TAPESTRY

James Taylor –
MUD SLIDE SLIM AND
THE BLUES HORIZON

Copyright 1971
Verlag Screen Gems-Columbia Music Inc.

Cover-Versionen
Ella Fitzgerald
Lionel Hampton
Fatback Band
Patti Labelle
Jimmy Smith

zahlreichen Erweiterungen wie Großer Septime, None oder Undezime interessante Dissonanzen bilden. Dadurch erhält das Stück allem Wohlklang und aller Weichheit zum Trotz ein erhebliches Maß an innerer Spannung, das überhaupt nicht die Gefahr aufkommen lässt, den Gesamteindruck ins allzu Gefällige oder Seichte abrutschen zu lassen.

Carole King nahm »You've Got A Friend« für ihr Erfolgsalbum TAPESTRY 1971 neu auf. Das Lied richtet sich jetzt wohl eher an Kings zweiten Ehemann, den Bassisten Charles Larkey: Aus der freundschaftlich angebotenen »helping hand« ganz zu Beginn des Songs ist in der neuen Version nun ein »loving care« getreten. Die Einspielung ist sparsam und doch recht wirkungsvoll arrangiert. Neben ihrer Stimme bestimmt Kings eigene Klavierbegleitung den Sound. Alle anderen Elemente, Gitarre, Bass, Congas und dezente, fast frostige Streicher, sind nur mit großer Zurückhaltung vertreten. Zurück zum ursprünglichen Adressaten des Songs: James Taylor hatte nach vielen Jahren des Misserfolgs 1970 mit seinem Album SWEET BABY JAMES und vor allem mit seinem Song »Fire And Rain« den Durchbruch geschafft. In diesem autobiografischen Lied erzählt er von sehr verzweifelten Phasen seines Lebens: vom Tod einer Freundin, von seiner Drogensucht und seinem Aufenthalt in einer Nervenheilanstalt. 1971 nahm er für sein Folge-Album, MUD SLIDE SLIM AND THE BLUE HORIZON, Kings an ihn gerichtetes Lied auf. Seine Einspielung weicht nicht wesentlich von der seiner Freundin ab, vermittelt aber durch eine etwas größere Gefälligkeit erheblich gestiegene Hitparaden-Chancen: Das Stück ist etwas schneller geworden, und die Tonart ist vom eher dunklen As-Dur ins gitarrenfreundlichere, vor allem aber klanglich optimistischere und zugänglichere A-Dur gewandert. Schließlich erklingt statt dem – gemessen an der Zartheit des Songs vielleicht etwas zu wuchtigen – Klavier eine zweite Gitarre. Die Streicher fehlen völlig, stattdessen lässt ein sparsames Schlagzeug das Lied etwas rhythmischer erscheinen. Die kleinen, aber feinen Änderungen haben sich ausgezahlt, und Taylors Version kam kurz nach ihrem Erscheinen auf Platz Eins der US-Charts.

»You've Got A Friend« ist einer der ganz großen Songs der Rockmusik und gehört neben Stücken wie ⇨»Yesterday« oder ⇨»Blowin' In The Wind« zu den meistgecoverten Titeln des Rock. Zunächst hat die Weichheit des Liedes zahllose New-Age-Interpreten sowie Musiker und Orchester aus dem Easy-Listening-Bereich angesprochen: etwa Jim Cole, Dan Gibson, Greg Vail oder das Mantovani Orchestra, um nur wenige zu nennen. Auffallend ist, dass sich gerade auch viele Jazzer mit Carole Kings Loblied auf die Freundschaft beschäftigten: die legendäre Ella Fitzgerald, der Vibrafonist Lionel Hampton, der Bassist und Gitarrist Paul Upchurch, der Drummer

Bob Beldon oder die Latin-Formation Ana Caram. Als Gospel präsentieren die Five Blind Boys Of Mississippi das Lied ebenso wie das Sänger-Duo Angelo & Veronica (Petrucci) oder Karen Peck. Recht rockige Seiten haben Michael Cooper, Bobby Kimball und Mark Lindsey entdeckt, die Fatback Band interpretiert »You've Got A Friend« gar funkig. Al Green, der noch ganz junge Michael Jackson, Donny Hathaway und Patti Labelle bringen Versionen mit viel Soul zu Gehör, bei Jimmy Smith wird die Freundschaft jamaikanisch: Der Song ist hier als eine Reggae-Nummer aufgenommen. Und schließlich gibt es zahlreiche Einspielungen, die sich im Dreieck Pop-Schlager-Country bewegen, so zum Beispiel von Tom Jones, Petula Clark, Anne Murray, Bing Crosby, Dusty Springfield, Anita Kerr oder Lynn Anderson. Sie alle und viele, viele weitere haben das Lied gesungen, dessen zentrale Aussage allen Menschen zu wünschen bleibt: Du hast einen Freund.

Carole King
Carole Klein
Geboren 2. Februar 1942
Gesang, Gitarre, Keyboards
Carole King ist eine der erfolgreichsten Autorinnen und Interpretinnen sanfter Country- und Rockballaden.
Alben
Music (1971) • Tapestry (1971) • Rhymes And Reasons (1972)
Really Rosie (1975) • Simple Things (1977)
Single-Hits
It Might As Well Rain Until September (GB 3) • It's Too Late (GB 6, US 1)
Sweet Seasons (US 9) • Jazzman (US 2) • Nightingale (US 9)

James Taylor
Geboren 12. März 1948 in Boston, Massachusetts
Gesang, Gitarre, Keyboards
James Taylor hat sich vor allem durch seine sensiblen Interpretationen zumeist sanfter Country- und Rockballaden eine große Zuhörerschaft erobert.
Alben
James Taylor (1968) • Sweet Baby James (1970)
Mud Slide Slim And The Blue Horizon (1971) • JT (1977)
Dad Loves His Work (1981)
Single-Hits
Fire And Rain (US 3) • You've Got A Friend (GB 4, US 1) • Mockingbird (US 5)
How Sweet It Is (To Be Loved By You) (US 5) • Handy Man (US 4)

Your Song

Text und Musik: Elton John & Bernie Taupin

Elton John –
ELTON JOHN

Copyright 1969
Verlag Dick James
Music Ltd.

Cover-Versionen
Al Jarreau
Rod Stewart
Three Dog Night
Roger Whittaker
Lena Horn

Man kann nicht gerade behaupten, der Erfolg sei Elton John federleicht in den Schoß gefallen. Zum einen litt er in seiner Kindheit und Jugend sehr unter den ständigen Herabsetzungen seines Vaters, eines Fliegermajors. Zum anderen konnte sich der schüchterne und etwas unbeholfene Junge auch gegen die Hänseleien der Gleichaltrigen nicht wehren. Seine Beziehungen zu Mädchen und Frauen waren zudem wegen seiner latenten Homosexualität höchst problematisch, eine Verlobung verlief katastrophal und mündete in einen Selbstmordversuch des jungen Mannes.

Aber schon von Kindheit an gab es etwas, das Elton John das Gefühl gab, etwas Besonderes zu sein: seine Musik. Zu seinem großen Glück traf er 1967 den siebzehnjährigen Bernie Taupin, der als Song-Texter versuchte, bei einer Plattenfirma unterzukommen. Schon rasch verband die beiden jungen Männer eine innige Freundschaft. Elton John: »Mein ganzes Leben hatte ich mich nach einem Bruder und wirklich guten Freund gesehnt. Als Bernie und ich gemeinsam Songs schrieben, waren wir einander sehr nahe. Es war wie Magie. Ich liebte ihn. Es war keine körperliche Liebesbeziehung, sondern eine unglaublich starke Bindung zwischen zwei Menschen. Wir verstanden einander und wussten, was der andere brauchte.«[1]

Von einer solchen – und sicherlich *auch* von dieser – hingebungsvollen Liebe handelt »Your Song«, eines der schönsten Liebeslieder der Rockmusik und Elton Johns erster Single-Hit. In schlichten Worten, wie sie ergreifender kaum vorstellbar sind, wendet sich der Sänger an sein Gegenüber: »Ich hab so ein merkwürdiges Gefühl in mir, das ich auch nicht verstecken kann. Ach mein Freund, wenn ich Geld hätte, würde ich ein Haus für uns kaufen. Aber leider … Alles, wozu ich in der Lage bin, ist, ein Lied zu schreiben und es dir zu schenken. Und du kannst jedem erzählen, dass es *dein* Lied ist. Hoffentlich ist es nicht zu einfach geraten. Und ich hoffe auch, es stört dich nicht, wenn ich sage, wie wunderbar das Leben ist, weil es dich gibt.« Doch »Your Song« ist nicht nur eine Liebesbezeugung an einen Menschen, es ist auch eine Liebeserklärung an das »Gottesgeschenk der Musik«, wie Bernie Taupin verschiedentlich anmerkte. Er wollte mit dem Text ausdrücken, wie sehr er die gemeinsame Arbeit mit Elton John liebt und wie sehr er die Musik des Komponisten verehrt. Romantische oder gar erotische Gefühle stritt Taupin in Verbindung mit »Your Song« stets ab.

Die Produktionsweise des Teams Taupin/John war stets die gleiche: Zuerst entstand immer Taupins Text, den dann Elton John – häufig postwendend – vertonte. So auch »Your Song«, dessen Worte in einer recht profanen Situation entstanden, wie Taupin sich erinnert: »Ich schrieb den Text beim Frühstück. Das weiß ich noch, weil auf dem Papier noch immer Spuren von Eidotter zu sehen sind – so ähnlich wie bei einem Fleck, der entsteht, wenn man beim Arbeiten die Kaffeetasse auf das Papier stellt.«[2]

»Your Song« ist ganz konventionell aufgebaut: Strophen Eins und Zwei, Refrain, Strophen Drei und Vier und wieder Refrain. Auch die harmonische Ausgestaltung ist geläufig. Der Song in Es-Dur kommt mit den Grundharmonien Es-Dur, As-Dur und B-Dur sowie den dazugehörenden Parallelen c-Moll, f-Moll und g-Moll aus. Nur im ersten Takt der Strophen ist As-Dur um die Große Septe g erweitert. Harmonische Spannung entsteht in diesem außerordentlich sanften Lied durch eine geschickte Gestaltung der Basslinie. So ist der Bass häufig um eine Terz vom Grundton jener Harmonie entfernt, die gerade den Song trägt. Die Harmoniewechsel folgen stetig und immer nach einem halben Takt. Nur im jeweils dritten und vierten Takt der Strophen ruht das Stück über eineinhalb Takte auf c-Moll, hier führt eine abfallende Basslinie c–b–a den Wechsel-Rhythmus fort.

Strophen wie Refrain sind jeweils achttaktig und stehen im Vier-Viertel-Takt, am Ende einer jeden Strophe wie auch der Refrain-durchgänge ist ein zusätzlicher Zwei-Viertel-Takt eingeschoben, dies beschert dem Song eine reizvolle rhythmische Unregelmäßigkeit.

»Your Song« wurde vielfach gecovert, auffallend sind die zahlreichen Instrumental- und Orchester-Versionen. Doch auch eine Reihe von Rock-, Jazz- und Schlagersängern haben das Lied aufgenommen: Steve Hall, Bobby Goldsboro, Rod Stewart, Roger Whittaker, Richard Barnes, Lena Horne, Anita Kerr, Gary Tesca oder auch die Gruppen The New Seekers und Three Dog Night, um hier nur einige aufzuzählen. Die nach meinem Dafürhalten schönste Fassung von »Your Song« überhaupt stammt von Al Jarreau aus dem Jahr 1976. Bei jedem anderen, der über eine weniger ausdrucksstarke Stimme und ein geringeres Gesangspotenzial verfügt, würde das von glockigem Fender Rhodes E-Piano und von Streichern dominierte Arrangement heillos in den schlimmsten Kitsch abrutschen. Nicht so hier. Jarreau *singt* das Lied nicht einfach nur, er *wird* zum Lied: Er kriecht in jedes einzelne Wort und in jeden einzelnen Ton förmlich hinein, stottert, gluckst, schreit, murmelt und haucht seine Liebe in die Welt; er nimmt sich außerdem die künstlerische Freiheit, mit einem Songzitat aus ⇨»(Sittin' On) The Dock Of The Bay« am Schluss seiner Interpretation den Adressaten seiner musikalischen Liebeserklärung zu nennen: die 1967 tödlich verunglückte Soul-Legende Otis Redding.

»Your Song« ist eben eine – sehr stille – Hymne für alle Formen von tief empfundener Liebe, denn was gibt es Schöneres auf der Welt, als mit vollem Ernst sagen zu können: »Das Leben ist wunderbar, weil es dich gibt.«

Elton John
Reginald Dwight
Geboren 25. März 1947 in Pinner, Middlesex, England
Gesang, Keyboards
Elton John ist einer der Superstars der siebziger und achtziger Jahre und ist nach dem Autorenteam Lennon-McCartney der erfolgreichste Songschreiber der Rockmusik.
Alben 1969–1971
Empty Sky (1969) • Elton John (1970) • Tumbleweed Connection (1971) Friends (1971) • Madman Across The Water (1971)
Single-Hit 1969–1971
Your Song (GB 7, US 8)

Z

Ziggy Stardust

Text und Musik: David Bowie

Es gibt nur relativ wenige Alben, die das Gesicht der Rockmusik nachhaltig verändern konnten: BRINGING IT ALL BACK HOME von Bob Dylan etwa, PET SOUNDS von den Beach Boys, SGT. PEPPER'S von den Beatles, SONGS IN THE KEY OF LIFE von Stevie Wonder, NEVER MIND THE BOLLOCKS der Sex Pistols oder Michael Jacksons THRILLER. Einen ähnlichen Markstein setzte David Bowie mit THE RISE AND FALL OF ZIGGY STARDUST AND THE SPIDERS FROM MARS – wobei das Album nur die Hälfte des Spektakels darstellte. Nicht davon abzukoppeln war Bowies Bühnenpräsentation, die das Projekt zur Premiere des Rock als multimedialer Kunst werden ließ. Das Ganze war eine bizarre Show mit futuristischen Bühnenaufbauten, vor denen die Band in ständig wechselnden Glamour-Gewändern und Kostümen ihre Musik darbot.

Auf der Suche nach Erfolg war Bowie schon in viele Rollen geschlüpft: in die des Rockers, des Schauspielers, des schwulen Folkies. Doch erst mit der androgynen Figur des Glamour-Stars Ziggy Stardust fand er das Image, das ihn weltberühmt machte.

Das gesamte Projekt ist im Grunde ein modernes Sciencefiction-Märchen: Der Untergang der Erde ist nur noch fünf Jahre entfernt, da bis dahin alle Rohstoffe aufgebraucht sein werden. Als Trost für diese düstere Prophezeiung gibt es für die jungen Leute alle möglichen Drogen im Überfluss. Einer von ihnen ist der Gitarrist Ziggy Stardust. Weil die Rundfunkstationen aus Strommangel nicht mehr senden können, singt er die – fast immer schrecklichen – Nachrichten auf der Straße vor.

Da wird er im Traum aufgefordert, ein Stück über außerirdische Sternenwesen zu schreiben (»Starman«), die die Erde vielleicht noch retten könnten – ein vager Hoffnungsschimmer. Doch als die Außerirdischen auf die Erde kommen, zeigen sie sich gänzlich unberührt von den Sorgen der Menschen. Körperlich wären sie auch gar nicht in der Lage, etwas zu verändern, weil sie aus einer Art Anti-Materie bestehen. Ziggy Stardust hat sich mittlerweile in große geistige Höhen geschraubt und bietet den Fremden seinen Leib an. In »Rock'n'Roll Suicide« wird er in Stücke gerissen, die Sternenwesen nehmen Elemente seines Körpers auf, werden sichtbar und können den Menschen helfen.[1]

Der Song »Ziggy Stardust« ist das Herzstück des gesamten Albums, es stellt uns den Protagonisten vor. Die Figur Ziggy Stardust hat sich Bowie auf den Leib geschrieben und seine eigene, in sich widersprüchliche Selbstdarstellung – geprägt von sensibler Fragilität

David Bowie –
THE RISE AND FALL OF
ZIGGY STARDUST AND
THE SPIDERS FROM
MARS

Copyright 1972
Verlag Titanic Music Ltd.

Cover-Versionen
Bauhaus
Miracle Legion
Gourds
Stun Gun

379

einerseits und von kraftvoll bedrängender Intensität andererseits – in seinen Ziggy gepflanzt: Der Typ spielt hervorragend Gitarre und schlägt auch sonst mit seiner Bühnenpräsenz alle in seinen Bann. Er durchschreitet wie sein Schöpfer das ganze Spektrum eines feingliedrigen Denkers, dem aber auch keine Derbheit fremd ist.

David Bowie erklärt den Erfolg seiner Figur Ziggy Stardust folgendermaßen: »Ein Song muss eine innere Bedeutung haben, muss bei den Leuten ankommen und sie derart beeindrucken, dass sie die Botschaft des Songs übernehmen und für ihre eigenen Belange einsetzen und benutzen. Die Botschaft sollte für sie nicht nur der Inhalt eines Schlagers sein, sondern ein alternativer Lebensstil.«[2] In diesem Zusammenhang ist ganz unstrittig, dass Bowies Geschöpf wie auch die Thematik »Ressourcen-Bewusstsein« eindeutig in Richtung der späteren siebziger Jahre weisen. Es entstand eine neue Identifikationsfigur, die nichts mehr zu tun hatte mit einem Sgt. Pepper, einem ⇨Mr. Tambourine Man oder einer/s ⇨Lola.

Musikalisch bewegt sich der Song im recht einfachen Rahmen eines »normalen« Rockstückes. Das harmonische Gerüst besteht aus den Akkordstufen I, IV und V, also G-Dur, C-Dur und D-Dur, sowie ihren Parallelen e-Moll, a-Moll und h-Moll. In einer zwei Mal erscheinenden Bridge (bei 1:12 und 2:11) wechselt das Lied hin zu einem a-Moll-Riff (a-Moll–G-dur–F-Dur), bevor es über D-Dur und e-Moll wieder zurück nach G-Dur moduliert. Der Song simuliert an einigen Stellen metrische Unregelmäßigkeiten, die er de facto gar nicht besitzt. Durch geschicktes Phrasieren gegen die Takteinheiten gewinnt das Stück damit eine Be- und Gedrängtheit, die man einem derart konventionell in achttaktige Gruppen strukturierten Song zunächst nicht zutraut.

Das Stück »Ziggy Stardust« hat nur relativ wenige Cover-Versionen angeregt. Am wichtigsten ist dabei sicherlich die Fassung von Bauhaus, die stets zwischen Punk und New Wave hin- und herpendelt und mit Platz Fünfzehn in den britischen Charts einen beachtlichen kommerziellen Erfolg erzielte. Die Version von Miracle Legion ist in ihrer Disharmonie und Schrägheit recht gewöhnungsbedürftig, während sich die Postpunkband Stun Gun eher an Bowies Vorlage hält. Mit rockigen Country-Anklängen schließlich präsentiert die Gruppe Gourds auf ihrem 1998er EP-Album GOGITCHYER-SHINEBOX.

Eine der ZIGGY-STARDUST-Aufführungen – am 3. Juli 1973 im Londoner Hammersmith Odeon Theatre – wurde von D. A. Pennebaker für eine TV-Dokumentarsendung aufgezeichnet. Der Filmemacher hatte sich bereits mit MONTEREY POP und DON'T LOOK BACK (Bob Dylan) einen Namen als herausragender Rock-Filmer gemacht. ZIGGY STARDUST AND THE SPIDERS FROM MARS ist eine geschickte

Montage aus Backstage-Szenen und Konzertausschnitten. Im britischen Fernsehen war der Film 1974 in einer gekürzten Version zu sehen, und es dauerte erstaunlicherweise bis zum Jahr 1983, bis der Streifen in die Kinos kam. Mittlerweile sind natürlich auch Video- und DVD-Editionen erhältlich.

David Bowie

David Robert Jones

Geboren 8. Januar 1947 in London

Gesang, Saxofon, Gitarre, Keyboards

David Bowie ist eine der innovativsten Figuren des Rock der siebziger Jahre, er gilt als Begründer des Glamour-Rock.

Alben

Hunky Dory (1971)

The Rise And Fall Of Ziggy Stardust And The Spiders From Mars (1972)

Heroes (1977) • Lodger (1979) • Scary Monsters (And Super Creeps) (1980)

Single-Hits

Space Oddity (GB 1) • The Jean Genie/Ziggy Stardust (GB 2)

Ashes To Ashes (D 9, GB 1) • Let's Dance (D 2, GB 1, US 1)

Dancing In The Street (D 5, GB 1, US 7)

Anmerkungen

Vorwort
1 Halbscheffel/Kneif, S. 325.
2 Hierfür sei nur als Beispiel Karl Bruckmaiers SOUNDCHECK
genannt, das einen völlig anderen, subjektiveren Ansatz hat und
unter dem Titel DIE 101 WICHTIGSTEN PLATTEN DER
POPGESCHICHTE Gruppen und Künstler wie etwa die Beatles, J. J.
Cale, die Doors, Michael Jackson, Pink Floyd oder Elvis Presley
völlig übergeht.
3 Martin, S. 245 f.
4 MacDonald, S. 408.

Einführung: Eine kurze Geschichte der Rockmusik
1 Reichert, S. 7.
2 Rohrbach, S. 112.
3 Graves/Schmidt-Joos/Halbscheffel, S. 9.
4 Nach Graves/Schmidt-Joos/Halbscheffel, S. 15.
5 Halbscheffel/Kneif, S. 344.
6 Nach Graves/Schmidt-Joos/Halbscheffel, S. 19.
7 An Jazzrock interessierte Leser finden zahlreiche Anregungen
und Informationen bei Schaal.
8 Nach Graves/Schmidt-Joos/Halbscheffel, S. 29.
9 In CHASIN' A DREAM, zitiert nach Rohrbach, S. 291.

A Spaceman Came Travelling
1 Beide Zitate nach Graves/Schmidt-Joos/Halbscheffel, S. 252 f.

A Whiter Shade Of Pale
1 Alwyn W. Turner in Buckley/Ellingham, S. 620.

Albatross
1 Fleetwood/Davis, S. 29.

All You Need Is Love
1 MacDonald, S. 31.
2 Nach Hertsgaard, S. 154.

American Pie
1 Morse, S. 81.

Another Brick In The Wall
1 Sahner/Veszelits, S. 155.

Another Day In Paradise
1 Alle Originalzitate von Phil Collins nach Coleman, S. 146 ff.

Band On The Run
1 Philipp/Simon, S. 88.
2 Nach Zeitz (Berlin 1993), S. 127.

Beat It
1 Jackson, S. 153 f.
2 Ebmeier, S. 114 f.

Blinded By The Light
1 Nach Edenhofer, S. 54.

Blowin' In The Wind
1 Nach Blumenstein, S. 94.
2 Scaduto, S. 140.

Born To Be Wild
1 Nach Morse, S. 151.

Candle In The Wind
1 Nach Crimp/Burstein, S. 99.
2 Ebd.
3 Ebd.

Child In Time
1 Nach Buckley/Ellingham, S. 197.
2 Roger Glover im Begleitheft zur Anniversary Edition von Deep Purple In Rock.
3 Ian Gillan, ebd.

Cocaine
1 Beiheft zur Doppel-CD J. J. Cale: Anyway The Wind Blows.
2 Interview mit Paul Trynka in: Guitar Magazine, April 1995.

Crocodile Rock
1 Crimp/Burstein, Umschlag-Rückseite.
2 Ebd., S. 9.
3 Interview-CD: Elton John im Gespräch mit Andy Peebles.

Dancing Queen
1 Borg, S. 163 f.

Der Kommissar
1 Wagner, S. 21 f.
2 Lanz, S. 90 f.

Do The Strand
1 Graves/Schmidt-Joos/Halbscheffel, S.796.
2 Bryan Ferry im Gespräch mit Roy Hollingsworth, MELODY MAKER
vom 17. März 1973.

Don't Worry, Be Happy
1 FRANK LAUFENBERGS ROCK- UND POP-LEXIKON, S. 983.

Earth Song
1 Ebmeier, S. 231.

Eve Of Destruction
1 Graves/Schmidt-Joos/Halbscheffel, S. 589.
2 FRANK LAUFENBERGS ROCK- UND POP-LEXIKON, S. 985.

Get Up, Stand Up
1 von Schönburg, S. 8.
2 Nach Breitwieser/Moter, S. 90 f.

Give Peace A Chance
1 Nach Coleman, S. 296.
2 Nach Posener (1987), S. 99.

God Save The Queen
1 Savage, S. 374.

Heart Of Gold
1 Heatley (Hg.), S. 30 f.

Hey Jude
1 MacDonald, S. 321.
2 THE BEATLES ANTHOLOGY, S. 297.
3 Miles, S. 580.

Highway To Hell
1 Nach Putterford, S. 49.

Hotel California
1 Nach http://www.eaglesmusic.com.

Hurricane
1 Übersetzung: Walter Hartmann.
2 Blumenstein S. 271 f.

I Got A Woman
1 Nach Graves/Schmidt-Joos/Halbscheffel, S. 178 f.
2 Charles/Ritz, S. 123.
3 So etwa im REAL ROCK BOOK, herausgegeben von K.G. Johannson, erschienen bei Warner/Chappell Music, 1998.

I Want To Hold Your Hand
1 MacDonald, S. 29.
2 Nach Miles, S. 135 f.

Imagine
1 Nach Morse, S. 105.

In-A-Gadda-Da-Vida
1 Morse, S. 156.

Je t'aime moi non plus
1 Christoph Dallach in SPIEGEL ONLINE KULTUR, Januar 2002.
2 In SÜDDEUTSCHE ZEITUNG, MAGAZIN No. 4, vom 25. Januar 2002, S. 17.

Kiss
1 Hill, S. 253.
2 Nach Hill, S. 251.

Light My Fire
1 Verschiedene Interviews und Statements; nach dem CD-Beiheft zu THE DOORS BOX SET PART 2; nach Morse, S. 162; und nach Moddemann, S. 7.
2 Nach Moddemann, S. 29 f.
3 Morse, S. 162.

Like A Rolling Stone
1 Nach Scaduto, S. 244 f.
2 Blumenstein, S. 158 f.

Living Next Door To Alice
1 Laufenberg, F. und I., S. 1395.

Locomotive Breath
1 Interview auf CD Jethro Tull: AQUALUNG, 25TH ANNIVERSARY SPECIAL EDITION.

Lola
1 Jon Savage, The Kinks, nach Morse, S. 73.

London Calling
1 Zitatausschnitte von Village VOICE, SOUNDS, MELODY MAKER und dem Kritiker Jay Cocks, alle nach Graves/Schmidt-Joos/ Halbscheffel, S. 193.

Mambo No 5
1 Aus einem Interview mit Jakob Buhre am 20.6.2001, Quelle: http://www.planet-interview.de.

Massachusetts
1 Nach Henkels, S. 36.

Material Girl
1 Nach Shangai, S. 72.

Me And Bobby McGee
1 Echols, S. 416 f.

Miss You
1 Graves/Schmidt-Joos/Halbscheffel, S. 789.
2 Buckley/Ellingham, S. 667.

Move Your Body
1 Nach dem Titel eines Funk-Songs von George Clinton.
2 Nach Schäfer u. a., S. 224.
3 Der komplette Beitrag findet sich im Internet unter: http://www2.rz.hu-berlin.de/fpm/texte/wicke6.htm.

Mr. Tambourine Man
1 Blumenstein, S. 150.

My Generation
1 Balzert/Cortis/Wolff, S. 18.
2 Ebd.
3 Morse, S. 67.

My Sweet Lord
1 DER SPIEGEL 49/2001, S. 234. Die Traveling Wilburys waren eine lose zusammengewürfelte Formation mit George Harrison, Bob Dylan, Jeff Lynne, Tom Petty und Roy Orbison.
2 Beiheft zur Anniversary-CD-Ausgabe.

99 Luftballons
1 Laufenberg 1999, S. 76.

Nights In White Satin
1 Morse, S. 167.

Nutbush City Limits
1 Turner/Loder, S. 235.

On The Road Again
1 Reichert, S. 186.

Oye como va
1 Leng, S. 68.

Pump Up The Jam
1 Schäfer u. a., auf den Seiten 8 bis 31 werden alle diese Stile definiert und voneinander abgegrenzt.

Purple Rain
1 Nach Hill, S. 201 f.

Road To Nowhere
1 Buckley/Ellingham (Hgg.), S. 797.

Rock Around The Clock
1 Graves/Schmidt-Joos/Halbscheffel, S. 391.

Roll Over Beethoven
1 Berry, S. 173.

Roxanne
1 Beide Zitate nach Graves/Schmidt-Joos/Halbscheffel, S. 712.

Sailing
1 Nach Ewbank/Hildred, S. 121.
2 Ebd., S. 122 f.
3 Nach Ewbank/Hildred, S. 123.

Samba Pa Ti
1 Carlos Santana auf http://www.santana.com.
2 Leng, S. 70.
3 Wer das ganze Solo nachspielen will, findet die Gitarren-Tabulatur auf einigen Internet-Seiten Ton für Ton notiert, zum Beispiel auf: http://www.geocities.com/unitedtabs/tabs/santana-samba_pa_ti. html.

San Francisco (Be Sure To Wear Some Flowers In Your Hair)
1 Graves/Schmidt-Joos/Halbscheffel, S. 590.

(I Can't Get No) Satisfaction
1 Bamberg, S. 116 f.
2 Ebd. S. 114.

Say It Loud (I'm Black And I'm Proud)
1 Brown/Tucker, S. 200.
2 Ebd. S. 200 f.

Se batasse una canzone
1 Nach Castellani/Snyder, S. 81.
2 Nach einer Übersetzung von Angela Hafner, München.

September
1 Nach Graves/Schmidt-Joos/Halbscheffel, S. 293.
2 Ebd.

Sex And Drugs And Rock And Roll
1 Graf/Rausch, ROCKMUSIKLEXIKON EUROPA, S. 402.
2 Graves/Schmidt-Joos/Halbscheffel, S. 286.

(Sittin' On) The Dock Of The Bay
1 Laufenberg, Frank & Ingrid, S. 1240.
2 Alle Zitate aus dem Booklet zur 4-CD-Edition MONTEREY INTERNATIONAL POP FESTIVAL, S. 67 f.

Smoke On The Water
1 Nach Morse, S. 171.

Stairway To Heaven
1 Yorke, S. 159.
2 Ebd. S. 59 f.
3 Ebd. S. 160.

Stayin' Alive
1 Nach Bishop, S. 94.

Sultans Of Swing
1 Nach Zeitz (1991), S. 20.

Summer Of '69
1 Seibold, S. 46 f.

Surfin' U.S.A.
1 Wilson/Gold, S. 76.

Teach Your Children
1 Es ist kurios, wie viele Legenden sich um die Gründung der Band ranken. Um hier nur die vier »glaubhaftesten« Varianten aufzuzählen: Nach der ersten Version geht die Gründung auf Cass Elliot von den Mamas & Papas zurück, Version Zwei sieht in dieser Vermittlerrolle stattdessen Joni Mitchell, die dritte Variante rückt den kalifornischen DJ Rodney Bingenheimer in den Fokus des Geschehens, während schließlich auch Peter Fonda sich verschiedentlich stolz brüstete, dass sich die Musiker in seinem Wohnzimmer kennen gelernt hätten.
2 Tilgner, S. 371.

That'll Be The Day
1 Nach Goldrosen, S. 105.
2 Ebd., S. 118.

The Boxer
1 Im Gespräch mit Paul Zollo in Luftig, S. 53.
2 Im Gespräch 1990 mit Paul Zollo in Luftig, S. 209.

The Breaks
1 Graves/Schmidt-Joos/Halbscheffel, S. 119 f. Das Zitat im Zitat stammt aus der Zeitschrift VILLAGE VOICE.

The Night They Drove Old Dixie Down
1 Marcus, S. 102.

The Sound Of Silence
1 In Luftig, S. 73.
2 Interview mit Paul Zollo, in Luftig, S. 234.

The Star Spangled Banner
1 Nach Shapiro/Glebbeek, S. 419.
2 Ebd. S. 421.

Über sieben Brücken musst du gehen
1 Nach Schumann, S. 23.
2 Graves/Schmidt-Joos/Halbscheffel, S. 483.

Verdamp lang her
1 Niedecken 1999, S. 45 ff., im Text gekürzt.
2 Ebd. S. 47 f.

Walk On The Wild Side
1 Nach Doggett, S. 125 f.
2 Nach Buckley/Ellingham (Hgg.), S. 647.

We Are The World
1 Ebmeier, S. 172.

We Will Rock You/We Are The Champions
1 In Buckley/Ellingham (Hgg.), S. 630.
2 Nach Dean, S. 32.

When The Music's Over
1 Moddemann, S. 32.
2 Im Gespräch mit Moddemann, ebd. S. 32 ff.
3 Im Gespräch mit Moddemann, ebd. S. 32.

Whole Lotta Love
1 Liner Notes von Cameron Crowe zur 4-CD-Box LED ZEPPELIN S. 3.

Wind Of Change
1 Graves et. al., S. 817.
2 Schröder/Klüsinger, S. 256.

With A Little Help From My Friends
1 Miles, S. 361.
2 Zeitz (Bergisch Gladbach 1993), S. 62.

Yesterday
1 Miles, S. 243.
2 THE BEATLES ANTHOLOGY, S. 175.
3 Ebd.

You've Got A Friend

1 In dieser Zahl sind nicht die in den neunziger Jahren veröffentlichten »Zweite-Wahl-Songs« auf LIVE AT THE BBC sowie diverse ANTHOLOGY-Raritäten und Bootleg-Aufnahmen berücksichtigt.

2 Fornatale/Ayres, S. 216.

3 Nach Graf, ROCKMUSIKLEXIKON AMERIKA, S. 551.

Your Song

1 Nach Crimp/Burstein, S. 38.

2 Ebd. S. 48.

Ziggy Stardust

1 Diese Zusammenfassung folgt der Interpretation von Bowie, wie er sie in einem Gespräch mit William S. Burroughs geliefert hat; nach Tremlett, S. 167 ff.

2 Nach Douglas, S. 42 f.

Kleines Lexikon der Fachbegriffe

A cappella
Reiner Gruppengesang ohne Instrumentalbegleitung.

Abmischung
Regelung von Lautstärke, Balance, Klang und anderen Eigenschaften bereits aufgenommener Stimmen, Fixierung derer Verhältnisse zueinander und Erzeugung des Gesamtklangs eines Songs mittels eines Mischpults.

Acid House
Disco-Trend der frühen achtziger Jahre, gekennzeichnet durch einen verzerrten, »ätzenden« (acid) Synthesizer-Klang. Wichtige Vertreter: Adonis, Bizarre Inc., Marshall Jefferson.

Album
Gängige angloamerikanische und deutsche Bezeichnung für eine Langspielplatte bzw. eine Langspiel-CD im Gegensatz zu einer ⇨Single.

Analoge Aufnahmetechnik
Aufnahmeverfahren auf analoger Basis, das heißt durch Fixierung eines Signals auf einer magnetisierbaren Schicht eines Tonbandes oder einer Tonkassette. Die analoge Technik geriet in den achtziger Jahren gegenüber der ⇨digitalen Aufnahmetechnik in den Hintergrund. Durch aufwändige technische Fortschritte ist heute der Qualitätsrückstand weitgehend aufgeholt.

AOR
Nach englisch »adults oriented rock«, zuweilen auch »album oriented rock«; Rockmusik, die sich etwa im Gegensatz zum Teenie-Rock eher an ein erwachsenes Publikum wendet. Die Musik ist in der Regel strukturell komplex und ausgefeilt produziert, primärer Tonträger ist das ⇨Album. Typische AOR-Vertreter sind z.B. Chris de Burgh, Phil Collins, Peter Gabriel, Elton John, Kate Bush oder die Dire Straits. Siehe z.B. ⇨»A Spaceman Came Traveling«, ⇨»Another Day In Paradise«, ⇨»Candle In The Wind«, ⇨»Sultans Of Swing«, ⇨»Summer Of '69« oder ⇨»Your Song«.

Arpeggio
Die Noten eines Akkordes werden nicht als Gesamtklang angeschlagen, sondern harfenartig nacheinander gespielt.

Arrangement
Bearbeitung einer Komposition in Hinblick auf die konkrete Besetzung und Präsentation des Stücks. Insbesondere werden die Ausgestaltung der Melodie, der harmonischen Basis und des Rhythmus festgelegt, Orchestrierungen eingearbeitet, Instrumentalabschnitte definiert und ganz allgemein Interpretationsschwerpunkte bestimmt. In der Rockmusik ist das kompositorische Ausgangsmaterial oft sehr einfach, deshalb kommt dem Arrangement eine maßgebliche kreative Bedeutung zu. Aus diesem Grunde ist das Arrangement wie die Komposition selbst durch das Urheberrecht geschützt. Zur Wirkung unterschiedlicher Arrangements siehe z. B. die Einträge zu ⇨»Blinded By The Light«, ⇨»Hit The Road Jack«, ⇨»House Of The Risin' Sun«, ⇨»Mambo No 5«, ⇨»Mr. Tambourine Man«, ⇨»Stairway To Heaven« oder ⇨»With A Little Help From My Friends«.

ASCAP
Abkürzung für »American Society of Composers, Authors and Publishers«; 1914 in New York gegründete amerikanische Urhebergesellschaft, neben der ⇨BMI die zentrale Verwertungsgesellschaft musikalischer Rechte.

Atonalität
Bezeichnung für eine Musik, die kein festes tonales Zentrum besitzt, sich also nicht auf einen eindeutig definierbaren tonalen oder modalen Grundton bezieht.

Banjo
Gitarrenähnliches Saiteninstrument (meist fünfsaitig, aber auch vier-, sechs- und achtsaitige Varianten sind gebräuchlich); der runde Korpus ist tamburinartig, besteht aus Holz oder Metall und ist mit Fell oder Kunststoff bezogen. Die Stahlsaiten erzeugen einen durchdringenden metallischen Klang.

Bass
Tiefste Stimme innerhalb eines Arrangements, gerade bei Rockstücken häufig deren harmonisches Fundament. Hauptinstrument ist die (viersaitige) Bassgitarre.

Bass-Drum
Große Trommel, die mit einem Pedal angeschlagen wird.

394

Beat Musik
Vornehmlich von britischen Bands dominierte Popmusik der mittleren sechziger Jahre. Führende Vertreter waren The Animals, The Beatles, The Hollies, The Pretty Things oder die Rolling Stones. Beispiele unter ⇨»House Of The Risin' Sun«, ⇨»I Want To Hold Your Hand« und ⇨»(I Can't Get No) Satisfaction«.

Blasinstrumente
Sie spielen in der Rockmusik keine so zentrale Rolle wie ⇨Gitarren, ⇨Keyboards oder ⇨Schlagzeug. Man unterscheidet zwischen Holzblasinstrumenten (z.B. Flöten, Klarinetten und Saxofon) und Blechblasinstrumenten (Trompeten, Posaunen oder Hörnern).

Blue Note
Schwermütiger, »bluesiger« Ton, üblicherweise die kleine Terz (Mollterz), die verminderte Quinte sowie die Sept (Mollsept).

Bluegrass
Traditionelle Interpretationsform von ⇨Country & Western- und ⇨Hillbilly-Musik. Tragende Instrumente sind ⇨Banjo, akustische ⇨Gitarre, ⇨Mandoline und ⇨Fiedel. Wichtige Vertreter: Bill Monroe, Earl Scruggs, The Hillmen und die Dillards.

Blues
Afroamerikanischer Musikstil, der als Folk-Blues in den ländlichen Gebieten der Südstaaten der USA begann und später vor allem auch in den Städten sehr populär wurde. Der Blues ist die wichtigste Wurzel der Rockmusik und basiert in seiner Reinform vorwiegend auf dem 12-taktigen ⇨Blues-Schema. Für die Rockmusik waren besonders einflussreich John Lee Hooker, B. B. King, Leadbelly, Muddy Waters und Howlin' Wolf, bedeutende weiße Bluesformationen waren beispielsweise The Butterfield Blues Band, Canned Heat, Peter Green's Fleetwood Mac, Alexis Korner's Blues Incorporated, John Mayall's Bluesbreakers sowie diverse Bands um Eric Clapton wie Cream, Derek And The Dominoes oder The Yardbirds. Siehe ⇨»On The Road Again« oder ⇨»Sunshine Of Your Love«.

Blues-Harp
Handliche Mundharmonika, die nicht chromatisch angelegt ist, sondern immer nur in einer Tonart steht.

Blues-Schema

Standardisierte 12-taktige Harmoniefolge, seit etwa 1910 belegt, stellt – freilich häufig im Detail variiert – die Grundlage aller blues-orientierten Rockmusik dar. Die Abfolge der 12 Takte lautet (⇨Tonika = I, ⇨Subdominante = IV, ⇨Dominante = V):
I / I / I / I / IV / IV / I / I / V / IV / I / I.

BMI

Abkürzung für »Broadcast Music Incorporated«; 1941 gegründete Urhebergesellschaft, neben der ⇨ASCAP die zentrale amerikanische Verwertungsgesellschaft musikalischer Rechte.

Boogie Woogie

Früher Blues-und Jazz-Piano-Stil, bei dem die linke Hand steigende und fallende Figuren spielt (oft mit Betonung der Sexte und Septe), während die rechte Hand dazu improvisiert. Führende Boogie-Woogie-Pianisten waren u. a. Albert Ammons, Champion Jack Dupree, Meade Lux Lewis, Jimmy Yancey und Axel Zwingenberger. Die bekannteste Boogie-Woogie-Nummer des Rock ist wahrscheinlich »Lady Madonna« von den Beatles.

Bootleg

Illegale Schallplatten-Raubpressungen, zumeist mit unveröffent-lichten Aufnahmen, abweichenden Abmischungen oder Live-Mit-schnitten – in Sammlerkreisen häufig als Raritäten gehandelt.

Bordun-Ton

Gehaltene Stimme, zumeist im Bass. Auch Orgelpunkt oder Pedal-ton genannt.

Bottleneck

Englisch »Flaschenhals«; bezeichnet ein fünf bis sieben Zentimeter langes Metall- oder Glasrohr, das über den meist kleinen Finger der Griffhand gesteckt charakteristische ⇨Glissando-Effekte auf der Gitarre ermöglicht.

Bridge

(Engl. »Brücke«); Passage zwischen ⇨Refrain und ⇨Strophe, die wie eine Brücke eine Überleitung bildet.

Bubblegum-Musik

Abschätzige Bezeichnung für den eher anspruchslosen Teenie-Rock der sechziger und frühen siebziger Jahre. Interpreten waren z. B. die 1910 Fruitgum Company, Ohio Express und The Tonics.

Cajun Music
Traditioneller Folkstil im Südwesten Louisianas, charakteristische Mischform aus nordamerikanischen und französischen Elementen. Aktuelle Interpreten sind beispielsweise Michel Doucet, die Balfa Brothers, Doug Kershaw oder Mark Savoy.

City-Blues
Urbanisierte und zumeist elektrifizierte Form des Blues, entstanden durch die Abwanderung der schwarzen Landbevölkerung des Südens der USA in die rapide wachsenden städtischen Zentren wie Chicago, Kansas City oder Memphis. Siehe auch unter ⇨Blues.

Country & Western
Volksmusik des weißen bäuerlichen Südens und Mittleren Westens der USA. Von den zahlreichen Interpreten sind in Europa wohl am bekanntesten Emmylou Harris, Dolly Parton, Kenny Rogers und Hank Williams.

Country-Rock
Vermischung von ⇨Country & Western-Elementen sowie Idiomen aus dem ⇨Hillbilly mit bluesorientierter Rockmusik. Interpreten u.a. Johnny Cash, Creedence Clearwater Revival, John Denver, Kris Kristofferson, Linda Ronstadt oder Neil Young. Siehe auch ⇨»Heart Of Gold«, ⇨»Me And Bobby McGee«, ⇨»Proud Mary«, ⇨»Take Me Home, Country Roads«.

Cover-Version
Neuinterpretation und Neueinspielung eines bereits von einem anderen Musiker oder einer anderen Band aufgenommenen Songs.

Dancefloor-Musik
Sammelbezeichnung für alle Musikrichtungen, die vornehmlich im Diskothekenbereich als Tanzmusik eingesetzt werden.

Delta-Blues
Charakteristischer und stilprägender regionaler Country-Blues, dessen Ursprungsgebiet im Mississippi-Delta liegt. Wichtige Interpreten: Son House, Mississippi John Hurt, Robert Johnson und vor allem Charley Patton.

Demo-Band
Rohfassung einer Aufnahme, oft nur mit einfacher Heimstudiotechnik oder in einem Demo-Studio erstellt.

Digitale Aufnahmetechnik

Seit den achtziger Jahren vorherrschendes Aufnahmeverfahren, bei dem ein akustisches Signal in einen digitalen Code verwandelt wird, der sich mit elektronischen Geräten nahezu beliebig bearbeiten lässt. Vorteile der digitalen Aufnahmetechnik liegen in Hinblick auf die ⇨analoge Aufnahmetechnik in der Möglichkeit qualitätsverlustfreier Kopien, in der geringeren Anfälligkeit für Störgeräusche und im fast völligen Fehlen von unbeabsichtigten Verzerrungen.

Discjockey

Auch DeeJay oder DJ; Programmgestalter, zuweilen auch Sprecher und Moderator in Diskotheken und Rundfunkanstalten. In der ⇨Dancefloor-Musik seit den achtziger Jahren spielt der Discjockey eine zentrale kreative Rolle.

Disco

Tanz- und Musikstil der siebziger Jahre. Kennzeichen des musikalisch oft nur als zweitrangig einzustufenden Disco ist eine dominierende Bass-Trommel, ein permanent vorwärts treibender 4/4-Rhythmus, sehr hohe Gesangsstimmen sowie schablonenhafte Bläser- und Streichersätze. Erfolgreiche Interpreten u.a. ABBA, The Bee Gees, Boney M., Gloria Gaynor, Hot Chocolate, George McCrae oder Donna Summer. Siehe auch unter ⇨»Daddy Cool«, ⇨»Dancing Queen«, ⇨»I Will Survive« ⇨»Stayin' Alive« und ⇨»Y.M.C.A.«.

Diskografie

Schallplatten- bzw. CD-Verzeichnis, zumeist geordnet nach Interpret oder Erscheinungsjahr. Eine vollständige Diskografie der Rockmusik gibt es bis heute nicht.

Dobro

Spezialtyp von Gitarre, deren Korpus hauptsächlich oder ausschließlich aus Metall besteht. Klangergebnis ist ein charakteristischer, scharfer und durchdringender Sound.

Dominante

Dreiklang auf der fünften Stufe (V) der diatonischen Tonleiter.

Drum-Box

Computer, der den Klang der einzelnen Bestandteile eines ⇨Schlagzeugs reproduziert. Die einzelnen Klänge sind in Rhythmus und Tempo frei programmierbar.

Drums
Siehe Schlagzeug.

Dur-Parallele
Dur-Akkord, der die identischen Vorzeichen trägt wie der terzverwandte Moll-Akkord, auf den er sich bezieht.

Easy-Listening
Leicht eingängige, unterhaltende Massenmusik. Sie ist nicht primär für den bewusst zuhörenden Musikkonsumenten konzipiert, sondern dient häufig als atmosphärisch angenehme akustische Hintergrundberieselung. In vielen Fällen hängt der Easy-Listening-Musik das negative Etikett des Anspruchslosen an.

Effektgerät
Zumeist elektronische Apparate, mit deren Hilfe der Klang einer Stimme oder eines Instruments signifikant verändert und manipuliert wird. Gängige Gerätegruppen sind ⇨Hall- und Echogeräte, ⇨Verzerrer, ⇨Equalizer, ⇨Wah-Wah-Pedale, ⇨Phase-Shifter, Flanger etc. Daneben gibt es Effekte, die der Hörer nicht unmittelbar wahrnimmt, sondern die primär im Studio eingesetzt werden und z.B. der Nivellierung aller Stimmen eines Stücks oder der Hervorhebung eines Soloinstruments dienen.

Equalizer
Elektronische Klangregelung, die vor allem durch Isolierung von bestimmten Frequenzen erzeugt wird.

Falsett
Hohe Gesangsweise, vornehmlich bei Männern, bei der der Ton im oberen Rachenraum (Kopfstimme) erzeugt wird.

Festivals
Siehe Pop-Festivals.

Fiedel
Fünfsaitiger Spezialtyp einer Geige, zumeist aber gängige Bezeichnung für eine Violine, die nicht im Rahmen eines klassischen Ensembles, sondern in der populären Musik mit oft bewusst leicht unsauberem Spiel eingesetzt wird.

Fill-in

Rhythmische Figur, die vom Grundrhythmus (⇨Rhythmus-Pattern) abweicht und als Kontrast zu ihm gelegentlich eingeworfen wird. Sinn ist neben einer rhythmischen Auflockerung oft eine Ankündigung bzw. Überbrückung beim Wechsel zwischen verschiedenen Songteilen.

Fillmore

Von 1965 bis 1971 legendäre Bühne/n (East und West) in San Francisco. Der Veranstalter Bill Graham brachte in diesen Jahren fast alle Künstler, die in der progressiven und psychedelischen Rockmusik Rang und Namen hatten, auf die Bühne des ehemaligen Kinosaals.

Flower Power

Hauptsächlich kalifornische Jugend- und Studentenbewegung der sechziger Jahre, in der sich die ⇨Hippies als Symbol ihrer Friedfertigkeit Blumen in die Haare steckten.

Folk Music

Sammelbezeichnung für die angloamerikanische Volksmusik nach dem Zweiten Weltkrieg.

Folk Rock

Mischform von ⇨Folk Music und unterschiedlichsten Spielarten des Rock. Entscheidende Figur bei der Entstehung des Folk Rock war Bob Dylan, weitere wichtige Protagonisten: Buffalo Springfield, The Byrds, Crosby, Stills, Nash & Young, The Fairport Convention, Incredible String Band, The Mamas & The Papas, Simon & Garfunkel oder Steelye Span. Siehe unter ⇨»Blowin' In The Wind«, ⇨»Eve Of Destruction«, ⇨»It Never Rains In Southern California«, ⇨»Like A Rolling Stone«, ⇨»Mr. Tambourine Man«, »Streets Of London«, ⇨»The Boxer«, ⇨»The Sound Of Silence«, ⇨»Teach Your Children«, ⇨»The Night They Drove Old Dixie Down« und ⇨»You've Got A Friend«.

Funk

Tanzmusik, bei der Melodie und Harmonik eher im Hintergrund stehen. Kennzeichen ist eine komplexe rhythmische Anlage, bei der sich ein Geflecht unterschiedlicher perkussiver Klängen überlagert. Auch Harmonie-Instrumente wie Gitarre oder Keyboards werden primär rhythmisch eingesetzt. Funk bildet eine Brücke zu verschiedenen Jazzrock-Formen. Interpreten u.a. Earth, Wind & Fire, Kool & The Gang oder Sly & The Family Stone. Siehe auch bei ⇨»September«.

Fusion
Jazzrock der siebziger Jahre, auch allgemein gebraucht für die Mixtur verschiedener Musikstile. Zentrale Fusion-Musiker waren Gary Burton, Chick Corea, Miles Davis, Herbie Hancock, John McLaughlin und Weather Report.

Garage
New Yorker Variante der ⇨House Music. Interpreten u. a. The Basement Boys, Ultra Naté und Chrystal Waters.

Gitarre
Die Gitarre ist das dominierende Instrument der Rockmusik. Es gibt akustische und elektrische Gitarren sowie diverse Mischformen (semi-akustische), sie alle bilden eine Vielzahl von Modellen und Varianten, die sich zum Teil erheblich voneinander unterscheiden.

Glissando
Rasches und gleitendes Überbrücken eines Tonraumes mit Ausgangs- und Zielton, bei dem die dazwischen liegenden Töne nicht unterscheidbar angespielt werden.

Glitter Rock
Rockstil der siebziger Jahre, bei dem der glamouröse Auftritt und ein spektakuläres Outfit im Vordergrund der Shows standen. Interpreten waren beispielsweise David Bowie, Alice Cooper, Gary Glitter oder Roxy Music. Siehe auch unter ⇨»Do The Strand«, ⇨»Purple Rain« oder ⇨»Ziggy Stardust«.

Grammy Award
Bedeutendster amerikanischer Musikpreis, den die National Academy of Recording Arts and Sciences in über achtzig Kategorien jährlich verleiht – vergleichbar mit dem Oscar der Filmbranche.

Groove
Rhythmisches Gefühl eines Musikstücks.

Grunge
Amerikanischer Rockstil Ende der achtziger Jahre, setzt sich zusammen aus Elementen des ⇨Punk und des ⇨Heavy Metal. Stilbildend waren Nirvana und Pearl Jam, siehe ⇨»Smells Like Teen Spirit«.

Hallgerät
Gerät zur Erzeugung eines künstlichen Nachhalls. Dies geschieht mechanisch über eine Hallspirale oder auf elektronischem Weg.

Handbag
Spezielle Spielart innerhalb der ⇨House Music.

Hardrock
Rockstil seit Ende der sechziger Jahre; Kennzeichen sind eine hohe Lautstärke, die Dominanz des Sängers und der zumeist stark verzerrten Gitarren, ein schnörkelloser Vortrag und ein hohes Maß an Aggressivität der Musik und ihrer Interpreten. Von den zahlreichen Interpreten finden im vorliegenden Buch ausführlichere Erwähnung AC/DC, Deep Purple, Jethro Tull, Led Zeppelin, Queen, The Scorpions, Steppenwolf, Uriah Heep und The Who. Songbeispiele: ⇨»Born To Be Wild«, ⇨»Child In Time«, ⇨»Highway To Hell«, ⇨»Lady In Black«, ⇨»Locomotive Breath«, ⇨»My Generation«, ⇨»Smoke On The Water«, ⇨»Stairway To Heaven«, ⇨»We Will Rock You«, ⇨»Whole Lotta Love« oder ⇨»Wind Of Change«.

Hardbag
Spezielle Spielart innerhalb der ⇨House Music.

Heavy Metal
Etwas pompöse Variante des Hardrock, musikalisch kaum davon zu unterscheiden, lediglich das Auftreten der Musiker und die Bühnenshows sind exaltierter und oft bizarr inszeniert. Interpreten und Songverweise siehe unter ⇨Hardrock.

Hi-Hat
Teil des Schlagzeugs; Doppelbecken, das über ein Pedal geöffnet oder geschlossen werden kann.

Hillbilly
Weitgehend authentische Form des Volksliedes der nordamerikanischen Weißen.

Hip Hop
Musik- und Tanzstil der afroamerikanischen Straßenkultur, die sich in den siebziger Jahren zunächst im New Yorker Stadtteil Bronx herausgebildet hatte. Danach weitere Verbreitung in vielen Varianten mit zum Teil abweichenden Bezeichnungen unter schwarzen wie weißen Jugendlichen. Dabei wurden zahlreiche Stilelemente aus ⇨Funk, ⇨House Music und ⇨Rap integriert, so dass Hip Hop in den achtziger und neunziger Jahren zu einer Art Oberbegriff für diesen Teil der ⇨Dancefloor-Musik wurde. Mit ⇨»Rapper's Delight« der Sugar Hill Gang hatte der Hip Hop 1979 seinen Schlüsselsong.

Hippie

Selbstbezeichnung der Anhänger einer Jugendbewegung in der zweiten Hälfte der sechziger Jahre, die sich die Befreiung von den Normen der Leistungsgesellschaft, ein hohes Maß an Friedfertigkeit, einen freien Umgang mit Sexualität und nicht selten den Genuss psychedelischer Drogen auf die Fahnen geschrieben hat.

House Music

Spezielle Form der ⇨Dancefloor-Musik, die ausgehend von der Chicagoer Diskothek »The Warehouse« ihren Siegeszug durch die ganze Welt startete. Kennzeichen ist ein alles dominierender treibender Rhythmus, der mit künstlich zusammengefügten Soundclustern überlegt ist. Stilprägende Musiker und Produzenten: Chip E, DJ Farley Jackmaster Funk und Marshall Jefferson, siehe auch unter ⇨»Move Your Body«.

Improvisation

Freie, zuweilen sogar aus dem Stegreif entwickelte Ausgestaltung der harmonischen bzw. melodischen Struktur eines Songs durch einen Solisten.

Intervalle

Abstände zwischen zwei Tönen.

Intro

Einleitung oder Vorspann eines Songs.

Jazzrock

In den späten sechziger Jahren aufgekommene, künstlerisch und instrumentell zumeist anspruchsvolle Kombination aus Elementen des Rock und des Jazz; auch bezeichnet als Fusion, Electric Jazz oder Crossover. Wichtige Jazzrocker: Gary Burton, Chick Corea, Miles Davis, Herbie Hancock, John McLaughlin und Weather Report.

Kadenz

Harmonische oder melodische Fortschreitung, die einen Liedabschnitt oder den ganzen Song beendet.

Keyboards

Oberbegriff für Tasteninstrumente aller Art, also für Klavier, alle Orgeltypen, ⇨Synthesizer, E-Piano, Mellotron und andere Instrumente, die über eine Klaviatur gespielt werden.

403

Konzeptalbum
Album, dessen einzelne Stücke in Hinblick auf Musik oder Inhalt eine in sich zusammenhängende, geschlossene Einheit bilden.

Label
Streng genommen nur das Etikett einer Plattenfirma, bezeichnet der Begriff im gebräuchlichen Sinn die Firma selbst. Die in der Rockmusik wichtigsten Labels waren bzw. sind: ABC Records, A & M Records, Apple Records, Asylum Records, Atlantic, BMG, Capitol Records, Columbia Records, Decca, Dunhill Records, Electra Records, EMI, Geffen Records, Immediate Records, Island Records, Mercury Records, RCA Records, Stax Records, Virgin Records oder Warner/Reprise Records.

Liner-Notes
Auf der Umschlag- oder Innenhülle bzw. im CD-Beiheft abgedruckter Begleittext eines ⇨Albums.

Live
Im Gegensatz zur Tonkonserve die Bühnenpräsentation der Musik.

Mainstream-Rock
Der zumeist auch im kommerziellen Sinn bezeichnete Hauptstrom der Rockmusik, ohne allzu extreme musikalische oder inhaltliche Ausschläge. Damit unterliegt der Mainstream einem permanenten Wandel, denn was gestern revolutionär war, kann heute schon gängiges Klischee sein. Auf diese Weise sind ein erheblicher Teil der hier im Buch versammelten Rock-Hymnen heute zu einem Bestandteil des Mainstream geworden.

Mandoline
Zupfinstrument; die vier Doppelsaiten aus Metall sind gestimmt wie eine Violine und erzeugen einen verspielten durchdringenden Klang.

Medley
Zusammenfügung bekannter Melodien und Refrains meist ohne musikalische Überleitungen. Beispiele in diesem Buch wären ⇨»Aquarius/Let The Sunshine In« oder ⇨»We Will Rock You/We Are The Champions«.

Melody Maker
Neben ⇨»New Musical Express« führende britische Fachzeitschrift zum Thema »Populäre Musik«.

Memphis Sound

In den frühen sechziger Jahren charakteristisches Klangmodell des ⇨Soul. Typische Vertreter waren Otis Redding, Rufus und Carla Thomas, Sam & Dave oder Booker T. & The MGs. Siehe auch ⇨»(Sittin' On) The Dock Of The Bay«.

Moll-Parallele

Moll-Akkord, der die identischen Vorzeichen trägt wie der terzverwandte Dur-Akkord, auf den er sich bezieht.

Motown

In den sechziger Jahren in Detroit entstandenes Klangstereotyp des ⇨Soul.

MTV

Abkürzung für »Music Televison«, ein weltweit operierender Fernsehkanal, der 24 Stunden am Tag Musikvideos, Konzertfilme und andere Musiktrailer sendet.

Multitracking

Aufnahme mit Geräten, die in Verbindung mit einem Mischpult über bis zu 48 und mehr Kanäle (Tracks) verfügen.

Neue Deutsche Welle

Kurzlebige Modeerscheinung, die eine sehr eigene Mischung aus Punkelementen und deutscher Poptradition verband. Besonders erfolgreich waren Extrabreit, Ideal, Hubert Kah, Nena, Peter Schilling, Trio oder Joachim Witt. Siehe unter ⇨»99 Luftballons«.

New Age

Englisch »Neues Zeitalter«; Selbstbezeichnung einer esoterisch-astrologischen Weltsicht.

New Musical Express

Neben ⇨»Melody Maker« führende britische Fachzeitschrift zum Thema »Populäre Musik«.

New Wave

Amerikanisches Gegenstück zum britischen ⇨Punk, allerdings sehr viel weniger nihilistisch und destruktiv als dieser, dagegen künstlerisch und inhaltlich meist ambitionierter und ästhetischer. Klassische Vertreter des New Wave sind Blondie, Mink DeVille, Police oder Talking Heads. Siehe hierzu auch ⇨»Road To Nowhere« und ⇨»Roxanne«.

Out-Take
Musikaufnahme, die in der Regel fertig eingespielt ist, die aber meist aus qualitativen Gründen nicht offiziell veröffentlicht wird.

Overdubbing
Hinzufügen von weiteren Stimmen zu bereits aufgenommenen Tonspuren.

Panorama
Das Stereo-Spektrum zwischen rechtem und linkem Kanal, besonders deutlich mit einem Kopfhörer zu erfassen.

Percussion
Bezeichnet gängigerweise alle Arten von Schlaginstrumenten außer dem traditionellen ⇨Schlagzeug.

Phase-Shifter
Effektgerät, das ein Tonsignal aufspaltet und die so gewonnenen Bestandteile zeitlich phasenverschiebt; dadurch entsteht ein eigentümlich schwirrender und kreisender Klang.

Philly-Sound
In den siebziger Jahren in Philadelphia entstandenes Klangmodell des ⇨Soul und des ⇨Disco. Erfolgreiche Interpreten waren neben vielen anderen Gloria Gaynor (siehe ⇨»I Will Survive«) und Barry White.

Picking
Gitarrenstil, bei dem ein Akkord nicht als Ganzer angeschlagen, sondern über ein immer wiederkehrendes Zupfschema oft ragtimeartig »gebrochen« wird. Einige markante Beispiele finden sich bei ⇨»Alice's Restaurant Massacree« und ⇨»Streets Of London«.

Pop-Festival

In der Tradition diverser Folk-, Blues- und Jazz-Festivals stehendes Konzept, das meist eine mehrtägige Veranstaltung mit zahlreichen Top-Interpreten beinhaltete. Vor allem Ende der sechziger Jahre waren die Festivals auch eine wesentliche gesellschaftliche Manifestation der neuen Jugend- und Hippiebewegung. Den künstlerischen wie politischen Höhepunkt erreichte die Festivalbewegung mit den drei Veranstaltungen in Monterey (USA) 1967, auf der britischen Insel Isle of Wight 1968 sowie mit dem Woodstock-Festival 1969. Nach zunehmenden Gewalt- und Drogenexzessen bei Folgeveranstaltungen verlor die Festival-Idee an Faszination und wich verstärkt rein kommerziell ausgerichteten Events. Daneben finden sich die Topstars des Pop immer wieder zu Benefiz-Veranstaltungen zusammen, bei denen die Konzerterlöse konkreten humanitären Zwecken zugeführt wird. Siehe auch unter ⇨»The Star Spangled Banner«, ⇨»We Are The World« und ⇨»With A Little Help From My Friends«.

Power Rock

Musikalisches Konzept, das den melodiebetonten Beat mit schwergewichtigen Hardrock-Idiomen verbindet.

Produzent

Der für die Produktion einer Musikaufnahme verantwortliche Leiter. Er steuert den Gesamtprozess der Aufnahme und hat auf diese Weise neben dem technischen auch wesentlichen künstlerischen Einfluss auf die Produktion.

Psychedelic Rock

Zwischen 1966 und 1968 an der amerikanischen Westküste, vor allem in San Francisco, entstandene Musikform, deren Interpreten sich offen zu psychedelischen Drogen bekannten. Stilbildende Vertreter: The Doors, Greatful Dead, Jefferson Airplane, Iron Butterfly, die frühen Pink Floyd, Vanilla Fudge. ⇨»A Whiter Shade Of Pale«, ⇨»In-A-Gadda-Da-Vida«, ⇨»When The Music's Over«.

Punk

In der zweiten Hälfte der siebziger Jahre Musik der britischen Jugend-Subkultur. Kennzeichen sind ein nihilistischer, aggressiver Auftritt, düstere Texte und das Negieren von ästhetischen Belangen der Musik sowie instrumentaltechnischen Fertigkeiten der Musiker. Stilbildend: Clash, Ian Dury, Sex Pistols oder Siouxie & The Banshees. Siehe Einträge zu ⇨»God Save The Queen«, ⇨»London Calling« und ⇨»Sex And Drugs And Rock And Roll«.

Rap

Rhythmischer Sprechgesang, getragen von meist einfachen Bass- und Schlagzeugfiguren; seit den achtziger Jahren ein wesentlicher Teil der Dancefloor-Musik. Zu den Stars der Szene gehören Kurtis Blow, Falco, Die Fantastischen Vier, Grandmaster Flash, Public Enemy, Salt'n'Pepa oder die Sugar Hill Gang. Siehe ⇨»Der Kommisar« und ⇨»The Breaks«.

Raubpressungen

Siehe Bootleg.

Refrain

Immer wiederkehrender Abschnitt eines Songs, in dem das Hauptthema – die Erkennungsmelodie – präsentiert wird.

Reggae

Musik der farbigen Stadtbevölkerung Jamaikas; sie verbindet Elemente des ⇨Rhythm & Blues mit karibischer und afrikanischer Musik. Die Botschaft des Reggae besteht einerseits aus dem Protest gegen politische und gesellschaftliche Unterdrückung durch die weiße Oberschicht, andererseits beschwört diese Musik eine afrikanische Urheimat unter dem religiösen Rastafari-Kult, der den ehemaligen äthiopischen Kaiser Haile Selassi verehrt. International berühmt wurden u.a. Bob Marley mit seinen Wailers, Peter Tosh, die Maytals und Black Uhuru. Siehe auch bei ⇨»Get Up Stand Up«.

Register

Tongruppe, die im Hinblick auf Tonhöhe, Klangfarbe oder Instrumentenzuordnung ähnliche Eigenschaften aufweist.

Remix

Erneute ⇨Abmischung einer bereits veröffentlichten Aufnahme.

Rhythm & Blues

Populäre schwarze Musikrichtung Ende der vierziger Jahre, die auf ⇨Blues und Swing- sowie Jump-Rhythmen basiert.

Rhythmus-Pattern

Einheit von ein bis vier Takten, die die rhythmische Basis eines Songs darstellt, oft nur unterbrochen von ⇨Fill-ins.

Rhythmusgruppe
Der Teil einer Band, der als Gegenpol zur Melodiegruppe für die Begleitung zuständig ist. Die Rhythmusgruppe besteht in der Regel aus Schlagzeug, Bass, Rhythmusgitarre und Keyboard.

Riff
Prägnante kurze Tonfolge, meist wiederholt, häufig unisono (also von mehreren oder sogar allen Instrumenten gleichzeitig) gespielt.

Rock'n'Roll
In den fünfziger Jahren vom Rundfunk-DJ Alan Freed eingeführter Begriff für eine explosive musikalische Mischung aus schwarzem ⇨Rhythm & Blues und weißem ⇨Country. Der Einfluss des Rock'n'-Roll auf die populäre Musik war überwältigend: Mit ihm beginnt im engeren Sinne die Geschichte des Rock. Wichtigste Interpreten waren die Schwarzen Chuck Berry, Fats Domino und Little Richard sowie die Weißen Bill Haley, Buddy Holly und Elvis Presley. Siehe auch ⇨»Jailhouse Rock«, ⇨»Rock Around The Clock«, ⇨»Roll Over Beethoven« und ⇨»That'll Be The Day«.

Rockoper
Mit Rockmusik vertonte, durchgängige Handlung. Die bekanntesten und erfolgreichsten Rockopern sind »Tommy« und »Quadrophenia« von der Gruppe The Who sowie »Arthur or The Decline and Fall of The British Empire« und »Soap Opera« von den Kinks. Eng verwandt mit Rockopern sind Rockmusicals wie »Jesus Christ Superstar« oder »Hair« (⇨»Aquarius/Let The Sunshine In«), auch wenn sie einer anderen musikalischen Tradition entstammen.

Rolling Stone
Führende amerikanische Unterhaltungs-Zeitschrift, gegründet 1967 in San Francisco von Jann Wenner und Ralph J. Gleason. Seit November 1994 gibt es auch eine deutsche Lizenzausgabe.

Sampler
⇨Album, das in der Regel bereits erschienene Stücke eines Künstlers, einer Gruppe oder eines Genres zusammenfasst, zumeist als »Best of …« oder »Greatest Hits« etc.

Sampling
Umwandlung eines analogen Tonsignals in einen digitalen Wert, der dann z.B. mittels eines Computers oder eines ⇨Keyboards weiterverarbeitet und aufbereitet werden kann.

Schlagzeug

Englisch »drums«, vorherrschendes Rhythmus-Instrument im Rock, bestehend aus mehreren Trommeln und Becken. Zu einem Set gehören üblicherweise eine ⇨Bass-Drum, eine ⇨Snare-Drum, verschiedenen ⇨Tom-Toms sowie ⇨Hi-Hat und unterschiedlich gestimmte Becken.

Session

Aufnahmesitzung im Studio.

Single

Kleine Schallplatte mit meist nur zwei Stücken, die als kommerziell besonders erfolgreich eingestuft werden. Gegensatz zu ⇨Album.

Sitar

Großes gitarrenartiges indisches Instrument mit beweglichen Bünden, mit unterschiedlicher Saiten- und Resonanzsaitenbestückung.

Skiffle

Mischung aus Rhythm & Blues, Volksmusik und Jazz, gespielt vornehmlich im England der fünfziger Jahre.

Snare-Drum

Kleine Trommel mit Schnarrsaiten (Drahtspiralen) unter dem Resonanzfell.

Songstruktur

Die klassische Struktur sieht folgendermaßen aus: ⇨Intro – ⇨Verse – ⇨Bridge – ⇨Refrain – Verse – Bridge – Refrain – Mittelteil – instrumentaler Verse – Mittelteil – Verse – Bridge – Refrain – Ausklang.

Soul

In den fünfziger Jahren entstandene Verbindung von Gospel und ⇨Rhythm & Blues, Sinnbegriff für originär schwarze Musik, deren »Hauptinstrument« die Stimme des Lead-Sängers ist. In den sechziger Jahren noch politisch explizit für die Belange der schwarzen Bevölkerung Amerikas engagiert, verflachte die Musik seit den Siebzigern zunehmend, als sie begann, sich im Zuge von ⇨Disco und ⇨Philly-Sound auch den Hörgewohnheiten des weißen Publikums anzunähern. Wichtige Impulse für den Soul stammen von James Brown, Solomon Burke, Ray Charles, Otis Redding, Aretha Franklin, den Jackson Five, Sam & Dave, den Temptations oder Stevie Wonder. Soul-Titel in diesem Buch: ⇨»Earth Song«, ⇨»Papa Was A Rolling Stone«, ⇨»Say It Loud I'm Black And I'm Proud«, ⇨»Sexual Healing«, ⇨»(Sittin' On) The Dock Of The Bay«.

Speedhouse

Spezielle Spielart innerhalb der ⇨House Music.

Star Club

Berühmter Beatschuppen im Hamburger Vergnügungsviertel St. Pauli, gegründet 1962 von Manfred Weißleder; das Programm startete mit den damals noch unbekannten Beatles. Ab 1967 sank der Stern des Clubs, der schließlich 1970 seine Pforten schloss.

Subdominante

Dreiklang auf der vierten Stufe (IV) der diatonischen Tonleiter.

Summer Of Love

Idealisierende Bezeichnung für den Sommer 1967.

Synthesizer

Rein elektronisches Tasteninstrument, in seiner analogen Urform Mitte der sechziger Jahre von Robert A. Moog entwickelt. Anfangs noch zögerlich aufgenommen, avancierte der Synthesizer zu einem der wichtigsten und vielseitigsten Instrumente des Rock. Die heute gebräuchlichen, handlichen Digital-Synthesizer haben allerdings mit dem alten Moog-Synthie außer dem Namen nicht mehr viel gemein.

Tabla

Klangvolles Schlaginstrument aus der klassischen indischen Musik.

Take

Jede Version eines Stücks, das im Studio mehrfach aufgenommen wird.

Techno

Primär elektronisch generierte Tanzmusik, in den späten Achtzigern entstanden als Variante der ⇨House Music. Hauptkennzeichen ist ein mechanisch stampfender Grundrhythmus. Eine besonders kompromisslos aggressive, in der Berliner Diskothek Tresor entstandene Form bezeichnet sich als »Tekkno«. Hauptgestalter der Musik ist nicht ein Instrumentalist, sondern der ⇨Discjockey. In Deutschland besonders bekannt sind DJ Marusha, Dr. Motte oder Sven Väth, doch die Szene ist einem raschen personellen Wandel unterworfen. Einer der Schlüsselsongs des Techno war ⇨»Pump Up The Jam« der Formation Technotronic.

Tom-Tom

Mittelgroße Trommel, von der Tonhöhe her zwischen ⇨Snare Drum und ⇨Bass-Drum angelegt, Hauptinstrument des Schlagzeugers.

Tonika

Dreiklang auf der ersten Stufe (I) der diatonischen Tonleiter.

Track

Die einzelne Spur auf einem Tonband. Außerdem englische Bezeichnung für ein einzelnes Stück auf einem Album.

Triole

Zusammengehörige Gruppe von drei Noten, die im Zeitraum zweier Noten des Grundschlags gespielt werden.

Underground

Bezeichnung vor allem in den späten sechziger Jahren für Musik, die zu unkommerziell war, um von den Rundfunkstationen in nennenswertem Umfang gespielt zu werden. Führende Musiker und Gruppen waren die Doors, die Fugs, Jimi Hendrix, die frühen Jethro Tull, Pink Floyd oder Frank Zappa mit seinen Mothers of Invention, auch die Interpreten des ⇨Psychedelic Rock gehören in diese Kategorie. Siehe auch ⇨»In-A-Gadda-Da-Vida«, ⇨»Light My Fire«, ⇨»The Star Spangled Banner« und ⇨»When The Music's Over«.

Unisono

Parallelbewegung verschiedener musikalischer und instrumentaler, aber tonidentischer Stimmen.

Unplugged

Englisch »ausgestöpselt«; ursprünglich eine Sendung des Musik-kanals ⇨MTV, in der Rockmusiker ihre Songs ausschließlich auf akustischen Instrumenten vortrugen. Auf Grund des enormen Erfolgs des Konzepts entwickelte sich eine regelrechte Unplugged-Mode, in deren Folge gerade zahlreiche ⇨Hardrock-Bands wie Crow-ded House, die Maniacs, Nirvana oder die Scorpions ihre Musik im rein »akustischen« Kleid präsentierten. Die erfolgreichsten CDs der Unplugged-Reihe stammen von Mariah Carey und von Eric Clapton.

Verse

Strophe eines Songs, bildet zumeist einen musikalischen Gegenpol zum ⇨Refrain.

Verzerrer

Verzerrung durch elektronische Veränderung der Hüllkurve des Tons oder durch Übersteuerung.

Wah-Wah-Pedal

Effektgerät, bei dem mit Hilfe eines Pedals ein pulsierender Blub-berklang entsteht, der bereits im Namen anklingt.

Westcoast Rock

Musikalisch wenig spezifizierbarer Oberbegriff für Musik, die von Künstlern von der amerikanischen Westküste stammt. Stilprägende Bands waren die Doobie Brothers, die Eagles, Greatful Dead oder Jefferson Airplane. Siehe auch die Einträge zu ⇨»California Dreaming«, ⇨»Hotel California«, ⇨»It Never Rains In Southern California«, ⇨»Listen To The Music«, ⇨»San Francisco (Be Sure To Wear Some Flowers In Your Hair)« und ⇨»Surfin' U.S.A.«.

413

Literatur

Aldridge, Alan (Hg.): The Beatles Songbook. dtv, München 1971.

Balzert, Werner/Lore Cortis/Lutz-W. Wolff (Hgg.): The Who. Long Live Rock. Songbook. dtv, München 1980.

Bamberg, Heinz: Rolling Stones. Musik – Mythos – Macht. Schott-Atlantis, Mainz 1999.

Bartosch, Günter: Das Heyne Musical Lexikon. Heyne, München 1997.

Bean, J. P.: With A Little Help From My Friends. Joe Cocker. Hannibal, St. Andrä-Wörden 1991.

Benzinger, Olaf: The Beatles' Sgt. Pepper's Lonely Hearts Club Band. Meisterwerke kurz und bündig. Piper, München 2000.

Berry, Chuck: Die Autobiographie. Schott-Piper, Mainz 1995.

Bishop, Stephen: Songs In The Rough. St. Martin's Press, New York 1996.

Blumenstein, Gottfried: Mr. Tambourine Man. Leben und Musik von Bob Dylan. Henschel, Berlin 1995.

Borg, Christer: ABBA. Bastei Lübbe, Bergisch Gladbach 1977.

Bruckmaier, Karl: Soundcheck. Beck, München 1999.

Buckley, Jonathan/Mark Ellingham (Hgg.): Rock Rough Guide. Metzler, Stuttgart 1998.

Cable, Paul: Bob Dylan. His Unreleased Recordings. Scorpion Publ., London 1978.

Castellani, Lidia/Florian Snyder: Eros Ramazzotti. Una storia importante. Die Biographie. Ullstein, Berlin 1998.

Charles, Ray/David Ritz: Ray Charles. What I Say. Hannibal, St. Andrä-Wörden 1994.

Charlesworth, Chris: Paul Simon And Simon & Garfunkel. The Complete Guide To The Music. Omnibus, London 1997.

Christgau, Robert: Christgau's Record Guide. Rock Albums of the 70's. Tichnor & Fields, New Haven 1981.

Coleman, Ray: John W. Lennon. Eine Biographie. Droemer, München 1985.

Coleman, Ray: Phil Collins. Die definitive Biographie. Hannibal, St. Andrä-Wörden 1998.

Cooper, B. Lee/W. S. Haney: Rock Music in American Popular Culture. 2 Bde. Haworth Press, New York, London 1995.

Cornelsen, P./H. D. Kain: Bill Haley. Bastei Lübbe, Bergisch Gladbach 1981.

Crimp, Susan/Patricia Burstein: Elton John. Rocket Man. Hannibal, St. Andrä-Wörden 1994.

Davis, Jerome: Talking Heads – A Biography. Omnibus, London 1987.

Dean, Ken: Queen. Die Bilddokumentation. Zsolnay, Wien 1992.

Dister, Alain: The Story of Rock. Smash Hits and Superstars. Gallimard, London 1992.

Doe, Andrew/John Tobler (Hgg.): The Doors in eigenen Worten. Palmyra, Heidelberg 2001.

Doggett, Peter: Lou Reed. Biographie. vgs, Köln 1999.

Douglas, David: David Bowie. Heyne, München 1980.

Duffy, John (Hg.): Bruce Springsteen in eigenen Worten. Palmyra, Heidelberg 1999.

Dylan, Bob: Lyrics 1962–1985. Knopf, New York 1985.

Ebmeier, Jochen: Michael Jackson. Das Phänomen. Rasch und Röhring, Hamburg 1997.

Echols, Alice: Janis Joplin. Piece of My Heart. Krüger, Frankfurt/M. 2000.

Edenhofer, Julia: Bruce Springsteen. The Boss. Bastei Lübbe, Bergisch Gladbach 1987.

Edenhofer, Julia: Madonna. Die aktuelle Biographie. Bastei Lübbe, Bergisch Gladbach 1987.

Ewbank, Tim/Stafford Hildred: Rod Stewart. Forever Young. Heyne, München 1993.

Fleetwood, Mick/Stephen Davis: Mein Leben mit Fleetwood Mac. Moewig, Rastatt 1991.

Fornatale, Pete/Bill Ayres: All You Need Is Love … And 99 Other Life Lessons From Classic Rock Songs. Simon & Schuster, New York 1998.

Gillett, Charlie: The Sound Of The City. Die Geschichte der Rockmusik. Zweitausendeins, Frankfurt 1978.

Goldrosen, John: Die Buddy-Holly-Story. Heyne, München 1986.

Graf, Christian/Burghard Rausch: Rockmusiklexikon Europa. 2 Bde. Fischer, Frankfurt/M. 1996.

Graf, Christian: Rockmusiklexikon Amerika, Afrika, Australien. 2 Bde. Fischer, Frankfurt/M. 1996.

Graves, Barry/Siegfried Schmidt-Joos/Bernward Halbscheffel. Rock-Lexikon. Neuausgabe in 2 Bänden. Rowohlt, Reinbek 1998.

Green, Jeff: The Green Book of Songs by Subject. Professional Desk References Inc., Nashville 1995.

Greil, Marcus: Mystery Train. Erweiterte Neuausgabe. Rogner & Bernhard, Hamburg 1998.

Halbscheffel, Bernward/Tibor Kneif: Sachlexikon Rockmusik. Rororo, Reinbek 1992.

Heatley, Michael (Hg.): Neil Young in eigenen Worten. Palmyra, Heidelberg 1997.

Heidkamp, Konrad: It's all over now. Musik einer Generation – 40 Jahre Rock und Jazz. Alexander Fest, Berlin 1999.

Henkels, Michael: Bee Gees. Die Superstars der 70er Jahre. Taurus, Hamburg 1979.

Herrmann, Chuck: Tito Puente. Ein Nachruf mit persönlichen Erinnerungen. In: Bamboleo, Ausgabe X, August/September 2000.

Hertsgaard, Mark: The Beatles. Die Geschichte ihrer Musik. Hanser, München 1995.

Hill, Dave: Prince – A Pop Life. Droemer, München 1989.

Hoffmann, Raoul: zoom boom. Die elektrische Rock- und Popmusik. dtv, München 1974.

Hoffmann, Raoul: Zwischen Galaxis & Underground. Die neue Popmusik. dtv, München 1971.

Hounsome, Terry: New Rock Record. Blandford Press, Dorset 1993.

Jackson, Michael: Moonwalk. Goldmann, München 1988.

Johnstone, Nick: Melody Maker History Of 20th Century Popular Music. Bloomsbury, London 1999.

Kling, Bernd/Heinz Plehn (Übers. und Hg.): Elvis. Moewig, Rastatt 1988.

Koers, Peter: Creedence Clearwater Revival – Rocking All Over The World. Sonnentanz-Verlag, Augsburg 1994.

Lanz, Peter: Falco. Die Biographie. Molden, Wien 1998.

Laufenberg, Frank: Joe Cocker. Moewig, Rastatt 1988.

Laufenberg, Frank: Völlig losgelöst. Die Musik der Achtziger. Econ & List, München 1999.

Laufenberg, Frank und Ingrid: Frank Laufenbergs Rock- und Pop-Lexikon. Erweiterte Neuausgabe in 2 Bänden. Econ, München 2000.

Leng, Simon: Santana. Die erste offizielle Biografie. Hannibal, Höfen 2000.

Luftig, Stacey: The Paul Simon Companion. Four Decades Of Commentary. Schirmer, London 1997.

MacDonald, Ian: The Beatles. Das Song-Lexikon. Bärenreiter, Kassel 2000.

Martin, Harald: Paul McCartney. dtv, München 2002.

Miles, Barry: Paul McCartney. Many Years From Now. Rowohlt, Reinbek 1998.

Moddemann, Rainer: The Doors. HEEL, Königswinter 1991.

Moers, Rainer/Matthias Bühring u. a.: Die Beatles. Geschichte und Chronologie. Argument Verlag, Hamburg 2000.

Moorcock, Michael: The Great Rock & Roll Swindle. Virgin, London 1980.

Morse, Tim: Classic Rock Stories. The Stories Behind the Greatest Songs of All Time. St. Martin's Griffin, New York 1998.

Niedecken, Wolfgang: Auskunft. Kiepenheuer & Witsch, Köln 1990.

Niedecken, Wolfgang: Verdamp lang her. Kiepenheuer & Witsch, Köln 1999.

Niederwieser, Stephan/Alan Forman: Peter Maffay. Der Rocker mit Gefühl. Econ, Düsseldorf 1996.

Palmer, Tony: All You Need Is Love. Droemer, München 1977.

Philipp, Judith/Ralf Simon: Listen to what the man said. Paul McCartney und seine Songs. Bastei Lübbe, Bergisch Gladbach 1991.

Posener, Alan: John Lennon. Rororo-Bildmonographie. Rowohlt, Reinbek 1987.

Posener, Alan und Maria: Elvis Presley. Rororo-Bildmonographie. Rowohlt, Reinbek 1993.

Putterford, Mark: AC/DC. Starkstrom für Rockfans. VIP. Pabel-Moewig, Rastatt 1992.

Reichert, Carl-Ludwig: Blues. Geschichte und Geschichten. dtv, München 2001.

Reuters, Uwe: Easy Livin'. The Story Of Uriah Heep. Selbstverlag, Aachen 1997.

Rodger, Mike E.: Elvis Presley. Rautenberg, Leer 1976.

Rogan, Johnny: Neil Young. Rocking In The Free World. Die amerikanischen Jahre. Sonnentanz, Augsburg 1996.

Rohrbach, Kurt: Rockmusik. Die Grundlagen. Institut für Didaktik populärer Musik. Oldershausen o.J.

Sahner, Paul/Thomas Veszelits: Pink Floyd. Heyne, München 1980.

Sandford, Christopher: Devil Music. Die Kurt Cobain Story. vgs, Köln 1996.

Savage, Jon: England's Dreaming. Anarchie, Sex Pistols, Punk Rock. Bittermann, Berlin 2001.

Scaduto, Anthony: Bob Dylan. An Intimate Biography. New American Library, New York 1973.

Schaal, Hans-Jürgen: Jazz-Standards. Das Lexikon. Bärenreiter, Kassel 2001.

Schäfer, Sven/Jesper Schäfers/Dirk Waltmann: Techno-Lexikon. Schwarzkopf & Schwarzkopf, Berlin 1998.

Schmid, Bernhard: Rock'n' Read. Slang und Songlines der Rockmusik. Rowohlt, Reinbek 2000.

Schmidt-Joos, Siegfried/Wolf Kampmann: Pop-Lexikon. Rowohlt, Reinbek 2002.

Schöneck, Angela: Tina Turner. Queen Of Rock. Econ, Düsseldorf 1996.

Schröder, Rainer M./Edgar Klüsener: Scorpions. Wind Of Change. Hannibal, St. Andrä-Wörden 1993.

Schumacher, Michael: Crossroads. The Life And Music Of Eric Clapton. Hyperion, New York 1995.

Schumann, Wolfgang: Karat. »Über sieben Brücken ...«. Henschel, Berlin 1995.

Seibold, Jürgen: Bryan Adams VIP. Pabel-Moewig, Rastatt 1992.

Seibold, Jürgen: Phil Collins. Moewig, Rastatt 1990.

Shangai, Eric: Madonna. Porträt eines Superstars. Heyne, München 1991.

Shapiro, Harry/Caesar Glebbeek: Jimi Hendrix. Electric Gypsy. Die Biographie. vgs, Köln 1993.

Shapiro, Harry: Eric Clapton. Slowhand. Hannibal, St. Andrä-Wörden 1993.

Shepard, Sam: Rolling Thunder Logbook. Penguin, New York 1978.

Smejkal, Wolfgang (Hg.): Neil Young – Rolling Stone. Fakten, Artikel, Interviews. Hannibal, St. Andrä-Wörden 1995.

Spignesi, Stephen J.: The Beatles Book Of Lists. Citadel Press. Secaucus 1998.

St. Michael (Hg.): Madonna in eigenen Worten. Palmyra, Heidelberg 2001.

Strong, M. C.: The Great Rock Discography. Fourth Edition. Canongate Books, Edinburgh 2000.

The Beatles Anthology. Ullstein, München 2000.

Thompson, Dave: Die Chris de Burgh Story. Moewig, Rastatt 1990.

Tilgner, Wolfgang: Psalmen, Pop und Punk. Populäre Musik in den USA. Henschel, Berlin 1993.

Tobler, John: ABBA Gold. Die Erfolgsstory. HEEL, Königswinter 1993.

Tremlett, George: David Bowie. Biographie. vgs, Köln 1995.

Turner, Tina/Kurt Loder: Ich, Tina. Mein Leben. Goldmann, München 1986.

Wagner, Peter: Falco. Was bleibt ... Idealverlag, Hamburg 1998.

White, Timothy: Bob Marley. Catch A Fire. Hannibal, St. Andrä-Wörden 1993.

Wicke, Peter (Hg.): Musik des 20. Jahrhunderts. Band 8, Rock- und Popmusik. Laaber-Verlag, Laaber 2001.

Wicke, Peter: Von Mozart zu Madonna. Eine Kulturgeschichte der Popmusik. Suhrkamp, Frankfurt/M. 2001.

Wicke, Peter/Kai-Erik und Wieland Ziegenrücker: Handbuch der populären Musik. Erweiterte Neuausgabe. Schott, Mainz 1997.

Williams, Paul: The 20th Century's Greatest Hits. Tom Doherty
  Ass., New York 2000.
Wilson, Brian/Todd Gold: Mein kalifornischer Alptraum. Die
  Autobiographie des Bandleaders der Beach Boys. vgs, Köln 1993.
Yorke, Ritchie: Led Zeppelin. Biographie einer Band. vgs, Köln 1994.
Zeitz, Petra: Dire Straits. Biographie. Moewig, Rastatt 1991.
Zeitz, Petra: Joe Cocker. Eine lebende Rock-Legende. Lübbe,
  Bergisch Gladbach 1993.
Zeitz, Petra: Paul McCartney. Leben und Musik. Henschel, Berlin
  1993.

Songregister

Die Haupteinträge der Songs sind hervorgehoben

Interpretenregister

Clifford, Doug »Cosmo« 241
Cline, Patsy 285
Clinton, George 311
Cloud #9 309
Club Safari 287
C-Nuts, The 306
Coastline Band, The 247, 287
Cobain, Curt 29, 288 ff.
Cobham, Billy 25
Cochran, Bobby 72
Cochran, Eddie 85
Cocker, Joe 35, 129, 350, 364 ff.
Coe, David Allan 287
Cogliati, Adelio 275
Cohen, Ellen Naimoi s. Elliot, Cass
Cole, Jim 374
Collins, Judy 67, 178, 208, 214, 373
Collins, Phil 9, 23, 26, 51 ff., 276, 347, 393
Colon, Willie 235
Coltrane, John 264
Columbia Ballroom Orchestra 145
Comets, The 253
Commissioned, The 53
Common Sense 284
Conniff, Ray 145
Controlled Bleeding 357
Conway, Garry 186
Cook, Frank 233
Cook, Paul 113, 115
Cook, Stu 241
Cook, Wayne 72
Cooke, Sam 286
Coolies, The 334 f.
Cooper, Alice 48, 401
Cooper, Michael 375
Copeland, Stewart 260
Copping, Chris 35
Cordeiro, Edson 300
Corea, Chick 401, 403
Cornelius, Peter 348
Cornick, Glenn 186
Coster, Tom 236, 266
Coulter, Phil 302
Count Five 218
Countdown Singers, The 89, 150, 300, 353
Country Gazette, The 319
Country Gentlemen, The 319
Country Picks, The 132
Coverdale, David 81, 293
Craff, Mike 183
Cramer, Floyd 208
Craney, Marc 186

Crawford, Randy 152, 247
Cream 20, 54, 83, 154, 218, 309 ff.
Creedence Clearwater Revival 240 ff., 397
Crewe, Bob 262
Crickets, The 320
Croce, Jim 285
Cropper, Steve 285
Crosby, Bing 77, 375
Crosby, David 214 f., 317 ff.
Crosby, Stills, Nash & Young 317 ff., 351, 365, 400
Crover, Dale 291
Crowded House 412
Cruz, Raphael 214
Cud 189
Cugat, Xavier 194
Cunliffe, Bill 271
Curtis, King 35, 67, 360
Curtiss A 174

da Force, Ricardo 300
Daddy Freddy 353
Dae, Johnny 254
Daisley, Bob 169
Dallesandro, Little Joe 345
Dalton, John 189
Daltrey, Roger 216, 219
Daniele, Pino 275
Daniels, Charlie 171
Danko, Rick 332
Danoff, Bill 315
Danzer, Georg 348
Darkstar 186
Darling, Candy 345 f.
Dave's True Story 346
David, Eleanor 50
Davidson, Christopher John s. de Burgh, Chris
Davies, Dave 189
Davies, Ray 187 ff., 239
Davis jr., Billy 56
Davis jr., Sammy 143
Davis, Miles 25, 264, 401, 403
Davis, Rahmlee Michael 53
Davis, Wild Bill 126
Davison, Hank 229
Day, Doris 17
de Burgh, Chris 26, 31 ff., 393
de Knight, Jimmy 253
de la Parra, Adolpho »Vito« 233
de La Salle Eno, Brian Peter George St. John Le Baptiste s. Eno, Brian
de Quincy, Thomas 242 f.